환단고기에서 발견한
성경에 계시된 하나님

환단고기에서 발견한 성경에 계시된 하나님

백기찬 지음

동문사

<추천의 글>

감수 양장훈 목사 (서울선교신학연구원 SMTI 원장/D.C.Ed, Th.D
대한예수교장로회 총회 서울선교측 총회장)

이 책은 놀랍다. 그리고 역사, 특히 상고사에 관한 백과사전(encyclopedia)적인 새로운 지식들을 제공한다. 호들갑을 떨며 칭찬만 할 일이 아니라 그 근거를 10가지로 면서 살펴보고 싶다.

첫째, 한민족 상고사를 환국(桓國: B.C.7197~B.C.3897) → 배달국(倍達國: B.C.3897~B.C.2333) → 고조선(古朝鮮: B.C.2333~B.C.238)까지의 역사를 체계적, 구체적으로 밝히고 있다. 학교교육이나, 강단사학에서 접하지 못한 내용들이다.

둘째, 한민족의 삼대경전으로 일컬어지는 천부경(天符經) · 삼일신고(三一神誥) · 참전계경(參佺戒經)을 기독교 신학의 정수라 할 수 있는 삼위일체론의 관점에서 해석한 것이다. 현재 민족종교들의 경전으로도 쓰이는 이런 책에 대한 해석은 기독교 신학자, 특히 조직신학자가 아니면 쓸 수 없는 내용으로 저자의 독특하고, 탁월한 해석의 실력을 확인할 수 있다.

셋째, 『환단고기(桓檀古記)』의 진위와 찬반의 논쟁에 대해서 밝히고 있다.

그 내용을 보면서 추천인이 분노했던 것은, 『한국판 환단고기』를 위서로 반대했던 서울대학교 출신들을 비롯한 강단사학자와 서울신문 등의 언론사들이 거의 비슷한 내용이나, 일부 일본에 유리하게 해석될 수 있는 『일본판 환단고기』는 환영일색이었던 사실도 저자는 기록, 고발하고 있다.

넷째, 한자와 한글이 왜 모두 한민족(동이족)의 문자인지를 '녹도문'과 '가림토'를 사진과 더불어 보여주면서 '갑골음'으로 복원하면 어떻게 한자와 한글이 뜻글자와 소리글자로 상호 전환되는지를 알려주고 있다.

다섯째, 현재 중국의 동북부 지역에서 발상(發祥)한 요하문명과 발해연안문명(홍산문화)에 대해 설명하고 있다. 요하문명과 홍산문화가 한족의 황하문명보다 적어도 1,000년 이상 앞섰다는 점을 논하고 있는 것이다.

여섯째, 한국과 중국 상고사의 연관성을 해명하고 있다. 전설적인 중국 초기 왕조인 하나라(夏), 은나라(殷/商), 주나라(周) 3개 왕조가 고조선의 제후국이었음을 지적하고 있다.

일곱째, 인류 창조의 문제를 정리하고 있다. B.C. 4004년을 인류 창조의 기원이라고 주장하는 17세기 아일랜드 대주교 제임스 어셔(A.D.1581~1656)의 견해를 넘어섬으로써 현재까지도 한국교회에 영향을 미치고 있는 근본주의적 창조론과 45억 년의 지질시대를 주장하는 과학주의적 진화론의 기존 관점을 넘어서서 양 진영의 맹점을 창조론적 관점에서 비판, 정리하고 있다. 즉 저자는 지질학에 근거하여 인간 창조가 신생대 마지막

'제4기 빙하기' 끝인 B.C. 1만 년 전에 이루어졌으며, (하나님이 그 코에 생기를 불어넣음으로 영혼을 얻은 인류가 탄생하였고), 인류 문명이 신석기 시대부터 시작되었음을 밝히고 있다.

**참고로 진화론에 대해 비판적 관점에서 한 가지 사례를 들어보자면, 유인원과 인간 진화의 계보에 대해 연구하는 고인류학(paleoanthropology)의 난제 중에 하나는 유인원과 오스트랄로피테쿠스 이후 진화된 인류를 연구하면 모두 암컷의 출산을 위해 새끼들의 머리가 작은 것에 비해, 더 진화된 종이라고 할 수 있는 인간만이 왜 머리가 커서 출산의 고통을 당하는가 하는 질문에 답하지 못한다는 점이다. 그러나 성경에는 답이 있다(창 3:16). 진화론이 과학적인 것 같지만, 성경의 창조론이 더 진실하다고 믿는다. B.C 4004년에 매어 있는 근본주의적 창조론의 맹신이나, 45억 년 지질시대를 주장하는 과학적 진화론의 교만함 모두를 배척한다.

여덟째, 창세기 3:15의 원시복음을 깊이 해명하고 있다. 원시복음을 통해 초림주와 재림주이신 그리스도를 밝히 증거하고 있으며, 인류 초기 문명에 전파된 원시복음과 거짓 종교들과의 충돌을 깊이 있게 설명하고 있다.

아홉째, 창세기 10장과 11장의 '욕단의 후손' 문제를 시베리아와 만주 땅이라는 공간을 통해 해명하며 그 '욕단의 후손'이 한민족(동이족)의 직계 조상임을 밝히고 있다. 이는 예수원의 설립자인 대천덕 신부의 주장이기도 하다.

열 번째, 명나라를 건국한 주원장 홍무제(동이족 출신이라는 알려진 논란이 있는 인물)가 '샹띠'(上帝)를 위해 진시황 이후 다신론적이고, 우상숭배적으로 타락한 중국의 제천의식을 1,500년 만에 한 분이신 '샹띠'(上帝)께만 드리는 제사로 회복한 내용과 기도문이 구체적으로 기술되어 있고, 원시복음과의 관련성을 신학적으로도 밝히고 있다.

이 열 가지 이유만으로도 이 책이 놀랍지 않은가!

그 외에도 이 책을 자세히 보면 백과사전적으로 놀랍고, 새로운 지식들로 가득 차 있다.

이 책이 기독교 신학계와 역사학계 그리고 자연과학계 모두에서 찬반의 격렬한 논쟁을 발생시키고, 대중들의 많은 관심을 불러일으킨다면, 그것으로 그 목적이 성취된 것이라고 볼 수 있을 것이다. 이 책이 그런 반응을 얻고, 논쟁의 출발점이 되기를 추천인은 소망한다.

기독교 목회자들과 성도들, 상고사를 연구하는 역사학자들, 진화론을 주장하는 자연과학자들을 포함하여 대한민국의 모든 강호제현들에게 일독을 강력히 추천한다!!

양장훈 목사

건국대학교 정법대학 행정학과(행정학사/1985)
장로회신학대학교 신학대학원(M.Div.eqv/1989)
독일 Mainz대학교 신학부 수학(1989~1991)
美 San Francisco Christian University & Seminary(D.C.Ed/2002)
美 San Francisco Christian University & Seminary(Th.D/2008)

머리글

『환단고기에서 발견한 성경에 계시된 하나님』이라는 책의 출간은 본 연구자에게 매우 이례적인 사건이다. 왜냐하면 본 연구자는 조직신학자이지 역사신학자는 아니기 때문이다. 더욱이 본 연구자는 역사신학자에게 필수적 요건인 인물, 사건, 사상 등의 정확한 지명과 연대를 파악하고 기억하는 능력을 갖추지 못하였다. 다만 본 연구자는 하나님의 뜻을 따라 이천 년 기독교회사 속의 서방신학과 동방신학을 아울러 20여 권의 성경적 조직신학을 정립할 사명을 지난 40여 년 동안 충실히 수행하고 있었다.

그러던 몇 년 전 어느 날 본 연구자가 사는 동네의 거리를 지나고 있을 때, 증산교에서 전도용으로 비치해 놓은 전도 책자 속에서 한민족 상고사를 다룬 『환단고기(桓檀古記)』라는 책을 처음으로 알게 되었다. 본 연구자가 연구의 기본으로 삼은 『환단고기』는 1986년 임승국 교수가 『한단고기』라는 제목으로 번역하고 주해한 책이다. 그와 더불어 본 연구자는 '동아시아영토문제연구소'의 양태진 소장이 2009년 번역하고 주해한 『환단고기』를 참고하였다. 본 연구자는 『환단고기』를 토대로 하여 관련 서적 70여 권을 탐독하며 한민족 상고사를 연구하였다.

그런데 본 연구자가 전공 분야인 조직신학도 아닌 역사신학에 속하는 『환단고기에서 발견한 성경에 계시된 하나님』이라는 책을 출간할 수밖에 없었던 이유는 『환단고기』에서 신학적 보화를 발견했기 때문이다. 즉 『환단고기』에서 한민족의 시원 국가들인 환국·배달국·고조선이 성경에 계시된 하나님을 믿었다는 사실을 본 연구자가 발견하였다. 더욱이 한민족의 삼대경전으로 일컬어지는 ≪천부경(天符經)≫과 ≪삼일신고(三一神誥)≫ 그리고 ≪참전계경(參佺戒經)≫이 성경과 동일한 진리를 가르치고 있음을 본 연구자가 확인하였다.

그리고 결정적으로 본 연구자에게 가장 큰 충격을 준 것은 『환단고기』에 수록된 이맥(李陌), 『태백일사(太白逸史)』 「삼신오제본기(三神五帝本紀)」의 다음과 같은 내용이다: "自上界(자상계)、却有三神(각유삼신)、卽一上帝(즉일상제)、主體則爲一神(주체칙위일신)、非各有神也(비각유신야)、作用則三神也(작용칙삼신야)." 본문을 번역하면, "초월적 영원세계에 삼신(三神)이 계시니, 곧 한 분 '상제'(上帝)시다. 주체는 '일신'(一神)이시니, 각각 신이 따로 계시지 않고, 작용만 '삼신'(三神)이시다"라고 설명하여 정통 기독교 삼위일체론의 신학적 견해와 정확히 일치한다.

한민족은 상고시대의 '환국'(桓國)뿐 아니라 '배달국'(倍達國)과 '고조선'(古朝鮮)에 이르기까지 '천신'(天神)을 신앙하여 왔다. 더욱이 『태백일사』의 기록에 따르면, '천신' 신앙은 그 이후의 '북부여'와 '고구려' 및 '발해'에 까지도 명맥이 이어져 내려왔다. '천신'을 '삼신 상제'(三神上帝)나 '삼신일체 상제'(三神一體上帝) 혹은 약자로 '일신'(一神)이나 '삼신'(三神) 혹은 '천주'(天主) 또는 '유일신'(有一神)이라 했는데, 이는 기독교의 삼위일체 하나님과 동일하다. 여기서 '삼신'(三神)은 '삼일신'(三一神)의 준말로서 '삼신일체(三神一體) 하느님(상제)'을 의미한다. 그리고 '삼신'(三神)은 각각 '조화주'(造化主)·'교화주'(敎化主)·'치화주'(治化主)로 일컫는다.

한편 한민족의 삼대경전인 ≪천부경(天符經)≫·≪삼일신고(三一神誥)≫·≪참전계경(參佺戒經)≫을 기반으로 '대종교,' '천도교,' '단군교' 등의 민족종교들이 나타났다. 하지만 기독교 삼위일체론을 정확하게 알고 있는 기독교 신학자가 아니면, 특별 계시인 성경의 도움 없이 결코 '삼신일체상제'(三神一體上帝)의 본질을 깨달을 수 없고, 한민족의 삼대경전인 ≪천부경≫·≪삼일신고≫·≪참전계경≫을 바르게 해석하는 것이 불가능하다. 더욱이 『환단고기』는 서방신학과 동방신학을 아우를 수 있는 기독교 신학자만 바르게 해석할 수 있다.

그 어느 학문 분야이든 학자들에게 요구되는 기본적 덕목은 진리 탐구의 자세이다. 그래서 '확증편향'은 학자에게 가장 큰 적이다. 확증편향(確證偏向, confirmation bias)이란, 자신이 이미 믿고 있는 신념이나 생각을 뒷받침하는 정보는 받아들이고, 그에 반하는 정보는 무시하거나 과소평가하는 인지적 편향(cognitive bias)을 말한다. 지금까지 기독교 역사신학자들이 『환단고기』를 진지하게 연구해보지도 않고 강단사학자들의 위서(僞書) 논쟁에 동조해 온 것은 신학자로서의 직무유기이다. 이것이 조직신학자인 본 연구자가 역사신학 분야인 본 연구서를 쓰게 된 이유이다.

환국·배달국·고조선시대에 우리 조상들은 '천손'(天孫)이라는 '천민사상'(天民思想)을 갖고 있었다. 우리 조상들은 하늘의 광명인 '환'(桓)과 땅의 광명인 '단'(檀)을 따라 천지의 광명을 실현하는 역사의 주체를 '한'(韓)이라 했던 것이다. 이를 달리 말하면, 한민족(韓民族)은 온 세상에 하느님의 빛을 비추라는 사명을 받은 민족이다. 이것은 배달국과 고조선의 국시인 '인간을 널리 이롭게 한다'는 '홍익인간'(弘益人間) 및 '세상을 진리로 교화한다'는 '재세이화'(在世理化)와 맥을 같이 한다. 기독교적 용어로 풀이하면, '홍익인간'은 인류구제, '재세이화'는 세계선교를 뜻한다.

대한민국은 환국·배달국·고조선의 건국이념인 '홍익인간'과 '재세이화'를 계승하고 있다. 대한민국의 헌법에 명시되지는 않았지만, 대한민국 임시정부의 건국 강령 중 기본적 핵심을 기록한 제1장에 건국 정신으로 '홍익인간'과 '재세이화' 사상이 명시되어 있다. 뿐만 아니라 대한민국 현행 법률인 교육기본법(법률 제86호)에 '홍익인간' 사상이 교육이념으로 규정되어 있다. 이것은 한민족이 하나님 앞에서 누구인지, 또 하나님이 한민족에게 주신 사명은 무엇인지를 묻게 만든다. 대한민국의 위기는 경제적이거나 정치적인 문제가 아니라 민족적 정체성과 민족적 사명의 상실에 있다.

하나님은 역사의 주관자시다. 하나님이 한민족의 멸망을 허락하시지 않고 오히려 후진국에서 선진국으로 만들어주신 유일한 이유는 종말의 끝에 인류구제와 세계선교의 사명을 한민족이 감당하도록 하기 위해서이다. 본 연구자의 저서인 『환단고기에서 발견한 성경에 계시된 하나님』이 민족의 정체성과 민족적 사명을 일깨우는 수단이 되기를 갈망한다. 우선 본서를 한국의 모든 기독교인들이 읽었으면 좋겠다. 그리고 『환단고기』를 연구하는 모든 분들이 성경에 계시된 하나님을 『환단고기』에서 발견할 수 있기를 소원한다.

2025년 7월

동두천에서 백기찬

차례

Ⅳ. 한민족 상고사의 역사적 고찰 317

I

서론

본서의 제목은 『환단고기에서 발견한 성경에 계시된 하나님』이다. 본 연구자가 이 제명을 사용한 이유는 한민족 상고사를 기록한 『환단고기(桓檀古記)』에서 구속사의 핵심인 기독교의 삼위일체 하나님과 성경적 구원 신앙의 원형을 발견했기 때문이다. 따라서 본 연구자의 의도는 한민족의 상고사를 연구하는 데 그 목적을 두지 않는다. 물론 한민족의 말살되고 왜곡된 역사를 바로 잡는 것도 매우 중요하다. 하지만 본 연구자는 역사신학자가 아니고 조직신학자로서 한민족이 상고시대에 성경에 계시된 삼신일체 하느님을 섬겼다는 사실을 입증하는 데 본 연구를 집중하였다. 물론 하느님에 대한 신앙의 전통은 고구려·신라·백제·가야 더 나아가 고려와 조선시대에서까지 그 흔적을 찾을 수 있다. 하지만 인격적 삼신일체 하느님 신앙의 원형을 그대로 유지한 시대는 '환국'으로부터 '배달국'을 거쳐 '고조선'에 이르며 그 영향력은 '북부여'에까지 미쳤다. 그런데 시간이 흘러가며 삼신일체 하느님 대신에 한민족의 세 분 성조(聖祖)인 환국의 환인천제·배달국의 환웅천황·고조선의 단군왕검의 신주를 모시고 신격화하여 제사를 지내기 시작하였다. 그로 인하여 한민족은 삼신일체 하느님에 대한 신앙을 점차 상실해갔다. 그래서 본 연구자는 연구의 범위를 한민족의 고대사가 아닌 한민족의 상고사로 국한하였다.

A

환단고기에 관하여

본 연구자는 『환단고기』를 중심으로 연구하였다. 『환단고기』는 한민족 상고사 연구에 필수적 자료로서, 삼신일체 하느님과 성경적 구원 신앙의 원형을 기록하고 있다. 『삼국유사(三國遺事)』에 신화의 형태로 변색된 한민족 상고사의 본류를 차지하는 고조선(古朝鮮)과 그 이전의 배달국(倍達國) 그리고 그 이전의 환국(桓國)은 역사성을 지니고 있다. 그런데 안타까운 사실은 한민족 상고사를 기록한 수많은 중국의 사서들과 한국의 사서들이 멸실(滅失)되었다는 것이다. 그럼에도 불구하고 역사를 주관하시는 하나님의 주권적 섭리 가운데 한민족 상고사에 대한 기록의 일부나 몇몇 사서들이 남아 있다. 이 사서들 가운데 가장 중요한 자료는 『환단고기(桓檀古記)』이다. 여전히 한국강단사학자들에 의해 『환단고기』가 위서(僞書) 논쟁에 휘말려 있지만, 『환단고기』는 발해의 시조 대조영(大祚榮)의 동생인 대야발(大野勃)이 A.D. 719년에 편찬한 『단기고사(檀奇古史)』 및 고려시대의 학자 이승휴(李承休)가 충렬왕 13년인 A.D. 1287년에 편찬한 『제왕운기(帝王韻記)』의 내용과 근본적으로 일치하여 그 역사성이 입증되고 있다.[1]

『환단고기』는 다섯 종류의 책을 합본으로 엮은 책이다. 즉 신라의 안함로(安含老)가 편집한 『삼성기전상편(三聖紀全上篇)』, 동시대의 원동중(元董仲)이 편집한 『삼성기전하편(三聖紀全下篇)』, 고려의 이암(李嵒, 1297~1364)이 편집한 『단군세기(檀君世紀)』, 고려 말 범장(范樟)이 편집한 『북부여기(北夫餘記)』, 조선 초기 이맥(李陌, 1455~1528)이 편집한 『태백일사(太白逸史)』를 수록하고 있다. 그리고 『환단고기(桓檀古記)』 외에 한민족 상고사의 역사성을 대변해 주는 책은 1675년 조선 후기에 북애(北崖)가 쓴 『규원사화(揆園史話)』가 있다. 북애는 43권의 고기(古記)를 참고하여 한민족 상고사를 재구성하였다. 특히 북애가 주로 참고한 책은 고려 말의 이명(李茗)이 지은 『진역유기(震域遺記)』인데, 이 책은 고려 초 발해의 유민이 쓴 『조대기(朝代記)』를 토대로 했다. 『조대기』가 실재했던 고기임이 『세조실록』을 통해서 확인되고 있다. 『환단고기』와 『규원사화』의 내용은 일치하며, 한민족 상고

1 『환단고기』 위서론(僞書論)을 주장하는 대표적 학자는 성심여대 박광용 교수, 가톨릭대학교 이순근 교수, 경희대 조인성 교수, 서울대 노태돈 교수, 한국전통문화대학교 이도학 교수 등이며 작고한 분으로는 이병도 전 서울대 교수, 송찬식 전 국민대 교수 등이 있다. 반면에 『환단고기』 진서론(眞書論)을 주장하는 교수는 박성수 전 국제뇌교육종합대학원대학교 총장, 송호수 개천대학장, 제주대 안창범 교수, 국제대 고준환 교수, 국학연구소 김동환 교수, 전 성신여자대학교 최민자 교수, 작고한 분으로는 임승국 전 경희대 교수 등이 있다. 조인성, 『단군학연구』 2호, 2003; 『환단고기』의 역사성을 변증하는 논문: 우대석, "환단고기 위서론에 대한 비판적 고찰," 『仙道文化』, 제9권 (국제뇌교육종합대학원대학교 국학연구원, 2010): 93-94.

사에 대해 상세히 다루고 있는 두 권의 귀중한 역사서이다.

『환단고기(桓檀古記)』의 역사성을 인정한 학자는 『조선상고사(朝鮮上古史)』를 저술한 단재(丹齋) 신채호(申采浩, 1880~1936)이다. 그는 구한말의 천재적 민족사학자이며 일제에 저항하여 독립운동을 하다가 일본 경찰에 붙들려 여순 감옥에서 10년 동안 구금당했다가 1936년 옥사하였다. 신채호는 과거 중국사대주의에 입각해 한국사를 서술한 조선의 유학자들과 당시 일본 식민사관에 물든 조선의 사학자들을 비판하였다. 특히 김부식(金富軾)이 쓴 『삼국사기』나 일연(一然)이 쓴 『삼국유사』는 한국사의 본격적인 전개 시기를 삼국시대 이후로 보았기 때문에 그 무대도 한반도와 만주 일부에 국한되었다. 하지만 신채호는 한민족 상고사의 역사 무대를 한반도가 아닌 중국 동북부 지역과 요서(遼西) 지역으로까지 넓혔고, 단군시대에 산동(山東) 지역을 경영했다는 주장도 하였다. 더욱이 신채호는 『환단고기(桓檀古記)』의 『태백일사(太白逸史)』에 수록된 ≪천부경(天符經)≫·≪삼일신고(三一神誥)≫를 정사(正史)로 인정하였고, '고조선'의 역사성뿐 아니라 '환국'과 '배달국'의 역사성도 인정하며 한민족 상고사를 깊이 연구한 민족사학자이다.

『환단고기(桓檀古記)』는 중국의 고사서(古史書)들과의 교차검증을 통하여 역사성이 증명된다. 물론 사마천(司馬遷, B.C.145?~B.C.91?)의 『사기(史記)』는 중국 한족의 역사를 창작하기 위해 중원(中原)의 상고사를 왜곡했지만, 한민족 상고사의 역사성을 모두 지우지는 못했다. 한민족 상고사는 중원 대륙의 역사이기 때문에 반드시 중국 상고사의 기록들을 참고해야만

한다. 한민족 고대사의 정사로 여기는 『삼국사기』와 『삼국유사』 역시 중국 고대사를 참고하여 썼기 때문에 중국 고대사의 기록들을 무시할 수 없다. 중국은 정사로 '이십오사'(二十五史)를 인정하고 있다. 그중 중국 고대 사서들인 후한(後漢)의 반고(班固, A.D.32~92)가 쓴 『한서(漢書)』, 서진(西晉)의 진수(陳壽, A.D.233~297)가 쓰고 송나라의 배송지(裵松之, A.D.372~452)가 내용을 보충한 『삼국지(三國志)』 등의 중국 사료들을 참고하면 한민족 상고사의 실체를 파악하는 데 큰 도움이 된다. 특히 송나라의 범엽(范曄, A.D.398~445)이 쓴 『후한서(後漢書)』 「동이열전(東夷列傳)」에는 한민족의 근원인 동이족(東夷族)에 대한 언급이 있으며, 한민족의 시원인 고조선을 뒤이어 건국된 북부여와 고구려도 동이로 분류되어 있다.

『환단고기(桓檀古記)』는 종교적 경서(經書)의 성격을 띤다. 대한민국의 강단사학자들이 『환단고기』의 역사성을 부인하고 위서(僞書)로 규정하는 근본적 이유는 『환단고기』가 역사적 사료라기보다 종교적 경전의 성격을 띠고 있기 때문이다. 물론 『환단고기』에는 역사적 사건을 다수 기록하고 있지만, 그 중심에는 '삼신일체 상제'(三神一體上帝)께 제사를 드리는 제천의식(祭天儀式)이 있다. 그래서 무신론이나 불교 혹은 유교를 신봉하는 역사학자들이 성경에 계시된 삼위일체 하나님과 동일한 인격적 '삼신일체 상제'(三神一體上帝)에 대한 신앙을 가르치는 『환단고기』를 인정할 수 없는 것이다. 『환단고기』의 역사성을 수용할 경우 한민족의 종교적 뿌리는 샤머니즘 및 불교와 유교가 아닌 성경의 하나님이 되고 말 것이다. 한편 『환단고기(桓檀古記)』는 한민족 고유의 천신(天神) 신앙을 근거로

'신교'(神敎)를 구체적으로 기록하고 있다. 여기서 '신교'란 『삼성기전하편(三聖紀全下篇)』에서 "삼신의 도로서 가르침을 베풀었다"로 번역되는 "이삼신설교"(以三神說敎)의 약자이다. 따라서 '신교'는 '삼신일체(三神一體) 하느님'과 '삼신일체 하느님의 말씀'을 믿는 종교를 의미한다. '신교'는 한민족의 삼대경전인 ≪천부경(天符經)≫ · ≪삼일신고(三一神誥)≫ · ≪참전계경(參佺戒經)≫에 바탕을 두고 있다.

따라서 『환단고기(桓檀古記)』는 기독교 신학자만 바르게 해석할 수 있다. '신교'의 전통이 환국 ⇒ 배달국 ⇒ 고조선 ⇒ 북부여 ⇒ 고구려 ⇒ 발해 ⇒ 신라 ⇒ 고려까지 전수되어 내려왔다. '신교'를 북부여에서는 '대천교'(代天敎), 고구려에서는 '경천교'(敬天敎), 발해에서는 '진종교'(眞倧敎), 신라에서는 '숭천교'(崇天敎), 고려에서는 '왕검교'(王儉敎), 만주에서는 '주신교'(主神敎)로 불렀다.[2] 이들 모두가 '삼신일체 상제'(三神一體上帝)께 해마다 10월에 제사를 드렸는데, 이것이 전통이 되어 고조선의 건국일인 10월 3일 개천절로 정한 것은 이런 역사적 배경을 바탕으로 했기 때문이다. 한편 한민족의 삼대경전인 ≪천부경(天符經)≫ · ≪삼일신고(三一神誥)≫ · ≪참전계경(參佺戒經)≫을 기반으로 '대종교,' '천도교,' '단군교' 등의 민족종교들이 나타났다. 하지만 기독교 삼위일체론을 정확하게 알고 있는 기독교 신학자가 아니면, 특별 계시인 성경의 도움 없이 결코 '삼신일체 상제'(三神一體上帝)의 본질을 깨달을 수 없고, 한민족의 삼대경전인

2 최민자 주해, 『천부경 · 삼일신고 · 참전계경』 (서울: 도서출판 모시는 사람들, 2006), 34.

≪천부경(天符經)≫ · ≪삼일신고(三一神誥)≫ · ≪참전계경(參佺戒經)≫을 바르게 해석하는 것이 불가능하다. 지금까지 기독교 신학자들이 『환단고기(桓檀古記)』를 연구해보지도 않고 강단사학자들의 위서논쟁에 동조해 온 것은 직무유기이다. 이것이 조직신학자인 본 연구자가 역사신학 분야인 본 연구서를 쓰게 된 이유이다.

『환단고기(桓檀古記)』의 핵심은 '홍익인간'과 '재세이화'이다. 『환단고기(桓檀古記)』에서 '환단'(桓檀)은 무엇을 의미할까? 『태백일사』 「신시본기(神市本紀)」에 보면, "하느님으로부터 내려온 최초의 광명을 '환'(桓)이라 하고, 하느님의 광명이 비친 '땅'을 '단'(檀)이라 한다"[3]는 구절이 있다. 그리고 이와 같은 맥락으로 '대한민국'(大韓民國)에서 '한'(韓)은 '환'(桓)과 마찬가지로 광명을 뜻하며 또한 '밝고 큰 인간'이라는 의미도 함축하고 있다. 간단히 표현하면 '환'(桓)은 하느님의 광명, '단'(檀)은 땅의 광명, '한'(韓)은 인간의 광명을 말하는 것으로, 한민족(韓民族)은 하느님의 광명이 인간의 광명을 통하여 땅의 광명이 되도록 구현할 사명을 띤 빛의 민족인 것이다. 그리고 『환단고기(桓檀古記)』는 상고시대에 하느님의 뜻을 따라 빛 된 삶을 살았던 '환국'과 '배달국' 및 '고조선'의 역사 기록이다. 이렇듯 우리 조상들은 하늘의 광명인 '환'(桓)과 땅의 광명인 '단'(檀)을 따라 천지의 광명을 실현하는 역사의 주체를 '한'(韓)이라 했던 것이

3 『태백일사』 「신시본기(神市本紀)」, "自天光明謂之桓也(자천광명위지환야)、自地光明謂之檀也(자지광명위지단야)。"

다. 이를 달리 말하면, 한민족(韓民族)은 온 세상에 하느님의 빛을 비추라는 사명을 받은 민족이다. 이것은 '인간을 널리 이롭게 한다'는 고조선의 국시인 '홍익인간'(弘益人間) 정신 및 '세상을 진리로 교화한다'는 '재세이화'(在世理化) 정신과 맥을 같이 한다. '재세이화'는 '홍익인간'의 완결점이고 최종 목표이다.[4]

'홍익인간'과 '재세이화'은 대한민국 건국강령과 교육강령의 바탕이다. 대한민국은 환국·배달국·고조선의 건국이념인 '홍익인간'과 '재세이화'를 계승하고 있다. 대한민국 헌법에 명시되지는 않았지만, 대한민국 임시정부의 건국강령 중 기본적 핵심을 기록한 제1장에 건국 정신으로 '홍익인간'과 '재세이화' 사상이 명시되어 있다: "우리나라의 건국정신은 삼균제도(三均制度)의 력사적 근거를 두었으니 선민(先民)의 명명(明命)한 바 '수미균평위(首尾均平位)하야 흥방보태평(興邦保太平)하리라' 하였다. 이는 사회 각층 각급의 지력(智力)과 권력(權力)과 부력(富力)의 향유를 균평하게 하야 국가를 진흥하며 태평을 보유하려 함이니 '홍익인간'(弘益人間)과 '리화세계'(理化世界: 在世理化)하자는 우리 민족의 직힐 바 최고 공리(公理)임."[5] 뿐만 아니라 대한민국 현행 법률인 교육기본법(법률 제86호)에 '홍

---

4 '홍익인간'과 '재세이화' 사상은 원래 한웅(桓雄)이 세운 배달국(倍達國)의 국가이념이었다. 이러한 국가이념이 생성되기 시작한 때는 환인(桓因)이 세운 환국(桓國)에서부터였다. 그러니까 고조선은 환국과 배달국의 국가이념을 그대로 전수하고 있는 것이다.

5 ≪大韓民國建國綱領≫ 大韓民國建國綱領을 制定하여 이에 公布함. 大韓民國二十三年十一月二十八日. 臨時政府國務委員會主席. 第1章 總綱. "二. 우리나라의 建國精神은 三均制度의 歷史的根據를 두었으니 先民의 明命한 바 「首尾均平位하면 興邦保太平」하리라 하였다. 이는 社會各層各級의 智力과 權力과 富力의 享有를 均平하게 하여 國家를

익인간' 사상이 교육이념으로 규정되어 있다: "교육은 '홍익인간'의 이념 아래 모든 국민으로 하여금 인격을 도야하고 자주적 생활능력과 민주시민으로서 필요한 자질을 갖추게 함으로써 인간다운 삶을 영위하게 하고 민주국가의 발전과 인류공영(人類共榮)의 이상을 실현하는 데에 이바지하게 함을 목적으로 한다."[6] 이처럼 『환단고기』의 정신인 '홍익인간'과 '재세이화'가 대한민국 임시정부의 건국강령과 대한민국 교육이념의 교육강령에 바탕을 형성하고 있다.

『환단고기(桓檀古記)』의 역사성이 천문학을 통해 검증되었다. 역사를 읽는 도구인 사서(史書)나 고고학보다 과학적 객관성을 지니는 것은 천문기록이다. 천문학은 하늘의 역사를 밝히는 것만큼이나 땅의 역사를 밝혀준다. 과거의 천문 현상을 탐구함으로 역사적 연대에 대해 규명하는 것을 '고천문학'(古天文學) 분야의 '천문연대학'이라 한다. 박창범 박사는 '천문연대학'에서 국내 최고 권위자이다. 그는 천문학적으로 고조선의 역사성을 검증하려는 시도를 했는데, 한민족 상고시대의 천문 기록을 발해의 시조 대조영(大祚榮)의 아우 대야발(大野勃)이 A.D. 719년에 편찬한 『단기고사(檀奇古事)』와 고려 말엽의 행촌 이암(李嵒, A.D.1297~1364)이 편찬한 『환단고기(桓檀古記)』에 수록되어 있는 『단군세기(檀君世記)』를 통하여 찾아냈다. 한민족 상고시대의 자연현상과 천문현상에 관련된 기록이 오직

振興하며 太平을 保維하라 함이니 弘益人間과 理化世界하자는 우리 民族의 지킬바 最高公理임." "대한민국 건국 강령," 국사편찬위원회.

6 "홍익인간," ≪나무위키≫. https://namu.wiki/w/

『단기고사』와 『단군세기』에 약 60개가 실려 있었다. 그중에 과학적 계산으로 확인이 가능한 기록은 일식과 오행성 결집, 썰물 현상 등 12개 기록에 불과했다. 하지만 단군 재위의 시점을 서력(西曆)으로 바꾸어 놓은 연구가 없었다. 그래서 그는 천체 역학적으로 계산이 가능한 수성·금성·화성·목성·토성의 다섯 행성이 결집하는 천체 현상을 찾아보기로 했다. 다음은 그의 연구 결과이다.

> 『단기고사』와 『단군세기』에 나오는 오행성 관련 기록은 다음과 같다: "13세 단군 흘달 50년(B.C. 1733년, 단군왕검 1년을 B.C. 2333년으로 둠)에 다섯 행성이 루 별자리에 모였다."[7] 나는 이 기록을 확인하기 위해 B.C. 1733년을 전후로 하여 약 550년간의 시간 범위에 걸쳐 맨눈으로 볼 수 있는 수성, 금성, 화성, 목성과 토성 등 다섯 행성의 위치를 계산해 보았다. 그 결과 다섯 행성이 하늘에서 매우 가깝게 모이는 때는 ① B.C. 1953년 2월 25일 새벽(2.3° 이내)과 ② B.C. 1734년 7월 13일 초저녁(10° 이내)인 것으로 나타났다. 그중 기록에 나오는 B.C. 1733년의 현상과 시점상 가장 근접한 것은 후자이다. 계산으로 확인된 B.C. 1734년의 행성 결집은 해질녘에 태양으로부터 금성, 목성, 토성, 수성, 화성이 늘어서고 초승달도 함께 모여 장관을 이룬다. 기록에 쓰여 있는 B.C. 1733년과 비교하면 불과 1년 차이로 실제 현상이 있었던 것이다. 그런데 1년이란 차이는 왜 벌

---

7 이암(李嵒), 『단군세기(檀君世記)』, "戊辰五十年(무진오십년)、 五星聚婁(오성취루)。" 〔본문 번역〕: "무진 50년(B.C.1722년) 오성(五星)이 모여들었다(聚婁: 취루)." 본문은 다섯 별(金木 土水火)이 28수의 하나인 루(婁)에서 결집하였다는 기록이다. B.C. 1733년 7월 13일 19시 51분 15초에 오성취루가 측정되었다.

어지는 것일까? 행성이 실제로 결집했던 해와 1년의 시간차로 기록이 나타난 것은 단지 우연일까? 아니다. 이를 우연히 맞아떨어진 조작으로 보기는 힘들다. 지난 4,000년간 다섯 행성들의 위치를 계산해 보면 이들이 10° 이내로 모이는 일은 평균 250년에 한 번꼴로 일어나는 매우 희귀한 현상이다. 만약 이 기록이 조작을 위해 임의로 책에 삽입되었다면 실제 현상이 있었던 시점과 단 1년 차이로 우연히 가까울 확률은 0.007이 된다. 조작의 가능성이 거의 없다는 뜻이다. … 만일 행성 결집 기록이 사실이라면, 이것은 왜 실제 현상과 조금 다른 해에 기록되었을까? 그 까닭 중에 하나는 단군조선의 개국년이 불확실한 데에 있다. 우리는 1949년에 제정된 '국경일에 대한 법률'에 따라 단군왕검의 개국년월일을 B.C. 2333년 음력 10월 3일로 정하고, 이날에 해당하는 양력일을 찾을 수 없어 대신 양력 10월 3일을 개천절로 지정하여 단군의 개국을 경축해 오고 있다. 그런데 실은 단군조선의 개국년에 대해서는 세 가지 학설이 있다. 첫째는 『삼국유사』가 인용한 『위서(魏書)』, 『제왕운기』, 『단군세기』, 『세종실록』 「지리지」 등에 기록된 요(堯) 원년(B.C.2357) 설이다. 둘째는 『동국통감』, 『해동이적』, 『동국역대총목』 등에 기록된 요 25년(무진년, B.C.2333) 설이다. 셋째는 『삼국유사』에 인용한 『고기(古記)』에 기록된 요 50년(B.C.2308) 설이다. 정부가 선택한 해는 이 중 두 번째이다. 위에서 여러 단제들의 제위년은 단군왕검 1년을 B.C. 2333년이라고 가정하여 계산했는데, 단군왕검 1년이라는 해에 이미 49년의 불확실성이 있다는 말이다. 따라서 서력 환산의 문제로 인해 기록과 실제 현상과의 일치가 수십 년까지 벌어질 수도 있는 것이다. … 그러므로 학자들은 이 책들(『단기고사』와 『단군세기』)을 마냥 무시할 것이 아니라 옥석을 가리는 마음으로 책의 내용을 진지하게

재고해 봐야 하지 않을까 생각한다.[8]

1986년 임승국 교수가 『한단고기』라는 제목으로 번역하고 주해하여 출간한 이후 지난 40여 년 동안 『환단고기(桓檀古記)』에 대한 연구는 기독교 신학자들이 주도했어야 마땅하다. 왜냐하면 『환단고기』는 성경에 계시된 삼위일체 하나님을 명백하게 증거하고 있기 때문이다. 하지만 역설적이게도 막대한 자금을 투자하여 『환단고기』에 대한 깊은 연구를 증산교(甑山教)가 지난 40여 년 동안 주도하여 왔을 뿐 아니라 지금도 정기적으로 세미나를 열어 『환단고기』를 열심히 가르치고 있다. 그런데 문제는 『환단고기』에 기록된 '상제'(하느님)를 자신들의 교조인 강증산(1871~1909)과 동일시한다는 데 있다. 강증산의 본명은 강일순(姜一淳, 1871~1909)이며, 흔히 알려진 '증산'(甑山)은 그의 별칭(號)이다. 증산교에서는 강일순을 천상 도솔천에서 강세한 옥황상제라고 믿어, '강증산 상제님'이라 호칭한다. 더욱 흥미로운 사실은 강일순이 38세에 죽자(천상 보좌로 올라갔다고 함), 그의 부인 고판례(高判禮, 1880~1935)가 어머니 하느님 태모 고수부(太母 高首婦)로 등극한다. 그들의 지론은 음양으로 변화하는 자연법칙으로 보아 아버지 하느님과 어머니 하느님 두 분으로 존재해야 한다는 것이다. 여기서 '태모'(太母)는 큰어머니라는 뜻으로, 인류의 큰어머니, 즉 우주 삼라만상에 생명을 주는 어머니라는 의미이다. 그리고 '고수부'

8 박창범, 『하늘에 새긴 우리 역사』 (서울: 김영사, 2002), 16-32.

(高首婦)는 고씨(高氏) 성을 지닌 높고 높은 부인이란 뜻이다. '수부'(首婦)는 조선시대의 용어로서, 현대어로 번역하자면 '퍼스트 레이디'(First Lady)쯤 될 것이다. 강일순 사후 증산교는 여러 파로 갈라져 보천교(普天教)·미륵불교(彌勒佛教)·제화교(濟化教)·태을교(太乙教)·동화교(東華教)·순천교(順天教) 등 수십 개의 독립교단이 난맥상을 이루며 창설되었고 한때 혹세무민하는 종교로 알려지기도 하였다. 그런데 태모 고수부를 어머니 하느님으로 숭배하기를 거부하는 신도들이 증산교에서 이탈하여 나와서 '대순진리회'를 설립하였다.

B

인류의 시원에 관하여

B.C. 4004년이라고 주장하는 전통적 기독교의 인류 시원 연대와 B.C. 7197년에 환국이 건국되었다고 기록한 『환단고기』의 연대가 상충된다. 이러한 연대적 차이를 우리는 어떻게 이해하여야 할까? 하지만 고고학적으로 인류 문명이 신석기 시대부터 시작되었으며, 그 연대는 대략 B.C. 1만년경이라는 것을 부인하는 사람은 없다.

B.C. 4004년의 지구 창조와 인류 시원 연대는 어떻게 만들어진 것일까? 17세기 아일랜드 대주교였던 제임스 어셔(James Ussher, 1581~1656)는 성경에 기록된 천지창조의 날짜를 자기 나름의 방식대로 계산해냈다. 그리고 자신의 연구 결과를 1650년 『구약의 연대기』(*Annals of the Old Testament, deduced from the first origins of the world*)라는 제명으로 출판했다. 어셔(Ussher)는 6일간의 천지창조에서 솔로몬 성전 완성 때까지 3,000년, 그 후부터 예수님 탄생까지 1,000년을 세어, 이 기간의 합을 4,000년으로

설정했다. 여기서 예수님의 탄생은 헤롯 왕이 죽었던 B.C. 4년에 일어난 일이기 때문에, 4년을 거슬러 올라가서 B.C. 4004년을 천지가 창조된 해라고 주장하였다. 그리고 7일째 되는 날에 하나님이 창조를 쉬셨으니, 천지창조도 주일에 시작되었다. 왜냐하면 유대의 안식일은 토요일이기 때문이다. 이를 당시의 달력인 율리우스력에 따라 계산하면 천지창조의 날짜는 10월 22일이 된다. 그리고 유대인의 하루 기준은 저녁 6시 해질녘부터 다음날 해질녘까지니까, 10월 22일 저녁 6시부터 10월 23일 저녁 6시까지 첫째 날의 천지창조가 진행되었다는 것이다: 창세기 1:5, "하나님이 빛을 낮이라 부르시고 어둠을 밤이라 부르시니라 저녁이 되고 아침이 되니 이는 첫째 날이니라." 따라서 천지창조의 시작 순간은 10월 22일 저녁 6시가 된다.[9] 이런 어셔의 연대기는 근대과학의 아버지로 일컬어지는 아이작 뉴턴(Isaac Newton, 1642~1727)도 받아들였다. 그리고 이 날짜는 1710년 영국 국교회에서 공식적으로 인정받았고, 19세기 전까지는 유일한 지구 나이 계산치였다. 뿐만 아니라 18세기 초부터 20세기 중반까지 출판된 많은 성경에는 어셔의 천지창조 연대가 성경 한쪽에 표기되어 세계적으로 널리 알려졌다.

창세기 12장부터 고고학과 문헌자료를 통하여 역사적 연대 계산이 가능하기 때문에 역사학자들은 '역사시대'(歷史時代)라 일컫는다. 그래서 창세기에 기록된 사건들 중에서 '역사시대'에 속하는 아브라함 시대 이후

9 "Ussher chronology," *Wikipedia.*

사건들의 연대는 비교적 명확하다. 하지만 그 이전 시대는 기준이나 단서가 될 만한 성경 내외적인 객관적 증거가 전무하다. 따라서 '천지창조,' '아담의 타락,' '노아의 홍수,' '바벨탑 건설'의 4대 사건들 연대는 추정이 불가능하다. 그래서 창세기 1～11장은 정확한 연대 계산이 불가능하기 때문에 '원역사'(原歷史: the Primeval history) 혹은 '선사시대'(先史時代)라고 일컫는다.[10] 그런데 어셔의 연대기는 구약성경의 창세기 5～11장에 기록된 인간 계보에 근거하여 역사의 연대기를 계산해 냈다. 하지만 성경의 기록 목적은 인간 계보에 대한 정확한 연대 계산이 아닌 인간 구원에 대한 정확한 말씀 계시에 목적이 있다. 그래서 성경은 역사 속에서 발생한 사건들과 인물들을 모두 기록하지 않았다. 많은 사람들이 난해한 구절로 취급하는 창세기 4:14-15은 가인 외에도 그 당시 많은 사람들이 존재했음을 암시한다: "… 무릇 나를 만나는 자마다 나를 죽이겠나이다 여호와께서 그에게 이르시되 그렇지 아니하다 가인을 죽이는 자는 벌을 칠 배나 받으리라 하시고 가인에게 표를 주사 그를 만나는 모든 사람에게서 죽임을 면하게 하시니라." 이 구절에 대한 의문을 풀 실마리는 아담과 하와가 가인과 아벨 그리고 셋만 낳은 것이 아니라 그 외에도 많은 자녀들을 낳았다는 사실이다: 창세기 5:4, "아담은 셋을 낳은 후 팔백 년을 지내며 자녀들을 낳았으며." 이처럼 성경에 언급이 없는 아담과 하와의 많은 후손들이 가인에게는 두려움의 대상이 되었던

10 "창세기 11:1-9, 창세기 연대 논쟁," 『옥스퍼드 원어성경대전』, 579.

것이다.

창세기 5:32, "노아는 오백 세 된 후에 셈과 함과 야벳을 낳았더라." 본문은 노아가 몇 세에 세 아들을 낳았는지 정확히 밝히고 있지 않다. 그리고 창세기 10장은 셈과 함과 야벳의 족보를 기록하고 있지만, 계보의 연대는 생략되어 있다. 특히 아담에서 아브라함까지의 계보를 나열하고 있는 역대상서 1:1-27에는 창세기 5,10-11장을 근거로 하여 노아의 세 아들 족보를 중심으로 구속사적 중요성에 따라 요약 정리하였다. 또한 마태복음 1:1-17은 예수 그리스도의 선조를 나열하며 아브라함부터 그리스도까지의 족보를 구속사적 중요성에 따라 요약 정리하였다: 마태복음 1:17, "그런즉 모든 대 수가 아브라함부터 다윗까지 열네 대요 다윗부터 바벨론으로 사로잡혀 갈 때까지 열네 대요 바벨론으로 사로잡혀 간 후부터 그리스도까지 열네 대러라." 마태가 아브라함부터 예수 그리스도의 족보 가운데 몇 명을 생략하고 14대씩 3기로 구분하여 기억하기 쉽게 조직화하였다. 마태가 마태복음 1:1-17에서 예수 그리스도의 선조를 나열한 목적은 예수 그리스도가 아브라함의 후손으로 다윗 왕의 계보를 잇는 약속된 메시아이심을 나타내기 위함이었다.[11] 매우 흥미로운 사실은 마태복음 1:1-17에 예수 그리스도의 족보가 42대로 기록되어 있지만, 누가복음 3:23-38은 53대로 기록하고 있어서, 마태복음의 족보와 시간상 400년의 차이가 난다는 것이다. 더욱이 창세기 11:10-26에는

---

11 "마1:1-17,"『옥스퍼드 원어성경대전』.

셈의 족보를 아브람의 아버지 데라에 이르기까지 상세하게 연대기적으로 진술하고 있지만, 창세기 11:10-11에 누락되어 있는 '가이난'이라는 사람이 누가복음 3장의 족보에 들어가 있다. 누가복음 3:36, "그 위는 가이난이요 그 위는 아박삿이요 그 위는 셈이요." 이것은 창세기의 족보가 연대기적이 아닌 구속사적인 기록임을 드러낸다.

제임스 어셔가 산정한 창세기 1:1–12:4까지의 연대기

날짜	사건	성경	지구 연대
B.C. 4004년	천지창조	창1:1-31	0년
B.C. 3874년	아담 130세, 셋 출생	창5:3	130년
B.C. 3769년	셋 105세, 에노스 출생	창5:6	235년
B.C. 3679년	에노스 90세, 게난 출생	창5:9	325년
B.C. 3609년	게난 70세, 마할랄렐 출생	창5:12	395년
B.C. 3544년	마할랄렐 65세, 야렛 출생	창5:15	460년
B.C. 3382년	야렛 162년, 에녹 출생	창5:18	622년
B.C. 3317년	에녹 65세, 므두셀라 출생	창5:21	687년
B.C. 3130년	므두셀라 187세, 라멕 출생	창5:25	874년
B.C. 2948년	라멕 182년, 노아 출생	창5:28	1,056년
B.C. 2446년	노아 502세, 셈 출생	창11:10	1,558년
B.C. 2348년	노아 600세, 대홍수	창7:6	1,656년
B.C. 2346년	셈 100세, 아르박삿 출생	창11:10	1,658년
B.C. 2311년	아르박삿 35세, 셀라 출생	창11:12	1,693년
B.C. 2281년	셀라 30세, 에벨 출생	창11:14	1,723년
B.C. 2246년	에벨 34세, 벨렉 출생	창11:16	1,758년
B.C. 2217년	벨렉 30세, 르우 출생	창11:18	1,787년
B.C. 2185년	르우 32세, 스룩 출생	창11:20	1,819년

B.C. 2155년	스룩 30세, 나홀 출생	창11:22	1,849년
B.C. 2126년	나홀 29세, 데라 출생	창11:24	1,878년
B.C. 1996년[12]	데라 130세, 아브람 출생	창11:26	2,008년
B.C. 1921년	아브람 75세, 가나안 이주	창12:4-5	2,083년

어셔의 연대기에서 또 다른 문제점은 창세기 1장에 언급된 첫째 날에서 여섯째 날까지 6일간에 걸친 천지창조를 주장하고 있다는 것이다. 물론 어셔에게 하루는 지구의 자전을 기준으로 하는 24시간이다. 그런데 창세기 1장에 언급된 "날"(창1:5,8,13,19,23,31)로 번역된 '욤'(יוֹם)[13]은 24시간

12 ≪야살의 책(The Book of Jasher)≫은 고대 역사서 가운데 하나로 수10:12-13과 삼하1:17-18에 언급이 되어 있다. 뿐만 아니라 딤후3:8에 언급된 바로의 마술사 얀네와 얌브레의 이름 출처가 ≪야살의 책≫ 79:27에서 발견된다. 그것은 ≪야살의 책≫이 신구약 기자들에게 친숙했음을 말해준다. 그런데 ≪야살의 책≫은 창세기부터 삿1장까지의 이야기를 다루고 있는데, 특히 '원역사'에 속하는 창1-11장까지의 연대기를 상세히 언급하고 있다. ≪야살의 책1≫ 이상준 역(서울: 이스트윈드, 2015), 7-14. 한편 창11:26, "데라는 칠십 세에 아브람과 나홀과 하란을 낳았더라"고 기록하였다. 그러나 ≪야살의 책≫에서 "데라는 삼십팔 세에 하란과 나홀을 낳았다"(야셀9:22)고 기록하였다. 따라서 성경에서 데라가 아브람과 나홀과 하란을 낳았을 때 70세였다고 말한 사실은 아브람이 태어난 날짜를 언급한 것이다. 즉, 아브람의 두 형제보다 32년 후에 출생한 것이다. 아브람은 세 형제 중 막내였지만, 그의 의로움과 탁월함으로 인해 장자권이 그에게 돌아왔기 때문에 처음에 나열되었다. 그러나 제임스 어셔 대주교의 연대기와는 다르다. 어셔는 그의 방대한 연대기 작업에서 아브람이 그의 아버지 데라가 죽기 75년 전에 태어났다고 결론지었다. 데라는 205세의 나이로 죽었다(창11:32). 창세기의 다음 장은 하나님께서 아브람에게 그의 고향을 떠나라 명령하셨고 아브람은 75세의 나이에 그렇게 했다(창12:1-4). 어셔는 데라의 죽음과 아브람이 가나안으로 출발한 해가 같다고 가정했다. 그러므로 데라가 B.C. 1921년에 죽었으므로, 어셔에 따르면 아브람의 탄생은 75년 이전인 B.C. 1996년에 태어난 것으로 산정했다. 이 날짜는 아브람의 실제 출생 날짜보다 정확히 60년 늦는다! 어셔 대주교는 아브람의 탄생을 계산할 때 ≪야살의 책≫을 몰랐기 때문에 연대기에 차이가 난 것이다. John P. Pratt, "How Did the Book of Jasher Know?" *Meridian Magazine* (Jan. 7, 2002).

13 "יוֹם #3219," *The Complete Biblical Library.*

을 나타내는 '하루'(day, 창 8:4; 레23:27)를 의미하기도 하지만, 때로 '불특정 기간'(period of time, 수 24:7; 렘 50:27)을 나타내기도 한다. 호주의 고고학자 월터 비즐리(Walter J. Beasley, 1889~1976)는 그의 저서 『창조의 신비(*Creation's Amazing Architect*, 1955)』[14]에서 창세기 1장의 하나님에 의한 창조를 고생대·중생대·신생대 등 지질학적 연대에 맞추어 해석하였다. 즉 식물과 삼엽충 같은 무척추동물이 등장한 '고생대'(Paleozoic Era): 창세기 1:12, "땅이 풀과 각기 종류대로 씨 맺는 채소와 각기 종류대로 씨 가진 열매 맺는 나무를 내니 하나님이 보시기에 좋았더라." 공룡과 같은 거대 파충류가 번성했던 '중생대'(Mesozoic Era): 창세기 1:21, "하나님이 큰 바다짐승들과 물에서 번성하여 움직이는 모든 생물을 그 종류대로, 날개 있는 모든 새를 그 종류대로 창조하시니 하나님이 보시기에 좋았더라." 포유류가 번성했던 '신생대'(Cenozoic Era): 창세기 1:25, "하나님이 땅의 짐승을 그 종류대로, 가축을 그 종류대로, 땅에 기는 모든 것을 그 종류대로 만드시니 하나님이 보시기에 좋았더라." 그리고 지질학은 신생대 마지막 '제4기 빙하기' 끝인 약 1만1천7백 년 전[15] 인류가 출현했다고 주장한다: 창세기 1:26, "하나님이 이르시되 우리의 형상을 따라 우리의 모양대로 우리가 사람을 만들고 그들로 바다의 물고기와 하늘의 새와 가축과 온 땅과 땅에 기는 모든 것을 다스리게 하자." 매우 흥미로운 사실

14 Walter J. Beasley, *Creation's Amazing Architect* (Melbourne, Australia: GLS Press, 1955).

15 "제4기 빙하기," ≪위키백과≫.

은 지질학이 고생대·중생대·신생대로 구분한 지구 지질 연대가 창세기 1장의 지구 생물 창조 순서와 일치한다는 것이다.

한편 우주와 지구가 창조된 것은 '첫째 날'이지만(창1:1-2), 우주 공간에 해달별을 하나님이 창조하신 것은 '넷째 날'이다(창1:14-19). 하나님은 첫째 날에 원초적 빛을 창조하시고(창1:3-5), 넷째 날에 해달별을 창조하여 빛을 지구에 비추게 하셨다(창1:16). 여기서 우리의 의구심은 해달별이 없는데 하나님이 첫째 날에 창조하신 빛의 정체는 무엇일까 하는 것이다. 태양이 없는데 첫째 날부터 지구에는 낮과 밤이 구분되고(창1:3-4), 더욱이 태양이 없는데 셋째 날 지구 위에는 나무와 풀 그리고 각종 씨 맺는 채소들과 열매 맺는 나무들의 생장이 가능한가에 대한 것이다(창1:9-13). 이것은 첫째 날에 창조된 원초적 빛에 의해 가능했다. 우리가 알아야 할 사실은 빛의 물리적 특성이 에너지라는 것이다. 즉 빛은 전자기적 에너지이다. 다시 말해 빛은 열·소리·전기·자기 간의 상호운동 영역까지 미치는 포괄적 에너지이다. 우주에 존재하는 물질의 기본 요소들인 분자·전자·원자 등은 이 원초적 빛 에너지를 흡수해야만 활성화가 가능하다. 그런 측면에서 원초적 빛과 태양의 빛은 다르다. 태양을 구성하는 수소와 헬륨은 원초적 빛 에너지가 없으면 활성화될 수 없다. 따라서 태양이 있기 전에 원초적 빛이 먼저 있어야 한다. 그래서 첫째 날에 창조된 "빛"을 '오르'(אוֹר light)[16]라 하고, 넷째 날에 창조된 "광명체"를 '마오

---

16 "אוֹר #214," *The Complete Biblical Library.*

르'(מָאוֹר lamp)[17]라고 한다. 즉 원초적 빛은 에너지이고 태양은 빛 에너지를 내뿜는 장치인 것이다. 이것은 전기의 공급 없이 전구가 빛을 발할 수 없는 것과 같은 이치이다.

오늘날 과학자들은 지구와 인간의 기원에 대하여 다음과 같은 주장을 한다. 지질학(地質學, Geology)에서 '지질시대'(地質時代, Geological history)란 약 45억 6000만 년 전 지구가 형성된 시기부터 현세까지의 시간을 지질학적으로 연구하기 위해 사용되는 학문적 용어이다. 각 시대는 크게 선캄브리아기, 고생대, 중생대, 신생대로 나눈다. 제임스 루어(James F. Luhr, 1953~2007)가 편집한 『지구』(Earth, 2003)[18]에 의하면, 45억 6000만~5억 4300만 년 전까지를 '선캄브리아기'라고 한다. 그리고 5억 4300만~2억 5200만 년 전까지를 '고생대'라고 한다. 또한 2억 5200만~6500만 년 전까지를 '중생대'라고 한다. 더 나아가 6500만 년 전부터 현재까지를 '신생대'라고 한다. 한편 과학을 빙자한 인류 진화론(Human Evolution)은 상상력을 발휘하여 유인원(類人猿)[19]인 침팬지에서 인간으로의 진화과정 중에 있는 '반수반인적(半獸半人的) 유인원(類人猿)'을 창작해냈다. 즉 약 400만~200만 년 전에 등장한 두 발로 직립 보행을 하는 '오스트랄로피테쿠스'(Australopithecus), 약 240만 년 전에 등장한 최초의 인류(Homo)에 속

---

17 "מָאוֹר #4115," *The Complete Biblical Library.*

18 James F. Luhr, 『지구(Earth)』 (서울: 사이언스북스, 2006), 21-41.

19 유인원(類人猿)은 침팬지·오랑우탄·고릴라 등 인간에 가까운 고등한 원숭이 종류를 의미한다.

하는 '호모 하빌리스'(Homo habilis), 약 150만 년 전에 등장한 현생 인류인 호모 사피엔스의 직접적 조상인 '호모 에렉투스'(Homo erectus), 약 30만 년 전에 등장한 현생 인류와 유사한 '네안데르탈인'(호모 네안데르탈렌시스, Homo neanderthalensis), 그리고 약 20만 년 전에 등장한 현생 인류인 '호모 사피엔스'(Homo sapiens) 등이다. '현생 인류'란 인류 진화 과정에서 최종 단계를 의미한다. 즉 인간의 직계 조상이라는 뜻이다. 여기서 진화론자들은 상상력을 발휘하여 창출해 낸 '반수반인적 유인원'이 살던 때를 구석기 시대로 설정하여 인류 최초의 문명인 신석기 시대와 연결시켰다.[20] 하지만 누구도 부인하지 못한 사실은 인류 문명이 신석기 시대부터 시작되었으며, 그 연대는 대략 B.C. 1만 년경이라는 것이다.

제임스 어셔에 의한 B.C. 4004년의 지구 창조설과 인류 시원설은 성경을 인류 구속사의 계시가 아닌 역사 연대기의 기록으로 접근했기 때문에 정확하지 않다. 창세기 1~11장은 원역사로서 인류의 모든 연대를 하나도 빠짐없이 기록하지 않았다. 어셔는 베드로후서 3:8의 "사랑하는 자들아 주께는 하루가 천 년 같고 천 년이 하루 같다는 이 한 가지를 잊지 말라"는 말씀과 창세기 2:2의 "하나님이 그가 하시던 일을 일곱째

---

20 "구석기 시대(舊石器時代)는 인류 선사시대의 한 구분으로, 돌을 깨서 만든 뗀석기(打製石器)의 사용을 특징으로 하였다. 그 시기는 호모 하빌리스(Homo habilis)와 같은 고인류가 석기를 사용한 것까지 포함한다면 약 330만 년 전까지 거슬러 올라가며, 홍적세(제4기 빙하기)가 끝나는 11,700년 전에 끝난다고 여겨진다." Nicholas Toth & Kathy Schick, "21 Overview of Paleolithic Archeology," *Handbook of Paleoanthropology*, Winfried Henke, Lan Tattersall, eds., Vol. 3 (New York: Springer, 2007), 1943-1963.

날에 마치시니 그가 하시던 모든 일을 일곱째 날에 안식하시니라"는 말씀을 근거로 지구는 창조부터 종말까지 6,000년이 될 것으로 확신했다. 즉 하나님이 6일 동안 천지를 창조한 후 제7일에 하나님이 안식하신 것처럼, B.C. 4004년부터 A.D. 2000년이 되어 6,000년이 차면 예수님이 재림하심으로 지구는 사라지고 천국의 영원한 안식이 시작될 것이라는 믿음에 근거하여 성경의 연대를 계산한 것이다.

과학의 인류 시원설은 사이비 과학인 진화론에 근거한다.[21] 다윈은 모

---

21 마이클 베히(Micheal J. Behe)는 '환원 불가능한 복잡성(還元不可能複雜性, Irreducible Complexity)'을 다음과 같이 정의하였다: "환원 불가능한 복잡성이란 어떤 시스템에서 기본적 기능을 하는 수많은 구성 요소들이 상호작용하면서 다양하게 작동하기 때문에 그 요소들 중 하나만 빠져도 그 시스템의 기능이 모두 정지하는 것을 의미한다. 따라서 환원 불가능한 복잡성을 지닌 시스템은 사소하고 연속적인 변화에 의해 어떤 '선구체'(先驅體, precursor, 생화학 반응 과정에서 생성되는 물체의 이전물질)로부터 직접 생겨날 수 없다. 이는 한 부분이 빠지면 그 기능을 상실하기 때문에 한 부분이라도 빠진 특정한 선구체를 상정할 수 없다. 환원 불가능한 복잡성을 갖는 생물학적 시스템이 만약 존재한다면, 다윈의 진화론에 강력한 도전이 될 것이다.": "By irreducibly complex I mean a single system composed of several well-matched, interacting parts that contribute to the basic function, wherein the removal of any one of the parts causes the system to effectively cease functioning. An irreducibly complex system cannot be produced directly (that is, by continuously improving the initial function, which continues to work by the same mechanism) by slight, successive modifications of a precursor system, because any precursor to an irreducibly complex system that is missing a part is by definition nonfunctional. An irreducibly complex biological system, if there is such a thing, would be a powerful challenge to Darwinian evolution." Michael J. Behe, *Darwin's Black Box: The Biochemical Challenge to Evolution* (New York: Simon and Schuster, INC., 1996), 39. 한편 찰스 다윈은 "만약에 많은 횟수의 연속적이고 사소한 변화에 의해 형성될 수 없는 어떤 복잡한 기관의 존재가 증명된다면 나의 이론은 완전히 무너지고 말 것이다"라고 말했다: "If it could be demonstrated that any complex organ existed, which could not possibly have been formed by numerous, successive, slight modifications, my theory would absolutely break down." Charles Darwin, *The Origin of Species* (London: John Murray, 1859), 158. 사실 다윈은 '돌연변이'(우연한 변화)와 '자연

든 생물이 공통의 조상을 가지고 있다는 자신의 진화론을 설명하기 위해 『종의 기원』에 '생명계통수'(tree of life)를 그려 넣었다. 즉 바이러스 ⇒ 양서류 ⇒ 파충류 ⇒ 포유류 ⇒ 유인원 ⇒ 인간 등을 거치며 돌연변이와 자연 선택을 통하여 지구에 다양한 종들(species)이 생겨났다는 것이다. 그런데 5억 4300만 년 전 고생대가 시작되는 캄브리아기 지층에서 40여 개 주요 생물 그룹들의 동물 화석이 발견되었다. 선캄브리아기에서 캄브리아기로 넘어갈 때, 수많은 화석들이 갑자기 쏟아져 나왔는데, 마치 폭발하듯이 생명체들이 출현했기 때문에, 이것을 '캄브리아기 대폭발'(Cambrian Explosion)이라고 부른다. 이것은 다윈의 '생명계통수'를 전면으로 부정하는 대발견이다. 여기서 고고학은 연대 측정 도구로 '방사성 탄소 연대 측정법'(Radiocarbon dating)을 사용한다. 즉 잔존하는 방사성 탄소의 농도를 측정해 물체의 죽은 연대를 산출하는 것이다. 문제는 '대기 중의 탄소-14 개수는 언제나 일정하다'고 알려져 있지만, 대기 중 탄소-14의 양이 매우 적기 때문에(전체 탄소 중 약 1조분의 1) 연대가 길면 다 없어지므로 약 6만 년 이내의 것에만 적용된다. 그 이상의 연대는 측정할 수 없다.[22] 그리고 지질학은 연대 측정 도구로 '방사능 연대 측정법'

선택'(생존을 돕는 변화)에 의한 점진적 진화라는 자신의 이론이 '환원 불가능한 복잡성'을 지닌 생물을 발견하면 붕괴될 것을 예견한 발언이다. 현재 지구상에 존재하는 생물 중 가장 원시적이며 단순한 마이코플라즈마(Mycoplasma) 박테리아는 매우 복잡한 생명의 비밀을 지니고 있음이 밝혀졌다. 1999년 12월호 〈사이언스 저널〉에 진화의 논거를 무너뜨리는 논문이 게재됐다. 이 논문에 따르면 마이코플라즈마 박테리아의 유전자는 517개인데 이중 387개가 필수 유전자로 밝혀졌다. 여기서 필수 유전자는 1개라도 제거되면 생명 활동을 영위할 수 없다. 이것은 찰스 다윈의 진화론이 허구라는 사실을 증명한다.

(Radiometric dating)을 사용한다. 즉 암석 및 지질학적 표본을 통해 지구 자체의 연대를 알아내고, 지질 시대를 구분하는 데 방사능물질이 일정한 반감기로 붕괴한 양을 통해 그 생성 연대를 측정하는 것이다. 그런데 2010년 방사성 동위원소 연대 측정 방법의 부정확성이 공식적으로 제기되었다.[23] 그것은 '방사성 붕괴 속도가 장구한 시간 동안 항상 일정했을 것이다'란 가정이 틀렸다는 것이다. 따라서 고고학과 지질학을 통한 연대기 측정이 정확하지 않다는 것을 알 수 있다.

---

22 이진용, 『지질학에서 하나님을 만나다』 (서울: CLC, 2019), 151.

23 애리조나 주립대학의 브렌네카(Gregory Brennecka)와 동료들은 커다란 아옌데 운석(Allende meteorite)에서 채취한 여러 시료들에서 납-238의 양과 안정적인 납-235의 상대적인 양들을 측정하였다. (아옌데 운석은 1969년에 멕시코에 떨어진 운석으로 그 마을 이름으로 불리게 되었다). 그들은 더 민감한 기기들을 사용하여서, 같은 운석 내의 다른 함유물들로부터 동위원소 비율의 차이들을 탐지해내었다. 전체 논문은 2010년 1월 22일자 〈사이언스 저널〉에 게재되었다. Brennecka, G. A. et al. 238U/235U Variations in Meteorites: Extant 247Cm and Implications for Pb-Pb Dating. Science Express. Published online December 31, 2009.

Ⅱ

한민족 상고사의 논쟁적 고찰

『환단고기에서 발견한 성경에 계시된 하나님』을 연구하는 데 가장 기본적으로 다루어야 할 문제는 한민족 상고사의 말살과 왜곡이다. 그 이유는 한민족의 지정학적 역학으로 인한 외세의 간섭과 지배 때문이다. 중국과 일본이 한민족을 영구적으로 지배하기 위해 한민족 상고사를 말살하거나 왜곡시키려는 음모와 시도가 저들의 입장에서 당연한 것이다. 누군가 한민족 상고사는 말살되거나 왜곡되지 않았다고 주장한다면 그것이 오히려 비정상적인 억측이다. 중국과 일본이 한민족 상고사를 말살하거나 왜곡할 수밖에 없었던 이유는 그들의 시원(始原) 문화와 문명이 한민족의 상고사에 근거하고 있기 때문이다. 그러므로 본 논문에서 『환단고기에서 발견한 성경에 계시된 하나님』을 완성하기 위한 선행 조건은 한민족 상고사와 그 속에서 발견되는 구속사 그리고 이 두 요소를 함께 조화시키는 작업이다. 우선 본 연구자는 한민족 상고사에서 원시복음을 통한 구속사를 발견했기 때문에, 근거 자료를 정리하여 신학적으로 해석하려고 한다. 그런데 심각한 문제는 한민족의 구속사에 근거 자료가 되는 한민족 상고사가 중국과 일본의 사학자들에 의해 의도적으로 말살되거나 왜곡되었다는 것이다. 심지어 한국강단사학자들조차 저들의 영향을 받아 저들에게 동조하고 있는 실정이다. 말살되거나 왜곡된 한민족 상고사를 근거로 구속사를 해석하는 것이 불가능하다. 따라서 본 연구자는 한민족 상고사를 구속사적으로 다루기 전에 말살되거나 왜곡된 한민족 상고사를 본 단원에서 복원하는 작업을 먼저 해야만 한다. 그런데 오늘날 중국과 일본의 한국에 대한 직간접적인 지배는 종식되었지만, 여전히 한민족 상고사를 말살하거나 왜곡하려는 시도가 중국의 국가적 차원에서 자행되고 있다. 오늘날 한민족 상고사의 역사적 실재를 고고학적으로 입증해 줄 요하문명의 발견과 요하문명의 꽃이라고 할 수 있는 홍산문화의 대대적 발굴이 도화선이 되어 역사전쟁이 현재 진행 중이며 미래에 더욱 격화될 전망이다. 중국 요녕성 심양시에 있는 요녕대학(遼寧大學) 한국학과 교수를 역임한 우실하 교수는 한민족 상고사의 중국 역사 편입에 대한 현실적 위협을 다음과 같이 토로하였다.

> 새롭게 발견된 요하문명의 각 유적과 발굴 유물들은 필자가 눈으로 보기에도 믿을 수 없을 정도로 거대한 규모와 발단된 단계를 보이는 것이었다. 글자 그대로 새로운 고대문명이 이 지역에 있었다는 것을 확인시키기에 충분한 것이었다. 특히나 '요하문명의 꽃'으로 불리는 홍산문화의 유적과 유물들은 필자에게는 놀라움 그 자체였다. 당시에 한국학계의 관련 연구는 거의 전무한 상태였다. 예를 들면, 2000년 당시에 '요하문명'이나 '홍산문화'를 키워드로 검색되는 국내의 논문이 단 한 편도 없었고, 2017년 현재에도 몇몇 연구자의 논문만이 검색된다. 한국학계가 그동안 요하문명이나 홍산문화에 대해서 얼마나 무관심했었는지 알 수 있을 것이다. 중국학계에서는 수천 년 동안 아무도 알 수 없었던 고대문명이 요서 지역을 중심으로 새롭게 발견되면서, 1995년 곽대순(郭大順)에 의해 '요하문명'으로 명명된다.[24] 1996년부터는 국가 차원에서 요하문명을 중국 상고사와 연결시키기 위해서 5년 단위의 다양한 역사 관련 프로젝

24 곽대순(郭大順), 『요녕사전고고여요하문명탐원(遼寧史前考古与遼河文明探源)』 (遼海文物學刊, 1995), 14-20.

트(工程)를 이어가고 있다. 일반인들은 동북공정만 기억할지 모르지만, 이 밖에도 많은 역사 관련 공정들이 진행되었다. 이런 국가 차원의 역사 관련 공정들을 통해서 중국학계는 (1) 요하문명의 주도세력이 한족(漢族)의 조상이라는 전설적인 황제족(黃帝族)이고, (2) 따라서 만주 일대에서 발원하는 후대의 모든 소수민족은 황제족의 후예이며, (3) 이 황제족 후예들이 이룩한 역사는 모두 중국사의 일부라는 논리를 만들어가고 있다. 중국학계는 요하문명의 발견 이후 1996년부터 이어지는 각종 역사 관련 공정들을 통해서 그들의 상고사를 완전히 재편하고 있는 것이다. … 이런 중국학계의 시각에 대해서 한국학계가 적절히 대응하지 않는다면, (1) 예맥·(북)부여·발해·고조선 등과 연결되는 한민족의 조상들은 모두 황제족의 후예가 되는 것이고, (2) 이들이 이룩한 역사는 모두 중국사의 일부가 된다는 것을 분명하게 기억해야 한다. 현재도 중국의 역사교과서에서 (북)부여·고구려·발해를 중국사로 가르치고 있다는 것을 모르는 한국인들이 많다. … 우리나라 중-고등학교 역사교과서에는 비파형동검 등이 분포하는 요서 지역을 포함한 만주 지역도 '고조선의 영역,' '고조선의 문화권,' '고조선의 세력 범위' 등으로 보고 있다. … '고조선의 문화권' 또는 '고조선의 세력 범위' 관련 지도에는 요하문명의 중심지인 요서 지역이 분명하게 포함되어 있다. 요서 지역을 고조선의 문화권/지역/영역/세력 범위 등으로 인정하면서, 이 지역에서 새롭게 발견된 요하문명이 우리와 상관없다는 것이 말이 되는가? 요하문명이 한국 상고사와 무관하다며 연구하지 않는 한국 고고-역사학계의 현실을 필자는 도저히 이해할 수가 없다.[25]

25 우실하, 『고조선문명의 기원과 요하문명』 (서울: 지식산업사, 2018), 6-7.

한민족 상고사에 대한 연구가 가능할까? '상고시대'(上古時代)라고 하면 문헌을 통해 알 수 있는 한도 내에서 가장 오래된 옛날을 말한다. 한국의 경우 삼국시대 이전의 고조선 시기를 일컫는다. 한편 '선사시대'(先史時代, pre-history)는 석기시대와 청동기시대처럼 문헌 사료가 전혀 존재하지 않던 시대이다. 세계 각지에서 문헌 기록의 등장은 다르고, 기록된 역사도 약 5천 년 전부터 시작해 지역에 따라 차이가 있다. 정리하면 '상고시대'는 '선사시대' 때부터 '구전'(口傳)으로 내려오던 역사적 사건을 문자의 발명과 더불어 기록에 남긴 시대를 의미한다. 한민족 상고시대의 기록은 한민족 선사시대 때부터 구전되어 오던 역사적 사건을 배달국(倍達國)의 환웅천황(桓雄天皇) 시대에 B.C. 3900~B.C. 3800년경 창제된 '녹도문'(鹿圖文)으로 기록되었다가, 은나라 시대에 B.C. 1600~B.C. 1046년경 사용된 '갑골문'(甲骨文)을 거쳐, 진나라 시대에 B.C. 900~B.C. 206년경 사용된 '한문'(漢文)로 번역되었다. 한편 상형 표의문자인 녹도문이 어려워 고조선시대에 B.C. 2181년 창제된 '가림토(加臨土) 정음(正音) 38자'는 A.D. 1443년 세종대왕의 '훈민정음(訓民正音) 28자' 창제 반포의 기초가 된다. 즉 뜻글인 한자는 동이족의 녹도문에서 유래한 것이고, 소리글인 한글은 한민족의 가림토에서 유래한 것이다. 따라서 한자와 한글은 둘 다 우리 조상이 창제한 문자이다.

그런데 선사시대에 문자가 발명되기 이전 '구전'으로 내려오던 장구한 세월에 걸친 역사적 사건을 압축적으로 서술하여 보존할 수 있는 최상의 방식은 '신화'(神話) 형태였다. 흔히 '신화'를 꾸며진 이야기로 오해하는데, 사실 신화 속에는 많은 의미가 함축된 역사적 사실이 감추어져 있다.[26] 역사를 신화적으로 표현한 것은 문자가 없는 시대에 역사적 사실을 민족정신으로서 후손의 영혼에 각인시킬 수 있는 최상의 방법이었기 때문이다. 신화와 구전 전승이 고고학적 발굴로 그 진실성이 증명된 사례는 얼마든지 있다.[27] 물론 모든 나라의 건국 신화가 역사성을 지니는 것은 아니다. 일본 건국 신화는 역사적 근거가 없는 전설에 가깝다. A.D. 720년에 편찬된 일본의 정사(正史)인 『일본서기(日本書紀)』는 인류 역사상 거짓과 왜곡이 가장 심한 가짜 역사서라고 해도 과언이 아니다.

하지만 『삼국유사』에 기록되어 있는 '단군신화'(檀君神話)는 역사성을 지닌다. 단군신화에 나오는 곰과 호랑이는 부족 명칭인 웅족(熊族)과 호족(虎族)을 표상한다. 고려시대의 일연이 쓴 『삼국유사』에서는 곰과 호랑이가 찾아와 단순히 인간이 되기를 기원한다는 뜻의 '원화위인'(願化爲人)으로 기록하였다.[28] 그러나 신라시대에 안함로(安含老, 579~640)가 쓴 『삼성기하편(三聖記全下篇)』에서는 구체적으로 하느님의 계명을 따르는 백성이 되기를 기원한다는 뜻의 '원화위신계지맹'(願化爲神戒之氓)으로 기록하

26 이일봉, 『實證 한단고기』 (서울: 정신세계사, 1998), 21.

27 예컨대 트로이의 목마는 유적이 발굴되기 전까지는 그리스에 전해 내려오는 전설쯤으로 여겨지고 있었다. 그러나 독일 소년 하인리히 슐리만(Heinrich Schliemann, 1822~1890)은 어려서부터 호메로스의 서사시 『일리아드』와 『오디세이』를 읽으며 그러한 이야기가 모두 사실에 근거한 것임을 믿었으며, 장성한 뒤인 1870~1873년에 튀르키예의 해안에서 마침내 트로이의 유적을 발굴함으로 세상을 놀라게 하였다. 이일봉, 『實證 한단고기』, 13.

28 일연(一然), 『삼국유사(三國遺事)』, "時有一熊 · 一虎(시유일웅 · 일호)、同穴而居(동혈이거)、常祈于神雄(상기우신웅)、願化爲人(원화위인)。"

였다.[29] 또한 조선시대에 이맥(李陌, 1455~1528)이 쓴 『태백일사(太白逸史)』 「신시본기(神市本紀)」에서는 이를 다시 하느님 나라의 계명을 따르는 백성이 되기를 기원한다는 뜻의 '원화위천계지맹'(願化爲天戒之氓)으로 표현하고 있다.[30] 결국 신계(神戒)와 천계(天戒)는 동일한 뜻으로, 하느님의 계명, 즉 하느님 나라의 계명을 받들어 지키겠다는 의미이다. 특히 원문에서 백성을 뜻하는 글자로 '민'(民)이 아닌 '맹'(氓)을 사용하고 있는데, 이는 '이주해 온 백성'이란 뜻이다.[31] 이렇듯 이들 기록들은 곰과 호랑이라는 표현이 웅족과 호족이라는 사실을 입증해 준다.[32]

한민족 상고사를 연구하는 데 장애 요소를 세 가지로 요약할 수 있다. 첫째, 역사 자료의 멸실(滅失)이다. 둘째, 역사 관점의 차이이다. 셋째, 역사 해석의 왜곡이다. 한민족 상고사를 바르게 해석하려면 이 세 가지 장애를 극복해야만 한다.

---

29 안함로(安含老), 『삼성기전하편(三聖記全下篇)』, "時有一熊一虎(시유일웅일호)、同隣而居(동린이거)、嘗祈于神壇樹(상기우신단수)、願化爲神戒之氓(원화위신계지맹)。" 〔본문 번역〕: "때에 한 마리 곰과 한 마리 호랑이가 이웃하여 살았는데, 일찍이 신단수(神檀樹)에서 빌었다. '원컨대 변하여 하느님의 계명을 따르는 백성이 되게 해달라고' 하였다."

30 이맥(李陌), 『태백일사(太白逸史)』 「신시본기(神市本紀)」, "時有一熊一虎(시유일웅일호)、同穴而居(동혈이거)、常祈于神壇樹(상기우신웅)、而于請於桓雄(이우신단수)、願化爲天戒之氓(원화위천계지맹)]。" 〔본문 번역〕: "이때 한 마리 곰과 한 마리 호랑이가 있어 이웃하여 같이 살았다. 항상 신단수에 기원하며 환웅에게 청하여 원컨대 하느님 나라의 계명(天戒)을 따르는 백성이 되게 해달라고 빌었다."

31 이일봉, 『實證 한단고기』, 58-63.

32 원동중(元董仲), 『삼성기전하편(三聖記全下篇)』, "熊虎二族(웅호이족)。"

A

한민족 상고사에 대한 역사 자료의 멸실

한민족은 상고시대부터 조선시대까지 수천 년 동안 역사 문헌을 쓴 문화민족이었다. 1123년 중국 송나라 사신 서긍(徐兢, 1091~1153)이 사절단의 일원으로 고려를 방문하고 돌아가 황제에게 올린 출장보고서인 『고려도경(高麗圖經)』을 보면, 고려왕실의 도서관에 소장된 수 만권의 장서를 보고 놀라워했다는 기록이 있다.[33] 역사학자인 고병익(高柄翊, 1924~2004)에 의하면 "심지어 송나라는 고려에서 자기네의 없어진 책을 구하려고 했던 정도"라고 한다.[34] 그런데 한민족 상고사를 기록한 수많은 역사 문헌들은 현재 『삼국사기』와 『삼국유사』를 제외하고 사라진 이유가 무엇일까?

---

33 서긍(徐兢), 『고려도경(高麗圖經)』「宣和奉使(선화봉사) 高麗圖經(고려도경) 卷四十(권사십)」, "臨川閣(림천각)、藏書至(장서지)、數萬卷(수만권)、又有清燕閣(우유청연각)、亦實以經史子集四部之書(역실이경사자집사부지서)。"

34 李基白 外, 『韓國史大討論 1: 우리 歷史를 어떻게 볼 것인가?』 (서울: 三星文化文庫 88, 1976), 35.

1. 사료의 압수

조선시대 중화사대주의와 유교숭모사상에 물들었던 태종·세조·예종·성종 때 중국보다 앞선 조선 상고사 책들과 유교숭모사상에 거스르는 책들을 불온서적으로 여겨 압수하였다.[35] 그래서 8도 관찰사들에게 명령

---

35 『태백일사』를 쓴 이맥(李陌, 1455~1528)은 연산군 때 사람인데 너무 강직해서 연산군의 미움을 사 충북 괴산으로 유배당했다. 그리고 다시 풀려나 벼슬길에 복귀하였는데 그의 호가 일십당(一十堂)이요 『단군세기』를 쓴 행촌 이암(李嵒)의 현손(고손자)이었다. 연산군이 몰락하고 난 뒤 중종이 즉위하자 유배지에서 풀려나서 찬수관(纂修官)으로 재등용되었는데, 그때 내각에 있는 비장도서들을 읽고 깜짝 놀랐다. 이맥에게 찬수관이라는 직책은 한민족 상고사를 후대에 기록으로 남길 수 있는 천우신조(天佑神助)의 기회였다. 그는 지난 태종·세조·예종·성종 때 전국에서 대대적으로 수거하여 궁궐 깊이 감춰 두었던 한민족 상고사를 마음껏 접할 수 있었던 것이다. 그는 우리 역사에 기존 역사 해석과는 달리 단군 이전 시대가 있었다는 사실을 알고 충격을 받았다. 이맥이 내각의 비서(秘書)를 읽고 『태백일사』를 지은 것은 중종(1506~1544) 중반의 일이었다. 세조(1455~1468)가 모든 상고사 기록, 즉 '고기'(古記)를 거두어들이라는 수서령(收書令)을 내린 지 불과 50년 뒤의 일이었다. 세조 2년, 왕은 각도 관찰사에게 민간에서 소장하고 있는 모든 한민족 상고사 기록을 압수하라는 명령을 내렸다. 이 영을 어기고 책을 숨기는 자는 사형에 처한다고 하였으니 진시황의 분서갱유(焚書坑儒)와 비슷한 문화 탄압이었다. 이때 압수된 고기의 서목이 실록에 기재되어 있는데 그중의 일부 서목이 『태백일사』에 수록되어 있다. 때문에 이맥은 목숨을 걸고 『태백일사』를 저술했던 것이다. 『태백일사』의 〈일사(逸史)〉란 말은 '정사(正史)에서 빠진 태백의 역사'란 뜻이다. 태백이란 태백산 즉 환인의 환국·환웅의 배달국·단군의 조선 역사란 뜻이다. 태백의 역사가 왜 빠졌는가 하면 조선왕조가 이를 금지하였기 때문이다. 당시 조선왕조는 명나라와의 외교적 문제를 고려하여 단군 이전의 역사를 금지했던 것이다. 상고사는 금지된 역사요 국시(國是)에 위반되는 역사였던 것이다. 『태백일사』를 소중하게 간직하여 후세에 전한 분이 바로 이맥의 후손인 해학(海鶴) 이기(李沂, 1848~1909)였다. 이기 선생은 구한말의 애국지사로 이름난 분이었고, 『환단고기』를 통해 우리나라 상고사를 밝혀준 숨은 민족 사가이기도 하다. http://www.bc8937.kr/WEFH67489SDFffgtr/read.cgi?board=FREE_BOARD&y_number=68&nnew=2. ("이맥이 『태백일사』를 썼다," 박성수/한국정신문화연구원 명예교수). 한편 참형에 처할 정도로 서적 수거에 집중(?)한 또 다른 이유는 무엇이었을까? 사대주의(事大主義)에 뿌리를 둔 유학사상에 심취한 당시에 음양과 천문 등의 도가(道家) 서적은 이단의 불온서적 취급을 받았다. 그런 서적의 목록에 『삼성밀기』 등의 상고 사서가

해서 예로부터 전해져 온 희귀서적들을 전국에서 거두어들인 것이다. 지금 이 서적들은 전해지지 않지만, 한민족 상고사의 진귀한 내용을 담고 있다.[36] 『조선왕조실록(朝鮮王朝實錄)』을 보면 조선조 초기까지만 해도 환단시대의 역사를 전하는 문헌들이 수십 종이나 전해지고 있었음을 알 수 있다. 『환단고기(桓檀古記)』에 소개된 '행방불명된 사서 13종'은 다음과 같다: 1. 『대변경(大辯經)』 2. 『표훈천사(表訓天詞)』 3. 『삼성밀기(三聖密記)』 4. 『고려팔관기(高麗八觀記)』 5. 『배달유기(倍達留記)』 6. 『삼한비기(三韓秘記)』 7. 『신지비사(神誌秘詞)』 8. 『오제설(五帝說)』 9. 『유기(留記)』 10. 『태백진훈(太白眞訓)』 11. 『진역유기(震域留記)』 12. 『진단구변도(震檀九變圖)』 13. 『조대기(朝代記)』. 이것과 수거목록에 나온 사서들을 비교해 보면, 『표훈삼성밀기』, 『대변경(設)』, 『조대기』는 세조 3년 수거목록에서 그 이름이 확인되고, (『환단고기』에 실린 『삼성기』는 세조 때 이미 나옴) 『표훈천사』, 『삼성밀기』는 예종 1년 수거 사서목록에서 확인된다. 특이한 것은 세조 때 『표훈삼성밀기』가 예종 때 와 『환단고기』에는 『표훈천사』와 『삼성밀기』로 분리되어 있는 것이다.[37]

포함되어있다는 것은 우리 동이족의 뿌리가 중국의 한족보다 더 우월함을 드러낸다. 수서령으로 소멸된 귀한 사서들 중 일부나마 『환단고기』를 통해서 볼 수 있다는 것은 하나님의 절대 주권적 섭리가 아닐 수 없다. https://www.dojeon.org/?r=hwanm&m=bbs&bid=hwan1&uid=138/

36 이일봉, 『實證 한단고기』, 17-19.

37 https://www.dojeon.org/?r=hwanm&m=bbs&bid=hwan1&uid=138/

1) 『조선왕조실록(朝鮮王朝實錄)』 「태종실록(太宗實錄)」 24권, 태종 12년 (1412년 / 명나라 영락 10년) 8월 7일. 조선의 태종이 불태워버린 『서효사(誓效詞)』란 문서가 있다. ≪서효사≫란 문자적으로는 '하느님께 맹세하고 본받는 글'이라는 뜻이다. 이 『서효사』를 일명 「신지비사(神誌秘詞)」라고도 한다. '신지(神誌)에 의해 기록된 비밀스러운 글'이라는 뜻이다. 한민족 상고시대에 왕이 하느님께 제사를 드리며 '하느님을 송축하는 기도문' 즉 제천문(祭天文)을 수록한 『서효사』는 『삼국유사』·『조선왕조실록』·『고려사』·『환단고기』 등에 기록되어 전해지고 있다. 그런데 태종(太宗) 이방원(1367~1422)은 충청도 충주의 사고(史庫)에 보관 중이었던 많은 도서 중에 왜 「서효사」만 별도로 올리라 했는가? 그것도 "펴 보지 말고 따로 봉하여 올리라"[무득피열(毋得披閱) 이별봉이진(而別封以進)]이라고 엄명했을까?[38] 그것은 태종이 중국의 유학을 숭상했으며,[39] 대국으로 모신 중국에 작은 빌미라도 잡히지 않기 위해서였다. 한마디로 자신의 대권 장악을 용인해 준 상국 중국에 불경한 내용이자, 기이하게 현혹시키는 글이라는 것

38 『조선왕조실록(朝鮮王朝實錄)』 「태종실록(太宗實錄)」 24권, "命史官金尙直(명사관김상직)、取忠州史庫書册以進(취충주사고서책이진) … 且命曰(차명왈)、神秘集(신비집)、毋得披閱(무득피열)、而別封以進(이별봉이진)、上覽其集曰(상람기집왈)、此書所載(차서소재)、皆怪誕不經之說(개괴탄불경지설)、命代言柳思訥焚之(명대언유사눌분지)、其餘下春秋館藏之(기여하춘추관장지)。" [본문 번역]: "사관(史官) 김상직에게 명하여 충주 사고(史庫)의 서적을 가져다 바치게 하였는데 … 『신비집(神秘集)』은 펴 보지 못하게 하고 따로 봉하여 올리라! 임금이 그 책을 보고 말하기를, 이 책에 실린 것은 모두 거짓되어 현혹시키는 불경스러운 괴설이다. 그래서 유사눌에게 명하여 이를 불사르게 하고, 그 나머지는 춘추관에 보관하게 하였다."

39 신채호, 『조선 상고사』, 박기봉 역 (서울: 비봉출판사, 2006), 35.

이다. 이런 죄목으로 한민족 상고사 시대의 제천문이자 역사서인 「서효사」는 이렇게 불태워져 사라졌다.

2) 『조선왕조실록(朝鮮王朝實錄)』 「세조실록(世祖實錄)」 7권, 세조 3년(1457년 / 명나라 천순 1년) 5월 26일. 조선 세조(世祖, 재위 기간 1455~1468년) 3년 정축 5월에 8도 관찰사(八道觀察使)에게 유시(諭示)하기를, "『고조선비사(古朝鮮秘詞)』, 『대변설(大辯說)』, … 『조대기(朝代記)』, … 『표훈삼성밀기(表訓三聖密記)』, 『삼성비기(三聖秘記)』, 안함노(安含老)·원동중(元董仲)의 『삼성기(三聖記)』, … 등의 문서(文書)를 사처(私處)에 간직해서는 안 되니, 만약 간직한 사람이 있으면 진상(進上)하도록 허가하고, 자원(自願)하는 서책(書冊)을 바쳐 올리도록 관청과 민간 및 사찰에 알리라"고 하였다.[40]

3) 『조선왕조실록(朝鮮王朝實錄)』 「예종실록(睿宗實錄)」 7권, 예종 1년(1469년 / 명나라 성화 5년) 9월 18일. 예조에 명하여 모든 역사·천문·지리·음양에 관계되는 서적들을 수집하게 했다: 예조(禮曹)에 전교하기를, "… 『표

40 『조선왕조실록(朝鮮王朝實錄)』 「세조실록(世祖實錄)」 7권, 諭八道觀察使曰(유팔도관찰사왈): "『古朝鮮秘詞(고조선비사)』、『大辯說(대변설)』、『朝代記(조대기)』、『周南逸士記(주남일사기)』、『誌公記(지공기)』、『≪表訓三聖密記(표훈삼성밀기)』、『安含老(안함로) 元董仲(원동중) 三聖記(삼성기)』、『≪道證記(도증기)』、『智異聖母河沙良訓(지이성모하사량훈)』、 文泰山(문태산)·王居仁(왕거인)·薛業等三人記錄(설업등삼인기록) 『修撰企所(수찬기소)』 一百餘卷(일백여권)、『動天錄(동천록)』、『≪磨蝨錄(마슬록)』、『通天錄(통천록)』、『壺中錄(호중록)』、『地華錄(지화록)』、『道詵漢都讖記(도선한도참기)』 等(등) 文書(문서)、不宜藏於私處(불의장어사처)、如有藏者(여유장자)、許令進上(허령진상)、以自願書册回賜(이자원서책회사)、其廣諭公私及寺社(기광유공사급사사)。"

훈천사(表訓天詞)』, 『삼성밀기(三聖密記)』, … 모든 천문(天文) · 지리(地理) · 음양(陰陽)에 관계되는 서적들을 집에 간수하고 있는 자는, 경중(京中)에서는 10월 그믐날까지 한정하여 승정원(承政院)에 바치고, 외방(外方)에서 가까운 도(道)는 11월 그믐날까지, 먼 도(道)는 12월 그믐날까지 거주하는 고을에 바치라. 바친 자는 2품계를 높여 주되, 상 받기를 원하는 자 및 공사천구(公私賤口)에게는 면포(綿布) 50필(匹)를 상주며, 숨기고 바치지 않는 자는 다른 사람의 진고(陳告)를 받아들여 진고한 자에게 위의 항목에 따라 논상(論賞)하고, 숨긴 자는 참형(斬刑)에 처한다. 그것을 중외(中外)에 속히 유시하라"고 하였다.[41]

4) 『조선왕조실록(朝鮮王朝實錄)』 「성종실록(成宗實錄)」 1권, 성종 원년(1470년 / 명나라 성화 6년) 12월 9일. 여러 도의 관찰사에게 역사·천문·음양·지리에 관한 책을 수거할 것을 명령하는 글을 보냈다. 여러 도(道)의 관찰사(觀察使)에게 교서(敎書) 내리기를, "전일에 … 『표훈천사(表訓天詞)』, 『삼성

41 『조선왕조실록(朝鮮王朝實錄)』「예종실록(睿宗實錄)」 7권, 傳于禮曹曰(전우례조왈): "『周南逸士記(주남일사기)』、『志公記(지공기)』、『表訓天詞(표훈천사)』、『三聖密記(삼성밀기)』、『道證記(도증기)』、『智異聖母河沙良訓(지이성모하사량훈)』、『文泰(문태)』·『玉居仁(옥거인)』·『薛業三人記(설업삼인기)』 一百餘卷(일백여권)、『壼中錄(곤중록)』、『地華錄(지화록)』、『明鏡數(명경수)』、及凡干天文(급범간천문)、地理(지리)、陰陽諸書家藏者(음양제서가장자)、京中限十月晦日(경중한십월회일)、呈承政院(정승정원)、外方近道十一月晦日(외방근도십일월회일)、遠道十二月晦日(원도십이월회일)、納所居邑(납소거읍)。納者超二階(납자초이계)、自願受賞者及公私賤口(자원수상자급공사천구)、賞綿布五十匹(상면포오십필)、隱匿不納者(은닉불납자)、許人陳告(허인진고)、告者依上項論賞(고자의상항론상)、匿者處斬(닉자처참)。其速諭中外(기속유중외)。"

밀기(三聖密記)』, … 1백여 권과 『호중록(壺中錄)』, 『지화록(地華錄)』, 『명경수(明鏡數)』와 무릇 천문(天文)·지리(地理)·음양(陰陽) 등 여러 서책(書册)을 빠짐없이 찾아내어 서울로 올려보낼 일을 이미 하유(下諭)했으니 … 서울로 올려보내고 나머지 책은 다시 수납(收納)하지 말도록 하고 그 이미 수납(收納)한 것은 돌려주도록 하라"고 하였다.[42]

2. 사료의 소실

한민족 상고사의 역사 자료들이 많지 않은 것은 한민족 상고사에 대하여 기록하지 않아서가 아니라 외적의 침략이나 중화사대주의와 일제 식민사관으로 인해 멸실(滅失)되었기 때문이다. 고조선에는 문서 담당관인 신지(神誌) 고글(高契)이 배달국시대의 역사를 편찬했던 『배달유기(倍達留記)』가 있었고,[43] 고구려 건국 초기에는 고조선·북부여·고구려로 이어

42 『조선왕조실록(朝鮮王朝實錄)』 「성종실록(成宗實錄)」 1권, "下書諸道觀察使曰(하서제도관찰사왈): 前者(전자)、『周南逸士記(주남일사기)』、『志公記(지공기)』、『表訓天詞(표훈천사)』、『三聖密記(삼성밀기)』、『道證記(도증기)』、『智異聖母河少良訓(지이성모하소량훈)』、文泰(문태)、 王居仁(왕거인、 薛業三人記一百餘卷(설업삼인기일백여권)、『壺中錄(호중록)』、『地華錄(지화록)』、『明鏡數(명경수)』、及凡干天文(급범간천문)、地理(지리), 陰陽諸書(음양제서)、無遺搜覓上送事(무유수멱상송사)、曾已下諭(증이하유)。上項(상항) 『明鏡數(명경수)』 以上九册(이상구책)、『太一金鏡式(태일금경식)』、『道詵讖記(도선참기)』、依前諭上送(의전유상송)、餘書勿更收納(여서물경수납)、其已收者還給(기이수자환급)。"

43 이암(李巖), 『단군세기(檀君世紀)』, "辛丑三年(신축삼년)、 命神誌高契編修(명신지고계편수)、倍達留記(배달유기)。" 〔본문 번역〕: "신축 3년(B.C.2181) 신지 고글에게 명하여 『배달

지는 역사의 맥을 서술한 『유기(留記)100권』이 있었으며, 발해의 시조 대조영(大祚榮)의 아우 대야발(大野勃)이 고조선·북부여·고구려의 정신을 계승한 발해의 적통성을 증거하기 위해 A.D. 719년에 편찬한 『단기고사(檀奇古事)』가 있었지만, 모두 분실되고 말았다. 한편 고려가 몽고에 패하여 원나라 황제 홀필렬(忽必烈)이 전국을 뒤흔들게 되자 한민족 고대 문헌에 독립자존에 관한 것이 있으면 일체 금지되고 기피하였다. 이때에 1145년(고려 인종 23년) 유일하게 사대사상을 고취한 김부식의 『삼국사기(三國史記)』와 1281년(고려 충렬왕 7년) 그에 부응하는 일연의 『삼국유사(三國遺事)』만 전해져 한민족의 유일한 정사로 인정받고 있어서 한민족 상고사는 말살되고 한민족 고대사만 남게 되었다. 그리고 몽고에 아첨하여 위조된 고사를 근거로 조선의 정인지(鄭麟趾, 1396~1478)가 1451년(조선 문종 원년)에 『고려사(高麗史)』를 저술하였다.[44]

고구려 동천왕(東川王) 20년(A.D.246년) 위(魏)나라의 유주자사(幽州刺史) 관구검(毋丘儉)이 병사를 거느리고 침략해 와서 고구려의 수도 환도성(丸都城)[45]을 함락하여 많은 사서들을 소각했다.[46] 백제 의자왕(義慈王) 20년(A.D.660년) 나당연합군(羅唐聯合軍)에 의해 사자성이 함락되어 백제가 멸망하면서 사

유기』를 편수케 하였다."

44 신채호, 『조선 상고사』, 37-38.

45 환도성은 현재 중국 길림성(吉林省) 집안시(集安市)에 위치한 산성자산성(山城子山城)이다.

46 김부식(金富軾), 『삼국사기(三國史記』「열전제오(列傳第五)」, "東川王二十年(동천왕이십년)、魏幽州刺史毌丘儉(위유주자사관구검)、將兵來侵(장병래침)、陷丸都城(함환도성)。"

고(史庫)가 소진되었다. 고구려 보장왕(寶藏王) 27년(A.D.668년) 당나라의 장수 이적(李勣)이 평양성을 함락하여 고구려를 멸망시키면서 전적(典籍)을 모두 탈취당했다.[47] 신라 경순왕(敬順王) 원년(A.D.927년) 후백제의 견훤(甄萱)이 신라의 경애왕을 죽이고, 신라의 역사책들을 후백제 수도인 전주로 옮겼다가 왕건에게 토벌당할 때 방화 소각되었다. 고려 현종 3년(A.D.1012년) 거란의 침략으로 서고가 불타 사료가 소실되었다.[48] 고려 인종 4년(A.D.1129년) 금나라에 서표(誓表, 맹세의 표문)를 바친 후 한민족의 주체 서적들을 제거하였다. 고려 고종 20년(A.D.1129년) 몽고의 침략으로 홀필렬(忽必烈)에 의해 『삼한고기(三韓古記)』와 『해동고기(海東古記)』 등의 한민족 고대 역사서들이 소실되었다. 조선 태종 11년(A.D.1411년) 유학교육의 진흥을 위하여 관립교육기관인 5부학당(五部學堂)을 설립하여 유교를 장려하며 비유교적 사료 일체를 소각하였다. 조선 선조 25년(1592년) 일본이 조선을 침략한 임진왜란으로 무수한 서적들이 방화 소각되었다. 조선 인조 14년(1636년) 청나라가 조선을 침략한 병자호란 때 수많은 사서들이 소실되었다.[49] 일제는 1910년 한일합병 직후인 1911년 한민족 상고사를 기록한 사서 20만 권을 압수 소각하였다.[50]

---

47 668년(보장왕 27년) 당나라 장군 이적(李勣)이 이끄는 당군에 의하여 고구려의 평양성이 함락되고 고구려가 멸망하였다.

48 양태진 번역·주해, 『영토사로 다시 찾은 환단고기』 (서울: 얘나루, 2009), 10.

49 송호수, 『한민족의 뿌리사상』 (서울: 한뿌리학회, 1983), 12-13.

50 「한국 독립운동의 진상」이란 제명의 글은 ≪상해영문대륙보≫의 기자 나다니엘 페퍼(Nathaniel Peffer, 1890~1964)가 1919년 가을 한국에 파견돼 약 한 달간 체류하면서 한국독립운동의 실상을 확인한 뒤 일제의 간교한 식민정책과 일제의 총부리에 맞서 대한독

립을 외쳤던 우리 조상들의 용기와 투쟁을 생생하게 전한 기록이다: "〈국사박멸책(國史撲滅策)〉 한국의 역사는 절대로 엄금이다. 합병조약이 강제로 체결되자 일본인은 즉시 한국의 국사란 국사는 전부 압수하여 불태워버렸다. … 한국의 문화를 한자 한 획이라도 기록한 문자는 철저히 수색하여 폐기시켜 버렸다. 그리고 이런 문자는 가지고만 있어도 그 소유자는 감옥에 수감됨을 면치 못하였다. … 한국 국사는 가지고만 있어도 범죄가 된다. 나도 달포 전에 자기 조국의 역사를 본 죄로 구타를 당한 후 15일 이상 30일 이하의 구류를 당한 한국인을 목격하였다." https://neungnae.tistory.com/11381593/ ; 독립운동가 신익희 선생은 1954년 출간된 『제헌국회사』 추천사에서 "일제강점기 초대 총독 데라우치는 조선의 기록문화에 두려움을 느끼고 1910년 11월부터 모든 행정력과 군경을 동원하여 전국 방방곡곡에서 근 1년 2개월 동안 종로 일대의 서점을 비롯한 지방의 대, 소, 서점, 향교, 서원, 구가(양반 사대부가)를 수색하여 단군조선에 관련 사료와 민족정신을 일깨우는 내용의 서적을 압수하거나 불태우는 만행을 저질렀다"고 주장했다. 한편 임시정부 대통령을 했던 백암 박은식 선생은 1910년 경술국치 이후 조선총독부가 모든 언론기관의 문을 닫고 국학문헌을 압수 소각하자 "국체(國體)가 수망(雖亡)이나 국혼(國魂)이 불멸하면 부활이 가능한데, 지금 국혼인 국사책마저 분멸(焚滅)하니 통한불이(痛恨不二)라", "일언일자의 자유가 없으니 오로지 해외로 나가서 4천년 문헌을 모아서 편찬하는 것이 우리 민족의 국혼을 유지하는 유일한 방법이라" 개탄하고 망명을 계획하였다고 『백암박은식전집』에 전하고 있다. http://m.hmhtimes.com/news/articleView.html?idxno=10369/

B

한민족 상고사에 대한 역사 관점의 차이

역사를 의미하는 한자인 '사'(史)는 가운데를 의미하는 중(中)과 오른손을 의미하는 우(又)가 연결되어 만들어진 글자이다. 즉 가운데에 서서 치우치지 않고 객관적인 사실을 손으로 기록한다는 뜻이다.[51] 단재(丹齋) 신채호(申采浩, 1880~1936)는 역사학자가 역사를 기록할 때의 기본자세를 다음과 같이 피력하였다.[52]

> 역사는 역사를 위하여 역사를 쓰는 것이고, 역사 이외에 무슨 다른 목적을 위하여 쓰는 것은 아니다. 자세히 말하자면 사회의 유동상태와 거기서 발생한 사실을 객관적으로 그대로 쓴 것이 역사이지, 저작자의 목적에 따라 그 사실을 좌지우지하거나 덧보태거나 혹은 바꾸고 고치라는 것이 아니다.[53] … 역사란 시간적으로 계속되고

51 이기훈, 『조선 상고사』 (서울: 주류성, 2019), 4.

52 신채호, 『조선 상고사』, 30.

공간적으로 발전해 가는 사회활동 상태의 기록이기 때문에 때(時)·땅(地)·사람(人) 이 세 가지는 역사를 구성하는 삼대 원소가 된다.

하지만 역사학자가 기본자세를 상실했을 때, 역사 관점의 차이로 인하여 역사 해석이 왜곡될 수 있는 위험성을 신채호가 다음과 같이 지적하였다.

> 후에 일어난 왕조가 앞 왕조를 미워하여 역사적으로 자랑할 만한 것은 무엇이든 파괴하고 불살라 없애 버리기를 위주로 하므로, 신라가 흥하자 고구려와 백제 두 나라의 역사가 볼 것 없게 되었으며, 고려가 일어나자 신라의 역사가 볼 것 없게 되었으며, 이조가 일어나자 고려의 역사가 볼 것 없게 되어, 언제나 현재로써 과거를 계속하려 하지 않고 말살하려고만 하였다. 그리하여 역사에 쓰일 재료가 빈약하게 된 것이다.

53 신채호가 언급한 역사 기록의 기본자세에 충실했던 형식은 편년체(編年體)이다. 편년체란 역사적 사실을 연월일 순으로 기록하는 가장 일반적인 역사서 체제이다. 현재 지구상에 존재하는 가장 방대한 편년체 역사서는 『조선왕조실록』이다. 『조선왕조실록』은 역대 군주와 신하들 사이의 대화가 날짜별로 수록되어 있다. 조선의 개국 군주 태조부터 25대 철종에 이르기까지 472년간의 역사를 날짜별로 내용을 수록했으니 방대할 수밖에 없다. 『고종실록』과 『순종실록』은 일제가 편찬했다는 이유로 『조선왕조실록』의 범주에 넣지 않는데, 두 임금에 대한 기록을 제외하고도 모두 1,893권 888책이니 엄청난 규모이다. 조선왕조는 실록편찬에 관한 한 세계 최고의 왕조였다고 해도 과언이 아니다. 이처럼 편년체는 특정 사건에 대해서 자세하게 반복적으로 서술할 수 있다는 장점은 있지만, 그런 사건에 대한 체계적인 인식은 온전히 독자의 몫이다. 그 이유로 편년체 사서에는 편찬자의 생각을 반영할 수 있는 방법이 제한적이기 때문이다. 이덕일, 『사기, 2천 년의 비밀』 (서울: 만권당, 2022), 18-20.

한민족 고대사의 유일한 정사로 인정받는 역사서로는 『삼국사기』와 『삼국유사』가 있다. 그런데 고려 인종(인종 23년)의 명을 받아 김부식(金富軾)이 삼국시대사를 1145년에 완성한 『삼국사기(三國史記)』와 고려 충렬왕 7년 승려 일연(一然)이 고구려·신라·백제의 역사를 1281년에 편찬한 『삼국유사(三國遺事)』에서 우리는 역사 관점의 차이로 인한 역사적 폐해(弊害)를 발견할 수 있다. 두 저자가 자신의 관점에 따라 한민족 상고사를 왜곡하였기 때문이다. 그래서 중국과 일제는 왜곡된 『삼국사기』와 『삼국유사』만은 남겨놓았다.

1. 『삼국사기』의 폐해

『삼국사기』는 크게 네 부분으로 나눌 수 있다. 즉 본기(本紀)·표(表)·지(志)·열전(列傳)으로 구성된 기전체(紀傳體) 역사서인 것이다. 본기는 신라 12권, 고구려 10권, 백제 6권으로, 국가별로 시기순으로 배치되어 있다. 이어 세 권의 연표를 두고, 그 뒤로 제사·음악·색복(色服)·거기(車騎)·기용(器用)·옥사(屋舍)를 다룬 잡지(雜志)가 수록되었다. 다시 지리지(地理志)가 신라 세 권, 고구려와 백제를 합쳐 한 권 집필되었다. 그리고 직관지(職官志)가 세 권 이어져 있다. 그 뒤로는 김유신을 비롯한 삼국의 인물들에 대하여 열전이 열 권 들어가 있으며, 후삼국시대의 주역인 궁예(弓裔)와 견훤(甄萱)으로 마무리가 되었다. 이렇게 총 50권으로 구성되어 있으며,

편찬자의 논찬(論贊)이 들어가 있다. 신라에 대한 서술 분량이 고구려와 백제에 비해 많다는 점이 특징 중 하나이다.[54]

1) 『삼국사기』의 중화사대주의 사상. 고려에 이르러 여러 역사서들이 기록되었으나, 그 기록이 남아 있지 않은 이유는 김부식의 『삼국사기』가 뛰어나서가 아니다. 고려 초엽 평양에 도읍을 정하고 북부의 옛 영토를 회복하자고 주장하는 화랑의 '무사파'와 사대를 국시로 삼아 압록강 이남 한 구석에서 편안히 살자고 주장하는 '유교파'가 격돌하며 수백 년 동안 서로 대치해 왔다. 그때 묘청(妙淸)이 화랑정신으로 평양에서 거병하여 금국정벌론을 강행하다가 유교파인 김부식 일파에게 축출되었다. 이에 김부식은 중화사대주의를 근간으로 하여 『삼국사기』를 지은 것이다. 『삼국사기』가 쓰일 당시 금나라(金, 1115~1234)가 천자국(天子國)을 자처하며 고려를 복속시켰다. 이런 시대 배경 속에서 유학자 김부식이 중화사대주의 잣대로 우리 역사를 서술하였다. 곧 고구려가 중국 국경을 침범했기 때문에 한민족이 중국의 원수가 되었다느니, 백제(百濟, B.C.18~A.D.660)와 고구려(高句麗, B.C.37~A.D.668)가 수나라(隋, 581~619) · 당나라(唐, 618~907)에 거역했기 때문에 멸망했다느니 하며 한민족을 폄하하였다. 김부식은 고구려를 침략한 당나라 이세민(李世民, 598~649)을 "우리 당태종 황제(我唐太宗皇帝)"라고 칭하였다.[55] 더욱 불행한 사실은 고려가 몽고에

---

54 http://contents.history.go.kr/mobile/kc/view.do?levelId=kc_r200340&code=kc_age_20/

패하여 원나라 황제 홀필렬(忽必烈, 재위 기간 A.D.1260~1294)의 위풍이 고려 전국을 뒤흔들게 되자 고대로부터 전해 오던 문헌에 민족의 독립자존에 관한 것이 있으면 일절 금지되고 기피되었다.[56] 이러한 때에 허다한 역사 저술 중에서 유일하게 중화사대주의를 고취한 『삼국사기』가 남아서 오늘날까지 전해 내려오고 있다. 뿐만 아니라 이두문(吏讀文)과 한역(漢譯)을 구별할 줄 몰라서 한 사람이 여러 사람으로 되고, 한 곳의 지명이 여러 곳으로 된 것이 많다. 또한 국내 역사서와 중국 역사서를 취사선택하는 가운데 서로 모순되고 중복되는 경우가 많다.[57] ≪조선일보≫ 기자 서희건(徐熙乾) 씨가 쓴 『잃어버린 역사를 찾아서(제1권)』에서 김부식의 모화(慕華)사상에 찌든 역사 편향성을 북애(北崖)가 쓴 『규원사화(揆園史話)』에

55 김부식(金富軾), 『삼국사기(三國史記)』 권46, 「최치원전(崔致遠傳)」, "故其文集有上大師侍中狀云(고기문집유상대사시중장운)、 … 高麗百濟全盛之時(고려백제전성지시)、强兵百萬(강병백만)、南侵吳越(남침오월)、北撓幽燕齊魯(북요유연제로)、爲中國巨?(위중국거)、隋皇失馭(수황실어)、由於征遼(유어정요)。貞觀中(정관중)、**我唐太宗皇帝**(아당태종황제)、親統六軍渡海(친통륙군도해)、恭行天罰(공행천벌)、高麗畏威請和(고려외위청화)、文皇受降回?(문황수강회)。" 〔본문 번역〕: "「최치원전」에는 신라의 최치원이 대사 시중(大師 侍中)에게 보내는 편지에 이렇게 쓰여 있다: 고구려와 백제의 전성기에는 강한 군사가 1백 만 명이나 되어 남으로 오, 월을 침범하고, 북으로 유, 연과 제, 노를 뒤흔들어 중국의 커다란 고민거리가 되었으며, 수 황제가 세력을 잃은 것도 요동 정벌에 기인한 것입니다. 정관 연간에 우리 당 태종 황제가 직접 6군을 거느리고 바다를 건너 천벌을 집행하니, 고구려가 그 위엄을 두려워하여 화친을 청하므로 문황이 항복을 받고 수레를 돌려 돌아갔습니다."

56 고려 말기 군신(君臣)들은 그 이전 나라 힘이 강성했던 때의 기록들 때문에 자칫 몽고의 미움을 살까 두려워서 역사 기록을 감추거나 수정하였고, 오직 자신을 낮추어 말함(비사 卑辭)과 조공을 바치는 일(후폐 厚幣) 등 몽고에게 복종하여 섬기던 사실들을 부연하거나 위조하여 민간에 퍼뜨렸는데, 이런 기록들이 조선 초기의 정인지(鄭麟趾, 1396~1478)가 찬술한 『고려사(高麗史)』의 기초 사료가 되었다. 신채호, 『조선 상고사』, 38.

57 신채호, 『조선 상고사』, 37-38.

서 비판한 것을 다음과 같이 인용하였다.

> 김부식은 그 당시에 충분히 인용할 수 있었던 『조대기(朝代記)』, 『고조선비기(古朝鮮秘記)』, 『삼성밀기(三聖密記)』, 『지공기(誌公記)』 등 우리나라의 고사서(古史書)가 있었음에도 불구하고 이것을 인용하지도 아니하고 오로지 사대주의(事大主義) 사료인 중국 서적에만 심취하여 우리 『해동역사(海東繹史)』 119권 중 상고사(고조선)를 부당하게 깎아 버리고 다만 그 이후의 역사 50권만으로 축소하여 놓은 큰 과오를 저질렀다고 북애는 통탄하고 있는 것이다.[58]

2) 『삼국사기』의 한민족 상고사 제거. 고구려·백제·신라가 존속했던 시대를 '삼국시대'라 부른 것은 고려시대 김부식이 편찬한 『삼국사기』에서 유래하였다. 삼국시대의 개념은 고려인들의 인식에 의한 것이지만, 사실은 그 이전 신라인의 관념을 그대로 계승한 것이다. 신라인의 관념을 그대로 계승하여 편찬한 『삼국사기』에 그들의 적국이면서 통일 대상이었던 고구려와 백제의 원류국인 고조선·부여·발해를 기록하지

---

58 서희건, 『잃어버린 역사를 찾아서(제1권)』 (서울: 고려원, 1986), 124. 북애는 『규원사화』에서 김부식이 『삼국사기』를 쓰면서 한민족의 고사서를 인용하지 않은 것에 대해 다음과 같은 말로 비판하였다: 북애(北崖), 『규원사화(揆園史話)』 「단군기(檀君紀)」, "且『朝代記』之名(차『조대기』지명)、 與『[古]朝鮮秘記』(여『[고]조선비기》) · 『誌公記』(『지공기』) · 『三聖(蜜)[密]記』(『삼성(밀)[밀]기』) 等書(등서)、現於世祖求書之諭(현어세조구서지유)、而金氏之世(이금씨지세)、獨無此書耶!(독무차서야!)。" 〔본문 번역〕: "『조대기(朝代記)』, 『고조선비기(古朝鮮秘記)』, 『삼성밀기(三聖密記)』, 『지공기(誌公記)』 등의 책들을 당장 구해 오라는 것이 (조선시대) 세조의 지시에 보이거늘 (고려시대) 김부식 때에 이 책들이 없었다는 것은 말이 안 된다."

않았다. 또한 자신들이 멸망시켜 흡수한 가야(伽倻)의 존재도 인정하지 않았다.[59] 이 같은 인식하에 신라는 백제와 고구려를 멸망시킨 후, 삼국시대 이전 한반도에 자리 잡고 있던 마한(馬韓), 진한(辰韓), 변한(弁韓) 등 삼한(三韓)과 고구려·백제·신라 등 삼국을 동일시하고, 신라가 삼한을 통일했다고 하여 신라인들이 최후의 승자라고 하는 역사의식을 고착시켰다. 이런 역사의식을 그대로 계승한 것이 고려이며, 김부식의 『삼국사기』인 것이다.[60] 한편 고려시대의 일연은 『삼국유사』에서 고조선·북부

---

59 『역사비평』 2006년 봄호(통권 74호). “미완의 문명 7백 년 가야사” (김태식, 2002.04.05. 푸른역사). / 재일교포 출신으로 북한으로 건너가 한일고대사 연구에 매진했던 조희승은 가야사의 최고 권위자로 다음과 같이 가야국에 대하여 언급하였다: “가야는 고구려, 백제, 신라, 후부여와 함께 1세기 중엽부터 6세기 중엽 경까지 낙동강 하류 일대에 존재한 봉건국가의 하나이다. 가야를 다르게 ‘가라,’ ‘가락,’ ‘아야,’ ‘아라’라고도 한다. 가야는 비록 작았으나 당시로서는 경제와 문화가 비교적 발전한 나라였다. 그러나 가야는 중앙집권을 지향하면서도 봉건적 소국연맹체의 단계에서 벗어나지 못했다. 이런 데로부터 신라의 끊임없는 침공을 막아내지 못하였다. 나라의 멸망은 가야 사람들에게 헤아릴 수 없는 재난을 가져다주었다. 나라의 멸망과 함께 역사기록들이 유실되었으며 『삼국사기』가 편찬될 당시 가야의 역사는 발해의 역사와 함께 조선역사에서 없어지고 말았다. … 가야는 하나의 맹주국을 중심으로 여러 개의 소국들로 이루어진 연맹체 국가이다. … 금관가야국은 6가야 가운데서 제일 먼저 일어난 나라로서 당시로서는 상당한 정도의 국력과 문화수준을 소유하고 있었다. 그러던 중 5세기 초에 이르러 … 신라에 의해 눌리어 52년 신라에 통합되고 말았다. … 『삼국유사』에서는 금관가야(現 김해)를 제외하고 나머지 5가야에 대해 ‘아라가야 (現 함안),’ ‘고령가야 (現 함녕),’ ‘대가야 (現 고령),’ ‘성산가야 (現 경산),’ ‘소가야 (現 고성)’를 꼽았다. … 맹주국의 지위는 대가야로 넘어갔으며 옛 금관가야국 세력은 크게 세 부류로 갈라지게 되었다. 즉 한 세력은 내륙인 대가야로 넘어갔고 다른 한 세력은 잔명 유지를 위해 옛 땅에 남았으며 또 다른 세력은 바다 건너 일본열도에 있는 가야 계통 소국으로 옮겨갔다. … 6세기에 들어와 신라는 자기와 직접 국경을 접한 조건에서 쇠약해진 가야나라들을 하나하나 침식해 나갔다. 562년 9월 대가야는 신라에 반기를 들고 싸움을 걸었으나 신라군의 대부대 공격에 의해 최종적으로 망하고 말았다. 다른 5가야 나라들도 신라와의 전쟁으로 자기 존재를 마쳤다.” 조희승, 『북한학계의 가야사 연구』 (서울: 도서출판 말, 2020), 3-10.

60 전우성, 『다시 쓴 한국고대사』 (서울: 매일경제신문사, 2015), 350.

여·발해·가야를 복원시켰다. 그리고 조선시대 한백겸(韓百謙, 1552~1615)은 『동국지리지(東國地理志)』를 통하여 고조선·북부여·발해의 역사성을 인정하고, 고구려·백제·신라·가야 등 4국이 대등하게 병존했음을 논증하였다.[61]

2. 『삼국유사』의 폐해

『삼국유사』는 전체 5권 2책으로 되어 있고, 내용은 「왕력(王歷)」, 「기이(紀異)」, 「흥법(興法)」, 「탑상(塔像)」, 「의해(義解)」, 「신주(神呪)」, 「감통(感通)」, 「피은(避隱)」, 「효선(孝善)」 등 9편으로 구성되어 있다. 「왕력」은 삼국·가락국·후고구려·후백제의 간략한 연표이다. 그리고 「기이편(紀異編)」은 고조선으로부터 후삼국까지의 단편적인 역사를 57항목으로 서술하였다.

1) 『삼국유사』의 반도사관. 『삼국유사』는 한민족의 영토를 한반도와 만주로 기록하면서도 고조선의 도읍을 한반도 내로 국한하여 기록하였다. 이러한 『삼국유사』의 반도사관은 『삼국사기』의 반도사관에서 기인하였다. 김부식은 『삼국사기』 「지리지(地理志)」에서 모든 지명을 한반도 일대에 억지로 꿰어맞추었다. 그리고 중국 대륙에 있기 때문에 소재를 알 수 없는 지명들은 위치를 확인하지 못하여 『삼국사기』 「지리편(地理

61 전우성, 『다시 쓴 한국고대사』, 351.

編)」에 '이름만 있고 자세히 알 수 없는 삼국의 땅 조목'을 뜻하는 '삼국유명미상지분조'(三國有名未詳地分條)로 모아 놓은 것이 무려 350여 곳에 이른다.[62] 그중에 '살수'(薩水)라는 강도 있는데, 김부식이 한반도에서 살수를 찾지 못한 것은 그런 이름의 강이 한반도에 없었기 때문이다.[63] 한편

---

62 오늘날 한국강단사학자들은 『삼국사기』 「지리지」에 나오는 삼국의 지명들을 모두 한반도 땅에 끼워 맞추면서 고구려·백제·신라가 한반도에만 존재했다는 반도사관을 주장한다. 하지만 『삼국사기』 「지리지」의 '삼국유명미상지분조'(三國有名未詳地分條)에 보면 중국 대륙에 존재했던 대표적인 몇 곳의 지명들을 살펴보려고 한다. ① 등주(登州)·우이현(嵎夷縣)·임차현(臨淄縣) - 등주는 중국 산동성에 있던 지명이다. 고대 산동성(山東省) 일대에 있는 동이족을 우이(嵎夷)라고 했는데, 우이현은 이에서 비롯된 지명이다. 그리고 임차현은 제나라의 도읍지였다. 이런 지명들이 『삼국사기』에 기록되어 있다는 것은 고구려와 백제가 제(齊)·노(魯)·오(吳)·월(越) 등지를 지배했다는 사실을 입증한다. 당시 백제와 고구려가 하북성과 양자강에 이르는 지역을 차지하고 있었다는 사실은 반도사관을 주장하는 『삼국사기』의 기록을 통해서도 확인할 수 있다. 김부식은 「최치원전」에서 지금은 존재하지 않는 신라 말 최치원이 지은 『상태사시중장(上太師侍中狀)』을 인용하여 다음과 같이 기록하고 있다. 『삼국사기』, 권46, 「최치원전(崔致遠傳)」, "高麗百濟全盛之時(高麗百濟全盛之時)、强兵百萬(강병백만)、南侵吳越(남침오월)、北撓幽燕齊魯(북요유연제), 爲中國巨蠹(위중국거두)。" [본문 번역]: "고구려와 백제는 전성기 때에 강한 군사력 100만으로 남으로는 오·월을 침략하고 북으로는 유·연·제·노 등지를 어지럽혀서 중국에 큰 해를 끼쳤다." 이것은 고구려와 백제가 멸망한 후 200년이 지나서 신라의 최치원(857년-908년?)이 당나라 과거에 합격하여 신라에서 벼슬을 하고 있을 때 당나라 관리에게 했던 말이다. 최치원이 괜한 헛소리를 한 게 아니었다. 왜냐하면 고구려와 백제는 고조선을 계승한 북부여의 후예들로 '고조선의 옛 영토를 모두 회복해야 한다'는 '다물'(多勿: 되물리다; 회복 回復) 사상이 국시였기 때문이다. '다물'은 고구려의 말이고, '다물'이 다무로⇒담우로⇒담로로 변음화된 '담로'는 백제의 국시였다. 그래서 고구려는 만주 지역에 해당하는 진한 지역을 기반으로, 백제는 마한 지역을 기반으로 지나 세력에게 빼앗긴 번한 지역을 회복하기 위해 노력했다. 이 같은 내용은 신라시대에 당나라 유학파 최치원이 언급한 것이니 어느 누구도 고구려·백제·신라가 중원을 지배했던 사실을 부인할 수는 없을 것이다. ② 한양군(漢陽郡) - 한양군은 현재 한양구(汉阳区)로 불리며 중국 후베이성에 있는 지명이다. ③ 봉화현(奉化縣) - 봉화현은 현재 봉화(중국어 발음으로 '펑화')시로 불리며 중국의 저장성에 있는 지명이다. ④ 강릉현(江陵縣) - 현재 강릉(중국어 발음으로 '장링')시로 불리며 중국의 후베이성에 있는 지명이다.

63 이일봉, 『實證 한단고기』, 320. ; 살수대첩(薩水大捷)은 612년(영양왕 23년) 7월, 고구려와 수나라의 전쟁에서 벌어진 주요 전투 중 하나이다. 612년 7월 24일에 을지문덕이 지

『삼국사기』「고구려본기」에 보면, 고구려는 고조선의 도읍이었던 왕검성으로 도읍을 옮기고 이를 평양성이라 불렀다고 하였다. 그런데 김부식이 "왕검(王儉)성을 왕험(王險)이라고도 했다"[64]는 언급은 그 당시 중원 대륙에 위치한 번조선의 왕검성을 중국에서는 왕험성으로 불렀기 때문이다.[65] 이것은 고구려의 평양성이 중원 대륙에도 있었다는 사실을 김부

휘한 고구려군이 우중문과 우문술 등이 지휘한 수나라의 30만 대군을 살수에서 격파한 전투였다. 그런데 오늘날 강단사학자들은 '살수'를 지금의 한반도에 위치한 '청천강'(淸川江)으로 해석하고 있다. 하지만 김부식 본인은 살수의 위치를 모르는 지명이라고 분명히 『삼국사기』에 밝혀 놓았다: 『삼국사기』 권43, 「김유신 하(金庾信下)」, "雖有乙支文德之智略(수유을지문덕지지략)、張保皐之義勇(장보고지의용)、微中國之書(미중국지서)、則泯滅而無聞(칙민멸이무문)。" [본문 번역]: "을지문덕의 지략과 장보고의 의용(義勇)이 있어도 중국의 서적이 아니었던들 민멸하여 전문(傳聞)할 수 없었다." 다시 말하면 한반도 땅에서 영웅 을지문덕과 장보고의 기록을 찾을 수 없어 중국서적을 인용하여 소개한다는 뜻이며 편찬자 김부식 본인도 '살수'가 어딘지 모르는 '지명'이라고 한 것이다. 『삼국사기』「고구려본기」에 보면 고구려의 영토는 "동으로 창해(滄海)에 이르고 남으로 살수(薩水)에 이른다"(拓境東至滄海 척경동지창해, 南至薩水 남지살수)고 기술되어 있다. 여러 가지 중국 기록들을 보면 살수로서 가능성이 높은 강은 북경(北京)의 남쪽에 위치한 영정하(永定河), 북운하(北運河), 해하(海河)로 보는 것이 가장 사료로서 적합하다. 그 어떤 경우에도 '살수'는 한반도에 존재하지 않는다. http://www.siddham.kr/914/

64 김부식(金富軾), 『삼국사기』「고구려본기」, "東川王(동천왕)、二十一年(이십일년)、春二月(춘이월)、王以丸都城經亂(왕이환도성경란)、不可復都(불가부도)、築平壤城(축평양성)、移民及廟社(이민급묘사)、平壤者(평양자)、本神人王儉之宅也(본신인왕검지댁야)、或云王之都王險(혹운왕지도왕험)。" [본문 번역]: "동천왕 21년(A.D.247) 봄 2월, 왕은 환도성이 병란을 겪어서 다시 도읍이 될 수 없다고 생각하여, 평양성을 쌓아 백성과 종묘사직을 옮겼다. 평양은 본래 신인 왕검(王險)의 택지였다. 어떤 기록에는 왕의 도읍을 왕험(王險)이라고도 한다."

65 반고(班固), 『한서(漢書)』「지리지(地理志)」, "遼東險瀆縣(요동험독현)、朝鮮王舊都(조선왕구도)。… 朝鮮王滿都也(조선왕만도야)、依水險(의수험)、故曰險瀆(고왈험독)。" [본문 번역]: "중국 요동군 험독현에 조선의 왕검성이 있다. … 이곳은 조선왕 위만의 도읍이며, 물이 험한 곳에 위치해 있으므로 험독이라 한다." 본문에서 '험독'(險瀆)이란 물길이 험하기 때문에 붙여진 명칭이며, 그래서 '왕검성'(王儉城)이라 하지 않고 '왕험성'(王險城)이라고 한 것이다. 번조선의 도읍지는 훗날 위만에 넘어갔으니 당연히 위만도 그곳에 도읍을 정했던 것이다.

식이 몰랐기 때문에 혼동한 것이다.[66] 한편 『삼국사기』를 편찬한 김부식 휘하의 학자들은 고구려의 평양성이 어디에 존재했는지조차 알지 못했다. 그래서 아무런 근거도 없이 "평양성은 지금의 서경(西京, 한반도 평양)인 듯하고 패수(浿水)는 대동강인 듯하다"[67]라고 내뱉은 말이 반도사관의 시초가 되었다. 이후 모든 사서에서 고조선의 도읍지와 고구려의 도읍지를 한반도 평양으로 확정하는 비극을 낳았던 것이다. 이런 반도사관은 오늘날 중국의 동북공정과 일본의 식민사학에 악용되어 더욱 고착화되고 있는 현실이다. 그런데 오늘날 한국민족사학계가 중국의 여러 문헌을 연구하여 고조선·고구려·백제·신라가 중원 대륙에서 발원했음을 밝혀냈다.[68] 하지만 한국강단사학계는 이들 모두를 잘못된 기록으로 치

---

66 『삼국사기』에 의하면 위나라의 침략으로 환도성이 모두 파괴되어 버렸기 때문에 고구려 11대 동천왕은 A.D. 247년 인접한 평양성(왕검성)으로 종묘사직을 옮겼다. 그리고 『삼국사기』에 의하면 다시 A.D. 427년 "고구려의 제20대 장수왕 15년에 도읍을 평양으로 옮겼다"(長壽王十五年 장수왕십오년, 移都平壤 이도평양)고 했으므로, 평양에서 평양으로 옮겼을 리는 없고 평양은 두 곳이라고 보아야 한다. 『신당서(新唐書)』「동이전(東夷傳) 고구려편(高句麗編)」에는 "평양은 압록(現 요하) 동남쪽에 있다"(平壤在鴨綠東南 평양재압록동남)고 적혀 있다. 여기서 '압록'(鴨綠)은 당시 압록강으로 부르던 요녕성(遼寧省)의 요하를 가리키며, 그 요하의 동남쪽에 평양성이 있었다는 기록이다. 그러므로 이것을 한반도의 압록강과 평양에 대입하면 안 된다. 따라서 고구려의 평양성 두 곳은 모두 중원 대륙 내에 있었다. 즉 고구려의 제11대 동천왕이 천도한 평양은 현 난하(舊 요수) 동쪽에 있었고, 제20대 장수왕이 천도한 또 다른 평양은 구 압록(現 요하)의 동 요하 지류인 살수와 패수 사이에 있는 요양(요나라의 동경요양부 東京遼陽府)이었다.

67 김부식(金富軾), 『삼국사기』「고구려본기」, "平壤城似今西京(평양성사금서경)、而浿水則大同江是也(이패수칙대동강시야)。"

68 한국민족사학자인 황순종은 고구려·백제·신라의 삼국뿐 아니라 그 이전에 건국된 부여·옥저 등은 모두 고조선이 멸망한 중원 대륙에서 일어났음을 다음과 같이 피력하였다: "우선 고구려의 건국지가 어디였는지 보자! 「광개토대왕릉 비문」이나 『삼국사기』에 보면, 추모(또는 주몽)대왕은 (북)부여에서 피신하여 남쪽으로 왔으며 졸본(現 중국 랴오닝

부하여 반도사관을 정통사학으로 오늘날까지 주장하고 있다.[69]

북한역사학계의 거두인 리지린의 '중국대륙 = 고조선설'과 '낙랑 = 요동설'은 리지린의 정확한 사료 제시로 인하여 북한역사학계에서 정설로서 인정받고 있음에 중화사대주의와 일제식민사관을 그대로 답습하여 '한반도 = 고조선설'과 '낙랑 = 평양설'을 앵무새처럼 반복하고 있는 한국 강단사학계가 부끄러운 줄 알아야 한다. 이덕일은 리지린의 저서 『고조선 연구』를 해역(解譯)하며, 머리말에서 다음과 같이 리지린을 언급하였다.

성)에 도읍하고 고구려를 세웠다. 당시 (북)부여는 중국 연(燕)나라의 북쪽에 있었는데, 대왕은 (북)부여의 가장 남쪽 연나라와의 경계 지역에서 건국했던 것이다. 연나라는 오늘날 베이징 부근에 있었으므로, 고구려는 그 북쪽인 오늘날 허베이성 중부에서 일어난 사실을 알게 된다. … 백제는 어디에서 건국되었을까? 추모대왕이 도읍한 곳이 졸본이었는데 백제의 시조 온조대왕은 형 비류와 어머니 소서노를 모시고 졸본으로부터 남쪽으로 내려와 백제를 세웠으며, 패수, 대수라는 두 강을 건너 미추홀에 가서 살았다고 한다. 이 두 강은 모두 낙랑군을 흐르는 강인데 앞에서 낙랑군이 보하이(발해) 서안임을 살펴보았으므로, 백제의 건국지가 대륙의 허베이성 남부였음을 짐작할 수 있다. … 신라도 백제의 동쪽이었으므로 보하이만의 남안과 중국 동해의 산둥성 지역에 있었음은 당연한 귀결이 아닐 수 없다." 황순종, 『매국사학의 18가지 거짓말』 (서울: 만권당, 2017), 93-100. // 중국 25사 중의 하나로서 중국의 위나라 역사를 기록한 『위서(魏書)』 「백제전(百濟傳)」에는 백제에 대하여 다음과 같이 기록하였다: "百濟國(백제국)、其先出夫餘(기선출부여)、其國北去高句麗千餘里(기국북거고구려천여리)、處小海註之南(처소해주지남)。" [본문 번역]: "백제국의 선조는 부여에서 나왔다. 그 나라는 북쪽으로 가면 고구려가 천여 리에 있으며, 작은 바다의 남쪽에 처해 있다." 여기서 '작은 바다'란 하북성과 산동성을 끼고 있는 발해만을 말하는 것이며, 그 바다의 남쪽에 백제가 있다는 것은 황하의 남쪽인 산동성 아래쪽으로 백제가 있었다는 말이다. 한편 당나라의 정사인 『구당서(舊唐書)』는 신라에 대하여 다음과 같이 말하고 있다: "新羅國(신라국)、本弁韓之苗裔也(본변한지묘예야)、其國在漢時樂浪之地(기국재한시악랑지지)。" [본문 번역]: "신라국은 본래 변한의 후예이다. 그 나라는 한나라 때의 낙랑 땅에 있다." 본문은 신라가 변한의 후예라고 했는데, 변한은 번한(번조선)을 가리킨다. 고조선은 처음부터 영역을 삼한(진한·번한·마한)으로 나누어 다스렸다. 그러니까 신라가 고조선의 후예임을 밝히고 있다. 그리고 신라가 한나라 땅의 낙랑 땅에 있다고 했는데, 이곳은 중국의 하북성과 산동성 일대를 말한다.

69 이일봉, 『實證 한단고기』, 339-356.

> 역사는 사료로 말하는 학문이다. 보다 정확히는 사료를 바탕으로 과거를 재구성하고 그 의미를 해석하는 학문이다. … 리지린이 북경대학교에서 1960년 12월 박사학위 논문심사를 위한 구두시험을 치렀다. 그의 논문 지도교수였던 고힐강(顧頡剛, 1893~1980)은 자신의 일기에 "리지린은 자신의 민족적 자존심을 위해서 한사군의 위치를 우리나라의 동북쪽으로 보고 패수(浿水)를 요수(遼水)로 보았다"고 썼다. 그러나 리지린은 단순히 민족적 자존심 때문만이 아니라 중국의 수많은 문헌 사료를 바탕으로 고조선사를 연구한 것이었다. 그리고 그 결론은 고조선의 강역이 고대 요동에 걸쳐 있었다는 대륙고조선설이었다. 고힐강은 리지린의 결론을 반박할 만한 사료적 근거를 제시할 수 없었다. 고힐강이 일기에서 "조선의 유학생을 위해서 나도 어쩔 수 없이 4사(史)의 동이전을 세밀하게 읽지 않을 수 없었다. 이 때문에 나도 적지 않은 수확이 있었"다고 말하고 있는 것처럼 리지린를 제자로 받아들이고 나서야 대륙고조선설에 대한 인식을 갖고 자료를 들여다보았기 때문이다. 4사란 『사기』·『한서』·『삼국지』·『후한서』 등 중국 고대의 4개 역사서를 뜻하는데, 여기서는 한국 고대사의 진실을 말해주는 사료들이 풍부하다. 그 사료들은 대부분 고조선사를 비롯한 한국 고대사가 대륙을 무대로 전개되었음을 말해주고 있다.[70]

또한 『삼국유사』는 고조선·북부여·고구려·발해 등 만주 지역까지의 역사도 신라 위주의 역사체계 내로 편찬하고자 시도함으로 한민족 상고

---

70 리지린, 『리지린의 고조선 연구』 (서울: 도서출판 말, 2018), 14-15.

사의 많은 부분이 삭제되었다. 더욱이 중국인들이 조작해 놓은 '한사군 한반도설'을 극복하지 못했다. 고병익이 지적한 대로 중화사대주의에 사로잡힌 유교세력에 의해 국정 표준 역사책으로 행세하던 『삼국사기』에 의해 그 이전의 한민족 상고시대를 다루던 『삼한고기(三韓古記)』와 『해동고기(海東古記)』 등과 같은 역사책들을 무시하여 멸실했기 때문이다.[71] 이런 치명적인 역사 기록의 관점 차이가 『삼국유사』에 있다. 하지만 이마저 없었다면, 한민족 상고사는 물론 한민족 고대사 역시 실종되고 말았을 것이다. 일본에는 우리나라에 남아있는 가장 오랜 사서인 『삼국사기』보다 400여 년이나 더 오래된 『일본서기(日本書紀)』와 『고사기(古事紀)』 등의 사서들이 있다. 일본역사학자들은 거짓과 왜곡으로 가득 찬 『일본서기』에 근거하여 4~6세기경에 일본의 야마토 정권이 한반도 남부의 임나 지역에 통치기구 임나일본부(任那日本府)를 세워 지배력을 행사하였다는 '임나일본부설'(任那日本府說)을 주장하기 위해 『삼국사기』와 『삼국유사』를 불신한다. 그래도 『삼국사기』와 『삼국유사』가 있기 때문에 『일본서기』의 허구성을 드러내고 있지 않은가! 역사학자 이덕일은 이 문제에 대해 다음과 같이 피력하였다.

> 식민사학에서 주장하는 '한사군 한반도설'이나 '임나일본부설'은 일체의 사료적 근거가 없다. 있다면 『일본서기』처럼 처음부터 거짓

71 李基白 外, 『韓國史大討論 1: 우리 歷史를 어떻게 볼 것인가?』 (서울: 三星文化文庫 88, 1976), 36.

말을 하기로 작정하고 쓴 가짜 사료밖에 없다. 이런 사료는 『삼국사기』, 『삼국유사』 및 중국 고대 사료들과 비교 검증하면 금방 거짓임이 드러난다.[72]

한편 "『삼국유사』의 사학사적인 의의"라는 논문에서 이기백(李基白, 1924~2004)은 "『삼국유사』의 사료적 가치가 높다. 특히 전거(典據: 문헌상의 출처)를 중요시하여 밝혀주었다는 것은 중요한 일이다. 전거를 제시한 인용문은 일연이 이를 자의로 변경하고 있지 않은 점으로 주목되는 일이다. 그리고 이런 점에 비추어 생각할 때에 고조선조를 인용한 『위서』(魏書: 고대 중국의 위나라 역사를 기록한 역사서)나 『고기』(古記: '삼국사기'와 '삼국유사'보다 앞선 한민족 상고시대 역사서)[73]를 연구하는데 거의 무한한 가치를 제공해 주고 있다. 더구나 인용된 많은 원전들이 남아있지 않은 오늘날에 있어서 특히

72 이덕일, 『우리 안의 식민사관』 (서울: 만권당, 2014), 44.

73 『고기(古記)』는 현재 전해지지 않는 한국의 고대 역사서이다. 『고기』는 고려 인종 23년(A.D.1145)에 김부식이 편찬한 『삼국사기(三國史記)』에 사료로 기록되어 있다. 『삼국사기』에는 『고기』·『해동고기(海東古記)』·『삼한고기(三韓古記)』·『본국고기(本國古記)』·『신라고기(新羅古記)』 등 다양한 한민족 상고사와 고대사를 기록한 역사서의 이름이 나타난다. 고려 충렬왕 때 일연이 쓴 『삼국유사』는 『고기』를 인용하여 단군신화를 기록했는데, 이것이 오늘날 전해지는 단군에 대한 가장 오래된 기록이다. 이렇듯 『단군고기(檀君古記)』는 단군신화나 고조선(古朝鮮)의 개국을 기록한 가장 오래된 책으로 알려져 있다. 조선시대의 『세종실록』 「지리지(地理志)」 평양조(平壤條)에 『단군고기』라는 책명이 인용되어 있으나, 현재는 그 내용이 전해지지 않는다. 그런데 『단군고기(檀君古記)』는 『삼국유사』 「기이편(紀異篇)」에 언급된 『고기(古記)』와 동일한 책으로 여겨진다. 조선시대 안정복(安鼎福, 1712~1791)은 『동사강목(東史綱目)』에서 『고기』는 『단군고기』의 약칭으로서 단군의 사적을 기록한 문헌으로 보았으며, 고려시대 이승휴(李承休, 1224~1300)의 『제왕운기(帝王韻記)』에서 인용한 『단군본기(檀君本紀)』와 같은 책이라고 보았다. "단군고기(檀君古記)," ≪위키 실록사전≫. http://dh.aks.ac.kr/sillokwiki/index.php/단군고기(檀君古記)/

그러하다"고 적고 있다.[74]

2) 『삼국유사』의 불교사관. 『삼국유사』는 한민족의 상고사(上古史)인 환국·배달국·고조선의 역사를 불교사관으로 기록하였다. 그리고 일연은 환국·배달국·고조선의 상고사를 환인·환웅·단군 3대에 걸친 인물사로 잘못 기록하였다. 더욱이 배달국의 초기 역사를 신화로 전락시켰다. 곧 배달국의 백성으로 귀화하고자 찾아온 두 부족을 '일웅일호'(一熊一虎: 한 마리 곰과 한 마리 호랑이)로 전락시켰다. 『환단고기』에 의하면, '일웅일호'는 곰과 호랑이를 부족의 토템으로 삼던 웅족(熊族)과 호족(虎族)을 그렇게 부른 것이다. 특히 문제는 일연이 『삼국유사』「고조선기(古朝鮮記)」에서 '석유환국'(昔有桓国) 옆에 써 붙인 '위제석야'(謂帝釋也: '제석'을 말한다)라는 주석이다.[75] '제석'(帝釋)은 불법(佛法)을 수호하는 신(神) '제석천'(帝釋天)의 줄임말로서 '인드라'(Indra)라는 인도 신령을 일컫는다. 이처럼 일연은 '환국'(桓国)을 불교 신화에 나오는 허구의 나라로 묘사하였다. 즉 일연은 환인천제(桓仁天帝)가 세운 나라인 환국(桓國)을 불교의 신 '환인(桓因)의 나라'와 동일시하였다. 다시 말해서 '환인'(桓因)의 한자 표기는 불교의 '석가제환인다라'(釋迦提桓因陀羅) 또는 '제석환인'(帝釋桓因, Sakra-Devanam Indra)에서 온 것이다. '제석'은 원래 '인드라'(Indra)[76]라는 인도 힌두교 신령의

---

74 『韓國古典』 심포지움 제1집, (震檀學會編, 一潮閣, 1980), 16-19.

75 일연(一然), 『삼국유사』「고조선기(古朝鮮記)」, "古記云(고기운)、昔有桓国(謂帝釋也)、庶子桓雄(서자환웅)、數意天下(수의천하)、貪求人世(탐구인세)。"

76 인드라는 힌두교의 ≪리그베다(Rig-Veda) 찬가≫에 흔히 등장하는 천상신인데, 수미산

중국 역어(譯語)이다.[77] 이렇듯 『삼국유사』에는 불법(佛法)이 한 자도 들어오지 않은 단군왕검시대부터 인도의 범어(梵語)로 만든 지명과 인명이 가득 차 있다.[78] 이 같은 사실은 『삼국유사』가 9편 중 6편이 불교의 교리·신앙·윤리에 관해 다루고 있음을 통해서도 알 수 있다. 즉 『삼국유사』「흥법편」에는 삼국의 불교 수용과 그 융성에 관한 6항목, 「탑상편」에는 탑과 불상에 관한 사실 31항목, 「의해편」에는 원광서학조(圓光西學條)를 비롯한 신라의 고승들에 대한 전기를 중심으로 하는 14항목, 「신주편」에는 신라의 밀교적 신이승(神異僧)들에 대한 3항목, 「감통편」에는 불교 신앙의 영이감응(靈異感應)에 관한 10항목, 「피은편」에는 초탈고일(超脫高逸)한 인물의 행적 10항목, 「효선편」에는 부모에 대한 효도와 불교적인 선행에 대한 미담 5항목을 각각 수록하였다.[79] 그리고 『삼국유사』에는 불교 설화에 관한 서적이나 고대 불교 미술 관련 내용들이 많이 실려 있다.

(須彌山) 정상의 희견성(喜見城)에 있으면서 33천(天)을 통괄하고 아수라(阿修羅)라는 마신(魔神)과 싸워 인류를 보호할 뿐 아니라 우주의 동서남북을 1개월씩 순회하면서 큰 거울로 그곳 인간의 선악을 살피는 것으로 믿어진다. 인드라는 불교에서 '제석천'으로 일컬어진다.

77 "제석(帝釋)," ≪한국민족문화대백과사전≫ https://encykorea.aks.ac.kr/Article/E0051301/

78 신채호, 『조선 상고사』, 31-32.

79 https://encykorea.aks.ac.kr/Article/E0026482/

C

한민족 상고사에 대한 역사 해석의 왜곡

사람에 빗대어 영토가 육체라면 역사는 영혼이다. 이것은 영토주권보다 더 본질적인 것이 역사주권이라는 말이다. 그래서 한반도 주변의 강대국인 중국과 일본은 한국을 철저히 멸망시키기 위해 영토침탈뿐 아니라 역사침탈을 고대로부터 현재까지 시도해 오고 있는 것이다. 중국과 일본은 이런 사실을 알고 있었기 때문에, 중국과 일본이 한국의 역사를 오랜 세월 동안 말살하거나 왜곡해 왔다는 합리적 결론에 도달하게 된다. 따라서 역사학자들의 사명은 말살된 한민족 상고사의 남아 있는 자료들을 찾고 왜곡된 한민족 고대사는 바르게 수정하여 고치는 작업을 해야 한다.[80] 바로 이런 역사의식으로 겨레와 나라의 뿌리를 사실대로

80 "단군 관련 史書 日 왕실도서관에 가득" - 일제시대 관련 책자 분류작업 박창화 씨, 해방 후 최기철 서울대 명예교수에 증언. 한민족의 뿌리가 되는 '고조선'의 실체를 알릴 자료가 어딘가에 쌓여 있다면 우리 상고사에 관심 있는 사람들은 한걸음에 달려가고 싶을 것이다. 상고사에 관한 국내의 기록은 수많은 전란(戰亂)을 거치면서 대부분 소실되고 『삼

밝히고자 한국 고사적(古史籍) 9종과 중국 고사적 34종 등 총 43종의 사서를 참고하여 한민족 상고사를 바로잡은 책이 북애(北崖)의 『규원사화(揆園史話)』이다.[81] 『규원사화』는 조선 후기인 1675년(숙종 2년) 한민족 상고시대인 고조선에 관해 서술한 역사서이다. 모화(慕華)사상이 극에 달했던 조선시대에 이런 사서를 썼다는 것은 목숨을 걸지 않으면 할 수 없는 일이었다. 북애가 참고한 책은 고려 말 이명(李茗)이 지은 『진역유기(震域遺記)』인데, 이 책은 고려 초 발해의 유민이 쓴 『조대기(朝代記)』를 토대로

국유사』 등 일부 서책에만 남아 있기 때문이다. 또 일제 때 조선총독부가 한민족의 혼을 말살하기 위해 고조선에 관한 책들을 몽땅 약탈해 태워버렸다는 설까지 있다. 해방 후 출간된 『군국일본조선강점 36년사』나 『제헌국회사』 등에 따르면, 조선총독부 초대총독 데라우치 마사다케(寺内正毅)의 명령에 의해 1910년 11월부터 이듬해 12월 말까지 1년 2개월 동안 고사서 51종 20여만 권을 약탈했으며, '고조선'에 관한 서적 대부분이 이때 소실된 것으로 되어 있다. 이런 가운데 최근 "일본 궁내청 쇼료부(書陵部: 일명 황실도서관)에 '단군조선'과 관련된 책들이 쌓여 있다"는 새로운 주장이 나와 관심을 끈다. 그 주장이 사실이라면 자료에 목말라 하는 상고사 연구자들에겐 '단비'와 같은 소식이기 때문이다. 처음 이 주장을 한 사람은 1962년에 사망한 박창화(朴昌和) 씨, 1933년부터 12년간 쇼료부에서 우리 상고사 관련 사서를 분류하는 일을 담당했던 朴 씨는 해방 후 이 사실을 최기철(崔基哲) 서울대 명예교수(담수생물학연구소장)에게 털어놨으며, 최근 崔 교수가 이 사실을 언론에 공개했다. 1900년 초 한성사범대학을 졸업한 후 충북 영동(永同)소학교와 배재고보 등에서 역사를 가르친 朴 씨는 한국 상고사에 해박한 지식을 갖고 있어 쇼료부에서 촉탁으로 근무하게 됐다고 한다. 崔 교수는 "내가 청주사범학교 교장으로 재직하던 1945년에 朴씨를 역사교사로 채용했으며, 그 후 쇼료부에 단군조선 관련 서적들이 많이 있다는 사실을 전해 들었으나 나와 전공이 무관해 대수롭지 않게 생각했다"며 "당시 朴씨가 쇼료부에서 읽었던 단군조선 관련 서적들에 대해 많은 이야기를 해줬으나 역사에 대한 지식이 부족한 나로서는 이해하기 힘들었다"고 말했다. 그러나 현실적으로 쇼료부 소장본들은 목록으로 정리된 것들만 접근이 가능해 朴 씨의 말이 사실이라도 확인하기는 불가능에 가깝다. 혹시 새로운 한·일 교류의 시대를 맞아 일본 측이 쇼료부의 문을 활짝 열어준다면 몰라도. 김국진 기자〈kookjin@joongang.co.kr〉〈중앙일보, 1999년 12월 6일자〉

81 서희건, 『잃어버린 역사를 찾아서(제1권)』, 124-126.

한 것이기 때문에 『삼국유사』보다 더 신뢰할 수 있는 역사서이다. 『진역유기』의 저본(底本)이 되었던 『조대기』는 『삼국유사』보다 약 350년 전에 저술되었다. 『조대기』가 실재했던 고기(古記)임이 『세조실록(世祖實錄)』을 통해서 확인되었으므로, 『진역유기(震域遺記)』 역시 실재했음을 확신할 수 있다. 한편 단군왕검에 관하여 『규원사화』와 『환단고기』의 내용은 일치하며, 한민족 상고사에 관하여 지금까지 남아있는 두 권의 귀중한 역사서이다. 북애는 중화사대주의에 빠져 조작된 조선의 역사서를 비판하고, 조선에 바른 국사가 없음을 목메어 탄식하며 다음과 같이 『규원사화(揆園史話)』 서문에서 밝히고 있다.[82]

> 만약 한 줄기 강물인 압록강을 넘어서기만 하면 거기는 이미 우리 땅이 아니다. 슬프다! 우리 조상이 살던 옛 강토가 남의 손에 넘어 간 지 이미 천 년이나 되어 그 해독이 날로 깊어 가니 지난 일을 돌이켜 생각하면 슬픔을 금할 길이 없다. … 내가 말하고 싶은 것은 조선에 국사가 없다는 것이 가장 큰 걱정이다. … 우리나라의 옛 경서와 사서들은 여러 번 병화를 입어 다 흩어지고 없어졌다. 후세에 고루한 자들이 중국 책에 빠져서 주나라를 높이는 사대주의만이 옳은 것이라 하고, 내 나라 근본을 굳건히 세워 그것을 밝게 빛낼 줄 몰랐다. 이는 등나무나 칡덩굴이 곧게 뻗어갈 줄은 모르고 얽어매기만 하는 것과 같으니 어찌 천하다 하지 않을 수 있겠는가! … 만약 하느님이 나에게 장수를 누리게 하신다면 이 역사를 완성

82 북애(北崖), 『규원사화』, 고동영 역 (서울: 흔뿌리, 2005), 8-11.

> 하게 되겠지만, 이것은 어디까지나 국사를 완성하는 데 선구적 역할에 지나지 않을 것이다. 슬프다! 후세에 만일 이 책을 잡고 우는 사람이 있다면 내 죽은 넋이라도 한없이 기뻐하리라. 숙종 2년 을묘 3월 상순 규원초당에서 북애노인이 서문을 쓰다.[83]

그런데 오늘날 강단사학자들이 한민족 상고사를 다루고 있는 『환단고기』를 위서(僞書)로 단정하였으며, 민족 고대사를 다루고 있는 왜곡된 『삼국사기』와 『삼국유사』만을 정사로 인정하고 있다. 지금 중국과 일본은 한민족을 상대로 영토전쟁을 하고 있지는 않지만, 역사전쟁은 계속되고 있음을 우리는 결코 잊지 말아야 한다. 우리가 역사전쟁에서 이기는 것은 결코 쉽지 않다. 한국의 사학과 학생들이 한민족 고대사를 공부할 때 지정학적 이유로 중국과 일본의 정사들을 또한 연구하지 않을 수 없다.

사마천의 『사기(史記)』 등 중국의 정사(正史: 국가 공인 사서)로 일컬어지는

---

83 북애(北崖), 『규원사화(揆園史話)』 서(序), "若越一葦鴨江之水(약월일위압강지수)、則已更非我土矣(칙이갱비아토의)。噫(희)! 我先祖舊疆(아선조구강)、入于敵國者已千年(입우적국자이천년), 而今害毒日甚(이금해독일심), 乃懷古悲今(내회고비금) … 余嘗論之(여상론지)、朝鮮之患(조선지환)、莫大於無國史(막대어무국사)。… 我邦經史(아방경사), 屢經兵火(누경병화), 散亡殆盡(산망태진)。後世孤陋者(후세고루자)、流溺於漢籍(류닉어한적)、徒以事大尊周爲義(도이사대존주위의)、 而不知先立其本(이불지선립기본)、 以光我國(이광아국)、是猶藤葛之性(시유등갈지성)、不謀其直而便求纏絡也(불모기직이편구전락야)、豈不鄙哉(기불비재)! … 若天假我以長壽(약천가아이장수)、則卽可完成一史(칙즉가완성일사)、此不過爲其先驅而已也(차불과위기선구이이야)。噫(희)! 後世若有(후세약유)、執此書而歌哭者(집차서이가곡자)、是乃余幽魂無限之喜也(시내여유혼무한지희야)。上之二年乙卯三月上澣(상지이년을묘삼월상한)、 北崖老人(북애로인)、 序于揆園草堂(서우규원초당)。"

책들은 모두 '중국 국수주의'에 입각하여 쓰였기 때문에 조작되었다.[84] 뿐만 아니라 일본의 '정사'(正史: 국가 공인 사서)로 일컬어지는 『일본서기(日本書紀)』 역시 '일본 국수주의'에 입각하여 쓰였기 때문에 조작되었다. 그렇지 않은 책들은 중국과 일본에서 정사(正史)로 인정받지 못하고 제거되었다. 반면에 한국의 '정사'는 '한국 국수주의'에 입각하여 쓰이지 않았다. 오히려 중국과 일본에 의해 한민족 상고사는 말살되고 한민족 고대사는 조작되었다. 그 이유는 한민족이 오랜 세월 동안 중국과 일본의 속국으로 지배를 받았기 때문이다.[85] 중국의 한민족 지배 기간은 공식적으

84 중국은 역사를 국가에서 관리한다. '정사'(正史)는 정통 역사서의 준말이다. 중국의 25사란 국가에서 인정한 정사를 말한다. 정사 25사에는 황제의 치세 연대기인 본기(本紀)와 저명한 개인의 사적(事績)을 기전체(紀傳體)에 따라 기록한 열전(列傳)을 필수불가결의 요소로 한다. 그밖에 연표(年表)·계보(系譜) 또는 제도를 기록한 지(志, 또는 書) 등을 포함하는 것도 있는데 이것들이 필수 조건은 아니다. 한(漢)나라의 사마천이 상고(上古) 때부터 한나라 무제(武帝) 때까지 기록한 『사기(史記)』에서 시작되는데, 이하는 단대사(斷代史)로서 1왕조마다 1부씩 사서(史書)가 만들어졌다. 반고(班固)의 『전한서(前漢書)』, 범엽(范曄)의 『후한서(後漢書)』, 진수(陳壽)의 『삼국지(三國志)』를 합하여 사사(四史)라고 부른다. 이후의 왕조에 대해서는 『진서(晋書)』·『송서(宋書)』·『남제서(南齊書)』·『양서(梁書)』·『진서(陳書)』·『위서(魏書)』·『북제서(北齊書)』·『주서(周書)』·『수서(隋書)』·『신당서(新唐書)』·『신오대사(新五代史)』가 만들어졌고, 남송(南宋) 시대에 와서 『남사(南史)』·『북사(北史)』를 더하여 17사(史)로 총칭되었다. 원(元)나라 말기에 『송사(宋史)』·『요사(遼史)』·『금사(金史)』가 저술되었고, 명(明)나라 초 『원사(元史)』가 성립되었으므로 이들을 합하여 21사(史), 청(淸)나라 초 만들어진 『명사(明史)』를 합하여 22사라고 하였다. 청나라 건륭제(乾隆帝)는 이에 더하여 『구당서(舊唐書)』와 『구오대사(舊五代史)』를 내어 24사라고 하였다. 중화민국 초에 가소민(柯劭忞, 1848~1933)의 『신원사(新元史)』가 정사로 추가되어 마침내 정사 25사가 되었으며 모두 3,506권에 달한다. 한편 중화민국 초에 청나라 역사를 기록한 『청사고(淸史稿)』가 나왔으나 아직 정사로 인정받지 못하고 있다. 사실 『요사(遼史)』·『금사(金史)』·『원사(元史)』는 한국사나 몽고사에 편입되어야 하지만 현재 중국의 25사에 속해 있다. 고종문, 『고사성어로 읽는 사마천의 사기열전』 (서울: 키메이커, 2015).

85 오늘날 대다수의 한국인들은 조선의 국권을 찬탈한 일본의 36년간 일제강점기만을 기억

로 503년 동안이었고, 일본의 한민족 지배 기간은 공식적으로 36년 동안이었다.[86] 중국과 일본은 한민족을 영구적으로 지배하기 위해 영토뿐 아니라 민족의 혼(魂)인 역사마저 말살하거나 왜곡하였다. 하지만 더욱

하고 있다. 하지만 조선 503년간 중국 명나라와 청나라의 속국으로 조선이 독자적 주권을 행사하지 못했다는 역사적 사실에 대하여 모른다. 실례로는 1882년(고종 19년) 조선과 미국 간에 조인된 조약인 '조미수호통상조약'(朝美修好通商條約)이다. 이 조약은 조선의 전권위원 신헌(申櫶, 1810~1884), 김홍집(金弘集, 1842~1896)과 미국의 전권위원 로버트 윌슨 슈펠트(Wilson Shufeldt, 1822~1895) 간에 제물포에서 체결되었다. 그런데 이 조약에서 조선을 대표하여 서명한 사람은 청나라의 북양대신(北洋大臣) 이홍장(李鴻章)이었다. 이홍장(1823~1901)은 청나라 말기의 한족계 거물급 정치인이었다. 이 조약의 목적은 일본의 조선 진출을 막고, 조선의 종주국 노릇을 하기 위한 것이었다. 그러니까 이 당시 조선은 청나라의 속국이었기 때문에 독자적 주권이 없었다. "조미수호통상조약," ≪위키백과≫. "이홍장," ≪위키백과≫.

86 중국은 사실상 1392년 이성계의 조선 건국에서부터 1895년 시모노세키 조약 때까지 503년 간 조선을 중국 명나라와 청나라의 속국으로 지배했다. 이성계가 먼저 나라 이름을 명나라에 '조선'(朝鮮)과 '화령'(和寧) 중에서 정해달라고 요청했다. 1407년 조선의 태종은 "조금이라도 사대(事大)의 예(禮)를 잃어서는 안 되며, 마땅히 왕보다 높여 지성(至誠)으로 천사(天使)를 섬겨야 한다"는 사대주의적인 취지에서 중국 사신들을 몸소 맞이하기 위해 중국의 명나라를 숭모한다는 뜻의 건축물 '모화루'(慕華樓)를 세웠고, 세종 때 '모화관'(慕華館)으로 변경하였다. 한편 중국의 요구로 1537년 중종 때 중국의 은혜를 영접한다는 뜻의 '영은문'(迎恩門)을 '모화관' 앞에 세웠다. 1894년 청일전쟁에서 패한 중국이 1895년 4월 17일 일본 이등박문(伊藤博文)과 청나라 이홍장(李鴻章) 간의 시모노세키 조약으로 "청국은 조선이 완전한 자주 독립국임을 인정한다"고 선언함으로 조선은 중국 지배에서 벗어날 수 있었다. 청일전쟁 후인 1896년 고종은 '모화관'이 사대주의의 상징물이라 하여 '독립관'(獨立館)이라 고쳐 불렀다. 그리고 1897년 '영은문'을 헐고 그 자리에 중국으로부터의 독립을 기념하기 위해 독립협회 주도로 서재필 박사가 주축이 돼 성금을 모금하여 '독립문'을 세웠다. 우리는 일본으로부터의 독립만 아는데, 서대문에 있는 '독립문'은 36년간 지배해 온 일본으로부터의 독립을 기념하기 위한 것이 아니라 503년 동안 지배받던 중국의 압제에서 벗어나게 된 것을 기념하기 위해 만든 것이다. 이렇게 볼 때 우리에겐 1945년 8월 15일만 광복절이 아니라 1895년 4월 17일도 광복절이므로 둘 다 기념해야 할 것이다. 안타깝게도 한국이 중국으로부터 해방된 것은 일본에 의한 것이고, 한국이 일본으로부터 해방된 것은 미국에 의한 것이다. 그러므로 우리는 현재의 국민 안녕과 미래의 후손 안녕을 위하여 민족적 각성을 해서 자주독립의 정신을 키워 나가야 한다. 주돈식, 『조선인 60만 노예가 되다』 (서울: 학고재, 2007).

슬프고 통탄스러운 사실은 중국과 일본에 의해 한민족 상고사는 말살되어 신화로 전락되었고, 중국과 일본이 왜곡한 한민족 고대사를 한국강단사학자들이 한민족의 정사로 받아들이고 있다는 것이다. 이들 강단사학자들은 중국과 일본의 의도대로 '중화사대사관'과 '일제식민사관'에 물들어 민족의 혼인 한민족 역사를 무의식적으로 파괴하는 데 앞장서 왔다. 한 가닥 우리에게 남은 희망은 중국과 일본의 한민족 상고사 말살과 한민족 고대사 왜곡을 간파한 소수의 민족사학자들과 재야사학자들이 한민족 상고사의 흔적을 추적하여 찾아내고, 한민족 고대사를 바로 잡는 데 최선을 다하고 있는 것은 한민족의 미래를 위하여 다행이라 할 수 있다. 현재 역설적이게도 역사전쟁이 한국강단사학자들과 한국재야사학자들 사이에서 격렬하게 벌어지고 있다.

중국과 일본은 한민족 고대사를 왜곡하였다.

첫째, 중국의 조선 식민지 '한사군'의 실체. B.C. 108년에 한나라가 '위만조선'(魏滿朝鮮)을 굴복시키고 점령지역의 통치를 위해 4개의 지방행정구역을 한반도에 설치했다는 것이 '한사군'(漢四郡)이다. 중국 편향적인 『백도백과(百度百科)』는 "(사마천의) 『사기』에 따르면 B.C. 108년에 한나라 무제가 조선을 정벌하기 위해 군대를 파견했다. 이듬해(B.C.109년) 중국 동북부와 한반도에 4개 현이 설치되었는데, 낙랑현도 그중 하나였다"[87]

87 ≪백도백과(維基百科)≫ "『史记(사기)』 载(재), 公元前108年(공원전108년), 汉武帝派兵东征朝鲜(한무제파병동정조선)。翌年(익년)、 在中国东北和朝鲜设置四郡(재중국동북화

고 기록했다. 그런데 중국 동북부와 한반도 내의 한사군 설치설은 사마천의 『사기』를 빙자하여 반고(班固, A.D.32~92)의 『한서(漢書)』[88]처럼 후대의 중국 역사학자들이 왜곡한 것이다. 왜냐하면 한나라 무제(武帝, B.C.156~B.C.87) 때 생존하여 한사군 전쟁을 직접 목격한 사마천(司馬遷, B.C.145?~B.C.91?)이 한사군 설치 연대라는 B.C. 109년보다 9년 뒤인 B.C. 100년경에 편찬한 『사기』에 한사군 설치 언급을 전혀 하지 않았기 때문이다.[89] 그러면 낙랑군(樂浪郡)·임둔군(臨屯郡)·진번군(眞番郡)·현도군(玄菟郡)에 설치되었다는 한사군의 실체는 무엇일까? 그 진실을 우리는 『북부여기상편(北夫餘記上篇)』에서 확인할 수 있다. "계유 13년(B.C.108년), 한나라의 유철(劉徹: 전한무제)이 평나(平那: 위만조선의 왕검성, 현재 중국 요녕성에 위치)에 쳐들어와 우거(右渠: 고조선의 마지막 왕으로 위만의 손자)를 멸한 뒤 4군(四郡)을 두고자 사방에서 침략해 들어왔다. 이때 고두막한(高豆莫汗: 북부여 5세 단군)이 군사를 일으켜 가는 곳마다 한나라의 도적들을 격파하였다. 이에 백성들이 사방에서 호응하여 싸우는 군사를 도와서 크게 떨쳐 보답하였다."[90] 한편

조선설치사군)、 乐浪郡是其中之一(악랑군시기중지일)。" https://baike.baidu.com/item/乐浪海/10832848/

88 반고(班固), 『한서(漢書)』 「조선전(朝鮮傳)」, "故遂定朝鮮爲(고수정조선위)、 真番(진번), 臨屯(임둔)、 樂浪(낙랑)、 玄菟(현도)、 四郡(4군)。" [본문 번역]: "그래서 (고)조선을 (정벌하고) 진번·임둔·낙랑·현도의 4군으로 나누었다."

89 김영주, 『한민족의 뿌리와 단군조선사』 (서울: 대원출판, 1987), 337. ; 이일봉, 『實證 한단고기』, 283-291.

90 범장(范樟), 『북부여기상편(北夫餘記上篇)』, "癸酉十三年(계유십삼년)、 漢劉徹寇平那(한류철구평나)、 滅右渠(멸우거)、 仍欲置四郡盛以兵四侵(잉욕치사군성이병사침)、 於是高豆莫汗倡義起兵(어시고두막한창의기병)、 所至連破漢寇(소지련파한구)、 遺民四應以助戰

『삼성기전상편(三聖記全上篇)』에도 동일한 내용을 말하고 있다.[91] 이렇듯 한사군은 중국의 희망사항이었을 뿐 실현된 적이 없었다.

둘째, 위만조선을 조선의 첫 역사라고 우기는 일본. 중국이 고고학적 근거가 없는 '기자조선'(箕子朝鮮)을 조선의 첫 역사로 주장했고,[92] 일본은 역사적 근거가 없는 '위만조선'(魏滿朝鮮)을 조선의 첫 역사로 주장했다. 일제는 고조선의 역사를 신화로 치부하고 중국 사서가 조작한 기록에 근거하여 위만조선을 조선 역사의 시작으로 보았다. 일제는 위만조선의 건국 연도인 B.C. 194년에 조선의 역사가 겨우 시작되었다는 것이다. 이렇게 하여 조선은 B.C. 194년에 출현한 나라로, B.C. 660년에 건국된 일본보다 짧은 역사를 가진 나라가 되었다. 일제는 이후 위만조선이 한나라에 멸망당해 B.C. 109년에 한사군이 설치되어 일찍부터 중국의 식

軍報大振(유민사응이조전군보대진)。"

91 안함로(安含老), 『삼성기전상편(三聖記全上篇)』, "至癸酉漢武時(지계유한무시)、漢移兵滅右渠(한이병멸우거)、西鴨綠人高豆莫汗倡義興兵(서압록인고두막한창의흥병)、赤稱檀君(적칭단군)。" [본문 번역]: "계유년 한무제 때에 한나라가 군사를 움직여 우거를 멸하였다. 이때 서압록 사람인 고두막한이 군사를 일으켰는데 역시 단군이라 칭하였다."

92 사마천(司馬遷), 『사기(史記)』 「조선열전(朝鮮列傳)」, "於是(어시)、武王乃封箕子於朝鮮(무왕내봉기자어조선)、而不臣也(이불신야)。" [본문 번역]: "이에 (주나라) 무왕은 기자(箕子)를 조선(朝鮮)의 왕으로 봉하되 신하로 대하지 않았다." 사마천은 한국 역사가 B.C. 1100년경에 중국의 속국이었던 기자조선으로부터 시작되었고, 고조선은 패망할 때까지 기자조선의 그늘에 있었다고 주장했다. 하지만 기자조선은 역사상 존재하지 않았다. 기자조선의 명칭이 '기자'(箕子)라는 중국 역사상의 인물과 '조선'(朝鮮)이라는 한국 역사상의 지역이 복합되며 '기자조선'이 만들어졌다. 주나라 무왕에 의해 조선의 왕으로 봉해졌다는 기자의 무덤이 왜 중국 숙주(宿州: 쑤저우)시에 있는가? 중국 고대 은(상)나라 사람 기자가 동방으로 와서 조선의 지배자가 되었다는 '기자동래설'(箕子東來說)은 중국의 역사학자들이 꾸며낸 거짓된 학설이다. 김영주, 『한민족의 뿌리와 단군조선사』, 249-261.

민 지배를 받았다고 주장했다. 게다가 일제는 위만조선의 위치를 요동반도가 아닌 한반도의 평양 등지로 설정하여 조선은 역사의 시작부터 전체 영역이 한반도에 불과했다고 가르쳤다. 그것도 한반도 북부는 한사군을 통하여 중국의 식민 지배를 받았고 한반도 남부는 임나일본부(任那日本府)라는 기관을 통하여 일본의 식민 지배를 받았다는 것이다. 여기서 '임나일본부설'(任那日本府說)이란 A.D. 4세기 중엽 일본열도의 왜(倭)가 한반도 남부로 출정해 가야와 그 주변을 정벌한 다음 '임나일본부'라는 통치기관을 설치한 이후 A.D. 562년까지 한반도 남부를 지배했다는 학설이다. 이처럼 조선은 원래부터 타국의 지배를 받아야 할 열등한 민족이기 때문에 1910년의 한일병합이 당연하다는 논리를 폈졌다.[93] 그런데 광복 후 일제의 식민사학(植民史學) 추종자인 이병도(李丙燾, 1896~1989)를 태두로 하는 한국강단사학자들[94]은 중국이 일차적으로 조작하고 그것을 일제가 재차 가공하여 왜곡한 한반도의 한사군설을 그대로 받아들여 지금도 한국 국사 교과서에서 여전히 가르치고 있다.[95]

---

93 전우성, 『다시 쓴 한국고대사』, 92.

94 "이병도는 1920년대 후반부터 한사군의 위치를 밝히는 것으로 고대사 연구를 시작했다. … 2012년 이병도의 후학들이 발간한 『두계 이병도 전집』 16권 중의 「한국 고대사 연구」에는 고조선 관련 내용이 80쪽에 불과하다. 그중에서도 기자·위만조선에 관한 부분을 뺀 2천 년 단군조선에 대한 연구는 그중 ¼인 19쪽뿐이다. 반면 이병도가 한사군의 위치를 밝히기 위한 연구에 할애한 지면은 무려 125쪽이나 된다." 황순종, 『식민사관의 감춰진 맨얼굴』 (서울: 만권당, 2014), 237.

95 황순종, 『식민사관의 감춰진 맨얼굴』, 233-250.

1. 중국의 국수주의적 역사 해석

중국 한족(漢族)의 기원과 뿌리는 무엇일까? 중국은 신해혁명(辛亥革命) 당시 손문(孫文)이 '중화민국'(中華民國)으로 나라 이름을 제정한 것을 줄여서 중국(中國)이라 불렀다. 즉 중국의 국호는 신해혁명(1911~1912) 이후에 최초로 사용했다는 것이다. 중국 민족은 한족(漢族)이 근간을 이룬다. 한족의 기원과 뿌리는 화하족(華夏族)인데, 화하족은 남방(南方) 타이족(傣族: 태족–다이족)의 방계(傍系)이다. 한족의 뿌리인 화하족은 동남아시아 지역에서 북상하여 황하강 중류 지역을 중심으로 독특한 문화를 이루고 살았기 때문에 한민족의 조상인 북방 동이족(東夷族)과 문화 양식이 다르다. 예컨대 동이족(東夷族)이 온돌 문화라면 화하족은 침대 문화이다.[96]

대만대학의 서량지(徐亮之, 1907~1966) 교수는 『중국사전사화』(中國史前史話, 1954)에서 "4천여 년 전(B.C.2000년경) 한족(漢族)이 중원 땅에 들어오기 전에, 중원(中原)의 북부 및 남부를 이미 묘족(苗族=東夷族=韓民族)이 점령하여 경영하고 있었다. 지나족(支那族=漢族)이 중원에 들어온 뒤에 점점 서로 더불어 접촉하였다"고 하였다. 지금 중국인들의 다수를 차지하는 한족의 뿌리 조상들은 동이족이 지배한 이후에야 겨우 중국 땅으로 들어온 것이며, 그들이 중국으로 들어올 무렵에는 이미 배달국(倍達國, B.C.3897~B.C.2333)과 고조선(古朝鮮, B.C.2333~B.C.238) 문명이 만주(滿洲) 일대에 찬란하게 꽃을 피

96 https://ykchouse.tistory.com/687/ "중국 한족(漢族)의 기원과 뿌리," 2015.03.20.

우고 있을 때였다. 그리고 러시아의 인류학자인 시로코고로프(S. M. Shirokogoroff, 1887~1939)는 『중국사(中國史)』에서 "B.C. 3000년경 동이족은 이미 황하강의 중류와 하류에 살았으며, 지나(支那) 족은 이보다 1,500~2,000년 후에 동방 천자 배달국(倍達國) 치우(蚩尤)가 다스리는 동이족의 나라인 강회(江淮) 지방에 진출하였다"고 주장했다.[97]

한편 중국 란저우(蘭州) 대학 생명과학원의 사소동(謝小東) 교수는 "한족과 소수민족의 유전자(DNA)를 몇 년에 걸쳐 조사했는데, 13억 중국인 가운데 92%를 차지하고 있다는 한족은 실제 조사 결과 유전학적으로 현존하지 않는다. … 순수한 혈통의 '한족'은 현재 없으며 현대 중국인은 다양한 민족의 특질이 고루 합쳐진 것으로 어떤 특정 민족의 특질이 도드라지게 나타나지 않았다"고 2007년 2월 13일 발표했다.[98] 따라서 한족은 오랫동안 중국이라는 역사 속에서 수많은 종족들을 흡수하면서 만들어진 민족으로서 한족이라고 부를 만한 순수한 혈통이 존재하지도 않았다. 서양의 개념으로서 민족이란 언어, 생활양식, 심리적 습관, 문화, 역사 등을 같이 하는 인간 집단을 가리킨다. 그러나 한족이라고 불리는 사람들은 지역에 따라 그 심리적 습관이나 문화, 생활양식뿐만 아니라 언어 자체도 다양하고 서로 다르기 때문에 민족이라는 범주에 넣을 수가 없는 것이다. 그래서 한족은 이미 혈통 개념이 아니라 문화적인 개념

97 https://cafe.daum.net/kgf2029/NnSP/9/

98 "한족," ≪나무위키≫. https://namu.wiki/w/%ED%95%9C%EC%A1%B1/

이다.[99]

'화이관'(華夷觀)의 개념은 주나라(周) 때부터 발전하기 시작하여, 진나라(秦, B.C.900~B.C.206)의 진시황(秦始皇, 재위 기간 B.C.220~B.C.210)이 춘추전국시대를 마감하고 만리장성 이남의 중국을 통일하면서 '화하족'의 개념이 형성되었다. 그리고 한나라(漢, B.C.202~A.D.220)의 유방(劉邦)이 중국 대륙을 최초로 완전 통일하면서 드디어 동이족과 구별되는 '한족'(漢族)의 개념이 형성되었다. 이것을 역사학적으로 해석하여 정립한 사람이 사마천(司馬遷, B.C.145?~B.C.91?)이다.

1) 동이족(東夷族). 한국(韓國)에서 '민족'은 1900년 1월 12일 ≪황성신문(皇城新聞)≫에 '동방민족'(東方民族)이라는 용어가 나오면서 처음 등장하였다. 여기서 '동방민족'은 '한민족'(韓民族)을 뜻한다. 한편 중국에서 청나라의 양계초(梁啓超, 1873~1929)가 1902년 『논민족경쟁지대세』(論民族競爭之大勢)라는 논문을 썼는데, 여기서 '민족'은 '한민족'(漢民族)을 뜻한다.[100] 민족을 의미하는 한자는 크게 이(夷)와 화(華)로 나눠진다. 이(夷)는 이민족 곧 오랑캐, 화(華)는 중국 민족 곧 한족(漢族)을 뜻한다. 이(夷)에서 파생된 글자로 동서남북의 각 방위에 따라 동이(東夷)·서융(戎狄)·남만(南蠻)·북적(北狄)으로 구분하였다. 이렇듯 중국 고대사에서 '동이'(東夷)라는 것은 한족(漢族)이 동방의 이민족에게 붙였던 범칭으로서 특정한 종족을 지칭하

99 http://cafe.daum.net/kgf2029/NnSP/9/

100 이덕일, 『사기, 2천 년의 비밀』, 24.

는 고유명사라기보다 방위 개념을 첨가하여 한족(漢族)에 대한 상대적인 개념이라 할 수 있다. 그러나 한족(漢族)의 활동영역이 확대되고 지리적 지식의 양이 증가하면서 점차 특정한 종족 개념인 '동이족'(東夷族)의 성격을 띠게 되었다.[101]

그런데 이(夷)는 갑골문에는 등장하지 않고 갑골문을 남긴 은(殷)을 멸망시킨 주나라에서 만든 금문(金文)에 처음으로 여러 번 나타난다. 후한(後漢)의 허신(許愼, A.D.58~148)이 편찬한 자전(字典)인 ≪설문해자(說文解字)≫에 보면 이(夷)에 대해 다음과 같이 주해하였다: "이평야(夷平也)、종대종궁(从大从弓)、동방지인야(東方之人也)。" [본문 번역]: "이(夷)는 평(平)을 뜻이고, 글자의 구성은 대(大)와 궁(弓)으로 이루어져 있으며, 동방에 사는 사람을 뜻한다."

첫째, "평"(平)에 대한 주해. ≪설문해자≫의 주해서인 단옥재(段玉裁)의 ≪설문해자주(說文解字注)≫를 보면, '평'의 풀이는 "어평서야(語平舒也)。종우종팔(从亐从八)。 팔(八)、분야(分也)。 원례설(爰禮說)。 … 부병절(符兵切)"로 되어있다. "어평서야"(語平舒也)란 '평정하게 평(平)할 펼 서(舒)를 말함'이다. 여기서 "평"(平)은 '고름'(平平)보다는 '바로잡음'(平定)의 뜻에 가깝다. 풀이하면 '어지러움을 바로 잡는다'라는 뜻이다. 그리고 "종우종팔"(从亐从八)이란 '어조사 우(亐)를 따르고 팔(八)을 따름'이다. 또한 "팔(八), 분야(分也)"란 '팔(八)은 곧 나눔'이다. 또한 "원례설"(爰禮說)이란 '예(禮)를 끌어당

101 "동이(東夷)," ≪한국민족문화대백과사전≫. https://encykorea.aks.ac.kr/Article/E0016734/

김'을 말한다. 어조사 '우'(亏)는 숨 내쉼을 상형한 것이고 우(于) 자의 원자이다. 따라서 평(平) 자는 '우'(于)와 '팔'(八)의 합성어이다. 핵심적인 풀이가 바로 '예'(禮)인데, 이것을 그냥 지금 우리가 쓰는 '예'의 의미로 해석하면 안 된다. ≪설문해자≫에 따르면 "시부(示部) 예(禮) 리야(履也)。소이사신치복야(所以事神致福也)。종시종풍(从示从豊)、풍역성(豊亦聲)。영계절(靈啓切)"로, '(밟을 곳을 찾아) 밟는다'는 뜻이다. 결국 '평'(平)은 '신의 뜻에 따라 세상의 어지러움을 바로 잡아 복이 되게 함에 있다'는 것이다.[102] 이것은 '인간을 널리 이롭게 한다'는 고조선의 국시인 '홍익인간'(弘益人間) 및 '세상을 진리로 교화한다'는 '재세이화'(在世理化)와 맥을 같이 한다. '재세이화'(在世理化)는 '홍익인간'의 완결점이고 최종 목표이다.[103]

둘째, "종대"(从大)에 대한 주해. 본문에 기록된 옛 글자 '종'(从)을 오늘

102 https://www.facebook.com/TheMythOfDanGun/photos/a.345446305576332/

103 '하느님의 자손'이라는 천손의식(天孫意識)은 '홍익인간'과 '재세이화'를 핵심 이념으로 한다. '홍익인간'과 '재세이화' 사상은 원래 한웅(桓雄)이 세운 배달국(倍達國)의 국가이념이었다. 이러한 국가이념이 생성되기 시작한 때는 환인(桓因)이 세운 환국(桓國)에서부터였다. 그러니까 고조선은 환국과 배달국의 국가이념을 그대로 전수하고 있는 것이다. '홍익인간'과 '재세이화'라는 문구가 확인된 가장 오래된 출처는 『삼국유사』이다: "古記云(고기운)、昔有桓因(석유환인)、謂帝釋也(위제석야)、庶子桓雄(서자환웅)。數意天下(수의천하)、貪求人世(탐구인세)。父知子意(부지자의)、下視三危太伯可以(하시삼위태백가이)、弘益人間(홍익인간)、乃授天符印三箇(내수천부인삼개)。遣往理之(견왕리지)、雄率徒三千(웅솔도삼천)、降於太伯山頂(강어태백산정) … 神壇樹下(신단수하)、謂之神市(위지신시)、是謂桓雄天王也(시위환웅천왕야)。將風伯雨師雲師(장풍백우사운사)、而主穀主命主病主刑主善惡(이주곡주명주병주형주선악)、凡主人間三百六十餘事(범주인간삼백륙십여사)、在世理化(재세이화)。" 그리고 이승휴(李承休, A.D.1224~1300)가 1287년에 저술한 『제왕운기(帝王韻紀)』에도 '홍익인간'이라는 문구가 나온다: "本紀曰(본기왈)、上帝桓因(상제환인)、有庶子(유서자)、曰雄云云(왈웅운운)、謂曰(위왈)、下至三危太白(하지삼위태백)、弘益人間歟(홍익인간여)。"

날 '따르다,' '순종하다'를 뜻하는 '종'(從)으로 표기하고, 현재 중국에서는 '종'(從)의 간체자로 '종'(從)의 고자(古字)인 '종'(从)을 사용하고 있다. 하지만 한자의 근본 원리를 해석한 ≪설문해자(說文解字)≫에 따르면 '종'(从)은 사람 '인'(人) 두 개를 연속으로 연결시킨 문자로서 그 하나는 목적으로, 그리고 다른 하나는 동사로 사용하여 '사람을 사람답게 한다'는 뜻으로 인(人)이 두 개(二) 합쳐진 어질 '인'(仁)과 동의어이다. 그리고 이(夷)자와 인(仁)자는 통용된다.[104] 이 같은 사실은 ≪설문해자(說文解字)≫「이(夷): 종대종궁(從大從弓) 동방지인야(東方之人也)」가 이를 뒷받침해 준다: "유동이종대(惟東夷從大)、 대인야(大人也)、 이속인(夷俗仁)、 인자수(仁者壽)、 유군자불사지국(有君子不死之國)。 안천대지대인역대(按天大地大人亦大)、 대상인형(大象人形)、 이이전종대(而夷篆從大) … 차여군자여이(此與君子如夷)、 유이지행강복(有夷之行降福)。" 본문을 번역하면 다음과 같다. "오직 동이만이 대(大)를 따르는 대인(大人)이다. 동이의 풍속은 어질고 어진 자는 장수하므로 '군자가 죽지 않는 나라'이다. 생각건대 하늘은 크고 존귀하고(大) 땅도

104 대만학자 노간(勞幹)은 『중국문화론집(中國文化論集2)』「중한관계논략(中韓關係論略)」에서 "우리들은 동방사람들을 동이(東夷)라고 부른다. 이(夷)자와 인(仁)자는 통용된다. 인(仁)자와 인(人)자 또한 한 근원에서 나온 것이다. 그러므로 중국에 있어서 인(人)자를 일컫는 것은 그 근원이 동방에서 나왔으며, 만약 동이족이 문화적으로 선진이고, 후대에 와서 서방사람들이 이를 빌려 쓴 것이다"라고 하였다. [한자원문]: "俄們常常把(아문상상파)、東方的人稱爲東夷(동방적인칭위동이)、而夷字和人字是通用的仁字和人字也是出於一源(이이자화인자시통용적인자화인자야시출어일원)、那魔漢語中(나마한어중)、'人'的稱謂('인'적칭위)、支於還有出於東方的可能(지어환유출어동방적가능) … 假若夷人先成文化的先進(가약이인선성문화적선진)、夷人先用了'人'字作爲全人類的名類西方候起的部族(이인선용료'인'자작위전인류적명류서방후기적부족)、可能再爲借用的(가능재위차용적)。"

크고 존귀하며 사람 역시 크고 존귀한 것이다. 이처럼 (크고 존귀함을 나타내는) '대'(大)는 사람의 형상을 본뜬 것인데 이(夷)의 옛글자는 대(大)에서 유래한 것이다. … 이렇듯 군자(君子)는 동이와 같은 사람들을 말하는 것이고 동이처럼 행동하면 복이 내린다." 요컨대 동이족은 대의를 따르는 군자로서 존귀하고 어진 민족이다.

셋째, "종대종궁(从大从弓) 동방지인야(東方之人也)"에 대한 주해. ≪설문해자≫에서 허신이 "이"(夷)를 '대(大)와 궁(弓)의 합성어'라고 주해하였다. 이대로라면, "종대종궁(从大从弓)、동방지인야(東方之人也)"의 뜻은 '큰 활을 제작하여 사용하는 동방 사람'이라는 해석이 가능하다. 하지만 자형(字形)이 갑골문⇒금문1⇒금문2⇒전문 등 시대별로 변형되기 때문에 이런 해석은 타당치 않다. 갑골문에서 "이"(夷)의 본래 모양은 활과 관계없었다. 동양 최고의 갑골음 권위자 유창균 박사에 의하면, 이(夷)의 갑골문은 당(唐)의 두우(杜佑)가 저술한 ≪통전(通典)≫에 '걸터앉은 자'란 뜻을 지닌 "이자준야"(夷者蹲也)와 상응한다고 하였다. 이런 사실을 확연하게 보여주는 것이 '시'(尸) 자이다. '시'(尸) 자는 사람이 의자에 앉아 있는 모습을 형상화한 것이다. ≪갑골문자전(甲骨文字典)≫을 편저한 서중서(徐中舒)는 '시(尸)가 이(夷)의 옛글자'라고 하였다. ≪설문해자주(說文解字註)≫에서는 "제사지시본상신이진지"(祭祀之尸本象神而陳之)라 하여, '시(尸)는 제사 지낼 때 신의 자리에 대신 앉히는 사람'을 의미한다. 이것은 '시'(尸) 자가 신에게 제사 드리는 제사장이란 의미를 함축한다. 이 말은 동이족이 신의 대리자로서 제사장 족속이라는 것이다.[105] 그래서 이 단어는 동이족이 '천손'(天孫)이라는 민족의식과 통한다.[106] '천손'이라는 '천민사상'(天民思想)은 이스라엘의 '선민사상'(選民思想)보다 더 우위의 개념으로서 앞서며, 그것은 '천민신앙'(天民信仰)에 근거한다.[107]

2) 위중국휘치(爲中國諱恥). 중국은 한족과 관계되는 역사 기록을 고대로부터 조작해 왔다. 중국 춘추시대의 공자(孔子, B.C.551~B.C.479)가 서술한 『춘추(春秋)』는 노나라 사관이 저작한 역사서에 자신의 견해를 덧붙여 다시 편찬한 노나라의 역사서이다. 흔히 공자가 편집한 『춘추』를 역사서로 보는 경향이 있는데, 엄밀히 말해 공자의 편집본은 역사의 일부를 뽑아 교훈적인 의미를 담고자 한 목적이 별도로 존재하기 때문에 역사

---

105 최춘태, 『갑골음으로 잡는 식민사학·동북공정』 (서울: 북랩, 2017), 159-168.

106 하느님의 자손을 뜻하는 '천손'(天孫) 사상은 동이족의 최초 국가 형태인 환국을 거쳐 배달국의 환웅천왕으로 이어졌고, 다시 고조선의 단군왕검으로 계승되었으며, 고구려·백제·신라에 이르기까지 영향을 미쳤다. 『삼국사기』 「고구려 본기」에 보면, 고주몽이 "我是天帝子(아시천제자)"라 하여 자신을 하느님의 아들로 호칭하였다. 한편 한나라의 채옹(蔡邕, A.D.133~192)은 『독단(獨斷)』에서 "天子之號稱(천자지호칭)、시어동이(始於東夷)"라 하여 '천자라는 호칭이 동이에서 시작되었다'고 하였다. 고대 중국에서는 천자(天子) 혹은 천제(天帝)라는 호칭을 사용하지 않았고 진시황 때에 이르러 비로소 '황제'(皇帝)라는 말을 사용하였다. 그 후 고구려와 발해가 망하고 세력 판도가 역전되면서부터 중국에서 '천자'라는 호칭을 무단 독점하게 되었다. 이일봉, 『實證 한단고기』, 161-164.

107 『삼국유사(三國遺事)』에 의하면, 환웅이 세운 고조선 이전의 배달국 도읍지를 '신시'(神市)로 일컬었다: 『삼국유사』, "雄率徒三千(웅솔도삼천)、降於太伯山頂(강어태백산정) … 神壇樹下(신단수하)、**謂之神市**(위지신시)、是謂桓雄天王也(시위환웅천왕야)。" [본문 번역]: "환웅은 무리 3,000명을 거느리고 태백산(太伯山) 마루턱 … 에 있는 신단수(神檀樹) 밑에 내려왔다. 이곳을 신시(神市)라 하고, 이분을 환웅천왕(桓雄天王)이라고 이른다." 여기서 '신시'(神市)는 '하느님 나라' 즉 하느님이 다스리는 나라로 번역할 수 있다. 또한 환웅의 배달국을 계승한 고조선의 '단군왕검'(檀君王儉)에서 '단군'은 하느님께 제사하는 종교적 제사장을 뜻하고, '왕검'은 나라를 다스리는 정치적 지배자를 뜻한다.

서가 아니라 역사 비평서인 것이다. 그런데 공자가 『춘추』를 저술할 때 '위중국휘치'(爲中國諱恥: 중국의 수치스런 일을 감춘다)의 수법을 창안해 중국이 타민족에 패배한 사실을 삭제하고 도리어 승리로 위조했다. 즉 공자가 역사 기록에 더하거나 빼는 첨삭(添削)을 했던 것이다.[108] 후대 중국사가(史家)는 공자의 수법을 그대로 본받아 모든 역사적 사건을 중국인 중심의 역사로 위조했다. 이것을 '춘추필법'(春秋筆法)이라 한다. 이러한 '위중국휘치'(爲中國諱恥)가 공자의 『춘추』 이래 중국 사가들이 떠받드는 기본 원칙이 되었다.

'춘추필법'에 충실했던 중국 전한(前漢) 시대 최고의 역사가는 사마천(司馬遷, B.C.145?~B.C.91?)이다. 그는 중국 역사상 최초로 체계적인 이론을 가진 중국 역사학의 아버지요 '사성'(史聖)으로 추앙받고 있다. 사마천이 저술한 『사기(史記)』는 역대 중국을 대표하는 역사서 중 가장 오래된 저작으로서, 황제(黃帝)로부터 무제(武帝)에 이르기까지의 역사를 130권에 기록하였다. 중국이 한족(漢族)과 관계되는 역사 기록을 조작하기 시작한 것은 사마천부터 라고 해도 과언이 아니다. 또한 『사기』는 시간 중심으로 쓰여서 역사적 사건을 객관화하기 쉬운 '편년체'(編年體) 방식과 달리 인물 중심으로 쓰여서 역사적 사건을 주관화하기 쉬운 '기전체'(紀傳體) 방식의 최초 사서이다. 한민족 역사서로는 『삼국사기』가 '기전체' 방식으로 기록되었으며, 『조선왕조실록(朝鮮王朝實錄)』이 '편년체' 방식으로 기

108 북애(北崖), 『규원사화』, 42.

록되었다. 『조선왕조실록』은 개국 군주 태조부터 25대 철종에 이르기까지 472년간의 역사를 날짜별로 내용을 수록하였다. 『고종실록(高宗實錄)』과 『순종실록(純宗實錄)』은 일제가 편찬했다는 이유로 『조선왕조실록』의 범주에 넣지 않았다. 두 임금에 대한 기록을 제외하더라도 모두 1,893권 888책이나 된다. 조선왕조는 실록 편찬에 관한 한 세계 최고의 왕조였다고 해도 과언이 아니다. 한편 『조선왕조실록』은 임금의 통제나 간섭 없이 그날그날 발생한 여러 사건들에 대해 임금과 신하들의 대화를 나열해 놓은 실록(實錄)이다. 이런 편년체의 사서에는 편집자의 생각이 반영되기가 어려웠다. 특히 사초(史草)는 그 극비성 때문에 사관 이외에는 아무도 보지 못하게 하였다. 전제 왕권이라도 사초 열람은 불가능하였다. 그 이유는 필화 사건, 즉 사화(史禍)가 일어날 우려가 높았기 때문이다. 이와 관련하여 사초를 본 사관이 그 내용을 누설할 경우 중죄에 처하도록 하였다.[109] 이렇듯 '편년체' 방식의 『조선왕조실록』은 조작되지 않도록 엄격히 관리되었다. 따라서 '편년체' 방식보다는 '기전체' 방식이 역사적 사건을 조작하기가 쉽다.

중국 고대사를 연구하는 이들에게 가장 큰 난제는 중국 민족의 시작이 언제부터냐는 것이다. 중국 민족은 유방(劉邦, 재위 기간 B.C.202~B.C.195)이 세운 한(漢)나라를 따서 한족(漢族)이라고 부른다. 그리고 섬서성(陝西省) 화

109 "조선왕조실록(朝鮮王朝實錄)," ≪한국민족문화대백과사전≫. https://encykorea.aks.ac.kr/Article/E0052160/

산(華山)에서 '화'(華) 자를 따고, 우(禹)임금의 하(夏)나라에서 '하'(夏) 자를 따서 화하족(華夏族)[110]이라고 부른다. 문제는 한족 즉 화하족 역사의 시작이 언제부터냐는 것이다. 중국 고대 전한(前漢) 시기의 역사가였던 사마천(司馬遷, B.C.145?~B.C.91?)은 『사기(史記)』「오제본기(五帝本紀)」[111]에서 중국사의 시작을 황제(黃帝)로부터 시작하였다. 그러나 사마천의 이런 설정에 의문을 품은 중국학자들이 많았다. 저들은 전통적으로 '오제'(五帝) 전에 '삼황'(三皇)이 있었다고 생각했기 때문이다. 사마천은 오제의 시작을 '황제'(黃帝)로 설정했지만 서진(西晉)의 황보밀(皇甫謐, A.D.215~282)은 『제왕세기(帝王世紀)』에서 삼황도 수록하고 황제가 아니라 소호(少昊)를 오제의 첫 번째로 꼽았다. 사마천이 황제부터 중국사를 시작한 것을 인정할 수 없다는 뜻이었다. 또한 『사기색은(史記索隱)』을 편찬한 당나라의 사학자 사마정(司馬貞, A.D.679~732) 역시 사마천이 삼황을 삭제한데 불만을 품고 복희(伏犧), 여와(女媧), 신농(神農) 씨를 수록한 「삼황본기(三皇本紀)」를 따로 편찬했을 정도로 사마천의 계보도를 비판했다. 그런데 황보밀과 사마정은 사마천이 삼황을 삭제한 이유가 무엇인지 알지 못했다. 사마천은 삼황

110 화하족은 중국 인구의 대다수를 차지하고 있는 '한족'(漢族)의 원류가 되는 민족이다. '중화'(中華) 또는 '화하'(華夏)라는 말은 화하족에서 유래한 말로서, 중국을 일컫는 말이다. 현대 중국의 정식 국명인 중화인민공화국의 '화'(华)와 중화민국의 '화'(華)는 모두 화하족이라는 말에서 유래한 것이다. "화하족," ≪위키백과≫. https://ko.wikipedia.org/wiki/화하족/

111 사마천(司馬遷), 『사기(史記)』「오제본기(五帝本紀)」는 『사기』의 제1편으로 중국 상고시대의 오제(五帝)에 대한 기록이다. 사마천이 오제(五帝)로 든 것은 황제헌원(黃帝軒轅)·전욱고양(顓頊高陽)·제곡고신(帝嚳高辛)·제요도당(帝堯陶唐)·제순유우(帝舜有虞)이다.

의 시작이 태호복희(太皞伏羲) 씨이기 때문에 삼황부터 『사기』를 기술하면 한족의 중국사가 아니라 동이족의 중국사가 되기 때문에 삼황을 삭제한 것이다. 그리고 소호도 동이족임이 너무나 명백하기에 사마천은 소호도 지웠다. 즉 삼황의 시작이 태호복희 씨이고, 오제의 시작이 소호금천(少昊金天) 씨인데, 태호나 소호부터 시작하면 한족의 중국사가 아니라 동이족의 중국사가 되기에 사마천은 태호와 소호를 지우고 황제부터 시작하는 중국인의 『사기』를 작성했던 것이다. 이를 통해 사마천은 동이족의 역사를 지우고 한족, 즉 하화족의 중국사를 서술했던 것이다. 하지만 중국인들의 실질적인 조상으로 섬기고 있는 황제헌원(黃帝軒轅)도 동이족이었다. 얼핏 봐도 중국 남방 사람들과 북방 사람들의 생김새가 다름에도 모두 한족이라는 개념은 사마천의 『사기』 이후 만들어진 것이다.[112]

이덕일 한가람역사문화연구소장은 그의 저서 『사기, 2천 년의 비밀』에서 사마천이 실체가 없었던 한족(漢族)을 만들고, 그 한족의 중국사를 창조해 냈다고 주장한다. 그에 의하면 사마천은 역사를 저술하지 않고 역사를 만든 것이다. 그러니까 중국의 조상인 화하족(華夏族)의 역사는 사마천에 의해 저술된 것이 아니라 창작해 낸 개념이다. 그렇게 사마천에 의해 만들어진 한족의 천하사가 바로 『사기(史記)』라고 이덕일은 역설하였다. 그가 이런 사실을 밝혀낼 수 있었던 것은 『사기』의 주석까지 포

112 "사마천이 중국사를 숨기고 있다?" 박찬화, 2020.04.24., ≪한韓문화TIMES≫. http://www.hmhtimes.com/news/articleView.html?idxno=4606/

함하여 원전 강독을 통해 사마천의 특정한 의도를 알아챌 수 있었다고 한다. 이덕일이 『사기』의 심층 연구를 통하여 동이족의 역사를 화하족의 역사로 바꾸어 놓았음을 알게 되었다. 그는 이 같은 사실을 다음과 같이 논리정연하게 서술하고 있다.[113]

> 내가 『사기』 원전을 강독하면서 사마천이 특정한 의도를 가지고 『사기』를 저술했다고 느낀 것은 「오제본기(五帝本紀)」를 통해서이다. … (『삼국사기』 「김유신 열전」에 의하면) 신라 사람들은 스스로를 소호금천씨(少昊金天氏)의 후예로 인식한다는 것이고, 김유신의 선조들인 가락국 사람들은 헌원(황제)과 소호금천씨의 후예라고 인식한다는 것이다.[114] 그런데 사마천은 (「오제본기」에서) 소호라는 잘 알려진 이름 대신에 현효라는 알려지지 않은 이름을 썼다.[115] 왜 그랬을까? 소호금천씨는 너무나 유명한 동이족이었기 때문이라는 생각이 든 것이다. 또한 황제의 맏아들 소호를 제위에서 지워 버렸다. 황보밀(皇甫謐, 215~282)은 이에 동의하지 않고 『제왕세기(帝王世紀)』에서 소호를 오

---

113 이덕일, 『사기, 2천 년의 비밀』, 7-11.

114 김부식(金富軾), 『삼국사기(三國史記)』 「김유신 열전(金庾信列傳)」, "羅人自謂少昊金天氏之後(나인자위소호금천씨지후)、故姓金(고성금)、庾信碑亦云(유신비역운)、軒轅之裔(헌원지예)、少昊之胤(소호지윤)、則南加耶始祖首露(칙남가야시조수로)、與新羅同姓也(여신라동성야)。" [본문 번역]: "신라인들은 스스로 소호금천씨(少昊金天氏)의 후손이므로 성을 김씨라 했다. 김유신의 비문에도 또한 헌원(軒轅)의 후예요, 소호(少昊)의 자손이라고 했으니 남가야 시조 수로는 신라와 더불어 같은 성이다."

115 사마천(司馬遷), 『사기(史記)』 「오제본기(五帝本紀)」, "嫘祖爲黃帝正妃(누조위황제정비)、生二子(생이자)、其後皆有天下(기후개유천하)。其一曰玄囂(기일왈현효)、是爲青陽(시위청양)、青陽降居江水(청양강거강수)。" [본문 번역]: "누조는 황제(黃帝)의 정비(正妃)가 되어 두 명의 아들을 낳았다. 그의 후손들은 모두가 천하를 얻었다. 그 첫째가 현효(玄囂), 즉 청양(靑陽)이며 청양은 강수(江水)의 제후로 봉해졌다."

제의 첫 번째 인물로 수록했다.[116] 그러자 사마천이 왜 삼황(三皇)을 지웠는지에 대한 의문으로 연결되었다. 많은 중국인들은 삼황오제를 중국사의 시작으로 이해하는데 사마천은 삼황을 지우고 오제부터 시작했다. 그래서 사마정은 따로 『대대례(大戴禮)』[117] 등에서 삼황의 사적을 가져와 『삼황본기(三皇本紀)』를 작성해 「오제본기(五帝本紀)」 앞에 수록하기도 했다. … 사마정이 『삼황본기』를 작성한 것은 당나라 때까지도 사마천이 삼황을 삭제한 것에 대해 의문을 가졌던 학자들이 많았음을 말해주는 것이다.

그러나 사마정은 사마천이 특정한 의도를 가지고 삼황의 사적을 일부러 삭제했음을 알지 못했다. 삼황 또한 소호의 경우처럼 동이족이 아주 명백했기에 사마천이 일부러 삭제한 것이었다. 그러면서 삼황의 세 번째였던 황제를 떼어내 「오제본기」의 첫머리로 삼았다. 황제와 치우(蚩尤)의 싸움은 동이족 내부의 다툼이었지만 동이족임이 널리 알려진 치우와 싸운 황제를 화하족의 시조로 만들어 화하족의 천하사인 『사기』를 저술한 것이었다. 이는 역사를 저술한 것이 아니라 역사를 만든 것, 즉 저사(著史)가 아니라 작사(作史)의 한 형태였다. … 사마천의 특정한 의도를 설정하고 들여다본 『사기』의 세계는 동이족의 역사를 화하족의 역사로 바꾸어 놓은 것이었다. 오제가 모두 동이족인 것은 말할 것도 없고, 하·은·주(夏殷周) 삼대도 모두 동이족의 역사였다. 뿐만 아니라 「세가(世家)」[118]도 대부분 동이족

---

116 후한 말기에 서진 초기의 학자인 황보밀은 『제왕세기(帝王世紀)』에서 소호를 오제의 첫 번째 인물로 수록했다.

117 『대대례』는 한(漢)나라 대덕(戴德)이 편찬한 저서로, 공자(孔子)와 그 제자들의 정치·경제·사회·문화·군사·예의·제도·문물 등 모든 예에 관한 기록을 수집하여 집대성한 책이다.

118 제왕의 역사를 다룬 사마천의 『사기』 「본기(本紀)」와 제왕과 제후를 위해 일한 인물들의

의 역사였다. 『사기』를 강독하고 여러 연구자들과 『신주사기(新註史記)』[119]를 연구하면 연구할수록 과연 화하족의 역사는 존재하는가에 대해 깊은 의문을 가지게 되었다. 그 후 중국 답사 때마다 서점에 들러 중국인 학자들이 쓴 중국 상고사에 대한 책을 여러 권 샀는데, 한결같이 화하족이 언제, 어떻게 생겨났는지에 대해서는 모호하게 서술하고 있었다. 화하족의 역사란 사마천이 창작해 낸 개념이었기 때문이다.

현재 중국은 이른바 역사공정(歷史工程)을 계속하고 있다. 우리는 동북공정(東北工程)[120]만 알고 있지만 동북공정은 중국이 국가 차원에서 진행하는 역사공정의 한 부분에 불과하다. 중국이 역사공정을 진행하는 가장 큰 목적은 현재 중화인민공화국 내에서 발생한 모든

사적에 초점을 맞춘 『사기』 「열전(列傳)」과 달리 『사기』 「세가(世家)」는 제후들의 사적(事迹)을 다루고 있다.

119 『신주사기(新註史記)』란 한가람역사문화연구소에서 오랜 연구 끝에 펴낸 『사기』 완역본이다. 본문뿐 아니라 대표 주석서 3권까지 함께 번역한 기념비적인 책이다. 새로운 관점의 주석까지 추가하여 우리의 시각으로 중국사를 볼 때 무엇이 달라질 수 있는지 실감하게 하는 책이다. 한가람역사문화연구소는 롯데장학재단의 후원을 받아 세계 최초로 사마천의 『사기』 본문 및 삼가주석(三家注釋)을 모두 번역하고 새 관점의 주석을 다는 사기 시리즈를 발간하고 있다. 이제 그 세 번째인 『신주 사마천 사기 세가(전 9권)』이 완간되었다. 2020년 3월 『신주 사마천 사기 본기(전 9권)』, 2021년 4월 『신주 사마천 사기 표·서(전 7권)』에 이은 세 번째 출간이다. 이후 『신주 사마천 사기 열전(15권)』이 출간되면 역사적인 『신주 사마천 사기(전 40권)』 출간이 완성되는 것이다. 이는 국내는 물론 일본과 중국을 포함해서 전 세계에서 출간된 『사기』 번역 및 주석본 중 가장 방대한 저작물이다. 일본은 물론 대만과 중국도 『사기』 「3가주석」까지 백화문(현대문)으로 완간하지는 못했다(2023.11.26. 현재).

120 '동북공정'이란 '동북변강역사여현상계열연구공정(東北邊疆歷史與現狀系列研究工程)'의 줄임말로서, 우리말로는 '동북 변경지역의 역사와 현상에 관한 체계적인 연구 과제(공정)'이다. 간단히 말해 중국의 동북 3성(遼寧省 요녕성, 吉林省 길림성, 黑龍江省 흑룡강성) 안에서 전개된 모든 역사를 중국의 역사로 편입하려는 연구 프로젝트이다. "동북공정(東北工程)," 국립중앙도서관. https://librarian.nl.go.kr/LI/contents/L20201000000.do?termId=477877/

역사를 중국의 역사로 만들기 위한 것이었다. 그러나 중국공산당의 이런 의도는 사마천의 『사기』만 제대로 읽어도 성립될 수 없는 개념에 불과하다. 사마천이 비록 여러 방식으로 은폐했지만 그가 쓴 『사기』도 조금만 제대로 연구하면 동이족의 역사이기 때문이다. 『사기, 2천년의 비밀』은 사마천이 그토록 지우려고 애썼던 동이족의 관점에서 『사기』를 바라본 최초의 저작일 것이다. 『신주사기(新註史記)』와 『사기, 2천년의 비밀』을 통해 역사는 아무리 오랜 세월이 흘러도 그 스스로의 목소리로 증거한다는 사실을 다시 확인할 수 있었다. 『사기』 「은본기(殷本紀)」를 이해해야 『삼국지(三國志)』 「오환선비동이열전(烏桓鮮卑東夷列傳)」121에 부여가 왜 은(殷)나라 정월에 영고(迎鼓)122라는 제천(祭天) 행사를 여는지 이해할 수 있다. 부여(扶餘)와

---

121 『삼국지(三國志)』는 중국 진나라 진수(陳壽, A.D.233~297)가 편찬한 위·오·촉 3국(A.D.220~280)에 관한 역사책이다. 이 책은 위서 30권, 촉서 15권, 오서 20권이며, 각각은 본기(제왕의 사적을 기록)와 열전(많은 사람의 전기를 기록)으로 구성되어 있다. 이 가운데 「위서」의 제30권이 '오환선비동이열전'이다. 그리고 『삼국지』 「위서 동이전(魏書東夷傳)」이란 『삼국지』 제30권 가운데 동이 부분을 말한다. 그리고 『삼국지』 「위서 동이전」을 줄여 '위지 동이전(魏志東夷傳)'이라고도 한다. '위지 동이전(魏志東夷傳)'은 동이 사회에 관한 최초의 기록이다. 중국의 『삼국지』가 3세기경에 편찬된 반면 한국에서 가장 오래된 사료인 『삼국사기』는 12세기에 편찬되었다. 따라서 『삼국지』는 『삼국사기』보다 900년 이상 앞선 사료라는 점에서 가치를 인정할 수 있다. 심창섭, "삼국지 위서 동이전." ≪중앙일보 1918.11.29.≫ https://joinsmediacanada.com/bbs/board.php?bo_table=edu&wr_id=652/

122 '영고'(迎鼓)란 가을의 풍성한 수확으로 인해 하느님(天神)께 대한 감사 제사와 축제를 벌이는 추수감사제 성격을 지닌 북부여 시대의 제천의식이다. 『삼국지(三國志)』 「위서 동이전(魏書東夷傳)」 부여조(夫餘條)의 기록을 보면, "은력(殷曆) 정월에 하느님께 제사하고 나라 사람들이 크게 모여서 연일 마시고 먹고 노래하고 춤추니, 이름하여 영고(迎鼓)라 한다. 이때에는 형벌과 옥사를 판결하고 죄수들을 풀어준다"고 하였다: [한자원문]: "以殷正月祭天(이은정월제천)、國中大會(국중대회)、連日飮食歌舞(연일음식가무)、名曰迎鼓(명왈영고)、於是時(어시시)、斷刑獄解囚徒(단형옥해수도)。" 『후한서(後漢書)』에도 이와 비슷한 기록이 있다. 다만, 첫머리에 "12월에 하느님께 제사하고 크게 모인다. 연일 마시고 먹고 노래하고 춤추니, 이름하여 영고라 한다"고 하여 차이가 있다: [한자원문]:

은(상)나라는 같은 동이족으로 동이 문화를 공유했기 때문이다.

3) 화이관(華夷觀). '화이관'이란 고대 중국인이 만들어 낸 한족 중심의 세계 질서 구성 원리로, 중화사상(中華思想)이라고도 한다. 중(中)은 지리적으로 '중앙'을 의미하며, 화(華)는 '찬란한 문화'라는 뜻이다. 중국은 이러한 자민족 중심의 중화사상을 정립(定立)하기 위해서 주변의 민족을 차별하고 배척하여야만 했다. 그 결과 고대 중국인은 세계의 중심에 정치·사회·문화의 중심지인 중화가 존재하고, 중국의 주변 지역에는 오랑캐인 이(夷)가 있다고 생각하였다. 나아가 방위적 개념을 토대로 동서남북 사방에 거주하던 주변 민족을 사이(四夷), 즉 동이(東夷)·서융(西戎)·남만(南蠻)·북적(北狄)이라 일컬으며 차별하고 배척하였다. 이런 '화이관'은 주나라(周) 때부터 발전하기 시작하였다. 하지만 하나라와 은나라뿐만 아니라 주나라 역시 동이족이 세웠기 때문에 동쪽의 겨레에 이(夷) 자를 사용해서 '동이'(東夷)라고 불렀던 것은 자가당착이다. 사마천이 『사기(史記)』를 편찬할 때 가장 큰 고민에 빠진 것은 바로 이 지점이었다. B.C. 145년 한나라의 전성기 때에 태어난 사마천은 중국 상고시대로부터 한나라에 이르는 정통계보를 만들어 한족(漢族)의 중국사를 서술하려고 했는데,

---

"以臘月祭天大會(이랍월제천대회)、連日飮食歌舞(연일음식가무)、名曰迎鼓(명왈영고)。" 이렇듯 '영고'는 공동체적 의식을 가진 추수감사제로서 하느님께 제사하는 종교적 제의와 축제를 나타났다. 고구려의 동맹(東盟), 동예(東濊)의 무천(舞天), 삼한의 시월제(十月祭), 부여의 영고가 그것이다. 이들은 모두 추수가 끝나는 10월에 행해졌으나, 영고만은 은력(殷曆) 정월, 곧 12월에 행해졌다. "영고(迎鼓)," ≪한국민족문화대백과사전≫. https://encykorea.aks.ac.kr/Article/E0037192/

한족의 실체를 찾을 수 없었던 것이다. 역사를 아무리 살펴보아도 중국의 상고사는 동이족(東夷族)의 역사였지 한족(漢族)의 역사는 아니었기 때문이다. 그래서 사마천은 한족의 역사를 창조하기로 작정하였다. 청나라의 사학자 양계초(梁啓超, 1873~1929)는 사마천을 '역사계의 조물주'라고 불렀다.[123] 이렇듯 사마천이 조물주로 평가되는 이유는 실체가 없던 한족을 만들고 한족의 중국사를 창조했기 때문이다. 그렇게 만든 한족(漢族)의 천하사가 바로 『사기(史記)』이다.[124]

사마천의 『사기(史記)』는 공자가 편찬한 노나라의 역사서인 『춘추(春秋)』로부터 큰 영향을 받아 쓴 것이다. 『춘추』가 주나라(周)를 정통으로 보는 관점에서 쓴 역사서라면 『사기』는 한족의 관점에서 화(華)를 세우고 이(夷)를 구분한 역사서이다. 사마천은 공자의 춘추필법을 이어받아 화하족의 역사서를 써서 중국 역사의 계통 정립을 자신의 사명으로 생각했다. 그래서 그는 동이족의 역사는 숨기고 황제(黃帝)로부터 화하족의 역사가 시작한 것처럼 구성했다. 그런데 역설적이게도 사마천이 기록한 『사기(史記)』 가운데 「사기세가(史記世家)」 30편에 사마천이 모범으로 삼은 「공자세가(孔子世家)」는 오히려 동이족의 역사를 드러낼 수밖에 없었다. 왜냐하면 『사기(史記)』 「공자세가(孔子世家)」에 공자의 마지막 말인 "나는 은나라 사람에서 비롯했다. (공자는) 7일 후에 세상을 떠났다"[125]고 기록되어

---

123 김원중, 『사기란 무엇인가』 (서울: 민음사, 2021). ; "사기," ≪나무위키≫. https://namu.wiki/w/

124 이덕일, 『사기, 2천 년의 비밀』, 29-35.

125 사마천(司馬遷), 『사기(史記)』 「공자세가(孔子世家)」, "予始殷人也(여시은인야)、後七日

있기 때문이다. 다시 말해서 공자는 자신이 은(상)나라 사람의 후예 곧 동이족이라는 사실을 마지막 말로 남기고 죽었던 것이다. 춘추필법으로 화이관을 창시한 공자가 자신을 동이족이라고 유언으로 남긴 것이다. 노(魯)나라에서 태어난 공자는 『논어(論語)』 「팔일(八佾)」에서 "공자가 이르기를, 주나라는 이대(二代: 하·은나라)를 귀감으로 삼았으니, 찬란하도다. 그 문화여! 나는 주나라를 따르겠노라"[126]고 함으로 자신의 뿌리인 은(상)나라를 무너뜨린 주나라를 따르기로 결심하였다. 하지만 자신의 뿌리가 은나라임을 부인할 수는 없었던 것이다.[127] 사실 공자는 은나라를 세운 탕왕(湯王, 재위 기간 B.C.1766~B.C.1754)의 후손인 송나라의 시조 미자(微子, B.C. 7세기)의 후손으로서, 결국 공자는 동이족이 세운 은나라 왕족의 후예인 것이다.[128]

卒(후칠일졸)。"

126 공자(孔子), 『논어(論語)』 「팔일(八佾)」, "子曰(자왈)、周監於二代(주감어이대)、郁郁乎文哉(욱욱호문재)、吾從周(오종주)。"

127 사마천(司馬遷), 『사기(史記)』 「공자세가(孔子世家)」, "孔丘(공구)、聖人之後(성인지후)、滅於宋其祖弗父何(멸어송기조불보하)。" [본문 번역]: "공구는 성인의 후예로 송나라에서 망한 불보하가 그의 조상이다." 여기서 '공구'는 공자를 지칭하며, '성인의 후예'는 은(상)나라 탕왕의 후예라는 뜻이다. 또한 '불보하(弗父何)가 송나라에서 망했다'는 말은 공자의 6대 조상인 공보가(孔父嘉)가 송나라의 태재(太宰)인 화독(華督)에게 독살당함으로 불보하의 가문이 몰락했다는 의미이다. 이 사건 이후 공보가의 자식들이 노나라로 달아나 정착하였다. 그리고 노나라에서 은나라의 왕족인 공자가 태어났다. 불보하는 원래 주나라의 제후국인 송나라 군주의 장자였으나 제후 자리를 동생 여공(厲公)에게 양보했다. 한편 불보하(弗父何)의 4세손이 공보가(孔父嘉)이고 10세손이 공자이다. 이덕일, 『사기, 2천년의 비밀』, 315-316.

128 공자(孔子)는 송나라 미자계(微子啓)의 후손이다. 송(宋)씨 시조는 은(殷/商)나라 30대 왕 제을(帝乙)의 장자(長子) 미자계(微子啓)이다. 그러니까 공자는 은(상)나라와 송나라 왕실의 후손인 것이다. 사마천에 의하면 공자의 조상은 송나라 왕실 후손으로 대대로 송나라

4) 황제족(黃帝族). 중국은 지금 한민족(韓民族)과 관련하여 역사 재편 작업을 진행하고 있다. 한국인들 대부분은 이에 대하여 '동북공정' 하나만 알고 있다. 그러나 '동북공정'은 중국 역사 재편을 위한 전체 작업 중 일부에 지나지 않는다. 중국은 이외에도 더 심각하고 근본적인 역사 왜곡 즉 한민족의 고대사뿐 아니라 상고사조차 왜곡하고 있는 것이다. 중국의 한민족 역사 왜곡은 시대를 따라 '탐원공정'(探源工程) ⇒ '단대공정'(斷代工程) ⇒ '동북공정'(東北工程) 순으로 구분된다. 우리는 중국의 '동북공정'에 대한 해법을 '탐원공정'과 '단대공정'에서 찾아야 한다. 신석기시대에 해당하는 삼황오제시대를 중국의 문명이라고 증명하려는 고고학적 노력이 '탐원공정'이고, 고조선의 제후국들인 하(夏)·은(銀/商)·주(周) 왕조를 복원하여 중국의 기원이라고 해석하려는 역사학적 노력이 '단대공정'이며, 고조선과 고구려를 중국의 역사로 편입시키려는 지리학적 노력이 '동북공정'이다.[129] '탐원공정'은 '단대공정'을 내세우면 해결될 줄 알았던 유물의 존재 연대가 '단대공정'만으로는 도저히 해결할 수 없이 더 오랜 시간을 필요로 하자 중화문명의 근원을 밝히겠다며 자신들이 전설의 시대로 분류하던 삼황오제시대를 역사시대로 만드는 작업을 하는 것이다.

에 살고 있었는데 왕위를 양보하고 은둔을 택한 불보하(弗父何) 대부터 왕위 승계에서 벗어나게 된다. 불보하의 후손 공보가(孔父嘉) 대까지는 송나라에 계속 살았으나 그의 아들인 자목금보(子木金父)가 송나라를 떠나 노(魯)나라로 가기 전에 아버지의 자(字) 공보가의 공(孔)만을 따서 이때부터 공 씨로 삼았는데 공자의 후손은 씨(氏)만 다를 뿐 미자계와 같은 자성(子姓)의 왕실 종친이다. "미자," ≪위키백과≫. https://ko.wikipedia.org/wiki/미자/

129 전우성, 『다시 쓴 한국고대사』, 45-46.

(1) **'탐원공정'**(探源工程). '탐원공정'은 중국이 2002년부터 2005년까지 '통일적 다민족국가론'에 입각한 역사 연구의 일환으로, 정식 명칭은 '중화문명탐원공정'(中華文明探源工程, Project to trace the origins of Chinese civilization)이다. 이전에 중국은 황하문명이 중국문명의 기원이고, 중국의 동북쪽에 위치한 동북3성(요녕성·길림성·흑룡강성) 지역은 황하문명의 영향으로 형성되었다고 주장해 왔다. 그런데 홍산의 우하량 유적(牛河梁遺蹟)에서 상고시대의 국가가 존재했다는 사실을 발견한 중국 당국은 요하문명이 황하문명보다 먼저 이루어졌다는 것을 인정하고 그동안 중국이 견지하던 황하중심 문명 전파론을 철회하고 대신 '통일적 다민족국가론'을 모토로 하는 '다중심문화발전론'을 도출해 냈다. 중국공산당 산하 노동자 조직인 중화전국총공회(中華全國總工會)가 발행하는 인터넷 기관지 중공망(中工網)에 게재된 '중화문명 탐원공정 성과 발표, 5천년 문명이 절대 허언이 아니다(中華文明探源工程成果公布 五千年文明絕非虛言)'에 따르면, 2018년 5월 28일 국무원 신문판공실이 발표한 탐원공정 성과 중 하나는 아래와 같다.[130]

> 우선, 고고학 자료를 통해 중화대륙 5천 년 문명을 실증했다. 탐원공정 연구팀은 지금으로부터 5,800년 무렵 황하, 양자강 하류 및 시랴오강 등의 지역에서 문명 기원의 흔적이 출현했다고 보고 있다.

130 https://blog.naver.com/PostView.naver?blogId=jkim0815&logNo=222754661745/ 김종성, "중화문명탐원공정과 한국," 김종성의 동아시아 역사연구.

지금으로부터 5,300년 전 이후로는 중국대륙 각 지역이 계속해서 문명 단계에 진입했다. 지금으로부터 3,800년 전 무렵에는 중원 지역에서 보다 성숙한 형태의 문명이 형성되어 사방을 향해 문화적 영향력을 발산했으며, 이것이 중화문명 전체 과정의 핵심이자 지도력이 되었다.

약 3,800년 전부터 황하 지역의 한족 문명이 지금의 중국 전역에 영향을 끼쳤다는 사실이 고고학을 통해 실증됐다는 내용이다. 문헌 연구가 아니라 고고학적 탐구의 결과로 그것이 증명됐다는 것이다. 이런 논리는 한국인들을 향한 중국인들의 역사 도발을 더욱 부추기는 소재로도 이용될 수 있다. 고구려나 발해가 중국 역사라고 주장하는 차원을 훨씬 뛰어넘어, '문명의 초기 단계에서부터 한국은 중국의 영향하에 있었다'는 식의 엉뚱한 주장들이 허무맹랑한 주장일지라도 계속 확산되다 보면 중국 정부의 대외정책에 반영될 가능성이 있기 때문이다. 한국은 시원적으로 중국 것이라는 인식이 14억 5천만 명의 뇌리에 계속 주입되는 것이 얼마나 위험한지는 굳이 강조할 필요도 없다.

중국의 '탐원공정'에 결정적 자극을 주었던 것은 우하량 유적(牛河梁遺蹟)에서 '홍산문화'를 발굴하면서부터이다. 우리는 흔히 황하문명을 중원대륙의 시원(始原) 문명으로 여겨왔다. 하지만 1980년대 들어와 중국이 야만족의 땅으로 멸시하던 동북방지역에서 B.C. 2000년에 형성된 황하문명보다 적어도 1,000여 년 이상 이르며, 더 앞서고 발단된 문명 곧 황하문명의 원류를 발견하였다.[131] 유적지가 요하 일대에서 집중적으로 발굴되고 있어서 일명 '요하문명'(遼河文明)이라 불린다. 그리고 요하 일대 요녕성 적봉시의 붉은 산인 홍산에서 이름을 따서 '홍산문화'(紅山文化)라 부른다. B.C. 4500～B.C. 3000년 사이에 형성된 홍산문화는 동이족이 지배하던 환국과 배달국을 포괄하는 환단시대를 인정하지 않고는 올바르게 해석할 수 없다. 다시 말해서 환국·배달국·고조선이라는 동북아 시원 역사를 기록하고 있는 『환단고기(桓檀古記)』와 『규원사화(揆園史話)』를 인정해야 홍산문화를 포함한 발해 연안의 유적과 유물을 이해할 수 있다는 말이다. 드디어 홍산문화의 발견으로 말미암아 『환단고기』와 『규원사화』가 전하는 한민족 상고사가 진실하다는 것이 입증되고 있다.[132] 홍산문화는 동북아 신석기문화의 최고봉으로서 중국 한족의 것과는 계통이 전혀 다른 문화이다. 오히려 그들 문화에 지대한 영향을 끼친 환단시대 배달국 동이족의 독자적인 문화이다. 중국이 야만족의 땅으로 멸시하며, 동이족의 서남진을 막기 위해 만리장성까지 쌓았다. 그런데 문제는 만리장성 밖 동북방지역에서 홍산문화가 발굴이 되자, 그 동안의 입장을 바꾸어 홍산문화를 한족의 시원문화로서 황제족(黃帝族) 곧 황제헌원(黃帝軒轅)의 후손이 창달한 문화라고 억지를 부리고 있다.[133]

---

131 그동안 세계 4대 문명으로 메소포타미아·인더스·이집트·황하문명이 손꼽혔다. 메소포타미아문명은 B.C. 3500년경 티그리스와 유프라테스의 두 강 유역에서 발달하였고, 인더스문명은 B.C. 3000년 중엽부터 약 1,000년 동안 인더스강 유역에서, 이집트문명은 B.C. 3000년경 나일강 하류의 비옥한 토지에서, 황하문명은 B.C. 2000년경부터 이루어진 문명으로 알려져 있다. 전우성, 『다시 쓴 한국고대사』, 39.

132 전우성, 『다시 쓴 한국고대사』, 15-23,32-44.

133 우실하, 『동북공정 너머 요하문명론』 (서울: 소나무, 2007), 100.

중국의 고고학자들은 '요하문명'(遼河文明)을 중심으로 중국 동북부 지역인 요하 일대에서 여러 문명 유적지를 추가로 발굴하였는데, 한국 고대사의 전문가인 이형구 교수는 '요하문명'이라는 명칭 대신에 이를 '발해연안문명'(渤海沿岸文明)이라고 명명하였다. 이는 중국의 요서지역·요동지역·요하지역·만주 지방뿐만 아니라 한반도 지역까지 포함하여 하나의 문명권으로 보았기 때문이다.[134] '발해연안문명'은 신석기 시대부터 청동기시대까지 아우르는데, 본 연구자는 고고학적 연대에 대해서 '중국사회과학원 고고학연구소' 내몽고공작대 대장으로 있으면서 유적을 직접 발굴한 유국상(劉國祥)이 2006년에 발표한 "서요하유역 신석기시대에서 조기 청동기시대까지의 고고학 문화 개론"(西遼河流域新石器時代至早期靑銅時代考古學文化槪論)[135]이라는 논문에서 정리한 연대를 사용하였다: B.C. 7000~B.C. 6500년경의 신석기시대 '소하서문화'(小河西文化),[136] B.C. 6200~B.C. 5200년경의 신석기시대 '흥륭와문화'(興隆窪文化),[137] B.C. 5200~

134 이형구, 『발해연안문명』 (서울: 상생출판사, 2015).

135 유국상(劉國祥), "서요하유역 신석기시대에서 조기 청동기시대까지의 고고학 문화 개론(西遼河流域新石器時代至早期靑銅時代考古學文化槪論)" (遼寧師範大學學報, 2006), 第1期, 113-122.

136 소하서문화는 1987년 요녕성 적봉시(赤峰市)의 오한기(敖漢旗) 수십 곳에서 유적이 발굴되었다. 이곳은 B.C. 7000년까지 올라가는 동북지역 최고(最古)의 신석기문화 유적이다. 이곳에서는 주거지와 생활도구, 무덤, 그리고 동북지역 최고(最古)의 흙으로 만든 얼굴상인 '도소인면상'(陶塑人面像)이 발굴됐다. 이 인면상은 손바닥 하나 반 정도의 크기로, 두께는 5cm 정도이다. 용도는 제사나 종교적인 의례에 사용되었다.

137 흥륭와문화는 1982년 이래 요녕성 적봉시의 오한기 흥륭와촌(興隆窪村)에서 발굴되었으며 소하서문화를 잇는 문화 유적이다. 흥륭와 유적에서는 동북아시아에서 가장 오래된 신석기 시대 집단 주거지가 발굴됐는데 해자까지 두른 대규모 유적으로 '중화원고제일

B.C. 5000년경의 신석기시대 '부하문화'(富河文化),[138] B.C. 5000~B.C. 4400년경의 신석기 시대 '조보구문화'(趙宝溝文化),[139] B.C. 4500~B.C. 3000년경의 신석기 시대 '홍산문화'(紅山文化),[140] B.C. 3000~B.C. 2000년경의 동석병용시대 '소하연문화'(小河沿文化),[141] B.C. 2000~B.C. 1500

촌'(中華遠古第一村)이라 명명했다. 최초의 용형상물인 '저수룡'(猪首龍)도 이곳에서 발굴되었다. 또 세계 최초의 옥귀걸이가 무덤에서 발굴되었는데 이 옥기의 재료가 '수암옥'으로 발굴 장소로부터 남동쪽으로 500킬로미터나 떨어진 요녕성(遼寧省) 수암현(岫岩縣)에서 나온 옥으로 만들어졌다는 것이 입증됐다. 수암현은 고대 한민족 표지 유물인 고인돌이 다수 발견된 곳으로 홍산문화 주인공이 한민족이라는 중요한 단서를 제공한다.

138 부하문화는 1962년 요녕성 통료시(通遼市) 파림좌기(巴林左旗)에서 발굴되었다. 신석기시대의 대규모 집단 주거지와 함께 빗살무늬 토기와 수많은 석기가 발굴됐다. 특히 중국에서 그동안 발굴된 복골(동물 뼈를 불에 구워 점을 치던 골복 풍습을 나타내는 유물)보다 훨씬 이른 시기의 복골이 발견돼 관심을 집중시켰다. 동이족의 고유 문화유산인 복골의 원천이 밝혀진 것이다.

139 조보구문화는 1986년 요녕성 적봉시 오한기 조보구촌(趙宝溝村)에서 발굴된 9만 제곱미터에 달하는 유적이다. 세계 최초 봉황 모양의 토기가 나와 '중화제일봉'(中華第一鳳)이라 명명했다. 여기서는 빗살무늬 토기와 세석기(細石器) 등 동이족이 활약하던 지역의 특징을 나타내는 신석기 유물들이 발굴됐다. 또 그림이 그려진 채도(彩陶)가 처음으로 발견되었는데 그 연대가 황하유역의 앙소문화(B.C.4500~B.C.2500) 것보다 이른 시기여서 문명이 요하지역에서 황하지역으로 이전된 것으로 추정할 수 있는 단서가 된다. 요하지역 채도는 황하문명으로부터 온 것이 아니라 오히려 요하에서 황하로 이전된 것이다.

140 홍산문화는 요녕성 적봉시 일대에서 대규모로 발굴됐다. 적봉시는 내몽골 자치구 동남부에 위치한 직할시로 면적이 90만 제곱킬로미터(우리나라의 약 9배)에 달하는 방대한 지역이다. 이중 기념비적인 발굴지가 우하량(牛河梁) 유적지이다. 우하량 홍산문화 유적은 1930년대 중반 당시 만주를 차지했던 일본인들이 발굴을 시작했고 이후 1979년 우하량에서 약 50킬로미터 떨어진 객좌현(喀左縣) 동산취(東山嘴) 마을에서 원형제단 등 중국 최초의 종교유적과 도기·석기·옥기 등의 유물이 발견됐다. 한편 1983년부터 1985년 사이에는 능원시(凌源市)에 있는 우하량 마을에서 대대적인 유적지 발굴이 이뤄졌다.

141 소하연문화는 1874년 요녕성 적봉시의 오한기(敖漢旗) 소하연(小河沿) 마을에서 발굴됐다. 오한기를 비롯한 내몽골과 요녕성 일대에 넓게 분포된 소하연문화는 후(後)홍산문화로 분류되며, 신석기시대와 청동기시대를 잇는 동석병용기(銅石竝用期) 시대의 유적으로, 홍산문화와 초기 청동기시대인 하가점하층문화 시대를 연결한다. 이곳에서는 농경시대의 주거지·토기·동물상 등이 발굴됐고 동이족이 세운 은(상)나라 갑골문의 전신이라

년경의 청동기시대 '하가점하층문화'(夏家店下層文化),[142] B.C. 1500~B.C. 300년경의 청동기시대 '하가점상층문화'(夏家店上層文化)[143]로 이어진다. 중국의 문명으로 알려져 있는 '황하문명'은 홍산문화를 포함한 '발해연안문명'의 영향으로 태어났으며, 그 주역 역시 한민족(韓民族)의 조상인 동이족(東夷族)이다. 동이족이 발해연안문명을 일으킨 후 일부 세력이 서쪽 곧 황하강 유역으로 이동하여 '황하문명'을 일으킨 것이다. 따라서 앞으로 세계 4대문명을 일컫는다면 중국의 '황하문명'을 제외하고 발해연안문명을 제일 앞선 문명으로, 그리고 그다음에 메소포타미아·인더스·이집트문명 순으로 꼽아야 한다.[144] 한편 본 연구자의 관심을 끄는 것은 한민족의 상고사에 속하는 환국·배달국·고조선의 역사성에 관한 문제이다. 그동안 『환단고기(桓檀古記)』의 기록에만 의존해 왔던 환국·배달국·고조선의 역사성이 홍산문화의 발견을 통하여 고고학적으로 입증되었다.

할 수 있는 원시상형문자가 등장하였다.

142 하가점하층문화는 1960년 요하지역에서 발굴된 청동기시대 문화로 요녕성 적봉시의 하가점촌(夏家店村)에서 최초로 발견되었다. 하가점하층문화는 홍산문화-소하연문화를 계승하는 청동기시대 문화로 연산(燕山) 남북의 넓은 지역에서 발굴되었다. 북쪽으로 시라무강, 동쪽으로는 의무려산 서부, 서쪽으로는 하북성 일부, 남쪽으로는 발해만까지 분포한다. 하가점하층문화는 조양시(朝陽市)에서 가장 많이 발굴됐는데 유적지가 1,300여 곳이나 된다. 한국학자들 가운데 고조선을 인정하는 사람들은 이 시기를 초기 고조선과 연결시킨다. 우실하, 『고조선문명의 기원과 요하문명』, 50.

143 하가점상층문화는 비파형동검이 출토되는 시기로 많은 한국학자들은 고조선과 연결시키고 있다.

144 전우성, 『다시 쓴 한국고대사』, 39-40.

신라시대의 안함로(安含老)가 편찬한 『삼성기전상편(三聖紀全上篇)』에 보면 동이족 최초의 국가인 환국(桓國)이 시베리아(斯白力)에서 건국되었음을 기록하고 있다: "우리 환님(桓)이 나라를 세웠는데 시베리아(斯白力)의 하늘에서 한 분 하느님(有一神)이 이루셨으며 가장 오래되었다. … 이 나라를 환국(桓國)이라 하고 그 환님을 가리켜 천제환인(天帝桓因)이라 불렀다."[145] 그런데 본 연구자의 흥미를 끄는 것은 환국이 건국된 연도이다. 고려시대의 원동중(元董仲)이 편찬한 『삼성기전하편(三聖紀全下篇)』에서는 환인이 환국을 세워 7대를 지난 햇수가 3,301년이라고 했고, 그 뒤를 이어 환웅이 B.C. 3897년에 배달국을 세워 18대 1,565년간 지속되었다고 기록하고 있다(배달국: B.C.3897~B.C.2333년, 1,565년간 존속).[146] 그러니까 환국의 건국 연도는 B.C. 7197년이 된다(환국: B.C.7197~B.C.3897년, 3,301년간 존속). 또한 고려 말엽의 행촌 이암(李嵒, A.D.1297~1364)이 편찬한 『단군세기(檀君世記)』에는 B.C. 2333년에 단군왕검이 고조선을 세워 47대 2,096년간 지속되었다고 기록하고 있다(고조선: B.C.2333~B.C.238년, 2,096년간 존속).[147] 여기서 본 연구

---

145 안함로(安含老), 『삼성기전상편(三聖紀全上篇)』, "吾桓建國最古(오환건국최고)、有一神(유일신)、在斯白力之天(재사백력지천) … 謂之桓國(위지환국)、是謂天帝桓因氏(시위천제환인씨)。"

146 원동중(元董仲), 『삼성기전하편(三聖紀全下篇)』, "傳七世歷年三千三百一年(전칠세역년삼천삼백일년) … 倍達桓雄(배달환웅)、定有天下之號也(정유천하지호야)。其所都曰神市(기소도왈신시)、 後徙靑邱國(후사청구국)、 傳十八世歷一千五百六十五年(전십팔세역일천오백육십오년)。 … 蓋自神市開天(개자신시개천)、傳十八世歷一千五百六十五年(전십팔세역일천오백육십오년)、而始有檀君王儉(이시유단군왕검)。" [본문 번역]: "7세에 전하여 역년 3301년, … 배달환웅은 천하를 평정하여 차지한 분의 이름이다. (배달국이) 도읍한 곳을 신시(神市)라고 한다. 뒤에 청구국으로 옮겨 18세 1565년을 누렸다. … 대저 신시 개천에서부터 18세를 전하여 1565년이 흘러서 비로소 단군왕검이 나셨다."

자는 고고학적 근거를 통하여 환국·배달국·고조선의 역사성을 입증할 수 있다. 환국은 시베리아에서 건국되었지만, 그 후 중원의 동북쪽인 요하지역까지 영토를 확장하여 환국·배달국·고조선이 신석기문화에서 청동기문화까지 '발해연안문명'을 꽃피웠다. 환국이 B.C. 7197~B.C. 3897년까지 존속했으니까 B.C. 7000~B.C. 6500년경의 '소하서문화'(小河西文化), B.C. 6200~B.C. 5200년경의 '흥륭와문화'(興隆窪文化), B.C. 5200~B.C. 5000년경의 '부하문화'(富河文化), B.C. 5000~B.C. 4400년경의 '조보구문화'(趙宝溝文化)를 창달했다는 결론에 도달한다. 그리고 배달국은 B.C. 3897~B.C. 2333년까지 존속했으니까 B.C. 4500~B.C. 3000년경의 '홍산문화'(紅山文化)와 B.C. 3000~B.C. 2000년경의 '소하연문화'(小河沿文化)를 창달했다는 결론에 도달한다. 또한 고조선은 B.C. 2333~B.C. 238년까지 존속했으니까 B.C. 2000~B.C. 1500년경의 '하가점하층문화'(夏家店下層文化)와 B.C. 1500~B.C. 300년경의 '하가점상층문화'(夏家店上層文化)를 창달했다는 결론에 도달한다. 이런 결론은 철저히 고고학적 발견에 근거한다.

---

147 이암(李岩), 『단군세기(檀君世記)』, "至開天千五百六十五年上月三日(지개천천오백륙십오년상월삼일)、有神人王儉者(유신인왕검자)、五加之魁(오가지괴)、率徒八百(솔도팔백)、來御于檀木之墟(래어우단목지허)、與衆(여중)、奉祭于三神(봉제우삼신)。" [본문 번역]: "배달 신시 개천 1565년(단기 원년, B.C.2333) 10월 3일에, 신인 왕검께서 오가(五加)의 우두머리로서 무리 8백 명을 거느리고 단목 터에 와서 백성과 더불어 삼신(三神)께 제사를 지내셨다." 이것은 고조선 건국 1,565년 전에 환웅천왕이 홍익인간 정신으로 신시 개천을 했고 B.C. 2333년 10월 3일에 단군왕검이 이를 계승하여 홍익인간 정신을 건국이념으로 고조선을 건국했다는 것이다. 지금의 개천절은 배달국 환웅천왕의 개천절(開天節)이면서 단군왕검의 개국일(開國日)이다. 그러므로 개천절의 주역은 환웅천왕이다.

(2) **'단대공정'**(斷代工程). '단대공정'은 '하상주단대공정'(夏商周斷代工程, Xia-Shang-Zhou Chronology Project)이라고 하며 중국의 상고사 연구 작업이다. 역사학자·고고학자·천문학자 등 각 분야 전문가 200명이 투입된 이 사업은 제목 그대로 하·은·주 3대 왕조의 연대를 확정하는 거대 프로젝트였다. 중국 정부는 1996년 5월 16일에 사업을 시작한 지 4년 6개월 만인 2000년 11월 9일 완료를 선언했다. 그 결과 하 왕조는 B.C. 2070년에 시작된 것으로 '확정'됐고, 상 왕조는 B.C. 1600년 무렵에 건국했다는 학설이 정립됐다. 나아가 상 왕조 제20대 임금인 반경(盤庚)이 은(殷)으로 천도하여 은 왕조로 일컫기 시작한 때는 B.C. 1300년 무렵, 주 왕조의 시작은 B.C. 1046년으로 각각 설정됐다. 중국은 왜 국가가 직접 나서서 이런 '이상한' 사업을 추진했을까? 가장 단순하게는 사마천의 『사기』가 서주(西周) 시대 공화(共和) 원년(B.C.841)이 돼서야 비로소 연대를 기록하기 시작한 반면 그 이전은 연대를 공백으로 놓아두었기 때문이다. 그러니 '하상주단대공정' 프로젝트는 사마천이 포기해버린 중국의 상고시대 기년(紀年)을 확정하는 사업이라고 우선 생각할 수 있다. 하지만 이 프로젝트의 진정한 의미 혹은 위험성은 '새로운 중국(사)의 창출'에 있다고 봐야 한다. 이 프로젝트가 국가의 이름으로 공포됨으로써 공화 원년 이전 1,200년에 달하는 시대가 '전설의 시대'를 탈출해 '역사의 시대'로 편입됐다. 아울러 이렇듯 새롭게 보충된 역사의 시대는 중국사의 영역으로 공식 포섭됐다. 이 프로젝트가 확정한 중국 상고사 기년이 정확한가 아닌가 하는 문제와는 관계없이, 중국은 늘어난 연대만큼 중

국(사)의 영역과 연대를 확대하게 된 셈이다. 현재의 국가가 수천 년 전 아득한 과거의 기억을 자기 것으로 삼아 직접 지배하고자 하는 이러한 중국의 상고시대 '연대 확정'이 한족 중심의 세계 질서 구성 원리라는 중화사상(中華思想)을 위한 것이라고 할 수 있다.[148] 더 나아가 중원의 상고사는 동이족이 아닌 한족(漢族)이 주도하고 지배해 왔음을 억지 주장하고자 하는 정치적 의도가 깔려 있다.[149] 하지만 '하상주단대공정'은 결코 성공할 수 없다. 왜냐하면 중원의 상고사를 연구해 보면, 하나라(夏, B.C.2205~B.C.1766/B.C.2070~B.C.1600)·은나라(殷/商, B.C.1766~B.C.1122/B.C.1600~B.C.1046)·주나라(周, B.C.1122~B.C.256/B.C.1046~B.C.256)는 모두 동이족이 세운 환국과 배달국을 계승한 고조선(古朝鮮, B.C.2333~B.C.238)의 제후국들로서 한족(漢族)과 무관한 동이족이 세우고 통치하였던 동이족의 나라들이기 때문이다. 중국의 양심적인 사학자 낙빈기(駱賓其, 1917~1994)는 그의 저서 『금문신고』(金文新攷, 1984)[150]에서 황제·소호·전욱·제곡은 물론 하·은·

148 웨난(岳南), 『하상주 단대공정 1,2』, 심규호 역 (서울: 일빛, 2005). ; 웨난(岳南), 『천년의 학술현안 1,2』, 심규호 역 (서울: 일빛, 2003).

149 김경호·심재훈·민후기·최진묵 공저, 『하상주단대공정 – 중국 고대문명 연구의 허와 실』 (서울: 동북아역사재단, 2008), 18-25.

150 사실 중국 학계에서는 '상고금문'을 인정하지 않고 있다. 공식적으로 인정하고 있는 중국 문자의 시작은 은나라 때의 '갑골문자'부터이다. 따라서 '상고금문'을 기초하여 전설시대로 간주하고 있는 삼황오제시대를 풀어놓은 『금문신고』에 대한 중국 학계에 대한 반응은 냉담했다. 중국의 사회 특성상 책을 출판하려면 공식적인 허가와 함께 정부 담당 연구원의 검열을 거쳐야 한다. 들려오는 얘기에 의하면, 이 책을 검열한 몇몇 학자들이 매우 당황했다고 한다. 결국 800권이라는 소량의 부수만 인쇄가 가능했는데, 나중에는 그것도 회수되고 결국 '금서'로 묶이고 말았다. 낙빈기의 주장에 따르면 우리들이 신화 속 인물로 알고 있는 신농과 황제, 요임금과 순임금은 실제 역사시대를 살았던 인물이며, 문자 역시 황제의 명을 받고 창힐이 만들었다는 역사가들의 주장을 뒤엎고 동이족의 시조

주 삼대 왕조가 모두 동이족이라고 진술했다. 그는 청동기에 새겨진 글자인 금문(今文)[151]에서 정확한 연대를 하나하나 찾아내 중국 상고사를 완벽하게 재구성해 놓은 것이다.[152]

첫째, 동이족 국가 하나라. 하나라의 건국 시조는 우(禹)이다. 우는 제후들의 추대를 받아서 쉰세 살에 정식으로 즉위하고 지금의 산서성(山西省) 하현(夏縣)인 안읍(安邑)을 도성으로 삼고 국호를 하(夏)라고 했다. 그래서 하나라의 '우'라는 뜻의 하우(夏禹)라고 불렀는데, 사마천은 『사기』 「하본기(夏本紀)」에서 이렇게 말했다.

이자 삼황오제시대의 첫 장을 연 '신농'이 최초의 문자를 만들었다고 말하고 있다. 다시 말해 삼황오제시대의 제왕들이 동이족의 직계이거나 외가가 되며 이를 통해 이들이 바로 고조선의 주인공들이라고 주장하고 있는 것이다. 중국 상고사의 뿌리를 뒤흔드는 이러한 주장들은 중국 학계에 커다란 충격을 주었음이 분명하다. 결국 『금문신고』가 금서로 묶였다는 사실을 거꾸로 해석해보면 이 책에 중국 학계에서는 인정하고 싶지 않은 역사적 사실이 존재하고 있다는 것을 방증해주고 있다. https://www.book21.com/book/book_view.html?bookSID=522/

151 〈유물 속에 새겨진 그림글자 '금문'〉 금문은 역사시대 이후 지금까지 각종 나무류와 동물의 껍질, 뼈다귀, 돌, 금속에 새겨진 글자들을 통틀어 말한다. 금문은 시대별로 상고금문(上古金文, 오제금문)·은주금문(殷周金文)·춘추금문(春秋金文)으로 나눌 수 있다. '상고금문' 또는 '오제금문'(五帝金文)은 ≪금문신고≫에서 다루는 금문으로, 삼황오제시대부터 하나라 중기 때까지의 금문을 말한다. '은주금문'은 천여 년 뒤인 은나라 때의 갑골문(甲骨文)과 주나라 때 대전(大篆)을 말하고, '춘추금문'은 춘추시대에 이어 진시황(秦始皇, 재위 기간 B.C.220~B.C.210)이 천하를 통일한 후 여러 부족이 제각각 쓰던 문자를 통일하여 만든 소전(小篆)을 말한다. 이들 금문은 한나라(漢, B.C.206~A.D.219) 때 와서 예서와 해서로 다시 정리되면서 지금 우리들이 쓰고 있는 '한문'으로 그 모습을 갖추었다. 언뜻 어려워 보이는 금문을 하나하나 풀어가다 보면, '우리말' 즉 한글에 의해 쉽게 풀리는 경우가 많이 있다. 여기에서 '한자는 우리말'이라는 가설을 세울 수 있으며, 금문을 연구한다는 것은 우리말의 뿌리를 찾는다는 의미로 해석할 수 있다. https://www.book21.com/book/book_view.html?bookSID=522/

152 김대성, 『금문의 비밀』 (서울: 컬쳐라인, 2002), 258.

> 하나라의 우(禹)는 이름을 문명(文命)이라 일컬었다. 우의 아버지는 곤(鯀)이라 일컬었고, 곤의 아버지는 제전욱(帝顓頊)이라 일컬었으며, 전욱의 아버지는 창의(昌意)라 일컬었고, 창의의 아버지는 황제(黃帝)라 일컬었다. 우는 황제의 현손이고 전욱의 손자이다. 우의 증조할아버지 창의와 아버지 곤은 모두 제왕의 자리에 오르지 못하고 제왕의 신하가 되었다.[153]

여기서 사마천이 설명하는 우의 계보는 황제 → 창의 → 전욱 → 곤 → 우이다. 황제와 황후 누조의 첫째 아들은 소호이고 둘째 아들은 창의이다. 창의는 동이족 소호(少昊)와 부모가 같은 형제이니 동이족이다. 창의의 후손인 '우' 역시 동이족일 수밖에 없다. 황보필의 『제왕세기(帝王世紀)』에서 "우(禹)의 이름은 문명(文命)이고 자(字)는 밀(密)인데 신체가 9자 2치로 본래 서이(西夷) 사람이다"[154]라고 말했다. 한편 사마천은 『사기』 「오제본기(五帝本紀)」에서 오제(五帝)부터 우(禹)에 이르는 혈통에 대해 놀라운 사실을 진술하고 있다: "황제로부터 우에 이르기까지 모두가 동성(同姓)이었는데 그 국호만을 다르게 해 밝은 덕을 빛냈다."[155] 이것은 상당히

---

153 사마천(司馬遷), 『사기(史記)』 「하본기(夏本紀)」, "夏禹(하우)、名曰文命(명왈문명)。禹之父曰鯀(우지부왈곤)、 鯀之父曰帝顓頊(곤지부왈제전욱)、 顓頊之父曰昌意(전욱지부왈창의)、昌意之父曰黃帝(창의지부왈황제)。禹者(우자)、黃帝之玄孫而帝顓頊之孫也(황제지현손이제전욱지손야)。 禹之曾大父昌意及父鯤皆不得在帝位(우지증대부창의급부곤개부득재제위)、爲人臣(위인신)。"

154 황보필(皇甫謐), 『제왕세기(帝王世紀)』, "禹(우)、名文命(명문명)、字密(자밀)、身九尺二寸長(신구척이촌장)、本西夷人也(본서이인야)。"

155 사마천(司馬遷), 『사기(史記)』 「오제본기(五帝本紀)」, "自黃帝至舜(자황제지순)、禹(우)、皆同姓而異其國號(개동성이이기국호)。"

놀라운 고백이다. 사마천이 설정한 중국 상고사의 제왕계보는 황제→전욱→제곡→요→순→우인데 모두 같은 혈통의 성(姓)이라는 것이다. 이중 황제의 큰아들 소호가 동이족이라는 사실에는 아무도 이의를 제기하지 않는다. 황제의 큰아들이 동이족이라면 아버지인 '황제'(黃帝) 역시 동이족이고, 둘째 아들인 창의와 창의의 아들 '전욱'(顓頊)도 동이족이다. 그리고 소호의 손자인 '제곡'(帝嚳) 역시 동이족이며, 곡의 아들인 '요'(堯)도 동이족일 수밖에 없다. '순'(舜)이 동이족인 것은 너무 명확하고, 전욱의 손자인 '우'(禹) 역시 동이족이다.[156]

둘째, 동이족 국가 은나라. 사마천은 『사기』에서 「은본기(殷本紀)」라고 했지만, 은나라의 원래 이름은 상(商)이다. 사마정은 『사기색은(史記索隱)』에서 상이 은으로 불리게 된 이유를 이렇게 설명했다.

> 설(契)이 처음에는 상나라(商)에 봉해졌는데 그의 후손인 반경(盤庚)이 은(殷)으로 옮겼다. 은나라는 업(鄴) 땅의 남쪽에 있었는데, 드디어 세상에서 (은으로) 부르게 되었다. 설은 은족의 시조이다. 그래서 은설(殷契)이라고 말한 것이다.[157]

사마천의 『사기(史記)』에 따르면 은나라를 건국한 탕(湯)왕은 상족(商族)

---

156 이덕일, 『사기, 2천년의 비밀』, 168-189.

157 사마정(司馬貞), 『사기색은(史記索隱)』 「삼황본기(三皇本紀)」, "索隱契始封商(색은설시봉상)、其後裔盤庚遷殷(기후예반경천은)、殷在鄴南(은재업남)、遂爲天下號(수위천하호)。契是殷家始祖(설시은가시조)、故言殷契(고언은설)。"

의 시조 설(契)의 14대손이다. 설의 아버지는 오제(五帝)의 한 사람이자 황제의 증손인 제곡(帝嚳)이다. 탕이 여러 제후국들을 이끌고 하나라를 멸망시켜 은나라를 건국하였다. 요컨대, 은나라의 시조는 설이고, 설의 아버지는 제곡이며, 제곡은 동이족인 소호의 손자이니 은나라 역시 동이족이 세운 나라이다.

셋째, 동이족 국가 주나라. 사마천은 『사기』 「주본기(周本紀)」에서 주나라의 시조 후직(后稷)에 대해 이렇게 서술했다.

> 주나라 후직(后稷)의 이름은 기(棄)이다. 그의 어머니는 유태씨(有邰氏)의 딸 상원(姜原)이다. 상원은 제곡의 원비(元妃: 첫째 왕비)였다.[158]

본문은 주나라 시조 '후직'을 제곡의 아들이라고 했다. 제곡은 소호(少皞)의 손자이다. 그런데 제곡의 아버지인 후직의 할아버지는 '교극'(蟜極)이다. 교극은 제곡의 아버지이자 후직의 할아버지이고 '요'(堯)와 '설'(契→卨: 은나라의 시조)의 할아버지이다. 그런데 중국의 『백도백과(百度百科)』에는 교극의 민족 귀속성을 말하는 민족족군(民族族群) 항목에서 '화하족'이라고 써놓고, 그의 아버지를 '현효'(玄囂)라고 써놓았다.[159] '소호'라는 잘 알

---

158 사마천(司馬遷), 『사기(史記)』 「주본기(周本紀)」, "周后稷(주후직)、名棄(명기)。其母有邰氏女(기모유태씨녀)、曰姜原(왈강원)。姜原為帝嚳元妃(강원위제곡원비)。"

159 "蟜極(교극)、黃帝和嫘祖之孫(황제화루조지손)、 玄囂之子(현효지자)、 帝嚳之父(제곡지부)、 堯(요)、 契(설)、 后稷之祖父(후직지조부)、 中國上古歷史人物(중국상고력사인물)。別名(별명)。蟜極(교극)·所處時代(소처시대)。 上古時期(상고시기)·民族族羣(민족족군)。華夏族(화하족)·本名(본명)。姬蟜極(희교극)·父親(부친)。 玄囂(현효)·配偶(배우)。握裒

려진 이름 대신 사마천처럼 '현효'라는 이름을 썼지만 아버지 소호(현효)가 동이족인데, 아들 교극이 화하족이 될 수는 없다. 마찬가지로 교극의 손자 '후직'(后稷)과 '요'(堯)와 '설'(契) 모두 동이족일 수밖에 없다. 2000여 년 전에 사마천이 했던 고민을 현재의 중국 정부가 그대로 반복하고 있는 것이다. 사마천은 중국 상고사에 기록된 계보를 모호하게 서술하여 동이족을 화하족으로 변개하려 시도했지만, 『사기』 본문과 주석을 분석하면, 황제·전욱·제곡·제요·제순의 오제(五帝)는 물론 하·은·주 삼대가 모두 동이족이라는 사실이 드러난다. 이렇듯 본문에 기록된 후직의 어머니 강원(姜嫄)은 유태씨(有邰氏)이다. 유태씨는 염제신농(炎帝神農)씨의 후손이니 동이족이다. 동이족 유태씨의 딸인 강원이 제곡의 첫째 왕비(元妃: 원비)가 되었다. 제곡 고신이 동이족이고 어머니 강원이 동이족이니 아들 후직이 동이족인 것은 분명하다.[160]

같은 이족(夷族: 동이족)이지만 은나라의 서쪽에 있어서 '서이'(西夷)로 불렸던 주나라가 수도 '낙양'(洛陽)과 낙양 북쪽의 황하를 뜻하는 '하락'(河洛)을 천하의 중심을 뜻하는 '중국'(中國)이라고 자처하면서 화하(華夏) 개념이 생겨난다. 주나라가 자신들을 중심으로 사방의 겨레들을 동이·서융·남만·북적으로 분류하면서 화하(華夏)와 이(夷)의 개념이 발생한 것이다. 그러나 주나라 때의 문헌들은 물론 전국시대의 문헌들에서도 정확

[악부 wò póu]·兒子(아자)。帝嚳(제곡)。" "蟜極(교극)," ≪百度百科(백도백과)≫. https://baike.baidu.hk/item/蟜極/1224591/

160 이덕일, 『사기, 2천 년의 비밀』, 214-215.

한 방위 개념으로 동이·서융·남만·북적을 서술한 사례는 찾기 힘들다. 화하(華夏)와 사이(四夷) 개념은 사마천의 『사기』 이후에 뚜렷해지는데, 후기에 만들어진 이런 개념을 앞 시대에 적용해서 상고시대부터 화하와 사이의 개념이 있었던 것처럼 호도된 것이다.

이처럼 철저히 왜곡된 중국 상고사에 대하여 반기를 든 역사학자가 있었다. 1920년대 출간된 논문집 『고사변』(古史辨)으로 유명한 중국 역사학자 고힐강(顧頡剛, 1893~1980)은 '옛것 의심하기'(疑古)를 기치로 내걸어서 '의고파'(擬古派)로 불리는 '고사변학파'의 중심인물이었다. 역사에 객관성과 과학적 근거라는 잣대를 들이댄 그는 중국 역사학계에 만연한 '옛 해석을 따른다'는 '승고훈'(承古訓)의 고질적 관습을 거부했다. 고힐강은 '층루지조성중국고사'(層累地造成中國古史: 겹겹이 쌓아서 만든 중국고사) 이론을 제기한다. 즉 '시대가 뒤일수록, 전설의 고사(古史) 시기는 더욱 길어진다; 시대가 뒤일수록, 전설의 중심인물은 위대하게 변모한다.'[161] 고힐강의 이론을 요약하면 역사를 유구하게 만들수록, 전설적 인물의 허구성은 더욱 커진다는 뜻이다.[162] 물론 고힐강의 이론이 항상 맞는 것은 아니다. 예를 들어 사마천의 『사기』에 기술된 요(堯)·순(舜)의 존재를 고사변 학자들은 믿지 않았다. 하지만 그럼에도 불구하고 고힐강의 역사에 대한 진실성 추구 자세만은 모든 사학자가 배워야 한다.

---

161 고힐강(顧頡剛), 『고사변 자서(古史辨 自序)』, 김병준 역 (서울: 소망출판, 2012).

162 한삼주(韓三洲), "고힐강(顧頡剛): 중국고대사에 원자폭탄을 던진 인물" 2013.8.5. https://shanghaicrab.tistory.com/16154553/

(3) **'동북공정'**(東北工程). '동북공정'이란 중국의 동북 3성인 랴오닝성(遼寧省 요녕성)·지린성(吉林省 길림성)·헤이룽장성(黑龍江省 흑룡강성)의 역사·지리·민족에 대한 문제를 집중적으로 연구하는 사업이다. 정식 명칭은 '동북변강역사여현상계열연구공정'(東北邊疆歷史與現狀系列研究工程)인데, 이를 줄여서 '동북공정'이라고 부른다. 동북공정의 요지는 고조선과 고구려 및 발해를 중국 역사로 편입시키기 위한 연구이다. 중국은 한족(漢族)을 중심으로 55개의 소수민족으로 구성된 국가이기 때문에, 이 모든 소수민족에게 일어난 역사는 모두 중국의 역사라는 논리이다. 따라서 여기에 속하는 고구려와 발해 역사 또한 중국의 역사라는 것이다. 이 공정은 1992년 한·중 수교가 이루어지면서 많은 한국인들이 고구려와 발해의 유적을 답사하려고 중국 내 만주 지방에 몰려들자 이에 자극을 받아 시작되었다는 견해가 있다. 더욱이 동북공정은 북한이 같은 해에 고구려의 고분군을 유네스코(UNESCO)에 세계문화유산으로 등록을 신청한 것에 대한 대비책을 마련하는 과정에서 수립된 대책으로 여겨지기도 한다. 이런 중국의 역사 왜곡 작업에 대처하기 위해 우리나라는 2004년 3월 '고구려사연구재단'을 발족했다.

사마천의 『사기』「오제본기(五帝本紀)」와 사마정의 『사기색은(史記索隱)』「삼황본기(三皇本紀)」가 기록한 것처럼, 그동안 중국의 역사는 삼황오제시대로부터 하(夏)·은(殷/商)·주(周)로 이어지면서 시작되었다고 여겨졌다. 이 가운데 역사적인 사실로 받아들이는 나라는 주나라뿐이고 하나라와 은(상)나라는 전설상의 나라로 인식되어왔다. 그런데 1980년대부터 홍산문화가 포함된 발해연안 북동쪽에 위치한 요서지역·요동지역·요하지역·만주지방에서 '요하문명'이 발견되면서 한족(漢族) 주도로 '황하문명'에서 중국이 시작되었다는 기존의 역사적 뿌리가 흔들렸다. 그러자 삼황오제의 전부 혹은 대부분이 동이족이라는 기존의 태도를 바꾸어 요하문명도 중국 한족(漢族)이 근원이라고 주장하기 시작했다. 더욱이 홍산문화는 한족(漢族)의 시원문화로서 황제족(黃帝族) 곧 황제헌원(黃帝軒轅)의 후손이 창달한 문화라고 억지를 부리고 있다. 이런 거짓 주장이 설득력을 얻으면 고조선과 고구려 및 발해도 고대 중국의 지방정권으로 전락하고 만다. 그리고 중국의 이런 거짓 주장이 성공한다면 한민족(韓民族)의 정체성은 사라지고 만다. 이렇듯 '동북공정'은 중원(中原)의 동북부 상고사 전체를 동이족의 역사에서 화하족의 역사로 재편하는 무서운 전략이다.

현재 '동북공정'은 치열하게 진행되고 있다. 2022년 9월 베이징에 있는 중국국가박물관에 전시된 한·중·일 청동기 유물의 '한국 역사 연표'에서 고구려와 발해를 빼는 일이 발생했다. 한국 측의 항의를 받고 연표를 떼 냈지만, 그렇다고 중국이 '고구려와 발해는 중국의 역사'라는 동북공정을 포기한 것은 아니다. 2022년 9월 16일자 ≪조선일보≫에 <"역사 왜곡이다" 우리 측 항의에 … 고구려·발해 뺀 연표 철거키로 왜곡 내용, 수정 없이 미봉책>이라는 제목으로 실린 기사를 여기에 게재한다.

중국 국가박물관은 15일 고구려와 발해를 제외해 역사 왜곡 논란이 된 한국사(史) 연표를 철거하겠다고 밝혔다. 외교부가 "우리 민족의 정체성과 관련된 사안"이라 항의하고 국립중앙박물관이 전시품 조기 철수까지 시사하자 우리 측 항의를 수용한 것이다. 그러나 중국이 분명한 사과를 하지 않고, 바로 잡은 내용의 새로운 연표는 게시하지 않아 미봉책이라는 평가도 나온다. … 앞서 중국 국가박물관은 한·중 수교 30년을 기념하는 '한·중·일 고대 청동기 유물전'에서 고조선·신라·백제·가야·통일신라·고려·조선만 표기하고 고구려·발해를 표기하지 않은 한국사 연표를 게시해 논란이 됐다. 한국 국립중앙박물관이 제공했다고 표기했는데, 국립중앙박물관은 "우리가 제공한 자료를 중국 측이 임의 편집해 작성한 것"이라며 "중국 측 태도는 신뢰 관계를 훼손한 것"이라고 했다. … 2000년대 초 중국의 고구려사 왜곡인 동북공정(東北工程)으로 한중 외교 갈등이 격화하자 2004년 원자바오 중국 총리가 노무현 대통령에게 "필요한 조치를 취하겠다"고 약속했다. 이어 한·중 외교 당국은 '중국이 교과서와 정부 차원에서 고구려사 왜곡을 시도하지 않는다'는 구두 양해 안에 합의했다. 최근 중국 국가박물관이 고구려와 발해를 연표에서 삭제한 유물전을 연 것은 양국 합의를 위반한 것이란 비판이 나온다. … 이런 가운데 정부는 중국 국가박물관의 '고구려, 발해 삭제'가 양국 합의 정신을 위반했다 판단해 항의했고, 중국 측이 이를 받아들여 연표를 철거하겠다는 뜻을 밝혔다. 안은주 외교부 부대변인은 이날 브리핑에서 "역사 문제는 우리 민족의 정체성과 관련된 사안"이라며 "이번 건은 학술적 차원의 문제를 넘어 양국 관계 및 우리 국민의 대중국 인식에도 영향을 미칠 수 있는 중요한 사안이다. 엄중히 문제를 제기하고 조속한 시정 조치를 촉구

했다"고 했다. 중국 측이 우리 측 항의를 받아들여 하루도 되지 않아 게시물 철거 조치를 한 것은 한·중 관계에 대한 전략적 판단 때문으로 분석된다.

2. 일본의 국수주의적 역사 해석

일본은 한민족(韓民族)을 지배하기 위하여 한민족(韓民族)의 상고사를 말살하고 고대사를 왜곡해 왔다. 더욱 안타까운 현실은 일제(日帝)에 의해 왜곡된 한민족 고대사를 한국강단사학자들이 정설로서 여전히 가르치고 있다는 것이다. 특히 강단사학자들은 한민족 상고사를 신화로 전락시킨 일본 사학자들의 주장을 비판 없이 지금도 수용하고 있다. 1980년대부터 홍산문화가 포함된 발해연안 북동쪽에 위치한 요서지역·요동지역·만주지방의 '요하문명'이 발견되어, 한민족 상고사를 기록한 『환단고기』의 역사성이 입증되었음에도 불구하고, 한국강단사학자들은 여전히 한민족 상고사를 기록한 『환단고기』를 위서(僞書)로 평가하고 있다. 이것은 일제가 치밀하게 획책(劃策)한 식민교육의 폐해(弊害)에 기인한다.

조선일보 기자 서희건(徐熙乾) 씨가 1986년 8월 17일 자 ≪조선일보≫에 <日총독 - 조선인(朝鮮人)은 조선사(朝鮮史) 모르게 하라>는 제목의 조선총독 사이토 마코토(齋藤 實, 1858~1936)의 교육 시책 지시문을 인용하였다. 3·1독립선언으로 무단정치에서 문화정치를 표방하고 부임한 조선총독(재임 기간, 1919~1927 / 1929~1931) 사이토 마코토가 부진한 『조선사(朝鮮史)』 편찬을 독려하며 1922년 '조선에서의 교육 시책 요결(要訣)'을 다음과 같이 지시했다.

> 먼저, 조선 사람들이 자신의 일·역사·전통을 알지 못하게 하라! 그럼으로써 민족혼, 민족문화를 상실하게 하고 그들의 조상과 선인들의 무위·무능·악행을 들추어내, 그것을 과장하여 조선인 후손들에게 가르쳐라! 조선인 청소년들이 그들의 부조(父祖)들을 경시하고 멸시하는 감정을 일으키게 하여, 하나의 기풍으로 만들라! 그러면 조선인 청소년들이 자국의 모든 인물과 사적에 대하여 부정적인 지식을 얻게 될 것이며 반드시 실망과 허무감에 빠지게 될 것이다. 그때 일본의 사적, 일본의 문화, 일본의 위대한 인물들을 소개하면 동화의 효과가 지대할 것이다. 이것이 제국일본이 조선인을 반일본인으로 만드는 요결인 것이다.

또한 조선 마지막 총독 아베 노부유키(阿部信行, 재임 기간 1944.7.24~1945.8.15)는 식민교육의 중요성을 정확히 간파하고 있었다. 일본이 패망한 후 조선 총독부가 폐지되고 아베 노부유키가 1945년 9월 12일 일본으로 떠나면서 다음과 같은 마지막 연설을 했다.

> 우리 대일본제국은 패전하였지만 조선은 승리한 것이 아니다. 내가 장담하건대, 조선인들이 다시 제정신을 차려 찬란하고 위대했던 옛 조선의 영광을 되찾으려면 100년의 세월이 훨씬 더 걸릴 것이

> 다. 우리 일본은 조선인들에게 총과 대포보다 더 무서운 식민교육을 심어 놓았다. 결국 조선인들은 서로를 이간질하며 노예적인 삶을 살 것이다. 보아라! 실로 옛 조선은 위대하고 찬란했지만 현재의 조선은 결국 식민교육의 노예로 전락할 것이다. 그리고 나 아베 노부유키는 다시 돌아올 것이다.[163]

식민교육을 통해 일본의 식민 지배를 정당화하기 위해 만든 역사학인 식민사학의 형성이 왜 무서운지를 이덕일 한가람역사문화연구소장은 '제국과 식민지'에 대한 개념 정의를 통해 우리를 깨우치고 있다.[164]

> 제국에는 '나라 국(國)' 자가 붙지만 식민지에는 '땅 지(地)' 자만 붙는다. 식민(植民)이란 글자 그대로 본국이 지배하는 점령지에 본국인을 심는다는 뜻이다. 그래서 식민 지배란 점령지에 이주한 본국 사람이 지배한다는 뜻이다. 이와 마찬가지로 식민사학이란 점령지에 이주한 본국 사람들이 식민지의 역사를 지배한다는 뜻이다. 이를테면 한국식민사학이란 조선총독부의 관점으로 한국사를 바라보는 것을 의미한다. 즉 식민사학이란 식민 통치자의 관점으로 식민지 백성들의 혼을 노예로 만드는 것이다. 식민 통치자의 관점에서

---

163 "日本は敗れたが、朝鮮が勝利したわけではない。大言壮語ハゴンデ朝鮮が第我に返ってきらびやかで偉大な昔の朝鮮の栄光を取り戻すには、 100年という歳月がはるかにかかるだろう。私たち日本は、朝鮮国民に銃と大砲よりも恐ろしいの植民地教育を植えて置いた。結局、朝鮮人たちはお互いに仲違いし、奴隷的な生活を送るのだ。見よ! 実に朝鮮は偉大した絢爛だったが、現在の朝鮮は結局日本の植民地教育の奴隷に転落した。そして、私の阿部は再度もどって来る。" 최춘태, 『갑골음으로 잡는 식민사학·동북공정』, 22.

164 이덕일, 『우리 안의 식민사관』, 106.

는 식민지 백성들의 영혼까지 노예로 만드는 주인 사관이다. 제국은 주인이고 식민지는 노예이다. 그런데 해방된 나라에서 식민사학을 한다는 것은 몸은 해방되었지만 정신은 노예 상태라는 뜻이다.

1910년 8월 22일에 「한일병합조약(韓日併合條約)」이 상세 체결되고, 1910년 8월 29일에 공포됨으로써 대한제국은 멸망하였다. 그런데 대한제국의 멸망은 역설적이게도 한민족 역사관에 혁명을 불러일으켰다. 독립운동가 김교헌(金敎獻, 1867~1923)·박은식(朴殷植, 1868~1923)·이상룡(李相龍, 1858~ 1932)·신채호(申采浩, 1880~1936)·이시영(李始榮, 1869~1953) 등은 모두 유학자들이었다. 그러나 저들은 망국(亡國)과 함께 유학(儒學)을 버렸다. 그리고 유학과 함께 중화사대주의도 버렸다. 저들은 망국의 원인이 유학사대주의라는 깊은 성찰을 하였다. 유학을 객관화하니 공맹(孔孟)을 넘어 단군이 보였고 사대주의를 버리니 소중화(小中華)를 넘어서 대동이(大東夷)가 보였던 것이다. 이처럼 저들의 민족사학은 일제의 식민지배에 대한 거부는 말할 것도 없고 종래의 중화사대주의에 대한 처절한 반성의 토대 위에 세운 역사관의 혁명이었다. 그러면서 저들의 마음속에 민족의식이 깨어났다. 그래서 저들은 일제에 의해 말살된 한민족 상고사를 회복하려고 한민족 상고사를 연구하였다.

김교헌이 1904년에 저술한 『신단민사(神檀民史)』는 고조선부터 고종황제까지의 역사를 기록하였다. 그리고 김교헌이 1914년에 저술한 『신단실기(神檀實記)』의 주요한 내용은 첫째, 고조선의 신관(神觀)인 삼신일체(三

神一體), 즉 삼신 상제(三神上帝) 사상. 둘째, 삼신(三神: 三一神)의 교화. 셋째, 고조선의 강역(疆域). 넷째, 고조선의 역사적 계보. 다섯째, 고조선의 귀중 사료가 망실된 연유 등 다섯 가지로 구분된다. 또한 김교헌이 1922년에 저술한 『배달족역사(倍達族歷史)』는 김교헌 자신이 1914년에 저술한 『신단민사(神檀民史)』를 요약·정리한 대한민국 임시정부의 소학생용 교과서이다. 뿐만 아니라 김교헌이 박은식 등과 함께 1911년에 편찬한 『단조사고(檀祖事攷)』는 사서와 민간 자료에서 수집된 단군에 관련된 단편적인 내용을 주제별로 정리하였다. 그리고 이상룡이 1913년에 저술한 『대동역사(大東歷史)』는 만주를 단군의 옛 강역으로 기술한 역사서이다. 또한 이시영이 1934년에 저술한 『감시만어(感時漫語)』는 고조선의 강역이 만주 서쪽까지 두루 걸쳐 있었다고 언급하며 "(고조선이) 연(燕)나라 장수 진개(秦開)와의 싸움에서 패하여 유주(幽州, 지금의 北京 부근)·계주(薊州, 지금의 天津 부근)·삭주(朔州, 지금의 山西省 부근)·이주(易州, 지금의 河北省 부근)의 땅 2천 리를 잃었다"고 서술했다.[165]

이처럼 일제강점기 때에 식민교육의 심각성을 인식한 독립운동가들은 '일제식민사관'에 대항하여 '한국민족사관'을 재발견하였다. 일제 강점기는 일본 제국주의자들에게 빼앗긴 영토주권을 되찾기 위해 싸웠던 영토전쟁의 시기이자 빼앗긴 역사주권을 되찾기 위해 싸웠던 역사전쟁의 시기이기도 하다. 독립운동가들은 영토주권만이 아니라 역사주권 역시

165 이덕일, 『우리 안의 식민사관』, 166-178.

중요하다는 사실을 깨달았다. 이 전쟁의 중심인물이었던 대한민국 임시 정부의 제2대 대통령인 박은식(朴殷植, 1859~1925)이 1915년에 간행한 『한국통사(韓國痛史)』[166]에서 민족주의 사관에 입각하여 '국사는 혼(魂)'[167]이라고 말했다.

> 옛사람이 이르기를 나라는 멸할 수 있으나, 역사는 멸할 수 없다고 했다. 그것은 나라는 형체와 같고, 역사는 혼과 같은 것이기 때문이다. 지금 한국의 형체는 허물어졌으나 혼만큼은 남아 존재하고 있으니, 이것이 통사를 저술하는 까닭이다. 혼이 존속하여 멸망하지 않으면, 형체는 부활할 때가 있으리라.[168] … 국혼(國魂)은 살아있다. 국교(國教) 국학(國學) 국어(國語) 국문(國文) 국사(國史)는 국혼(國魂)에 속하는 것이요, 전곡(錢穀) 군대(軍隊) 성지(城池) 함선(艦船) 기계(器械) 등

---

166 『한국통사(韓國痛史)』는 조선 후기부터 일제강점기까지 생존한 학자 박은식이 우리나라 근대사를 종합적으로 서술하여 1915년에 중국 상하이에서 한문으로 간행한 학술적 역사서이다. 1915년 상하이에서 간행된 초판본은 현재 거의 찾아볼 수 없다. 1946년 삼호각(三乎閣)에서 출간한 책이 유포되고 있으며, 1975년 단국대학교 동양학연구소에서 동양학총서 제4집으로 간행한 『박은식전서』 3권 중 상권에 초판본이 그대로 영인, 수록되어 있다. 『한국통사』는 국권 상실 과정을 직접 목격하고, 독립운동에 참여한 필자가 투철한 민족주의 사관이라는 뚜렷한 목적의식을 가지고 서술했고, 우리나라 근대사를 가장 먼저 종합적으로 서술했다는 점에서 높이 평가된다. "한국통사(韓國痛史)," ≪한국민족문화대백과사전≫. https://encykorea.aks.ac.kr/Article/E0061453/

167 박은식은 '국사는 신'(史神也 사신야)이라고 정의했다. 박은식이 말한 '신'(神)을 번역가들은 '정신'으로 번역했으나, 필자는 '혼'으로 번역하였다. 왜냐하면 박은식이 영토를 인간의 육체에 빗대었다면, 역사를 인간의 영혼에 빗대는 것이 타당하기 때문이다.

168 박은식(朴殷植), 『한국통사(韓國痛史)』, "古人云(고인운)、國家滅史不可滅(국가멸사부가멸)、蓋國形也史神也(개국형야사신야)。今韓之形毁矣(금한지형훼의)、而神不可以獨存乎(이신부가이독존호)、此痛史之所以作也(차통사지소이작야)、神存而不滅形有時而復活矣(신존이부멸형유시이복활의)。"

은 국백(國魄)에 속하는 것으로 국혼의 됨됨은 국백에 따라서 죽고 사는 것이 아니다. 그러므로 국교(國敎)와 국사(國史)가 망하지 아니하면 국혼(國魂)은 살아 있으므로 그 나라는 망하지 않는다.

이 글의 요지는 사람에 빗대어 영토가 육체라면 역사는 영혼이라는 것이다. 이것은 영토주권보다 더 본질적인 것이 역사주권이라는 말이다. 또한 역사를 잊은 민족에게 미래는 없지만, 역사만 잊지 않으면 망한 나라도 국권을 회복할 수 있다는 뜻을 함축하고 있다.

그리고 구한말(舊韓末)의 천재적 사학자이자 열렬한 독립운동가였던 단재(丹齋) 신채호(申采浩, 1880~1936)는 민족사관의 중요성을 깨달았다. 그래서 그는 ≪조선일보≫의 학예란(學藝欄)에 「조선사(朝鮮史)」(1931.6.10~10.14까지 103회)를 매일 연재하였다. 신문에 연재되었던 「조선사(朝鮮史)」는 『조선 상고사(朝鮮上古史)』라는 이름으로 1972년에 간행되었다. 신채호는 자신의 책에서 고구려·백제·신라의 역사만이 아니라 상당 부분을 할애하여 한민족 상고사에 속하는 고조선의 역사를 심도 있게 다루었다. 심지어 한민족 상고사의 최초 나라인 환국(桓國)의 역사성을 인정하였다: "환(桓: 환국)이라 한 것은 광명(光明)에서 그 뜻을 취한 것이니, 대개 조선족이 최초에 서방 파미르고원 혹은 몽고 등지에서 광명의 본원지(本源地)를 찾아서 동방(東方)으로 나와서 불함산(不咸山: 지금의 백두산–原註)을 바라보고 명월이 출입하는 곳 – 곧 광명의 신(光明神)이 쉬고 잠자는 것으로 알고 그 부근의 토지를 '조선'이라 불렀다. '조선'도 고어(古語)의 광명(光明)이란 뜻으로 후세에 와서 '조선'은 이두자(吏讀字)로 '朝鮮'이라 쓰게 되었다."[169] 뿐만 아니라 신채호는『환단고기』의『태백일사(太白逸史)』에 수록되어 있는 ≪천부경(天符經)≫과 ≪삼일신고(三一神誥)≫를 언급하면서『환단고기』의 내용은 옳고 그름을 가리기 위해 논쟁할 필요조차 없는 진서(眞書)라고 변호하였고, 중국은 위서를 많이 조작했지만 우리나라는 위서를 조작한 일이 전혀 없다고 단언했다. 그러면서 신채호는『환단고기』를 한민족 상고사로 믿고 인정해 주는 사람이 없는 현실에 안타까움을 표현하며 다음과 같이 말했다.[170]

> 우리나라는 고대에 진귀한 서적(진서, 珍書)들을 불살라 없앤 적(이조 태종의 분서 같은 것-원저)은 있었으나 위서(僞書)를 조작한 일은 없었다. 근래에 와서 ≪천부경(天符經)≫, ≪삼일신고(三一神誥)≫ 등이 처음으로 출현하였는데, 아무도 그것을 변박(辨駁)한 일이 없었음에도 그것을 고서(古書)로 믿고 인정해주는 사람이 없게 된 것이다. 그러므로 우리나라 서적은 각씨(各氏)의 족보 중 그 조상의 일을 혹 위조한 것이 있는 것을 제외하고는 진위(眞僞)의 변별(辨別)에 그리 신경 쓸 것이 없다. … 위서(僞書)가 많기로는 중국 같은 나라가 없을 것이다. 위서를 변별하지 못하면, 인증(引證)해서는 안 될 기록을 우리 역사에 인증하는 착오를 범하게 된다.

---

169 신채호,『조선 상고사』, 89.

170 신채호,『조선 상고사』, 60.

신채호가 '조선 상고사'를 신문에 연재한 이유는 역사란 '민족의 혼'(魂)을 담고 있으며, 자국의 역사를 상실한다는 것은 자국의 영토를 상실하는 것으로 귀결됨을 인식하고 있었기 때문이다. 하지만 '일제식민사관'에 호도된 한국강단사학자들은 '한국민족사관'이 인정하는 한민족 상고사를 부인하고 있다. 지금도 조선총독부가 왜곡한 한민족 역사관과 독립운동가가 회복한 한민족 역사관이 서로 충돌하고 있는 것이다. 현재 대한민국의 역사 교육은 조선총독부에 의해 왜곡된 한민족 역사 해석에서 벗어나지 못하고 있다.[171] 현재 역설적이게도 역사전쟁이 일제식민사관을 계승한 한국강단사학자들과 한국민족사관을 계승한 한국재야사학자들 사이에서 격렬하게 벌어지고 있다.

그렇다고 일제식민사관을 계승한 한국강단사학자들처럼 모두가 일제에 의해 훼손된 한민족 역사를 방치한 것은 아니다. 서희건(徐熙乾)「조선일보 80년 사사(社史)」 편찬실장이 ≪주간조선(週刊朝鮮)≫에 1985년 10월 20일 자부터 1986년 10월 26일 자까지 총 51회에 걸쳐 '창간 17주년 기념 특별기획'으로 연재한 <단군조선은 이렇게 말살됐다>와 ≪조선일보≫의 광복 41주년 '특별기획'으로 1986년 8월 15일부터 말일까지 11회 연재한 <국사교과서 새로 써야 한다>란 기사는 일제에 의해 말살된 한민족 상고사와 왜곡된 한민족 고대사를 바로 잡으려 했다는 측면에서 높이 평가해야 한다. 여전히 한국강단사학자들이 대한민국 역사학계를

171 이덕일, 『우리 안의 식민사관』, 103-105.

주도하고 있는 상황에서 서희건 기자의 결기는 대단하다. 하지만 국가의 영토를 지키기 위해 전쟁을 하듯 국가의 역사를 지키기 위해 투쟁하는 것은 당연하다. 한편 ≪주간조선≫에 연재했던 <단군조선은 이렇게 말살됐다>란 기사는 1987년 『잃어버린 역사를 찾아서(전 3권)』라는 제명으로 출간되었다. 이 책은 한민족 상고사 및 고대사의 실체와 일제의 한민족 상고사 말살과 고대사 왜곡의 진상을 밝히고 있다. 본 연구자는 『잃어버린 역사를 찾아서(전 3권)』를 중고서점에서 천재일우(千載一遇)의 기회로 구입하는 영광을 얻었다. 한국강단사학자들과 한국사를 전공하는 사학도(史學徒)들이 이 책만 읽어도 일제식민사관이 붕괴되고 한국민족사관이 확립되는 변혁이 일어날 것이다.

그런데 서희건 기자의 <국사교과서 새로 써야 한다>란 기사가 2024년 현재 연재된 지 38여 년이 지났지만 여전히 초중고 교과서의 오류가 전혀 고쳐지지 않았다. 자라나는 세대의 역사관이 그들의 민족관과 국가관을 형성하는 가장 중요한 요소인데 중국에 의해 말살된 한민족 상고사와 일제에 의해 왜곡된 한민족 고대사를 그대로 우리의 청소년들에게 가르치고 있는 현실은 미래 대한민국의 존망에 크게 영향을 미친다. 영토가 육체라면 역사는 영혼이다. 바른 역사관으로 무장되어 있다면 망한 나라도 국권을 회복할 수 있다. 이것은 반대로 현재 대한민국이 경제적으로 번영하고 있다 할지라도, 잘못된 역사관에 의해 민족적 역사의식이 결여되어 있다면 어느 한순간에 대한민국은 몰락할 수 있다는 말과 같다. 그럼에도 불구하고 본 연구자가 한민족의 미래에 대해 절망하지 않는 것은 일제식민사관을 계승한 다수의 한국강단사학자들에 비해 숫자는 적지만 한국민족사관을 계승한 한국재야사학자들이 민족의 영혼인 역사를 연구하여 수정해 가르치고 있다는 사실이다. 이들의 작은 외침을 통해 한민족의 정체성이 확립되기를 본 연구자는 기대하고 있다.

1) 일본의 자국 역사 왜곡. 일본 최초의 역사서는 『고사기(古事記)』[172]이고, 일본 최초의 정사(正史)는 『일본서기(日本書紀)』이다. 그리고 일본 지배층의 계보를 정리한 『신찬성씨록(新撰姓氏録)』이 있다. 『고사기』는 신화와 전설로 가득 차 있고, 『일본서기(日本書紀)』는 야마토 왜를 정통으로 확립하기 위해 조작된 황국사관을 중심으로 하고 있다. 그리고 고대 일본의 성씨들을 모아 놓은 책인 『신찬성씨록』에는 고구려·백제·신라·가야 성씨들이 주류를 이룬다. 한마디로 일본 역사서들은 한민족 후손들의 일본열도 통치 기록인 것이다.

(1) 『**일본서기**(日本書紀)』**.** 『일본서기(日本書紀)』는 '야마토 정권'을 근간으로 만들어진 역사책이다. 고대에 일본열도에는 수많은 왜(倭) 세력이

---

172 『고사기』는 일본에서 가장 오래된 역사책이다. 그 서문에 따르면 화동(和銅) 5년 A.D. 712년에 덴지천황의 딸인 겐메이천황(元明天皇, 재위 기간 715~721년, 제43대)의 부름을 받아 안마려(安麻呂)가 바친 것으로 되어 있다. 내용은 일본에서 신대(神代)라 불리는 신화시대의 천지(天地)창조에서 시작헤 스이코천황(推古天皇, 재위 기간 593~628년, 제33대)의 시대에 이르는 여러 가지 사건(신화나 전설 등을 포함)과 함께, 고대 일본의 수많은 노래들을 수록하고 있다. "고사기," ≪위키백과≫. https://ko.wikipedia.org/wiki/고사기/

있었다. 그중 오늘날 나라현(奈良県)에 있던 야마토 왜를 정통으로 확립하기 위해 쓰인 책이 『일본서기』이다. 『일본서기』는 야마토 왜의 수장만을 왕(천황)으로 기록하고 나머지는 모두 호족으로 기록하였다. 이런 역사적 배경에서 만들어 낸 역사관이 '황국사관'(皇國史觀)이다. 여기서 황국사관이란 일본의 역사를 천황 중심적 관점으로 해석하기 위해 꾸며낸 역사관을 의미한다. 제2차 세계대전에서 일본이 패전하기 이전 역사 서술의 목적은 천황 지배의 정당성을 설파하는 것이었다. 즉 일본인들에게 황국사관이란 천황에 대한 맹목적 추종과 신앙을 목적으로 하였다.[173] 또한 천황은 일본의 건국 초기부터 하나의 혈통을 이어왔으며, 천황만이 일본의 통치자인 동시에 천하의 중심이라고 주장했다.

『일본서기』의 내용 중에는 일본인들이 보아도 허무맹랑한 것들이 많기 때문에 학문적 방법론을 빙자해 체계화하는 것 자체가 불가능하다. 예를 들어 『일본서기』에는 신대역사(神代歷史)가 기록되어 있는데, 하늘에서 내려온 신(神)이 지배한 기간을 179만 년으로 본다.[174] 뿐만 아니라 『일본서기』가 왜곡된 역사서임을 알 수 있는 내용이 있다. 첫째, 『일본서기』에는 왕들의 수명이 백세가 넘는다. 이는 역사를 인위적으로 크게 늘렸다는 뜻이다. 둘째, 『일본서기』는 역사서의 기초인 연대부터 맞지

---

173 이희진, 『식민사학이 지배하는 한국 고대사』 (서울: 책미래, 2014), 37-39.

174 도네리 친왕(舍人親王) 외, 『日本書紀』 "神武天皇は東征して、ヤマトを征服するが、それは、天孫降臨後179万2470年後のことだった。" [본문 번역]: "진무천황은 동쪽을 정벌하고 야마토를 정복하지만, 그것은 천손 강림 후 179만 2470년 이후였다."

않기 때문에 주갑제(周甲制)를 이용해 2주갑 120년을 끌어올려 연대를 맞춰야 했다. 이는 일본의 역사를 실제 보다 장구한 것으로 조작한 것이다. 셋째, A.D. 720년에 간행된 『일본서기』에 15세기 일본어가 남아 있다. 이것은 『일본서기』가 후대에 여러 차례 가필을 거쳤다는 증거이다.[175] 이렇듯 『일본서기(日本書紀)』는 인류 역사상 거짓과 왜곡이 가장 심한 가짜 역사서라고 해도 과언이 아니다.

『단군세기(檀君世紀)』에 따르면, 고조선의 왕들이 일본을 정벌했다는 기록과 일본을 정벌한 장군들이 일본의 천왕이 되었다는 기록이 있다: "3세 단군 가륵 재위 10년 무신년(B.C.2173)에 두지주(斗只州)의 예읍(濊邑)이 반란을 일으키니 여수기에게 명해 그 추장 소시모리(素尸毛犂)를 베게 했다. 이때부터 그 땅을 소시머리라고 부르다가 지금은 음이 바뀌어 우수국(牛首國)이 됐다. 그 후손에 협야노(陜野奴)라는 자가 있었는데 바다로 도망쳐 삼도(三島)에 웅거하며 스스로 천왕(天王)이라 칭했다."[176] "35세 단군 사벌 재위 68년 무오 50년(B.C.723)에 단제께서 장군 언파불합(彦波弗合)을 보내 바다의 웅습(일본 큐슈지방의 웅본성)을 평정하였다."[177] "36세 단군 매륵 재위

175 황순종, 『식민사관의 감춰진 맨얼굴』, 19-22.

176 이암(李巖), 『단군세기(檀君世紀)』, "三世嘉勒戊申十年(삼세가륵무신십년)、豆只州濊邑叛命(두지주예읍반명)、余守己斬其酋素尸毛(여수기참기추소시모)、犂今轉音爲牛首國也(리금전음위우수국야)、其後孫有陜野奴者(기후손유협야노자)、逃於海上據三島(도어해상거삼도)、僭稱天王(해칭천왕)。"

177 이암(李巖), 『단군세기(檀君世紀)』, "三十五世檀君沙伐(삼십오세단군사벌)、在位六十八年(재위륙십팔년) … 戊午五十年(무오오십년)、帝遣將彦波弗哈(제견장언파불합)、平海上熊襲(평해상웅습)。"

갑인 38년(B.C.667)에 협야후(陜野侯: 마한 협야 땅의 제후) 배반명을 보내어 해적을 토벌하게 하셨다. 그해 12월에 삼도(三島: 일본을 구성하는 세 개의 섬 곧 큐슈·혼슈·시코쿠)를 완전히 평정하였다."[178] 같은 내용이 『태백일사』「삼한관경본기」'마한세가하'에도 기록되었다: "갑인(B.C.667)년에 협야후에게 명하여 전함 500척을 거느리고 해도(海島: 일본)를 쳐서 왜인(倭人)의 반란을 평정하였다."[179]

위의 역사 기록을 정리하면 다음과 같다. B.C. 2173년에 단군 3세 가륵에 저항하여 반란을 일으켰다가 참수를 당한 제후는 소시모리(素尸毛犂)였다. 그리고 B.C. 723년에 단군 35세 사벌의 명령을 따라 일본 큐슈 지방의 웅본성인 웅습을 평정한 고조선의 제후국 마한(馬韓)의 한 장수였던 언파불합(彦波弗合)은 소시모리의 후손이었다. 또한 B.C. 667년에 단군 36세 매륵의 명령을 따라 해적을 토벌한 고조선의 제후국 마한의 제후였던 협야후(陜野侯) 배반명은 언파불합의 아들이었다. 한편 협야노는 형인 배반명을 따라 왔다가 B.C. 660년에 고조선을 반역하여 혁명을 일으켜 일본열도를 평정한 후 초대 천황에 해당하는 진무천황(神武天皇, 재위 기간 B.C.660~B.C.585)이 되었다.[180] 그리고 고조선의 제후국 마한은 B.C. 8년

---

178 이암(李巖), 『단군세기(檀君世紀)』, "三十六世檀君買勒在位(삼십육세단군매륵재위) … 甲寅三十八年(갑인삼십팔년)、 遣陜野侯裵幣命(견협야후배반명)、 往討海上(왕토해상)、 十二月三島悉平(십이월삼도실평)。"

179 이맥(李陌), 『태백일사(太白逸史)』「삼한관경본기(三韓管境本紀)」'마한세가하(馬韓世家下),' "甲寅(갑인)、命陜野侯(명협야후)、率戰船五百艘(솔전선오백소)、往討海島(왕토해도)、定倭人之叛(정왜인지반)。"

180 『일본서기』에는 '배반명'과 진무천황을 따로 적고 있으므로 '배반명'과 진무천황은 다른

에 백제에 병합되면서 백제의 후손들이 대대로 일본 천황이 되었다.

『태백일사(太白逸史)』 「대진국본기(大震國本紀)」는 서부여 의려(依慮)왕의 아들 의라(依羅)가 선비족 모용외(慕容廆, A.D.269~333)의 침략을 피하여 무리 수천 명을 거느리고 바다를 건너 왜(倭)를 평정하고 왕이 되었다는 사실을 기록하고 있다.[181] 의라(依羅)가 『일본서기』에 나오는 오진천황(應神天皇, 재위 기간 A.D.270~310, 제15대)이다. 이때의 왕이 바로 일본 최초의 통일 왕조인 야마토 정권(大和時代, A.D.250~710)을 탄생시킨다. 그 이후 한반도에서 멸망한 북부여(A.D.494년)·가야(A.D.562년)·백제(A.D.660년)·고구려(A.D.668년)의 유민들이 일본열도로 건너가서 야마토 정권에 합류한다. 한편 덴지천황(天智天皇, 재위 기간 A.D.661~671, 제38대) 5년 겨울조(天智5年冬条)에 "백제인 남녀

사람이라고 결론 내릴 수 있다. 따라서 단군의 명령을 받은 마한의 제후 '배반명'은 일본열도에서 천왕을 참칭한 자가 아니라는 해석이 나온다. 그렇다면 진무는 누구인가? 바로 『일본서기』의 기록에 따르면 일본열도의 '일향국'(日向國)이라는 '이도국'(伊都國)을 근거지로 삼은 마한의 '협야노'임을 알 수 있다. 『단군세기(檀君世紀)』에 나오는 '언파불합'(彦波弗哈)은 B.C. 660년 일본 땅 왜(倭) 왕조의 시조가 된 진무(神武)의 아버지로서, 『일본서기』에서는 '언파렴무로자초즙불합존'(彦波瀲武鸕鷀草葺不合尊)이라고 불리며 통상 줄여서 '언파불합존'(彦波不合尊)이라고 부른다. 『일본서기』에 따르면 '도반명'이 마한의 협야후 '배반명'인데 이는 '도반명'이 '배반명'의 이두식 표기이기 때문이다. 그리고 일향국을 다스린 '신일본반여언존'(神日本磐余彦尊) 즉 '협야존'(狹野尊)은 진무천황이 된 '협야노'이다. "일본천황가 시조는 단군한국의 반란자 소시모리," https://m.blog.naver.com/silvino111/

181 이맥(李陌), 『태백일사(太白逸史)』 「대진국본기(大震國本紀)」, "依慮王(의려왕)、爲鮮卑所敗(위선비소패)、逃入海而不還(도입해이불환)、子弟走保北沃沮(자제주보북옥저)、明年子依羅立(명년자의라립)、自後慕容廆(자후모용외)、又復侵掠國人(우부침략국인)、依羅率衆數千(의라솔중수천)、越海遂定倭人爲王(월해수정왜인위왕)。" 〔본문 번역〕: "의려왕은 선비에게 패하여 바다로 도망간 뒤에 (죽어) 돌아오지 않았고, 자제들은 도망하여 북옥저를 확보한 후 이듬해 아들 의라가 즉위했다. 이렇게 된 후 모용외가 또 다시 나라 사람들을 침략하니, 의라는 무리 수천을 거느리고 바다를 건너가서 왜인을 평정하고 왕이 되었다."

2000여 명이 동국(東國)에 살았다. 스님과 속인을 가리지 않고 3년 동안 정부로부터 녹읍을 받았다"[182]는 기록이 있다. 또한 덴무천황(天武天皇, 재위기간 A.D.673~686, 제40대) 13년 5월조(天武13年5月条)에도 "귀화한 백제 스님과 속인 23명을 무사시국에 살게 했다"[183]는 기록이 있다. 한편 몬무천황(文武天皇) 원년(元年, 697년)부터 간무천황(桓武天皇) 연력(延暦) 10년(791년)까지 95년간의 역사를 기록한 『속일본기(續日本記)』에도 도쿄 일대인 관동(関東) 지방에 고구려인을 이주시켰다는 기록이 나온다. 즉 "고구려인 1799명을 무장국에 이주시키고, 이곳에 고구려군을 설치했다"[184]고 했다고 기록하고 있다.

현대 일본 역사책에서는 천황이 현재 나라현(奈良県)의 아스카 촌을 중심으로 일본을 다스리던 야마토 정권을 '야마토 시대'(大和時代, A.D.250~710) 혹은 '야마토 정권 확립시대'로 부른다. 야마토 정권은 자신들을 일본 최초의 토착민인 조몬족(縄文族)과 구분하여 '야마토 민족'(大和民族)으로 불렀다. 뿐만 아니라 '야마토 민족'(大和民族)이란 용어는 19세기 말에 이르러서 일본열도의 북부 토착민인 아이누족 등과 정치적·역사적·언어적 구분 및 민족적 구분을 위해 사용된 일본의 고유 민족개념이

---

182 도네리 친왕(舍人親王) 외, 『日本書紀』, 「天智5年冬条」, "男女二千余人を東国に住まわせた。百済の人々に対して、僧俗。を選ばず三年間、国費による食を賜った。"

183 도네리 친왕(舍人親王) 외, 『日本書紀』, 「天武13年5月条」, "天武十三年(六八五)五月、百済から帰化した僧尼俗人男女二十三人を武蔵においた。"

184 스가노 마미치(菅野真道) 외, 『續日本記』, "高麗人1799人を武蔵国(埼玉県) に遷して、「高麗郡」を置くと書かれています。"

다. 그런데 A.D. 710년 겐메이천황(元明天皇)이 평성경(平城京, 현재 나라현의 나라시)으로 천도하면서 '야마토 시대'는 끝나고 '나라 시대'로 넘어간다. 한편 일본의 한민족사 왜곡은 A.D. 660년에 백제가 멸망한 후, 일본의 원조(元朝)인 한반도와의 관계를 단절하여 부인하고, A.D. 670년에 '왜'(倭)라는 나라 이름을 '일본'으로 고치면서 시작되었다. A.D. 712년에 백제 사람인 안마려(安麻呂)가 저술한 『고사기』와 A.D. 720년에 백제의 왕족 덴무천황의 아들 사인친왕(舍人親王)이 저술한 『일본서기』는 일본 최고(最古)의 역사서이다. 하지만 이 두 책은 멸망당한 조국인 백제와의 고리를 끊고 일본 역사를 자생(自生) 왕조사로 변색하기 위해 집필되었다. 그리고 왜왕(倭王)을 천황(天皇)으로 호칭하게 된 것은 덴무천왕의 집권 말기 때부터이다.

천황의 유래는 초대 진무천황(神武天皇)이 B.C. 660년에 즉위함으로 시작되었다. 그 이후 일본 천황은 일본열도의 백제왕실 혈통이 장악하였다. 그런데 A.D. 11세기 이후 천황 정치가 쇠퇴하며 막부 쇼군 정치가 득세하게 되는데, 3대 막부 쇼군은 모두 신라혈통이다(A.D.935년 통일신라의 멸망). 막부(幕府)란 12세기에서 19세기까지 쇼군(장군: 將軍)을 중심으로 한 일본의 무사정권을 지칭하는 말이다. 첫 번째 막부는 가마쿠라(鎌倉幕府, 1192~1199년까지 통치), 두 번째 막부는 무로마치(室町幕府, 1336~1573년까지 통치), 세 번째 막부는 도쿠가와(徳川幕府, 1603~1867년까지 통치)였다. 그 후 정권이 천황에게 다시 넘겨짐으로 막부 정치시대는 막을 내렸다. 정동일 전 총영사는 2019년 7월 자신의 페이스북을 통해 다음과 같이 말했다.

일본은 (한민족과) 같은 동이족입니다. 야마토족은 일본열도의 한민족입니다. 일본 천황가는 일본열도의 백제왕가 혈통입니다. 100% 한반도 혈통입니다. 천황실은 잘 알고 있을 것입니다. 3대 막부 쇼군 50여 명도 90% 이상 신라혈통입니다. 사무라이? 신라무사입니다. 한일 양국 의학계 모두 일본인 DNA는 한국인과 가장 가깝다는 것을 확인했습니다. 한일관계는 근친관계입니다. 1592년 임진왜란 이전 일본의 발전 모델은 고구려·백제·신라입니다. 일본과 조선의 큰 차이는 1868년 메이지 유신, 미군정 7년(1945~1952) 개혁에서 차이가 났습니다. 미국과 유럽의 발전 비결을 모두 배워 서양화된 일본을 배우는 것이 중요합니다. 임진왜란(1592~1598)과 식민통치(1910~1945)만을 보면 안 됩니다. 고구려·백제·신라가 멸망 시 일본은 한반도에서 온 보트피플을 받아주고 땅과 관직까지 주었습니다. 백제가 멸망 시 일본열도 백제 천황은 400척의 군함과 2만여 병사를 보내 도와준 역사도 보아야 합니다. 오늘날 한미관계같이 서로 돕는 관계였습니다. (출처: 펜앤드마이크, http://www.pennmike.com)[185]

(2) **『신찬성씨록(新撰姓氏録)』**. 일본에서 A.D. 815년에 고대 일본의 성씨들을 모아 만든 책인 『신찬성씨록(新撰姓氏録)』을 보면 총 1,182씨의 계보가 실려 있다.[186] 그런데 일본의 지배층이자 황족 성씨 158개가 모두

185 http://www.pennmike.com/news/articleView.html?idxno=20757/

186 『신찬성씨록(新撰姓氏録)』은 평안시대(平安時代) 당시 도읍인 평안경(平安京)과 주변 수도권에 해당하는 기내(畿内) 5개 지역에 거주하는 1,182개의 씨족을 집성한 계보서이다. 8세기 말 간무천황(桓武天皇, 재위 기간 A.D.781~806년, 제50대 천황)의 칙명으로 편찬국을 설치하여 씨족지를 제출받아 815년에 완성되었다. (출처: 고현석 기자, 2020.11.22. 대학지성 In&Out ; http://www.unipress.co.kr).

백제계이다. 그 외에 고구려·신라·가야 성씨도 있다. 『신찬성씨록』의 전체 구성은 천황가의 후손임을 주장하는 씨족들을 '황별'(皇別)로 배치하고, 일본신화에 등장하는 신들의 후예 씨족들을 '신별'(神別)로, 외국계인 도래계 씨족의 후손들을 '제번'(諸蕃)으로 수록하였다. 그래서 '황별'(皇別) 335씨, '신별'(神別) 404씨, '제번'(諸蕃) 326씨 순으로 되어 있고, 기타 확정하기 어려운 씨족들은 「미정잡성(未定雜姓)」 117씨 등으로 분류하여 마지막에 수록하였다.[187] 이 책에서 새로 발굴한 한국계 씨족은 '제번'에서 100씨, 「미정잡성」에서 35씨, '황별'에서 12씨, '신별'에서 3씨 등 150씨이다. 이 중에서 백제계가 98씨로 압도적으로 많고 신라계가 39씨, 고구려계 11씨, 가야계 1씨, 고조선계 1씨이다. 새로운 발굴 씨족과 기존에 편재된 한국계 163씨를 합하면 모두 313씨로 『신찬성씨록』에 등재된 전체 씨족의 26%에 달한다.[188] 이 중에서 한반도에 위치한 본국의 왕을 뿌리로 하는 씨족은 백제가 근초고왕(近肖古王, 재위 기간 A.D.346~375) 등 29씨로 가장 많고, 고구려는 추모왕(鄒牟王, 동명성왕의 별칭, 재위 기간 B.C.37~B.C19)·호태왕(好太王, 광개토왕의 별칭, 재위 기간 A.D.391~413) 등 5씨, 가야국의 가실왕(嘉悉王, 재위 기간 ?~?) 등 4씨이다. 이들 대부분은 최초의 이주자로부터 적어도 5세대에서 10세대 이상 지난 후예들이고 완전히 일본 고대국가의 공민이 된 한국계 일본인이다. 백제계가 압도적으로

---

187 출처: 대학지성 In&Out http://www.unipress.co.kr.

188 연민수 역주 외, 『신찬성씨록(新撰姓氏錄)』 (서울: 동북아역사재단, 2020).

많은 것은 양국의 역사적인 인적 교류와 우호관계에 기인한다. 따라서 일본사는 한국사의 일부이자 연장선으로 보아야 한다.[189]

조정래 함안군 가야사 담당관이 『일본서기』의 천황과 임나일본부는 허구임을 밝히는 책인 『신찬성씨록을 통해 본 일본 고대 인물의 정체』를 출간했다. 조정래 씨는 『신찬성씨록』을 세밀히 분석해 『일본서기』에 등장하는 천황 상당수와 '임나일본부'(任那日本府)가 모두 허구임을 밝혀냈다. 조 씨가 적용한 방법론은 단순 명쾌했다. 천황을 비롯해 일본 고대사에 등장하는 중요 인물들이 모두 성씨가 있다는 데 착안한 것인데 한 사람이 여러 성씨의 시조는 될 수 있어도 한 성씨의 시조가 여러 사람일 수는 없다는 자명한 원리를 적용했다. 가령 C라는 성씨가 '황별'에도 있고 '제번'에도 있다면 등장인물의 이름이 다를지라도 한 성씨의 시조는 한 사람일 수밖에 없기 때문에 '황별'로 분류된 시조 D와 '제번'으로 분류된 시조 E가 동일 인물일 수밖에 없다. 또한 『고사기』나 『일본서기』 내에서도 F의 시조 G라는 인물이 기원전에 나오고 다시 F의 시조 H라는 인물이 3세기 또는 5세기에 나온다면 같은 성씨의 시조이기 때문에 이름이 달라도 G와 H도 동일 인물일 수밖에 없다. 그렇게 해서 밝혀낸 사실은 다음과 같다. 첫째, 천황 등 일본 고대 역사 서적에 등장하는 인물 대부분이 후대인에 의해 가공된 가짜 인물이라는 것이다. 『일본서기』는 위서(僞書)라는 전제를 두고 나온 일방적 주장이 아니라 역사적 사실

189 김영주, 『한민족의 뿌리와 단군조선사』, 103-104.

에 바탕을 둔 구체적 논증으로 이룩한 것이다. 둘째, 실존이 인정되는 일본 고대 인물은 모두 한반도에서 건너간 사람들이고 대부분이 근초고왕을 비롯한 백제계 왕가라는 것이다. 일본 천황이 한반도 남부를 지배한 것이 아니라 거꾸로 한반도의 왕이 왜를 지배했다는 것을 학술적으로 증명해낸 것이다.[190]

2) 일본의 한국 역사 왜곡. 일제는 왜 한민족 상고사를 말살하고 한민족 고대사를 왜곡했을까? 그 이유는 첫째, 한국을 일제의 영원한 속국으로 만들기 위해서였다. 둘째, 한국인을 천황의 신민(臣民)으로 만들기 위해서였다. 셋째, 한국인을 일본인보다 열등한 민족으로 만들기 위해서였다. 이러한 목적을 달성하기 위해 일제는 '조선사편수회'를 통해 조선사를 편찬하여 한국사를 조작하고, '일본민족의 북방기원설'과 '임나일본부설' 등을 주장하여 일제의 식민 지배를 정당화하였다. 이러한 목적에 따라 등장한 것이 바로 일본 사학자들에 의해 대두된 '삼국사기 초기 기록 불신론'이다. 그들은 고구려·백제·신라·가야의 역사를 기록한 『삼국사기』에서 A.D. 4세기 이전의 역사에 대해서 인정할 수 없다는 것이다. 그런데 심각한 문제는 지금도 한국강단사학자들이 일제의 식민사관을 그대로 답습하여 말살된 한민족 상고사를 신화로 취급하고 왜곡

190 조정래, 『신찬성씨록을 통해 본 일본 고대 인물의 정체』 (서울: 도서출판 피플파워, 2022).

된 한민족 고대사를 가르치고 있다는 것이다.

(1) **한민족 사서 수거령.** 1910년 10월 1일 한일병합이 되고 초대 총독 데라우치 마사타케(寺內正毅, 1852~1919)가 취임하자마자 전국적으로 한민족 상고사와 고대사 관련 사서들의 약탈에 착수하였다. 조선의 관습과 제도 조사라는 미명을 내세워 설립된 조선총독부취조국(朝鮮總督府取調局)은 1910년 11월 전국의 각 도·군 경찰서를 동원하여 그들이 지목한 불온서적의 일제 압수에 나섰다. 서울에서는 종로 일대의 서점을 샅샅이 뒤졌고 지방에서는 서점 및 유교 교육기관인 서원뿐만 아니라 가가호호를 뒤졌다. 다음 해 12월 말까지 1년 2개월 동안 계속된 제1차 전국 서적 색출에서 얼마나 압수했는지는 정확히 알 수 없다. 다만 조선총독부 관보를 근거로 판매 금지한 서적과 수거된 서적은 총 51종 20여만 권이라고 광복 후에 출간된 『군국일본조선 강점 36년사』[191]가 밝히고 있다. 일제는 당초 3년 동안 수색을 하면 그들이 없애고 싶은 서적은 모두 씨를 말릴 것으로 생각했다. 그러나 서적의 압수·소각 소식을 알게 된 소장자들이 깊이 감추는 바람에 생각했던 만큼 실적을 올리지 못했다. 3년은 고사하고 6년 동안이나 강압적인 서적 수색을 강행했으나 정보를 갖고 찾아가면 다른 사서류가 나왔다.[192] 한편 문헌이 풍부했던 문화의 나라 조선에서 얼마나 많은 서적들이 나왔던지 총독부 당국자들은

---

191 문정창, 『군국일본조선강점36년사(상·중·하 3책완)』 (서울: 백문당, 1966).

192 조선문화보급회(朝鮮文化普及會), 『조선대관(朝鮮大觀)』 (東京: 朝鮮文化普及會刊, 1938).

'1918년 말까지 오로지 사료의 수집에만 노력하였지만, 새롭게 발견된 것이 예상외로 많았다'고 실토하였다. 압수하고 불태우고 다시 수색하며 엄청난 인원과 비용을 들였지만 씨를 말리려던 당초의 목표를 달성하지 못하자 일제는 서적 수색을 계속 사업으로 연장하였던 것이다.

일제의 한민족 사료 수거 기간은 1910년 11월부터 1937년까지 27년간 계속되었다. 일제의 조선총독부가 고조선 등 우리의 역사를 왜곡하고 말살하기 위해 마련한 1938년 6월에 발행된 <조선사편수회사업개요(朝鮮史編修會事業槪要)>에는 1910년 11월부터 1년 2개월 동안 수거된 서적이 51종에 20여만 권, 그 뒤 1923년부터 1937년까지 15년 동안 차입한 사료가 4,950종이라 밝히고 있다. 이것을 통해 일제가 얼마나 많은 우리 사서를 압수하고 불태웠는지 알 수 있다. 일제는 고조선 등 한국사 관련 사료 등을 수집하기 위해 한반도는 물론 일본과 중국 및 만주에까지 찾아 돌아다녔다. 일본의 사학자이면서 평론가인 하라타 사카에루(原田榮)의 저서 『역사와 현대』(1981년 4월 25일 발행)에서 다음과 같이 폭로하였다: "1923년 7월 조선총독부 <조선사편찬위원회> 고문인 구로이다 가쓰미(黑板勝美) 동경제국대학 교수가 대마도에 사료 탐방을 하였을 때 한국과 관계가 있는 문서, 고기록 등이 대마도 번주(藩主: 영주) 家에 있는 것을 알고, 고문서류(古文書類) 66,469매, 고기록류(古記錄類) 3,576권, 고지도 34매, 두루마리 고화류(古畵類) 18점, 그림 53점 등을 은폐 또는 분서(焚書)했다. … 조선총독부가 1926년 12월부터 1938년 3월까지 사이에 조선에서 탈취한 수집사료 4,950책, 사진자료 4,511매, 문서기록·초상화·족자 등 4,513점에 달한다."[193] 일제의 우리 고사서 인멸은 고조선 등 한국사를 왜곡하고 말살하기 위한 전초작업이었던 것이다. 조선총독부 취조국은 고조선 등 한국사를 왜곡 편찬하는 데 필요한 일부 서적만 남기고 모두 불태웠다고 한다. 이처럼 일제는 주로 한민족의 개국(開國)을 기록한 고조선과 관련된 한민족 상고사의 정사(正史)는 조직적으로 철저하게 모두 인멸(湮滅)하였다. 다만 고조선과 단군왕검을 부정하는 사료만 남겨두었다. 그것이 고려시대에 집필된 『삼국사기』와 『삼국유사』가 오늘날까지 남아있는 이유이다.

일제의 조선 사료 강탈을 피하려던 상황에서 소실되는 경우도 종종 발생했다. 예를 들어 『삼국유사』보다 약 560년 전에 편찬된 『단기고사(檀奇古史)』는 발해를 건국한 대조영(大祚榮)의 아우 반안군왕(般安郡王) 대야발(大野勃)이 13년간에 걸친 저술 작업을 통하여 A.D. 728년에 편찬했다는 고조선의 역사서이다. 일제는 『단기고사』를 한권도 남김없이 철저히 압수했다. 『단기고사』가 보존 위기에 처하자 이윤규(李允珪)의 아들 이화사(李華史)는 『단기고사』의 등사본 일부를 단재 신채호에게 전달했다. 단재는 이 책을 중국에 가서 발간하려다가 여의치 못했다. 그 후 국내에 남아 있던 일부 등사본은 천만다행으로 보존되어 1949년 김두화(金斗和, 1884~1967)가 국한문으로 번역했다. 하지만 그 다음해 6.25 동란의 발발로 애석하게도 번역 원고가 소실되고 말았다. 그 후 1959년 정해박·이

193 "과거는 있으나 역사가 없는 일본" http://www.ko2ja.co.kr > japan_history > view/

종국·김재형 등 세 사람이 일부 남아 있던 자료를 근거로 하여 그해 10월 3일 개천절을 기하여 다시 『단기고사』를 복간했다.[194] 하지만 『단기고사』가 여러 차례의 수난을 겪어 오는 과정에서 원본의 압수 및 소실되고 사본도 흩어져 일부가 누락되어 복간할 당시 기억을 더듬어서 편찬할 수밖에 없었다. 그래서 『단기고사』는 한민족 상고사로서의 가치가 많이 떨어진다. 하지만 『단기고사』는 『환단고기(桓檀古記)』 및 『규원사화』와 함께 고조선의 역사를 기록하고 있는 민족사서(民族史書)인데, 고조선 시대에 관한 역사 연대기 면에서 『환단고기』와 별 차이가 없다.[195] 한편 한민족 상고사를 기록한 사서들에 대한 일제의 집요한 압수 수색에도 불구하고 오늘날까지 온전히 보존된 책은 『환단고기』와 『규원사화』뿐이다. 그런데 『환단고기』는 온갖 소멸의 위기를 극복하고 천 년간 보존되어 온 한민족 상고사에 관한 최고(最高)의 사서이다.

『환단고기』는 다섯 종류의 책을 합본으로 엮은 것인데, 『삼성기전상하편(三聖紀全上下篇)』·『단군세기(檀君世紀)』·『북부여기(北夫餘記)』·『태백일사(太白逸史)』로 구성되어 있다. 첫째, 『삼성기전상하편(三聖紀全上下篇)』. 『삼성기전상편』은 신라의 안함로(安含老, 579~640)가 편집한 책으로, 한민족사의

---

194 대야발(大野勃), 『단기고사(檀奇古史)』, 고동영 역 (서울: 흔뿌리, 1990). ; 대야발(大野勃), 『단기고사(檀奇古史)』, 정해박 역 (서울: 충북신보사, 1959).

195 『단기고사(檀奇古史)』는 대진국(大震國: 발해)에서 집필된 한민족 상고사이다. 대진국 초기 13년간이 걸려 저술된 책으로 고조선 2,000년 이상의 역사가 담겨져 있다. 『단기고사』는 『환단고기』 및 『규원사화』와 함께 고조선의 역사를 상세히 기록하고 있는 민족사서(民族史書)로서, 고조선시대에 관한 연대기 면에서 『환단고기』와 별 차이가 없다. 서희건, 『잃어버린 역사를 찾아서(제1권)』, 59-61.

맥을 바로 세우는 근간인 환국과 배달국에 대하여 언급하였다. 한편 환국과 배달국에 대해 『삼성기전상편』보다 더 세밀하게 기술한 『삼성기전하편』은 안함로와 동시대의 원동중(元董仲, ?~?)이 편집한 책으로 환국의 열두 나라 이름과 배달국의 18대 환웅천황의 이름 및 재위 연도까지 기록하였다. '환국'의 실존에 대해 『삼성기전상편』이 '오환건국최고'(吾桓建國最高, 우리 환님이 세운 나라가 가장 오래되었다)라고 선언한 것을, 『삼성기전하편』은 '석유환국'(昔有桓国: 옛날에 환국이 있었다)이란 언급으로 다시 그 역사성을 확인시켜준다. 그런데 『삼성기전상하편』은 수거령의 목록에 있는 책으로 『세조실록』에 기록되어 있다. 둘째, 『단군세기(檀君世紀)』. 『단군세기』는 고려의 행촌(杏村) 이암(李嵒, 1297~1364)이 편집한 책으로, 초대 단군인 '단군왕검'(檀君王儉)에서 마지막 47세 '고열가 단군'(高列加檀君)에 이르기까지 역대 단군의 이름과 재위 연수 및 업적 등을 연대기 형식으로 기술하여, 2,096년 동안의 고조선 역사를 전하였다. 1335년 이암은 이명(李茗)과 범장(範樟)을 만나 한민족사 회복을 위한 역사서 집필을 결의하였다. 이들은 소전(素佺)이라는 사람으로부터 석굴 속에 감춰져 있던 고서적들을 나누어 받았다. 그것은 인류 문명의 황금 시절이던 환단시대(환국–배달국–고조선)를 기록한 것이었다. 결국 이 저술들을 바탕으로, 이암은 『태백진훈(太白眞訓)』과 『단군세기』를, 이명은 『진역유기(震域留記)』를, 범장은 『북부여기(北夫餘記)』를 저술하였다. 셋째, 『북부여기(北夫餘記)』. 『북부여기』는 고려 말 범장(范樟)이 편집한 책으로, 고조선을 계승한 북부여를 전반적으로 기록한 역사서이다. 『북부여기』는 북부여의 건국 시조인 해모수 왕(解慕漱王)을 처음으로 밝혔다. 더욱이 고조선과 고구려 사이의 잃어버린 고리가 '북부여'(北夫餘)임을 알게 되었다. 고대 한국사에서 가장 파악하기 어려운 부분이 부여사(夫餘史)인데, 『북부여기』는 부여사 전모를 이해하는 데 결정적인 기여를 하였다. 고려 말 범장은 주권을 상실한 고려의 현실을 통탄하며 반드시 한민족사를 되찾기로 이암 및 이명과 더불어 굳게 결의하였다. 이 세 사람으로 인하여 고대 한국사 회복의 길이 열리게 되었다. 범장이 쓴 책은 『북부여기』 외에 『가섭원부여기(迦葉原夫餘記)』가 있다. 넷째, 『태백일사(太白逸史)』. 『태백일사』는 조선 초기 이맥(李陌, 1455~1528)이 편집한 책으로 상고시대 한민족사를 기록하였다. 『태백일사(太白逸史)』에서 '큰(太) 밝음(白)'을 뜻하는 '태백'은 동방 한민족을 가리키고, '일'(逸)은 '잃어버린' 혹은 '사라진'을 뜻한다. 따라서 『태백일사』는 '동방 한민족의 사라진 상고시대 역사'를 기록한 책이다. 급제하여 관직에 나간 이맥은 실록을 기록하는 찬수관(撰修官)이 되어 세조·예종·성종 때 전국에서 수거하여 궁궐 깊이 감춰 두었던 한민족 상고시대 역사서들을 접하게 되었다. 이맥은 이 금서(禁書)들을 정리하여 『태백일사』라는 이름을 붙였다.[196] 이맥은 『환단고기』에 실려 있는 『단

196 『태백일사』를 쓴 이맥의 발문(跋文: 책 말미에 본문 내용의 개요나 발간 경위를 밝힌 글)을 보면 저술하게 된 동기를 엿볼 수 있다: 「太白逸史跋(태백일사발)」, "歲甲子(세갑자)、余謫槐山(여적괴산)、處宜謹愼(처의근신)、頗爲無聊(파위무료)、乃取閱家藏陳篋(내취열가장진협)、其有可(기유가)、據於史傳者(거어사전자)、與夫平日聞諸古老者(여부평일문제고로자)、并擧採錄(병거채록)、而未成書(이미성서)、後一十六年庚辰(후일십육년경진)、余以撰修官(여이찬수관)、頗得內閣秘書而讀之(파득내각비서이독지)、乃按前稿而編次之(내안전고이편차지)、名曰太白逸史(명왈태백일사)、然敢不聞於世(연감불문어세)、秘

군세기』를 지은 고려시대 행촌 이암의 현손자(玄孫子: 손자의 손자)이다.

천년의 세월에 걸쳐 쓰인 다섯 권의 사서를 『환단고기』라는 책명으로 묶은 인물은 평안도 출신인 운초(雲樵) 계연수(桂延壽, 1864~1920)이다. 한일합병 일 년 후인 1911년 5월에 일제의 엄혹한 사서 수거령 때문에 묘향산 단굴암(檀窟庵)에 숨어서 자신이 보관해 오던 책과 지인들로부터 구한 책을 합본으로 엮어 편찬하였다. 한편 전라도 태생인 해학(海鶴) 이기(李沂, 1848~1909)는 『단군세기』를 쓴 행촌(杏村) 이암(李嵒, 1297~1364)과 『태백일사』를 쓴 이맥(李陌, 1455~1528)의 후손이었다. 이 때문에 이기는 한민족 상고사에 대해 해박한 지식을 쌓았다. 1897년에 이기의 문하생으로 들어간 계연수는 이암의 『태백진훈』과 『단군세기』, 이맥의 『태백일사』 등을 간행하였고, 1911년 스승 이기가 생전에 감수한 『환단고기』를 마침내 세상에 내놓았다. 그런데 1911년 계연수가 편찬한 『환단고기』 초간본 30권의 대다수는 일제에 의해 압수당했다. 계연수는 만주에서 독립운동을 하다가 1920년 일본인에게 피살되었다. 한편 이암과 이백의 후손인 평안도 출신 한암당(寒闇當) 이유립(李裕岦, 1907~1986)은 계연수를 통

藏之爲(비장지위)、不出戸外者(불출호외자)、一十堂主人書(일십당주인서)。" [본문 번역]: "갑자년(연산군 9년, 1504년)에 내가 귀양을 간 괴산의 유배지에서 근신하고 있었다. 너무 무료하여 집에 간직해 두었던 책 궤짝을 내다가 살펴보니, 그 중 사료(史料)로 상고할 만한 것이 있었다. 이것을 평소 옛 분들에게서 들은 것과 함께 추려서 기록하였으나 책이 되지는 못하였다. 그 후 16년이 지난 경진년(중종 15년, 1520년)에 내가 찬수관(撰修官: 책이나 문서를 저술하거나 편집하는 관리)이 되자 규장각(内閣: 왕실 서고)의 비서(秘書)들을 얻어 읽을 수 있었다. 마침내 예전의 원고와 비서들을 함께 다듬고 순서를 정해 편찬하여 태백일사(太白逸史)라 이름 지었다. 하지만 감히 세상에 알리지는 못하고 비밀리에 감춰 두어 외부 사람들에게 내놓지 못하였다."

하여 『환단고기』를 공부하였다. 1948년 이유립이 남하한 후 한문과 한민족사를 가르쳤는데, 그중 한 사람이 오형기(吳炯基)이다. 1949년 오형기는 이유립이 소장하고 있던 『환단고기』 초간본을 빌려가서 필사하였다. 이유립은 1976년 월간 ≪자유≫에 『환단고기』의 한민족 상고사를 기고하였다. 그런데 빈핍한 생활로 집세가 밀리자 집주인이 이유립의 책을 모두 팔아 『환단고기』 초간본도 사라졌지만, 다행히도 오형기의 『환단고기』 필사본이 있었다.

1979년 이유립 선생은 후일 출판을 목적으로 박창암 장군에게 『환단고기』 원고를 맡겼다. 극우 일본인 가지마 노보루(鹿島昇, 1925~2001)는 박창암 장군이 『환단고기』 원고를 가지고 있다는 사실을 알고 접근해 일본어로 번역 출판해 주겠다는 말로 속이고 원고를 넘겨받아 『환단고기』를 일본으로 가져갔다. 그로 인하여 『환단고기』를 접한 일본 사학계의 고고 키요히코(吾鄕清彦)가 1980년 11월에 출간한 『일본건국사』(日本建國史)에서 『환단고기』를 다음과 같이 평가하였다: "한국의 역사 고전으로 『삼국사기』, 『삼국유사』 밖에 알지 못했던 일본인들은 지금 여기서 새로운 고기(古記)를 알게 되면서 그것을 부상(浮上)시켜 연구하고 있다. … 이 책은 만주와 몽고(滿蒙)에서 중국 및 서역(西域)까지 비춰주는 주옥(珠玉)의 지보(至寶)인 것이다."[197] 한편 가지마는 『환단고기』를 3년여의 장기간 번역 작업하여 일본 역사의 관점으로 변조한 후 1982년 7월 『일본판

---

197 고고 키요히코(吾鄕清彦), 『일본건국사(日本建國史)』 (国書刊行会: 1980), 90.

환단고기』를 출간한다.[198] 가지마는 『일본판 환단고기』의 기록이야말로 일본의 민족사라고 주장하며 '아시아의 지보(至寶)'로까지 극찬했다. 일본에서는 『고사기(古事記)』와 『일본서기(日本書紀)』의 기록에 의해 '일본국의 기원은 B.C. 660년 초대 진무(神武)천황이 즉위하면서부터'라고 되어 있으며, '천황의 혈통은 B.C. 660년부터 한 번도 단절된 적 없이 이어온 만세일계(萬世一系)의 혈통'이라고 학생들에게 가르쳐왔었다.[199] 그런데 그는 『일본판 환단고기』를 근거로 일본의 국가 기원을 약 1,600여 년 앞당기기 위하여 『일본서기』의 기록을 부정하고 『일본판 환단고기』를 정사로 인정해야 한다고 주장하였다. 그에게 동조하여 일본에서는 자국의 국가 기원을 끌어올리기 위해 『일본판 환단고기』를 추천한 사람들이 많았다. 내각총리대신, 의회의원, 학자, 지방단체장, 종교단체장 등 무려 1,040명이 『일본판 환단고기』의 번역작업을 지원하고 추천했다. 현직 내각총리대신의 추천을 받아 『일본판 환단고기』를 '일본 국사화' 하였고, 의원들의 추천을 받아 '법적인 조치'를 취하였으며, 학자들의 추천을 받아 '학술적 지지'를 이끌어 냈다. 또한 아래의 한국 배부처(추천)들을 기록하여 『일본판 환단고기』를 한국에서도 시인한 것으로 근거를 남겼다: 가지마 노보루가 출간한 『일본판 환단고기』가 나왔을 때,

---

198 가지마 노보루(鹿島昇), 『환단고기: 실크로드 흥망사(桓檀古記: シルクロード興亡史)』(新國民社, 1982).

199 "『환단고기』는 가지마 노보루 등 극우 일본이 가공한 위서?" https://gdlsg.tistory.com/3557/

서울대학교 포함 32개 대학교 - 서울신문 등 6개 신문사 - 종교 및 민족 단체 12개 - 국회도서관 등 8개 - 개인 인사 23명 등 한국 내 거의 모든 대학과 언론사들과 국가기관들이 환영일색이었다. 그런데 1986년 임승국 교수(林承國, 1927~2001)가 변조된 『일본판 환단고기』의 오류를 바로잡아 『환단고기』 한글 번역판을 출판하자 한국강단사학자들은 그동안의 입장을 바꿔 『환단고기』를 일제히 위서로 매도하기 시작했으며 아직까지도 같은 입장을 견지하고 있다. 여하튼 이러한 일본의 상고사 변조 행위는 한민족 상고사를 기록한 『환단고기』를 위서(僞書)라고 우기는 한국강단사학자들과 대조를 이루고 있다. 일본은 한민족 상고사를 기록하고 있는 『환단고기』를 자국의 상고사로 변질시켜 유구한 역사로 만드는데 범국가적으로 힘쓰고 있는데, 한국강단사학자들은 현존하는 한민족 상고사마저 부정하고 있는 현실이다.[200]

1675년 조선시대에 '북애노인'(北崖老人)이라는 호로 저술된 『규원사화(揆園史話)』가 참고한 책은 고려 말의 이명(李茗)이 지은 『진역유기(震域遺記)』이다. 『규원사화』 서문에서 밝힌 것처럼 저자인 북애가 과거에 낙방한 후 3년간 전국 방방곡곡의 사적지를 다니다가 어느 산골짜기에서 우연히 『진역유기』를 입수하게 되었다. 이것이 계기가 되어 북애는 고향으로 돌아와 『진역유기』 등 43종의 사서들을 참고해 고조선 역사를 한평

---

200 https://www.skyedaily.com/news/news_view.html?ID=94805/ 성헌식, 2019.11.30. 『환단고기』로 국가기원을 앞당기고자 했던 일본.

생 연구하며 『규원사화』를 저술하였다. 『진역유기』는 고려 초 발해의 유민이 쓴 『조대기(朝代記)』를 토대로 한 것이기 때문에 『삼국유사』 보다 더 신뢰할 수 있는 역사서이다. 『조대기』가 실재했던 고기(古記)임이 『세조실록(世祖實錄)』을 통해서 확인되었으므로, 『진역유기』 역시 실재했음을 확신할 수 있다. 이암·범장과 함께 천보산(天寶山)의 태소암(太素庵)에 숨겨진 고서들을 보고 이명은 『진역유기』, 이암은 『단군세기』와 『태백진훈』, 범장은 『북부여기』를 각각 쓰게 되었다. 여기서 『단군세기』와 『북부여기』가 『환단고기』에 포함되어 있다는 사실은 『진역유기』를 근거로 하는 『규원사화』와 『환단고기』가 위서(僞書)가 아님을 입증해 준다. 한편 『규원사화』는 구한말과 광복 후 오늘날까지 한국민족주의사학자들에게 한민족 상고사에 대한 올바른 역사의식의 정립과 체계를 수립해 준 귀중한 사서이다. 특히 주목할 사실은 『규원사화』가 모화사상에 물든 조선시대 유학자들의 한민족 상고사에 대한 역사인식 체계를 바꿔 놓은 계기가 되었다는 것이다. 그런데 『규원사화』는 일제에 의한 한민족 사서 수거령이 엄중한 시기에 조선총독부에 의해서 탈취 및 소각되어 전부 사라지고 말았다. 그러나 다행히도 무애(无涯) 양주동(梁柱東, 1903~1977)이 감추어 두었던 소장본을 일제 강점기인 1940년 9월 남창(南滄) 손진태(孫晉泰, 1900~?)가 극비리에 필사하여 두었다가 광복 후 고려대학교 도서관과 서울대학교 도서관 및 국립중앙도서관에 각각 1부씩 기증했다. 하지만 현존하는 것은 국립중앙도서관에 소장된 필사본뿐이다. 애석하게도 『규원사화』는 오늘날 한국강단사학자들에게 정사로서 인정받지 못하고 있다.

오늘날 한국강단사학자들이 『환단고기』에 대하여 위서론(僞書論)을 주장하고 있는 상황에서 우대석은 국제뇌교육종합대학원대학교 국학연구원에서 2010년 "환단고기 위서론에 대한 비판적 고찰"을 썼다. 그는 논문의 국문초록에서 『환단고기』의 진서론(眞書論)을 주장하며 다음과 같은 견해를 피력했다.

> 『환단고기(桓檀古記)』는 1911년에 계연수가 편저하였다는 사서(史書)이다. 이 책에는 기존의 역사지식으로는 이해하기 쉽지 않은 내용이 포함되어 있다. 즉 기존의 학계가 우리 역사의 공간적 배경을 주로 한반도에 국한시키고 시간적 배경을 삼국시대부터 다루고 있는 반면, 이 책은 공간적 배경을 중국과 만주에 주로 두고 있고 시간적 배경을 단군조선시대를 넘어 배달국과 환국시대까지 두고 있다. 현재 학계에서는 『환단고기』의 진위 여부에 대해 첨예하게 논란 중에 있다. 위서론자(僞書論者)들은 『환단고기』에 보이는 몇몇 근대적 용어나, 일부 비과학적인 기록을 근거로 신뢰성이 떨어지는 책이라고 주장한다. 하지만 『환단고기』 기록에 나타나는 일식 및 여타 천문학적 기록과 근세에 발견된 유적, 유물에 근거한 『환단고기』 기록의 진실성(眞實性)은 이 책의 내용이 전부 위작이라고 보기에는 큰 무리가 따른다는 것을 경고하고 있는 듯하다. 위작론자들이 주장하는 그 일부 내용들은 다음과 같이 추측할 수 있다. 즉 옛날에는 인쇄 또는 출판기술이 부족했기 때문에 필사할 수밖에 없는데, 그러한 필사과정에서 일부 단어나 내용이 첨삭되었을 것이라는 추측이다. 따라서 극히 일부의 내용이 문제가 있다고 해서 『환단고기』 전

체 내용을 부정하는 것은 큰 오류를 범할 수 있으며, 진정한 학자의 자세가 아니라고 본다. 문제가 될 만한 내용은 내용대로 연구하고, 객관적으로 진실성이 높은 기록들은 전향적 자세로 깊이 연구해야 한다. 가뜩이나 사서(史書)의 절대 부족을 느끼는 작금의 현실에서 우리의 상고사를 밝혀줄 수 있는 『환단고기』 같은 책이 존재한다는 것에 감사해야 하는 것이 마땅하지 않을까! 『환단고기』를 구성하는 『삼성기(三聖紀)』는 『조선왕조실록』 수서령에도 포함된 책이다. 일본의 사학자인 가지마 노보루는 『환단고기』가 일본의 천황가의 뿌리를 밝혀줄 수 있는 귀한 책이라고 판단해서 1982년 일찌감치 일본어 번역본을 출판했다. 우리의 역사와 고유한 사상 등이 주변국, 즉 중국과 일본에 의해서 왜곡되었다는 것은 이미 상식이다. 잊혀진 우리의 역사와 한민족 고유의 전통사상을 밝혀줄 수 있는 책이 바로 『환단고기』라고 주장하는 학자들의 주장에 귀를 기울여야 한다. 그 길만이 우리의 진정한 역사와 고유한 사상 및 철학을 되찾을 수 있다고 본다.[201]

(2) 조선사편수회. 1910년 8월 29일 한국을 강제 병합한 일제는 1906년에 설치했던 통감부를 '조선총독부'로 바꾸고, 1910년 10월 1일 관보(官報)를 발행하기 시작했다. 조선총독부 '관보'를 근거로 무자비한 무단정치를 표방하는 초대총독 데라우치 마사타케(寺內正毅, 재임 기간 1910.10.01~1916.10.14)가 급진적으로 식민지 조선을 제압하여 일본에 복속시킬 생각을

201 우대석, "환단고기 위서론에 대한 비판적 고찰," 『仙道文化』, 제9권 (국제뇌교육종합대학원대학교 국학연구원, 2010), 93-94.

가지고 부임했다. 그래서 그는 한민족의 새로운 역사를 만들어 일제에 의한 한민족 식민 통치의 정당성을 합리화하기 위해 한국사 왜곡을 위한 '근거자료'로 『삼국사기』와 『삼국유사』 등 일부 사서를 남겨놓고, 총독부 취조국(取調局)에서 이들 사료에 대한 철저한 분석과 '왜곡편사계획'을 수립하였다. 또한 그는 취조국이 관장하던 업무를 1915년 중추원(中樞院)으로 이관하고, '편찬과'를 설치하여 『조선반도사(朝鮮半島史)』 편찬을 시도했다. 그런데 일제의 식민 통치에 대해 1919년 3.1운동을 통한 한민족의 거센 반발이 일어났다. 이로 인해 제2대 총독 하세가와 요시미치(長谷川好道, 재임 기간 1916.10.14~1919.08.12)가 사임했다. 그리고 무자비한 무단정치로 한민족을 제압할 수 없음을 인식한 일제는 식민통치의 방향을 무단정치에서 문화정치로 바꿀 수밖에 없었다. 그래서 부드러운 문화정치를 표방하는 제3대 총독 사이토 마코토(齋藤實, 재임 기간 1919.08.13~1927.12.10)가 점진적으로 식민지 조선을 일본의 한 부분으로 동화시킬 생각을 가지고 부임했다. 이런 목적으로 총독 사이토는 조선사 편찬을 위하여 현재 가치로 무려 수백억 원에 달하는 100만 엔이라는 거액의 사업비를 투자하였다. 그래서 조선총독부는 1922년 조선총독부 부설로 '조선사편찬위원회'를 조직해 원칙과 작업내용을 구상하였다. 그리고 1925년 편찬 실무를 담당할 '조선사편수회'(朝鮮史編修會)를 출범시켜 16년의 작업 끝에 1938년 식민사관에 근거하여 삼국시대부터 1894년 조선시대(고종31년)까지의 한국 역사를 2만4111쪽 분량 『조선사(朝鮮史)』 35권으로 1938년 전질이 간행되었다.[202]

‘조선사편수회’에 의해 편찬된 새로운 한국사인 『조선사(朝鮮史)』는 ‘황국사관’(皇国史観)에 근거한 ‘식민사관’(植民史觀)을 목적으로 하였다. ‘황국사관’이란 천황숭배의 정당성을 뒷받침해 주는 역사관이며, ‘식민사관’이란 식민지배의 정당성을 뒷받침해 주는 역사관이다. 그리고 ‘황국사관’과 ‘식민사관’을 이어주는 이론으로, 『조선사(朝鮮史)』를 통해 한국과 일본은 동일한 조상을 뿌리로 한다는 ‘내선동조동근론’(內鮮同祖同根論)을 주장하였다. 가나자와 쇼자부로(金沢庄三郎, 1872~1967)는 1929년 『일선동조론(日鮮同祖論)』[203]을 출간해 ‘내선동조동근론’에 대한 학문적 토대를 확립했다. 그리고 ‘내선동조동근론’은 1937년 일제가 조선인에게 대동아전쟁 협력 강요를 위해 취한 정책인 ‘내선일체’(內鮮一體)의 이론적 근거가 된다. 여기서 ‘내’(內)라 함은 일본을 가리키는 ‘내지’(內地)의 첫 자이며, ‘선’(鮮)이란 조선을 가리키는 말로, 일본과 조선이 일체라는 뜻이다.

첫째, ‘황국사관’에 기초하여 1937년 10월에 「황국신민서사(皇國臣民誓詞)」가 일제에 의해 제정되었다. 「황국신민서사」는 황국신민화 정책의 일환으로 조선총독부가 제정한 맹세이다. 요지는 황국 백성으로 마음을 다하여 천황에게 충성한다는 일종의 천황에 대한 신앙고백서인 셈이다. 이 신앙고백은 신사참배의 강요로 이어졌다. 즉 신도(神道)의 가장 큰 신

---

202 조선총독부조선사편수회편(朝鮮総督府朝鮮史編修会編), 『조선사편수회사업개요(朝鮮史編修會事業概要)』 (朝鮮總督府朝鮮史編修會, 1938).

203 가나자와 쇼자부로(金沢庄三郎), 『일선동조론(日鮮同祖論)』 (刀江書院, 1929年).

(大神)은 태양여신 '아마테라스오미카'(天照大神)이다. '아마테라스오미카'는 일본 황실의 조상이며 일본 천황은 그 직계 후손이다. 그러므로 일본 천황은 인간의 모습으로 세상에 나타난 현인신(現人神)이기 때문에 숭배해야 한다는 것이다.

둘째, '식민사관'에 기초하여 조선인은 열등하고 일본인은 우수함으로 조선은 일본의 지배를 받아야 한다는 '일본민족의 북방기원설' 즉 '북방문화론'을 일제가 주장하였다. '북방문화론'은 일본인의 기원이 한반도를 넘어 북방 만주라고 보는 이론이다. 즉 자신들이 침략해야 할 땅은 원래 일본인의 기원지이기 때문에 침략이 아니라 고토 회복이라는 식민지배의 정당성을 주장했다. 일본은 자신들을 중원대륙에서 내려온 '천손민족'(天孫民族)이라고 자처했다. 한국을 식민지로 만든 건 곧 자신들의 '고향'을 되찾는 일이었다. 당시 대표적인 인류고고학자는 도쿄대의 도리이 류조(鳥居龍藏, 1870~1953)였다.[204] 1910년 한일병합 후, 1911년 조선총독부는 도리이에게 인류학·민속학·고고학 등의 조사를 의뢰하였다. 일본 제국주의 신봉자였던 도리이는 1920년대 러시아 혁명의 혼란을 틈타 일본군이 시베리아를 침략했을 때, '시베리아 출병은 인류학·인종학·고고학에 대해 지대한 기여를 했다'며 감격해 할 정도였다. 도리이는 중국과 만주 및 한반도 각 지역의 원주민을 조사하여 열등한 집단과

---

204 나카조노 에이스케(中薗英助), 『도리이 류조 장전-아시아를 답파한 인류학자(鳥居龍蔵伝-アジアを踏破した人類学者)』 (岩波書店, 1995). ; 『도리이 류조 전집(鳥居龍蔵全集)』, 全12巻 (朝日新聞, 1975~1977).

우등한 집단을 구분하고, 우등한 집단에서 일본인의 기원을 찾고자 했다.[205]

이러한 식민사관에 입각하여 일제는 『일본서기』를 기준으로, 한민족 상고사를 말살하고 한민족 고대사를 왜곡해야만 했다. 그래서 일제는 한민족 상고사를 말살하기 위해 '석유환인'(昔有桓因)을 주장했고, 한민족 고대사를 왜곡하여 '임나일본부'(任那日本府)를 주장하였다.

첫째, 일제의 '석유환인'(昔有桓因) 주장. 특히 한민족 상고사를 송두리째 뿌리 뽑는데 이용된 네 글자는 '석유환인'(昔有桓因)이다. '조선사편수회'에서 16년 동안 조선사 왜곡에 누구보다 앞장선 중심인물이 바로 이마니시 류(今西龍, 1875~1932)였다. 그는 1921년 '단군고'(檀君考)라는 단군신화설을 만들어 그의 모교인 교토제국대학(京都帝國大學)에서 ≪조선고사의 연구(朝鮮古史の硏究)≫[206]라는 논문으로 박사학위를 받았다. 이렇듯 이마니시 류는 단군신화설을 조작한 장본인이다.[207] 뿐만 아니라 이마니시 류는 1921년에 『삼국유사』 「정덕본」에서 '국'(国) 자를 '인'(因) 자로 변조시켜 '석유환인'(昔有桓因)으로 만들어 이를 『삼국유사』 「교토제국대학 영인본(京都帝國大學 影印本)」이라는 이름으로 학계에 배포했다.[208] 즉 그는 일본인 어용사학자들과 함께 『삼국유사』 「고조선조(古朝鮮條)」에 적힌 '옛

---

205 https://www.hani.co.kr/arti/PRINT/902476.html/
경희대 사학과 강인욱 교수, 2010.07.19. "일본민족의 북방기원설."

206 이마니시 류(今西龍), 『조선고사의 연구(朝鮮古史の硏究)』 (近沢書店, 1937).

207 서희건, 『잃어버린 역사를 찾아서(제1권)』, 150.

208 일연(一然), 『삼국유사(三國遺事)』 5巻5册 (京都: 京都帝國大學文學部刊, 1926, 影印版).

날에 환국이 있었다'란 뜻을 지닌 '석유환국'(昔有桓国)의 '국'(国) 자를 모양이 비슷한 '인'(因) 자로 변조시켰던 것이다. 한편 1904년 동경제국대학은 「정덕본」을 저본으로 한 『삼국유사』를 출판했다.[209] 당연히 이 책에는 '석유환국'(昔有桓國)으로 되어 있었다. 이렇게 '환국'(桓国)이라는 나라를 없애버림으로써, 일제는 『일본서기』에 기록된 일본의 건국년도인 B.C. 660년보다 훨씬 이전에 건국된 환국과 배달국 및 고조선을 허구의 나라로 만들어버렸다. '석유환국'(昔有桓国)에 추가된 "위제석야"(謂帝釋也: 불교의 제석을 의미한다)라는 일연의 잘못된 주석을 이용하여 환국(桓國)을 신화의 역사로 부정한 것에 대해 이마니시 류는 '자신은 일연(一然, 1206~1289)의 기록을 따랐을 뿐'이라고 변명하였다. 한편 조선사편수회에 반강제적으로 참여했던 육당(六堂) 최남선(崔南善, 1890~1957)[210]은 조선사편수회의 제6회 위원회가 열린 1932년 7월 21일에 회의석상에서 『삼국유사』 「정덕본(正德本)」에 있는 '석유환국'(昔有桓國)을 '석유환인'(昔有桓因)으로 바뀐 것을 지적했지만, 아무 소용이 없었다.[211] 현재 대한민국의 시중에 나와 있는 대부분의 『삼국유사』는 이마니시 류가 왜곡한 '환인'을 따르고 있다. 그런데 '석유환국'(昔有桓國)에 대한 역사적 진실을 밝혀주는 유일한 사서가 바로 『환단고기(桓檀古記)』이다. 『환단고기(桓檀古記)』 「삼성기전하편(三

---

209 일연(一然), 『삼국유사(三國遺事)』 坪井九馬三, 日下寛 校訂 (東京: 東京帝國大學文學部刊, 1904).

210 서희건, 『잃어버린 역사를 찾아서(제1권)』, 23-24.

211 서희건, 『잃어버린 역사를 찾아서(제1권)』, 33-47.

聖紀全下篇)」에 "옛날에 환국이 있어 백성들은 부유하고 수효도 많았다"[212]라고 기술하여 '옛날에 환국이 있었다'는 '석유환국'(昔有桓國)을 언급하였다. 뿐만 아니라 『환단고기(桓檀古記)』「삼성기전상편(三聖紀全上篇)」에서 "우리 환인이 세운 나라가 가장 오래되었다. … 이 나라를 환국이라 한다. 이때부터 환인씨를 천제라 일컬었는데 일명 안파견이라고도 칭한다"[213]라는 기록이 '환국'의 역사성을 증명해 주고 있다.

둘째, 일제의 '임나일본부'(任那日本府) 주장. '임나일본부설'(任那日本府說)은 『일본서기(日本書紀)』에 근거하여 한민족의 역사를 일본의 식민지사로 변조하였다. 즉 '임나일본부설'은 일본 야마토 정권의 진구황후(神功皇后)가 한반도의 고구려·백제·신라·가야를 정벌하고, 특히 한반도 남부지역의 가야에는 '임나일본부'(任那日本府)라는 기관을 두어 A.D. 369～562년까지 200년간 식민통치하였다는 '남선경영론'(南鮮經營論)이다.[214] 따라서 '남선경영론'은 일본이 조선을 침략하여 지배하는 것이 정당하다란 논리를 제공하였다. '남선경영론'의 논리에 따라 1905년 일본이 조선의 외교권을 박탈한 '을사조약'(乙巳條約)과 1907년 일본이 조선의 사법권을

212 원동중(元董仲), 『삼성기전하편(三聖紀全下篇)』, "昔有桓國(석유환국)、衆富且庶焉(중부차서언)。"

213 안함로(安含老), 『삼성기전상편(三聖紀全上篇)』, "吾桓建國最古(오환건국최고) … 謂之桓國(위지환국)。是謂天帝桓因氏(시위천제환인씨)、亦稱安巴堅也(역칭안파견야)。"

214 도네리 친왕(舍人親王) 외, 『일본서기(日本書紀)』 진구황후 섭정 49년(249년), "卌九年春三月(49년춘삼월) … 擊新羅而破之(격신라이파지)。因以(인이)、平定(평정) … 加羅七國(가라칠국)。" [본문 번역]: "49년 봄 3월 … 신라를 격파하였다. 그리하여 … 가라(가야)의 7국을 평정하였다."

박탈한 '정미7조약'(丁未七條約), 그리고 마침내 1910년 일본이 조선의 행정권을 박탈한 '한일병합조약'(韓日併合條約)으로 조선은 멸망하고 말았다. '임나일본부설'을 강력히 주장했던 사람은 조선총독부 조선사편수회 간사로 『조선사』 편찬을 주도했고 경성제국대학 교수였던 스에마쓰 야스카즈(末松保和, 1904~1992)이다.[215] 그는 일제가 멸망한 후에도 대일본제국은 조선을 다시 점령할 것이라면서 『임나흥망사』(任那 興亡史, 1949년)[216]를 출간했다. 흥미로운 사실은 일제식민사학자였던 쓰다 소키치(津田左右吉, 1873~1961)가 임나의 강역을 김해로 한정한 데 비해, 이마니시 류(今西龍, 1875~1932)는 임나의 강역을 경상북도 고령까지 확장시켰고, 스에마쓰 야스카즈는 임나의 강역을 경상도와 전라도까지 확장시켰다.[217] 이러한 '임나일본부설'에 대한 일제식민사학자들의 억지 주장은 『일본서기(日本書紀)』의 기록 외에는 역사적·고고학적 근거를 제시할 수 없다. 먼저 '임나일본부설'은 역사적 사실에 근거하고 있지 않다. 『삼국사기』와 『삼국

---

215 〈동아일보 일본판 2015년 4월 10일자 스에마쓰 야스카즈 교수의 '임나일본부설'에 대한 해설〉. "「任那日本府説」とは、4~6世紀に倭が韓半島南部の任那(金官伽倻)、に統治機構を設置して治めたという学説だ。8世紀の日本の歴史書「日本書紀」によると、神功皇后が369年に任那を占領して実質統治し、562年に新羅によって滅亡したということだ。京城帝国大学の歴史学者、末松保和が主張し、植民地支配の歴史的正当性を与える役割をした。" [본문 번역]: "임나일본부설이란, 4~6세기에 왜(倭)가 한반도 남부의 임나(금관가야)에 통치 기구를 설치해 다스렸다는 학설이다. 8세기의 일본의 역사서인 『일본서기』에 의하면, 진구황후가 369년에 임나를 점령해 실질 통치하다가 562년에 신라에 의해 멸망했다는 것이다. 이것은 경성제국대학의 역사학자 스에마쓰 야스카즈가 주장한 것으로, 식민통치에 역사적 정당성을 부여하는 역할을 했다."

216 스에마쓰 야스카즈(末松保和), 『임나흥망사(任那 興亡史)』 (大八洲出版, 1949).

217 이덕일, 『우리 안의 식민사관』, 42-49.

유사』에는 '임나일본부'에 대한 언급이 전혀 없다. '임나일본부설'의 근거는 거짓과 왜곡이 심한 『일본서기』에만 의존하고 있다. 이러한 연유로 일본 사학자들은 '삼국사기 초기 기록 불신론'을 주장하고 나섰다. 즉 그들은 고구려·백제·신라·가야의 역사를 기록한 『삼국사기』에서 A.D. 4세기 이전의 역사에 대해 인정할 수 없다는 것이다. 이처럼 '삼국사기 초기 기록 불신론'은 '임나일본부설'을 뒷받침하기 위한 것이다. 그리고 '임나일본부설'은 고고학적 유적과 유물에 근거하고 있지 않다. 『일본서기』에 근거해서 '임나일본부설'을 입증하기 위해 혈안이 된 일본 사학자들은 한반도에서 일본열도계의 유물과 유적을 발견하기 위해 일제 강점기 수십 년간 노력했지만 전혀 성과를 거두지 못했다. 일본 사학자 모리 코이치(林浩一)는 "한반도에서 일본열도계의 유물 유적이 거의 나타나지 않는 반면에 일본에서는 수만 점의 한반도계 유물 유적이 발견되어 있다"고 토로할 정도이다.[218]

『일본서기』에 기록된 '임나일본부설'을 고고학적으로 반증(反證)한 대표적 인물은 미국의 동양미술사학자 존 카터 코벨(Jon Carter Covell, 1910~1996)이다. 그녀의 대표적 저술인 『부여기마족과 왜(倭), 1981』(*Korea's Cultural Roots*, 1981)[219]에서 "고고학은 군국주의자들에게 매우 위험천만한 학문이 아닐 수 없다(35쪽). … 고고학은 실로 무서운 것이다. 역사는 종종

218 김영주, 『한민족의 뿌리와 단군조선사』, 105.

219 Jon Carter Covell, 『부여기마족과 왜(倭)』, 김유경 역 (서울: 글을읽다, 2006).

지배자들에게 야합하는 날조된 기록을 남긴다. 반면 고고학은 단지 있는 그대로의 유물만을 남기고 여기서 결론이 도출되는 것이다(37쪽)"라고 하여 날조된 역사가 고고학적 진실을 이길 수 없다고 확언했다. 존 카터 코벨은 미국 오벌린대학을 나와 서구학자로서는 처음으로 1941년 미국 컬럼비아대학에서 일본미술사 연구로 박사학위를 받은 백인 최초의 일본학 박사이다. 그녀는 일본문화와 미술에 관해 16권의 저작을 남겼다. 또한 그녀는 일본에서 오랫동안 선(禪)미술을 연구했고 1959년부터 1978년까지 캘리포니아주립대학과 하와이주립대학에서 한국미술사를 포함한 동양미술사를 가르쳤다. 그러던 코벨 박사가 일본문화를 연구하다가 그 근원이 한국문화에 있음을 알게 되었다. 일본미술사 분야의 거장을 꿈꾸던 코벨 박사는 일본에서 발굴되는 고대 유물의 대부분이 한국 땅에 뿌리를 두었다는 '고대사의 진실'을 알게 되면서 한국미술사 연구에 집중하게 되었고 일본의 고대유물에 남아있는 한국의 흔적들을 찾아냈던 것이다. 그녀는 고고학적 유물을 통하여 한국과 일본의 고대문화사를 연구하면서 한국문화가 어떻게 일본문화의 근원이 되었고 고대부터 조선시대까지 어떻게 일본에 도움을 주었는지 밝혀냈다.

그녀의 책 『부여기마족과 왜(倭), 2006』에서 "일본 사가들은 A.D. 369년 가야 부여족의 왜 정벌 이래 A.D. 700년까지 한국이 정치적, 문화적으로 일본을 전적으로 지배했다는 사실을 완전히 감춰버렸다(313쪽)"고 했다. 그리고 "일본은 거짓말과 날조를 통해 한국인에게 문화적 대량학살을 감행했다. 그러나 진실은 일본이 초기 역사부터 A.D. 8세기에 이르도록 (문화에 있어서는) 한국이 떠주는 음식을 받아먹고 자란 어린아이였다는 것이다. (일본인은) 정말 배은망덕한 사람들이다(314쪽)"라고 하며 일본의 역사왜곡을 비판했다. 코벨 박사의 연구는 한일 간 역사전쟁의 한복판을 관통하는 한일 고대사 분야에서 일본이 한국으로부터 문화를 전수받았다는 사실을 은폐하고 있을 뿐 아니라 오히려 '임나일본부설'을 통해 자신들이 한국을 지배했었다는 일본의 역사 왜곡을 다음과 같이 적나라하게 드러내었다: "진구(神功皇后)가 한국을 정복했다는 (『일본서기』의) 기록은 물론 완전히 뒤집혀져 날조된 것이다. 사실은 그 반대로 부여기마족이 배를 타고 바다를 건너가 먼저 규슈(九州)를 정복하고 이어 서부 혼슈(本州)를 점령, 지금의 오사카-나라 일대 야마토 평원에 수도를 건설했다(32쪽)." 코벨 박사는 1978년부터 1986년까지 말년을 한국에 머물며 한국문화를 탐색하는 1천 4백여 편의 글을 남겼다. 『부여기마족과 왜(倭), 2006』는 부여족의 야마토 정벌과 왕권장악 그리고 일본에 남아있는 한국문화와 일본에 끼친 한국의 영향력 및 일본의 역사왜곡을 학문적으로 밝히는 62편의 글을 수록했다.

3) 한국의 일제식민사관. 대한민국에 국사 관련 국책기관으로는 「국사편찬위원회」·「한국학중앙연구원」·「동북아역사제단」이 있다. 이 기관들이 한 해에 쓰는 국민 세금만 1,000억 원을 넘는다. 방계 예산까지 따지면 수천억 원이 될 것이다. 이 기관 중 하나만 제 역할을 했어도 일본의 역사 침탈은 이미 종식되었을 것이고, 국내 식민사학도 자취를 감

쳤을 것이다. 안타깝게도 이 기관들 모두 한국강단사학계가 장악하여 일본식민사관을 추종하고 있는 실정이다. 지금까지도 조선사편수회의 주장을 한국강단사학계가 그대로 답습하여 한민족 상고사를 말살하고 한민족 고대사를 왜곡시키고 있는 것이다. 해방 후 한국강단사학계를 주도한 대표적 역사학자는 두계(斗溪) 이병도(李丙燾, 1896~1989)이다.[220] 그는 조선총독부 직속의 조선사편수회 간사로 활동하며, 한민족 상고사를 말살하고 한민족 고대사를 왜곡시키는 데 앞장섰다. 해방 후 조선사편수회 출신들이 한국역사학계를 장악하고 '일제식민사관'을 정설(定說)로 받아들였다.[221] 한국역사학계를 장악한 한국강단사학자들에 의해 집필된 국사교과서는 조선사편수회의 주장대로 말살된 한민족 상고사와 왜곡된 한민족 고대사를 지금도 답습하고 있는 것이다. 여기에 김교헌·이상룡·박은식·이시영·신채호 같은 독립운동가들이 주창한 '한국민족사관'이 '일제식민사관'을 추종하는 한국강단사학자들에 의해 '한국재야사학자들'로 일컬어지며 사이비 취급을 받고 있다.

1919년 일본 와세다대학 사학과를 졸업한 이병도, 1927년 와세다대

---

220 이병도에게 학문적 영향을 준 일본사학자는 당시 교수였던 요시다 도고(吉田東伍, 1864~1918)와 쓰다 소키치(津田左右吉, 1873~1961)였으며, 이케우치 히로시(池内宏, 1879~1952)로부터는 훗날까지 상당한 도움을 받았다. 이병도는 자신의 생애에 가장 큰 영향을 준 사람으로 요시다를 꼽았다. 이병도가 서양사를 전공하려다가 한국사로 방향을 바꾼 계기는 요시다가 쓴 『일한고사단(日韓古史斷)』에 의해서였다. 요시다는 일제의 조선 국권 강탈 이전부터 식민사학을 준비하는데 결정적 역할을 하였던 인물이다. https://m.blog.naver.com/gnbone/222689999080/

221 이덕일, 『우리 안의 식민사관』, 7-19.

학 사학과를 졸업한 손진태(孫晉泰, 1900~1960)는 대표적인 일제식민사학자인 쓰다 소키치(津田左右吉, 1873~1961)로부터 식민사관을 전수받은 1세대 한국식민사학자들이다. 특히 한국국사학계의 태두로 불리는 이병도는 국내 최초의 대학 출신 역사학자가 되었다. 그는 와세다대학에서 쓰다 소키치 교수와 이케우치 히로시 교수에게 일제식민사학을 배웠다. 이병도는 1982년 4월 「광장」지에서 와세다대학 재학시절 일본인 스승들에 대해서 이렇게 회고했다.[222]

> 대학 3학년 때의 강사(그 후에는 교수)인 쓰다 죠오끼지(津田左右吉: 쓰다 소키치) 씨와 또 그의 친구인 이께우찌 히로시(池内宏, 동경대 조선사교수: 이케우치 히로시) 씨의 사랑을 받아 졸업 후에도 이 두 분이 자기들의 논문이나 저서들을 보내 주어 내 연구에 많은 도움이 되었어요. 원래 남의 논문이나 저서를 많이 보아야 연구방법이나 학식의 향상을 보게 되는데 그 당시 일본학계의 최첨단을 걷는 이 분들의 논문이나 저서들을 통하여 많은 영향을 받았습니다. 일본인이지만 매우 존경할만한 인격자였고, 그 연구방법이 실증적이고 비판적인 만큼 날카로운 점이 많았습니다.

그런데 쓰다 소키치는 '『삼국사기』 초기 기록 불신론'을 주창하였고 '임나일본부설'을 역사적 사실로 인정했다. 서강대 총장을 지낸 이종욱 前 서강대 석좌교수는 '이병도와 손진태의 학맥을 잇는 서울대학파는

222 ≪광장≫ 1982년 4월호.

일제식민사학자 쓰다 소키치를 추종하는 폐쇄적인 집단'이라고 비판하였다. 현재 모든 학교의 교과서와 교재, 그리고 강단사학의 논문은 조선총독부 조선사편수회가 한국사를 왜곡 날조해 세상에 내놓은 『조선사 35권』을 바탕으로 쓰인 것들이다.[223]

이병도와 손진태가 서울대학교 국사학과에 조선총독부의 식민사관을 이식할 수 있었던 것은 반민족행위자 처벌이라는 친일 잔재 청산이 무산됐기 때문이다. 손진태는 1950년 6.25전쟁 때 납북됐다. 그리고 일본의 충직한 신민을 양성한 경성제국대학의 후신인 서울대학교는 해방 후부터 일제 조선총독부의 식민사관 전파의 소굴이 됐다. 일제식민사학의 적통인 서울대학교 국사학과 출신으로 4세대 식민사학을 대표하는 자가 소위 '대한민국 최초의 고조선 1호 박사'라는 타이틀을 가진 송호정(1963~)이다. 그는 단군을 신화적 존재로 여겨 한민족 상고사를 부인한 『단군, 만들어진 신화』[224]를 저술하였다. 한편 일제식민사학 전파에 온 힘을 다한 1세대 식민사학자 이병도 · 신석호(申奭鎬, 1904~1981, 경성제국대학 사학과 졸업, 조선사편수회 회원) · 손진태 등을 필두로 한 그들의 추종 사학자들은 대한민국의 대학 강단과 국사편찬위원회 등 역사 관련 기관을 장악하여 일제식민사학을 비판하거나 받아들이지 않는 사학자들을 퇴출시켰다. 그 대표적인 예가 바로 『역사의 오솔길을 가면서』[225]의 저자 김용섭

223 https://gdlsg.tistory.com/3410/

224 송호정, 『단군, 만들어진 신화』 (서울: 산처럼, 2004).

225 김용섭, 『역사의 오솔길을 가면서』 (서울: 지식산업사, 2011).

(1931~2020) 교수이다. 그는 1955년 서울대 국사학과를 졸업하고, 고려대에서 석사, 연세대에서 박사학위를 받고 1967년부터 1975년까지 서울대 국사학과 교수로 재직했다. 일제식민사학 청산을 주장한 김용섭 교수는 일제식민사학을 추종하는 주류 강단사학자들에게 눈엣가시 같은 존재였으며 기득권 주류 강단사학자들에 의해 비주류로 낙인찍혔다. 결국 주류 강단사학자들은 그를 압박하여 어쩔 수 없이 서울대를 떠나게 만들었다.[226]

226 https://gdlsg.tistory.com/3410/

Ⅲ

한민족 상고사의 성경적 고찰

논문의 본 단원에서 본 연구자가 『환단고기에서 발견한 성경에 계시된 하나님』을 쓰게 된 결정적 동기를 설명하고자 한다. 본 연구자는 먼저 하나님의 천지 창조를 믿는 창조론과 자연 진화를 주장하는 사이비 과학이론인 진화론의 거짓성을 드러내기 위하여 사회과학 이론들을 연구하였다. 진화론에 근거하여 종교가 원시종교에서 고등종교로 진화하였다는 '종교 진화론'의 주장이 거짓됨을 고고학과 인류 문화사 및 민속학 등이 증거하였다. 이들 증거들은 인류 창조 초기부터 인격적 하느님을 믿는 고등종교가 존재했음을 입증하고 있다. 흔히 고등종교에는 유대교와 기독교뿐만 아니라 힌두교·불교·유교·도교·이슬람교 등이 포함되지만, 유대교와 기독교를 제외한 이들 종교들은 인격적 하느님을 믿지 않는다. 즉 힌두교와 불교는 내세 지향적 우상숭배종교이다. 힌두교는 자연을 신으로 숭배한다. 그리고 불교는 신 존재조차 인정하지 않는 무신론에 근거한다. 한편 유교와 도교는 신 존재를 부인하는 현세 지향적 도덕정치종교이다. 또한 이슬람교는 유일신 알라를 믿지만 알라는 인격이 없는 관념적 신이다. 따라서 유대교와 기독교를 제외한 이들 모든 종교들은 인격적 하느님을 믿지 않기 때문에 '사이비 고등종교'인 것이다. 더욱이 이들 종교는 바벨탑 시대에 니므롯에 의해 이교주의가 최초로 발생하며 인간의 종교적 욕구를 충족시키기 위해서 B.C. 5세기경 이후부터 나타났다. 그러므로 본 연구자의 관심은 인격적 하나님을 어디에서 찾을 수 있는가 하는 것이다. 당연히 그것은 구약성경 창세기 1~3장에 계시된 창조주 여호와 하나님이라는 결론에 도달한다. 비록 인격적 하나님이라 할지라도 초월적 특성 때문에 피조물인 인간과의 관계 형성은 신적 계시를 통해서만 가능하다. 바로 인격적 하나님의 계시를 기록한 책이 신구약성경이다(사43:10–11).

특히 최초의 인류 타락 이후 하나님은 인간을 구원하기 위해 '복음'을 계시해 주셨다. 우리는 흔히 '복음'을 신약성경에 계시된 '그리스도의 복음'에 국한하여 해석한다. 그런데 구약성경에 보면, 인류 타락 초기부터 하나님은 인류를 구원하기 위해서 복음을 주셨는데, 신학자들은 창세기 3:15을 '원시복음'(原始福音: 최초의 복음)이라 칭하였다. 원시복음은 기본적으로 인격적 하나님을 계시하였다. 그리고 원시복음은 메시아의 이중적 사역도 계시하였다. 즉 아담은 '초림주로 오실 구속주 메시아 복음'을 전파하였고, 에녹은 '재림주로 오실 심판주 메시아 복음'을 전파하였다. 그리고 바벨탑 사건 이후 인류가 온 지면으로 흩어지며 '원시복음'은 인류 초기 문명 전체에 전파되었다는 사실이 문명화되지 않은 원시부족에서 발견됨으로 증명되었다. 원시부족들은 기독교 선교사가 복음을 전파하기 전에 저들 부족의 상고시대로부터 전통적으로 내려오는 인격적 하느님과 그가 보낼 메시아에 대한 복음을 수천 년 동안 보존하고 있었던 것이다. 특이한 사실은 원시복음의 전통을 보존하고 있던 원시부족들이 힌두교 및 불교 등과 같은 이교주의를 거부하고 인격적 하느님을 믿으며 저들을 구원할 메시아를 기다리고 있었다는 것이다. 그런데 본 연구자는 성경의 기록과 동일하게 인류 상고시대에 주어진 원시복음을 그대로 보존하고 있던 역사 기록들을 발견하였다. 그것은 바로 중국 상고시대에 만들어진 '한자 원형'에서 창세기의 창조와 타락 및 구속 사건, 그리고 중국 상고시대부터 전통적으로 지켜지던 '국경 제사'를 통해서였다. 뿐만 아니라 동이족(東夷族)의 후예로서 한민족의 조상이 세운 고조선은 성경에 계시된 인격적 하나님을 믿었다. 그러면 중국 상고시대와 한국 상고시대는 어떤 연관성을 지니고 있는 것일까? 본 연구자는 인류 상고시대에 중국과 한국의 조상이 같은 동이족이라는 사실을 발견하였다.

더욱 놀라운 사실은 역사적으로 뿐만 아니라 성경적으로도 동이족의 실체를 증명하는 것이 가능하다는 것이다. 노아의 후손인 '욕단 자손'이 동방 끝으로 이주하여 시베리아에 터전을 잡고 국가를 건설했다는 창세기 10:25-31의 기록은 상고시대에 동이족의 최초 국가 건설 위치와 일치한다. 이러한 역사적 기록과 성경적 기록의 상호일치로 말미암아 동방의 의인 욥에 대한 의문이 실타래 풀어지듯 해소되었다(욥1:3). 동방의 의인 욥은 유대교의 시조인 아브라함·이삭·야곱 등이 살던 족장시대와 동시대 사람이었다.[227] 그렇다면 욥은 유대교를 통한 언약복음이 아닌 이방인으로서 원시복음을 통하여 인격적 하나님을 믿었던 것이다.[228] 아

---

227 "If Job's life indeed pre-dated the law, he may have lived sometime around 2200 BC, making him a contemporary of Abraham, Lot, and Isaac."
https://www.gotquestions.org/when-did-Job-live.html/

228 The first thing to note is that Job was a gentile. Mike Mason wrote about Job, "there is nothing remotely Jewish about him." [Mike Mason, *The Gospel According to Job*, Crossway Books (Wheaton, IL: 1994), 20]. The Babylonian Talmud records rabbis debating this topic: "This baraita states that Job was not a Jew, but rather a gentile."

브라함의 연대는 학자마다 다른데, B.C. 2166?~B.C. 1991?[229] 혹은 B.C. 1911?~B.C. 1736?[230] 또는 B.C. 1800?~B.C. 1700?[231] 등으로 추정할 수 있다. 그 어떤 연대를 채용하든 상관없이 그 당시 동방에 존재했던 나라는 고조선밖에 없었다. 고조선(古朝鮮)은 B.C. 2333~B.C. 238에 존재했던 한민족 직계 나라이다. 그렇다면 욥이 살던 동방은 고조선이었고, 고조선은 성경에 계시된 원시복음을 전수(傳受)받아 인격적 하느님을 믿는 나라였다. 여기서 본 연구자의 의문은 인격적 하느님에 대한 신앙과 의로운 삶을 사는 것이 어떻게 욥에게 가능했을까 하는 것이다. 왜냐하면 욥은 원시복음의 전통을 따라 인격적 하느님을 믿을 뿐 아니라 하느님의 계명에 철저히 순종하며 의롭게 살았기 때문이다: 욥기 23:11-12, "내 발이 그의 걸음을 바로 따랐으며 내가 그의 길을 지켜

[Babylonian Talmud, Bava Batra 15b; https://www.sefaria.org/Bava_Batra.15b.5?lang=bi&with=all&lang2=en/]. This is evident in his expression "I have heard of thee by the hearing of the ear: but now mine eye seeth thee." (Job 42:5) This is also indicating in the fact that Job had dogs over his flock (Job 30:1) which would not be the case for Jews as they viewed dogs as unclean. The reference of "earrings" (Job 42:11) is most often connected with paganism (Judges 8:24), idolatry (Genesis 35:4) and apostasy among the Jews (Exodus 32:2-3; Isaiah 3:2; Hosea 2:13). Job having given an inheritance to his daughters (Job 42:15) would also suggest that he was no Jew as the law only provided inheritances to a daughter if the father had no sons (Numbers 27:8), though it seems to have been the custom outside of Israelites (Genesis 31:14). https://truthwatchers.com/when-and-where-did-job-live/

229 70인역과 사마리아 오경보다 약 1,000년 이후에 만들어진 마소라 본문(A.D. 9세기)의 족보를 바탕으로 한 연대.

230 70인역(LXX) 본문(B.C. 3세기)과 사마리아 오경(B.C. 3세기)의 족보를 바탕으로 한 연대.

231 https://embassies.gov.il/seoul/AboutIsrael/history/Pages/History-Israel-Timeline.aspx/

치우치지 아니하였고 내가 그의 입술의 명령을 어기지 아니하고 정한 음식보다 그의 입의 말씀을 귀히 여겼도다."(사1:20;렘9:12,20). 이것은 하나님이 유대교와 기독교 언약백성들에게 ≪성경≫을 주셨듯이, 원시복음을 따라 인격적 하느님을 믿는 욥에게 ≪원시복음 경전≫을 주시지 않았을까 하는 합리적 추정을 불러일으킨다. 왜냐하면 노아·욥·다니엘은 동일한 인격적 하나님을 믿었기 때문이다(겔14:14,20). 놀랍게도 본 연구자의 추정대로 하나님은 동이족에게 상고시대에 ≪원시복음 경전≫을 주셨다. 따라서 동이족이 세운 나라인 고조선은 ≪원시복음 경전≫을 따라 인격적 하느님을 믿었던 것이다.

A

종교 진화론

19세기 헤겔의 변증법적 역사 발전 이론에 영향을 받은 종교사학파들과 인간의 생래적 종교성이 어떤 계기로 싹이 트고 발전해 왔는가에 관심을 갖고 있던 종교 심리학자들은 인간의 종교가 저급한 상태에서 고급한 상태로, 단순한 형태에서 복잡한 형태로 진보되어 왔다고 주장한다. 즉 인류 문명 종교사에 나타나는 신관이 '물활론'(物活論) ⇨ '다신론'(多神論) ⇨ '일신론'(一神論) ⇨ '유일신론'(唯一神論) 순서로 진화해 왔다는 것이다.[232] 한편 존 러벅(John Lubbock, 1834~1913)은 그의 저서 『문명의 기원과 인간의 원시적 상태』(*The Origin of Civilization and the Primitive Condition of Man*, 2005)에서 종교의 진화 단계를 '무신론'(無神論 atheism) ⇨ '물신숭배'(物神崇拜 fetishism) ⇨ '자연숭배'(自然崇拜 nature worship) ⇨ '토테미즘'(totemism)

232 김경재, 『이름 없는 하느님』 (서울: 삼인, 2002), 25,50.

⇨ '샤머니즘'(shamanism) ⇨ '신인동형동성설'(神人同形同性說 anthropomorphism) ⇨ '유일신론'(唯一神論 monotheism) ⇨ '윤리적 유일신론'(ethical monotheism) 등으로 설명하였다.[233] 이들은 구약성경에 나타나는 여호와가 히브리 민족만을 위해 존재했던 '부족신'(部族神, tribal god)으로서 단일신론의 산물이라고 평가한다. 다시 말해 이집트 포로 기간에 유대 지식인들은 '민족신' 개념에 머물러 있던 자신들의 여호와 신앙을 페르시아의 조로아스터교를 통하여 우주 만물을 섭리하는 유일신 사상으로 발전시켰다는 것이다.[234] 그러니까 유대 지식인들인 종교 지도자들은 페르시아가 바벨론을 점령한 후 고향으로 돌아와 원시적 여호와 신앙에 대해 종교개혁운동을 일으켰는데, 그것이 오늘날의 기독교와 이슬람교의 뿌리가 되는 유대교(Judaism)가 탄생하게 되었다는 것이다.[235]

그런데 우리가 성경과 고대 문서들 및 고고학과 인류 문화사를 연구해 보면, 역사 초기에는 인격적 하나님을 섬겼던 유일신론이 모든 문명에 보편적이었으며, 인간이 인격적 하나님을 거부하고 우상을 신으로 섬기는 이교주의가 득세하면서 저급한 형태의 원시 민간 신앙인 정령숭배(物活論)나 다신론 혹은 단일신론으로 전락한 사실을 발견하게 된다.[236] 영국의 민속학자 앤드류 랭(Andrew Lang, 1844~1912)은 종교 진화론을 정면

---

233 김진, 『하느님의 길』 (서울: 철학과현실사, 2005), 17-18.

234 오강남, 『예수는 없다』 (서울: 현암사, 2001), 119,129,134-144.

235 류상태, 『한국교회는 예수를 배반했다』 (서울: 삼인, 2005), 102.

236 Philip P. Wiener, ed., *The Dictionary of the History of Ideas: Studies of Selected Pivotal Ideas*, Vol. 4 (New York, NY: Charles Scribner's Sons, 1973), 96.

거부하면서 인류 초기 때에는 모든 문명이 인격적이며 도덕적인 창조주 신앙을 소유했다가 시간의 경과에 따라 여러 형태의 종교가 나타나기 시작했다는 것이다. 랭은 아프리카와 남태평양 등 소위 문명화되지 않은 원시사회에도 만물의 창조자인 유일신을 믿는 신앙이 존재함을 알게 된 것이다.[237] 이런 랭의 주장은 오스트리아의 민속학자이며 언어학자요 종교학자인 빌헬름 슈미트(Wilhelm Schmidt, 1868~1954)에 의해 빛을 보게 된다. 19세기 후반과 20세기 초 종교 진화론이 학계를 휩쓸던 시대에, 그는 최초의 인류가 장소에 관계없이 모두 지고신(至高神 High God)의 존재를 믿었다는 '원유일신론'(primordial monotheism)을 주장하였다. 슈미트는 그의 책『신 개념의 기원』(*The Origin of the Idea of God*, 1983)에서 원주민들에 대한 실증적 연구를 통하여 고대로부터 내려오는 종교적 전통으로 모두 '다신론'이 아닌 '유일신론'이 광범위하게 존재하고 있음을 밝혀냈다.[238] 다

---

237 Andrew Lang, "God(Primitive and Savage)" in *Encyclopedia of Religion and Ethics*. James Hasting, ed., 13 vols. (Edinburgh: T & T. Clark, 1981), 243-247.

238 Wilhelm Schmidt was a German Roman Catholic priest, and a famous linguist, anthropologist, and ethnologist. His work in systematizing the languages of Southeast Asia revealed connections to those of Oceania, leading to the recognition of the Austric group of languages. Schmidt formulated the idea of "cultural circles"—four stages in the development of all human societies. Through his study of cultures worldwide, Schmidt discovered similarities in their belief in one creator with whom human beings had lost their close relationship due to some misdeed. He concluded that monotheism, not polytheism or totemism, was the most primitive type of religion worldwide. Schmidt's ideas were thus focused on the unity of humankind in the past, giving hope for re-unification in the future. / From 1912 to his death in 1954, Schmidt published his 12-volume *Der Ursprung der Gottesidee* (*The Origin of the Idea of God*). There he explained his theory of primitive monotheism—the belief that primitive religion in almost all tribal peoples began with an essentially monotheistic concept

시 말해서 슈미트는 문명화되지 않은 원주민들이 보존해 왔던 유일신론은 오늘날 현대 기독교인들이 성경을 통하여 믿는 하나님과 일치한다는 사실을 발견한 것이다.

본 단원을 통해 본 연구자는 인류의 모든 초기 문명에 '다신론'이 아닌 '유일신론'이 존재했던 이유가 무엇인지 성경을 통하여 입증해 보고자 한다. 그리고 오늘날 종교다원주의자들이 모든 종교에서 신봉하는 신 개념은 인류 초기 문명에서 발견되는 유일신론과 동일하다는 주장이 얼마나 위험한 사상인지도 밝히고자 한다. 저들은 만일 하나님이 온 인류의 하느님이라면 구원의 계시가 유대교와 기독교를 통해서만 인류의 일부에게 그 혜택이 주어질 리 없다고 항변한다. 그래서 종교다원주의

---

of a high god—usually a sky god—who was a benevolent creator. He argued that all primitive cultures in the world have that notion of a supreme god. They worship a single, high deity, omniscient, and essentially similar to the God in Christianity. Here are some typical beliefs that he noted: 「· God lives in, or above, the sky · He is like a man, or a father · He is the creator of everything · He is eternal · He is all-knowing · All that is good ultimately comes from Him and He is the giver of moral law · He judges people after their death · People are alienated from him due to some misdemeanor in the past · Therefore he is often supplanted in religions by gods which are "more accessible," yet religions often carry a distant memory of this "Sky-God" with whom they have lost contact.」 Based on his findings, Schmidt maintained that all peoples originally believed in one god. However, due to the rebellion against Him, people alienated themselves from Him, and their knowledge of Him was lost. / What Schmidt was proposing was that primitive religions were not polytheistic, as was believed, but that they started as monotheistic. Thus, according to Schmidt, monotheism is the oldest religious system in the world. He strongly opposed Sigmund Freud's formulation of totemism as the oldest religion, claiming that many cultures in the world have never passed through the stage of totemism at all. Freud, in return, criticized Schmidt's work (Vitz 1988, 197-199). Schmidt's theory has not been widely accepted. 〈Wilhelm Schmidt〉, *New World Encyclopedia*.

자들은 모든 종교가 궁극적으로 한 신에 도달하는 많은 길(many paths to one God)에 불과 하므로 사람은 어떠한 종교를 택하든지 문제가 되지 않는다는 것이다. 그러면서 그들은 힌두교의 '브라만,' 도교의 '도'(道) 혹은 '무'(無), 불교의 '공'(空), 유교의 '천'(天) 혹은 '태극'(太極), 이슬람교의 '알라'는 성경에 계시된 하나님과 동일한 신이라고 우긴다. 그런데 본 연구자는 여기서 분명한 선을 긋고자 한다. 즉 인류 초기 문명들에서 우리가 발견한 신 개념은 '원시복음'과 '일반계시'에 의한 '인격적 하느님'(유일신론)에 근거한 것으로서 인간을 구원의 길로 인도하지만, 시간의 경과와 더불어 후대에 나타난 힌두교·불교·유교·도교·이슬람교 등에서 가르치는 신 개념은 인격적 신을 거부하고 인간의 탐욕을 채우기 위해 인간과 자연을 신격화한 '비인격적 궁극자'(범신론)로서 이들 종교는 인간을 멸망의 길로 인도한다는 사실을 밝히려 한다.

이러한 본 연구자의 입장은 창세기 3:15에 하나님이 계시하신 '원시복음'에 잘 드러나 있다. 창세기 3:15의 '원시복음'은 이중적 측면 즉 '초림(初臨)하실 구속주'와 '재림(再臨)하실 심판주'를 나타내고 있다. 초림하실 구속주(救贖主)는 복음을 갈망하는 모든 인간들에게 구원의 희망을 주며, 재림하실 심판주(審判主)는 복음을 거부하는 모든 인간들에게 멸망의 경고를 준다. 좀 더 구체적으로 표현하자면, 원시복음에 계시된 '초림하실 구속주'는 인류 초기 문명들에 전파된 원시복음에 계시된 하느님 신앙을 통해 인격적 하느님을 믿음으로 받아드린 인간들에게 구원의 희망을 주며, 원시복음에 계시된 '재림하실 심판주'는 인격적 하느님을 거부하고 인간과 자연을 신격화하여 '비인격적 절대자'로서 우상숭배하며 귀신을 섬기는 힌두교·불교·유교·도교·이슬람교 등의 종교들을 신봉하는 인간들에게 멸망의 경고를 한다.

1. 근대에 발견된 원시복음에 계시된 하나님 신앙

돈 리처드슨(Don Richardson, 1935~2018)의 책 『영원을 사모하는 마음』(*Eternity in Their Hearts*, 1981)을 읽어보면 고대 중국인들뿐 아니라 모든 고대인들이 인격적인 유일신을 신봉했음을 알게 된다. 그래서 선교사들이 아프리카나 중남미 혹은 동남아시아의 오지(奧地)에 사는 문명화되지 않은 부족들에게 복음을 전하러 들어갔다가 모두 놀라는 것은 이들 부족들이 이미 인격적인 유일신 하나님을 믿으며 도래할 구세주를 기다리고 있었다는 사실이다.[239] 선교사들은 이들이 우상을 섬기며 마귀의 속박 가운데 있기 때문에 기독교 복음을 이해하지도 못하고 복음을 원치 않을 것이라는 선입관을 갖고 있었던 것이다. 물론 이들 가운데는 조상 때부터 전해 내려오던 원시복음에 계시된 인격적 유일신 개념을 버리고 우상숭배에 빠진 부족들도 많지만, 근대에 이르기까지 원시복음에 계시된 하나님 신앙을 '민속종교'의 형태로 고수하며 구세주를 기다리는 부

239 Don Richardson, 『화해의 아이』, 김지찬 역 (서울: 생명의 말씀사, 2004) 참조.

족 역시 많이 발견하게 된다는 사실이다. 이런 '민속종교'에서 발견되는 원시복음을 '잠정적 구약'(Interim Old Testament)이라 칭할 수 있다. 하나님은 참으로 그리스도의 복음이 이방족속들에게 도달할 때까지 원시복음을 통해 저들을 우상숭배로부터 보호하고 있었던 것이다. 참으로 오묘하신 하나님의 구원 섭리이다. 여기서 몇 사례를 들고자 한다.

1) 산탈인들(The Santals). 1867년 노르웨이 스크레프스루드(Lars Olsen Skrefsrud, 1840~1910) 선교사가 인도 캘커타(Calcutta)의 북부 지역에 사는 250만 명의 산탈인에게 복음을 전하였다. 산탈인들은 그 당시까지도 유대교나 기독교의 영향력 밖에 있었다. 그들이 복음의 메시지를 듣자마자 흥분하는 광경을 보고 그 선교사는 깜짝 놀랐다. 산탈의 현인들이 외쳤다: "이 친구의 말을 들어보면 '탁쿠르 지우'(Thakur Jiu)께서 지금도 우리를 잊지 않고 계신다는 의미가 아닌가?" '탁쿠르'(Thakur)란 산탈어로 '참되다,' '지우'(Jiu)란 '신'을 의미한다. 참된 하느님? 스크레프스루드는 이들에게 물었다: "탁쿠르 지우를 어떻게 아셨습니까?" 그러자 산탈인들은 웃으면서 "우리 조상들은 오래전부터 탁쿠르 지우를 알고 있었습니다." 그래서 스크레프스루드 선교사는 "그러면 왜 지금은 태양이나 잡신들을 섬기고 있습니까"라고 반문하였다. 이때 산탈인들은 정색을 하며 "처음에는 우리에게 신들이 없었습니다. 고대의 우리 조상들은 탁쿠르 지우께만 복종했습니다." 그런데 여러 인생의 위기 속에서 탁쿠르 지우에 대한 신앙을 잊어버리고 정령숭배에 빠지게 되었다는 것이다.

스크레프스루드는 이런 그들의 반응에 대해 "당신들이 믿었던 탁쿠르 지우는 참 하나님이 아닌 마귀에 불과해요"라고 했을까? 아니다! 스크레프스루드는 "성경에 계시된 하나님이 바로 당신들이 고대하는 '탁쿠르 지우'이십니다"라고 선포하였다. 그리고 이어서 스크레프스루드는 탁쿠르 지우께서 그대들을 우상숭배와 죄에서 구원하기 위하여 그의 독생자 예수 그리스도를 보내어 속죄희생제물이 되게 했다는 복음을 전한 것은 당연한 수순이었다. 복음에 접한 산탈인들은 탁쿠르 지우와 자기들 사이에 존재하는 불화가 해소될 수 있다는 가능성에 흥분하였다. 이로 인해 하루에 80여 명이 세례를 받았고, 스크레프스루드가 인도에서 사역하는 동안 15,000여 명에게 세례를 베풀었다. 그리고 산탈 기독교인들이 복음으로 말미암아 하나님의 생명으로 거듭난 것은 지극히 당연한 결과였다.[240]

2) 카렌족(The Karen). 버마(현재의 미얀마)의 불교도들이 불교도로 만들려 끊임없이 노력하지만 자신들의 '민속종교'를 완고하게 집착하는 소수의 카렌족이 있다. 카렌족은 '이와'(Y'wa)라는 최고의 하느님을 섬기고, 그 하느님이 '한 권의 책'을 가져다줄 것이라는 고대로부터 내려오는 전승을 보존하고 있었다. 그뿐만 아니라 미얀마의 천 개가 넘는 카렌족의 마을에는 귀신이 아닌 참 하느님 '이와'의 선지자로 불리는 '부코

240 Don Richardson, 『영원을 사모하는 마음』, 51-55.

스'(Bukhos)라는 사람들이 있는데, 부코스들은 참 하느님과 악령들은 같지 않기 때문에 온전히 '이와'께로 돌이킬 것을 촉구하며, 특히 구전(口傳)으로만 내려오는 '이와 찬가(讚歌)'를 백성들에게 가르쳤다. 이런 찬가들을 통하여 참 하느님 이와에 대한 경외와 존경심이 카렌족의 마음속에 생생하게 간직되어 있었기 때문에 불교의 우상숭배에 빠지지 않을 수 있었다.

이 같은 사실은 찬가의 일부를 잠시 훑어 봐도 금방 드러난다: "이와는 영원하시며 그 생명은 장구하시도다. … 시대는 흘러가도 그 분은 영원히 살아계시도다. … 태초에 누가 세상을 창조하셨는가? 태초에 이와가 세상을 창조하셨도다. … 이와는 태초에 인간을 지으셨도다. 이와는 모든 일을 완전히 알고 계시도다. … 이와는 세상을 창조하셨도다. 그 분이 먹을 것과 마실 것을 정하셨도다. 또한 '시험의 열매'를 정하시고 상세한 명령을 주셨도다. '무콜리'(Mu-kaw-lee)가 두 사람을 속였다네. 무콜리(사탄)가 그들에게 시험의 열매를 먹도록 했다네. 그들은 이와를 믿지 못하고 그 말에 순종치 않았다네. 그들이 시험의 열매를 먹은 후 질병·노쇠·죽음의 종이 되었다네. … 때가 되면 이와가 오시리라. … 선한 사람들은 은으로 된 성으로 가리라. 의로운 사람들은 새로운 성으로 가리라. … 오, 나의 자손들아! … 우상을 숭배하지 말라! … 이와에게 기도하면 그는 우리에게 다시 자비를 베풀어 주시리라! … 우리를 구원하실 분은 오직 이와이시니라."[241]

1817년 미국 침례교 선교사 아도니람 저드슨(Adoniram Judson, 1788~1850)

이 오랜 항해 끝에 버마의 랭군 근처에 상륙했다. 그는 버마의 불교도들에게 복음을 전파했지만 거의 반응이 없었다. 7년간 사역 끝에 저드슨은 겨우 한 명의 개종자를 얻었을 뿐이다. 그래서 저드슨은 버마어로 성경을 번역하는 일에만 매달렸다. 하나님의 섭리 가운데, 고약한 카렌 사람 하나를 고용했는데, 그의 이름은 '코 다부'(Ko Thah-byu)였다. 복음을 전하자, 코 다부는 예수 그리스도의 복음을 받아들였다. 코 다부는 카렌족들에게로 돌아가 복음을 전하기 시작했다. 그리고 그들이 오랜 세월 기다려오던 ≪이와의 책≫(버마어로 번역된 성경책)을 통해 카렌족은 복음을 더욱 명확하게 이해할 수 있었다. 그들은 주 예수 그리스도를 믿는 성도들이 되었다. 1858년 수만 명의 카렌족 그리스도인들이 버마의 북부 산지에 사는 50만 명의 카친족(The Kachin)에게 선교팀을 파송하여 복음을 전했다. 카친족 역시 카렌족처럼 인격적 하느님 '카라이 카상'(Karai Kasang)에 대한 믿음을 소유하고 있었다. 그 후 90년 동안 약 90만 명의 카친족 사람들이 예수 그리스도를 주님으로 영접하였다.

---

241 Francis Mason, *The Karen Apostle* (Boston, MA: Gould and Lincoln, 1861), 10,97,99. ; Macleod Wylie, *The Gospel in Burma* (London: W. H. Dalton, 1859), 6,22,52-53. ; Alonzo Bunker, *Soo Thah - A Tale of the Karens* (New York: Fleming H. Revell Co., 1902), 84-93.

2. 종교적 본성에 따른 종교들의 거짓 하나님 신앙

'종교는 무엇 때문에 존재 하는가'라는 물음은 '우리 자신은 무엇 때문에 존재하는가'라는 질문으로 바뀔 때 종교의 필연성이 대두된다. 인간이 이 땅에 살아가면서 직면하는 여러 가지 고통은 생존을 위해 어쩔 수 없이 감내해야 하는 대가로 치부하더라도, 인간 존재의 말살처럼 보이는 '죽음' 앞에서 그동안 살아온 모든 삶의 여정이 흔적조차 없이 이 땅에서 사라지는 '허무'라는 괴물에 노출될 때, "도대체 우리는 어디에서 와서 무엇 때문에 살며 어디로 가는가"라는 의문에 휩싸이게 된다.[242] 이렇듯 인생 본질에 대한 근원적 의문에 사로잡히면서 그동안 매달려 온 삶의 모든 가치가 송두리째 무너지고 인생이 '무의미'해지는 순간, 바로 그 지점에서 종교의 필연성은 드러난다(전12:1-8). 이 시점에서 모든 인간은 허무의 심연에 빠져 '절망'하게 된다. 이 절망을 극복하도록 삶의 의미를 부여해 주는 토대 역할을 하는 것이 '종교'이기 때문에, 종

242 프랑스 화가 폴 고갱(Paul Gauguin, 1846~1903)은 인생의 무의미를 깨닫고 절망하여 그의 마지막 작품에 다음과 같은 제목을 붙였다: 〈우리는 어디서 와서 무엇 때문에 살며 어디로 가는가〉(Where Do We Come From? What Are We? Where Are We Going? 1897) ; "'Where Do We Come From? What Are We? Where Are We Going?' is a painting by French artist Paul Gauguin. Gauguin inscribed the original French title in the upper left corner: D'où Venons Nous / Que Sommes Nous / Où Allons Nous. The inscription the artist wrote on his canvas has no question mark, no dash, and all words are capitalized. In the upper right corner he signed and dated the painting: P. Gauguin / 1897." "Paul Gauguin," *Wikipedia Encyclopedia*.

교는 죽을 운명을 타고난 모든 인간의 정체성 확립에 필연적인 것이다.

물론 인간의 종교심은 죽음이라는 극한 상황에 의해 극대화된다. 하지만 인간은 하나님의 형상으로 지음 받은 피조물이기 때문에, '피조물 의식'에서 발로한 초월적 신을 숭배하고자 하는 욕망과 신과 연합되고자 하는 갈망은 종교심을 인간 내면에 유발시킨다(행17:22). 이처럼 인간 내면에 잠재된 두 가지 종교적 본능은 '종교'라는 단어의 어원에서도 발견된다. 즉 영어로 종교(religion)라는 단어는 라틴어 '렐리기오'(religiō)에서 유래한 것으로, 그 어근인 '렐리가레'(religāre)는 '경외하다'(to reverence) 혹은 '결합하다'(to bond)를 뜻한다.[243] 이처럼 '종교'는 신과 인간의 관계성

---

243 〈The Etymology of the Word "Religion"〉 "The classic explanation of the word 'religion,' traced to the first-century B.C. Roman orator Cicero, derives religion from the Latin word *relegere(re+lege)*, which means 'to read over again,' in the sense of 'consider carefully.' Thus *religio*, the nominative of the Latin *religionem*, came to mean such things as 'respect for what is sacred, reverence for gods, sense of right, and religious observance.' Religious law maintained the proprieties of divine honors, sacrifice to the gods, and proper ritual. Incorrect ritual and improper sacrifice were *vitia* (translated as "vice" in English), and the improper use or search of divine knowledge was *superstitio*. Neglecting the *religiones* (plural of *religio*) owed to the traditional gods was considered atheism, a charge leveled by ancient Romans at Christians as well as at Jews and Epicureans. The reason was clear: any moral deviation from acceptable religious norms was not only perverse, but it could bring harm to the state. / Another possible origin of 'religion' is Latin word *religare*, which means 'to tie or to bind fast.' Many modern writers favor this etymology, on the assumption that it helps to explain the power inherent in religion. Modern scholar Joseph Campbell favors a derivation from *ligo* (bind, connect), probably from a prefixed *re* (again) + *ligare*, meaning "to reconnect," a corelation made prominent by Augustine, based on an interpretation by Lactantius. The question immediately arises, to what should one reconnect? The answer is not clear. To theists, *religare* means to reconnect to God and to God's will for our lives. To polytheists religare implies reconnecting to the higher powers around us, and to the values espoused by social

을 규정해 주는 단어이다. 그 관계성의 구성 요소는 인간의 초월적 신을 향한 '예배'와 '믿음'이다. 그런데 예배와 믿음을 통하여 인간과 신의 '상호 관계성'이 형성되려면, 인간이 인격을 지닌 것처럼, 신 역시 반드시 인격적 존재여야만 한다. 만일 인간이 관계성을 맺고 있는 신의 존재가 비인격적이라면, 그 관계성이란 허구요 망상에 지니지 않는다(사41:21-29,44:9-20,46:5-8). 인간이 비인격적 신을 숭배한다면, 그 신은 인간의 타락한 욕망을 만족시키고자 만들어 놓은 우상에 불과한 것이다(신9:12;왕상14:9). 당신은 생명도 인격도 없는 인형이나 돌에게 온 몸과 마음을 다하여 인생을 맡기는 것보다 더 어리석은 일이 어디 있겠는가? (단5:23;렘51:17;계9:20).

---

and religious leaders. The nature-based cultures, religare means to revere nature's ways, and to find one's place in the natural order. In each case, finding harmony with that which is considered to be ultimate in power and reverence, whether natural or supernatural, and with other human beings, is essential and mandatory. For monotheists, *religare* is best expressed in the double-love command, also known as the Great Commandment: "You shall love the Lord your God with all your heart, and with al your soul, and with all your mind, and with all your strength ... and your neighbor as yourself"(Mk.12:30,31; cf. Deut.6:4;Lev.19:18). / A third possible origin of the term 'religion' is the Latin word *religiens*, meaning 'careful,' in contrast to *negligens*, its opposite. In this sense, religion is a way of life lived thoughtfully and mindfully, not neglecting duties or devotion. / Because all three definitions are instructive, I recommended that you take a few moments to personalize their meaning by pondering the following questions : 1. What do I hold sacred in my life? How do I show respect for the sacred in my life? 2. What do I consider to be 'ultimate' in the universe in terms of power and reverence? How can I find harmony with this power? 3. Am I living thoughtfully and mindfully? How do I fall short of that mark? How can I live more intentionally? Am I lacking in discipline or devotion?" Robert P. Vande Kappelle, *Living Graciously on Planet Earth* (Oregon: Wipf and Stock Publishers, 2016), 26-27.

그런데 우상을 섬기는 사람들은 참으로 그와 같이 어리석다(렘 10:3-5,8-9). 여기서 우리는 종교의 본질이 절망적인 현실로부터의 도피가 아니라 초월적 실재와의 실질적 만남에 있음을 깨닫게 된다. 그러므로 진리를 추구하는 것과 '무엇이 진리이냐'를 묻는 것이 종교의 중요한 과제이다. 이렇게 하여 이제 우리는 종교를 두 종류, 곧 인격적 신과의 관계성을 추구하는 '진짜 종교'(正教)와 비인격적 신과의 관계성을 추구하는 '가짜 종교'(異教)로 구분할 수 있다. 세계관에는 두 종류 곧 유신론 아니면 무신론만 존재한다. 범신론이나 이신론은 신의 존재를 믿는다는 측면에서는 무신론이 아닌 '유사 유신론'이지만, 인격적 신과의 관계성을 부인하기 때문에 결국 무신론으로 귀결되고 만다. 한편 성경의 계시를 기반으로 하고 있는 유대교와 기독교를 제외한 모든 종교는 인격적 신과의 관계성을 부인하기 때문에 '무신론 종교' 곧 '가짜 종교'인 것이다.

혹자는 이슬람교가 유일신론을 표방하기 때문에 그들이 신봉하는 '알라'가 성경에 계시된 하나님과 동일한 분이라 착각한다. 하지만 이슬람교는 혼합종교로서, 그들의 신 개념은 '유사 유일신론'이다. 유사 유신론이든 유사 유일신론이든, 성경의 계시에 기반을 두지 않은 모든 종교는 확고한 진리 위에 세워져 있지 않기 때문에 결국 마귀에게 미혹되어 '다귀론'(多鬼論)의 덫에 빠지고 만다. '삼위일체적 유일신론'이 아니면 인간은 결코 하나님과 인격적 관계를 형성하거나 하나님과의 생명연합이 불가능하다. 점진적 계시에 따라 구약시대에 '유일신론'을 견지하는 유대교를 거쳐(신6:4-9), 신약시대에 말씀이신 예수님의 초림(요1:14,18)과 진리의 영이신 성령님의 강림(요16:7)을 통하여 삼위일체 하나님의 실체가 완전히 드러나면서(요15:26) 성경의 계시가 완성되었다. 그리고 마침내 '삼위일체적 유일신론'의 토대 위에 기독교가 세워지게 되었다. 그러면 구약의 유대인들은 삼위일체적 유일신론이 아니라 유일신론에 대한 강한 믿음만을 갖고 있었는데, 저들은 어떻게 하나님과 인격적 관계를 형성할 수 있었을까? 여기서 우리가 결코 잊지 말아야 할 사실은 구약성경 창세기 1장 초기부터 성부·성자·성령이 창조와 구속 경륜을 함께 시작하고 진행했다는 것이다. 그러므로 구약 성도들은 성자와 성령의 인격성 및 삼위일체 하나님에 대한 신학적 지식이 부족했지만, 삼위일체 하나님의 사역을 통하여 구약 성도들이 초월적 하나님과 인격적 관계를 맺었다는 것은 확실하다.

1) 힌두교(범신론). 힌두교는 자연을 신격화한 종교이다. 한편 우주의 최고 신 브라만(Brahman)은 모든 만물의 근원으로서 신비롭고 모호한 비인격적 에테르(ether)와 같은 '힘'이나 우주의 근본적 '원리'라고 그들은 생각한다. 그와 동시에 힌두교는 브라만 외에 3억 3천만의 신들을 동시에 숭배한다. 이들 신들은 최고신 브라만의 또 다른 현현이기 때문에, 신은 본질상 하나라고 저들은 믿는다.[244] 한번 예식을 통하여 신성화되면 힌

244 전호진, 『종교 다원주의와 타종교 선교 전략』 (서울: 개혁주의신행협회, 1994), 149-197.

두교도들은 그 형태가 무엇이든 신 자체로 간주하여서 마음 깊이 공경하며 숭배한다. 따라서 비와 바람 등의 자연현상이나 돌과 나무에 새긴 조각품, 놋이나 청동으로 주조한 물품이나 그림, 심지어 대량으로 찍어낸 전단지조차 신으로 섬겨도 궁극적으로 최고의 신에 도달할 수 있다고 저들은 확신한다.[245] 한편 인도의 어느 사원을 가든 '시바'(Shiva) 신상이 있는 곳에는 시바를 상징하는 남자 성기 모양의 '링가'(Linga)가 숭배를 받는다. 링가는 보통 상단이 둥그런 원기둥 형태이며 일반적으로 여성의 성기(요니, Yoni)를 나타내는 홈이 파인 쟁반 모양의 단상 위에 놓여서 신도들의 극진한 숭배를 받는다. 이것은 여성과 남성의 합일을 통하여 얻어지는 다산과 풍요를 상징한다.

소금이 사발에 담긴 물 전체에 녹아들어가 있는 것과 마찬가지로, 힌두교는 궁극적 실재가 온 우주 만물에 널리 잠재되어 있음을 가르치는 유출론을 신봉한다. 이런 유출론을 가장 극적으로 묘사해 주는 것이 힌두교의 '범아일여'(梵我一如) 사상이다. '범'(브라만 Brahman, 梵)이란 세계의 궁극적 실재인 '우주적 원리'를, '아'(아트만 atman, 我)란 개인의 궁극적 실재인 '본질적 자아'를 의미한다. 따라서 '범아일여'라는 뜻은 '우주의 궁극적 실재와 나의 궁극적 실재가 본질상 동일하기 때문에 내가 우주의 궁극적 실재'라는 것이다. 이처럼 '브라만'이 '아트만' 곧 '그것이 바로 너

245 Stephen Neill, *Christian Faith and Other Faiths* (Downers Grove: Inter Varsity Press, 1984), 79-80.

다'(That thou art)라는 참된 깨달음에 도달하면, 인간은 '망상'(마야, māyā, illu-sion)에 불과한 현상세계에서 벌어지는 '윤회'와 '업보'의 굴레로부터 벗어나 해방되는데, 힌두교에서는 이것을 '해탈'(解脫, 목샤 mokṣa)이라 일컫는다. 힌두교의 가장 중요한 교리는 인간이 존재의 근원인 브라만과 합일되는 것이다. 이것을 쉽게 표현하면, 물방울이 공중으로 튀었다가 다시 바다로 떨어져 물방울 자체가 없어지는 것과 같다.[246] 구체적으로 말하여 인간이 해탈하면 우주의 궁극적 실재인 '우주령'(宇宙靈-자연)과 합일된 존재가 될 수 있다는 것이다.[247]

2) 불교(범신론). 불교는 '소승불교'와 '대승불교'로 구분된다. 소승불교는 고타마 싯다르타의 가르침을 전수하여, 명상을 통해 스스로 해탈하여 구원에 이르려 한다. 하지만 대승불교는 기독교의 영향을 받아[248] 고

---

246 힌두교 경전인 ≪우파니샤드≫는 궁극적 실재를 이렇게 정의하고 있다: "That from which these beings are born, that in which born they live, and that into which they enter at their death is Brahman." Sarvepali Radhakrishnan, *The Principal Upanishads* (London: Allen & Unwin, 1958), 55.

247 안점식, 『세계관과 영적전쟁』 (서울: 죠이선교회출판부, 1995), 176-184.

248 석가는 원래 무신론자로 신적 존재에 관한 사상이 없다: "그는 신비의 장막에 가린 신이 아니고 인류의 역사 안에 살았던 인간이었다."(3쪽) ; "싯다르타는 … 우주가 곧 내 자신이고 내 스스로가 우주임을 알게 된 것이다."(37-38쪽) ; "너희들은 저마다 자신을 등불로 삼고 자기를 의지하여라. 진리를 등불삼고 진리를 의지하여라. 이 밖에 다른 것에 의지해서는 안 된다."(72쪽) ≪불교성전≫ (서울: 동국대학교 역경원, 1972). 그런데 대승불교에서는 기독교의 삼위일체론에 해당하는 '삼신불'(三身佛) 사상이 있다. 그리고 기독교의 천국에 상응하는 '정토'(淨土, 혹은 極樂)나 기독교의 그리스도에 상응하는 '미륵'(彌勒), 더 나아가 대승불교의 일파인 정토종(淨土宗)에 이르면 원시불교에는 없었던 '죄'의 개념이 거론된다. 이들은 모두 불교 고유의 사상이 아니라 후기에 기독교의 영향을 받아 첨가된 교리들이다. 안점식, 『세계관과 영적전쟁』, 121-125.

타마 싯다르타의 의도와는 전혀 다른 대중적 신흥종교의 형태를 취하여 그를 신격화하고 숭배하여 구원에 이르려 한다.[249] 소승불교는 인생이 생로병사에 얽매어 고통의 바다 가운데 있다는 인식에서 출발하여, 그 고통에서 벗어날 수 있는 방법을 가르친다. 먼저 고통에서 벗어나기 위해 모든 것에 집착하지 말라고 가르치는 '사성제'(四聖諦) 즉 '고집멸도'(苦集滅道)를 제시한다. 그다음 고통의 근본 원인이 되는 집착에서 벗어나려면 현상계의 모든 사물이 허상(maya)임을 깨달아야 한다는 '삼법인'(三法印) 즉 '제행무상'(諸行無常)·'제법무아'(諸法無我)·'열반적정'(涅槃寂靜)을 제시한다. 결국 '고집멸도'와 '삼법인'의 핵심은 생로병사라는 끊임없이 윤회하는 고통의 사슬에서 벗어나기 위해서 '참나'(True-Self)의 실체가 무엇인지 깨달아야 한다는 것이다. 여기서 '참나'란 '의식적 나'가 '허상'임을 깨달아 '존재하지 않는 나'라는 '무아'(無我, Non-Self)의 경지에 이를 때 무의 상태인 '열반'(涅槃: 寂滅, 消滅)에 도달한다는 것이다.[250]

---

249 Kenneth Latourette, *Introducing Buddhism* (New York: Friendship Press, 1956), 50. ; Allen Clark, *Religions of Old Korea* (New York: Fleming H. Revell, 1932), 105.

250 〈도(道)는 어디에 있습니까?〉「한 선객(禪客)이 노사(老師)에게 물었다. "도는 어디에 있습니까?" "바로 눈앞에 있느니라." "그런데 왜 제게는 보이지 않습니까?" "너에게 '나'가 있기 때문이다." "저에게 '나'가 있기에 보지 못한다면 스님께서는 보이십니까?" "네가 있고 내가 있으니 더욱 보지 못한다." "저도 없고 스님도 없다면 볼 수 있습니까?" "너도 없고 나도 없는데 누가 본단 말이냐?"」 — 『벽암록(碧巖錄)』에서 / 『벽암록(碧巖錄)』은 '벽암집'이라고도 하며 본래의 명칭은 〈佛果圓悟禪師碧巖錄 불과원오선사벽암록〉 또는 〈원오노인벽암록〉이다. 벽암은 원오선사 극근(克勤, 1065~1135)에게 칙명(勅命)으로 수여된 호이다. 그러나 이 책은 중국 선종의 5가 중 운문종(雲門宗)의 제4조인 설두(雪竇) 중현(重顯, 980-1052)이 정리하고 저술한 것에 임제종(臨濟宗)의 제11조인 원오선사가 부연하여 저술한 것을 원오의 제자들이 편집하여 간행한 것이다.

대승불교는 인간의 인격체가 존재하지 않는 텅 빈 상태인 '무아'와 그 무아가 도달할 텅 빈 상태인 '열반'을 가르치는 소승불교의 결론에서 출발한다. 대승불교에서 '텅 빈 상태'란 허공을 의미하는 것이 아니라, 모든 개체적 특성을 뛰어넘는 열반의 상태를 의미하는데, 이것을 저들은 '공'(空)이라 칭한다. 다시 말해서 '존재'와 '비존재' 모두가 허상임을 깨달으면 존재와 비존재를 뛰어넘는 '공' 곧 열반에 이른다는 것이다. 여기서 '공'이란 보이지 않는 차원을 지배하는 '법공'(法空)이다. 그렇다고 '공'이 물질과 분리되어 있는 초월적 개념도 아니다. ≪반야심경(般若心經)≫에 '색즉시공 공즉시색'(色卽是空 空卽是色)이라는 말이 있다. 여기서 현상계(色)는 바로 '공'(空)이라는 뜻이다. 그러므로 '공'의 개념은 신(神)에서 미물(微物)에 이르기까지 모든 만물이 하나라는 '범신론적 일원론'(汎神論的一元論)에 도달하게 된다. 범신론적 일원론은 인격적인 신 개념을 결여하고 있기 때문에, 옳고 그름에 대한 구분이 존재하지 않는다. '나'가 곧 '자연'이요, '너'가 곧 '나'이기 때문에 '객체'와 '주체'의 구분, 더 나아가 '절대'와 '상대', '존재'와 '비존재', '삶'과 '죽음' 심지어 '선'과 '악'의 구분이 없다. 그래서 불교에서는 부처와 마른 똥 막대기가 동일시될 수 있다.[251]

---

251 "어느 날 한 스님이 화장실에서 볼일을 마치고 나오는 운문(雲門) 스님에게 물었다. '무엇이 부처입니까?' 화장실에서 나오던 운문 스님이 그 질문을 받았을 때 스님의 눈은 똥을 치울 때 쓰는 긴 나무막대기와 마주쳤다. 그러자 운문 스님은 '마른 똥 막대기이다'라고 대답했다." 현각, 『선의 나침반』, 제 1권, 허문경 역 (서울: 열림원, 2001), 40-41.

3) 유교(인본주의적 범신론)**.** 공자(孔子, B.C.551~B.C.479)는 『논어』에서 샹띠(上帝)를 175번이나 언급했는데, 그중 딱 한번 이 용어는 인간 통치자를 지칭할 때 사용되었다. 하지만 샹띠는 인격적 하느님 개념보다 추상적 하느님 개념인 '하늘'(天)이라는 용어를 더 부각시켜 샹띠에게서 인격성을 희석시켜버렸다. 이런 측면에서 유교는 종교라기보다는 정치철학의 성격을 지니고 있다. 그래서 유교는 인간 사후의 세계에 대하여 관심이 없으며 철저히 현세 지향적이다. 유교의 대표적인 경전인 『논어』는 동양의 성경으로 일컬어지는데, 정치와 도덕에 관한 교훈을 주로 다루고 있다. '인'(仁)과 '예'(禮)에 의해 이상적으로 다스려지는 나라에 대한 공자의 꿈은 전국시대(戰國時代, B.C.403~B.C.221)에 이르러 맹자(孟子, B.C.372?~B.C.289?)의 '왕도정치'(王道政治) 사상으로 나타난다. 물론 유교에서 말하는 이상왕국은 공자와 맹자 이후 한 번도 땅 위에서 실현된 적이 없었다. 결국 유교의 '인'(仁)과 '예'(禮)는 지배계층의 자기만족적인 율법주의로 변질되었고, '충'(忠)과 '효'(孝)는 민중들을 억압하는 사회적 질서 유지의 도구로 악용되어왔다. 그러므로 공자와 맹자가 꿈꾸었던 이상왕국은 근본적으로 부패한 본성을 지닌 인간의 힘으로는 실현 불가능한 꿈에 불과하다.

유교는 공자가 모든 이론을 집대성한 것이 아니라 오랜 세월 동안 다른 학자들의 사상과 다른 종교가 가미되어 형성되었다. 한대(漢代, B.C.202~A.D.220)와 송대(宋代, A.D.960~1279)에 이르러 유교는 음양오행설(陰陽五行說)과 불교와 도교의 영향을 받아 '성리학'(性理學)이라는 학설로 나타난다. 그 핵심은 '성'(性)이 곧 '리'(理)라는 '성즉리'(性卽理) 사상이다. 다시 말해서 태극(太極)으로서의 '리'(理)는 우주의 근원적 원리이며, '성'(性)이란 인간의 순수한 본성으로서 모든 인간에게 '리'(理)가 내재되어 있다는 학설이다. 이 말의 뜻은 인간이 물질적 제약을 넘어서 수련을 잘하면 우주의 근원적 원리인 '리'(理)와 하나가 될 수 있다는 것이다. 결과적으로 성리학은 '인간이 곧 하느님'이라는 동양신비주의적 일원론 사상으로 귀착된다. 한편 유교는 '조상 신'을 숭배한다.[252] 유교에서는 인간이 죽으면 귀신이 되는데, 그 귀신이 영의 세계로 가는 것이 아니라 이 세상에 떠돌아다니며, 귀신은 4대가 지나면 소멸해 버린다고 믿는다.[253] 그래서 유교에서는 종손이 4대 조상까지만 제사를 지낸다. 사실 조상에 대한 제사제도는 원래 유교적 전통이 아니라 중국 고대의 물활론 신앙으로부터 유래된 것이다. 단지 유교는 제사의 예법을 확립한 것에 불과하다.[254]

4) 도교(자연주의적 범신론). 도교(道教)는 노자(老子, B.C.580?~B.C.500)와 장자(莊子, B.C.369?~B.C.286)의 사상을 그 축으로 하고 있다. 노자의 ≪도덕경(道德經)≫에서 언급된 '도'(道)는 우주의 궁극적 실재(ultimate reality)를 지칭하는 용어이다. 노자에 의하면 '도'는 만물의 근원이며 만물에 앞서서 생겨났다는 것이다.[255] 한편 '도'는 형태가 없고 무한하기 때문에 유한한 인간

---

252 김경일, 『유교 탄생의 비밀』 (서울: 바다출판사, 2013), 61,96,115,169-170,185,326.

253 유교는 천국과 지옥의 개념이 없으며, 사후의 세계에 대한 관심조차 없는 철저히 현세 지향적인 종교이다. 전호진, 『종교 다원주의와 타종교 선교 전략』, 256-259.

254 안점식, 『세계관을 분별하라』 (서울: 죠이선교회출판부, 1998), 263-264.

의 감각이나 인식 기능을 통하여 아는 것이 불가능하다고 했다.[256] 그리고 '도'는 시작도 끝도 없이 불변하는 실재로서 우주에 그 힘이 미치지 않는 부분이 없다는 것이다.[257] 언뜻 보기에 노자가 언급한 '도'는 성경에 계시된 초월성과 편재성을 지닌 하나님과 비슷한 개념으로 생각되기 쉽다. 하지만 노자의 '도'는 우주를 초월하는 존재가 아니라 우주 가운데서 스스로 법칙성을 지니고 활동하는 우주의 궁극적 원리를 뜻한다.[258] 더욱이 노자의 '도'는 인격성이 결여된 신비스러운 에너지에 불과하다. 노자 사상에서 '도'와 상응하는 또 하나의 개념은 '무'(無)이다. '무'는 감각기관에 포착되지 않는 실재를 의미하고, '유'(有)는 감각기관에 의해서 감지되는 실재를 의미한다. 그래서 '무'는 '유'의 근원이 된다. 결국 노자에게 있어서 '무'의 개념은 '도'와 마찬가지로 만물의 근

---

255 노자(老子), ≪도덕경(道德經)≫ 제25장, "先天地生(선천지생)。" [본문 번역]: "천지보다 앞서 생겨났다."

256 노자(老子), ≪도덕경(道德經)≫ 제1장, "道可道(도가도)、非常道(비상도)、名可名(명가명) 非常名(비상명)。" [본문 번역]: "도(道)라고 말할 수 있는 도는 참된 도가 아니고, 무엇으로 불리어지는 이름은 참된 이름이 아니다."

257 노자(老子), ≪도덕경(道德經)≫ 제5장, "天地之間(천지지간)、其猶橐籥乎!(기유탁약호)、虛而不屈(허이불굴)、動而愈出(동이유출)。" [본문 번역]: "천지 사이는 마치 풀무와 같다! 텅 비어 있어도 쭈그러들어 없어지지 않고 움직일수록 많은 것을 산출해 낸다." ; ≪도덕경(道德經)≫ 제6장, "谷神不死(곡신불사)。是爲玄牝(시위현빈)。玄牝之門(현빈지문)、是謂天地根(시위천지근)。綿綿若存(면면약존)、用之不動(용지불근)。" [본문 번역]: "도는 텅 빈 계곡의 신처럼 결코 죽지 않는다. 이를 일러 현빈이라 하고, 현빈의 문은 천지의 근본이다. 면면이 존재하지만 아무리 써도 다함이 없다."

258 노자(老子), ≪도덕경(道德經)≫ 제25장, "獨立不改(독립불개)。周行而不胎(주행이불태)、可以爲天下母(가이위천하모)。" [본문 번역]: "도는 그 어떤 것도 필적할 수 없는 독보적인 것이며 그 작용에는 일정한 법칙성이 있다. 도의 작용은 미치지 않는 데가 없고 또한 잠시도 멈춤이 없다. 그래서 천하의 어미로 삼을 만하다."

원인 것이다.[259]

노자에게 감각기관에 포착되는 ‘유’가 감각기관에 포착되지 않는 ‘무’에 근원을 두고 있다는 것이다. 따라서 ‘무’는 ‘유’와 동질의 특성을 지니며, 보이는 만물은 보이지 않는 ‘도’의 자기 전개인 것이다.[260] 만물이 도의 자기 전개 결과라면 인간을 포함한 모든 사물은 자기 속에 궁극적 근원으로서의 ‘도’를 함축하고 있는 것이 된다. 이런 노자의 ‘도’와 ‘무’에 대한 개념은 결국 범신론적 일원론으로서 ‘유출론’이라 말할 수 있다. 여기서 노자는 ‘무’ 개념을 ‘무위자연’(無爲自然) 사상에 응용하였다. 노자의 ‘무위’는 인위적으로 하지 않는다는 의미이지 아무 행위도 하지 않는다는 뜻이 아니다. 인간이 무엇인가 이루려고(作爲) 하지 않는다는 것(無爲)은 아무것도 갈망하지 않고(無慾) 아무 것도 알려고 하지 않는(無知) 마음을 비우는 자세로서, 인간 모두가 그렇게 되면 지상에 유토피아가 저절로 도래할 것이라고 노자는 단순한 논리를 피력했다.[261] 노자가 볼

---

259 노자(老子), ≪도덕경(道德經)≫ 제40장, “天下萬物生於有(천하만물생어유)、有生於無(유생어무)。” [본문 번역]: “천하 만물은 유에서 생겨나고, 유는 무에서 생겨났다.”

260 노자(老子), ≪도덕경(道德經)≫ 제1장, “此兩者(차량자)、同出而異名(동출이이명)、同謂之玄(동위지현)。玄之又玄(현지우현)、衆妙之門(중묘지문)。” [본문 번역]: “이 둘(유와 무)은 한 곳에서 나와 이름만 달리하는 것이니 모두 오묘하다 일컫는다. 도는 현묘하고도 또 현묘하니 온갖 미묘한 것들이 들고나는 문이다.” 즉 ‘무’와 ‘유’는 이름만 다를 뿐 ‘같은 것’이다. 이 ‘같은 것’을 ‘현’(玄)이라 하였다. ‘현’이란 깊고 깊어서 알 수 없는 신비한 것을 의미하며, 만상이 나오는 문 즉 최초의 것을 나타낸다. 여기서 노자가 ‘현’이라는 글자를 사용한 이유는 ‘유’에 대립되는 ‘상대적 무’가 아니라 ‘절대적 무’라는 개념을 분명히 하기 위해서이다. 다시 말해서 상대적인 ‘유’와 절대적인 ‘무’를 합한 ‘근원적 무’를 강조하기 위해 ‘현’이라는 단어를 사용하였다. 모로하시 데츠지(諸橋轍次), 『공자 노자 석가』, 심우성 역 (서울: 동아시아, 2000), 171.

때, 세상이 타락한 이유는 인간의 욕심과 지혜로 인한 '인위'(人爲)에 있기 때문에 그는 유교의 인위적 문화주의를 공격하면서 현실을 초탈하고 자연의 순리를 따르기만 하면 세상에 평화가 도래한다는 '반문화주의적 자연주의' 더 나아가서 '자연주의적 이상주의'를 설파하였다.

5) 이슬람교(비인격적 유일신론). 이슬람교의 창시자인 무함마드(Muhammad, A.D.570~632)는 유대교와 기독교로부터 영향을 받아[262] 모세오경과 시편, 복음서 등을 경전으로 받아들였다. 그러나 그는 유대교가 너무 유대인 중심적이고 기독교 삼위일체 교리는 이해할 수 없어서 유대교와 기독교에서 필요한 부분만 뽑아, 아랍의 토속 종교인 물활론(物活論: animism) 및 조로아스터교의 핵심 교리들을 종합하여 강력한 유일신 사상을 만들었

---

261 노자(老子), ≪도덕경(道德經)≫ 제48장, "爲學日益(위학일익)、爲道日損(위도일손)。損之又損(손지우손)、以至於無爲(이지어무위)。無爲而無不爲(무위이무불위)。" [본문 번역]: "학문을 힘쓰는 사람은 날마다 쌓아가지만, 도에 힘쓰는 사람은 날마다 덜어낸다. 덜어내고 또 덜어내면 무위에 이르게 되는데, 무위하면 이루지 못할 것이 없다." ; 노자(老子), ≪도덕경≫ 제3장, "爲無爲(위무위)、則無不治(즉무불치)。" [본문 번역]: "마음을 비우고 인위적으로 행함 없이 자연에 맡겨 다스리면, 한 사람이든 천하든 다스려지지 않을 것이 없다." ; 노자(老子), ≪도덕경(道德經)≫ 제78장, "天下莫柔弱於水而攻堅强者(천하막유약어수이공견강자)、莫之能勝(막지능승)、以其無以易之(이기무이역지)。弱之勝强(약지승강)、柔之勝剛(유지승강)、天下莫不知(천하막부지)、莫能行(막능행)。" [본문 번역]: "세상에 물처럼 약하고 부드러운 것이 없다. 그러면서도 굳세고 강한 것을 이기는 데 물보다 더 나은 것도 없다. 아무것도 물의 본성을 바꾸지 못하기 때문이다. 약한 것이 억센 것을 이기고, 부드러운 것이 단단한 것을 이기는 것을 세상에서 모르는 사람이 없지만, 아무도 실행하지 않는다."

262 Frans J. L. Zegers는 가현설주의, 영지주의, 아리우스주의, 네스토리우스주의 등의 기독교 이단 사상이 꾸란에 영향을 주었다고 주장했다. Frans J. L. Zegers, *Is Allah God* (New York: J. L. Zegers, 2008), 84.

다. 이슬람교가 유일신 사상을 모방하기 때문에 많은 사람들은 이슬람교의 '알라'(Allah)가 성경에 계시된 '하나님'과 동일한 분이라 착각한다. 하지만 이슬람교의 '알라'는 무함마드가 속한 꾸라이쉬 부족의 신 초승달을 지칭한다.[263] 그래서 이슬람교의 종교적 표상이 초승달이라는 사실은 결코 우연이 아니다. 물론 아랍어로 하나님은 '알라'라 번역한다. 하지만 무슬림들이 사용하는 '알라'와 아랍기독교인들이 사용하는 '알라'는 그 뜻이 전혀 다르다.[264] 무슬림들에게 알라는 이신론(理神論)처럼 피조물과는 전혀 무관한 화석화된 비인격적 신 개념에 불과하다. 하지만 아랍기독교인들에게 알라는 인간과 인격적 관계를 맺으시는 성경적 하나님 아버지로 이해된다.[265]

무함마드는 가브리엘 천사로부터 알라의 메시지를 직접 계시 받아 암송하여 그대로 기록했는데, 그것이 ≪꾸란(Qur'an)≫이라고 주장했다. 그래서 아랍어로 꾸란이란 '암송'을 뜻한다. 무슬림은 ≪꾸란≫의 저자가 알라이기 때문에 오류가 있을 수 없다고 한다. 하지만 그들의 주장과는 달리 ≪꾸란≫은 내용상 일관성이 없고 신구약 성경을 두서없이 인용하여 복음을 왜곡하였으며, 심지어 문법적으로도 제대로 된 문장 하나

---

263 Robert Morey, *The Islamic Invasion* (Eugene: Harvest House Publishers, 1992), 62-64.

264 김동문, 『이슬람 신화 깨기, 무슬림 바로보기』 (서울: 홍성사, 2005), 86-87.

265 "아랍기독교인들이 하나님을 지칭하는 단어로 '알라' 보다는 '주님'(Lord)을 의미하는 '랍'(Rabb)이라는 단어를 더 선호한다. 아랍기독교인은 기독교적 아랍어 관용어법을 주로 사용하기 때문에, 아랍인이지만 그가 무슬림인지 기독교인인지 쉽게 구분할 수 있다." 김동문, 『이슬람 신화 깨기, 무슬림 바로보기』, 64-67.

를 찾기 힘들 정도로 조잡하다. 그리고 알라가 진정 성경에 계시된 하나님이라면 성경에 대립되는 구원관을 계시하고 기독교인을 적대시 할 수 있는가?[266] 한편 이슬람에서는 '성경 변질론'을 '타흐리프 교리'(tahrif)라 부른다. 곧 유대인과 기독교인이 성경의 단어들에 부정확한 의미를 부여하거나 쓰인 단어들을 변경하여 성경을 위조하였다고 주장한다.[267] 무슬림들이 '타흐리프 교리'를 주장하는 이유는 '무함마드가 최후의 선지자요 그를 통해 계시된 ≪꾸란≫은 이전 계시를 완성하는 최종적 권위를 지닌다'고 믿기 때문이다. 뿐만 아니라 '예수 그리스도의 신성,' '삼위일체론,' '예수님의 십자가와 부활 사건' 등의 성경적 진리와 이를 부정하는 ≪꾸란≫이 양립할 수 없기 때문에 이슬람은 성경 변질론을 내세울 수밖에 없다.[268]

---

266 ≪Bukhari≫ Vol. 9, 395, "Then it will be said to the Christians, 'What did you used to worship?' They will reply, 'We used to worship Messiah, the son of Allah.' It will be said, 'You are liars, for Allah has neither a wife nor a son. What do you want now?' They will say, 'We want you to provide us with water.' It will be said to them, 'Drink,' and they will fall down in Hell (instead)." [본문 번역]: "기독교인들은 이런 말을 듣게 될 것이다: '너희는 누구를 숭배하였느냐?' '저희들은 알라의 아들이신 메시아를 숭배하였나이다'라고 답할 것이다. '너희들은 거짓말을 하고 있다. 알라에게는 아내도 아들도 없다. 이제 너희가 원하는 것은 무엇이냐?' 그들은 '우리에게 물을 주옵소서'라고 대답할 것이다. 그들에게 '마셔라'는 소리가 들리겠지만, 그들은 마시는 대신 지옥으로 떨어지게 될 것이다."

267 Norman Geisler & Abdul Saleeb, *Answering Islam: The Crescent in Light of the Cross* (Grand Rapids: Baker Books, 2002), 215.

268 김대욱, 『이슬람의 성경 변질론』 (서울: CLC, 2009), 21-44,82,101.

B

원시복음

본 단원에서 먼저 구약성경에 계시된 '원시복음'을 다루려고 한다. 이 말은 신약성경에서 선포된 그리스도의 복음뿐만 아니라, 아담과 하와가 타락하자마자 하나님이 복음을 주셨는데 그것을 신학자들은 '원시복음'(原始福音: 최초의 복음)이라 칭하였다. 그러니까 신약시대만이 아니라 구약시대에도 복음이 인간 타락 직후부터 있었던 것이다. 이것은 어느 시대에도 인류가 복음 없이 구원의 기회를 갖지 못한 채 멸망에 방치된 적이 없음을 나타낸다. 그리고 바벨탑 사건 이후 인간은 '원시복음'을 가지고 전 세계로 흩어졌다. 본 연구자는 원시복음의 증거를 중국 상고시대의 '한자 원형'과 '국경 제사'를 통하여 발견하였다. '한자 원형'은 창세기 1～3장에 기록된 인간 창조와 타락 및 구속을 설명하고 있다. 그리고 '국경 제사'는 황제가 희생제물을 드리며 낭송하던 송축문을 통해 샹띠가 성경에 계시된 하나님과 동일한 인격적 하느님이심을 증명하였다.

뿐만 아니라 본 연구자는 원시복음을 통하여 상고시대로부터 한민족이 믿어오던 하느님이 성경에 계시된 인격적 하나님이심을 알게 되었다.

1. 구약성경에 계시된 원시복음

창세기 3:1-14에 보면 첫 사람 아담과 하와의 타락 이야기가 기록되어 있다. 그리고 타락 즉시 하나님은 인류 구속의 복음을 아담과 하와에게 약속하신다. 특히 창세기 3:15을 순교자 저스틴(Justin the Martyr, A.D.100~165)과 이레나이우스(Irenaeus, A.D.140~203) 같은 교부들은 구약성경에 최초로 등장하는 메시아 예언이라는 취지에서 인류에게 선포된 '최초의 복음'이라는 뜻으로 '원시복음'(原始福音, the Protevengelium)이라 칭하였다.[269] 또한 구약신학자 데렉 키드너(Derek Kidner, 1913~2008)는 원시복음을 '최초로 비치는 희미한 복음의 빛'이라 불렀다.[270]

---

269 Several of the early Church fathers, such as Justin Martyr(160A.D.) and Irenaeus(180A.D.) regarded this verse "as the Protoevangelium, the first messianic prophecy in the Old Testament." Gordon J. Wenham, *Word Biblical Commentary: Genesis 1-15* (Nashville, Tennessee: Thomas Nelson publishers, 1987), 80-81.

270 Old Testament scholar Derek Kidner describes the Protevangelium as "the first glimmer of the gospel." Derek Kidner, *Genesis: An Introduction and Commentary* (Downers Grove, Illinois: IVP, 1967), 70.

창세기 3:15, "내가 너로 여자와 원수가 되게 하고 네 후손도 여자의 후손과 원수가 되게 하리니 여자의 후손은 네 머리를 상하게 할 것이요 너는 그의 발꿈치를 상하게 할 것이니라."

창세기 3:15에서 '너'는 사탄(계20:2)을, '여자'는 포괄적으로 정의한다면 하나님의 구속 경륜에서 중심축을 이루어 인류 역사 전체에 걸쳐 하나님의 영광을 나타낼 신구약의 이스라엘 민족을 의미한다(계12:1). 하지만 '여자'를 구체적으로 정의한다면, 이스라엘 민족 가운데서 '메시아를 대망 하는 하나님의 언약 백성 공동체'(the believing covenant–messianic community) 즉 '남은 자'(the remnants, 사1:9,4:3–6,10:20–22;옵1:17–21)를 의미한다. 그리고 '너의 후손'은 적그리스도(살후2:3–8) 혹은 적그리스도의 영을 지닌 마귀의 자녀들(요일4:3⇒마13:38;요일3:10)을, '여자의 후손'은 예수 그리스도(계12:5⇔갈4:4) 혹은 예수 그리스도께 순종하는 하나님의 자녀들(계12:17)을 가리킨다. 또 본문에서 "내가 너로 여자와 원수가 되게 하고"란 흠정역(KJV)에 따르면 "내가 너와 여자 사이에 증오를 놓을 것이다"[271] 곧 '내가 너와 여자 사이에 증오를 품게 할 것이다'란 뜻이다. 여기서 '증오'(에바 אֵיבָה)는 목숨을 걸고 싸울 수밖에 없는 철천지원수(徹天之怨讎)에게 품은 삭힐 수 없는 깊은 원한을, "되게 하고"는 '쉬트'(שִׁית)의 미완료형으로 증오를 가슴 속에 계속 품고 있는 것을 가리킨다. 그리고 '머리를 상하게 한다'는 것은 '머리를 뭉갠다'("He will crush your head," NLT譯)란 뜻으로 상대방에게 치명적

271 "I will put enmity between thee and the woman." KJV譯.

인 공격을 가하여 회생불가능하게 만든다는 의미이다. 한편 '발꿈치를 상하게 할 것이다'란 상대방에게 치명적이지 않은 타격만 가하게 될 것을 의미한다. 여기서 '상하게 할 것이다'가 양쪽 모두 미완료형으로 사용되어 그 상하게 하는 일을 집요하게 멈추지 않고 지속적으로 하여 상처를 입힐 것이라는 것이다.

신학자들은 창세기 3:15을 원시복음이라 일컫는다. 그런데 이상하게도 창세기 3:15에는 기쁜 소식의 그림자조차 볼 수 없고 하나님과 마귀의 격돌만 묘사될 뿐이다. 복음이란 상식적으로 '기쁜 소식'을 의미하는 것이 아닌가? 오늘날 현대 기독교인들이 이해하고 있는 복음이라는 개념은 적어도 우리에게 행복과 복을 가져다주는 즐거운 소식이다. 그런데 왜 창세기 3:15에 언급된 원시복음은 읽는 이로 하여금 섬뜩함을 느끼게 할 정도로 기분 언짢게 하는 두 세력의 극한 갈등과 투쟁만을 언급하고 있는 것일까? 인간의 관점으로 평가해 볼 때, 창세기 3:15에 계시된 원시복음은 인류 구속의 기쁜 소식을 전해주기 보다 영적 전쟁의 치열함과 처절함을 여과 없이 우리에게 전달해 주고 있다. 빛과 어두움, 하나님과 사탄 진영 사이의 끝장 보기 대쟁투를 묘사해 주고 있는 것이다. 여기서 우리가 깊이 깨달아야 할 중요한 사항은 인간 구원은 흔히 생각하는 것처럼 낭만적인 축제로의 초청이 아니라 생사를 건 영적 전쟁을 통하여 시작되고 진행되며 완성된다는 것이다. 즉 인류 구속사는 하나님과 사탄 사이에서 벌어지는 대쟁투(大爭鬪)의 역사인 것이다. 구속사의 이런 관점을 파악하지 못한다면 복음을 단지 본회퍼(Dietrich

Bonhoeffer, 1906~1945)의 책 『제자도의 대가』(*The Cost of Discipleship*, 1937)에서 묘사한 것처럼 '값싼 은혜'(cheap grace)로 오해하게 될 것이다.

이러한 영적 전쟁은 인간의 타락 이후부터 시작하여 구속사가 완성되어 영원천국이 시작되기 직전까지 계속될 것이다. 물론 하나님과 사탄 사이의 영적 전쟁은 구약시대 내내 있어왔지만, 영적 전쟁의 절정은 그리스도의 초림에서 그리스도의 재림까지 이루어질 것이다: 에베소서 6:12, "이 전쟁은 운동경기를 한 후 그 자리를 떠나 곧 잊어버릴 수 있는 동네 운동회가 아니다. 이것은 사단과 그의 졸개들을 대항하여 죽느냐 사느냐 사생결단 날 때까지 계속 해야 하는 싸움이다."(Msg譯)[272] 창세기 3:15이 바로 이런 영적 전쟁을 묘사하고 있는 것이다. 유념해야 할 사항은 복음 전파가 영적 전쟁을 통하여 진행된다는 것이다. 따라서 '복음 전파'와 '영적 전쟁'은 밀접한 관계가 있다: 데살로니가전서 2:2, "너희가 아는 바와 같이 우리가 빌립보에서 고난과 능욕을 당하였으나 우리 하나님을 힘입어 많은 싸움 중에 하나님의 복음을 너희에게 전하였노라." 복음 전파로 말미암은 영적 전쟁을 통하여 영혼이 사탄에게서 하나님께로 구원을 받게 되는 것이다: 사도행전 26:18, "그 눈을 뜨게 하여 어둠에서 빛으로, 사탄의 권세에서 하나님께로 돌아오게 하고 죄 사함과 나를 믿어 거룩하게 된 무리 가운데서 기업을 얻게 하리라 하더

---

272 "This is no afternoon athletic contest that we'll walk away from and forget about in a couple of hours. This is for keeps, a life-or-death fight to the finish against the Devil and all his angels." Msg譯.

이다.”

뿐만 아니라 흔히 복음이라 하면 기쁜 소식만을 생각하기 쉬우나 복음을 거절하는 사람들에게 복음은 오히려 슬픈 소식이 된다(살후1:7-9). 그래서 이사야서 61:2은 메시아의 사역을 언급하면서 ‘은혜의 해’(구원의 날)와 ‘신원의 날’(멸망의 날)이라는 상호 모순되는 말을 병렬로 언급한 것은 메시아의 도래가 ‘의인의 구원’과 ‘악인의 심판’이라는 이중적 의미를 내포하고 있기 때문이다(마3:12,13:40-43,47-49). 예수님께서 누가복음 4:16-21에서 ‘은혜의 해’만을 언급한 것은 초림하실 메시아의 주된 사역이 심판이 아닌 구원에 초점 주어져 있었기 때문이다(요3:17,12:47). 그래서 창세기 3:15의 원시복음은 ‘초림하실 구속주 메시아’뿐만 아니라 ‘재림하실 심판주 메시아’도 함축하고 있다. 그리고 원시복음뿐 아니라 그리스도를 통하여 전파되는 복음 역시 이중적 측면으로 구성되어 있음을 인식할 필요가 있다(말3:1-6,16-18,4:1-3⇒요3:16-18;고전1:18). 말라기서 3:2-5에서는 장차 메시아가 임하실 때 어떤 일이 벌어질지를 다룬다. 이들 구절들을 살펴보면 말라기 선지자가 메시아의 초림과 재림을 구분하지 않고 있다. 본 단락의 예언 문구들에는 메사아의 초림과 재림 때 발생할 사건들이 혼재되어 있다. 이를 예언의 복합성(complexity) 혹은 다중성(multiplicity)이라 한다.[273]

하나님과 사탄 사이의 투쟁에서 매우 중요한 변수가 있다. 그것은 바

273 “말3:2-5,” 『옥스퍼드 원어성경대전』 (서울: 제자원, 2008).

로 인간이다. 인간은 하나님 편에 설 수도 사탄 편에 설 수도 있다. 하나님 편에 서면 '여자의 후손' 곧 '하나님의 자녀'가 되는 것이고 사탄 편에 서면 '마귀의 후손' 곧 '마귀의 자녀'가 되는 것이다(요8:44;요일3:10). 창세기 3:15의 원시복음이 하나님의 자녀들에게는 '기쁜 소식'이 될 것이고, 마귀의 자녀들에게는 '슬픈 소식'이 될 것이다. 고린도후서 2:15-16은 이와 동일한 개념을 우리에게 전달해 주고 있다: "우리는 구원 받는 자들에게나 망하는 자들에게나 하나님 앞에서 그리스도의 향기니 이 사람에게는 사망으로부터 사망에 이르는 냄새요 저 사람에게는 생명으로부터 생명에 이르는 냄새라 누가 이 일을 감당하리요." 본문에서 바울에 의해 선포된 복음의 향기는 그 자체로 두 가지 효과를 나타낸다는 것이다. 그것은 죽음 아니면 생명이라는 양자택일적이며 대립적인 효과이다. 다시 말해서 복음을 거절하는 사람들에게는 그 결과가 죽음인 반면, 복음을 수용하는 사람들에게는 그 결과가 생명인 것이다. 그래서 그리스도의 향기가 복음을 거부하는 자들에게는 죽음의 악취로, 복음을 수용하는 자들에게는 생명의 향기가 된다(롬9:33;고전1:18).

그런 측면에서 성경은 인간에게 '위협적'인 책이다. 성경은 인간 내면 깊숙이 파고 들어와 인간의 실체를 드러내며(히4:12–13) 생명과 사망 가운데 양자택일의 선택을 강요하기 때문이다(신30:15–20). 토라(Torah)가 그 말씀에 순종하는 자들에게는 생명으로 인도하는 '약'(medicine)이 되지만, 불순종하는 자들에게는 사망으로 몰아가는 '독'(poison)이 된다(롬7:10).[274] 이와 마찬가지로 예수 그리스도가 믿고 순종하는 자들에게는 구원의 근원이 되지만, 믿지 않고 불순종하는 자들에게는 멸망의 근원이 되신다(사8:14-15;마21:42-44;눅20:17-18;롬9:33;벧전2:6-8). 신명기 32:2에 대한 구전율법 미드라쉬(Midrash)의 해석은 매우 흥미롭다: 신명기 32:2, "내 교훈은 비처럼 내리고 내 말은 이슬처럼 맺히나니 연한 풀 위의 가는 비 같고 채소 위의 단비 같도다." 본문 "내 교훈은 비처럼 내리고"("My doctrine shall drop as the rain," KJV譯)에서 "내리고"로 번역된 히브리어 '야아로프'(יצרף)의 원형 '아라프'(צרף)는 언약백성들에게 임하는 하나님의 은혜와 복을 의미하지만(신33:28, "his heavens shall drop down dew," KJV譯), '짐승의 목을 꺾다'(출13:13, "then thou shalt break his neck," KJV譯) 혹은 '우상의 제단을 헐다'(호10:2, "he shall break down their altars," KJV譯) 등 하나님의 진노와 저주를 함축하기도 한다.[275] 따라서 본문은 다음과 같이 의역될 수 있다: "토라의 말씀을 실행하면, 그 말씀은 너에게 생명이 될 것이다. 하지만 토라의 말씀을 실행하지 않으면, 그 말씀은 너를 죽일 것이다"(요12:47-50).[276]

---

274 "But if you do not do the words of Torah for their own sake they kill you." The law may thus bring about death – but only to one who obeys it for the wrong motives. If Paul sometimes regards the law as poison, the Rabbis regard it as a medicine which can be wrongly applied. The law likewise brings death to those who do not fulfil it or to the peoples who did not accept it when it was given." Heikki Raisanen, *Paul and the Law*, 2nd Edition (Eugene, Oregon: Wipf & Stock Pub, 2010), 159.

275 "צרף #6438," Thoralf Gilbrant, ed., *The Complete Biblical Library* (Springfield, Missouri: R. R. Donnelley and sons Company, 1986).

276 R. Benaiah would say, "If you carry out the teaching of the Torah for their own sake, the teachings of the Torah will alive for you. For it is said, 'For they are life to those that find them'(Prov.4:22). But if you do not carry out teachings of the Torah for their own sake, they will kill you. For it is said, 'My doctrine shall drop as the rain.' And the word for 'drop' yields the sense of 'killing,' in line with its usage in the following verse:

창세기 3:15을 통하여 우리가 이해하게 되는 복음의 기본적 특성은 빛과 어두움 사이의 '타협'이나 '혼합'이라는 개념이 들어설 여지가 전혀 없다는 사실이다. 빛의 편 아니면 어두움 편, 하나님 편 아니면 마귀 편에 서야 하는 것이다(고전10:20-22;고후6:14-7:1). 더욱이 중립지대란 존재하지 않는다: 마태복음 12:30, "이것은 전쟁이다. 중립지대란 존재하지 않는다. 너희가 만일 내 편에 서있지 않는다면, 너희는 나의 적이다. 너희가 나를 지금 돕지 않는다면, 너희들은 사태를 더 악화시키고 있는 것이다." ("This is war, and there is no neutral ground. If you're not on my side, you're the enemy; if you're not helping, you're making things worse." Msg譯). 창세기 3:15에 계시된 동일한 영적 원리가 구속사 전체에 그대로 적용된다. 복음을 수용하면 구원 얻고 거부하면 멸망한다. 거기에는 타협이나 혼합의 여지가 없다. 그것이 성경의 준엄한 가르침이다.

누가복음 12:49-53은 바로 이런 교훈을 예수 그리스도가 가장 잘 묘사해 주고 있다. 누가복음 12:49-53, "내가 불을 땅에 던지러 왔노니 이 불이 이미 붙었으면 내가 무엇을 원하리요 나는 받을 세례가 있으니 그것이 이루어지기까지 나의 답답함이 어떠하겠느냐 내가 세상에 화평을 주려고 온 줄로 아느냐 내가 너희에게 이르노니 아니라 도리어 분쟁하게 하려 함이로라 이후부터 한 집에 다섯 사람이 있어 분쟁하되 셋이

'And he shall break the heifer's neck there in the valley.'(Dt.21:4)." Jacob Neusner, *Theology of the Oral Torah: Revealing the Justice of God* (Quebec, Canada: McGill-Queen's University Press, 1999), 442.

둘과, 둘이 셋과 하리니 아버지가 아들과, 아들이 아버지와, 어머니가 딸과, 딸이 어머니와, 시어머니가 며느리와, 며느리가 시어머니와 분쟁하리라 하시니라." 본문은 하나님 나라의 도래와 더불어 하나님의 왕국과 사탄의 왕국 사이에 격렬한 투쟁이 전개될 것을 시사해준다. "내가 불을 땅에 던지러 왔노니 이 불이 이미 붙었으면 내가 무엇을 원하리요"(49절)에서 "불"은 본문 전체의 맥락을 통하여 해석하면 성령님의 불이 아니라 신자와 불신자 사이에 조성되는 '적대감,' 그리고 갈등으로 인한 성도들의 '고난,' 더 나아가 둘 사이의 완전한 분리를 통한 불신자들의 '심판'(요3:18,9:39)을 모두 함축한다. 더욱이 '불이 붙었다'(아넵데 ἀνήφθη, it is kindled, 부정과거형)의 용법은 현재 시점에서 투쟁이 예수님과 그의 제자들에게 적용될 뿐 아니라(눅12:52, "이후부터," 예수님께서 말씀하시는 현재적 시점부터), 미래에 그 투쟁은 더욱 결렬해질 것을 함축하고 있다.

그리고 "나는 받을 세례가 있으니 그 이루기까지 나의 답답함이 어떠하겠느냐"(50절)란 말씀에서 "세례"는 앞 절의 "불"과 연계하여, 처절한 투쟁의 선봉에 서 계신 예수님이 받으실 대속적 고난과 죽음을 나타낸다. 그리고 십자가에서 구속사역이 완성되면 권능으로 하나님 나라가 마귀로부터 돌이키는 심령들에 임하면서 빛과 어두움의 왕국 사이에 처절한 투쟁과 분리가 진행될 것을 나타낸다. 본문의 "이루기"로 번역된 '텔레스데'(τελεσθῆ)의 원형 '텔레오'(τελέω, to complete, accomplish, finish, 계10:7)는 '이루다'란 뜻으로 '완전한 성취'를 가리킨다. 요한복음 19:30의 "다 이루었다"와 동일한 단어이다. 이것은 누가복음 12:51-53에서 더 확실해진다. 본문은 복음과 세상과의 투쟁을 가족 간의 "분쟁"(디아메리스모스 διαμερισμὸς, division, dissension; 마10:34에서는 "검"으로 대치)으로 묘사하고 있다. 여기서 "분쟁"으로 번역된 '디아메리스모스'는 단순한 '다툼' 정도가 아니라 둘 사이의 '완전한 분리'를 의미한다. 따라서 ≪개역개정한글성경≫의 "분쟁"이란 표현은 '분리'로 이해하는 것이 원어성경의 뜻에 더 근접하다.

1) 원시복음 안에 있는 초림하실 구속주. 창세기 3:15에서 "여자의 후손은 네 머리를 상하게 할 것이요"는 그리스도가 십자가에서 마귀의 권세를 멸하실 것이란 의미이다. 이것은 다음의 성경 구절들을 통해 뒷받침된다: 요한일서 3:8, "… 하나님의 아들이 나타나신 것은 마귀의 일을 멸하려 하심이니라." 골로새서 2:15, "통치자들과 권세들을 무력화하여 드러내어 구경거리로 삼으시고 십자가로 그들을 이기셨느니라." 히브리서 2:14, "하나님의 자녀들인 우리는 피와 살을 가진 인간입니다. 예수께서도 피와 살을 가진 인간의 모습으로 나셨습니다. 그것은 자신의 죽음을 통해서 죽음의 권세를 가진 악마의 세력을 쳐부수기 위한 것입니다."(현대어성경). 따라서 창세기 3:15의 원시복음은 예수 그리스도의 속죄사역을 통한 마귀에 대한 승리를 함축하고 있다(요12:31,16:11). 인간이 타락하자마자 하나님은 저들을 죄에서 구원할 구주(救主)를 약속했고 아담과 하와는 장차 도래할 구속주를 믿었다. 타락한 아담에게 '원시복음'이 주어진 이후(창3:15) 즉시 그리고 에덴동산에서 추방(창3:22-24) 당하기

직전, 아담은 단순히 '여자'(이샤 אִשָּׁה 창3:12)로 부르던 자기 아내의 이름을 갑자기 '생명'(life)이란 뜻을 지닌 '하와'(하와 חַוָּה 창3:20)라는 의미심장한 이름을 주었다. '하와'는 '살다'(to live, to remain alive)란 의미의 '하야'(חָיָה)에서 유래했다. 이것은 하나님의 구원 약속에 대한 믿음의 고백이었다.[277] 즉 이것은 생명으로 사망을 이길 것이라는 믿음의 표현으로서, 그 이후 '하와'라는 이름은 아담에게 하나님의 '은혜언약'을 지속적으로 되새기게 만들었다.[278]

이처럼 아담이 구속주에 대해 믿음으로 반응하자 하나님은 초림하실 구속주의 속죄사역을 창세기 3:21에서 아담에게 좀 더 구체적으로 실례를 들어 교훈 하신다: "여호와 하나님이 아담과 그의 아내를 위하여 가죽옷을 지어 입히시니라"는 기록을 통하여 하나님은 죄로 오염된 아담과 하와의 벌거벗은 몸을 온전히 가리기 위해 짐승을 죽여 가죽옷을 입히심 같이, 구속주가 피를 흘려 죽어야 아담과 하와의 죄 문제를 해결할 수 있음을 가르치신다. 본문은 타락 이후 인간이 만들어 입은 옷(창3:7)과 극명한 대조를 이룬다. 무화과 나뭇잎으로 만든 옷은 엉덩이 둘레만을 가리는 '치마'였다. 하지만 여기서 치마를 뜻하는 '하고라'(חֲגוֹרָה)는 '띠를 띠다'(출12:11)라는 뜻의 '하가르'(חָגַר to gird)에서 유래했기 때문에 '앞치마 같은 허리 띠'("apronlike girdles," AmpB譯)를 의미한다. 따라서 이것을 '앞치

277 구약성경 70인역은 '하와'란 고유 명사 대신 '생명'을 뜻하는 헬라어 '조에'(ζωή)로 적었다.

278 "reminder of the promise of God's grace." Franz Julius Delitzsch, *The Old Testament History of Redemption* (Edinburgh: T. and T. Clark Publishers, 1881), 26.

마'("aprons," KJV譯) 혹은 '가리게'("coverings," NIV譯) 등으로 번역할 수 있다. 반면 본문에서 하나님이 가죽으로 만든 "옷"(케토네트 כְּתֹנֶת)은 무릎까지 온 몸을 감쌀 수 있는 '겉옷'("coats," KJV譯) 혹은 '외투'("garments," NIV譯)였다(롬 13:14;갈3:27;엡4:24;골3:10). 본문은 인간이 만든 종교로 구원이 불가능함을 시사한다(自力救援). 구원은 오직 하나님이 마련하신 방법에 의해서만 가능함을 본문은 강력히 증거 한다(他力救援).

『아담과 이브의 사탄과의 투쟁』(*The Conflict of Adam and Eve with Satan*)이란 책에 보면 '초림하실 구속주'가 피 흘림을 통해 인류에게 속죄의 길을 열 것임을 감동적으로 설명해 주고 있다. 이집트 저자로 알려져 있는 『아담과 이브의 첫 번째 책: 아담과 이브의 사탄과의 투쟁』(*The First Book of Adam and Eve also called The Conflict of Adam and Eve with Satan*)은 『성경의 잃어버린 책들과 에덴의 잊힌 책들』(*The Lost Books of the Bible and The Forgotten Books of Eden*, 1926)에 수록되어 있는 글로서, 그리스도의 성육신과 속죄사역에 대한 예언을 다루고 있는 중요한 고대 문서이다. 원 저작은 아라비아어로 쓰였으며, 나중에 에티오피아어로 번역되었다가 뮌헨(Munich) 대학교의 트럼프(Ernest Trumpp, 1828~1885) 교수에 의하여 다시 영어로 번역되었다. 다음은 아담과 하와가 타락하여 에덴동산에서 추방당한 후 그리스도의 성육신과 속죄사역에 관한 예언을 본 연구자가 번역하였다.[279]

---

279 Rutherford H. Platt, ed., "The Conflict of Adam and Eve with Satan," *The Lost Books of The Bible and The Forgotten Books of Eden* (Pittsburgh, Pennsylvania: Alpha House, Inc., 1926), 12-17.

아담이 하나님께 다시 에덴동산에 들여보내 달라고 간청하였다. 그러자 주 하나님께서 말씀하셨다: "내가 너에게 약속을 분명히 했지. 그 언약이 성취되었을 때 너뿐만 아니라 너의 의로운 후손들까지 천국 낙원으로 이끌겠노라." (Then Adam said unto God: "O Lord, take Thou my soul, and let me not see this gloom any more; or remove me to some place where there is no darkness." But God the Lord said to Adam, "verily I say unto thee, every day I have determined for thee, until the fulfillment of My covenant; when I will save thee and bring thee back again into the garden, into the abode of light thou longest for, wherein in no darkness. I will bring thee to it—in the kingdom of heaven."). 그러고 나서 다시 하나님은 아담에게 말씀하셨다: "범죄 했기 때문에 너희에게 닥친 이 모든 재앙은 너희를 사탄의 손아귀에서 구원해 주지 못한다. 그러나 내가 너희를 구원해 주겠다. 내가 하늘에서 내려와 너희 인간 후손의 육체를 입게 되는 날 네가 겪고 있는 연약함을 내가 대신 짊어지고 이 동굴 속에서 네가 겪고 있는 어두움을 내가 대신 무덤 속에서 감당하겠노라! 그리고 영원한 나는 너를 구원하기 위해 이 땅에 태어나 인간의 아들 중 하나로 여겨지리라." (Again said God unto Adam, "All this misery that thou hast been made to take upon thee because of thy transgression, will not free thee from the hand of Satan, and will not save thee. But I will. When I shall come down from heaven, and shall become flesh of thy seed, and take upon Me the infirmity from which thou sufferest, then the darkness that came upon thee in this cave shall come upon Me in the grave, when I am in the flesh of thy seed. And I, who am without years, shall be subject to the reckoning of years, of times, of months, and of days, and I shall be reckoned as one of the sons of men, in order to save thee.").

… 그러자 아담과 하와는 하나님의 말씀을 듣고 슬피 울었다. 왜냐하면 그들에게 약속하신 기한이 찰 때까지 낙원으로 돌아갈 수 없어서가 아니라, 하나님께서 그들을 구원하기 위하여 고난을 당하셔야 한다는 사실 때문이었다. (Then Adam and Eve wept and sorrowed by reason of God's word to them, that they should not return to the garden until the fulfillment of the days decreed upon them; but mostly because God had told them that He should suffer for their salvation.). … 그러고 나서 하나님의 말씀(the Word of God: 譯者註, 성육신 이전의 예수 그리스도)이 아담에게 임하여 말씀하셨다. "오, 아담아! … 내가 너를 위하여 이 땅에 제단을 쌓고 그 위에서 나의 피를 흘려 죽을 것이다. 네가 짐승의 피를 통하여 죄 용서를 내게 간청한 것처럼 내 피로 네 죄를 용서하고 그 죄과를 모두 제하여 버릴 것이다. … 내 약속이 성취되는 날, 나는 너와 네 후손들에게 자비를 베풀어 너희들을 기쁨의 땅, 슬픔과 고통이 없고 영원한 기쁨과 즐거움만 있는 빛이 가득 찬 아름다운 낙원으로 너희를 영접할 것이다." (Then came the Word of God to Adam, and said unto him, "O Adam, ... will I shed My own blood when I become flesh of thy seed; and ... O Adam, so also will I die. And as thou didst build an altar, so also will I make for thee an altar on the earth; ... will I offer My blood upon an altar on the earth. And as thou didst sue for forgiveness through that blood, so also will I make My blood forgiveness of sins, and blot out transgressions in it. ... And now, behold, I have accepted thy offering, O Adam, but the days of the covenant, wherein I have bound thee, are not fulfilled. When they are fulfilled, then will I bring thee back into the garden.").

우리는 여기서 인간 타락 초기부터 피 흘림을 통한 속죄복음이 전파되었음에 주목할 필요가 있다. 다시 말해 '피 흘림 없이는 죄를 용서받을 수 없다'는 히브리서 9:22(레17:11 참조)의 말씀은 인류 구원을 위해 하나님이 정해 놓으신 단 하나의 길인 것이다. 따라서 하나님은 각 시대마다 인간 구원의 방식을 달리하시지 않는다. 인류 타락 초기부터 천년왕국 시대에 이르기까지 이 땅에서 진행되는 하나님의 인간 구원 방식은 일관된다. 즉 하나님의 은혜로 하나님이 계시해 주신 구속주에 대한 믿음을 통하여 구원해 주시는 것이다.[280] 성경에는 기록이 없지만 아담이 타락한 초기부터 하나님의 지시에 따라 속죄(贖罪)를 위해 희생 제사를 드렸음이 분명하다. 그리고 피 흘림을 통한 속죄복음이 아담과 하와를 통해 후손들에게 전해졌다는 사실에 우리는 주목할 필요가 있다. 놀라운 사실은 이러한 희생제사 제도가 이스라엘 백성들에게 율법의 수여와 더불어 주어진 유대교의 독특한 종교 예식(출20:24)이 아니라 인류가 타락한 즉시부터 시행되었던 보편적 의식(儀式)이었다는 것이다.[281] 구약시대에

280 "The principle may be stated here that in every age of human history God saves people in the same way — by His grace through salvational faith in the divine revelation about the Redeemer." Floyd H. Barackman, *Practical Christian Theology* (Grand Rapids: Kregel Publications, 1992), 365-367; Howard A. Hanke, *The Thompson Chain-Reference Bible Survey* (Texas: Word Books Publisher, 1981), 93-116.

281 창8:20,12:7-8,13:4,18,22:9,26:25,33:20,35:1,3,7. 본문의 "제단"(壇, altar)을 지칭하는 '미즈베아흐'(מִזְבֵּחַ)는 구약성경에 403회 사용되었다. 특히 '미즈베아흐'는 '하나님께 제물로 드리기 위해 동물을 도살하다'를 뜻하는 동사 '자바흐'(זָבַח to slaughter, to sacrifice, 창31:54)에서 유래된 명사형 단어이다. 따라서 '제단'은 하나님께 피 제사를 드리기 위해 돌로 쌓아 올린 단이다. "מִזְבֵּחַ #4326," *The Complete Biblical Library*.

이러한 피 제사를 하나님이 인간들에게 반복적으로 계속 요구하신 이유는 하나님이 피를 좋아하시거나 피에 굶주린 분이기 때문이 아니라, 타락한 인류는 죄에 대한 형벌로 반드시 죽어야 한다는 하나님의 공의와 인간의 죄를 대신하여 동물이 피를 흘려 죽임을 당하게 한다는 하나님의 자비를 가르치기 위해서이다.[282] 더 나아가 구약의 희생제사는 속죄제물로 오실 '구속주'(the coming Redeemer)를 믿을 수 있도록 하기 위해서였다(고전5:7;히9:11-22). 그러므로 구약 성도들은 속죄 제물로 오실 구속주에 대한 믿음을 가지고 있었기 때문에, 신약 성도들처럼 하나님의 은혜로 말미암아 초림 하실 메시아를 믿어서 구원을 받았다.

2) 원시복음 안에 있는 재림하실 심판주. 창세기 3:15의 '원시복음'은 이중적 측면 즉 '초림(初臨)하실 구속주'와 '재림(再臨)하실 심판주'를 내포하고 있다. 이렇듯 우리는 창세기 3:15의 '원시복음'에서 초림하실 구속주의 사역뿐 아니라 재림하실 심판주의 사역을 보게 된다: "내가 너로 여자와 원수가 되게 하고 너의 후손도 여자의 후손과 원수가 되게 하리니 여자의 후손은 네 머리를 상하게 할 것이요 너는 그의 발꿈치를 상하게 할 것이니라." 본문에서 "여자의 후손은 네 머리를 상하게 할 것이요"란 구절은 초림하실 구속주의 속죄사역을 통해 죄로 인한 마귀의 권세를 멸한다는 의미만 함축하고 있는 것이 아니다. 이 구절은 그리스

---

282 Jasper Huffman, *The Messianic Hope in Both Testaments* (Buter, Indiana: The Higley Press, 1945), 76.

도의 재림 때에 심판주로서 마귀를 추종하는 악인들을 멸함으로 성취된다: 데살로니가후서 1:7-9, "주 예수께서 자기의 능력의 천사들과 함께 하늘로부터 불꽃 가운데에 나타나실 때에 하나님을 모르는 자들과 우리 주 예수의 복음에 복종하지 않는 자들에게 형벌을 내리시리니 이런 자들은 주의 얼굴과 그의 힘의 영광을 떠나 영원한 멸망의 형벌을 받으리로다." ; 데살로니가후서 2:8, "그 때에 불법한 자가 나타나리니 주 예수께서 그 입의 기운으로 그를 죽이시고 강림하여 나타나심으로 폐하시리라."(계19:20). 더욱이 "여자의 후손은 네 머리를 상하게 할 것이요"란 구절은 궁극적으로 천년왕국이 끝나 영원천국이 도래하기 직전에 마귀를 지옥에 멸하는 것까지 포함한다: 요한계시록 20:10, "또 그들을 미혹하는 마귀가 불과 유황 못에 던져지니 거기는 그 짐승과 거짓 선지자도 있어 세세토록 밤낮 괴로움을 받으리라."

그런데 아담은 '초림주로 오실 구속주 메시아 복음'을 전파하였고, 에녹은 '재림주로 오실 심판주 메시아 복음'을 전파하였다. 유다서 1:14-15에 보면 에녹이 그 당시 사람들에게 메시아의 재림을 선포했음이 기록되어 있다: "아담의 칠대 손 에녹이 이 사람들에 대하여도 예언하여 이르되 보라 주께서 그 수만의 거룩한 자와 함께 임하셨나니 이는 뭇 사람을 심판하사 모든 경건하지 않은 자가 경건하지 않게 행한 모든 경건하지 않은 일과 또 경건하지 않은 죄인들이 주를 거슬러 한 모든 완악한 말로 말미암아 그들을 정죄하려 하심이라 하였느니라."[283] 우리는 에녹이 아담의 7대 후손이란 사실을 간과해서는 안 된다. 에녹은 65

세에 므두셀라를 낳았고(창5:21), 그 후 300년 동안 이 땅에서 신앙생활 하다가 하나님이 에녹을 산 채로 데려가셨다(창5:23-24). 여기서 주목할 사항은 아담이 에녹의 아들 므두셀라와 243년간을 동시대 사람으로 살았는데, 이것은 아담이 죽은 지 57년 후 에녹이 승천했음을 말해준다. 따라서 에녹은 아담과 308년간 함께 동시대에 살았다. 그러니까 아담에게 선포된 창세기 3:15만 원시복음에 속하지 않고, 에녹이 선포한 유다서 1:14-15의 말씀도 원시복음에 포함시켜야 한다. 물론 창세기 3:15에는 '구속주로 오실 초림주 메시아'만이 아니라 '심판주로 오실 재림주 메시아'에 대한 예언과 사역이 함축되어 있지만, 에녹을 통하여 '심판주로 오실 재림주 메시아'에 대한 예언이 추가적으로 강조된 것이다. 그 이유는 무엇일까? 에녹이 살던 시대에 인류의 타락으로 인한 죄악이 관영하기 시작하여 노아의 홍수 때 그 절정을 이룬다. 그래서 아담이 선포하였던 '속죄의 은총'만으로는 인류가 죄에서 돌이키는 것에 대한 영향력이 한계에 다다랐다. 그래서 하나님은 에녹을 통하여 '심판의 경고'를 강조하였던 것이다.

노아 시대의 사람들은 복음이 없어 홍수로 하나님의 심판 받아 멸망한 것이 아니다. 그 당시 사람들은 원시복음에 감추어진 이중적 측면 곧

---

283 유1:14-15은 ≪위경≫ 에녹1서 1:9에서 인용하였다: "And behold! He(the eternal God) cometh with ten thousands of His holy ones to execute judgement upon all, And to destroy all the ungodly: and to convict all flesh of all the works of their ungodliness which they have ungodly committed, and of all the hard things which ungodly sinners have spoken against Him."

아담을 통한 '초림주로 오실 구속주 메시아 복음'과 에녹을 통한 '재림주로 오실 심판주 메시아 복음'을 들었지만 그 복음을 거부하고 무시했기 때문에 멸망당한 것이다: 베드로전서 3:20, "그들은 전에 노아의 날 방주를 준비할 동안 하나님이 오래 참고 기다리실 때에 복종하지 아니하던 자들이라 방주에서 물로 말미암아 구원을 얻은 자가 몇 명뿐이니 겨우 여덟 명이라."; 베드로후서 2:5, "옛 세상을 용서하지 아니하시고 오직 의를 전파하는 노아와 그 일곱 식구를 보존하시고 경건하지 아니한 자들의 세상에 홍수를 내리셨으며." 여기서 노아의 때 홍수로 말미암아 멸망당한 사람들을 베드로전서 3:20은 "복종하지 아니하던 자들"로, 베드로후서 2:5은 "경건하지 아니한 자들"로 묘사하였다. 이 두 구절은 노아의 홍수 시대에 살던 사람들이 하나님의 존재를 믿지 않아서 멸망당한 것이 아니라 하나님의 말씀에 순종하지 않고 옛사람의 본성대로 욕망을 따라 살았기 때문에 멸망당했음을 시사한다. 이처럼 구원과 관련하여 성경은 '순종'(행5:32;롬15:18;히5:9)을 '신앙'(요7:39;행15:7;딤후3:15), '불순종'을 '불신앙'(롬10:16;히3:18-19,11:31)과 동의어처럼 사용하고 있다.[284] 특히 하나님을 향한 순종이란 진심 어린 마음으로 순종(heartfelt obedience)하는 것으로서, 하나님에 대한 온전한 신뢰(absolute confidence)를 바탕으로 그분의 말씀을 경청(harkening)하여 그분의 권위에 온전히 굴복(complete sur-

284 "Faith and obedience are the two legs a Christian walks with." Herbert Lockyer, *All The Promises of The Bible* (Grand Rapids, Michigan: Zondervan Publishing House, 1962), 56.

render)하는 것을 내포한다.[285] 한편 하나님을 향한 불순종(disobedience)은 고의적인 불신(willful unbelief)과 완고함(obstinacy) 및 반역(反逆 rebellion, 삼상15:23)을 함축한다.[286] 그리고 하나님을 향한 '불신앙' 곧 '불순종'은 육욕적 본성을 따르는 경건치 않은 삶으로 표출된다. 그 증거가 창세기 6:3에 기록되어 있다: 창세기 6:3, "여호와께서 이르시되 나의 영이 영원히 사람과 함께 하지 아니하리니 이는 그들이 육신이 됨이라."[287] 본문을 의역하면 '인간은 죄로 말미암아 인간성을 완전히 상실하고 짐승처럼 감

---

285 히11:8, "순종하여"(휘페쿠센 ὑπήκουσεν)의 원형 동사 '휘파쿠오'(ὑπακούω)는 하나님의 명령이나 경고를 심각하게 받아드려 '응답하다'(respond), '대답하다'(answer), '따르다'(follow), '복종하다'(be subject to) 등의 의미를 지닌다. "*Hupakouō* also connotes 'obedience' that comes from 'hearing.' Thus one 'regards' instruction or warning, or one 'submits'." "ὑπακούω #5057," *The Complete Biblical Library*. / 행5:32에서 "순종하는"(페이다르쿠신 πειθαρχοῦσιν)의 원형 '순종하다'를 뜻하는 동사 '페이다르케오'(πειθαρχέω)는 '귀 기울이다'(hearken), '조언을 따르다'(follow the advice), '권위에 순종하다'(obey one in authority), '굴복하다'(submit to) 등으로 번역할 수 있다. 따라서 '페이다르케오'는 동의(consent)뿐 아니라 행동(conduct)을 포함하는 단어이다. "πειθαρχέω #3842," *The Complete Biblical Library*. / 요7:39, "믿는"(피스튜산테스 πιστεύσαντες)의 원형 동사 '피스튜오'(πιστεύω)는 '확신하다'(be convinced of), '신뢰하다'(trust), '의지하다'(rely on) 등을 의미하며, 마음에서 우러나오는 전적 신뢰와 온전한 굴복을 내포하는 단어이다. "*Pisteuō* in the New Testament always concerns believing in God and Christ; therefore, it signifies absolute confidence and trust, complete surrender, and heartfelt obedience. Any disobedience is caused by unbelief; (cf. the Greek word for unbelief which also means 'disobedience')." "πιστεύω #3961," *The Complete Biblical Library*.

286 히4:6, "순종하지 아니함으로"(아페이데이안 ἀπείθειαν)의 원형 명사 '아페이데이아'(ἀπείθεια)는 완고한(stubborn) 의도적 불순종을 의미하지만, '반역'(rebellion)을 내포하는 단어이다. "Later papyri finds show that 'disobedience' and 'rebellion' were common understandings. Thus we note an implicit deliberateness in the disobedience." "ἀπείθεια #539," *The Complete Biblical Library*.

287 창6:3, "My Spirit shall not for ever dwell and strive with man, for he also is flesh." AmpB譯.

각과 본능만을 지닌 상태로 전락했기 때문에, 성령님이 그런 인간과 계속 머물러 있으며 설득하여 하나님께로 돌이키려고 승강이를 벌이는 것조차 불가능하게 되었다'는 뜻이다. 그리스도의 재림이 임박한 오늘날 포스트모던 시대에 노아의 때와 같이 하나님을 향한 불순종과 경건치 않은 기독교인들에게 '재림주로 오실 심판주 메시아 복음'이 절실하다(마24:37-39;눅17:26-30).

2. 인류 초기 문명에 전파된 원시복음

에녹의 아들 므두셀라(창5:21-24)는 노아의 맏아들인 셈과 98년간(창5:25-27⇔창5:32), 셈은 아브라함과 150년간 동시대에 살았음을 잊어서는 안 된다.[288] 그러므로 메시아의 초림에 대한 복음이 아브라함에서부터 구체적으로 드러나지만(창22:18⇔갈3:16;행3:25), 아담을 통하여 전파된 '원시복음'(原始福音, the original good news, 창3:15)에 계시된 하느님 신앙은 바벨탑 사건 이후에도 전 세계에 구전으로 전파되어 예수님이 초림 하실 때까지 그 명맥은 유지되어 내려오고 있었다. 예를 들어, 아브라함과 동시대 사람이었던 가나안 땅의 살렘 왕 멜기세덱은 유대인이 아닌 이방인이지만 아담 때로부터 구전(口傳)되어 내려오는 '원시복음'에 계시된 인격적 하

288 Philip Mauro, *The Chronology of the Bible* (Boston: Scripture Truth Dept., 1922), 32.

느님 신앙을 통하여 구원받은 사람이다: 창세기 14:17-20, “아브람이 그돌라오멜과 그와 함께 한 왕들을 쳐부수고 돌아올 때에 소돔 왕이 사웨 골짜기 곧 왕의 골짜기로 나와 그를 영접하였고 살렘 왕 멜기세덱이 떡과 포도주를 가지고 나왔으니 그는 지극히 높으신 하나님의 제사장이었더라 그가 아브람에게 축복하여 이르되 천지의 주재이시요 지극히 높으신 하나님이여 아브람에게 복을 주옵소서 너희 대적을 네 손에 붙이신 지극히 높으신 하나님을 찬송할지로다 하매 아브람이 그 얻은 것에서 십분의 일을 멜기세덱에게 주었더라.” 본문에서 멜기세덱은 하나님을 “천지의 주재이시요 지극히 높으신 하나님”으로 신앙고백하고 있다. 여기서 “천지의 주재”라는 표현은 하나님이 천지 만물의 창조자(“Creator,” NIV譯)로서 그것의 주관자와 소유자(“Possessor,” KJV譯)라는 뜻이다. 한편 “지극히 높으신 하나님”이라는 표현은 비견할 다른 존재가 없는 초월적 하나님(시7:17,83:18)이라는 뜻이다. 한편 우스 땅의 의인 욥(욥1:1-5)도 유대인이 아닌 이방인이었지만 아담 때로부터 구전(口傳)되어 내려오는 ‘원시복음’에 계시된 하느님 신앙을 통하여 구원받은 사람이다: 욥기 1:1, “우스 땅에 욥이라 불리는 사람이 있었는데 그 사람은 온전하고 정직하여 하나님을 경외하며 악에서 떠난 자더라.” 이렇듯 원시복음에 계시된 하느님은 성경에 계시된 하나님과 동일하다(시110:4;히7:1-17⇔겔14:14;약5:11). 이것은 원시복음을 통해서도 인격적 하나님을 만날 수 있고 구원받을 수 있음을 나타낸다.

창세기 10장은 대홍수 심판 이후 인류가 노아의 세 아들 셈과 함 그리고 야벳을 기점으로 급속히 번성해 가는 것을 보여준다.[289] 구약성서 주석가 케일과 델리취(Keil & Delitzsch)에 따르면 홍수 이후 바벨탑 사건이 발생하기 전까지 인류는 적어도 약 3만 명으로 추산된다. 노아의 홍수 직후 사람들은 산에서 내려와 동방의 시날 평야로 이주하였다: 창세기 11:2, "사람들은 동쪽으로 이동하다가 시날 땅에 있는 한 평야에 이르러 거기서 집을 짓고 살기로 하였다."(현대어성경). 나중에 이 지역은 '바빌로니아'와 '메소포타미아'로 알려지게 된다. 이 지역은 비옥한 옥토였지만, 들짐승들이 번성하여 사람들에게 큰 위협이 되었다(출23:29-30). 이때 노아의 아들 함의 손자인 니므롯(Nimrod, 창10:6-8)이 나타나 탁월한 사냥꾼으로서의 명성을 얻는다: 창세기 10:8-9, "구스가 또 니므롯을 낳았으니 그는 세상에 첫 용사라 그가 여호와 앞에서 용감한 사냥꾼이 되었으므로 속담에 이르기를 아무는 여호와 앞에 니므롯 같이 용감한 사냥꾼이로다 하더라." 본문 창세기 10:8의 "용사"(勇士)로 번역된 히브리어 '깁보르'(גִּבֹּר)는 '용감한 자'(a mighty one, 삼상14:52)를 의미한다. 그런데 본문의 문맥으로 보아 그는 좋은 의미로 '용감한 자'가 아니라 '깁보르'의 또 다른 의미인 '포악한 자'(시52:1)로 번역할 수 있다. 또한 창세기 10:9의 "여호와 앞에서"(리프네 예흐와 לִפְנֵי יְהוָה)는 '여호와를 대적하여'(in opposition to Jehovah)로 번역할 수 있다[290] 따라서 "여호와 앞에서 용감한 사냥꾼"이란 구절은

---

289 "Consequently there would be at least about 30,000 people in the world at this time." "Genesis 11:1-9," Keil & Delitzsch, *Commentary on the Old Testament*, Vol. 1 (Massachusetts: Hendrickson Publishers, Inc., 1989), 176.

'여호와께 반역하는 자'란 뜻을 내포하고 있다. "니므롯"으로 번역된 '니므로드'(נִמְרֹד)[291]란 이름 자체가 '반역하다'(to revolt, to revel, 민14:9;수22:18-19)라는 선동적인 뜻을 담고 있는 히브리어 동사 '마라드'(מָרַד)[292]에서 유래한 '반역자'란 의미를 지니고 있기 때문이다.

창세기 11:1-9의 바벨탑 사건은 인간이 최초로 하나님을 떠나 높은 탑을 쌓아 집단적으로 하나님을 대항하였던 반역사건이다.[293] 이에 대하여 A.D. 1세기의 역사학자였던 요세푸스(Flavius Josephus, A.D.36~100)는 니므롯이 사람들을 설득하여 야수들과 계속 싸우기보다는 도시를 만들고 성벽을 에워싸 왕국을 건설하였고(창10:10), 그들의 통치자가 된 니므롯은 사람들을 선동하여 하나님께 반역하도록 부추기는 흉악한 폭군이 되었다고 그의 저서 『유대 고대사』(*The Antiquities of The Jews*, A.D.93~94)에서 다음과 같이 기록하였다.

---

290 "Nimrod was mighty in hunting, and that in opposition to Jehovah ; not before Jehovah in the sense of, according to the purpose and will of Jehovah, ... The name itself, Nimrod from מָרַד, 'we will revolt,' points to some violent resistance to God." Keil & Delitzsch, "Genesis 10:8-9," *Commentary on the Old Testament*, Vol. 1, 165.

291 "נִמְרֹד #5434," *The Complete Biblical Library*.

292 "מָרַד #4937," *The Complete Biblical Library*.

293 "Nimrod's rebellion was to head a great confederacy in open revolt against God. This confederacy is described in Genesis eleven and that it was an organized revolt against Jehovah God is very clear. From this point onward – Babylon in Scripture always stands for that which is in opposition to God." – Fundamental Baptist Institute, *Gleanings In Genesis*; chapter 16 "Nimrod And The Tower Of Babel" by Author W. Pink.

하나님을 모욕하고 무시하며 무리들을 선동한 사람은 나므롯이었다. 그는 노아의 아들인 함의 손자로서 용감하고 손의 힘이 세었다. 그는 그들로 하여금 지금 자신들의 번영은 하나님 때문이 아니라 그들 자신의 용기 때문이라고 믿게 했다. 그는 또한 하나님을 경외하는 데서 그들을 돌아서게 하고 항상 자기 능력만을 의지하기 위해서는 다른 방법이 없음을 알고 점차적으로 전제정치로 바꾸었다. 그는 또한 하나님이 세상을 물에 잠기게 하고 싶은 마음이 있다면 물이 도달할 수 없을 정도의 높은 탑을 쌓아서 자신의 선조들을 멸망시킨 하나님께 복수하겠다고 말했다.[294]

뿐만 아니라 니므롯은 바벨탑을 세워 온갖 가증스러운 우상숭배를 하여 하나님을 대적하는 이교주의의 발상지로 만들었다.[295] 그러니까 바벨탑은 우상을 숭배하는 최초의 이교주의 발상지인 것이다. 알렉산더 히

---

294 "Now it was Nimrod who excited them to such an affront and contempt of God. He was the grandson of Ham, the son of Noah, a bold man, and of great strength of hand. He persuaded them not to ascribe it to God, as if it was through his means they were happy, but to believe that it was their own courage which procured that happiness. He also gradually changed the government into tyranny, seeing no other way of turning men from the fear of God, but to bring them into a constant dependence on his power. He also said he would be revenged on God, if he should have a mind to drown the world again; for that he would build a tower too high for the waters to be able to reach! and that he would avenge himself on God for destroying their forefathers!" Flavius Josephus, *The Works of JOSEPHUS*, translated by William Whiston (Peabody, Massachusetts: Hendrickson Publishers, Inc., 1987), 35.

295 "Shortly after Noah's Flood, Satan worked to turn people away from the true worship of God. Genesis 11 tells the story of the tower of Babel, erected in defiance of God. It was there that paganism, Satan's counterfeit religion, was born." "Paganism," www.patmospapers.com/ndex/paganism.htm/

스롭(Alexander Hislop, 1807~1865)은 그의 저서 『두 바벨론』(*The Two Babylons*, 1916)을 통하여 바벨탑에서 시작된 이교주의 전통이 여러 종교들을 통하여 전래되어 내려오다가 로마가톨릭에 이르러 어떻게 완성되었는지 밝혔다. 이 같은 사실은 『두 바벨론』에 붙은 부제 '니므롯과 그의 아내 숭배를 통해 입증된 교황숭배'(The Papal Worship Proved To Be The Worship Of Nimrod And His Wife)에서 드러난다.[296] 히스롭의 설명을 빌리자면, 바벨탑에서 시작된 바벨론 종교는 니므롯(Nimrod)과 그의 부인 세미라미스(Semiramis) 그리고 그의 아들 담무스(Tammuz)에 관한 전설로부터 발전되었다고 한다. 즉 니므롯이 죽었을 때 그의 아내 세미라미스는 니므롯이 태양신이 되었다고 주장하였다. 후에 아들을 낳았을 때, 이름을 담무스라 하여 니므롯의 환생(reincarnation)이라고 주장하였다. 한편 세미라미스는 창세기 3:15에 기록된 메시아가 여자의 후손으로 태어날 것이라는 예언을 자기 아들에게 적용하여 담무스가 구세주라고 주장하였다.[297] 이런 전설을 바탕으로 하는 모든 종교는 아기 담무스를 메시아로 경배할 뿐만 아니라 그의 어머니 세미라미스까지 여신으로 경배하는 전통이 전래되어 내려왔다.[298] 이런 바벨론의 이교적 전통은 어머니 세미라미스가

---

296 Alexander Hislop, *The Two Babylons: or The Papal Worship Proved To Be The Worship Of Nimrod And His Wife* (San Diego, California: The Book Tree, 2006), 12-90.

297 Ralph Woodrow, 『로마카톨릭주의의 정체』, 편집부 역 (서울: 노아와 방주, 1987), 18-19.

298 "바벨론에서는 담무스(Tammuz)와 여신인 이쉬타르(Ishtar: 세미라미스)를 풍요의 신으로 여겨 숭배했는데, 그들에 대한 제사는 아주 음란하게 행해졌다. 사람들은 봄이면 담무스가 식물을 소생케 하고, 하천이 마르고 식물도 시드는 여름이 되면 지하로 내려갔다가,

그의 아들 담무스를 팔에 안고 있는 형상으로 여러 이교적 종교들에서 발견된다. 심지어 이교도가 여신상을 가지고 있었던 것처럼 로마가톨릭이 마리아 상(像)을 만들었는데, 어떤 경우에는 자기 아이 호루스(Horus)를 안고 있는 이집트의 여신 이시스(Isis)의 상에 마리아와 어린 예수님의 이름으로 바꾸어 붙이기도 하였다.299

마침내 이교적 전통은 로마가톨릭에서 담무스를 예수로 세미라미스를 마리아로 바꿔, 마리아를 '하늘의 황후'(the Queen of Heaven)로 숭배하기에 이른다. '하늘의 황후'는 마리아가 태어나기 오래 전 바벨론과 앗수르에서 숭배되던 어머니 여신의 칭호였다(렘7:18-20,44:17-19,25). 예레미야서 7장을 보면 하나님이 예레미야에게 타락한 이스라엘의 백성들이 은밀히 '하늘의 황후'인 여신 이쉬타르(Ishtar, 세미라미스)를 섬기는 모습을 보여주시면서, 결국 이 가증한 우상숭배의 죄로 인해 남유다가 멸망할 것을 예언

이듬해 봄에 다시 올라온다고 생각했다. 그래서 사람들은 여름에 그의 죽음을 슬퍼하며 애곡하는 의식을 가졌고, 봄이면 그가 살아났다고 기뻐했다. 이러한 담무스 숭배는 이스라엘에서도 볼 수 있었는데, 에스겔은 환상 중에 여인들이 담무스를 위해 애곡하는 모습을 보았다(겔8:14). 바벨론에서 기원했던 담무스 숭배는 앗수르, 수리아, 베니게, 지중해 연안의 일대로 확산되었다." "담무스," 『비전성경사전』 (서울: 두란노, 2001). / 에스겔서 8장은 성전 안에서 여인들이 세미라미스의 아들인 담무스를 위하여 통곡하며(겔8:14), 성전을 등지고 동방 태양 니므롯에게 경배하는 장로들의 모습을 보여주고 있다(겔8:16). 이처럼 에스겔서 8장은 바벨론 종교와 혼합된 남유다가 하나님의 심판을 받아 결국 멸망할 것을 선언하고 있다. https://theqoo.net/square/7849517/

299 "For the ancient Egyptians the image of the goddess Isis suckling her son Horus was a powerful symbol of rebirth that was carried into the Ptolemaic period and later transferred to Rome, where the cult of the goddess was established." "The Goddess Isis and her Son Horus," *Timeline of Art History*. https://www.metmuseum.org/art/collection/search/548310/

하셨다. 프란치스코 교황이 한국 방문 중 2014년 8월 15일 '성모승천대축일' 미사에서 "하늘의 모후이신 성모 마리아를 공경하면서 우리는 또한 한국교회의 어머니이신 그분께 간청한다"고 밝혔다.[300] 이같이 마리아를 '하늘의 모후'라 칭함으로 로마가톨릭의 신앙적 뿌리가 바벨론 종교에 있음을 드러내었다. 로마가톨릭이 마리아의 부활 승천일로 지키는 8월 15일은 고대에 여신 '이시스'와 '다이아나'의 축일이었다. 에베소는 다이아나를 오래전부터 어머니 여신으로 경배해 오던 도시이다(행 19:23-41). 이 다이아나는 자연계의 생식력을 나타내는 많은 젖가슴을 가지고 있으며, 이 여신의 머리에 바벨탑을 상징하는 모양의 면류관으로 머리를 단장하고 있다. 마리아 숭배가 고대 어머니 여신 숭배에서 유래되어 발전되었다는 확증은 그 여신에게 부쳐진 칭호에 나타나 있다. 마리아는 자주 '마돈나'(The Madonna)라고 불린다. 그런데 이것은 바벨론의 여신에게 부쳐진 칭호 중 하나를 번역한 것이다. 신격화된 니므롯은 '바알'(Baal, 나의 주인, My Lord)이라 호칭하였고, 그의 부인은 '바알티'(Baalti)라 불렀다. '바알티'를 영어로 번역하면 '나의 부인'(My Lady)을 뜻하고, 이탈리아어로 '마돈나'라고 한다.[301]

---

300 https://blog.naver.com/esedae/220093527564/

301 Ralph Woodrow, 『로마카톨릭주의의 정체』, 27-37. ; "The Greek Belus, as representing the highest title of the Babylonian god, was undoubtedly Baal, 'the Lord.' Beltis, therefore, as the title of the female divinity, was equivalent to 'Baalti,' which, in English, is 'my lady,' in Latin, 'Mea Domina,' and, in Italian, is corrupted into the well-known 'Madonna.'" Alexander Hislop, *The Two Babylons: or The Papal Worship Proved To Be The Worship Of Nimrod And His Wife*, 20.

이처럼 니므롯이 바벨탑을 쌓아 우상숭배를 하며 하나님을 반역하자 하나님은 인류의 언어를 혼잡케 하여 지구 전 지역으로 인간들을 흩으셨다: 창세기 11:9, “야훼께서 온 세상의 말을 거기에서 뒤섞어 놓아 사람들을 온 땅에 흩으셨다고 해서 그 도시의 이름을 바벨이라고 불렀다.”(공동번역). 이렇듯 인간은 전 세계로 흩어져 인류 초기의 문명을 만든다. 여기서 매우 중요한 사실은 이 초기 문명들에서 우리는 성경의 원시복음에 계시된 하나님 신앙의 원형을 발견하게 된다는 것이다. 이것은 인간이 전 세계로 흩어질 때 아담 때부터 구전으로 내려오던 원시복음에 계시된 하나님 신앙의 전통을 유지하고 있었음을 입증해 준다.

1) 중국 상고시대의 원시복음에 계시된 하느님 신앙. 중국 고대 전한(前漢)시기의 역사가였던 사마천(司馬遷, B.C.145?~B.C.91?)은 『사기(史記)』 「오제본기(五帝本紀)」에서 중국사의 시작을 황제(黃帝)로부터 시작하였다. 이처럼 사마천이 중국 한족(漢族)의 조상인 화하족(華夏族)의 시조로 황제(黃帝)를 설정하면서, 중국학자들은 황제의 통치 시작 연도인 B.C. 2697년을 중국 한족(漢族)의 기원으로 여긴다. 그리고 중국학자들은 B.C. 2070년에 건국된 하나라를 역사성이 결여된 전설적 나라로 여겨왔는데, 1996년부터 착수된 중국 정부 주도의 ‘단대공정’(斷代工程)을 통해 하나라를 중국 한족의 최초 국가로 편입시켰다. 그럼에도 불구하고 중국학자들은 역사적 기록과 고고학적 발굴을 통해 사실(史實)로 입증된 B.C. 1600년에 건국된 은나라를 중국 한족의 최초 왕조로서 인정한다. 그런데 황제(黃帝)

는 동이족이며, '하나라'와 '은나라'는 동이족의 직계 후손이 세운 고조선의 제후국들이었다. 이것은 황제(黃帝)가 한족(漢族)의 조상인 화하족이 아니며, '하나라'와 '은나라'는 '한족'(漢族)이 세운 나라가 아니라 동이족의 직계 후손인 '한민족'(韓民族)이 세운 나라를 뜻한다. 따라서 본 단원에서 '중국 상고시대의 원시복음에 계시된 하느님 신앙'은 '한족'(漢族)이 아닌 '한민족'(韓民族)의 하느님 신앙을 연구하는 데 주안점이 있다. 원시복음에 계시된 하느님 신앙으로 무장한 동이족은 하느님의 명령을 따라 시베리아에 정착하여 '환국'(桓國, B.C.7197~B.C.3897)이라는 신정국가(神政國家)를 세웠다. 그리고 환국에 이은 배달국(倍達國, B.C.3897~B.C.2333), 그 뒤를 이은 고조선(古朝鮮, B.C.2333~B.C.238)은 모두 신정국가였다. 그러므로 동이족이 세운 환국·배달국·고조선은 성경에 계시된 인격적 하나님을 믿는 신앙 전통을 그대로 보존하였다. 따라서 창세기 11장에 기록된 바벨탑 사건이 발생하기 훨씬 이전에 중원 땅 동북부에 정착하여 '발해연안문명'(渤海沿岸文明)을 창달한 동이족이 세운 환국과 배달국을 계승한 고조선의 제후국들이 중국 역사의 기원이 된다. 그런데 놀랍게도 중국 초기 문명에서 우리는 원시복음에 계시된 하느님 신앙을 발견하게 된다. 하나는 '한자 원형'에서, 다른 하나는 '국경 제사'에서이다.

(1) 한자 원형. 일반적으로 사람들은 '한자'(漢字)를 한족(漢族)이 만든 문자로 오해하고 있다. 그런데 한자의 근원인 은 왕조(銀/商, B.C.1766~B.C.1122/B.C.1600~B.C.1046)의 갑골문에는 '한'(漢)이라는 단어가 없고, 주나라

(周, B.C.1122~B.C.256/B.C.1046~B.C.256)의 금문(金文)에 '한' 글자 형태가 나타났으며, 진나라(秦, B.C.900~B.C.207)의 진시황(秦始皇, 재위 기간 B.C.220~B.C.210) 때 한문을 약식으로 변형한 소전(小篆)의 '한' 글자 형태를 거쳐 오늘날의 '한'(漢)으로 쓰이게 되었다. 그런데 '한족'(漢族)이라는 명칭은 한무제(漢武帝, B.C.156~B.C.87) 이후 사용되기 시작하였다. 그리고 '한자'(漢字)라는 명칭은 원나라(A.D.1271~1368) 때 몽고인들에 의해 처음으로 사용되었다. 따라서 '한자'(漢字)를 '한족'(漢族)이 만들었다고 주장하는 것은 역사적 근거가 전혀 없다. 오히려 은 왕조 때 갑골문(胛骨文)을 '글'(契)이라 하였으니, 갑골문을 '은글'(銀契) 혹은 '상글'(商契)로 칭하는 것이 타당하다. 더욱이 갑골문은 한민족(韓民族)의 직계 조상인 동이족이 만들었으니, 갑골문을 근간으로 하여 발전한 '한자'(漢字)는 '고한글'(古韓契)로 일컫는 것이 더욱 합리적이다.[302] 한편 한자는 글자가 음에 상관없이 의미를 지닌 표의문자(表意文字)이다. 그래서 한자의 형태를 보면 한자(漢字)가 성립되었던 시대를 산 사람들의 생활태도와 사고방식이 구체적으로 드러난다. 이처럼 한자는 그 당시 문화를 그대로 반영하기 때문에 한자의 기원을 연구하면 그 당시 문화의 특성을 정확하게 이해할 수 있다.[303] 상고시대의 문화는 제정일치(祭政一致)를 근간으로 하기 때문에 한자의 기원에서 성경에 계시된 인격적 하나님의 구속사역을 발견할 수 있다.

---

302 진태하, 『한자는 우리의 조상 동이족이 만들었다』 (서울: 明文堂, 2009), 46-49.

303 시라카와 시즈카(白川靜), 『한자의 기원』, 윤철규 역 (서울: 이다미디어, 2009), 4-7.

① **한자의 변천 과정.** 한자의 변천 과정을 연구해 보면, 한자의 기원은 배달국의 환웅천황 때 신지(神誌) 혁덕(赫德)이 B.C. 3900~B.C. 3800년 경 사이에 만든 녹도문(鹿圖文)까지 거슬러 올라간다. 학계에서는 사슴 발자국을 인용하여 그린 문자라 하여 '녹도문'(鹿圖文)라고 했지만, 이는 정확한 표현이 아니다. 왜냐하면 신지가 처음에는 사슴 발자국을 동기로 하였지만, 모든 자연만물에서 영감을 받은 것이기 때문이다. 『태백일사(太白逸史)』 「신시본기(神市本紀)」에 녹도문의 창제에 대해 다음과 같이 기록하고 있다. 본문에서는 '녹도문'을 상형문자의 효시(嚆矢)로서 태고 문자라는 뜻으로 '서글'(書契)이라 불렀다.

> 환웅천황은 또 다시 신지(神誌) 혁덕(赫德)에게 명하여 문자를 만들게 하였다. 대체로 신지(神誌)의 직책은 대대로 왕의 명령을 관장하고 '출납헌체'(出納獻替)의 임무를 맡았는데, 다만 말에만 의지할 뿐 문자로 기록하여 보존할 방법이 없었다. 어느 날 무리와 사냥을 나와 별안간 놀라서 달아나는 암사슴 한 마리를 보고 활을 당겨 쏘려고 하였으나 그만 그 자취를 잃어버렸다. 곧 사방을 수색하며 여기저기 산야를 다니다가 모래가 평평한 모래땅에 이르러 발자국이 흩어져 있는 것을 보고 간 곳을 분명히 알 수 있었다. 이에 고개를 숙이고 골똘히 생각하다가 문득 깨닫고 말하기를, "기록하여 보존하는 방법은 오직 이와 같을 뿐이로다"라고 하였다. 이 날 사냥을 마치고 돌아와 다시 깊이 생각하고 널리 만물의 형상을 관찰하였다. 며칠이 지나지 않아 깨달음을 얻어 문자를 창제하니, 이것이 태고문자의 시작이다.[304]

신지 혁덕이 창제한 상형문자인 녹도문(鹿圖文)는 고조선시대에 '진서'(眞書)로 일컬어졌다. '진서'(眞書)는 신령스런 옛 글자라는 뜻의 '신전'(神篆)으로 부르기도 했다. 『단군세기(檀君世紀)』에 다음과 같이 기록되어 있다.

> 단군 가륵 재위 2년 경자(庚子: B.C.2181)년, 이때 풍속이 일치하지 않고 지방마다 말이 서로 달랐다. 비록 상형·표의 문자인 진서(眞書: 신지 혁덕이 만든 녹도문)가 있어도 열 가구 정도 모인 마을에서도 말이 잘 통하지 않고, 백 리 땅의 나라가 문자를 서로 해독하지 못할 정도로 어려웠다.[305]

한편 배달국(倍達國) 14세 환웅 '자오지'(慈烏支桓雄)를 치우천왕(B.C.2707년 즉위)[306]이라 불렀는데, 이때에 산동반도 출신의 창힐(倉頡)이라는 사람이

---

304 이맥(李陌), 『태백일사(太白逸史)』 「신시본기(神市本紀)」, "桓雄天皇(환웅천황)、又復命神誌(우부명신지)、赫德作書契(혁덕작서계)。盖神誌氏(개신지씨)、世掌主命之職(세장주명지직)、 專掌出納獻替之務(전장출납헌체지무)、 而只憑喉舌(이지빙후설)、 曾無文字記存之法(증무문자기존지법)。 一日出衆狩獵(일일출중수렵)、 忽見驚起一隻牝鹿(홀견경기일척빈록)、彎弓欲射(만궁욕사)、旋失其踪(선실기종)。乃四處搜探(내사처수탐)、遍過山野(편과산야)、至平沙處(지평사처)、始見足印亂鎖(시견족인란쇄)、向方自明(향방자명)。乃俯首沈吟(내부수침음)、旋復猛惺(선복맹성)、日記存之(왈기존지)、法惟如斯而已夫(법유여사이이부)、 惟如斯而已夫(유여사이이부)。 是日罷獵而歸(시일파렵이귀)、 反復審思(반복심사)、廣察萬象(광찰만상)。不多日(불다일)、悟得創成文字(오득창성문자)、是爲太古文字之始矣(시위태고문자지시의)。"

305 이암(李巖), 『단군세기(檀君世紀)』, "檀君嘉勒(단군가륵)、庚子二年(경자이년)、時俗尙不一方言相殊(시속상불일방언상수)、雖有象形表意之眞書(수유상형표의지진서)、十家之邑(십가지읍)、語多不通(어다불통)、百里之國字難相解(백리지국자난상해)。"

306 원동중(元董仲), 『삼성기전하편(三聖紀全下篇)』, "又數傳而有慈烏支桓雄(우수전이유자오지환웅)、神勇冠絕(신용관절)、以銅頭鐵額(이동두철액)、能作大霧(능작대무)、造九冶

배달국의 자부(紫府) 선생으로부터 녹도문을 배웠다. 『삼성기전하편(三聖紀全下篇)』에 창힐이 녹도문을 배웠다는 언급이 있다: "천하가 세 갈래로 대치하고 있을 때, 탁의 북쪽에 대요가 있었고, 동편에는 창힐이, 서편에는 헌원이 있었다. 서로가 병력을 가지고 승리를 거두고자 하였으나 뜻을 달성할 수 없었다. 초기에 헌원의 일어남이 뒤처져 치우와 싸워 이로움이 없자 대요에 의지하고자 하였으나 별 수 없었고 창힐에 기대어 보았으나 마찬가지였다. 이는 대요나 창힐 모두 치우와 같이 하는 무리들이었기 때문이다. 대요는 일찍이 배달로부터 육십갑자의 간지(干支) 술법을 배웠고, 창힐은 상형문자 같은 부도문(符圖文: 녹도문)을 배웠다."[307] 그리고 『태백일사(太白逸史)』「삼한관경본기(三韓管境本紀)」'마한세가상'(馬韓世家上)에는 창힐이 녹도문을 자부 선생에게 배웠다는 기록이 있다: "마침 이때에 자부(紫府) 선생이 7회제신(七回諸神)의 책력(柵曆)을 만들고, 삼황내문(三皇内文)을 천왕(天王) 폐하에게 받들어 올리니, 천왕(天王)께서 이를 가

而採鑛(조구야이채광)、鑄鐵作兵(주철작병)、天下大畏之(천하대외지)、世號爲蚩尤天王(세호위치우천왕)、蚩尤俗言雷雨大作(치우속언뇌우대작)、山河改換之義也(산하개환지의야)。" [본문 번역]: "여러 대가 지난 이후 자오지 환웅(慈烏支桓雄)께서는 신과 같은 용맹에 구리로 만든 철모를 쓰고 쇠로 만든 갑옷을 입고 구름과 안개를 일으키고 광석을 캐어 쇠를 녹여 병장기를 만드니 천하가 자오지 환웅을 몹시 두려워했다. 세상에서는 이 분을 치우천왕(蚩尤天王)이라 불렀는데, 치우란 천둥·우뢰·비바람을 크게 일으켜 산천을 뒤바꿔 놓는다는 속어라고 한다."

307 원동중(元董仲), 『삼성기전하편(三聖紀全下篇)』, "時天下鼎峙(시천하정치)、涿之北(탁지북)、有大撓(유대요)、 東有倉詰(동유창힐)、 西有軒轅(서유헌원)。 自相以兵(자상이병)、欲專其勝而未也(욕전기승이미야)。初軒轅稍後起於蚩尤(초헌원초후기어치우)、每戰不利(매전부리)、欲依大撓(욕의대요)、而未得(이미득)、又依倉詰而不得(우의창힐이부득)。二國皆蚩尤之徒也(이국개치우지도야)。大撓嘗學干支之術(대요상학간지지술)、倉詰受符圖之文(창힐수부도지문)。"

상히 여기고 삼청궁(三淸宮)을 지어 살게 하였더니, 공공(共工)·헌원(軒轅)·창힐(倉頡)·대요(大撓)의 무리가 모두 다 와서 배웠다."[308] 그리고 배달국의 동부(東部)를 책임지고 있던 창힐(倉頡)이 다스리던 땅인 산동지역과 발해만 유역은 고조선의 서쪽 영역으로서 창힐이 녹도문을 계승 발전시켜 창안한 '과두문'(蝌蚪文)과 '조족문'(鳥足文)을 고조선이 사용하고 있었다는 것은 의심할 여지가 없다.

그리고 창힐이 창안한 문자는 은(殷) 왕조 시대(B.C.1766~B.C.1122/B.C.1600~B.C.1046)에 갑골문자(甲骨文字)로 발전하였다. 갑골문(甲骨文)은 거북이 등껍질(甲)이나 동물의 뼈(骨)에 새긴 글자를 가리키는데, 예리한 칼 등으로 긁어 파서 만들었다. 초기의 갑골문은 발해 연안을 중심으로 갑골 문화를 가진 동이족이 주로 활동하던 지역에 널리 분포되어 있었다.[309] 그런데 상 왕조 시대 유적 은허(殷墟)에서 갑골문이 대량으로 발견되었다. 그래서 최근 학자들은 갑골문이 원래 중원 동부 동이 지역에서 시작하여 중원을 점령한 상 왕조에 의해 대대적으로 발전된 것으로 보고 있다.[310] 전문가들의 공통적인 견해는 '현대 한문의 체계를 갖춘 최초의 시원자는 바로 갑골문'이라는 것이다.[311] 1899년 청나라 최고 교육기관인 국자

---

308 이맥(李陌), 『태백일사(太白逸史)』 「삼한관경본기(三韓管境本紀)」 '마한세가상((馬韓世家上),' "適以是時(적이시시)、紫府先生(자부선생)、造七回祭神之曆(조칠회제신지역)、進三皇內文於天陛(진삼황내문어천폐)、 天王嘉之(천왕가지)、 使建三淸宮而居之(사건삼청궁이거지)、共工軒轅倉頡大撓之徒(공공헌원창힐대요지도)、皆來學焉(개래학언)。"

309 이형구, 『한국 고대문화의 비밀』 (서울: 새녘, 2012).

310 이기훈, 『동이 한국사』 (서울: 책미래, 2015), 44.

311 조옥구, 『21세기 新 설문해자』 (서울: 브라운 힐, 2015), 11.

감(國子監)의 제주(祭酒: 국립대학 총장) 왕의영(王懿榮, 1845~1900)이 학질에 걸렸다. 그 무렵 북경의 약재상들과 한의사들 사이에서는 거북과 소의 어깨뼈 등이 용골(龍骨)이라는 특효약으로 비싼 가격에 팔리고 있었다. 왕의영은 북경의 한약방에서 구입한 용골에 고대 문자가 새겨져 있는 것을 보고 연구를 시작했다. 갑골문이 마침내 세상에 드러나는 순간이었다. 갑골문자(甲骨文字)는 B.C. 1200년 즈음 은나라 시대에 처음 등장했다. 은허에서 출토된 갑골은 약 15만 편(片)이나 될 정도로 방대한 양이다.[312] 그래서 은(상)나라는 동이족이 세운 나라이니 은나라가 발명한 문자인 갑골문은 동이족의 문자이다. 따라서 한자의 원형이 갑골문이기 때문에 한자 역시 한족(漢族)이 아닌 동이족이 발명한 글자인 것이다.

한편 은 왕조 시대의 갑골문을 간략화하여 진서(眞書: 녹도문)의 변형체(變形體)인 부예(符隸)라는 글자를 B.C. 925년에 고조선(古朝鮮)의 부여(夫餘) 한수(漢水) 사람 왕문(王文)이 만들었다. 부예(符隸)는 복잡한 상형문자를 간략화(簡略化)하여 소리글자인 자음과 모음을 조합해 읽을 수 있는 형태로 변형시킨 글자이다. 『태백일사(太白逸史)』 「소도경전본훈(蘇塗經典本訓)」에 보면 왕문(王文)이 창안한 부예(符隸)가 한문(漢文)의 직계 선조임을 밝히고 있다.

> 우리나라 문자(文字)는 예로부터 있었으나 지금 남해현(南海縣) 낭하리(郎河里) 바위벽에 신시(神市) 때의 옛 글자가 새겨져 있다. 부여(夫

312 이덕일, 『사기, 2천년의 비밀』, 190-195.

餘) 사람 왕문(王文)의 글 쓰는 법은 부적(符書)과 유사하고 전자(篆字)와 비슷하다. 자부 선생(紫府 先生)의 내문(內文)과 태자(太子) 부루(夫婁)의 오행(五行)이 모두 환단(桓檀) 시대에 나왔으며 은학(銀學)과 한문(漢文)은 대개 왕문(王文)의 남겨진 법(遺範)이다.[313]

그리고 진(秦)나라 때 정막(程邈)이 숙신(肅愼)에 사신으로 갔다가 돌아오는 길에 한수(漢水)에서 왕문의 예법(隸法)을 얻었으며, 자획을 쓰기에 편하게 간략화하여 지금의 한자(漢字)인 예서체(隸書體)로 글자 모양을 변형시켰다. 숙신(肅愼)은 원래 송화강 동쪽에 봉해진 고조선의 제후국으로서 뒤에 읍루(挹婁), 말갈(靺鞨) 등으로 불리고 여진(女眞), 만주(滿洲)로 불리기도 했다. 한편 주(周)나라를 멸망시킨 진(秦)나라는 B.C. 249～B.C. 207년 사이에 존재했는데, 고조선은 B.C. 238년에 망하고 B.C. 232년에 해모수의 북부여에 접수되었으므로, 진(秦)나라 출신의 정막(程邈)이 활동한 시기는 고조선 말기에서 북부여 해모수(재위 기간 B.C.239～B.C.194) 시대에 해당한다. 정막은 10년간의 고심 끝에 3,000자를 만들어 진시황에게 진상했고, 그 후 중국은 한자(漢字)를 자국어로 사용하기 시작했다. 그리고 한(漢)나라(B.C.202～A.D.220) 때 한자를 체계적으로 정비하고 통일하였으며, '한(漢)나라의 문자(字)'라는 뜻으로 '한자'(漢字)라고 부르게 되었다.

---

313 이맥(李陌), 『태백일사(太白逸史)』「소도경전본훈(蘇塗經典本訓)」, "我國文字(아국문자)、自古有之(자고유지)、 今南海縣郎河里岩壁(금남해현랑하리암벽)、 有神市古刻(유신시고각)、夫餘人王文所書之法(부여인왕문소서지법)、類符擬篆(류부의전)、紫府先生之內文(자부선생지내문)、太子扶婁之五行(태자부루지오행)、皆出於桓檀之世(개출어환단지세)、以殷學漢文(이은학한문)、皆王文遺範也(개왕문유범야)。"

위에 약술한 배달국 신시 때에 녹도문(鹿圖文)의 발명에서 한나라 때에 한자(漢字)가 출현하기까지의 문자 변천사를 『태백일사(太白逸史)』「소도경전본훈(蘇塗經典本訓)」에서 상세히 설명하고 있다.

> 세간에 전하기를 신시(神市)에는 녹서(鹿書)가 있었으며, 자부(紫府)에게는 우서(雨書)가 있었고, 치우(蚩尤)에게는 화서(花書)가 있었는데, 투전문(鬪佃文) 등은 그 잔존 흔적이다. 또 복희(伏羲)에게는 용서(龍書)가 있었고, 단군(檀君)에게는 신전(神篆)이 있었다. 이러한 종류의 문자와 글들은 백산(길림의 장백산맥 지역), 흑수(송화강과 흑룡강 지역), 청구(요하, 난하, 구하 지역, 요녕성과 하북성 북쪽), 구려(하북성 중남부 및 산동성 지역) 지역에 편중되어 사용하던 문자이다. 부여 사람 왕문(王文)이 초기의 전서(篆書)가 사용하기 번거로워 그 획을 살펴(省) 생략(稍)함으로써 새로운 서체인 부예서(符隷書)를 만들었다. 진(秦)나라 정막(程邈)이 사신으로 숙신에 왔다가 한수(漢水)에서 왕문의 예서법(隸書法)을 얻었다. 그리고 그 획을 기본으로 하여 그 형태를 약간 변화시켰다. 이것이 지금의 팔분체(서체의 하나)다. 진(晉)나라 때 왕차중(王次仲)이 해서(楷書)를 만들었는데, 왕차중은 왕문의 먼 후손이다. 지금 그 문자들의 원리를 연구해 보면 그 근원은 모두 신시(神市)의 영향을 받은 것이다. 그리고 지금의 한자(漢字) 역시 신시(神市)의 태고 문자(녹서: 鹿書)를 계승한 것이며, 그 지류(支流)임이 분명하다.[314]

314 이맥(李陌), 『태백일사(太白逸史)』「소도경전본훈(蘇塗經典本訓)」, "世傳(세전)、神市有鹿書(신시유록서)、紫府有雨書(자부유우서)、蚩尤有花書(치우유화서)、鬪佃文束(투전문속)、卽其殘痕也(즉기잔흔야)。伏羲有龍書(복희유룡서)、檀君有神篆(단군유신전)。此等字書遍用(차등자서편용)、於白山黑水靑邱九黎之域(어백산흑수청구구려지역)。夫餘人王文(부여인왕문)、始以篆爲煩(시이전위번)、而稍省其劃(이초성기획)、新作符隷而書之(신

한편 한자의 기원에 대한 중국학자들의 다음과 같은 진솔한 견해가 전해지고 있다.[315] 해방 후 대한민국의 초대 문교부장관을 지낸 안호상(安浩相, 1902~1999) 박사가 재직 시 중국의 저명한 문학평론가인 임어당(林語堂, 1895~1976) 선생을 만나 여담으로 "중국이 한자를 만들어 놓아서 한자를 사용하는 우리나라는 한글전용에 문제가 많다"고 하자, 임어당 선생은 "그게 무슨 말입니까? 한자는 당신네들 동이족 조상이 만든 문자를 우리가 빌려 쓰는 것인데, 그것도 모르고 있었습니까"라는 핀잔을 들었다고 한다. 그리고 대만의 서량지(徐亮之, 1907~1966) 박사는 수년 동안 갑골(甲骨)·금석문(金石文)의 연구에 몰두하여 한자(漢字)가 동이족이 발명한 동이(東夷)의 옛글자라고 밝혔다. 그리고 그는 지질학(地質學)·고생물학(古生物學)·인류학(人類學)·사회학(社會學)과 고고학적 발굴 성과를 종합하여 중국에서는 금서(禁書)로 정해진 자신의 저서 『중국사전사화』(中國史前史話, 1956)를 통해 중국 상고사를 동이족의 역사로 인정하였다. 또한 『중국사전사화』에서 그는 "중국의 책력법(册曆法)은 동이(東夷)에서 시작되었다. 책력을 만든 사람은 희화자(羲和子)이다. 그의 혈통은 은(殷)나라의 동이족(東夷族) 조상이다. 동이족이 달력을 만든 사실은 실로 의문의 여지가 없

작부례이서지)。秦時程邈(진시정막)、奉使於肅愼(봉사어숙신)、得王文隸法於漢水(득왕문례법어한수)。又因其劃(우인기획)、以小變之形(이소변지형)、是今之八分也(시금지팔분야)。 晋時王次仲又作楷書(진시왕차중우작해서)、 次仲王文之遠裔也(차중왕문지원예야)。今究其字之所源(금구기자지소원)、則皆神市之遺法(칙개신시지유법)。而今漢字亦承(이금한자역승)、其支流也明矣(기지류야명의)。"

315 성헌식(成憲植), "한자(漢字)의 기원" (2011/07/31) http://www.rorynews.com/1111/

다"[316]라고 말했다.

중국학자 필장박(畢長樸, 1927~2019)이 집필한 『중국인종북래설』(中國人種北來說, 1986)에서 "중국 문자가 만들어진 것은 필시 중국 중원에서 시작된 것이 아니다. 그 계통은 멀리 추운 북방에서 시작된 것을 계승한 것이다"[317]라고 말했다. 또한 중국 사학자 왕옥철(王玉哲, 1913~2005)이 저술한 『중화원고사』(中華遠古史, 2003)에서 "은(상)나라의 상형문자와 주나라의 청동기문자, 은(상)나라의 갑골문자 및 도기문자와 같은 계열이다. 이로부터 우리는 한자의 기원을 '대문구문화시대'까지 거슬러 올라갈 수 있다"고 하여 그는 한자의 연원을 '대문구문화시대'(大汶口文化時代)로 소급하였다. '대문구문화'는 중국 산동성 지역에서 B.C. 4300~2500년 무렵에 나타난 신석기시대 후기 문화이다. 여기서 그는 다시 은나라의 갑골문자(甲骨文字)로 발전한 것이라고 했다.[318]

대만의 문자학자 이경재(李敬齋, 1889~1987)는 그의 저서 『문자원류』(文字源流, 1963)에서 '동이족'에 대하여 다음과 같이 평가하였다: "대저 동이족은 어떤 사람인가, 곧 마음이 너그럽고 자상하며, 무력보다는 예술을 숭

---

316 서량지(徐亮之), 『중국사전사화(中國史前史話)』, "中國曆法(중국력법)、始於東夷(시어동이)、造曆者羲和子也(조력자희화자야)、 系出殷商(계출은상)、 東夷先公也(동이선공야)、東夷造曆之(동이조력지)、事實無疑問矣(사실무의문의)。"

317 필장박(畢長樸), 『중국인종북래설(中國人種北來說)』, "中國文字之制作(중국문자지제작)、必非始于中國中原(필비시우중국중원)、而係遠始于寒的北方(이계원시우한적북방)。"

318 왕옥철(王玉哲), 『중화원고사(中華遠古史)』, "唐先生蘭說(당선생란설): 這些象形文字跟商(저사상형문자근상)、 周靑銅器文字(주청동기문자)、 商代甲骨文字以及陶器文字(상대갑골문자이급도기문자)、都是一脈相承的(도시일맥상승적)。由此(유차)、我們可以把漢字的淵源(아문가이파한자적연원)、追溯到大汶口文化時代(추소도대문구문화시대)。"

상하는 사람들이다. 그 대표적 인물이 순임금(맹자는 순을 동이족이라 했다)이다. … 우리나라 문자는 동이족이 다 창조한 것인데, 설(契: 은나라의 시조)이 널리 보급한 까닭에 글자 창조의 공이 설(契)에게로 돌아갔음을 알 수 있다. 여러 가지 옛글을 대략 비교한 즉, 동이족이 문자의 지혜에 대해서는 서하(西夏: A.D.1038~1227년까지 티베트계 탕구트族이 세운 중국 서북부에 존재했던 나라)보다 우세하였으며, 동이족이 이미 교육권을 장악하였기 때문에 모든 중국의 제후국(諸夏)들이 동이족의 문화를 전적으로 수용했음을 알 수 있다. … 공자는 은나라 사람이며 창힐의 후예요, 상탕의 자손이다. 송나라에서 노나라로 이사하였으니, 곧 지금의 상구에서 곡부로 옮긴 것이다. 곡부는 소호의 고향이며 상구는 삼박의 중심이며, 모두 동이문화의 발원지이다. 이는 공자가 최고의 성인이 될 수 있었던 까닭인 것이다. 동이문화는 설(契)과 공자 두 성인을 거쳐서 선양되었으며, 드디어 뛰어난 중국문화를 이룩한 것이다."[319]

---

319 이경재(李敬齋), 『문자원류(文字源流)』, "夫東夷果何等人耶(부동이과하등인야)。 乃愷悌慈祥(내개제자상)、 薄武力而崇藝術之人也(박무력이숭예술지인야)。 其代表人物如舜(기대표인물여순) [孟子曰舜(맹자왈순)、東夷之人也(동이지인야)]。… 可見我國文字東夷人亦多所創造(가견아국문자동이인역다소창조)。而爲契所推廣(이위계소추광)。因以造字之功歸之契(인이조자지공귀지계)。如將東土西土古文略一比較(여장동토서토고문약일비교)。 卽東夷對於文字之智慧優於西夏(즉동이대어문자지지혜우어서하)、 東夷人旣握有敎育權(동이인기악유교육권)、故諸夏盡受東夷之文化(고제하진수동이지문화)。… 孔子(공자)、殷人也(은인야)。蒼詰之後(창힐지후)、商湯之苗裔也(상탕지묘예야)。由宋徙魯(유송사노)、卽由今之商邱遷於曲阜(즉유금지상구천어곡부)、曲阜爲少昊之故鄕(곡부위소호지고향)、商邱爲三亳之中心(상구위삼박지중심)、皆東夷文化之發源也(개동이문화지발원야)。此孔子之所以能成爲至聖也(차공자지소이능성위지성야)。 東夷文化經契孔二聖之宣揚敷施遂成爲卓然不拔之中國文化(동이문화경계공이성지선양부시수성위탁연부발지중국문화)。"

② **한자 원형에 감추어진 구속사.** 한자는 의미를 지닌 표의문자(表意文字)이다. 그래서 한자의 원형을 분석해 보면 한자(漢字)를 만든 시대 사람들의 생활과 사고의 틀이 구체적으로 드러난다. 이처럼 한자를 통해 그 당시 문화의 특성을 정확하게 이해할 수 있다. 하지만 한자가 일단 만들어지고 사용되기 시작한 뒤에는 역사적 사건들을 배경으로 하여 만들었던 그 본래의 의미는 점차 퇴색되어 갔다. 시간의 경과와 더불어 한자의 고유 의미를 분석하는 어려움에 부딪힌 언어학자들은 수세기에 걸쳐 한자의 의미를 인위적으로 변화시켰다. 한편 B.C. 220년에 이르러 전국을 통일한 진시황(秦始皇, 재위 기간 B.C.220~B.C.210)은 한문에서 복잡하고 불편한 문자들을 간소화하고자 신하인 이사(李斯, B.C.284~B.C.208)를 시켜 서체를 약식으로 변형시켰다.[320] 그런데 A.D. 86년 한나라의 허신(許愼, A.D.58~147)이 처음으로 표의문자 분석을 통하여 한자의 원래 의미가 무엇인지 해석하고자 시도하였다. 이것을 '설문해자'(設文解字)라 하는데, A.D. 120년에 이르러 책으로 출간되었다. 이 책은 9,353자의 한자 근원을 규명하였는데, 2,000년 가까운 세월이 지났지만 이 책을 능가하는 한자 자원(字源)을 해석한 책이 없다. 현재 중국어 사전의 대부분은 바로 이 설문해자를 토대로 한 것이다.

어원(語源)이란 옛날 사람들이 어떤 단어에 관하여 처음으로 정립한 생

---

320 Bradley Smith and Wan-go Weng, eds., *China: A History in Art* (New York, NY: Doubleday, 1972), 33.

각이다. 쉽게 말해 단어의 원천이다. 일본의 언어학자 와타나베 쇼이치(渡部昇一, 1930~2017)는 "어원은 시간이 지남에 따라 여러 가지 불순물과 지엽적 때인 배경이 어우러지면서 처음의 뜻이 모호해지는데, 그 시작을 되짚어보면 가장 순수한 의미를 확인해볼 수 있다"고 어원에 대한 연구의 필요성을 언급하였다. 한편 경성대 한국한자연구소가 2022년 펴낸 학술총서 『하영삼 교수의 완역 설문해자』는 한자의 어원을 규명한 역작이다. 이는 중국 고전인 『설문해자』(說文解字, A.D.100)를 한국어로 완전히 번역한 책으로 원고지 1만 9,000장에 크라운판 5,000쪽을 훌쩍 넘길 정도로 방대하다. 『설문해자(說文解字)』의 저자인 허신은 서로 다른 문자의 형체를 통해 한자의 뿌리를 찾고자 했다. 또 글자의 본래 형체를 통해 원래의 의미를 파헤쳤다. 이 책을 한글로 완역한 하영삼 경성대 중국학과 교수는 『설문해자(說文解字)』를 일러 "궁극적으로 만물의 근원과 이치를 규명한 책"이라고 말했다.[321]

은나라는 갑골문에서 군주가 중요한 신탁(神託)을 받아 통치하던 제정일치(祭政一致)의 신정(神政)국가였다.[322] 이런 신정국가 체제는 인격적 하느님을 믿는 동이족이 세운 상고시대 국가들인 환국·배달국·고조선의 뒤를 이은 제후국 은나라에게 당연한 것이었다. 『삼성기전하편(三聖紀全下篇)』에는 배달국의 환웅천왕이 제천행사에서 천신(天神)께 제사를 올린 후,

321 https://jmagazine.joins.com/monthly/view/336401/ ; 박성현 월간중앙 지역전문위원, ≪월간중앙 2022년 8월호≫, 250-253.

322 이덕일, 『사기, 2천년의 비밀』, 213.

백성들에게 하느님의 말씀인 '천경'(天經: 天符經)과 '신고'(神誥: 三一神誥)를 설교했다는 기록이 있다: "환웅천왕이 처음으로 하늘에 제사를 올리고 천경(天經)을 강술(講述)하고 신고(神誥)를 가르쳐 백성들이 잘 살아갈 수 있도록 하였다."[323] 이때 환웅천왕이 백성들에게 설교한 '천경'(天經)과 '신고'(神誥)는 신지(神誌) 혁덕(赫德)이 창제한 녹도문(鹿圖文)으로 기록되어 있었다. 이와 같은 배달국의 제천행사를 고조선이 그대로 계승하였다. B.C. 2049년 임자년(壬子年)에 고조선 제6세 단군 달문(達門)이 신지(神誌) 발리(發理)에게 명하여 지은 제천문(祭天文)인 서효사(誓效詞)[324]를 보면 그 말미에 "이처럼 나라가 흥하고 융성해졌지만, 국가의 흥망성쇠를 논하지 말라! 우리에게 가장 중요한 것은 하느님(天神)을 섬기는데 정성을 다하는 것이다"[325]고 되어 있다. 이를 보더라도 동이족이 세운 상고시대의 환국·배달국·고조선에서는 구약성경의 이스라엘처럼 하나님에 대한 신앙과 말씀을 중심으로 정치를 하였다. 따라서 신정국가에서 가장 중요한 것은 인격적 유일신 하느님이신 천신(天神)께 제사를 올리는 제천(祭天)행사였다. 그리고 제천행사에서 왕이 송축문(頌祝文)을 하느님께 올리고 백성들

323 원동중(元董仲), 『삼성기전하편(三聖紀全下篇)』, "桓雄天王(환웅천왕)、肇自開天(조자개천)、生民施化(생민시화)、演天經(연천경)、講神誥(강신고)、大訓于衆(대훈우중)。"

324 조선의 태종이 불태워버린 「서효사」는 문자적으로 '하느님께 맹세하고 본받는 글'이라는 뜻이다. 이 「서효사」를 일명 「신지비사(神誌秘詞)」라고도 한다. '신지(神誌)에 의해 기록된 비밀스러운 글'이라는 뜻이다. 한민족 상고시대에 왕이 하느님께 제사를 드리며 '하느님을 송축하는 기도문' 즉 제천문(祭天文)을 수록한 「서효사」는 『삼국유사』·『조선왕조실록』·『고려사』·『환단고기』 등에 기록되어 전해지고 있다.

325 이암(李巖), 『단군세기(檀君世紀)』, "王業有興隆(왕업유흥륭)、興廢莫爲說(흥폐막위설)、誠在事天神(성재사천신)。"

에게 하느님의 말씀을 가르치기 위한 필요에서 문자의 발명은 필연적인 것이었다. 그러므로 배달국시대에 창제된 녹도문과 상 왕조 시대의 갑골문 역시 제천행사를 위한 문자의 필요에서 창제되었다. 이것은 한자의 근원을 연구해 보면, 하느님의 구속사를 한자에서 발견할 수 있다는 결론에 도달하게 된다.

만약 창세기 1장에서 11장까지의 이야기가 역사적 사실이라면 성경뿐만 아니라 다른 기록에도 이를 뒷받침하는 자료들이 발견되어야 할 것이다. 처음으로 이 문제에 흥미를 가지고 연구한 사람은 영국인 선교사 제임스 레게(James Legge, 1815~1897)였다. 그의 저서 『중국인의 하느님 이름』(*Name of God in Chinese*, 1852)[326]은 성경에 계시된 하나님이 중국 상고시대의 샹띠(上帝)이심을 밝혀냈다. 그 후에 중국인 강(C. H. kang) 목사가 한자 속에 창세기의 이야기가 들어있음을 발견하고 『창세기와 중국문자』(*Genesis and the Chinese Characters*, 1950)를 소책자로 발간하였다. 그런데 미국의 병리학자 넬슨(Ethel R. Nelson, 1923~2021) 박사가 이 책을 우연히 읽고 감탄하여 태국의 선교사가 되어 20년간 이 사실을 조금씩 전하다가 미국으로 돌아가게 되었다. 그런데 놀랍게도 그녀의 아들이 다니는 학교에 강 목사의 손자가 재학하고 있음을 알게 되고, 싱가포르에 머무르고 있던 강 목사와 연결이 되어 둘이 연구하여 쓴 책이 바로 『한자에 담긴 창세기의 발견』(*The Discovery of Genesis*, 1979)[327]이다. 이 책의 부제는

---

326 James Legge, *Name of God in Chinese* (London: the London Mission Press, 1852).

'창세기의 진리가 한자에 숨겨져 있음을 발견하였다'(How the Truths of Genesis Were Found Hidden in the Chinese Language)이다. 이 책은 미국 일리노이 주 컨콜디아 대학장에게 '20세기 성경 고고학의 최대 발견'이라는 찬사를 받기도 했다. 그런데 『한자에 담긴 창세기의 발견』(*The Discovery of Genesis*, 1979)이 커다란 관심을 불러일으켰지만, 이 책에 수록된 한자들이 과연 한자의 본래 뜻을 드러내고 있는지에 대한 의문이 많았다. 그래서 한자 이전의 상형문자인 갑골문자를 직접 연구하여 다시 책을 편찬하였는데, 그것이 1994년에 출판된 『고대 한자 속에 감추어진 창세기 이야기』(*Genesis and The Mystery Confucius couldn't solve*)이다.[328] 이 책에서 다룬 중국 고대의 한자 원형인 갑골문자가 오히려 창세기의 내용을 더욱 실감나게 보여주었다.

『한자에 담긴 창세기의 발견』(*The Discovery of Genesis*, 1979)은 263개의 한자에서 하나님의 존재, 인간의 창조 및 타락, 대홍수 사건, 바벨탑 사건, 마귀의 유혹, 구원의 길 등에 관한 구속사의 청사진을 설명하였다. 이 책은 고대 중국 한자의 어근인 상형문자 연구는 다루지 않고 표의문자를 구성하는 획들의 기본 구조 속에 감추어진 구속사의 이야기를 분석하였다. 한자를 구성하는 기본 부수는 214가지가 되며, 이 부수들을 결

---

327 C. H. Kang & E. R. Nelson, 『한자에 담긴 창세기의 발견』, 李康國 역 (서울: 미션하우스, 1991).

328 Ethel R. Nelson & Richard E. Broadberry, 『고대 한자 속에 감추어진 창세기 이야기』, 전광호·우제태 역 (서울: 도서출판 예향, 1996).

합하여 여러 가지 글자를 만든다. 그중 몇 자를 예시하면 다음과 같다: 첫째, '舟'(배) + '八'(여덟) + '口'(사람 입) = '船'(배, 노아의 여덟 식구가 탔던 방주). 베드로전서 3:20, "그 영혼들은 오랜 옛날 노아 시대에 살던 자들을 가리킵니다. 노아가 방주를 만들고 있는 동안 하나님께서는 그들도 순종해 오기를 참고 기다리셨지만 그들은 끝내 하나님을 거부하였습니다. 그래서 결국 그 무서운 홍수에서 구원받은 사람은 여덟 사람뿐이었습니다."(현대어성경). 둘째, '丿'(생기) + '土'(흙) + '口'(입) + '辶'(걷다) = '造'(창조하다). 창세기 2:7, "여호와 하나님께서 땅의 흙으로 사람을 빚으시고 그 코에 생기를 불어넣으셨다. 그러자 사람이 살아 움직이기 시작하였다."(현대어성경). 셋째, '示'(하나님) + '且'(같다) = '祖'(조상, 첫 사람은 하나님의 형상을 닮았다). 창세기 1:27, "그러고 나서 하나님께서는 당신의 모습을 따라 당신을 닮은 사람을 창조하시되 남자와 여자로 만드시고"(현대어성경). 넷째, '我'(나) + '羊'(양) = '義'(옳다, 양이 나 대신 희생의 죽음을 당함으로 의롭다 하심을 얻게 됐다). 창세기 4:4, "믿음으로 아벨은 가인보다 더 나은 제사를 하나님께 드림으로 의로운 자라 하시는 증거를 얻었으니 …"(개역한글성경). 그런데 본 논문의 문서 작업 시에 갑골문자(甲骨文字) 폰트(font)의 부재로, 넬슨 박사가 한자의 원형인 갑골문자를 창세기 1장에서 11장까지의 이야기에 적용하여 『고대 한자 속에 감추어진 창세기 이야기』(*Genesis and The Mystery Confucius couldn't solve*)의 용례를 다룰 수 없음에 본 연구자의 아쉬움이 크다.

(2) 국경 제사. 중국에 B.C. 6세기경 유교와 도교 그리고 B.C. 1세기경 인도로부터 전래된 불교가 보편화되기 훨씬 전인 상고시대 중원(中原) 땅에 살던 동이족이 원시복음의 하느님 신앙 전통에 따라 인격적 유일신 '샹띠'(上帝)를 섬겼다는 역사적 증거가 있다. 이것은 중국의 종교적 뿌리가 유교와 도교 그리고 불교가 아니라 동이족에 의해 전파된 '인격적 하느님 신앙'이라는 사실을 증거하고 있다. '샹띠'는 갑골문(甲骨文)에서 하느님을 일컫는 최초의 명칭이다. 한자 '샹띠'(上帝)는 한글로 '하느님'을 뜻한다. '샹띠'에서 '샹'(上)은 '위 상'으로 '하늘'을 뜻하고, 일반적으로 '띠'(帝)는 '임금님 제'로 알려져 있으나 본래는 '하느님 제'이다. 은나라 사람들은 초월적이고 절대적이며 인격적 통치자요 창조자이신 하느님을 믿었고, 이를 '샹띠'(上帝) 또는 '띠'(帝)라고 일컬었다. 갑골문에서 이 '샹띠'와 '띠'는 의지와 감정을 지니고 있으며, 기쁨과 분노를 표현하고, 인간에게 복(福)과 화(禍)를 내려주시는 인격적인 존재로 자연 현상과 인간 역사를 주관하는 전능하신 절대주권자 하느님이었다.[329] 청나라 황제 강희(康熙, 재위 기간 1661~1722)에 의해서 1716년에 역대의 자전을 총집대성하여 간행된 한자사전인 ≪강희자전(康熙字典)≫은 '샹'(上)의 의미를 '절대주권의, 가장 높은, 가장 영광스러운'으로 해설하였다. 그리고 ≪강희자전≫은 '띠'(帝)를 똑같이 '띠'로 발음되는 '체'(諦)와 연관시

329 김성기, "中國 古代國家에 있어서 天과 人間과의 관계 및 그 구조에 관한 연구" (석사학위논문, 성균관대학교 대학원, 1984), 21-32; 장영백, "古代 中國人의 天觀 연구" (박사학위논문, 연세대학교 대학원, 1994), 15-27.

키고 있다. 말씀 '언'(言) 변을 가지고 있는 이 '체'는 '판단하다, 정밀하게 검사하다, 옳고 그름을 구분하다'란 뜻으로 '재판관'을 의미한다.[330] 따라서 '샹띠'는 절대주권을 지니신 재판관 즉 심판주 하느님을 의미한다. 이렇듯 '샹띠'는 언제나 창조주요 심판주이신 하느님만을 가리켰다.

주나라는 하느님을 지칭하는 용어로 '샹띠'(上帝)와 '티엔'(天)을 서로 바꿔가며 사용했다. 하지만 주나라 말기에 거의 '티엔'만 하느님의 이름으로 사용하기 시작했다. 이렇듯 상 왕조 시대뿐만 아니라 주 왕조 시대에도 인간은 창조주 하느님이 가까이 계시며 인간 삶에 적극적으로 개입하시는 분으로 믿고 있었다.[331] 그런데 '샹띠'와 '티엔'에 차이점이 있는데, '샹띠'는 구약성경에서 '여호와'(יְהוָה)처럼 고유명사적 하느님 칭호이고 '티엔'은 구약성경에서 '엘로힘'(אֱלֹהִים)처럼 대명사적 하느님 칭호이다.[332] 한편 한자에는 영적 존재를 가리키는 '셴'(神)이란 단어가 있다. 물론 어떤 중영사전(中英事典)에 보면 '셴'을 신들(gods)의 항목에 등재하기도 했다. 하지만 기본적으로 '셴'은 숭배의 대상이 아닌 죽은 황제나 영계의 천사와 같은 영들을 지칭한다. 중국학의 대가인 허버트 가일즈(Herbert Allen Giles, 1845~1935)가 편찬한 ≪중영사전≫(*A Chinese-English Dictionary, second*

---

330 W. H. Medhurst, *A Dissertation on the Theology of the Chinese with a View to the Elucidation of the Most Appropriate Term for Expressing the Deity in the Chinese Language* (Shanghai: The Mission Press, 1847), 257-259.

331 Chan Kei Thong, 『고대 중국 속의 하나님』, 오진탁·윤아름 역 (서울: 순출판사, 2009), 104.

332 Chan Kei Thong, 『고대 중국 속의 하나님』, 108.

edition, 1912)에서 '띠'(帝, God: 우주의 최고 통치자 하느님)와 '셴'(神, god: 죽은 황제처럼 신격화된 존재)을 구분하여 해설하였다.[333] 이런 측면에서 '셴'(神)은 예배의 대상인 창조주요 심판주이신 '샹띠'(上帝)나 '띠'(帝) 혹은 '티엔'(天)과 뚜렷이 구분된다. 중국 후한 말기의 학자인 정현(鄭玄, A.D.127~200)은 사마천의 『사기』에 대한 논평을 쓰며 "샹띠(上帝)는 티엔(天)의 또 다른 이름이다. 영들(神)은 두 주님을 섬기지 않는다"[334]고 말하여, 하느님을 지칭하는 동의어적 '샹띠'(上帝) 및 '티엔'(天)과 영들을 지칭하는 '셴'(神)을 구별하였다.

B.C. 140년경 공자의 허물어진 집 벽장에서 『서경(書經)』이 발견되었는데, 공자(孔子, B.C.551~B.C.479)가 편찬한 것으로 알려진 『서경(書經)』에 보면 순임금(舜, B.C.2230)이 "샹띠께 제사를 드렸다"[335]는 기록이 있다.[336] 그리고 『서경(書經)』에 보면, 고조선의 제후국들인 하(夏)·은(殷/商)·주(周) 왕조의 왕들이 성경에 계시된 '인격적 유일신'이신 '샹띠' 한 분만을 섬겨 해마다 그분께 제사를 드렸다고 사마천의 『사기』에 기록되어 있다: "옛

---

333 Herbert A. Giles, *Chinese-English Dictionary* (London: A. H. de Carvalho, 1912).

334 정현(鄭玄), 『사기권이십팔(史記卷二十八)·봉선서제륙(封禪書第六)』 「집해(集解)」, "鄭玄曰(정현왈)、上帝者(상제자)、天之別名也(천지별명야)。神無二主(신무이주)。"

335 샹띠(上帝)라는 호칭은 『서경(書經)』 「순전(舜典)」의 "드디어 샹띠께 유제사(類祭祀)를 지냈다"는 구절에서 유래하였다: 공자(孔子), 『서경(書經)』 第二舜典(제이순전), "肆類于上帝(사유우상제)。" 유제사(類祭祀)는 샹띠께 드리는 제사를 뜻하는 교제(郊祭)의식과 같다고 하여 붙여진 이름인데, 순이 요에게 제위를 물려받고 유제사를 드렸던 것이다.

336 James Legge, "The Shoo King: Cannon of Shoon," *The Chinese Classics*, Vol. 3 (Taipei: Southern Material Center Inc., 1983), 33-34.

날에 하 왕조의 천자(天子: 황제)가 변방에서 친히 공손하게 샹띠께 제사를 드렸는데, 이 제사를 교사(郊祀)라고 부르는 이유이다."[337] 또 사마천의 『사기(史記)』에 보면 상고시대에 샹띠께 제사 드린 중원의 통치자들을 언급하고 있다: '복희'(伏羲, 통치 기간 B.C.3528~B.C.3413) · '신농'(神農, 통치 기간 B.C.3218~B.C.3078) · '황제'(黃帝, 통치 기간 B.C.2692~B.C.2592) · '전욱'(顓頊, 통치 기간 B.C.2513~B.C.2436) · '요'임금(堯, 재위 기간 B.C.2357~B.C.2258) · '순'임금(舜, 재위 기간 B.C.2255~B.C.2208) · 하 왕조의 '우'임금(夏禹, 재위 기간 B.C.2207~B.C.2198) · 상 왕조의 '탕'임금(商湯, 재위 기간 B.C.1766~B.C.1754) · 주 왕조의 '성'임금(周成, 재위 기간 B.C.1115~B.C.1079) 등이다.[338] 이렇듯 임금들이 샹띠께 드린 제사를 '국경 제사'(國境祭祀)라 일컫는다. 그 이유는 하지(夏至) 날에 중국의 황제가 국경의 가장 북쪽에 가서 제사를 드렸고, 동지(冬至) 날에는 국경의 가장 남쪽에 가서 제사를 드렸기 때문이다.[339] 이 국경 제사는 중국의 역대 왕조에 있어서 하나의 통치 이념 자체였다. 왕조들이 일어나고 사라지며 수도(首都)가 이곳저곳으로 천도할지라도 중국의 모든 왕조가 샹띠께 제사를 드렸다. 『한서(漢書)』는 제천의식(祭天儀式)의 중요성을 다음과 같이 강조하고 있다: "황제에게 중요한 일은 하느님의 원리를 따르는 것이며, 하느님의 원리를 따름에 있어 변방(국경)에서 제사를 드리는 일보다 더

337 사마천(司馬遷), 『사기(史記)』, 「卷十(권십) · 孝文本纪第十(효문본기제십)」, "古者天子夏亲郊祀上帝于郊(고자천자하친교사상제우교)、故曰郊(고왈교)。"

338 Chan Kei Thong, 『고대 중국 속의 하나님』, 146.

339 C. H. Kang & E. R. Nelson, 『한자에 담긴 창세기의 발견』, 33-37. ; Ethel R. Nelson & Richard E. Broadberry, 『고대 한자 속에 감추어진 창세기 이야기』, 141-148.

중요한 것은 없다."[340]

① **샹띠께 제사하기 위한 천단.** 중국의 황제들은 제단에서 샹띠께 제사를 드렸다. 제단(祭壇)은 전적으로 샹띠를 경배하기 위해 지어졌다. 중국의 서안(西安)에서 1999년 '천단'보다 앞선 것으로 보이는 낮은 흙 언덕으로 된 제단이 발견되었다. 서안은 적어도 다섯 개 다른 왕조들의 수도였다. 그런데 상고시대부터 내려오던 샹띠께 드리는 제천의식의 타락은 진(秦)나라의 진시황(秦始皇, 재위 기간 B.C.220~B.C.210)의 통치기간에 일어났다. 이런 타락은 그 후 1,500년 동안 지속되었다. 이 기간 동안 여러 신들에 대한 우상숭배가 제천의식에 포함되었다. 한편 샹띠께 드리는 제사의 회복은 A.D. 1368년 명(明)나라(A.D.1368~1644)의 태조 홍무제(洪武帝, 재위 기간 A.D.1368~1398) 때 이루어졌다. 홍무제는 샹띠께 드리는 제사를 뜻하는 '교사'(郊祀)와 관계된 가장 오래된 제의(祭儀) 및 관습들을 조사하도록 두 개의 위원회를 만들었다. 그 결과 홍무제는 거짓 신인 우상들에 대한 제사를 폐지하고, 상고시대부터 지켜오던 인격적 하느님이신 샹띠께만 드리는 제사를 회복하였다.[341]

'천단'(天壇)은 홍무제가 남경(南京)에 대사전(大祀殿)을 짓고 샹띠께 제사

---

340 반고(班固), 『한서(漢書)』, "帝王之事莫大乎承天之序(제왕지사막대호승천지서)、承天之序莫大于郊祀(승천지서막대우교사)。"

341 James Legge, *The Notions of the Chinese Concerning God and Spirits* (Hong Kong: Hong Kong Register Office, 1852), 43-45.

한 데서 비롯되었다. 그러나 '천단'은 B.C. 3500년으로 거슬러 올라가는 동이족이 창달한 홍산문화에서 유래하였다. 그래서 '북경 천단 구조'의 원형은 홍산문화의 꽃이라고 할 수 있는 우하량(牛河梁) 유적지에서 발굴된 삼원(三圓) 구조로 된 거대한 원형(圓形) 제단과 방형(方形) 제단에 기인했다고 중국학자들은 주장한다.[342] 중국학자들이 발표한 ≪우하량유지발굴보고(牛河梁遺址發掘報告, 1983~2003年度)≫에 보면 다음과 같이 정리 요약할 수 있다. 첫째, 우하량 유적지 제 2지점 3호총은 '3층 계단식 원형 제단'이다. 대부분의 학자들은 이것을 동북아시아 최초의 천단(天壇)으로 본다. 둘째, 3층 계단식 원형 천단은 각 층별로 이 지역에서 볼 수 없는 중성 성분의 화산암인 붉은색 안산암(安山岩)을 가져와서 경계석을 돌렸고, 1층 직경은 22m, 2층 직경은 15.6m, 3층 직경은 11m이며, 3층 원형으로 우선 흙을 쌓고 그 위를 돌로 덮어서 만들었다. 셋째, 3층 원형의 안쪽 부분으로, 1층은 표토층에서 20cm 쌓았고, 2층은 황회색의 고운 흙으로 25cm를 다시 쌓았으며, 3층은 흑색 흙으로 다시 35cm 쌓았다. 그리고 3층 구조의 제단 위를 각각 돌로 덮었다. 이렇듯 각 층마다 흙의 색이 달랐다. 넷째, 경계석으로 둘러쌓은 돌의 크기도 1층(높이 35~40cm, 폭 10~12cm 내외), 2층(높이 30cm, 폭 8~10cm 내외), 3층(높이 25cm, 폭 6~8cm 내외) 구조이다. 놀라운 것은 이 천단을 설계하는 과정에서 원의 내접사각형과 외접사각형, 정사각형의 내접원과 외접원 등을 이용하여 설계

342 우실하, 『동북공정 너머 요하문명론』, 172-179.

했다는 것이다. 이런 정교한 천단의 설계에는 전문적인 석장인(石匠人)과 옥장인(玉匠人)의 참여 없이는 불가능한 일이다.[343]

명나라 황제 영락(永樂, 재위 기간 A.D.1402~1424)은 북경 남쪽에 상띠께 제사를 드리기 위한 '천단'(天壇, Alter of Heaven)과 북경 중심에 황제가 머물 궁전인 '자금성'(紫禁城, the Forbidden City)을 A.D. 1406년에 착공하여 A.D. 1420년에 완공한 후, A.D. 1421년 수도를 남경에서 북경으로 옮겼다. '천단'은 동서로 1.7km 남북은 1.6km로 자금성의 3배 크기인데, 하느님께 예배드리기 위해 봉헌된 제단으로는 세계에서 가장 큰 면적을 차지하고 있다. 그리고 천단 구역의 북쪽 편에 '원구단'(圓丘壇)·'황궁우'(皇穹宇)·'기년전'(祈年殿) 등의 건축물이 있다. '원구단'은 일명 '천단'이라고 불리는 3층의 흰 대리석 원형 제단이다. '원구단'은 천단의 중심으로 하늘을 의미하는 중앙의 원형이 땅을 의미하는 울타리 둘러친 사각형 안에 놓여 있다. 3층의 단들은 위로 올라가면서 지름이 줄어들며 좁아지고 각각의 단들은 흰 대리석 난간으로 둘러싸여 있다. 그리고 여러 개의 입구들이 울타리로 둘러쳐진 사각형 공간으로 이어진다. 난간에 있는 360개의 기둥은 고대 중국인들이 사용했던 음력의 1년인 360일을 의미한다. 그리고 황제의 왕관은 정중앙의 가장 높은 곳에 자리하는데, 이는 천자(天子)이며 제사장인 황제의 역할을 상징하는 것이다. 그리고 세 개의 거대한 등들이 원구의 서쪽에 있는 9장 9척 9촌 높이의 기둥에 걸려

---

343 우실하, 『고조선문명의 기원과 요하문명』, 476-483.

있는데, 여기에 사용된 9라는 숫자는 '영원'(永遠)이라는 단어와 유사한 '구'(久)를 상징한다. 또한 9라는 숫자는 중국인에게 '가장 높은' 혹은 '가장 위대한'이란 상징적 의미를 지닌다. 등들은 높이가 8척이고 넓이가 6촌인데, 각 등마다 그 안에는 넓이가 1척이고 높이가 4촌이 되어 12시간 동안 타는 큰 초가 놓여 있었다. 그 초들은 한밤에 밝혀져서 달과 함께 밤하늘을 비췄다.

'원구단'의 북쪽에 위치한 '황궁우'는 원형 건축물로서 '원구단'의 제사 용품을 보관하고, 내부에 '황천상제'(皇天上帝)라는 명판(名板)만 걸려 있다. '황궁우'는 지대(地臺) 위에 높이가 19.5m, 둘레가 15.6m로서 둥글게 나무로 지어졌다. 또한 '기년전'은 '황궁우'의 북쪽에 있다. '기년전' 안을 둘러보면 중앙에 제단이 있고 좌우로 빙 돌아가면서 제기와 제물들이 놓여있다. 눈길을 끄는 것은 제물인데 양(羊)이다. 그리고 '기년전'을 받치고 있는 것이 '기곡단'(祈穀壇)인데, 천단과 같은 흰 대리석 3층 원형 구조로 되어 있다. '기곡단'의 상단은 직경 68.2m, 중단은 79.6m, 하단은 90.8m이다. '기곡단'에서 풍작을 기원하는 정월 기곡제(正月祈穀祭)가 거행되었다. '황궁우'와 '기년전' 두 핵심 건축물은 단폐교(丹陛橋) 다리로 서로 연결되어 있다. 단폐교의 길이는 360m, 폭은 29.4m, 높이는 남단이 1m 북단이 4m로서, 남쪽 '황궁우'에서 북쪽 '기년전'으로 갈수록 높아진다. 이는 황제가 샹띠 계신 천국을 향해 나아가는 등천(登天)을 상징적으로 의미한다.

한편 명나라 황제 가정(嘉靖, 재위 기간 1522~1566)은 A.D. 1530년 천단 구역에 지름이 75미터에 이르는 3층으로 된 원형제단인 '원구단'을 건립하였다. 그리고 청나라 황제 건륭(乾隆, 재위 기간 1735~1796)은 A.D. 1751년 '기년전'을 중축했다. 명나라 황제 영락(永樂)이 A.D. 1420년에 '천단'(天壇, Alter of Heaven)을 완공한 후, A.D. 1911년 청나라(淸, A.D.1616~1912)의 왕권 통치가 종식될 때까지 약 500여 년 동안 황제 22명이 천단에서 654차례의 제사를 샹띠께 드렸다는 기록이 이곳에 보관되어 있다.[344]

② **샹띠를 위한 천단의 제천의식.** 중국 황제들에게 가장 중요했던 일은 천단에서 샹띠께 드리는 제사인 '교제의식'(郊祭儀式) 혹은 하느님께 드리는 제사를 뜻하는 '제천의식'(祭天儀式)이다. 이 제사는 오직 황제만이 드렸는데, 이는 '천자'(天子)로서 하느님의 제사장인 황제에게 맡겨진 가장 신성한 임무였기 때문이다. 천단에서 드려지는 교제의식을 분석해 보면, 구약성경에 기록된 대제사장이 성막에서 하나님께 드리는 제사들의 규례와 거의 동일하다. 또한 '교제의식' 때 상띠께 드리는 송축문들은 시편의 구절들을 연상케 할 정도로 거의 동일하다. 이 말은 원시복음을 통해 주어진 하느님 신앙과 구약성경에 계시된 하나님 신앙이 동일함을 확인시켜준다.

한편 '교제의식'(郊祭儀式)은 명나라의 『대명회전(大明會典)』에 기록되어 있었다. 『대명회전(大明會典)』은 명나라의 제도와 행정 법규를 기록한 법전이다. A.D. 1393년 명나라 태조 홍무제가 『당육전(唐六典)』을 모방하여

---

344 Chan Kei Thong, 『고대 중국 속의 하나님』, 138-144.

『제사직장(諸司職掌)』을 간행하라는 칙령을 내려 명나라의 건국 과정과 함께 명대의 행정 제도와 법률을 정리하도록 하였다. 이후 제9대 황제 명나라 효종(孝宗)이 칙령을 내려 1502년에 『대명회전』이 완성되었다. 그러나 완성 직후에 곧바로 간행되지 못하다가 무종(武宗)이 1509년에 『대명회전』을 교정하여 다음 해인 1510년에 간행되었다. 이후 신종(神宗)이 1576년에 구본을 교정하고 증보하도록 명하여 1585년에 완성하였고, 1587년에 구본을 증보하여 총 282권으로 새롭게 간행되었다.[345] 청나라도 명나라의 예를 따라 『대청회전(大清會典)』을 편찬하였다. 본 논문에서 참고한 『대명회전(大明會典)』의 '교제의식'(郊祭儀式)은 명나라 황제 신종(神宗, 재위 기간 A.D.1573~1620) 때 출간한 목조본이다.[346]

a. **제천의식(祭天儀式)의 준비.**

첫째, 제사에 사용할 짐승 선택. 제사를 드리기 3개월 전 관리들은 황도(皇都)의 교외로 가서 흠 없는 제사용 송아지를 골랐다.

둘째, 황제의 제천의식 선포. 제사를 드리기 6일 전, 황제는 많은 관리들과 함께 제단으로 가서 다음과 같이 다가올 제사에 대해 선포한다.

> 대 명조를 통치하는 천자(天子: 황제)는 … 엄숙히 선포하노라. … 다음 달 첫날에 짐(朕: 황제)은 위엄의 하늘에 거하시면서 매우 높은

345 "대명회전(大明會典)," ≪위키실록사전≫.

346 https://gx.httpcn.com/book/read/CQAZAZXV/UYILUYTBKO.shtml/

> 구층천을 보고 계시는 위대한 이름이신 샹띠(上帝)를 높이기 위해 '신'(臣: 황제)의 관리들 및 백성들과 함께 나아갈 것이다. 그러기 전에 '짐'(朕: 황제)은 하늘과 땅에 있는 영들(諸神)인 너희에게 알려 우리를 위해 너희들의 영험한 영향력을 사용하고, '너희 영들'(爾靈)의 왕성한 효험을 힘입어 샹띠께 우리의 부족한 소원을 아뢰며 그의 자비로우심으로 우리를 열납해 주시고 우리가 경건하게 바치는 칭호를 기쁘게 받아 주시기를 바라노라.[347]

이 선포에서 황제가 자신을 언급할 때 '나'(I)를 지칭하는 '짐'(朕)이라는 표현을 사용한 것에 주목할 필요가 있다. 여기서 사용된 '나'를 뜻하는 '짐'은 진 왕조 때부터 황제만 사용하도록 제한하였다. 그런데 황제가 샹띠께 드리는 제사를 '영들'(諸神)에게 알릴 때, '짐'이라는 호칭을 사용하였다. 왜냐하면 '영들'(爾靈)은 황제보다 우월한 능력을 갖고 있지만 황제의 경배 대상이 아니었기 때문이다. 하지만 샹띠께 황제가 소원을 아뢸 때는 '복종하는 자'라는 뜻의 '신'(臣)이라는 호칭을 사용하였다. 왜냐하면 샹띠는 유일한 절대주권자로서 황제의 예배 대상이었기 때문이다. 이처럼 '영들'과 '샹띠'를 구별하는 이런 대명사에 대한 선택의 차별을 통해 상고시대 중원에 살던 동이족이 성경에 계시된 하나님과 동

347 서부(徐溥)·유건(劉健), 『대명회전(大明會典)』, 82권(券), "大明嗣天子(대명사천자) … 御名謹文移告于(어명근문이고우)。… 曰(왈)、朕祗于来月朔旦(짐지우래월삭단)、躬率臣民(궁솔신민)、上尊皇天上帝泰号(상존황천상제태호)、仰高玄九重(앙고현구중)。… 預告于諸神衆祇(예고우제신중기)、煩爲朕運爾神化(번위짐운이신화)、昭爾靈顯(소이영현)、通朕微衷于上帝(통짐미충우상제)、 祈賜允鑒之慈(기사윤감지자)、 享朕钦薦之号(향짐흠천지호)。… 謹告(근고)。"

일한 인격적 하느님을 섬겼음을 우리는 확인하게 된다.

셋째, 제사에 사용할 짐승 검사. 의식이 행해지기 5일 전, 왕자가 제사에 쓰일 짐승이 있는 곳으로 가서 한 마리씩 흠과 결점이 있는지 검사한다. 이것은 매우 중요한 직무로서 황제가 이 책무를 수행할 왕자를 지명하는데, 주로 황제의 형제가 선택된다.

넷째, 황제의 금식. 의식을 거행하기 3일 전 황제는 금식을 시작한다. 2일 동안은 황궁인 자금성에서 하고, 마지막 날에는 천단에 있는 '금욕의 궁'(齋宮: The Fasting Palace)에서 한다. 금식을 하는 동안 황제는 포도주를 마시거나 고기를 먹는 것을 삼갔으며, 여자들과 의 잠자리를 피하고 어떤 형태의 오락도 금한다. 뿐만 아니라 어떤 범죄 소송도 다루지 않는다. 그 목적은 황제 자신의 몸과 마음, 생각과 행위를 정결케 하기 위한 것이다. 이 준비 기간 동안 황제는 제사를 드릴 때 샹띠께 드릴 기도를 목판 위에 기록한다. 궁정 관리들도 그들의 공적 처소에서 3일간 황제와 함께 금식에 동참한다. 명나라 태조 홍무제(洪武帝, 재위 기간 A.D.1368~1398)는 샹띠께 대한 제사의 중대성을 스스로에게 상기시키기 위해 제의(祭儀) 위원회로 하여금 '훈계의 동상(銅像)'을 주조하도록 했다. 오늘날 이 동상은 '금욕의 궁'에 있는 '제계동인정'(齋戒銅人亭)에 전시되어 있다.[348]

다섯째, 제물을 검사하는 황제. 제사를 드리기 2일 전 자금성 안에 있

---

348 Chan Kei Thong, 『고대 중국 속의 하나님』, 153.

는 태화전(太和殿)에서 황제는 기도문과 제물과 향을 검사한다. 검사를 마치면 의식을 맡은 황실 경호대가 이 제물들을 '원구단' 인근 동북쪽에 위치한 '신성한 부엌'(Sacred Kitchen)으로 옮겨 간수한다.

여섯째, 천단으로 가는 황제의 노정. 제사를 드리기 하루 전인 아침 10시에 황제는 기병들, 코끼리들, 말들, 경호대들, 관리들, 내시들 그리고 5,000명 이상의 측근들과 오문(午門)을 통해 자금성을 떠난다. 일반 백성들은 창문과 대문을 잠근 채 집 안에 있어야 한다. 이 행렬을 엿보는 것조차 허락되지 않는다. 절대적 침묵이 천단까지 가는 4.5km의 노정 내내 유지되어야만 한다.

일곱째, '황궁우'(皇穹宇) 안에서 황제의 샹띠 경배. 황제의 측근들은 서문(West Gate)을 통해 천단 구역으로 진입한다. 제사를 도울 모든 왕자들과 고관들 그리고 일반 관리들은 '금욕의 궁'으로 이동하여 궁 바깥에서 공손히 기다리고, 황제는 '황궁우'(皇穹宇)349로 들어간다. 황제는 '황천상제'(皇天上帝)라고 음각되어 있는 명판(名板) 앞에 선다. 황제는 명판을 향하여 향을 피워 올리며 샹띠께 경배를 한다. 이때 황제는 세 번 무릎을 꿇는데, 무릎을 꿇을 때마다 세 차례 머리를 조아려 바닥에 대는 '고두'(叩頭)를 함으로 샹띠께 가장 겸손한 자세로 경배를 한다. '고두'는 내적 겸손의 외적 표현으로 황제는 오직 상띠께만 '고두'를 한다.

---

349 '황궁우'(皇穹宇)에서 '황'(皇)은 '위대한'을 의미하고, '궁'(穹)은 '하늘'을 의미하며, '우'(宇)는 '큰 방'을 의미한다. 문자적으로 '황궁우'는 '위대한 하늘의 방'이란 뜻이다.

여덟째, 황제의 '원구단'(圓丘壇) 검사. 황제는 '원구단'으로 가서 제단을 살펴본다. 황제가 제천의식을 행하는 곳은 바로 '원구단'에서이다. 한편 '원구단'을 떠난 황제는 다시 '황궁우'로 이동하여 제사에 쓰이는 그릇들과 헌물들 그리고 희생 제물들을 살펴본다. 제천의식에 쓰이는 모든 것은 온전히 준비되어 있어야 했는데, 이는 온전한 제사만이 샹띠께 합당하기 때문이다. 특히 헌물들은 흰색이거나 검은색 혹은 붉은색의 단색이어야 했는데, 이는 단색이 정결을 상징하기 때문이다.

아홉째, '금욕의 궁'에 들어간 황제. 황제는 단폐교 서쪽 '기곡단' 근처의 '금욕의 궁'으로 불리는 '재궁'(齊宮)으로 들어간다. 재궁은 벽돌을 통 모양으로 쌓은 커다란 궁전으로 속칭 무량전(武樑殿)이라고도 한다. '금욕의 궁'에서 황제는 금식을 계속하며 향내 나는 물로 목욕을 했다. 이 두 가지 의식은 샹띠께 경외심을 표하기 위한 정결예식이었다. 황제가 '금욕의 궁'으로 들어간 후 제사를 돕기 위해 밖에서 기다리고 있던 왕자들과 고관들 그리고 관리들은 각기 맡은 일을 완료하기 위해 각자의 위치로 이동한다. 한편 밤이 되면 제사를 섬기는 관리들이 천단에 있는 모든 등불을 밝히고, '원구단' 인근 동북쪽에 위치한 '신성한 부엌'(Sacred Kitchen)에서 제물들을 '원구단'으로 가져온다.[350]

---

350 Chan Kei Thong, 『고대 중국 속의 하나님』, 154-159.

b. **제천의식**(祭天儀式)**의 거행**.

제천의식은 해 뜨기 1시간 45분 전부터 시작된다. 겨울 동지에는 아침 해가 6시경에 뜨기 때문에 그 시각은 새벽 4시 15분경이 될 것이다. 제사를 관장하는 각료 중 한 사람이 황제를 깨우기 위해 '금욕의 궁'으로 온다. 황제는 의식용 마차에 올라 '금욕의 궁'을 나선다. '금욕의 궁'에 있는 종이 계속 울리면서 제사가 시작되었음을 알리고 모든 신하들은 각자의 위치에서 대기한다. 황제는 제사를 위해 특별히 설치된 천막 안에서 제사용 겉옷으로 갈아입는다. 천막을 떠나기 전 황제는 황금으로 된 대야에서 얼굴과 손을 씻는다. 그 후 황제는 '원구단'으로 향한다. 그리고 그곳에 '황천상제'(皇天上帝)가 음각된 명패를 놓는다.

첫 번째 단계: 샹띠를 환영하는 의식(영제신: 迎帝神). 왕자들과 대신들 그리고 악기를 다루는 사람들과 의식을 진행하는 사람들은 각자의 계급과 직분을 따라 '원구단'과 그 주변 지정된 자리에 선다. 제사장 역할을 하는 황제는 '원구단'에 서서 샹띠를 환영하는 의식을 거행한다. 이때 악사들이 첫 번째 찬송인 '중화지곡'(中和之曲)을 연주하고, 찬양대는 황제를 대신해서 샹띠의 창조 능력을 높이는 찬송을 한다. 그런데 이 가사는 창세기 1장을 축약해 놓은 듯 거의 동일하다.

> 지극히 오래전 태초에 공허하고 흑암의 큰 혼돈이 있었사옵니다. 다섯 행성은 아직 운행되지 않았고 태양도 달도 빛을 발하지 않았으며, 그 가운데는 어떤 형상이나 소리도 없었사옵니다. 샹띠(神皇)께

서 나타나시어 먼저 깨끗한 것과 더러운 것을 분리하셨사옵니다. 그리고 주께서 하늘과 땅을 만드시고 사람을 창조하셨나이다. 또한 당신의 능력으로 모든 만물이 지음을 받았사옵니다.[351]

이 찬송이 끝난 다음, 황제는 '원구단'의 두 번째 층에 샹띠를 위해 세워진 성소의 가장 높은 단으로 인도된다. 황제는 성소 앞에 무릎 꿇고 향을 황천상제께 바친다. 그리고 샹띠를 향해 세 번 무릎을 꿇고 아홉 번 머리를 조아려 땅에 대고 절하는 '삼배구고'(三拜九叩)를 한다. 이때 모든 왕자와 귀족과 관원들은 황제를 따라 한다. 이제 악사들이 두 번째 찬송인 '원화지곡'(元和之曲)을 연주하고, 찬양대는 황제를 대신해서 샹띠와의 근본적 화평을 기원하는 찬송을 한다. 그런데 이 가사는 창세기 1:16-18을 축약해 놓은 듯 거의 동일하다.

위대한 띠(샹띠)시여, 당신이 음과 양(하늘과 땅)을 나누셨을 때, 창조의 역사가 시작되었나이다. 당신은 모든 영들(神)과 일곱 개의 요소들(해와 달과 다섯별들)을 만드셨사옵니다. 그것들의 아름답고 밝은 빛이 온 누리에 비추니, 만물이 즐거워하나이다. 신(臣)은 당신의 종으로 당신을 경외하고 감사하여, 제사를 당신께 드려 경배하나이다. 오, 통치자이신 띠(샹띠)시여.[352]

351 서부(徐溥)·유건(劉健), 『대명회전(大明會典)』, 82권(券), "于昔洪荒之初兮(우석홍황지초혜)、混漭(혼로)、五行未運兮(오행미운혜)、兩曜未明(량요미명)。其中挺立兮(기중정립혜)、有無容聲(유무용성)。神皇出御兮(신황출어혜)、始判濁清(시판탁청)。立天立地立人兮(립천립지립인혜)、群物生生(군물생생)。"

두 번째 단계: 샹띠께 보석과 비단을 드리는 의식(전옥백: 奠玉帛). 옥판(玉板)과 여러 필(匹)의 비단을 관리들이 가지고 나와 제대에 올린다. 이때 악사들이 '휴화지곡'(休和之曲)을 연주하고, 찬양대는 황제를 대신하여 샹띠의 높으신 이름과 풍성한 사랑에 감사드리는 찬송을 한다. 그런데 매우 특이한 점은 '휴화지곡'을 통하여 황제가 샹띠를 '우리의 아버지'(義若親: 父親)라고 호칭한 것이다. '우리 아버지'로서의 하느님 개념이 성경에 계시된 하나님 외에 타종교에는 존재하지 않는다. 그러므로 원시복음에서 하느님을 아버지로 호칭하는 것은 원시복음을 통하여 전래된 하느님과 성경에 계시된 하나님과 동일한 분임을 시사한다(삼하7:14–15).

> 오 샹띠시여! 당신께서는 우리의 아버지가 되시사 우리의 간구를 들으시겠다고 약속하셨사옵니다. 당신의 아들인 저는 어리석고 우둔하여 충성과 순종의 마음을 다 표현할 수가 없나이다. 당신께서 우리의 간구를 열납하신 것을 감사드리며 당신의 크신 이름을 송축하나이다. 참새들이 봄날에 즐거워하듯이 우리도 당신을 경외하는 마음으로 이 보석들과 비단들을 드리며, 당신의 풍성하신 사랑을 찬양하나이다.[353]

352 서부(徐溥)·유건(劉健), 『대명회전(大明會典)』, 82권(券), "帝辟陰陽兮(제벽음양혜)、造化張(조화장)。神生七政兮(신생칠정혜)。精華光(정화광)、圓覆方載兮(원복방재혜)、兆物康(조물강)。臣敢祗報兮(신감지보혜)、拜薦帝曰皇(배천제왈황)。"

353 서부(徐溥)·유건(劉健), 『대명회전(大明會典)』, 82권(券), "帝垂聽兮(제수청혜)、義若親(의약친)。子職庸昧兮(자직용매혜)、無由申(무유신)。册表荷鑒兮(책표하감혜)、泰號式尊(태호식존)。敬陳玉帛兮(경진옥백혜)、燕賀洪仁(연하홍인)。"

'휴화지곡'이 연주되는 동안 무릎 꿇은 관리들이 옥과 비단을 황제가 무릎 꿇고 받는다. 그런 후 황제가 옥은 제대(祭臺)에 바치고, 기도문이 적혀 있는 비단은 샹띠께 바쳐져 낭독된 후 화로로 가지고 가서 불살라 졌다.

세 번째 단계: 샹띠께 제물을 바치는 의식(진조: 進俎). '진조'에서 '조'(俎)는 제물인 소와 양을 진열해 놓던 긴 나무판 제기(祭器)를 의미한다. 상형문자에서 오른쪽 부분의 '조'(且)는 도마의 표면을 나타내고, 왼쪽 부분의 위아래 '인'(人)은 도마를 받친 두 개의 다리를 뜻한다. 그러니까 '진조'(進俎)는 샹띠께 제물을 바치는 의식을 뜻한다. 관리 한 명이 가지고 온 구운 송아지 고기에 양념하지 않고 끓인 고기 국물을 부은 나무 접시를 황제는 무릎을 꿇고 샹띠께 제물로 바친다. 이때 악사들이 '예화지곡'(豫和之曲)을 연주하고, 찬양대는 황제를 대신하여 샹띠께 복을 구하는 찬송을 한다.

> 샹띠께서 우리의 제물을 즐거워하시리라 약속하였사오며, 당신 종의 마음은 먼지가루와 같나이다. 고기들은 큰 냄비에 끓여졌고 향기로운 것들이 준비되었나이다. 이것들을 열납하시고 당신의 백성들에게 복을 내려 주옵소서! 당신의 종인 저는 마음이 은혜로 충만합니다. 저는 참으로 복된 자입니다.[354]

---

354 서부(徐溥)·유건(劉健), 『대명회전(大明會典)』, 82권(券), "大筵弘開(대연홍개)、歡聲如雷(환성여뢰)、 皇神賜享(황신사향)、 臣衷捐埃(신충연애)。 大鼎炮烹(대정포팽)、 餚饈馨裁(효수형재)。 帝歆兮(제흠혜)、 兆民之福(조민지복)、 臣感恩兮(신감은혜)、 何如幸哉初献

네 번째 단계: **첫 번째 헌주와 무술 춤**(초헌: 初獻). 교사의식(郊祀儀式) 때 세 차례 샹띠께 포도주를 바치는 헌주(獻酒)를 한다. 첫 번째 헌주를 하는 동안 황제는 기도문을 샹띠께 올렸다. 그 뒤 방패와 손도끼를 든 무용가들이 남쪽 문으로 입장해 왕조의 군사력을 샹띠께 의지하는 무술 춤(武)을 추었다. 이때 악사들이 '수화지곡'(壽和之曲)을 연주하고, 찬양대는 황제를 대신하여 샹띠와의 지속적 화평을 기원하는 찬송을 한다.

> 지극히 높으신 분께서 은혜와 사랑을 부어주신다. 이것을 받기에 우리는 얼마나 부족한가! 그분의 어리석은 종인 나(臣)는 경배를 드리는 동안 이 존귀한 컵을 받들고 영원하신 그 분을 찬양하노라![355]

춤이 계속되는 동안 관리가 무릎을 꿇고 포도주를 황제에게 바친다. 그러면 무릎 꿇은 황제가 샹띠께 드리기 위해 포도주 잔을 머리 위로 들어 올린 다음 잔을 성소의 탁자에 놓는다. 그런 후 황제는 기도대(祈禱臺)로 이동하고, 황제 대신 기도의 암송을 맡은 관리가 기도대 앞에 무릎을 꿇고 세 번 머리를 조아린다. 음악이 끝난 뒤 암송자가 샹띠께 올리는 기도문인 축문(祝文)을 읽는 동안 모든 사람들은 무릎을 꿇은 채 있어야 하고, 황제 역시 예외는 아니다. 샹띠께 올리는 축문을 보면 마치 성경 구절들을 연상케 한다. 축문을 보면 성경에 계시된 창조주 하나님과

(하여행재초헌)。"

355 서부(徐溥)·유건(劉健), 『대명회전(大明會典)』, 82권(券), "大高降恩鑒(대고강은감)。微情何以承(미정하이승)。臣愚端拜奉瑶觥(우단배봉요굉)、堅壽无極并(견수무극병)。"

중원 땅의 동이족이 상고시대에 섬겼던 샹띠가 동일하신 분임을 쉽게 이해할 수 있다. 축문은 황제가 3일 동안 금식할 때 쓴 것으로, 지난 한 해 샹띠께서 베풀어 주신 은혜에 감사하는 내용을 담고 있다. 다음은 명나라 황제 가정(嘉靖)이 사용했던 기도문인 축문을 발췌한 것이다.

> 역사하시는 창조주시여, 당신을 경배하옵니다. 당신께서 거하시는 궁창은 어찌 그리 장엄하온지요. 당신을 경배하여 이 제사를 드리옵니다. 이 종은 보잘것없는 갈대에 불과하오며 이 마음은 개미의 것에 불과하오나, 당신의 신의를 받아 이 종을 이 땅의 군주로 기름 부어 주셨나이다. 저의 무지를 통감하오니 당신의 뜻을 떠나지 않게 하옵소서! 미미하오나 제가 궁중의 일을 행할 때에 당신의 모든 규례와 율례를 지켜 행하겠사옵나이다. 이 낮은 땅에서 당신이 거하는 천국을 향해 우러러 보오니 이 제단에 임하시옵소서! 머리를 숙여 구하옵나니 크신 자비를 베풀어 주옵소서! 여기 시종들도 함께 모여 당신께 기쁨으로 경배 드리나이다. 오, 주시여! 이 제물을 받으시옵고 우리로 당신의 영원하신 선하심을 경배하게 하옵소서! … 지극히 오래 전 태초에 공허하고 흑암의 큰 혼돈이 있었사옵니다. … 거룩하신 신황(神皇)께서 이곳에 모든 만물을 지으셨사옵니다. 주께서 모든 만물을 만드셨사옵니다. 그리고 사람을 지으셨사옵니다. 당신의 능력으로 모든 만물이 지음을 받았사옵니다. … 모든 생물들이 당신의 뜻으로 말미암았사옵니다. 샹띠시여! 인간도 만물도 모두 당신의 자애(慈愛)로 말미암았사옵니다. 모든 생명체가 당신의 선하심으로 지음 받았사오니, 그 복은 당신으로 말미암음이옵니다. 오, 주시여! 당신만이 이 모든 만물의 참 어버이가 되시옵니다.[356]

축문 암송이 끝나면 암송자가 샹띠의 성소로 나아갈 때 모든 사람들은 일어선다. 무릎을 꿇은 채 탁자 위에 기도문을 내려놓고 물러나기 전에 세 차례 머리를 조아린다. 이때 악사들이 다시 찬송을 연주하는데 그것은 '경화지곡'(景和之曲)이라는 감사 찬송이다. 찬송이 연주되는 동안 황제와 모든 관리들은 세 차례 무릎을 꿇으며, 무릎을 꿇을 때 마다 세 번 머리를 조아린다.

다섯 번째 단계: 두 번째 헌주와 일반 춤(아헌: 亞獻). 두 번째 헌주도 첫 번째와 동일하다. 두 번째 헌주를 할 때 '태화지곡'(太和之曲)이 연주된다.

> 모든 생물들이 태초에 당신의 은혜로 말미암고, 사람과 사물은 샹띠의 자비로 말미암았사옵니다. 썅띠시여, 모든 살아있는 것들이 당신의 은덕으로 말미암았사오나, 자기에게 주어진 복이 누구에게로부터 온 것인지 알기나 하겠나이까? 오직 당신만이 모든 만물의 근원이 되시나이다.[357]

여섯 번째 단계: 마지막 헌주(종헌: 終獻). 악사들이 '영화지곡'(永和之曲)을 연주하고, 찬양대는 황제를 대신하여 샹띠와의 영원한 화평을 기원하

356 James Legge, *The Notions of the Chinese Concerning God and Spirits*, 24-25,28-29.

357 서부(徐溥)·유건(劉健), 『대명회전(大明會典)』, 82권(券), "群生總總兮(군생총총혜)、悉蒙始恩(실몽시은)。人物盡囿兮(인물진유혜)、於帝仁(어제인)。群生荷德兮(군생하덕혜)、誰識所從來(수식소종래)。於惟皇兮(어유황혜)、億兆物之祖(억조물지조)。"

는 찬송을 부를 때, 황제는 세 번째이자 마지막 헌주를 위해 샹띠께 나아간다.

> 당신을 위해 보배로운 축제를 열고 보석을 가득 준비하였나이다. 진주 같은 포도주를 노래와 춤과 함께 당신께 드리나이다. 주님 임재의 기운으로 말미암아 백성들과 만물이 모두 기뻐하나이다. 당신의 종인 제가 당신께 보답할 능력이 없어 마음에 번민이 있나이다.[358]

춤과 연주가 끝난 후 샹띠께 제물로 고기와 포도주를 바치기 위해 황제가 제대(祭臺)로 올라가 무릎을 꿇는다. 이때 모든 관리들도 무릎을 꿇는다. 황제는 포도주를 경건하게 샹띠께 바치고, 고기를 또한 경건하게 샹띠께 바친다. 그리고 황제는 모든 관리들과 함께 세 번 무릎을 꿇는데, 꿇을 때마다 세 번씩 도합 아홉 번 샹띠께 머리를 조아린다.

일곱 번째 단계: 제물을 물림(철찬: 撤饌). 교제의식(郊祀儀式)의 마지막 세 단계는 샹띠께 봉헌된 제물을 물리는데, 이때 악사들이 '함화지곡'(咸和之曲)을 연주하고, 찬양대는 황제를 대신하여 샹띠와의 온전한 화평을 기원하는 찬송을 한다.

---

358 서부(徐溥)·유건(劉健), 『대명회전(大明會典)』, 82권(券), "寶宴弘(보연홍)、玉幾憑(옥기빙)。瓊液升(경액승)、樂舞翻(악무번)。協氣凝(협기응)、民物礽(민물잉)。臣衷蹇蹇兮(신충건건혜)、報無能(보무능)。"

> 우리가 드리는 음악은 끝났으나 부족한 정성을 다 표현하지 못하였나이다. 샹띠의 은덕은 다함이 없나이다. 당신은 모든 생물을 만드셨나이다. 크고 작은 모든 만물이 당신의 사랑으로 보호받나이다. 부족한 제 마음에는 당신의 선하심이 새겨져 있으나, 제 마음을 다 표현할 수 없나이다. 저희의 허물에도 불구하고 당신의 너그러움으로 우리를 받으시고, 우리에게 생명과 번영을 허락하옵소서![359]

여덟 번째 단계: **샹띠의 떠나심**(송제신: 送帝神). **교제의식**(郊祀儀式) 때 천국을 상징하기 위하여 사용되었던 둥근 비취(翡翠, jade) 보석이 보물 보관소로 옮겨진다. 이때 악사들이 '청화지곡'(淸和之曲)을 연주하고, 찬양대는 황제를 대신하여 샹띠와의 순결한 화평을 기원하는 찬송을 한다.

> 책에 기록된 의식을 따라 오, 크신 신이신 당신께서 우리의 예배를 받으셨나이다. 모든 춤은 끝나고 아홉 차례 찬송도 마쳤나이다. 오 샹띠시여, 은혜를 베푸사 저희 집에 복을 내려주소서! 악기들과 보석들도 샹띠를 찬양했나이다. 관리들의 허리에 달린 보석들도 샹띠를 찬양했나이다. 영들(神)과 인간들이 함께 주님이신 샹띠를 찬양했나이다. 우리가 한도 끝도 없이 주의 크신 이름을 높이나이다. 주님이 영원히 높은 하늘들을 펼치시고, 견고한 땅을 세우시니 주의 통치가 영원하나이다. 미천한 종인 제가 머리를 숙여 절하오니, 주

---

359 서부(徐溥)·유건(劉健), 『대명회전(大明會典)』, 82권(券), "太奏既成(태주기성)、微誠莫傾(미성막경)。皇德無京(황덕무경)。陶此群生(도차군생)。巨細幪帡(거세몽병)。刻小臣之感衷兮(각소신지감충혜)、罔罄愚情(망경우정)。實弘涵而容納兮(실홍함이용납혜)、曲賜生成(곡사생성)。"

> 의 은혜와 영광에 잠기게 하소서![360]

아홉 번째 단계: 번제(봉료: 奉燎). 교제의식(郊祀儀式)의 마지막 단계로서, 관리들이 황소 제물과 기도가 적힌 두루마리 그리고 향과 다른 제물들을 취하여 '원구단' 옆에 활활 타고 있는 화로의 불 속에 공손히 집어넣는다. 멀리서 해가 떠오를 때, 황제는 동편으로 얼굴을 향하여 이 번제를 바라본다. 이때 악사들이 '희화지곡'(熙和之曲)을 연주하고, 찬양대는 황제를 대신하여 샹띠와의 영광스런 화평을 기원하는 찬송을 한다.

> 우리가 판(板) 위에 당신의 위대하신 이름을 새겨 경배하나이다. 지금 그것을 샹띠께 보여 드리고 불 속에 두나이다. 비단과 고기 같은 값진 제물도 진심으로 드린 기도와 함께 역시 불사르오니 그것들이 불길 속에서 하늘에 상달되기를 원하나이다. 모든 땅 끝에서도 그분을 우러러 보도다. 모든 인간들과 땅 위의 모든 것들아! 그 위대하신 이름을 즐거워할지어다.[361]

---

360 서부(徐溥)·유건(劉健), 『대명회전(大明會典)』, 82권(券), "禮祇册薦兮(례기책천혜)、皇神垂享(황신수향)。萬舞畢擧兮(만무필거혜)、九成已行(구성이행)。帝賜洪庥兮(제사홍휴혜)、大我家慶(대아가경)。金鳴玉振兮(금명옥진혜)、聲鏜鏜(성당당)。群僚環佩兮(군료환패혜)、響玎瑫神(향정당신)。神人交賀兮(신인교하혜)、贊帝皇(찬제황)。寶稱泰號兮(보칭태호혜)、曷有窮量(갈유궁량)。永固高厚兮(영고고후혜)、宰御久常(재어구상)。微臣頓首叩首兮(미신돈수고수혜)、攸沐恩光(유목은광)。"

361 서부(徐溥)·유건(劉健), 『대명회전(大明會典)』, 82권(券), "瑤簡拜書兮(요간배서혜)、泰號成(태호성)。奉揚帝前兮(봉양제전혜)、資離明(자리명)。珍幣嘉餚兮(진폐가효혜)、與祝誠(여축성)。均登巨焰兮(균등거염혜)、達玄清(달현청)。九垓四表兮(구해사표혜)、莫不昂(막불앙)。瞠庶類品彙兮(당서류품휘혜)、悉慶洪名(실경홍명)。"

모든 제물들이 절반 정도 탔을 때, 번제물이 완전히 탈 때까지 황제가 볼 수 있도록 '원구단'의 동남쪽 위치로 이동한다. 그런 뒤 황제는 '원구단'의 왼쪽 문으로 이동하여 겉옷을 갈아입는다. 그 뒤 악사들이 샹띠와의 화평이 지속되기를 기원하는 찬송인 '호화지곡'(護和之曲)을 연주한다. 황제는 재의용 마차를 타고 경호대의 호위를 받으며 남쪽 문으로 천단을 떠나 4.5km에 이르는 길을 거슬러 왕궁에 도착한다.

본 연구자는 앞서 샹띠(上帝)께 드렸던 '천단'의 '교제의식'(郊祭儀式)을 명나라의 『대명회전(大明會典)』에서 발췌 요약 정리하였다. 교제의식'을 위한 희생제물의 세심한 준비 과정은 흠 없는 짐승을 제물로 드렸던 구약성경의 레위기 '제사의식'을 연상케 한다(레4:1-4). 특히 '교제의식'을 위해 선택된 짐승은 도살하는 전각으로 가는 길에 '황궁우'와 '기년전'을 연결하는 '단폐교'(丹陛桥) 아래로 지나갔다. 이 문은 '지옥문'(gate of hell)을 뜻하는 '귀문관'(鬼門關)이라 불렀다.[362] 그 이유는 샹띠께 나아가는 죄인이 지불해야 할 죽음의 형벌을 희생제물이 대신 짊어진다는 레위기의 '속죄의식'을 연상케 한다(레4:1-35). 한편 황제가 샹띠께 나아가 정결한 마음으로 제사를 드리기 전 금식하는 것은 레위기의 '정결의식'을

362 "祭牲从牺牲所到宰牲亭、必须经过'**丹陛桥**'下面的一个门、这个门叫 '**鬼门关**'。牺牲在这里的象征意义是替罪者。在接下来的祭祀仪式中、本来祭祀者该担当的罪、改由献祭的牺牲来担当。圣经也教导有关代罪羔羊或替罪受死的道理。因基督也曾一次为罪受苦 ('受苦'有古卷作'受死')、就是义的代替不义的、为要引我们到上帝面前。按着肉体说、祂被治死; 按着灵性说、祂复活了'(彼得前书3:18)。耶稣基督如祭牲一般、代担人的罪、使一切信靠祂之人的罪得蒙赦免、得以进入天堂、去到上帝面前。" 唐振基, "中国皇帝举行 '祭天大典'之处一天坛," 『先贤之信』, 马六甲福音堂, 第132-133页。

연상케 한다(레16:30–31,23:26–32). 그리고 '교제의식' 때 황제가 샹띠께 드렸던 기도문인 '축문'(祝文)은 구약성경의 시편 구절들을 연상케 한다. 이러한 '교제의식'(郊祭儀式)의 목적은 창조주이신 샹띠께 대한 '예배'만이 아니라 구속주이신 샹띠와의 '언약'(言約)을 함축하고 있었다. 성경에서 하나님과 언약백성 사이에 목숨을 담보로 맺는 '피의 언약'(출24:8;마26:28⇒렘34:18–20⇒렘11:1–5)을 한자어로는 '혈맹'(血盟)이라 칭한다. 상고시대의 전통을 따라 샹띠께 드려졌던 '교제의식' 때의 피 제사는 피의 언약을 의미하는 '혈맹'의 개념을 내포하고 있다.[363] 이 모든 '천단'의 '교제의식'을 구약성경의 레위기와 비교해 볼 때, 과연 어느 누가 '천단'에서 샹띠께 드렸던 '교제의식'을 우상숭배라고 정죄할 수 있겠는가? 원시복음의 전통을 따라 상고시대에 동이족이 섬겼던 샹띠는 성경에 계시된 인격적 하나님과 동일하신 분임이 자명하다.

2) 한국 상고시대의 원시복음에 계시된 하느님 신앙. 동이족의 직계 후손인 한민족(韓民族)이 세운 고조선은 동이족이 세운 환국과 배달국으로부터 그 지역의 천신(天神) 신앙 전통을 물려받았다. 고조선시대에 한민족은 창조주 유일신 '하느님'을 믿었던 것이다. 그리고 만주 지역에 고조선 다음으로 형성된 '북부여' 역시 유일신인 '천신'(天神)을 섬겼

---

363 "盟约在圣经中经常与'切开'一起出现、血盟被'切开'、就像动物被刀或者剑杀死。订立一个盟约就是'切开'一个盟约。上帝的儿子: 拿撒勒人耶稣、他来到世上为是世人的罪成为一个完美的祭物。**中国人与上帝曾经建立的血盟**。" 唐振基, "我们信的不是洋上帝," 『先贤之信』.

다.[364] 개신교 선교사들이 1884년 조선에 들어왔을 때 조선에는 성경의 여호와에 해당하는 호칭이 '하느님' 뿐이며, 모든 한국인의 얼에는 하느님 신앙이 내재되어 있음을 발견하고 놀라워한다. 인격적 유일신 하느님을 섬겼던 한민족에 대해서는 조선에 왔던 개신교 선교사들의 기록을 통해서도 충분히 찾아볼 수 있다. 미국인 선교사 헐버트(H. E. Hulbert, 1863~1949)는 그의 저서 『대한제국 멸망사』(*The Passing of Korea*, 1906)에서 기독교가 이 땅에 들어오기 이전에 한국인들이 자신들의 시조신(始祖神)인 하느님에 대하여 어떻게 생각하고 있었는지 매우 중요한 증언을 남기고 있다.

> 이상한 이야기처럼 들리겠지만, 오늘날 한국인들이 생각하고 있는 순수한 개념으로서의 종교관은 외래적인 종교와는 아무런 관련이 없고 원시적인 자연숭배와도 거리가 먼 하느님에 대한 신앙이다. 이 '하느님'이란 어휘는 '하늘'(heaven)과 '주인'(님, master)이란 단어가 합성된 것으로 한자로는 '천주'(天主, Lord of Heaven)에 해당한다. 한국인들은 모두 이 하느님을 우주의 최고 통치자로 믿고 있다. 그 하느님은 모든 자연계를 떼 지어 다니는 다양한 영들이나 귀신들의 무리들과 떨어져 완전히 분리되어 있는 존재이다. 이러한 관점으로 생각해 볼 때, 한국인들은 엄격한 유일신론자들이며, 이 한국인의 하느님께 부여된 속성들과 권능은 우리 같은 외국인 개신교 선교사들이 기독교 신앙을 가르칠 때 흔히 사용하는 용어로서 수용할 수 있을 정도로 여호와의 속성과 권능에 일치한다.[365]

---

364 안환균, 『변증의 달인』 (서울: 생명의 말씀사, 2005), 52.

캐나다 선교사인 게일(James Scarth Gale, 1863~1937)은 그의 저서 『변환기의 대한제국』(*Korea in Transition*, 1909)에서 한국인에게 '하느님'은 유일하고 위대하며 인격적이라고 말하며, 한국인의 하느님 신앙에 대하여 다음과 같이 설명하였다.

> 앞서 언급했지만, 한국인들은 하나님에 대하여 다음과 같이 말한다. 그 분은 유일하고 위대한 하나님이시다. 그 하나님은 중국어와 한국어로 '하나'와 '위대한'을 나타내는 용어들로 구성되어 있다. 그래서 그 분은 하늘이나 땅이나 땅 아래 어디서든 그 어떤 형상으로도 묘사할 수 없는 최고 통치자시다. 위대함은 오직 하나님께만 속한다. … 나는 집 계단을 청소하고 있던 예수님을 믿지 않는 늙은 한국여자에게 "오늘 비가 올 것 같아요"라고 말했다. 그러자 그녀가 "비요? 그걸 어떻게 알아요?" 그래서 내가 "아침신문 일기예보에 그렇게 나와 있던데요." 그러자 그녀 왈 "아침 신문이요? 원 세상에! 하나님이 하시는 일을 아침신문이 어떻게 알아요?" 한편 다른 자리에서 나는 "태초에 어떤 분이 천지를 창조하셨어요"라고

---

365 "Strange to say, the purest religious notion which the Korean today possesses is the belief in Hananim, a being entirely unconnected with either of the imported cults and as far removed from the crude nature worship. This word Hananim is compound of the words 'heaven'(sky) and 'master' and is the pure Korean counterpart of the Chinese word 'Lord of Heaven' The Koreans all consider this being to be the Supreme Ruler of the universe. He is entirely separated from and outside the circle of the various spirits and demons that infest all nature. considered from this standpoint, the Koreans are strictly monotheists, and the attributes and powers ascribed to this being are in such consonance with those of Jehovah that the foreign missionaries(Protestant) have almost universally accepted the term for use in teaching Christianity." Homer B. Hulbert, *The passing of Korea* (New York: Doubleday, 1906), 404.

성경을 읽자마자 한국인들은 "그 분은 하나님"이라고 답한다. 또 "누가 매일 악인들에게 분노하지요?"라고 물으면 그들은 "하나님"이라고 답한다. 시편 19:1에 "하늘이 하나님의 영광을 선포하고 궁창이 그의 손으로 하신 일을 나타내는도다"라 기록되어 있는데, 하나님이 버림받은 자들 그리고 잃어버린 자들과 함께 살고 고통당하며 죽기 위해 이 가난한 땅의 구유에 내려오셨다고 말하는 것이 한국인들에게는 불합리하고 불가능하게 보인다. 하지만 이런 복음을 전하면 그들은 마음에 감동을 받으며 예수님을 믿고 영접한다.[366]

선교사들은 창조주 유일신 '하느님'이라는 표현이 한민족 정서에 보편적이기 때문에 성경번역이나 설교를 할 때 전혀 갈등을 느끼지 않았다. 곧 '상고시대로부터 믿어오던 한민족의 하느님'이 '성경에 계시된 기독교의 하나님'과 일치했던 것이다. 기독교청년회(YMCA) 선교사로

---

366 "As mentioned before, the Korean talks of God. He is Hananim, the one Great One. His name in Chinese and also in Korean is made up of terms meaning 'one' and 'great.' So he is the Supreme Ruler for whom there is no image or likeness in heaven or earth or under the earth. Greatness is his ... I said to the old woman(not a Christian) dusting off the door-steps, 'It will rain today.' Her reply was 'Rain? Who knows?' 'But the morning paper says so under weather probabilities.' 'Morning paper? Dear me! What does the morning paper know about what Hananim will do?' Immediately when the Bible is read, 'In the beginning some One created the heavens and the earth', they answer, 'Hananim.' 'Who is angry with the wicked every day?' 'God.' 'The heavens declare the glory of Hananim; and the firmament showeth his handiwork.' But to tell of Hananim coming down to this poor earth's manger, and living, suffering, dying, with the outcast and the lost, is a story, for the East, unreasonable, impossible, and yet a story that grips the heart and compels belief and acceptance." James Scarth Gale, *Korea in Transition* (New York: Educational Department, The Board of Foreign Missions of The Presbyterian Church, 1909), 78-79.

1888년 6월에 한국에 와서 1890년 성경번역위원이 된 게일(James Scarth Gale)은 1900년 자신이 쓴 "한국인의 하느님 사상"(*Korean Ideas of God*)이라는 글에서 성경번역에 도움을 주고 있던 한글학자지만 1900년 당시 비기독교인이었던 주시경(周時經, 1876~1914)의 말을 소개하고 있다.

> 게일이 주시경에게 다음과 같이 간청한다. "주씨, 이제 내게 하느님에 대하여 설명해 주십시오. 기독교 시절 이전에 한국인들이 그 분에 대해 알았던 모든 것에 대해 말입니다." 그러자 주씨가 말했다. "우리 민족의 신(神)은 크신 한 분이기 때문에 '하나님'으로 불리는데, '하나'는 일(一)을 의미하고 '님'은 주님·주인·임금을 의미합니다. 한 크신 창조주가 '하나님'이십니다. 우리는 그를 천지공사(天地工事)와 연관시키고, 영원한 창조주인 '조화옹(造化翁)'으로 부릅니다. … 하나님은 수천 년 동안 한국인들에게 절대적 신앙의 대상이 되어 오신 신(神)이시며 모든 신들 중에 가장 큰 신으로 하늘과 땅 등의 우주와 생물들을 창조하는 천지공사(天地工事)를 일으키셨고, 영원히 만물을 창조(創造)하고 기르시는 조화주(造化主)로서 지공무사(至公無邪) 즉, 사심(邪心)이나 악의(惡意)없이 지극히 공평하고 올바른 신(神)으로써 거룩하신 분이십니다." 이러한 주시경의 하나님에 대한 신앙관은 바로 근대조선과 대한제국시대를 살던 한국인들이 하나님에 대하여 가지고 있던 보편적인 인식을 대변한 것이다.[367]

367 James Scarth Gale, "Korean Ideas of God," ≪*Missionary Review of the World*≫ 23-9 (Sept., 1900): 696-698.

그래서 개신교 선교사들이 하나님의 영어 호칭 'God'을 한국어로 번역하는 과정에서 중국 로마가톨릭교회가 중국의 인격적 유일신 명칭인 '샹띠'(上帝)를 잡신(雜神)과 혼동하여 '신'(神)이라는 호칭을 채택한 전통을 따르지 않고 한민족의 마음속에 새겨져있는 인격적 유일신 '천신'(天神)의 한글 번역인 '하느님' 명칭을 차용한 것은 하나님의 놀라운 섭리였다. 스코틀랜드 선교사 존 로스(John Ross, 1842~1915)는 자신이 쓴 『고대와 근대 조선 역사』(*History of Corea, ancient and modern: with description of manners and customs, language and geography*, 1879)에서 다음과 같은 증언을 남기고 있다.

> 한국인들은 지고신(至高神)에 해당하는 하늘을 뜻하는 '하느님'이라는 한글 이름과 '상제'(上帝)라는 한문에서 빌려온 이름을 가지고 있다. 이렇듯 한국에서는 '하느님'이라는 이름이 매우 유별나게 보편적으로 사용되기 때문에, 앞으로 성경을 번역하거나 설교할 때, 이 문제에 대하여 중국인들이 숭배하던 '신'(神)의 이름을 오래 전 중국 천주교가 하느님 이름으로 차용하여 중국 선교사들이 겪었던 것과 같은 다툼의 소지가 없어 보인다. '하느님'이라는 용어가 전하는 것은 전지전능하시고 편재하시며 보이지 않는 하느님을 뜻하는 대중적인 중국어의 '천노야'(天老爺, tiān lǎo yé) 개념과 매우 흡사하다.[368]

368 "The Coreans have one native name, and one borrowed from the Chinese, for the Supreme Being. The former is Hannonim, from hanul, heaven; the latter Shangde. The name Hannonim is so distinctive and so universally used, that there will be no fear, in future translations and preachings, of the unseemly squabbles which occurred long ago among Chinese missionaries on this subject; -even though the Romanists have

로스 선교사는 이 같은 내용을 스코틀랜드 성서공의회에 보고하면서, 한민족이 상고시대로부터 믿어오던 '하느님'(Heaven+Lord)이 성경에 계시된 하나님과 동일하다는 확신을 갖는다. 그리고 그는 고대 한국 문화를 통하여 한국인들은 성경의 하느님을 이해하게 되었다는 결론에 도달하게 된다.[369] 한편 로마가톨릭이 중국을 통하여 한국으로 들어올 때 한민족 고유의 '하느님' 칭호를 채택하지 않고 중국의 기독교 전통에 따라 '천주'(天主)[370]라는 낯선 칭호를 초기에 사용하다가 뒤늦게 '하느님'으로 변경한 사실은 다시 한 번 한민족의 하느님이 성경의 하나님과 동일하신 분임을 확인시켜 준다.

한편 개신교에서 '하느님'은 이교적 신을 지칭하며, '하나님'이라는 명칭만이 성경적이라며 논쟁과 분란을 불러일으키는 기독교인들이 있다. 이것은 '하느님'과 '하나님'에 대한 국어학적 표기법의 변천사를 이해하지 못한 오해에서 기인한다. 한글 최초로 개신교적 신명(神名)을 만들어 사용한 사람은 존 로스 선교사이다. 1881년에 존 로스가 최초로 한국어로 펴낸 교리 문답서인 ≪예수셩교(聖敎)문답≫에 보면, 신명을 한

---

introduced the name which they employ in China. The idea conveyed by the term Hannonim is much like that of Tien Laoye, the popular Chinese name for the Almighty, the all-present, but invisible One." John Ross, *History of Corea, ancient and modern: with description of manners and customs, language and geography* (Paisley, Scotland: J. and R. Parlane, 1879), 355.

369 David William Kim, *Religious Transformation in Modern Asia: A Transnational Movement* (New South Wales, Australia: University of Sydney, 2015), 60-61.

370 '천주'(天主): 영어로 'Heavenly Lord', 중국어로 '티엔 주'(Tien Ju).

국인의 정서에 맞도록 하늘에 계신 최고의 '하늘님'을 지칭하는 '하느님'으로 표기하였다. 그는 당시 지식인들의 중국 한문식 신명인 '상제'(上帝) 혹은 '천주'(天主)를 민중이 애용하는 신명인 '하느님'으로 표기한 것이다. 그런데 1882년에 펴낸 로스의 첫 한글번역 ≪예수셩교(聖敎) 누가복음≫에는 '하느님'과 '하나님'을 병기(併記)하였다. 왜냐하면 그에게 '하느님'과 '하나님'은 동일한 개념의 신명으로 이해되고 있었기 때문이다. 존 로스는 이렇게 기록했다: "한국인에게 'heaven'은 '하늘'(hanal)이고, 'Lord' 혹은 'prince'는 '님'(nim)이다. '하나님'(hananim)은 어느 곳에서든 위에서 다스리시는 분이고, 지상에서 가장 높은 분으로 조선인들이 알고 있는 낱말이다."[371] 옥성득 교수(UCLA)는 "하느님과 하나님 표기는 하늘에 계신 하늘님이란 뜻으로 동일한 한글 표기"라고 지적하였다. 그는 한글 언어학자들도 '하느님/하나님' 표기를 혼용하고 있었음을 지적하였다.[372]

한편 1938년 ≪개역성경≫이 간행되면서 신명이 '하나님'으로 통일되었다. 그러나 신구교 합동으로 1977년 ≪공동번역≫ 신약성경이 출간되면서 그 호칭이 다시 '하느님'이 됨으로써 '하나님'과 '하느님' 가운데 어느 칭호가 더 적합한가에 대한 논쟁이 가열되었다. 유선호 목사

371 https://www.bskorea.or.kr/bbs/ "「예수셩교젼셔」 (1887)," 『한글성경 번역사』, (대한성서공회).

372 옥성득, 『한글 성서 번역 140주년 기념 학술 심포지움 자료집』, (서울: 대한성서공회, 2022), 18.

는 ‘하느님’은 이교적 호칭이고 ‘하나님’만이 성경적 호칭이라고 주장한다.[373] 하지만 어원적으로 고찰해 보면, 맨 처음에 하나님 호칭은 ‘하늘’(天)을 뜻하는 ‘하ᄂᆞᆯ+님’에서 발전된 ‘하ᄂᆞ님’으로 쓰이다가 1933년 조선어학회에서 한글맞춤법 통일안이 나오면서 ‘아래 ㅏ’(ㆍ)를 안 쓰고 기계적으로 모두 ‘ㅏ’로 바꾸는 과정에서 ‘하나님’으로 표기 되었다. 그러나 한국어 고어문법에서는 첫음절에서 ‘아래 ㅏ’(ㆍ)가 ‘ㅏ’로 변환되나 둘째 음절에서 ‘아래 ㅏ’(ㆍ)가 ‘ㅡ’로 변화되므로 표기법상 ‘‘하ᄂᆞ님’은 ‘하느님’으로 발음하는 것이 타당하다. 한편 ‘하늘’과 ‘하날’은 훈민정음에서 모두 ‘하늘’(天)을 뜻하며 ‘ᄒᆞᄂᆞᆯ’로 표기하였다. 그러므로 어원대로라면 오늘날 ‘하늘’을 ‘하날’이라고 표기하고 있지 않기 때문에 ‘하ᄂᆞᆯ+님’은 ‘하느님’으로 표기하는 것이 타당하다. 그런데 한민족의 ‘하느님’은 ‘하늘’과 ‘님’의 합성어에서 발전하였고, 개신교의 ‘하나님’은 ‘하날’과 ‘님’의 합성어에서 발전하였다. 개신교인들이 ‘하나님’을 ‘하나’(One)와 ‘님’(Lord)의 합성어로 보아 유일신을 나타내는 가장 적합한 말로 인식하고 있기 때문에 ‘하나님’이라고 표기한다고 하여 틀렸다고 말할 수는 없다.

373 유선호, 『천주교를 배격하는 7가지 이유』 (서울: 하늘기획, 1985), 7-16.

3. 원시복음의 하느님 신앙과 이교주의적 조상신 숭배의 혼합주의

이미 앞에서 기술한 바와 같이 인류 초기 문명에서는 원시복음의 전통에 따라 인격적 창조주 하느님을 신앙했던 유일신론이 대세를 이루고 있었음을 알 수 있다. 그런데 시간이 흘러가면서 인간은 점차 탐욕에 사로잡혀 '자연'을 신격화하고 '인간'을 신격화하는 종교를 만들어내기 시작한다. 물론 그 과정에서 마귀의 미혹하는 강력한 역사가 편승했음을 부인할 수 없다. 타락한 인간의 본성은 인격적 하나님께 순종하여 자신의 욕망을 포기하기 보다는 자신의 탐욕을 무한대로 충족시켜줄 도깨비 방망이 같은 '우상'이 필요했던 것이다. 그리고 인간의 종교적 욕구를 충족시키기 위해 인간에게는 아무런 두려움도 줄 수 없는 '화석화된 신 개념'만 소유하길 원했다. 그래서 역사의 진행과 더불어 '하느님 신앙'과 '조상신 숭배'가 함께 어우러진 이교주의적 혼합주의가 나타나기 시작했다.

1) 중국 상고시대에 섬기던 창조주 샹띠가 잡신으로 대체된 과정. 중국에서 최고의 신적 존재를 나타내는 데 사용하는 세 가지 이름은 '샹띠'(上帝)·'띠'(帝)·'티엔'(天)이다. 이 세 용어들은 동일한 인격적 유일신 하느님을 나타내는 다른 이름들이었다.[374] 한편 중국인들은 '신적 존

재'(god)를 가리키는 또 다른 용어로 '셴'(神)이란 단어를 사용했다. 그런데 '셴'은 '하느님'(God)을 지칭하기보다 '영적 존재'을 의미한다. '영적 존재'를 지칭하는 '셴'이 '신적 존재'인 '신'(god)으로 변질된 것은 조상 숭배와 연관되어 있다. 중국에서 샹띠(上帝)를 위한 제사는 황제의 고유 권한에 속해 있었다. 그러니까 황제는 하느님과 백성들 사이를 연결해 주는 중재자인 대제사장 역할을 감당했던 것이다. 그런데 황제가 죽어도 그 황제의 영혼이 여전히 영적 중재자 역할을 하고, 그 죽은 황제가 자신들에게 축복과 안녕을 가져다줄 수 있다고 생각하면서 그 황제를 신적 존재인 '셴'(神)으로 숭배하기 시작하였다. 상 왕조에 이르러 상족(商族)의 조상은 신적 존재로서 종교의 중심이 되고, 주 왕조에 이르러 주족(周族)의 조상은 신적 존재로서 정치의 중심이 되었다. 이러한 시대적 흐름과 더불어 점차 인격적 하느님 샹띠는 죽은 조상신으로 대체되어 갔다.[375] 한편 중국 역사의 후기로 내려가면서 현세 지향적 유교와 자연주의적 도교의 출현과 더불어 무신론적 불교의 영향을 받아 인격적 하느님 개념인 샹띠와 티엔은 중국인들의 영혼에 관념적 신 개념으로 전락하고 말았다. 즉 B.C. 6세기경 인격적 샹띠 신앙을 거부하는 중국의 토착 종교인 유교와 도교가 나타난 것이다. 유교는 '샹띠'(上帝)와 '티엔'(天)을 비인격적 궁극자 개념으로 해석하여 불가지론적 입장을 취하였다.

---

374 James Legge, *The Religions of China* (New York: Charles Scribner's Sons, 1881), 8-11.
375 김경일, 『유교 탄생의 비밀』, 8-96.

그리고 도교 역시 노자(老子, B.C.570~B.C.490)에게서 우주의 절대적 원리로서의 '도'(道) 사상이 나왔는데, 장자(莊子, B.C.399~B.C.295)에 이르러 '도'는 '기'(氣)로 전환되면서 더욱 물질적 개념을 띠고 마술적 색채가 강한 자연종교가 되었다.[376] 더욱이 B.C. 67년경에 중국에 전래된 불교는 설상가상으로 비인격적 궁극자 개념조차 인정치 않는 무신론적 종교였다. 이들 종교는 샤머니즘과 결탁하여 잡신(雜神) 사상으로 변질되고 결국 악령들을 섬기는 '다귀론'(多鬼論, poly-demonism)으로 전락하고 만다.

중국에 기독교를 전파한 대표적 예수회 선교사는 마테오 리치(Matte Ricci, 1552~1610)이다. '천주에 대한 참된 의미'를 뜻하는 그의 저서 『천주실의(天主實義)』(*The True Meaning of the Lord of Heaven*)에서 '천주(天主)는 경서(經書)[377]에 나오는 샹띠(上帝)와 동일한 분'이라고 정의했다: "그리하여 많은 고대 책들의 페이지를 넘기면서, 샹띠와 천주는 단지 이름만 다를 뿐이라는 것이 내게 명백해졌다."[378] "우리의 천주는 중국에서 샹띠로 불린다."[379] 즉 유교의 샹띠과 티엔은 서교(西教: 기독교)의 하나님과 결코 다른

376 Yu-Lan Fung, *A History of Chinese Philosophy*, tr. by D. Bodde, Vol. 1 (Princeton, New Jersey: Princeton University Press, 1937), 178.

377 '경서'(經書)는 유교의 교의(教義)를 설명한 사서삼경(四書三經)을 뜻하며, '사서'(四書)는 논어(論語)·대학(大學)·중용(中庸)·맹자(孟子), '삼경'(三經)은 서경(書經)·시경(詩經)·역경(易經), '오경'(5經)은 춘추(春秋)·예기(禮記)를 포함한 것이다.

378 "歷觀古書(역관고서)、 而知上帝與天主(이지상제여천주)、 特異以名也(특이이명야)。" Matte Ricci, *The True Meaning of the Lord of Heaven*, Edward J. Malatesta, ed., (St. Louis, Mo: Institute of Jesuit Sources, 1986), 125.

379 "吾天主(오천주)、即華言上帝(즉화언상제)。" Matte Ricci, *The True Meaning of the Lord of Heaven*, 121.

신이 아니라 같은 신이요, 같은 신에 대한 다른 이름일 뿐이라는 것이다. 그러므로 천주교의 교리는 중국 전통의 유교적 세계관과 윤리관에 배치되는 것이 아니며, 오히려 유교적 세계관을 더욱 완전하게 한다는 것이다. 더욱이 그는 고대의 '티엔'(天) 사상으로 돌아가 거기서 샹띠를 만나야 한다고 설파하였다. 이러한 태도는 명나라의 고위 관료들과 사대부들 사이에서 큰 호평을 받았다. 하지만 이러한 마테오 리치의 주장은 프란체스코파와 도미니크파 및 일부 예수회 선교사들의 큰 반발을 불러일으켰다. 심지어 교황 클레멘스 11세(Papa Clemente XI, 재위 기간 1700~1721)는 유교의 조상숭배와 신조를 수용하지 말라는 교서까지 내렸다. 여기서 본 연구자는 중국의 상고시대에 샹띠와 티엔은 성경에 계시된 하나님과 동일한 분임을 인정한다. 하지만 유교의 경서에 기록된 샹띠와 티엔은 화석화된 관념적 신이다. 더욱이 조상을 '셴'(神)으로 숭배하는 유교의 우상숭배는 결코 용납할 수 없는 것이다. 결론적으로 마테오 리치는 중국의 복음화라는 명분 때문에 혼합주의의 덫에 걸려 넘어진 것이다. 이 문제에 대하여 스코틀랜드의 중국 선교사 제임스 레게(James Legge, 1815~1897)는 1852년에 출간된 그의 저서 『하느님과 영들에 관한 중국인들의 이해』(*The Notions of Chinese Concerning God and spirits*)에서 중국 상고시대의 샹띠를 성경에 계시된 하나님(God)과 동일시했지만, 유교의 조상신은 영들(spirits)을 뜻하는 '셴'(神)으로서 '잡신'(gods)에 불과하다고 명백히 구분했다.[380]

2) 한국 상고시대에 섬기던 창조주 하느님이 잡신으로 대체된 과정.

한민족은 상고시대의 '환국'(桓國)뿐 아니라 '배달국'(倍達國)과 이어지는 '고조선'(古朝鮮)에 이르기까지 '천신'(天神)[381] 신앙을 갖고 있었다. 더욱이 『태백일사』의 기록에 따르면, '천신' 신앙은 그 이후의 '북부여'[382]와 '고구려'[383] 및 '발해'[384]에까지도 명맥이 이어져 내려왔다. '천신'[385]을

---

380 Chan Kei Thong, 『고대 중국 속의 하나님』, 229-270.

381 이맥(李陌), 『태백일사(太白逸史)』 「환국본기(桓國本紀)」, "朝代記曰(조대기왈)、昔有桓仁(석유환인)、降居天山(강거천산)、主祭天神(주제천신)。" [본문 번역]: "조대기에 이르기를 옛날 환인이 천산에 내려와 거하면서 천신(天神)께 제사 지내는 것을 주관하셨다."

382 범장(范樟), 『북부여기(北夫餘紀)』 「북부여기상편(北夫餘紀上篇)」, "癸亥二年(계해이년)、是歲三月十六日(시세삼월십륙일)、祭天(제천)、設烟戶法(설연호법)。" [본문 번역]: "(북부여 始祖 檀君 해모수) 계해 2년(B.C.238년) 3월 16일 천신(天神)께 제사하고 연호의 법을 제정하였다."

383 이맥(李陌), 『태백일사(太白逸史)』 「고구려국본기(高句麗國本紀)」, "乙支文德(을지문덕)、高句麗國(고구려국)、石多山人也(석다산인야)。嘗入山修道(상입산수도)、得夢天神而大悟(득몽천신이대오)。 每當三月十六日(매당삼월십육일)、 則馳往摩利山(칙치왕마리산)、供物敬拜而歸(공물경배이귀)。 十月三日(십월삼일)、 則登白頭山祭天(칙등백두산제천)、祭天乃神市古俗也(제천내신시고속야)。" [본문 번역]: "을지문덕은 고구려국 석다산 사람이다. 일찍이 입산수도하여 꿈에 천신(天神)을 만나고 크게 깨달았다. 매년 3월 16일이면 곧 마리산에 달려가 (천신께) 공손히 제물을 받치며 경배하고 돌아왔다. 그리고 매년 10월 3일이면 백두산에 올라가 경건하게 천신(天神)께 제사를 지냈다. 제천(祭天)은 (배달국) 신시시대의 옛 풍속이다."

384 이맥(李陌), 『태백일사(太白逸史)』 「대진국본기(大震國本紀)」, "仁安十六年(인안십육년) … 是月十六日(시월십육일)、祭三神一體上帝于(제삼신일체상제우)、西鴨綠河之上(서압록하지상)、西鴨綠槀離古國地也(서압록고리고국지야)。" [본문 번역]: "(발해) 인안 16년 … 이달 16일 삼신일체 상제(三神一體上帝)께 서압록 강변에서 제사를 지냈다. 서압록은 옛 고리국(槀離國)의 땅이다."

385 이맥(李陌), 『태백일사(太白逸史)』 「고구려국본기(高句麗國本紀)」, "乙支文德曰(을지문덕왈)、道以事天神(도이사천신)、德以庇民邦(덕이비민방)、吾知其有辭天下也(오지기유사천하야)。受三神一體氣(수삼신일체기)、分得性命精(분득성명정)、自在光明昻然不動(자재광명앙연불동)、有時而感(유시이감)、發而道乃通(발이도내통)。… 一神攸居之爲天宮(일신유거지위천궁)" [본문 번역]: "을지문덕(乙支文德)이 말하기를, 도(道)로서 천신(天

'삼신 상제'(三神上帝)[386]나 '삼신일체 상제'(三神一體上帝)[387] 혹은 약자로 '일신'(一神)[388]이나 '삼신'(三神)[389] 혹은 '천주'(天主)[390] 또는 '유일신'(有一神)[391]이라 했는데, 이는 기독교의 삼위일체 하나님과 동일하다. 여기서 '삼신'(三神)은 '삼일신'(三一神)의 준말로서 '삼신일체(三神一體) 하느님(상제)'을 의미한다.[392] 매우 놀라운 사실은 '삼신일체 상제'를 "초월적 영원세계

神)을 섬기고 덕(德)으로서 백성과 나라를 감싸 덮는다는 말이 천하(天下)에 회자됨을 나는 안다. 삼신일체(三神一體)의 기(氣)를 받아 성명정(性命精)을 나누어 얻으니 광명(光明)이 마음에 임하여 고요히 있다가 때가 되면 감동이 일어나고 발현되어 마침내 도(道)를 깨닫게 된다. … 일신(一神)께서 거하시는 곳이 천궁(天宮)이로다."

386 이맥(李陌), 『태백일사(太白逸史)』 「신시본기(神市本紀)」, "三神上帝(삼신상제)。"

387 이맥(李陌), 『태백일사(太白逸史)』 「대진국본기(大震國本紀)」, "三神一體上帝(제삼신일체상제)。"

388 이맥(李陌), 『태백일사(太白逸史)』 「고구려국본기(高句麗國本紀)」, "一神攸居之爲天宮(일신유거지위천궁)。" [본문 번역]: "'일신'(一神)께서 거하시는 곳이 '천궁'(天宮: 천국)이로다."

389 이맥(李陌), 『태백일사(太白逸史)』 「소도경전본훈(蘇塗經典本訓)」, "檀君扶婁時(단군부루시)、有於阿之歌(유어아지가)、盖神市古俗(개신시고속)、祭迎三神之歌(제영삼신지가)、則其曰大祖神謂三神(칙기왈대조신위삼신)、爲天之主宰者也(위천지주재자야)。" [본문 번역]: "단군 부루(扶婁)때에 어아가(於阿歌)가 있었으니, 대개 신시(神市)의 옛 풍습으로서 삼신(三神)께 제사하며 맞이하는 노래이다. 여기서 '삼신'(三神)을 대조신(大祖神)이라 한 것은 하늘의 '주재자'(主宰者)이심을 말하는 것이다."

390 이맥(李陌), 『태백일사(太白逸史)』 「신시본기(神市本紀)」, "天主(천주) 祠三神(사삼신)。" [본문 번역]: "천주이신 삼신께 제사하고."

391 안함로(安含老), 『삼성기전상편(三聖紀全上篇)』, "吾桓建國最古(오환건국최고)、有一神(유일신)、在斯白力之天(재사백력지천) … 謂之桓國(위지환국)、是謂天帝桓因氏(시위천제환인씨)。"

392 이맥(李陌), 『태백일사(太白逸史)』 「삼한관경본기(三韓管境本紀)」, "檀君索弗婁(단군색불루) … 受三神明命(수삼신명명) … 馬韓黎元興(마한여원흥)、致祭于三神一體上帝之檀(치제우삼신일체상제지단)。" [본문 번역]: "단군 색불루(단군 22세)는 … '삼신'(三神)의 밝은 명을 따라 … 마한 여원흥을 보내어 '삼신일체 상제'(三神一體上帝)의 단(천단)에 제사를 올리게 하였다."

에 삼신(三神)이 계시니, 곧 한 분 '상제'(上帝)시다. 주체는 '일신'(一神)이시니, 각각 신이 따로 계시지 않고, 작용만 '삼신'(三神)이시다"[393]라고 설명하여 정통 기독교 삼위일체론의 신학적 견해와 일치한다. 상고시대로부터 한민족은 '천단'(天壇)에서 천신께 제사를 드렸다: 『태백일사(太白逸史)』「신시본기(神市本紀)」, "산꼭대기에 땅을 파서 성단(城壇)을 만들었는데, 이를 '천단'(天壇)이라 하고, 산골짜기에 나무를 심어 '토단'(土壇)을 만든 것을 '신단'(神壇)이라 하였다."[394] 이렇듯 '환국'(桓國: B.C.7197~B.C.3897년, 3,301년간 존속)과 '배달국'(倍達國: B.C.3897~B.C.2333년, 1,565년간 존속)은 삼신일체 상제이신 인격적 '천신'(天神) 하느님만을 5,000년 동안 섬겨왔다.

그런데 단군왕검(檀君王儉)의 아들인 고조선의 2세 단군 부루(扶婁, B.C.2240년 등극)는 역대 천왕의 공덕을 기리기 위해 '신단'(神壇)에 '삼신전'(三神殿)을 세우고 '삼위성조'(三位聖祖)의 신주(神主)를 모시기 시작하였다. 발해의 대야발(大野勃)이 A.D. 727년에 저술한 『단기고사(檀奇古史)』에 의하면, "부루 단군이 삼신전을 세우고, 환인·환웅·단군 성조를 봉안(奉安)

---

393 이맥(李陌), 『태백일사(太白逸史)』「삼신오제본기(三神五帝本紀)」, "自上界(자상계)、却有三神(각유삼신)、卽一上帝(즉일상제)、主體則爲一神(주체칙위일신)、非各有神也(비각유신야)、作用則三神也(작용칙삼신야)。"; 이맥(李陌), 『태백일사(太白逸史)』「신시본기(神市本紀)」, "以三神(이삼신)、卽一上帝也(즉일상제야)。… 夫三神者(부삼신자)、卽創宇宙(즉창우주)、造萬物之天一神也(조만물지천일신야)。" [본문 번역]: "삼신(三神)은 즉 한 분 상제(一上帝)시다. … 저 삼신(三神)은 곧 우주를 창조하시고 만물을 만드신 한 분 하느님(天一神)이시다."

394 이맥(李陌), 『태백일사(太白逸史)』「신시본기(神市本紀)」, "在山頂而塹山爲城壇者(재산정이참산위성단자)、曰天壇(왈천단)、在山谷而植木爲土壇者(재산곡이식목위토단자)、曰神壇(왈신단)。"

하여 백성들로 하여금 경배하도록 했다"는 기록이 있다. '삼위성조'(三位聖祖)는 환국의 '환인천제'와 그 국통을 계승하여 배달국을 건국한 '환웅천황' 그리고 배달국의 국통을 계승하여 고조선을 건국한 '단군왕검'을 지칭한다. 한편 『단군세기(檀君世記)』에 의하면, 고조선 11세 단군 도해(道奚, B.C.1891년 등극)가 "재위 원년인 경인년에 오가에게 명하여 12명산 가운데 최고로 빼어난 곳을 찾아 국선 소도를 설치하고, 둘레에 박달나무를 많이 심었다. 가장 큰 나무를 선택하여 환웅상을 모시고 제사를 지내니 그 이름을 웅상(雄像)이라 했다"는 기록이 있다.[395] 같은 해 단군 도해는 '대시전'(大始殿)을 세워 거기에 환웅천황의 유상을 봉안하여 모시기 시작했다. 『단군세기(檀君世記)』에 의하면, 단군 도해가 "겨울인 10월에 '대시전'(大始殿)을 짓도록 명하여 세우니 지극히 웅장하고 화려했다. 환웅천황의 유상을 받들어 안치하니 머리 위에는 광채가 찬란하여 마치 태양이 온 세상을 환하게 비추는 것 같았다"고 했다.[396] 이렇듯 성조(聖祖)의 유상(遺像)을 모시고 직접 제사를 지내는 풍속은 고조선의 11세 단군 도해(道奚)에서 비롯됐다. 조상에 대한 공경(恭敬)이 도를 넘어 존숭(尊崇)으로 발전한 것이다. 요컨대 '삼위성조'(三位聖祖)의 신주(神主)를 모신 곳이

---

395 이암(李巖), 『단군세기(檀君世記)』, "庚寅元年(경인원년)、帝命五加(제명오가)、擇十二名山之最勝處(택십이명산지최승처)、 設國仙蘇塗(설국선소도)、 多環植檀樹(다환식단수)、擇最大樹封爲桓雄像(택최대수봉위환웅상)、而祭之名雄常(이제지명웅상)。"

396 이암(李巖), 『단군세기(檀君世記)』, "冬十月(동십월)、 命建大始殿(명건대시전)、 極壯麗(극장려)、 奉天帝桓雄像而安之(봉천제환웅상이안지)、 頭上光彩閃閃(두상광채섬섬)、 如大日有圓光(여대일유원광)、 照耀宇宙(조요우주)。"

'삼신전'(三神殿)이고, 환웅천황의 유상을 모신 곳이 '대시전'(大始殿)이다.

고조선의 후기에 '삼신전'(三神殿)과 '대시전'(大始殿)이 통합되어 '삼성전'(三聖殿)으로 명칭이 바뀐다. 이때부터 천신과 더불어 환인·환웅·단군을 신격화하여 섬기며 제사하는 혼합주의적 우상숭배가 본격화된다. 이 같은 사실은 고조선 33세 단군 감물(甘勿, B.C.819년 등극)이 환인·환웅·단군에게 제사를 지낼 때 지은 '서고문'(誓告文)에서 확실해진다: 『단군세기(檀君世記)』, "세 분 성조(聖祖)의 존귀함은 '삼신'(三神)과 더불어 공덕이 같고, 삼신의 공덕은 세 분 성조로 말미암아 더욱 성대하도다."[397] '삼성전'은 세 분 성조(聖祖) 즉 환인천제·환웅천황·단군왕검의 신주를 모시고 신격화하여 제사를 지내는 사당이다. 한편 '삼성전'의 명칭이 '삼성사'(三聖祠)로 바뀐 것은 고조선 33세 단군 감물(甘勿) "재위 7년 무자년에 영고탑 서문 밖 감물산 아래에 '삼성사'(三聖祠)를 세우고 친히 제사를 드렸다"[398]는 사실에서 확인할 수 있다. 요컨대 '고조선'(古朝鮮: B.C.2333~B.C.238년, 2,096년간 존속)의 단군 2세 부루(扶婁, B.C.2240년 등극) 때 역대 천왕의 공덕을 기리기 위해 '신단'(神壇)에 '삼신전'(三神殿)을 세우고 신주(神主)를 모셨다. 그리고 고조선의 11세 단군 도해(道奚, B.C.1891년 등극) 때부터 성조(聖祖)의 유상(遺像)을 모시고 직접 제사를 지내기 시작했다. 이와 더불어

---

397 이암(李巖), 『단군세기(檀君世記)』, "三聖之尊(삼성지존)、與神齊功(여신제공)、三神之德(삼신지덕)、因聖益大(인성익대)。"

398 이암(李巖), 『단군세기(檀君世記)』, "戊子七年(무자칠년)、寧古搭西門外(영고탑서문외)、甘勿山之下(감물산지하)、建三聖祠親祭(건삼성사친제)。"

삼신일체 상제께도 제사를 드렸다: 『태백일사』 「삼한관경본기」, “단군 색불루(단군 22세)는 … ‘삼신’(三神)의 밝은 명을 따라 … 마한 여원흥을 보내어 ‘삼신일체 상제’(三神一體上帝)의 단(천단)에 제사를 올리게 하였다.”399 이때부터 불교가 한민족에게 전래되어 득세할 때까지, 삼신일체 상제께 제사를 드리면서 동시에 환인·환웅·단군을 신격화하여 섬기며 제사를 드리는 혼합주의적 우상숭배가 고착화되었다. 결국 환인·환웅·단군을 혼연일체의 ‘삼신 한얼님’으로 믿는 ‘대종교’(大倧敎)가 1910년 8월 독립운동가 나철(羅喆, 본명 寅永 1863~1916)에 의해 민족종교를 자칭하며 창시되었다.

4. 또 하나의 선민, 욕단 자손

본 연구자는 앞서 역사를 통하여 한민족의 기원을 연구하였는데, 본 단락에서는 성경을 통하여 한민족의 기원을 다루어 보고자 한다. 아직 신학계에서는 관심조차 없지만, 함께 고민해 볼만한 흥미로운 주제이다. 이 주제의 연구가 매우 어려운 이유는 인류의 상고사(上古史)에 속하여 역사적 자료를 수집하는 것이 거의 불가능하기 때문에 자칫 추측과 억측의 위험성에 휘말리기 쉽다. 그럼에도 본 연구자가 이 주제를 다루는 것

399 이맥(李陌), 『태백일사(太白逸史)』 「삼한관경본기(三韓管境本紀)」, “檀君索弗婁(단군색불루) … 受三神明命(수삼신명명) … 馬韓黎元興(마한여원흥)、致祭于三神一體上帝之檀(치제우삼신일체상제지단)。”

은 학문으로서 탐구할 가치가 충분하기 때문이며, 신학자들로 하여금 탐구에 대한 욕구를 자극하기 위해서이다.

창세기 10:21에 "셈은 에벨 온 자손의 조상"이라는 말씀이 나온다. '에벨'은 셈의 셋째 아들 아르박삿의 손자이다. 셈은 아르박삿 외에 네 아들이 있었는데도(창10:22) 셋째 아들 아르박삿의 손자 '에벨'을 먼저 언급했다는 사실은 셈의 셋째 아들 아르박삿의 손자 '에벨의 혈통'이 선택된 종족이라는 것이다. 즉 "셈의 하나님 여호와"(창9:26)는 이제 '에벨 자손의 하나님'이 되신 것이다. 그러면 '에벨의 자손'은 누구인가? '벨렉'과 '욕단' 두 형제뿐이다: 창세기 10:25, "에벨은 두 아들을 낳고 하나의 이름을 벨렉이라 하였으니 그 때에 세상이 나뉘었음이요 벨렉의 아우의 이름은 욕단이며" 따라서 하나님의 선택을 받은 종족인 '에벨의 온 자손'이란 곧 '벨렉 자손'과 '욕단 자손'을 말한다. "셈은 에벨 온 자손의 조상"이라고 했으니 셈은 곧 그 두 형제의 자손들 조상이 된다는 말이다. 그리고 하나님은 "셈의 하나님"이라 했으니, 곧 '벨렉 자손의 하나님'이시요 '욕단 자손의 하나님'이신 것이다. 여기서 여호와 하나님께 선택된 백성은 하나가 아니라 곧 '벨렉계 선민'과 '욕단계 선민' 두 계열의 백성이 존재한다. 창세기 11:10-32에 보면, 벨렉의 자손 중에 그의 6대손 아브라함이 하나님의 부름을 받음으로서 언약 백성 이스라엘이 탄생했다. 그런데 여기서 흥미로운 사실은 역대상 1:17-33에 보면, 역대상 1:20-23에서 '욕단계 선민'을 먼저 언급하고, 역대상 1:28-31에서 '벨렉계 선민'을 나중에 다루고 있다는 것이다. 이는 '욕단계 선민'

의 중요성을 강조하기 위한 것이다.

벨렉과 욕단의 아버지 '에벨'(에베르 עֵבֶר, 창10:21,11:14,16)에서 '히브리'가 유래하였다. '히브리'(Hebrew)는 히브리어로 '이브리'(עִבְרִי Hebrew 창14:13)로 발음한다. 그런데 이 '에벨'(עֵבֶר)이라는 이름이 '강을 건넌 지역'(the region beyond the river)이란 뜻의 '아바르'(עֲבַר)[400]에서 유래하였고, '건너온 자'란 의미를 갖는 '이브리'와 그 어근이 동일하다.[401] 그러므로 히브리인(Hebrew)은 '에벨(Eber)의 자손'이라는 뜻을 내포하고 있다.[402] 따라서 '히브리 족속'(Heberites)은 '에벨 족속'(Eberites)을 나타내는 말로, 에벨의 두 아들 벨렉과 욕단 역시 히브리 족속이다. 즉 서쪽으로 간 벨렉계 선민은 '서부 히브리인'으로 아브라함의 직계 후손인 이스라엘 민족이고, 동쪽으로 간 욕단계 선민은 '동부 히브리인'으로 동이족의 직계 후손인 한민족이다.

---

400 "An Aramaic noun, *'ăvar* occurs fourteen times meaning 'region beyond,' 'opposite side.' It occurs only in Ezra and always in the phrase 'the region beyond the river,' refferring to Mesopotamia as the region beyond the Euphrates River. From the Palestinian point of view, this area was the Transeuphrates(cf. Josh.24:2f;14f; 2Sam.10:16). From Mesopotamia, the land 'beyond the river' included Palestine, Aram and Phoenica (1Ki.4:24)." "עֲבַר #A5883," *The Complete Biblical Library.*

401 "The name literally means 'region beyond or over (the river).' This could indicate Palestine, the land 'beyond the (Jordan) river.' Furthermore, both 'Hebrew' and 'Eber' contain the same Semitic root." "עֵבֶר #5884," *The Complete Biblical Library.*

402 히브리 민족(Heberites, Eberites, Hebreians, descendants of biblical Patriarch Eber). "히브리인," ≪위키백과≫. "Genetically speaking, 'Hebrew' means any descendant of Ever (Eber). ... The name is derived, from Eber (Genesis 10:24), the ancestor of Abraham. The Hebrews are metaphorically or literally 'sons of Eber'(10:21)." https://geniemusic.com/?w=%201307/

그러면 욕단의 후손은 어디로 갔을까? 성경은 그들이 동방의 산악지대를 넘어 동아시아로 건너갔다고 말한다: 창세기 10:30, "욕단은 … 그들이 거주하는 곳은 메사에서부터 스발로 가는 길의 동쪽 산이었더라." 여기서 "산"으로 번역된 히브리어 '하르'(הַר)는 '산맥'(mountains)이나 '산지'(highlands)를 가리킨다.[403] 그때 욕단의 후손은 동방의 산악지대로 이동했는데, 메사(Mesha)는 지금 아라랏산 동쪽 이란 북동부에 있는 메샷(Meshhad)이란 곳이다. 욕단 족속은 이 '메사'로부터 '스발'을 향해 가고자 동양의 산악지대(파미르고원 → 천산산맥 → 알타이산맥)를 지나가는 대장정을 시작한 것이다. 창세기 10:30을 히브리어 원문에 적합하게 가장 잘 번역한 성경은 ≪The New English Bible≫이다: "They lived in the eastern hill-country from Mesha all the way to Sephar." 이 본문을 번역하면 다음과 같다: "그들 곧 욕단 족속은 메사에서 출발하여 머나먼 길을 끝까지 가서 동방의 산악지대인 '스발'에 정착하여 살았다." 본문에서 "동쪽"으로 번역된 히브리어 '하케뎀'(הַקֶּדֶם the east)은 정관사 '하'(הַ the)에 동방지역을 뜻하는 '케뎀'(קֶדֶם east)이 결합한 단어이다. 이 단어에 정관사가 쓰인 이유는 동방의 특정 지역인 '스발'을 강조하기 위해서였다. 그러니까 욕단 족속의 최종 목적지가 동방 끝의 '스발'이라는 것이다.

그런데 성경학자들은 욕단의 후손이 정착한 스발로 가는 동쪽 산악지

---

403 "הַר #2098," *The Complete Biblical Library.*

대의 위치가 아라비아반도 남서쪽이라고 주장한다.[404] 그래서 구약성서 학자들은 창세기 10:26-29에 언급된 욕단의 후손들 즉 "욕단은 알모닷과 셀렙과 하살마웻과 예라와 하도람과 우살과 디글라와 오발과 아비마엘과 스바와 오빌과 하윌라와 요밥을 낳았으니 이들은 다 욕단의 아들"이 모두 아라비아 반도에 정착하였고, 욕단은 아라비아계의 조상이라고 주장한다. 하지만 아라비아 반도는 함족의 땅이고 아라비아 반도는 인도양 기슭과 홍해 연안 지역 외에는 특별한 산지가 없으며 대부분 사막이다. 따라서 본문에서 아라비아 반도가 맞는다면 '동방의 산악지대'가 아니라 '남방의 사막지대'라고 표기했어야 타당할 것이다. 셈족의 후손인 욕단은 남쪽이 아닌 동쪽 곧 동양으로 갔다. 요세푸스도 셈의 다섯 아들이 아시아에 정착하였다고 언급하였다.[405]

대다수 기독교인들은 홍수 이후 노아의 후손들이 아라랏 산에서 곧바로 시날 평지로 옮겨가 하나님을 대적하는 바벨탑을 쌓았다고 생각한

---

404 It is written after the enumeration of the sons of Joktan, "And their dwelling place was from Mesha as you go toward Sephar, the mountain of the east." (NKJV, Genesis 10:30) The Joktanites occupied the southwestern portion of the peninsula of Arabia. The undoubted identifications of Arabian places and tribes with their Joktanite originals are included within these limits, and point to Sephar, on the shore of the Indian Ocean, as the eastern boundary. The ancient seaport town called Zafar represents the biblical site or district. William Smith, "Sephar," *Smith's Bible Dictionary*. (Peabody, Mass.: Hendrickson Publishers, 1990).

405 "Now Joctan, one of the sons of Heber, had these sons, Elmodad, Saleph, Asermoth, Jera, Adoram, Aizel, Decla, Ebal, Abimael, Sabeus, Ophir, Euilat and Jobab. These inhabited from Cophen, an Indian river, and in part of Asia adjoining to it." Flavius Josephus, *The Works of JOSEPHUS*, 37.

다. 하지만 홍수 이후 사람들은 아라랏 산에서 동남쪽에 위치한 시날 평지에 이르기 전에 먼저 서방에서 동방으로 이동한 것으로 묘사되어 있다: 창세기 11:2, "이에 그들이 동방으로 옮기다가 시날 평지를 만나 거기 거류하며" 이처럼 본문의 ≪개역개정한글성경≫에는 "동방으로" 옮겨간 것으로 되어 있지만, 히브리어 성경에는 '동방으로부터'라고 되어 있다.[406] 히브리어 원문에 나오는 '미케뎀'(מִקֶּדֶם)은 '∼으로부터'(from)란 뜻을 갖는 불분리 전치사 '미'(מִ from)와 '동편'으로 번역되는 '케뎀'(קֶדֶם east)이 결합하여 문자적으로는 '동방으로부터'("from the east," KJV譯)라는 의미를 지닌다. 그러므로 홍수 이후 노아의 후손들이 모두 동방인 중앙아시아 지역으로 가다가 그들 중 다수가 돌이켜 서쪽으로 이동하여 유프라테스 강과 티그리스 강 사이에 위치한 시날 평지에 정착한 것이다. 그러면 왜 대다수는 동방으로 가라는 하나님의 명령을 어기고 서방으로 갔을까? 그 이유는 험산준령의 고생보다 비옥한 평야의 편안을 원했기 때문이다. 어쨌든 노아의 후손들은 홍수 이후 시날 평지에서의 바벨탑 사건이 발생하기 전 100여 년에 걸쳐 동방으로 이동했음을 알 수 있다. 이것은 창세기 11:10-16에 기록된 셈의 족보를 통해 에벨이 벨렉을 낳기까지 홍수 이후 101년이 지났음을 말해준다. 이러한 사실을 인지하는 것은 욕단이 어떤 경로로 이동했는지 알려주는 단서가 된다.

'벨렉'(펠레그 פֶּלֶג)은 '나누다'(to divide), '쪼개다'(to split)란 뜻이 있는 '팔라

---

406 "창11:2,"『옥스퍼드 원어성경대전』.

그'(פֶּלֶג)[407]에서 유래하여 '분할'(分割 division)[408]이란 의미를 지닌다: 창세기 10:25, "에벨은 두 아들을 낳고 하나의 이름을 벨렉이라 하였으니 그 때에 세상이 나뉘었음이요 벨렉의 아우의 이름은 욕단이며"[409] 대다수의 성경신학자들은 이러한 분열을 바벨탑 사건으로 언어가 혼잡해지고 인류가 분산된 것으로 본다(Keil, Lange, Murphy). 하지만 본문의 구조를 분석해 보면 에벨의 두 아들 벨렉과 욕단이 창세기 11장의 바벨탑 사건 이전에 함께 동방으로 이동하였다. 그리고 그 후 벨렉 족속과 욕단 족속은 서로 헤어져서(창10:25), 벨렉 족속은 함의 후손인 니므롯(창10:6–10)의 선동에 현혹되어 메사로부터 서쪽인 시날 평지에 이르러(창11:2) 바벨탑을 쌓는 데 동참하였고, 욕단 족속은 바벨탑 사건에 동참하지 않고 하나님의 명령에 순종하여 메사에서 동쪽인 동양으로 이주하였음이 드러난다. 우리는 창세기 9:28에서 노아가 바벨탑 사건 이후까지 생존하였음을 알 수 있다: 창세기 9:28-29, "홍수 후에 노아가 삼백오십 년을 살았고 그의 나이가 구백오십 세가 되어 죽었더라." 그리고 노아는 분명히 함 자손인 니므롯 왕국(창10:6–10)의 사악한 행위에 동참하지 않고 반대하여 그 당시 시날 평지에 거하며 바벨탑 건설에 참여하지 않았음이 분명하다(창6:9;겔14:14;벧후2:5). 노아는 오히려 하나님께 성별된 신앙생활을 위해 욕단

---

407 "פֶּלֶג #6629," *The Complete Biblical Library.*

408 "פֶּלֶג #6632," *The Complete Biblical Library.*

409 창10:25, "To Eber were born two sons: the name of one was Peleg [division], because [the inhabitants of] the earth were divided up in his days; and his brother's name was Joktan." AmpB譯.

족속을 따라 아시아로 이주했을 것이다. 그러니까 '욕단 족속'은 그 시대의 '남은 자'요, 하나님께 반역하기 위한 바벨탑 건설에 가담하지 않은 셈족의 진정한 영적 장자였다.

대다수의 사람들에 동조하여 평안한 삶을 위해 평야를 택한 벨렉 족속과 헤어져서 하나님 중심적 신앙을 지키기 위하여 험산준령을 넘어 동방의 끝자락(극동)까지 여행해야 했던 욕단 족속의 심정을 이해할 수 있겠는가? 이런 역사적 배경과 함께 한민족의 민요 '아리랑'은 우리에게 시사해 주는 바가 많다: 「아리랑(알이랑) 아리랑(알이랑) 아라리요(알알이요) 아리랑(알이랑) 고개를 넘어간다 나를 버리고 가시는 님은 십 리도 못 가서 발병 난다」. '아리랑 민요'를 부를 때마다 가슴이 뭉클하고 아파오며, 더욱이 외국에서 이 민요를 부를 때면 눈물이 자신도 모르게 흘러내린다. 왜 그럴까? '아리랑 민요'은 한민족의 얼을 담고 있기 때문이다. 거기에 무슨 숨겨진 사연이라도 있는 것일까? '아리랑'에 감추어진 구속사적 해석은 유석근 목사의 저서인 『또 하나의 선민 알이랑 민족』에 잘 묘사되어 있다. 본 연구자는 '아리랑'에 대한 그의 설명을 요약 발췌하여 다음과 같이 정리하였다.

> 여기서 '알이랑'은 '알'과 '이랑'으로 구분된다. '알'(ᄋᆞᆯ)은 '하느님'을 의미한다. 하느님이라는 신명(神名)은 처음에 옛한글로 'ᄋᆞᆯ'이었다. 그런데 'ᄋᆞᆯ' 앞에 '한'이라는 관형사를 붙이고, 'ᄋᆞᆯ' 뒤에 '님'이라는 존칭명사를 붙여서 '한ᄋᆞᆯ님'이라고 했다. 그것이 한ᄋᆞᆯ님→하ᄂᆞᆯ님→하늘님→하느님으로 바뀐 것이다. 그래서 'ᄋᆞᆯ'은 '하느님'

> 이다. 한편 '이랑'은 '~와 함께'라는 토씨이다. 따라서 '알이랑'은 '하느님과 함께'라는 의미이다. 그러면 '고개를 넘어간다'란 고대 한민족의 직계 조상인 동이족이 이란고원을 지나 파미르고원을 넘고, 천산산맥과 알타이산맥을 넘어 갔다는 말이다. 따라서 이 노래 가사를 해석하면 다음과 같다: 「하느님과 함께 / 하느님과 함께 / 하느님과 함께 / 하느님이요 // 하느님과 함께 고개를 넘어간다」. 그러니까 우리 민족의 노래 '아리랑'은 인격적 하느님을 섬기던 고대 한민족이 이 땅에 오기까지 수많은 산과 언덕과 고원들을 넘으면서 고난 가운데 부르던 '찬송가'였다. 그러면 '나를 버리고 가시는 님'이란 욕단 족속과 함께 하느님을 섬기던 벨렉 족속을 지칭한다. 그들은 욕단 족속과 함께 거친 험산준령을 넘어 동방으로 가다가 변심하여 비옥한 서쪽 시날 평지로 떠나갔다. 또한 '십 리도 못 가서 발병 난다'는 것은 발병이 나서라도 동방으로 가서 함께 하느님을 섬기자는 열망이 서려있다. 이렇듯 우리 겨레의 근본 사상은 '하느님 중심 사상—알(올)이랑 정신'이다.[410]

그러면 욕단 족속이 가고자 했던 동방의 '스발'은 어느 곳일까? '스발'의 히브리어 음역은 '새팔'(ספר)이다. 창세기 10:30에 보면, 욕단 족속이 동양의 어떤 특정한 산지에 정착한 것이 아니라 '새팔'을 향해 계속 동방으로 옮겨갔음을 의미한다. 그러면 욕단 족속의 최종 목적지인 '새팔'의 위치는 어디일까? 유석근 목사의 저서 『또 하나의 선민 알이랑 민족』에 의하면, 그곳을 '시베리아'라 한다. 시베리아는 만주 벌판이 연

---

410 유석근, 『또 하나의 선민 알이랑 민족』 (서울: 예루살렘, 2005), 31-50.

장 된 땅으로서 만주 땅이라고 해도 틀림없다. 그곳은 우리 배달겨레의 역사적 고향이다. 그러므로 유석근 목사는 욕단의 후손이 한민족이라고 단언하였다. 그리고 예수원의 설립자인 대천덕 성공회 신부 역시 그의 저서 『우리와 하나님』에서 셈의 후손인 욕단이 한민족의 직계 조상이라고 주장하였다.[411] 따라서 그곳을 부르던 우리의 땅 이름이 아득한 옛날부터 있었는데, 그것이 토박이말로 '시비리'이다. 이 '시비리'란 바로 '새벌'(ᄉᆡᄇᆞᆯ)의 변음으로서, '시비리'는 시(새 新)+비리(벌 平野)의 조어 구조를 갖는 '새벌'과 같은 뜻의 말이다. 여기서 '스발'의 히브리어 음역은 '새팔'이며 '새팔'은 '새벌'(ᄉᆡᄇᆞᆯ)이요, ᄉᆡᄇᆞᆯ은 ᄉᆡᄇᆞᆰ 곧 '새 밝은 곳'인데 광명의 본원지인 'ᄇᆞᆰ의 땅'(ᄇᆞᆰᄃᆞᆯ) 배달을 의미한다. 즉 시베리아의 가장 오래 된 옛 이름이 한국어 '시비리'이다. 이 토박이말을 우리는 잊고 있으나 북한에서 출간된 ≪북한의 조선말 사전≫(사회과학 출판사, 1992)은 '시베리아 → 명사 씨비리'로 분명히 풀이해 놓았다.

'시비리'가 '시베리아'로 불리게 된 것은 고구려가 망한 후 방치되던 '시비리'(새벌)를 16세기에 러시아가 불법 강점(不法强占)하면서부터이다. 러시아인이 강점한 이후 '시비리'는 그 신비한 모습을 세계사에 드러내게 되었는데, '시비리'를 강점한 러시아 사람들도 그 땅을 예부터 부르던 이름 그대로 '시비리'라고 불렀다. 마치 고려를 '코리아'라고 부른 것처럼, '시비리'를 영국인이 듣고 '시베리아'라고 부른 것이 오늘날 '시베리

---

411 대천덕, 『우리와 하나님』 (서울: 홍성사, 2005), 163.

아'로 세계에 알려진 것이다. 그러니까 최소한 400여 년 이전까지는 '시베리아'라는 말은 지구상에 없었다. 오직 한국어 '시비리'가 있었을 뿐이다. 시베리아는 한국어 '시비리'에서 유래한 영어식 지명일 뿐이다. 오늘날 '시베리아'는 러시아의 땅으로 되어 있지만 16세기에 러시아인이 우랄 산맥을 넘어 동방을 침략해 오기 전까지 그 땅은 러시아와 전혀 관계없는 땅이었다.[412] 한편 시베리아=시비리(새팔=ᄉᆡᄇᆞᆰ=ᄉᆡᄇᆞᆯ=새벌=새 밝은 곳=배달)라는 도식이 성립된다. 'ᄇᆞᆰ'에서 가지 쳐 나온 말 가운데 하나가 'ᄇᆞᆯ'인데, 'ᄇᆞᆯ'은 'ᄇᆞᆰ' 즉 '광명'을 뜻하나, 나중에 '벌' 혹은 '들' 또는 '나라' 등의 뜻으로 바뀐다. '배달'이라는 단어는 'ᄇᆞᆰᄃᆞᆯ'에서 나왔다. '배달겨레' 할 때의 '배'라는 문자의 근원은 'ᄇᆞᆰ'이다. 그리고 '달'은 '땅'이란 뜻이다. 따라서 '배달'은 'ᄇᆞᆰ의 땅' 곧 '광명의 땅'을 의미한다.[413] 이처럼 욕단의 가계는 홍수 이후 동양으로 알이랑 고개를 넘어 가장 먼저 이동한 종족이었으며, '새벌'(시베리아~만주)을 처음으로 개척 지배했던 동양의 선주민이었다. 그런데 역사가들은 상고시대에 시베리아에 정착하여 살았던 사람들이 한민족의 선조인 동이족(東夷族)이라고 말한다.[414]

한민족의 조상인 동이족이 유라시아 북방을 경유하여 시베리아 남서쪽에 있는 바이칼(Baikal)을 중심으로 태동했다는 것이 학계의 정설이다.

---

412 유석근, 『또 하나의 선민 알이랑 민족』, 125-129.

413 유석근, 『또 하나의 선민 알이랑 민족』, 118.

414 임승국과 주관중 공저, 『다물의 역사와 미래』 (서울: 다물민족연구소, 1992), 63.

흥미로운 것은 우리 민족의 분포가 순록의 길과 밀접하게 연관되어 있다는 사실이다. 이것은 '몽골리안 루트'로 불린다. 순록은 이끼를 따라 이동하고 순록을 따라 이동해 온 유목민족이 동이족인 것이다.[415] 그 후 동이족은 환국과 배달국 및 고조선의 강역을 몽골 지역과 만주 및 발해 연안으로까지 확장하였다는 사실이 '발해연안문명'을 통하여 밝혀진 것이다. 정재승이 저술한 『바이칼, 한민족의 시원을 찾아서』는 시베리아의 바이칼을 우리 민족의 발상지로 분석하는 유전학자·고고학자·지질학자·역사학자·해양학자·민속학자의 과학적 입장으로 14명의 필자들이 바이칼 지역과 한민족의 유기적 관계에 총체적으로 접근했다.[416] 한편 중국의 사학자 서량지(徐亮之, 1907~1966)가 쓴 『중국사전사화』(中國史前史話, 1943)에 나오는 다음과 같은 기록은 우리의 눈길을 끈다: "세석기(細石器)문화를 지닌 부족이 최초로 거주한 곳은 지금의 시베리아 바이칼 호수 근처이다. 곧 중국의 전설 가운데 등장하는 '염제신농'(炎帝神農)의 본래 종족이 있던 곳이다."[417] 여기서 신농(神農)은 중국 고대 삼황(三皇) 중의 한 분으로 흔히 '염제신농씨'(炎帝神農氏)라고 불리는데 동이족이다. 그리고 중국의 학자 필장박(畢長樸, 1927~2019)은 『중국인종북래설』(中國人種北

---

415 양태진 번역·주해, 『영토사로 다시 찾은 환단고기』, 439. ; "외국학자들이 말하는 동이," 고준환칼럼. 2008. 5. 12. https://7jeju.tistory.com/805/

416 정재승, 『바이칼, 한민족의 시원을 찾아서』 (서울: 정신세계사, 2003).

417 서량지(徐亮之), 『중국사전사화(中國史前史話)』, "細石器文化部族(세석기문화부족)、最初乃居住(최초내거주)、今西伯利亞的貝加爾湖附近他(금서백리아적패가이호부근타)、們乃中國傳說中的炎帝神農氏本族(문내중국전설중적염제신농씨본족)。"

來說, 1986)에서 중국의 고대 문헌, 고고학적 유물, 언어적 특성, 인류학적 특성, 민속 문화적 특성 등을 종합적으로 고찰한 뒤, 중국인의 시원(始原)이 북방의 시베리아 일대와 동북아 쪽이라는 결론을 내리고 있다.[418]

안함로(安含老)가 편찬한 『삼성기전상편(三聖紀全上篇)』에 보면 동이족 최초의 국가인 환국(桓國)이 시베리아(斯白力)에서 건국되었음을 기록하고 있다: "우리 환님(桓)이 나라를 세웠는데 시베리아(斯白力)의 하늘에서 한 분 하느님(有一神)[419]이 이루셨으며 가장 오래되었다. … 이 나라를 환국(桓國)이라 하고 그 환님을 가리켜 천제환인(天帝桓因)이라 불렀다."[420] 그리고 원동중(元董仲)이 쓴 『삼성기전하편(三聖紀全下篇)』에 보면, 환국이 시베리아의 남단 중앙아시아에 위치한 파내류산(波奈留之山)으로 불리는 파미르고원을 포함한 '천산산맥'(天山山脈)과 '천해'(天海)로 일컬었던 바이칼 호수까지 시베리아 전역에 광대한 영토를 가지고 있었다고 하였다: "옛글에서 말하기를 파내류 산 밑에 환인씨의 나라가 있으니 천해 동쪽의 땅이다. 역시 파내류의 나라라고 한다. 그 땅이 넓어 남북이 5만 리요 동서가 2만 리니 통틀어 말하면 환국이다."[421] 또한 발해의 대야발(大野勃)이 저술

---

418 이일봉, 『實證 한단고기』, 87-88.

419 이맥(李陌), 『태백일사(太白逸史)』「대진국본기(大震國本紀)」에 보면, '유일신'(有一神)을 삼위일체 하나님 즉 '삼신일체 상제'(三神一體上帝)로 묘사하였다.

420 안함로(安含老), 『삼성기전상편(三聖紀全上篇)』, "吾桓建國最古(오환건국최고)、有一神(유일신)、在斯白力之天(재사백력지천) … 謂之桓國(위지환국)、是謂天帝桓因氏(시위천제환인씨)。"

421 원동중(元董仲), 『삼성기전하편(三聖紀全下篇)』, "古記云(고기운)、波奈留之山下(파내류지산하)、有桓仁氏之國(유환인씨지국)。天海以東之地(천해이동지지)、亦稱波奈留之國

한 『단기고사(檀奇古史)』에 의하면, 2세 단군 부루(扶婁) 때 고조선 영토의 북쪽 경계를 시베리아로 언급하고 있다: "국경은 동쪽이 창해(滄海), 서쪽은 요서(遼西), 남쪽은 남해, 북쪽은 서비로[西非路: 서백리아(西伯利亞), 곧 시베리아]에 이르러, 큰 민족이 9부[九部: 구이(九夷), 곧 아홉 족속], 작은 민족이 14부였다. 모두 단군의 덕화(德化)를 입어 위로는 인륜(人倫)이 밝고 아래로는 교화(敎化)가 행하여져, 풍속의 선하고 아름다움이 천하에서 제일이었다."[422] 이런 역사적 기록들은 카자흐스탄·키르기스스탄·우즈베키스탄 등 중앙아시아의 문화와 언어를 깊이 연구한 김정민 박사를 통하여 파미르고원에서 환국·배달국·고조선의 흔적이 발견되어 사실로 증명되었다. 그는 환국·배달국·고조선의 역사가 전설이 아닌 실재했던 역사임을 입증할 수 있는 자료나 유적 혹은 유물을 유라시아 대륙 도처에서 발견해 낸 것이다.[423]

(역칭파내류지국)。其地廣(기지광)、南北五萬里(남북오만리)、東西二萬餘里(동서이만여리)。摠言桓國(총언환국)。"

422 대야발(大野勃), 『단기고사(檀奇古史)』, 16.

423 김정민, 『단군의 나라 카자흐스탄』 (서울: 글로벌컨텐츠, 2016).

Ⅳ

한민족 상고사의 역사적 고찰

본 연구자는 본 단원에서 한민족 상고시대에 속하는 환국(桓國)·배달국(倍達國)·고조선(古朝鮮)의 역사를 다루고자 한다. 안타깝게도 대한민국 국정교과서에서 고구려·백제·신라·통일신라·고려·조선 등의 한민족 고대사를 중심적으로 다루고, 한민족 상고사에 속하는 고조선은 역사성이 결여된 신화로 취급하고 있다. 그런데 고조선의 역사성 부인은 단군신화설에서 기인한다. 즉 '조선사편수회'에서 한민족 상고사를 말살하기 위해 누구보다 앞장선 일제의 역사학자인 이마니시 류(今西龍, 1875~1932)가 1921년 '단군고'(檀君考)라는 단군신화설을 만들어 그의 모교인 교토제국대학(京都帝國大學)에서 "조선고사의 연구"(朝鮮古史の研究)424라는 논문으로 박사학위를 받았는데, 이것이 단군신화설의 기원이다. 그 후 '단군신화'라는 단어는 1938년 총독부에 의해 정식으로 채택되었다. 이어서 일제 식민사관에 동조하는 한국강단사학자들이 대한민국 국정교과서의 집필을 주도하며, 지금까지 단군신화설에 근거하여 고조선의 역사성이 부인되고 있는 실정이다. 하지만 고조선의 역사성이 중요한 이유는 『삼국유사』에 기록되어 있는 '환국'과 '배달국'의 역사성이 고조선의 역사성에 의존해 있기 때문이다. 즉 고조선의 역사성은 '환국'과 '배달국'의 역사성을 보증해 준다. 다행스럽게도 『삼국유사』는 고조선의 역사성을 인정하고 있다.

하지만 『삼국유사』의 서두에 나오는 고조선 건국 기록은 '역사적 사

424 이마니시 류(今西龍), 『조선고사의 연구(朝鮮古史の研究)』(近沢書店, 1937).

실(事實)'이라기보다 '신화적 설화(說話)'에 가깝다는 느낌을 지울 수 없다. 『삼국유사』, 권 1, 「기이(紀異)편」 '고조선 조(古朝鮮條)'에는 다음과 같이 기록되어 있다.

(가) 『위서(魏書)』에 이르기를, "지금으로부터 2천여 년 전에 단군왕검(壇君王儉)이 있어 아사달(阿斯達)에 도읍을 정하였다. 나라를 개창하여 조선(朝鮮)이라 하였다. 때는 (중국의) 요(堯)임금과 같은 시기였다"라고 하였다. (나) 『고기(古記)』에 다음과 같이 전한다: 옛날에 환인(桓因)의 서자(庶子)인 환웅(桓雄)이 천하에 자주 뜻을 두어, 널리 인간세상을 구하고자 하였다(弘益人間). 아버지가 아들의 뜻을 알고 삼위태백(三危太白)을 내려다보니 인간을 널리 이롭게 할 만하였다. 이에 천부인(天符印) 3개를 주며 가서 다스리게 하였다. 환웅이 무리 삼천명을 거느리고 태백산(太伯山) 정상(태백은 지금의 묘향산이다)의 신단수(神壇樹) 밑에 내려와 신시(神市)라 하였다. 이가 환웅천왕(桓雄天王)이다. 그는 풍백(風伯)·우사(雨師)·운사(雲師)를 거느리고 곡식·수명·질병·형벌·선악(善惡) 등 무릇 인간의 360여 가지 일을 주관하며 세상을 다스리고 교화하였다. (다) 이때 곰 한 마리와 호랑이 한 마리가 있어 같은 굴에 살면서 항상 환웅에게 빌어 사람이 되기를 원했다. 이에 환웅은 신령스러운 쑥 한 타래와 마늘 스무 개를 주면서 말하기를 "너희들이 이것을 먹고 백일(百日) 동안 햇빛을 보지 않으면 곧 사람의 형체를 얻을 수 있으리라"라고 하였다. 곰은 그것을 먹으면서 기(忌)한 지 삼칠일(三七日: 21일) 만에 여자의 몸으로 변하였으나, 호랑이는 금기를 지키지 않아 사람이 되지 못하였다. 한편 웅녀(熊女)는 혼인할 사람이 없었으므로 매양 단수(壇樹) 아래에서 잉태하기를 빌었

> 다. 환웅이 이에 잠시 사람으로 변하여 그녀와 혼인하였다. 그녀가 잉태하여 아들을 낳으니 단군왕검(壇君王儉)이라 하였다.[425]

여기서 한 가지 의문이 생긴다. 고조선의 건국이 역사적 사실이라면, 왜 중국의 사서인 『위서(魏書)』에서 인용된 고조선의 건국 기록이 신화 형식을 띠고 있을까? 한민족 상고시대의 기록은 구전되어 오던 역사적 사건을 배달국(倍達國)의 환웅천황(桓雄天皇) 시대인 B.C. 3900~B.C. 3800년경 창제된 '녹도문'(鹿圖文)으로 기록되었다. 하지만 상형 표의문자인 녹도문은 난해하였기 때문에 환국·배달국·고조선의 역사를 '구전'(口傳)으로 후대가 기억하기 쉽게 전달하기 위해 '신화적 설화(說話)' 형식을 사용할 수밖에 없었다. 고려시대의 일연이 쓴 『삼국유사』에서는 곰과 호

---

425 일연(一然), 『삼국유사(三國遺事)』, 卷1, 「기이편(紀異編)」 '고조선 조(古朝鮮條),' "魏書云(위서운)、乃往二千載有壇君王儉(내왕이천재유단군왕검)、立都阿斯達(립도아사달)[經云無葉山(경운무엽산)、亦云白岳(역운백악)、在白州地(재백주지)、或云在開城東(혹운재개성동)、今白岳宮是(금백악궁시)]、開國號朝鮮(개국호조선)、與高同時(여고동시)。古記云(고기운)、昔有桓因(석유환인)[謂帝釋也(위제석야)]、庶子桓雄(서자환웅)、數意天下(수의천하)、貪求人世(탐구인세)、父知子意(부지자의)、下視三危太伯可以弘益人間(하시삼위태백가이홍익인간)、乃授天符印三箇(내수천부인삼개)、遣往理之(견왕리지)。雄率徒三千(웅솔도삼천)、降於太伯山頂(강어태백산정)[卽太伯今妙香山(즉태백금묘향산)]、神壇樹下(신단수하)、謂之神市(위지신시)、是謂桓雄天王也(시위환웅천왕야)。將風伯·雨師·雲師(장풍백·우사·운사)、 而主穀·主命·主病·主刑·主善惡(이주곡·주명·주병·주형·주선악)、凡主人間三百六十餘事(범주인간삼백륙십여사)、在世理化(재세이화)。時有一熊·一虎(시유일웅·일호)、同穴而居(동혈이거)、常祈于神雄(상기우신웅)、願化爲人(원화위인)。時(시)、神遺靈艾一炷·蒜二十枚曰(신유령애일주·산이십매왈)、爾輩食之(이배식지)、不見日光百日(불견일광백일)、便得人形(편득인형)。熊·虎得而食之忌三七日(웅·호득이식지기삼칠일)、熊得女身(웅득여신)、虎不能忌而不得人身(호불능기이불득인신)。熊女者無與爲婚(웅녀자무여위혼)、故每於壇樹下(고매어단수하)、呪願有孕(주원유잉)、雄乃假化而婚之(웅내가화이혼지)、孕生子(잉생자)、號曰壇君王儉(호왈단군왕검)。"

랑이가 찾아와 단순히 인간이 되기를 원한다는 뜻의 '원화위인'(願化爲人)으로 기록하였다.[426] 그러나 신라시대의 안함로(安含老)가 쓴 『삼성기하편(三聖記下篇)』에서는 『삼국유사』와 동일하게 곰과 호랑이를 이야기하면서, 그것에 대한 해석으로 하느님의 계명을 따르는 백성이 되기를 원한다는 뜻의 '원화위신계지맹'(願化爲神戒之氓)으로 기록하였다.[427] 또한 조선시대의 이맥(李陌, 1455~1528)이 쓴 『태백일사(太白逸史)』「신시본기(神市本紀)」에서는 이를 다시 하느님 나라의 계명을 따르는 백성이 되기를 원한다는 뜻의 '원화위천계지맹'(願化爲天戒之氓)으로 표현하고 있다.[428]

지금까지의 단군신화 연구는 고조선 건국 이전에 해당하는 환국의 환인(桓因)과 배달국의 환웅(桓雄)에 관한 내용을 모두 고조선시대의 것으로 오해했기 때문에 야기된 것이다. 윤내현(尹乃鉉)은 『동양학』 제17집 「한국 상고사 체계의 복원」이란 논문에서 단군신화는 인류학에서 논하는 '국가 발전 단계의 사실(史實)을 압축해 반영한 것'이라며 다음과 같이 설명하였다.

---

426 일연(一然), 『삼국유사(三國遺事)』, "時有一熊·一虎(시유일웅·일호)、 同穴而居(동혈이거)、常祈于神雄(상기우신웅)、願化爲人(원화위인)。"

427 안함로(安含老), 『삼성기하편(三聖記下篇)』, "時有一熊一虎(시유일웅일호)、同隣而居(동린이거)、嘗祈于神壇樹(상기우신단수)、願化爲神戒之氓(원화위신계지맹)。" [본문 번역]: "이때 한 마리 곰과 한 마리 호랑이가 이웃하여 살았는데, 일찍이 신단수(神檀樹)에서 빌었다: '원컨대 변하여 하느님의 계명을 따르는 백성이 되기를 원하나이다.'"

428 이맥(李陌), 『태백일사(太白逸史)』「신시본기(神市本紀)」, "時有一熊一虎(시유일웅일호)、同穴而居(동혈이거)、常祈于神壇樹(상기우신단수)、而于請於桓雄(이우청어환웅)、願化爲天戒之氓(원화위천계지맹)]。" [본문 번역]: "이때 한 마리 곰과 한 마리 호랑이가 이웃하여 같이 살았다. 항상 신단수에서 기원하며 환웅에게 청하여 원컨대 하느님 나라의 계명(天戒)을 따르는 백성이 되게 해달라고 하였다."

> 『삼국유사』「古朝鮮」條에 실린 내용의 전반부인 세칭 단군신화는 단순한 신화가 아니라 고조선이 성립되기까지의 역사적 사실인 사회진화 과정을 전하는 사화(史話)인 것이다. 그 전체적인 내용을 고고학·인류학에서 말하는 사회진화 단계에 적용하면 환인시대는 '무리사회'(Bands), 환웅시대는 '부족사회'(Tribes), 환웅과 웅녀의 결합시대는 '추방사회'(酋邦社會, Chiefdoms), 단군의 고조선시대는 '국가사회'(States)라는 가설이 성립된다.[429]

이런 주장을 뒷받침하여 『삼성밀기(三聖密記)』의 기록을 인용한 이맥(李陌)의 『태백일사(太白逸史)』 「신시본기(神市本紀)」에는 『삼국유사(三國遺事)』에서 호랑이와 곰으로 묘사된 호족(虎族)과 웅족(熊族)의 갈등 상황을 상세히 묘사해주고 있다.

> 삼성밀기(三聖密記)에 이르기를 환국 말기에 다스리기 어려운 강한 족속이 있어 이를 우환으로 여겼다. 그래서 환웅께서는 나라를 위해 삼신의 말씀으로 가르치기(三神設教) 위해 무리를 모아 서약을 만들어서 은밀하게 이 족속을 배제하고자 하였다. 이때 종족은 서로 다르고 풍속은 점차 갈라졌다. 본래부터 살던 원주민은 호족(虎族)이고 새로 이주해 온 사람들은 웅족(熊族)이었다. 그런데 호족의 성품은 물건을 탐내기 좋아하며 잔인하여 오로지 약탈을 일삼았고, 웅족의 성품은 어리석고 고집이 세어 스스로 잘난 체하며 남과 화합

429 윤내현, "한국상고사 체계의 복원," 『동양학』, 제17집 (단국대학교부설 동양학연구소, 1987), 206.

> 하고 협조하기를 좋아하지 않았다. 그러니 같은 마을에 오래 살면서도 더욱 멀어져 꾸어주거나 빌리는 일이 없었으며, 혼인도 서로 맺지 않을 뿐만 아니라 서로 양보하는 일이 전혀 없었다. 이때에 웅족(熊族)의 족장(熊女君)이 환웅에게 신령스러운 덕(神德)이 있다는 말을 듣고 무리를 거느리고 와서 말하기를 "원컨대 따로 거주지 하나를 마련해 주시어 하느님의 계명대로 사는 백성(神戒之氓)이 되게 해주시기를 바라나이다"라고 하였다. 환웅께서 마침내 허락하여 저들을 맞아들여 함께 어울려 자식을 낳고 살게 하였다. 그러나 호족은 끝내 마음을 고치지 못하므로 사해(四海)로 내쫓기니 환족(桓族)의 흥황이 이로부터 비롯되었다.[430]

한민족 상고시대의 환국·배달국·고조선의 역사를 기록한 것은 『삼국유사』뿐이 아니다. 『환단고기(桓檀古記)』와 조선시대에 '북애노인'(北崖老人)이라는 호로 저술된 『규원사화(揆園史話)』에도 기록되어 있다. 『규원사화』는 『진역유기(震域遺記)』 등 43종의 사서들을 참고해 환국·배달국·고조선의 역사를 서술하였다. 그런데 고려 말의 이명(李茗)이 지은 『진역유기』

430 이맥(李陌), 『태백일사(太白逸史)』 「신시본기(神市本紀)」, "三聖密記(삼성밀기)、曰桓國之末(왈환국지말)、有難治之强族患之(유난치지강족환지)、桓雄爲邦(환웅위방)、乃以三神設敎(내이삼신설교)、以聚衆作誓(이취중작서)、密有剪除之志(밀유전제지지)。時族號不一(시족호불일)、俗尙漸岐(속상점기)、原住者爲虎(원주자위호)、新住者爲熊(신주자위웅)、然虎性嗜貪殘忍(연호성기탐잔인)、專事掠奪(전사약탈)、熊性愚愎自恃(웅성우퍅자시)、不肯和調(불긍화조)、雖居同穴(수거동혈)、久益疎遠(구익소원)、未嘗假貸(미상가대)、不通婚嫁(불통혼가)、事每多不服(사매다불복)、咸未有一其途也(함미유일기도야)。至是熊女君(지시웅녀군)、聞桓雄有神德(문환웅유신덕)、乃率衆往見(내솔중왕견)、曰願賜一穴(왈원사일혈)、廛一爲神戒之氓(전일위신계지맹)、雄乃許之(웅내허지)、使之奠接(사지전접)、生子有産(생자유산)、虎終不能悛(호종불능전)、放之四海(방지사해)、桓族之興始此(환족지흥시차)。"

는 고려 초 발해의 유민이 쓴 『조대기(朝代記)』를 토대로 한 것이기 때문에 고려 후기에 쓴 일연의 『삼국유사』보다 더 신뢰할 수 있는 역사서이다. 『조대기』가 실재했던 고기(古記)임이 『세조실록(世祖實錄)』을 통해서 확인되었으므로, 『진역유기』 역시 실재했음을 확신할 수 있다. 그런데 이들 사서들 가운데서 본 연구자가 가장 중시하는 것은 『환단고기』이다. 왜냐하면 『환단고기』는 환국·배달국·고조선의 역사적 사건만이 아니라 성경에 계시된 인격적 하나님과 동일한 '천신'(天神)과 그에 대한 신앙을 상술하고 있기 때문이다. 즉 '삼신일체 상제'(三神一體上帝)로 일컫는 '천신'에 대한 예배를 뜻하는 '제천'(祭天)과 '삼신설교'(三神說敎)로 일컫는 백성의 교화를 위한 '천신지교'(天神之敎)[431]가 『환단고기』의 주요 관심사이다. 이렇듯 『환단고기』는 한민족이 상고시대에 어떻게 인격적 하나님을 믿고 순종했는지를 기록한 '사서'(史書)를 뛰어넘는 '경서'(經書)의 성격을 지닌다.

환국·배달국·고조선의 국호는 한민족의 특성을 반영하고 있다. 첫째, '환'(桓). 『태백일사』 「신시본기」에 보면, "하느님으로부터 내려온 최초의 광명을 '환'(桓)이라 하고"[432]라 했다. 그리고 『태백일사』 「환국본기」에 보면, "환국에 대한 풀이(桓國注)에서 환(桓)은 온전한 하나의 광명이며, 삼신(三神)이 온전히 하나로 행하시는 지혜와 능력이라. 빛은 우주만물에

---

431 원동중(元董仲), 『삼성기전하편(三聖記全下篇)』, "天神之敎(천신지교) … 三神說敎(삼신설교)。"

432 이맥(李陌), 『태백일사』 「신시본기(神市本紀)」, "自天光明謂之桓也(자천광명위지환야)。"

앞서는 삼신의 참된 덕이다"[433]라고 '환'에 대해 풀이했다. 둘째, '배달'(倍達). '배달'은 밝음을 뜻하는 '배'(ᄇᆞᆰ: 밝)와 땅을 뜻하는 '달'(ᄃᆞᆯ)이 합쳐진 단어이다. 'ᄇᆞᆰ'에서 가지 쳐 나온 말 가운데 하나가 'ᄇᆞᆯ'인데, 'ᄇᆞᆯ'은 'ᄇᆞᆰ' 즉 '광명'을 뜻하나, 나중에 '벌' 혹은 '나라' 등의 뜻으로 바뀐다. 따라서 '배달'은 '광명의 땅'을 의미한다.[434] 상고시대로부터 우리 민족을 '배달(ᄇᆞᆰᄃᆞᆯ)겨레' 즉 '빛의 민족'이라고 불렀다. 셋째, '고조선'(古朝鮮). A.D. 1392년에 건국된 조선과 구분하기 위해 고조선으로 칭하지만, 본명은 '조선'(朝鮮)이다. 흔히 '조'(朝)를 '아침'으로 해석한다. 하지만 『금문의 비밀』의 저자인 김대성은 '아짐 조'(我朕 朝)로 보았다. '아짐 조'에서 '아'는 '우리'를 말하고, '짐'은 '나랏님' 혹은 '태양'이나 '밝다'를 뜻한다. 따라서 '조'는 '태양같이 밝은 님'이란 뜻이다.[435] 이렇듯 한민족은 상고시대에 '빛의 자녀'(엡5:8)로서 '홍익인간'(弘益人間)과 '재세이화'(在世理化)의 천민의식(天民意識)을 지녔다(사60:1-3).

환웅이 신시(神市)에 도읍하고 배달국을 세울 무렵, 중국의 시조라 일컫는 '삼황오제'(三皇五帝)의 역사도 시작되었다. '삼황'이란 처음 중원의 일부를 차지하고 나라를 세운 세 명의 제왕을 말하며, '오제'란 그 뒤에 일어난 다섯 명의 제왕을 가리킨다. 삼황은 태호복희(太皞伏羲)·염제신농

---

433 이맥(李陌), 『태백일사(太白逸史)』 「환국본기(桓國本紀)」, "桓國注曰(환국주왈)、桓者全一也光明也(환자전일야광명야)、全一爲三神之智能(전일위삼신지지능)、光明爲三神之實德(광명위삼신지실덕)、乃宇宙萬物之所先也(내우주만물지소선야)。"

434 유석근, 『또 하나의 선민 알이랑 민족』, 118.

435 조옥구, 『21세기 新 설문해자』, 214-217.

(炎帝神農)·황제헌원(黃帝軒轅)을 말하고, 오제는 소호금천(少昊金天)·전욱고양(顓頊高陽)·제곡고신(帝嚳高辛)·제요도당(帝堯陶唐)·제순유우(帝舜有虞)를 말한다. 그 마지막인 순임금(帝舜有虞) 시대 이후에 차례로 일어난 왕조가 하(夏)·은(殷/商)·주(周)이다. 중국인들은 삼황오제를 자신들의 시조라 하고, 그 뒤에 일어난 하(夏)·은(殷/商)·주(周) 왕조의 뿌리를 삼황오제에서 찾고 있다. 그런데 현대 중국사학자들이 1927년에 편찬한 『고사변(古史辯)』에는 다음과 같은 대목이 나온다: "동이는 은나라 사람들과 동족이며, 그 신화 역시 근원이 같다. 태호(太皞)·제준(帝俊)·제곡(帝嚳)·제순(帝舜)·소호(少昊) 그리고 설(契) 등의 근원이 같다는 것을 근래의 사람들이 이미 명확히 증명하고 있다."[436] 이처럼 중국의 상고시대에 중원의 대부분을 동이족이 차지하고 살았으며 중국인들의 시조인 삼황오제가 동이족이었다는 것은 중국학자들이 수많은 자료와 문헌 그리고 유물 등을 검토한 끝에 내린 결론인 것이다.[437]

---

436 고석강(顧頡剛), 『고사변(古史辯)』, "東夷與殷人同族(동이여은인동족)、 其神話亦同源(기신화역동원)、 如太皞之卽帝俊帝嚳帝舜少昊之卽契(여태호지즉제준제곡제순소호지즉글)、 近人己得明證(근인기득명증)。" 고석강(顧頡剛), 『고사변(古史辯)』, 全8冊 (上海古籍出版社, 1927).

437 이일봉, 『實證 한단고기』, 69-72.

A

환국(桓國)

환국은 동이족의 첫 번째 국가이다. 한민족의 시원(始原)은 '환국'으로부터 시작된다. '환국'이란 '환인'(桓因)이 다스리는 나라를 가리키는데, 『삼국유사』의 첫머리에도 '환인'으로 시작하고 있으므로 우리 역사의 시발점은 고조선과 단군이 아니라 바로 '환국'과 '환인'이다. 하지만 단군과 관련된 사료에 비해 '환인'에 대한 자료가 턱없이 부족한 것은 부인할 수 없다.

1. 환국의 정치

신라시대의 안함로(安含老)가 편찬한 『삼성기전상편(三聖紀全上篇)』에 보면 환의 건국을 설명하고 있다: "우리 환님(桓)이 나라를 세웠는데 시베리아(斯白力)의 하늘에서 한 분 하나님(有一神)이 이루셨으며 가장 오래되었다. … 이 나라를 환국(桓國)이라 하고 그 환님을 가리켜 천제환인(天帝桓因) 또는 안파견(安巴堅)이라 불렀다. 천제환인은 7세를 이어 왔으나 그 햇수는 알 수 없다."[438] 본문은 동이족 최초의 국가인 환국(桓國)이 시베리아(斯白力)에 건국되었음을 기록하고 있다. 그리고 환국을 다스리는 환인도 한 명이 아니라 7명이라고 했으며, 그 환국을 건국한 시조를 안파견이라고 호칭하였다.

1) 환국의 건국 연도. 발해의 비장서(秘藏書)인 『조대기(朝代記)』와 『삼성밀기(三聖密記)』를 바탕으로 한 『태백일사(太白逸史)』 「환국본기(桓國本紀)」와 『삼성기전상편(三聖紀全上篇)』에 보면 안파견 환인이 환국을 건국하여 7대를 지난 햇수가 3,301년이라고 했고 7대 지위리(智爲利) 환인의 뒤를 이어 거발환(居發桓) 환웅이 B.C. 3897년에 배달국을 개국하였으니, 환국의 건국 연도는 B.C. 7197년이 된다: 『태백일사(太白逸史)』 「환국본기(桓國本紀)」, "조대기(朝代記)에 이르기를 옛날에 환국이 있었는데 … (환인이) 7세를 이어 역년(歷年)이 3,301년에 이르렀다고도 하며."[439] 『삼성기전하편(三聖紀全下篇)』, "(환인이) 7대를 이어왔는데 역년 3,301년이라 하기도 하

---

438 안함로(安含老), 『삼성기전상편(三聖紀全上篇)』, "吾桓建國最古(오환건국최고)、有一神(유일신)、在斯白力之天(재사백력지천) … 謂之桓國(위지환국)、是謂天帝桓因氏(시위천제환인씨)、亦稱安巴堅也(역칭안파견야)、傳七世年代不可考也(전칠세년대불가고야)。"

439 이맥(李陌), 『태백일사(太白逸史)』 「환국본기(桓國本紀)」, "朝代記曰(조대기왈)、昔有桓國(석유환국) … 七世歷三千三百一年(칠세역삼천삼백일년)。"

고.”[440]

2) 안파견의 의미. 안파견에 대하여 『태백일사(太白逸史)』 「삼신오제본기(三神五帝本記)」는 좀 더 구체적으로 설명하고 있다: “매우 오랜 세월이 지난 후 천제환인(桓仁)이 나타나시니 백성들이 기꺼이 추대하여 안파견(安巴堅) 혹은 거발환(居發桓)이라 하였다. 무릇 안파견이라 함은 하느님을 계승하여 아버지가 되었음을 뜻하며, 거발환이라 함은 천지인(天地人)을 하나로 정한다는 뜻의 칭호이다.”[441] 본문에서 ‘하느님을 계승하여 아버지가 되었다’는 것은 안파견이 하느님의 뜻을 전하는 영적 지도자란 의미이다. 한편 ‘천지인(天地人)을 하나로 정한다’는 뜻의 칭호 거발환이란 하느님과 자연과 인간의 조화를 위해 힘쓰는 영적 지도자란 뜻이다. 그러기 위해서 하느님을 경외하며 하느님의 말씀을 가르침으로 하느님의 빛을 온 누리에 밝게 비추는 자란 의미를 지닌다. 그것은 거발환(居發桓)에서 ‘거’(居)가 ‘높다’란 뜻이고, ‘발’(發)이 ‘밝히다’란 뜻이며, ‘환’(桓)이 ‘하늘의 빛’을 뜻하는 데서 확인된다. 이로 보건대 환국의 환인 역할이 단순히 정치 지도자란 의미보다 영적 지도자란 개념이 더 강하다. 이렇

---

440 원동중(元董仲), 『삼성기전하편(三聖紀全下篇)』, “傳七世歷年三千三百一年(전칠세역년삼천삼백일년)。”

441 이맥(李陌), 『태백일사(太白逸史)』 「삼신오제본기(三神五帝本記)」, “久而後(구이후)、有帝桓仁者出(유제환인자출)、爲國人所愛戴(위국인소애대)、曰安巴堅(왈안파견)、亦稱居發桓也(역칭거발환야)、 蓋所謂安巴也堅(개소위안파야견)、 乃繼天立父之名也(내계천립부지명야)、所謂居發桓(소위거발환)、天地人定一之號也(천지인정일지호야)。”

듯 환국은 신정(神政)국가 형태를 지니고 있었다.

3) 환국의 환인 계보. 환국은 B.C. 7197~B.C. 3897년까지 3,301년간 존속하였는데, 7명의 환인이 통치하였다. 7명의 환인 명단이 『삼성기전상편(三聖紀全上篇)』에 기록되어 있다. "이어서 혁서 환인(赫胥桓仁), 고시리 환인(古是利桓仁), 주우양 환인(朱于襄桓仁), 석제임 환인(釋帝壬桓仁), 구을리 환인(邱乙利桓仁)으로 이어져 지위리 환인(智爲利桓仁)에 이르는데 이를 환인 또는 단인(檀仁)이라고도 한다."[442] 그런데 여기서 매우 흥미로운 것은 환국 3,301년간 7명의 환인이 통치하였다는 것이다. 그러면 환인 1명이 평균 471년간 통치했다는 계산이 산출된다. 선사시대를 기록하고 있는 창세기 5장에 인간 수명이 거의 천년에 달했다는 사실을 감안한다면, 7명의 환인 통치 기간도 납득할 수 있다.

4) 환국의 9종족. 환국의 종족을 『삼성기전하편(三聖紀全下篇)』에는 '9환'(九桓)이라고 하였다: "구환의 족속은 모두 이들의 후손들이다."[443] 그리고 『태백일사(太白逸史)』는 '9황'(九皇)이라고 하였다: "이후로 환인의 아홉 형제가 나라를 나누어 다스렸는데 이를 구황(九皇) 64민(民)이라 한다."[444]

---

442 안함로(安含老), 『삼성기전상편(三聖紀全上篇)』, "傳赫胥桓仁(전혁서환인)、古是利桓仁(고시리환인)、朱于襄桓仁(주우양환인)、釋提任桓仁(석제임환인)、邱乙利桓仁(구을리환인)、至智爲利桓仁(지지위리환인)、或曰檀仁(혹왈단인)。"

443 원동중(元董仲), 『삼성기전하편(三聖紀全下篇)』, "則九桓之族(칙구환지족)。"

444 이맥(李陌), 『태백일사(太白逸史)』 「삼신오제본기(三神五帝本記)」, "自是桓仁兄弟九人(자시환인형제구인)、分國而治(분국이치)、是爲九皇六十四民也(시위구황륙십사민야)。"

여기서 '9환'이란 환국에서 갈라져 나간 아홉 종족을 의미한다. 그리고 '64민'이란 광활한 환국을 나누어 통치하던 9명의 황제가 다스리던 64개 구역의 백성들을 지칭한다. 한편 중국의 범엽(范曄)이 저술한 『후한서(後漢書)』「동이전(東夷傳)」에 보면 동이(東夷)를 가리켜 '구이'(九夷)라고 불렀는데, 구이의 구체적 명칭이 기록되어 있다.

> 동방을 이(夷)라 하였다. 이(夷)라는 것은 <근본이 되는 뿌리>라는 의미이니, 어질고 자애심이 많아 살생을 꺼려 마치 만물이 뿌리 되는 땅으로부터 솟아 나오는 것과 같음을 말하는 것이다. 그러한 까닭에 천성이 유순하여 법도로서 다스리기 쉬워 군자의 나라(君子國), 또는 죽지 않는 나라(不死國)라는 이름이 있게 되었다. 이(夷)에는 아홉 종류가 있으니 견이(畎夷)·우이(于夷)·방이(方夷)·황이(黃夷)·백이(白夷)·적이(赤夷)·현이(玄夷)·풍이(風夷)·양이(陽夷)이다. 때문에 공자는 구이(九夷)에서 살고자 하였다.[445]

5) 환국의 12연방국. 환국은 그 강역이 남북으로 5만 리이며 동서로는 2만 리에 달했다. 그리고 그 광대한 영토 내에 12개의 연방국을 거느리고 있었다. 『삼성기전하편(三聖紀全下篇)』, "고기(古記)에 이르기를 파내

---

445 범엽(范曄), 『후한서(後漢書)』「동이전(東夷傳)」, "東方曰夷(동방왈이)。夷者(이자)、柢也(저야)、言仁而好生(언인이호생)、萬物灦地而出(만물灦지이출)。故天性柔順(고천성유순)、易爾御(역이어)、至有君子不死之國焉(지유군자불사지국언)。夷有九種(이유구종)、曰畎夷(왈견이)、于夷(우이)、方夷(방이)、黃夷(황이)、白夷(백이)、赤夷(적이)、玄夷(현이)、風夷(풍이)、陽夷(양이)。故孔子欲居九夷也(고공자욕거구이야)。" 김성구 편역, 『중국정사조선열국전』, (서울: 동문선, 1996).

류산(波奈留山) 아래 환인씨의 나라가 있어 천해(天海) 동쪽 땅이라 하고 이름 하여 파내류지국(波奈留之國)이라 하였다. 그 땅의 넓이가 남북으로 5만 리 동서로 2만 여리인데, 이를 총체적으로 환국이라 하며 세분하면, 비리국(卑離國), 양운국(養雲國), 구막한국(寇莫汗國), 구다천국(句茶川國), 일군국(一群國), 우루국(虞婁國: 일명 畢那國), 객현한국(客賢汗國), 구모애국(句牟額國), 매구여국(賣句餘國: 일명 稷臼多國), 사납아국(斯納阿國), 선비국(鮮稗國: 豕韋國 혹은 通古斯國), 수밀이국(須密爾國)[446]으로 모두 12나라이다."[447] 본문에서 환국이 시베리아의 남단 중앙아시아에 위치한 파내류산(波奈留之山)으로 불리는 파미르고원을 포함한 '천산산맥'(天山山脈)과 '천해'(天海)로 일컬었던 바이칼 호수까지 중앙아시아와 시베리아 및 만주에 이를 만큼 광대한 영도를 가지고 있었다는 것이다. 한편 중국 25사에 속하는『진서(晋書)』「사이전(四夷傳)」에 환국 12연방 가운데 일부인 '비리국'(卑離國), '양운국'(養雲國),

446 수밀이국(須密爾國)은 통상 고대 수메르(Sumer)로 해석하며, 고대 메소포타미아 남부 지방 및 그 민족을 지칭한다. 학자들에 의해 수메르는 세계 최고(最古)의 문명 발상지로 여겨지고 있으며 B.C. 3000년경부터 도시 국가를 건설하고 설형문자(楔形文字)를 발명하였다. 기존의 4대 문명 가운데 메소포타미아 문명은 유프라테스 강과 티그리스 강 연안에서 일어난 고대문명으로, 그 주인공은 바로 수메르이다. 수메르인에 대해 알려진 것은 그들이 동방의 고원 산악지대에서 이동해 온 민족이며, 검은 머리의 황인종이라는 사실이다. 그런데 수메르로 번역되는 수밀이국(須密爾國)이 환국의 12연방국들 중 하나라는 기록은 매우 충격적이다. 이일봉,『實證 한단고기』, 37-39.

447 원동중(元董仲),『삼성기전하편(三聖紀全下篇)』, "古記云(고기운)、波奈留之山下(파내류지산하)、有桓仁氏之國(유환인씨지국)、天海以東之地(천해이동지지)、亦稱波奈留之國(역칭파내류지국)。其地廣南北五萬里(기지광남북오만리)、東西二萬餘里(동서이만여리)、摠言桓國(총언환국)、分言則卑離國(분언칙비리국)、養雲國(양운국)、寇莫汗國(구막한국)、句茶川國(구다천국)、一群國(일군국)、虞婁國(一云畢那國)、客賢汗國(객현한국)、句牟額國(구모액국)、賣句餘國(一云稷臼多國)、斯納阿國(사납아국)、鮮稗國(一稱豕韋國 或云 通古斯國)、須密爾國(수밀이국)、合十二國也(합십이국야)。"

'구막한국'(寇莫汗國), 일군국(一群國)의 이름이 기록되어 있다.

> 비리국(卑離國)은 숙신(肅愼)의 서북쪽에 있는데, 말을 타고 200일을 가야하며, 이만 집을 다스린다. 양운국(養雲國)은 비리국에서 말을 타고 또 50일을 가야 하는데, 이만 집을 다스린다. 구막한국(寇莫汗國)은 양운국에서 또 100일을 가야 하는데, 오만여 집을 다스린다. 일군국(一群國)은 구막한국에서 또 150일을 가야 하는데, 이를 계산해 보니 숙신에서 5만여 리를 가야 한다.[448]

『진서(晉書)』는 당 태종(A.D.598~649)이 20여 명의 학자들에게 명하여 편찬케 한 서진(西晉, A.D.265~316)과 동진(東晉, A.D.317~418)의 역사서이다. 이 책에 『삼성기전하편(三聖紀全下篇)』에 기록된 환국과 그 12연방국들 중 네 곳의 이름이 실려 있고 그 강역까지 5만 리라고 한 것은 이들 나라가 역사적으로 실존했다는 증거이다.

---

448 방현령(房玄齡)等, 『진서(晉書)』 「사이전(四夷傳)」, "裨離國在肅愼西北(비리국재숙신서북)、馬行可二百日(마행가이백일)、領戶二萬(령호이만)。養雲國去裨離國馬行又五十日(양운국거비리마행우오십일)、 領戶二萬(령호이만)。 寇莫汗國去養雲國又百日行(구만한국거양운국우백일행)、領戶五萬餘(령호오만여)。一群國去莫汗又百五十日(일군국거막한우백오십일)、計去肅愼五萬餘裡(계거숙신오만여리)。"

2. 환국의 종교

선사시대인 B.C. 7197년에 건국된 환국의 신앙과 신앙생활에 대한 구체적인 사료가 거의 기록으로 남아 있지 않다. 그 이유는 그 당시 문자가 없어서 구전(口傳)에 의존해야 했기 때문이다. 문자가 없던 환국시대로부터 구전으로 전해 내려오던 삼신일체 하느님과 하느님의 말씀이 문자로 기록된 것은 배달국의 환웅(桓雄大聖尊)이 신지 혁덕(神誌赫德)에게 명하여 B.C. 3900~B.C. 3800년경 녹도문(鹿圖文)으로 기록하도록 명하면서부터이다: 『태백일사(太白逸史)』 「소도경전본훈(蘇塗經典本訓)」, "≪천부경(天符經)≫은 환인(天帝)이 다스리는 환국(桓國)시대부터 '구전'(口傳)되어 내려오던 민족의 경전이다. 그런데 배달국의 환웅(桓雄大聖尊)께서 인간 세상에 내려온 후 신지 혁덕에게 명하여 녹도문(鹿圖文)으로 기록하도록 하였다."[449] 그러니까 환국이 건국된 B.C. 7197년부터 문자가 발명된 B.C. 3900~B.C. 3800년경까지 무려 3,300여 년 동안 삼신일체 하느님과 하느님의 말씀은 오로지 '구전'(口傳)에만 의존하여야 했던 것이다. 하지만 또 하나의 선민 욕단 자손인 동이족이 시베리아에 환국을 건설한 시초부터 환국이 인격적 하느님을 믿고 하느님의 말씀에 순종하며 신앙생활을 했다는 것은 의심의 여지가 없다. 『환단고기』에 수록된 신

449 이맥(李陌), 『태백일사(太白逸史)』 「소도경전본훈(蘇塗經典本訓)」, "天符經(천부경)、天帝桓國(천제환국)、口傳之書也(구전지서야)、桓雄大聖尊(환웅대성존)、天降後(천강후)、命神誌赫德(명신지혁덕)、以鹿圖文記之(이록도문기지)。"

라시대의 안함로(安含老)가 편찬한 『삼성기전상편』과 고려시대의 원동중(元董仲)이 편찬한 『삼성기전하편』 그리고 조선시대의 이맥(李陌)이 쓴 『태백일사(太白逸史)』 「환국본기(桓國本紀)」에서 그 흔적을 찾아낼 수 있다.

『태백일사(太白逸史)』 「환국본기(桓國本紀)」를 보면, 환국시대의 신앙생활과 사회생활을 엿볼 수 있다. 그 당시 환인(桓仁)은 천신(天神)께 제사를 드리며, 하느님의 말씀을 순종하도록 백성을 잘 가르쳐 하느님의 복을 받아 태평성대를 이루었음을 알 수 있다. 물론 그 핵심은 성경에서 가르치는 것처럼 하느님을 사랑하는 것과 인간을 사랑하는 것이다. 인간을 사랑하는 것의 교훈으로 '인간을 널리 이롭게 한다'는 '홍익인간'(弘益人間: 弘益濟人)과 '세상을 진리로 교화한다'는 '재세이화'(在世理化: 光明理世)가 환국의 근간되는 사상이었다.

> 조대기에 이르기를 옛날 환인(桓仁)이 천산(天山)에 내려와 사시면서 천신(天神)께 제사 지내는 것을 주관하였다(主祭). 하느님의 계명을 따라 살도록 백성을 지도하시고 만사를 두루 다스리시니 들에 있어도 벌레나 짐승의 해가 없고 무리지어 다녀도 원망하거나 거역하는 일에 대한 염려가 없었다. 친하거나 멀다하여(親疎) 차별을 두지 않았고, 윗사람과 아랫사람의 등급도 없었으며, 남녀가 평등한 권리를 가지고, 늙은이와 젊은이가 일을 분담하였다. 이렇게 되니 그 당시 세상에 법규와 호령이 없어도 스스로 화락(和樂)과 순리(循理)를 이루었다. 그들의 질병을 없애며 원통함을 풀어주고 어려운 자를 도와 일으키며 약자를 구제하니 한 사람도 불안해하거나 어긋나는 자가 없었다. 그 당시 사람들은 스스로 호를 광명이란 뜻의 '환'(桓)이라

하고 감군(監郡: 관청)을 '인'(仁)이라 하였다. '인'이란 '임무'(任)란 말이니, 널리 사람을 유익하게 구제하고(弘益濟人) 세상을 이치대로 밝히는 것(光明理世)은 이를 반드시 어질게 되도록(仁) 하기 위함이라. 오가(五加)450는 대중 속에서 서로 교대로 뽑아 반드시 업적을 요구함으로써, 각각 자기 방식대로 취향에 따라 잘 변별하여 스스로 택하고 그에 따라 원하는 것을 선택할 수 있게 하였다. 그러므로 오직 9환(九桓)에 사는 자들만이 서로를 위하여 모두 함께 하나로 뭉쳤던 것도 스스로 득실을 따져 한 사람도 이의가 없도록 하여 따르도록 하였기 때문에 대중들도 감히 일 처리함에 독단적인 술수를 사용하지 않았다. 대개 무리를 다스리는 법이 준비되어 있지 않으면 걱정이 생기고, 준비가 되어 있으면 걱정이 없으니 반드시 미리 준비해 두어야 한다. 선한 무리들(善群)은 잘 다스려져 만방에 같은 소리가 울려 퍼지며 말없이 행동으로 옮기니, 만방의 백성들이 기약도 없이 모여드는 자 수만 명이었다. 무리들은 서로 서로 돌면서 춤을 추고(環舞) 환인(桓仁)을 추대하여 환화(桓花) 밑에 쌓아 놓은 돌 위에 앉게 하고 줄지어 절하며 환호 소리 넘쳐흐르니 귀의하는 자가 성시를 이루었다. 이것이 인간 최초의 우두머리(頭祖)이다. … 환국(桓國)에 오훈(五訓)이 있으며 신시(神市)엔 오사(五事)가 있었다. 오훈이란 첫째, 성실하고 신실하여 거짓이 없어야 한다(誠信不僞). 둘째, 예의가 바르고 근면하여 게으르지 않아야 한다(敬勤不怠). 셋째, 효도하고 순종하여 거스르지 않아야 한다(孝順不違). 넷째, 염치와 도의가 있어 음란치 말아야 한다(廉義不淫). 다섯째, 겸손하고 화목하여 다툼이 없

450 '오가(五加)'는 환국시대·환웅시대·단군시대 때 통치자를 보좌하며 더불어 국사를 의논하여 함께 이끌어가는 역할을 한 오늘날의 장관들을 의미한다.

어야 한다(謙和不鬪). 그리고 5사(五事)는 다음과 같으니, 우가(牛加)는 농사를 주관하고(主穀), 마가(馬加)는 목숨을 주관하며(主命), 구가(狗加)는 형벌을 주관하고(主刑), 저가(猪加)는 질병을 주관하며(主病), 양가(羊加)는 선악을 주관하는(主善惡) 것을 말한다.[451]

---

451 이맥(李陌), 『태백일사(太白逸史)』「환국본기(桓國本紀)」, “朝代記曰(조대기왈)、昔有桓仁(석유환인)、降居天山(강거천산)、主祭天神(주제천신)。定命人民(정명인민)、攝治群務(섭치군무)、野處而無蟲獸之害(야처이무충수지해)、群行而無怨(군행이무원)、逆之患(역지환)。親疎無別(친소무별)、上下無等(상하무등)、男女平權(남녀평권)、老少分役(로소분역)。 當此之世(당차지세)、 雖無法規號令(수무법규호령)、 自成和樂循理(자성화락순리)、去其病而解其冤(거기병이해기원)、 扶其傾而濟其弱(부기경이제기약)、 一無憾且佛異者(일무감차불이자)。時人皆自號爲桓(시인개자호위환)、以監群爲仁(이감군위인)、仁之爲言任也(인지위언임야)。**弘益濟人**(홍익제인)、**光明理世**(광명이세)、使之任其必仁也(사지임기필인야)。故五加衆交相選於大衆(고오가중교상선어대중)、以必求業(이필구업)、故愛憎有別(고애증유별)、各以其所(각이기소)、心主辨之而自擇(심주변지이자택)、其所求鵠(기소구곡)。惟在九桓爲公(유재구환위공)、大同歸一焉者(대동귀일언자)、則亦當自較(칙역당자교)、得失無一人異然後從之(득실무일인이연후종지)、諸衆亦不敢遽下獨術(제중역불감거하독술)。以處之蓋處衆之法(이처지개처중지법)、無備有患有備無患(무비유환유비무환)、必備豫自給(필비예자급)。善群能治(선군능치)、萬里同聲(만리동성)、不言化行(불언화행)、於是萬方之民(어시만방지민)、不期而來會者(부기이래회자)。數萬衆自相環舞(수만중자상환무)、仍以推桓仁(잉이추환인)、坐於桓花之下(좌어환화지하)、積石之上(적석지상)、羅拜之山呼聲溢(라배지산호성일)、歸者如市(귀자여시)、是爲人間最初之頭祖也(시위인간최초지두조야)。… 桓國有五訓(환국유오훈)、神市有五事(신시유오사)。所謂五訓者(소위오훈자)、一曰誠信不僞(일왈성신불위)、二曰敬勤不怠(이왈경근불태)、三曰孝順不違(삼왈효순불위)、 四曰兼義不淫(사왈겸의불음)、 五曰謙和不鬪(오왈겸화불투)。所謂五事者(소위오사자)、牛加主穀(우가주곡)、馬加主命(마가주명)、狗加主刑(구가주형)、猪加主病(저가주병)、羊加主善惡(양가주선악)。”

B

배달국(倍達國)

배달국은 환국을 계승하여 세워진 동이족 두 번째 국가이다. 배달국에서 한민족이 유래하였기 때문에 흔히 한민족을 배달민족이라 칭한다. '배달국'은 '환웅'(桓雄)이 다스리는 나라를 가리킨다.

1. 배달국의 정치

1) 배달국의 건국 연도. 환웅이 B.C. 3897년 배달국을 세우고, 신시(神市)에 도읍을 정했다. 초대 환웅 거발환(居發桓)이 배달국을 세워 총 18세로 이어져 1,565년간 지속되었다고 『환단고기』에 수록된 고기(古記)들에 기록되어 있다: 『태백일사(太白逸史)』 「신시본기(神市本紀)」, "신시(神市) 개천(開天) 이후로부터 18세를 이어 1,565년이 지나 비로소 단군왕검이

일어났다."[452] 『삼성기전상편(三聖紀全上篇)』, "후에 환웅씨로 이어졌는데, 하느님의 뜻(天神之詔)을 받들어 백산(白山)과 흑수(黑水) 사이의 천평(天坪)이라는 지역에 내려와 취락지에 우물을 파고 이 지역을 청구(靑丘)라 하였다."[453] 본문에서 백산(白山)은 백두산을 의미하고 흑수(黑水)는 흑룡강을 뜻한다.[454] 그러니까 배달국의 강역은 백두산에서 흑룡강 사이에 위치하고 있었음을 알 수 있다. 『삼성기전하편(三聖紀全下篇)』 「신시역대기(神市歷代記)」, "배달(倍達)은 환웅(桓雄)께서 천하의 호(號)를 정하면서 붙인 칭호이다. 도읍을 신시(神市)라 하고 후에 청구국(靑丘國)으로 옮겨 18세(世) 1,565년간 지속되었다."[455]

2) 배달국의 건국 이념. 환웅의 건국 이념은 환국의 정신을 계승 발전시켜 하느님의 뜻에 따라 '인간을 널리 이롭게 한다'는 '홍익인간'(弘益人間)과 '세상을 진리로 교화한다'는 '재세이화'(在世理化)로 광명세계(光明世界)를 땅위에 열고자 하는 것이었다: 『태백일사(太白逸史)』 「신시본기(神市本

---

452 이맥(李陌), 『태백일사(太白逸史)』 「신시본기(神市本紀)」, "蓋自神市開天(개자신시개천)、傳十八世(전십팔세)、 歷一千五百六十五年(력일천오백륙십오년)、 而始有檀君王儉(이시유단군왕검)。"

453 안함로(安含老), 『삼성기전상편(三聖紀全上篇)』, "後桓雄氏繼興(후환웅씨계흥)、奉天神之詔(봉천신지조)、 降于白山黑水之間(강우백산흑수지간)、 鑿子井女井於天坪(착자정녀정어천평)、劃井地於靑丘持(획정지어청구지)。"

454 이일봉, 『實證 한단고기』, 41.

455 원동중(元董仲), 『삼성기전하편(三聖紀全下篇)』, "倍達桓雄定有天下之號也(배달환웅정유천하지호야)、其所都曰神市後(기소도왈신시후)、 徙靑邱國(사청구국)、 傳十八世歷一千五百六十五年(전십팔세력일천오백륙십오년)。"

紀)」, “조대기에 이르기를 그 당시에 사람은 많고 생산은 적어 살아가기 어려워 걱정하더니 서자부(庶子部)에 환웅이라는 큰 인물이 있었다. 환웅은 여러 사람들의 마음을 깊이 헤아려 하늘에서 내려와 하나의 광명세계(光明世界)를 땅 위에 열고자 하였다. … 환웅이 무리 3천을 거느리고 태백산 신단수 아래에 내려 왔는데, 이곳을 신시(神市)라 한다. 풍백·우사·운사를 시켜 곡식과 목숨과 형벌과 질병과 선악을 주관하게 하고, 인간의 360여 가지의 일을 모두 관장하게 하여 세상을 이치로 다스려(在世理化) 인간을 널리 유익하게(弘益人間) 하였다. 이분을 환웅천왕이라 한다.”[456] 본문에 나오는 풍백(風伯)·우사(雨師)·운사(雲師)는 관직의 명칭으로 그 당시 다음과 같은 기능을 하였다: 『태백일사(太白逸史)』「신시본기(神市本紀)」, “환웅천황께서는 풍백(風伯) 석제라를 시켜 새와 짐승과 벌레와 물고기의 해를 제거하도록 하였다. 그런데 백성들은 아직 동굴이나 흙구덩이 속에 살았기 때문에 밑에선 습기가 스며 올라오고 밖에서는 바람이 불어와서 사람들에게 질병을 일으켰다. … 우사(雨師) 왕금영으로 하여금 사람의 살 곳을 만들게 하고 소·말·개·돼지·독수리·호랑이 등

---

456 이맥(李陌), 『태백일사(太白逸史)』「신시본기(神市本紀)」, “朝代記曰(조대기왈)、時人多産乏(시인다산핍)、憂其生道之無方也(우기생도지무방야)、庶子之部(서자지부)、有大人桓雄者(유대인환웅자)、探聽輿情(탐청여정)、期欲天降(기욕천강)、開一**光明世界**于地上(개일광명세계우지상) … 雄率徒三千(웅솔도삼천)、降於太伯山頂神壇樹下(강어태백산정신단수하)、謂之神市(위지신시)、是謂桓雄天王也(시위환웅천왕야)。將風伯·雨師·雲師(장풍백·우사·운사)、 而主穀·主命·主病·主刑·主善惡(이주곡·주명·주병·주형·주선악)、凡主人間三百六十餘事(범주인간삼백륙십여사)、**在世理化**(재세이화)、**弘益人間**(홍익인간)。是謂桓雄天王也(시위환웅천왕야)。”

의 짐승을 모아 목축 이용을 관장케 하였다. 그리고 운사(雲師) 육약비로 하여금 남녀의 혼례 법을 정하게 하고 치우(治尤)는 곧 세세토록 병마 도적(兵馬 盜賊)을 관장하도록 하였다."[457]

3) 배달국의 환웅 계보. 배달국은 B.C. 3897~B.C. 2333년까지 1,565년간 존속하였는데, 18명의 환웅이 통치하였다. 18명의 환웅 명단이 『삼성기전하편(三聖紀全下篇)』「신시역대기(神市歷代記)」에 기록되어 있다: "1세를 환웅천황이라 하며 또 거발환(居發桓)이라 하니, 재위 94년에 120세까지 사셨다. 2세는 거불리(居佛理) 환웅이니 재위 86년에 102세까지 사셨다. 3세는 우야고(右耶古) 환웅이니 재위 99년에 135세까지 사셨다. 4세는 모사라(慕士羅) 환웅이니 재위 107년에 129세까지 사셨다. 5세는 태우의(太虞儀) 환웅이니 재위 93년에 115세까지 사셨다. 6세는 다의발(多儀發) 환웅이니 재위 98년에 110세까지 사셨다. 7세는 거련(居連) 환웅이니 재위 81년에 140세까지 사셨다. 8세는 안부련(安夫連) 환웅이니 재위 73년에 94세까지 사셨다. 9세는 양운(養雲) 환웅이니 재위 93년에 139세까지 사셨다. 10세는 갈고(葛古) 환웅 또는 독로한(瀆盧韓)이라 하니 재위

457 이맥(李陌), 『태백일사(太白逸史)』「신시본기(神市本紀)」, "桓雄天皇使風伯釋提羅(환웅천황사풍백석제라)、驅除鳥獸蟲魚之害(수제조수충어지해)、而人民猶在洞窟土穴之中(이인민유재동굴토혈지중)、下濕外風之氣(하습외풍지기)、逼人成疾(핍인성질)。… 於是使雨師王錦營造人居(어시사우사왕금영조인거)、主致牛馬狗豚雕虎之獸而牧畜利用(주치우마구돈조호지수이목축리용)。 使雲師陸若飛定男女婚娶之法焉(사운사륙약비정남녀혼취지법언)。而治尤則世掌兵馬盜賊之職焉(이치우칙세장병마도적지직언)。"

100년에 125세까지 사셨다. 11세는 거야발(居耶發) 환웅이니 재위 92년에 149세까지 사셨다. 12세는 주무신(州武愼) 환웅이니 재위 105년에 123세까지 사셨다. 13세는 사와라(斯瓦羅) 환웅이니 재위 67년에 100세까지 사셨다. 14세는 자오지(慈烏支) 환웅인데 세상에서는 치우천왕(蚩尤天王)이라 하며, 청구국으로 도읍을 옮겨서 재위 109년에 151세까지 사셨다. 15세는 치액특(蚩額特) 환웅이니 재위 89년에 118세까지 사셨다. 16세는 축다리(祝多利) 환웅이니 재위 56년에 99세까지 사셨다. 17세는 혁다세(赫多世) 환웅이니 재위 72년에 97세까지 사셨다. 18세는 거불단(居弗檀) 환웅 혹은 단웅(檀雄)이라 하는데 재위 48년에 82세까지 사셨다."[458]

---

458 원동중(元董仲), 『삼성기전하편(三聖紀全下篇)』, "一世曰(일세왈)、桓雄天皇一云居發桓(환웅천황일운거발환)、在位九十四年(재위구십사년)、壽一百二十歲(수일백이십세)。二世曰(이세왈)、居佛理桓雄(거불리환웅)、在位八十六年(재위팔십육년)、壽一百二歲(수일백이세)。三世曰(삼세왈)、右耶古桓雄(우야고환웅)、在位九十九年(재위구십구년)、壽一百三十五歲(수일백삼십오세)。四世曰(사세왈)、慕士羅桓雄(모사라환웅)、在位一百七年(재위일백칠년) 壽一百二十九歲(수일백이십구세)。五世曰(오세왈)、太虞儀桓雄(태우의환웅)、 在位九十三年(재위구십삼년)、壽一百一十五歲(수일백일십오세)。 六世曰(육세왈)、多儀發桓雄(다의발환웅)、在位九十八年(재위구십팔년)、壽一百十歲(수일백십세)。七世曰(칠세왈)、居連桓雄(거련환웅)、在位八十一年(재위팔십일년)、壽一百四十歲(수일백사십세)。八世曰(팔세왈)、安夫連桓雄(안부련환웅)、在位七十三年(재위칠십삼년)、壽九十四歲(수구십사세)。九世曰(구세왈)、養雲桓雄(양운환웅)、在位九十六年(재위구십육년)、壽一百三十九歲(수일백삼십구세)。 十世曰(십세왈)、 葛古桓雄又曰瀆盧韓(갈고환웅우왈독노한)、在位一百年(재위일백년)、壽一百二十五歲(수일백이십오세)。十一世曰(십일세왈)、居耶發桓雄(거야발환웅)、在位九十二年(재위구십이년)、壽一百四十九歲(수일백사십구세)。 十二世曰(십이세왈)、 州武愼桓雄(주무신환웅) 在位一百五年(재위일백오년)、壽一百二十三歲(수일백이십삼세)。十三世曰(십삼세왈)、斯瓦羅桓雄(사와라환웅)、在位六十七年(재위육십칠년)、壽一百歲(수일백세)。十四世曰(십사세왈)、慈烏支桓雄世稱蚩尤天王徙都靑邱國(자오지환웅세칭치우천왕사도청구국)、 在位一百九年(재위일백구년)、壽一百五十一歲(수일백오십일세)。十五世曰(십오세왈)、蚩額特桓雄(치액특환웅)、在位八十九年(재위팔십구년)、壽一百一十八歲(수일백일십팔세)。十六世曰(십육세왈)、祝多利桓雄(축다리환웅)、在位五十六年(재위오십육년)、壽九十九歲(수구십구세)。十七世曰

2. 배달국의 종교

환국을 계승한 배달국 역시 구약 이스라엘처럼 신정정치(神政政治)의 특성을 지니고 있었다. 배달국시대에 한민족의 삼대경전인 ≪천부경(天符經)·≪삼일신고(三一神誥)≫·≪참전계경(參佺戒經)≫은 백성들을 '홍익인간'(弘益人間)과 '재세이화'(在世理化)로 교육하기 위한 교재의 역할을 했다. 배달국의 종교는 하나님께 대한 '예배'와 백성들을 향한 '교화'에 중점을 두었다. 다시 말해서 한민족의 삼대경전인 ≪천부경(天符經)≫·≪삼일신고(三一神誥)≫·≪참전계경(參佺戒經)≫은 성경처럼 '하나님을 사랑하는 것'과 '인간을 사랑하는 것'을 가르치고 있다.

1) 배달국의 '신시'(神市). 배달국의 수도를 '신시'(神市)라 불렀다: 『삼성기전상편(三聖紀全上篇)』, "환웅(桓雄)께서 … 신시(神市)에 도읍을 세우시고 나라를 배달(倍達)이라 불렀다."[459] 여기서 '신시'(神市)는 『태백일사(太白逸史)』「신시본기(神市本紀)」에서는 '신주'(神州)라고도 하는데,[460] '하느님 나라'

(십칠세왈)、赫多世桓雄(혁다세환웅)、在位七十二年(재위칠십이년)、壽九十七歲(수구십칠세)。十八世曰(십팔세왈)、居弗檀桓雄或云檀雄在位(거불단환웅혹운단웅재위)、四十八年(사십팔년)、壽八十二歲(수팔십이세)。"

459 안함로(安含老), 『삼성기전상편(三聖紀全上篇)』, "桓雄氏(환웅씨) … 立都神市國稱倍達(입도신시국칭배달)。"

460 이맥(李陌), 『태백일사(太白逸史)』「신시본기(神市本紀)」, "十月祭天(십월제천)、遂爲天下萬世之遺俗(수위천하만세지유속)、此乃**神州**特有之盛典(차내**신주**특유지성전)、而非外邦之可比也(이비외방지가비야)。" [본문 번역]: "10월 하느님께 대한 제사(祭天)는 마침내 천하 만세의 풍습이 되었다. 이는 곧 하느님 나라 특유의 성대한 행사로서 외국에는 이

즉 하느님이 다스리는 나라로 번역할 수 있다. 그런데 '신시'라는 말은 '신단수'(神壇樹)와 관계가 있다: 『태백일사(太白逸史)』 「신시본기(神市本紀)」, "환웅이 … 태백산 신단수 아래에 내려 왔는데, 이곳을 신시(神市)라 한다."[461] 본문은 배달국의 수도인 '신시'(神市)가 현재 만주(滿洲) 동북부의 흑룡강성(黑龍江省)에 인접한 송화강(松花江)의 이륵호리산(伊勒呼里山)으로 불리는 '태백산'(太伯山)에 위치하고 있었음을 밝히고 있다. 한편 '신단수'(神壇樹)는 '신목'(神木)을 가리키는 '신수'(神樹)와 하느님께 제사하기 위한 '천단'(天壇)을 의미하는 '신단'(神壇)의 합성어이다. 즉 신단과 신수를 합하여 신단수라 하니 신단수를 중심으로 한 도읍을 '신시'(神市)라 했던 것이다. 이것은 성경구절을 연상케 한다: 이사야서 52:1, "시온이여 깰지어다 깰지어다 네 힘을 낼지어다 거룩한 성 예루살렘이여 네 아름다운 옷을 입을지어다 이제부터 할례 받지 아니한 자와 부정한 자가 다시는 네게로 들어옴이 없을 것임이라." 요엘서 3:17, "그런즉 너희가 나는 내 성산 시온에 사는 너희 하나님 여호와인 줄 알 것이라 예루살렘이 거룩하리니 다시는 이방 사람이 그 가운데로 통행하지 못하리로다."

와 견줄만한 것이 없다."

461 이맥(李陌), 『태백일사(太白逸史)』 「신시본기(神市本紀)」, "雄(웅) … 降於太伯山頂神壇樹下(강어태백산정신단수하), 謂之神市(위지신시)。"

2) 배달국의 '소도'(蘇塗). 신단수가 있는 곳은 신성불가침 구역으로서 이를 고조선 때에는 천신께 제사 드리는 성역(聖域)을 의미하여 '소도'라고 했다.[462] 소도의 중심에 위치한 '신단수'에서 하느님께 제사를 드렸다.[463] 소도의 제관들은 화백회의(和白會議)에서 선출된 단군들(檀君)이고, 이들 중 대천제(大天祭)를 모실 수 있는 고유 권한을 가진 최고의 어른이 대단군(大檀君) 환웅천왕이다. 환웅은 국가권력의 최고 통치자일 뿐만 아니라 제사장 임무를 겸임하는 제정일체(祭政一體)의 통치제도상 최고 수장인 것이다. 한편 '소도'는 하느님의 말씀을 배우는 교육 장소의 역할을 하였다. 이곳에서 한민족의 삼대경전인 ≪천부경(天符經)≫·≪삼일신고(三一神誥)≫·≪참전계경(參佺戒經)≫을 백성들에게 교육하였다. 원동중(元董仲), 『삼성기전하편(三聖紀全下篇)』, "환웅천왕이 처음으로 하느님께 제사를 드리고 백성들에게 천경(天經: 천부경)을 강의하며 신고(神誥: 삼일신고)를 가르쳐 백성들을 잘 훈육하였다. … 이때 구환(九桓)은 삼신(三神: 天主)만을 섬기고 소도(蘇塗)를 관리하였다. … 환웅은 삼신(三神)의 뜻을 따라 말씀을 가르

---

462 이일봉, 『實證 한단고기』, 55. ; '소도'는 고조선 삼한 각국의 별읍(別邑)에 설치되었다. '소도'의 설치 목적은 천신(天神)에 대한 제사를 위한 것이었다. 그래서 고조선 삼한 사회에서 '소도'는 영험한 기운이 서린 일종의 신전(神殿)과 같은 신성한 구역이었다: 진수(陳壽), 『삼국지(三國志)』 「위서 동이전(魏書東夷傳)」, "國邑各立一人主祭天神(국읍각립일인주제천신)、名之天君(명지천군)。又諸國各有別邑(우제국각유별읍)、名之爲蘇塗(명지위소도)。… 諸亡逃至其中(제망도지기중)、皆不還之(개불환지)。" [본문 번역]: "국읍(國邑)에 각기 한 사람을 세워 천신(天神)의 제사를 주관하게 하였는데, 이를 '천군(天君)'이라고 불렀다. 또 여러 나라에 각기 별읍(別邑)이 있어 소도(蘇塗)라고 불렀다. … 소도로 죄인이 도망 가 숨어도 잡아가지 못했다."

463 이맥(李陌), 『태백일사(太白逸史)』 「신시본기(神市本紀)」, "蘇塗祭天(소도제천)。"

쳐 백성들이 계명을 지키도록 서약시키고, 법을 정하여 선악에 따라 보응하도록 하였다."[464] 여기서 '삼신'(三神)은 '삼일신'(三一神)의 준말로서 '삼신일체(三神一體) 하느님'을 의미한다.

3) 배달국의 '천부인'(天符印). 『태백일사』「신시본기」에는 '천부인(天符印) 세 개'에 대하여 언급하고 있다[465]: "그때 안파견이 환웅에게 명하여 이르되 인간을 널리 이롭게 하기 위해(弘益人間) 하느님의 뜻을 따라 가르침을 베풀고 천신께 제사 지내는 것을 주관하며 … 가르침의 도를 세워 세상을 진리로 교화하여(在世理化) 자손만대에 큰 귀감이 되도록 할지어다 하시며 미침내 천부인(天符印) 세 개를 주시고 그를 보내어 이들을 다스리게 하였다."[466] 이암(李嵒, 1297~1364)의 『태백진훈(太白眞訓)』과 『단군세기』, 이맥(李陌, 1455~1528)의 『태백일사』 등을 간행한 계연수(桂延壽, 1864~1920)는 「계연수기서(桂延壽寄書)」에서 스승인 이기(李沂, 1848~1909)의 말을 인용

464 원동중(元董仲), 『삼성기전하편(三聖紀全下篇)』, "桓雄天王(환웅천왕)、肇自**開天**(조자개천) 生民施化(생민시화)、演天經講神誥(연천경강신고)、大訓于衆(대훈우중)。… 時(시)、九桓皆以三神爲一源之祖(구환개이삼신위일원지조)、主蘇塗(주소도)。… 桓雄乃以三神設教(내이삼신설교)、以佺戒爲業(이전계위업)。而聚衆作書(이취중작서)、有勸懲善惡之法(유권징선악지법)。" 본문에서 '개천'(**開天**)의 '개'(**開**)는 '제'(祭)와 같은 뜻으로 하느님께 제사를 드린다는 의미이다. 한민족의 근본정신은 '제천(개천)'에 있음이 본 구절을 통하여 확인되었다. 따라서 개천절은 하느님께 예배드리는 날인 것이다. 임승국 번역·주해, 『한단고기(桓檀古記)』 서울: 정신세계사, 2006), 35.

465 이일봉, 『實證 한단고기』, 42.

466 이맥(李陌), 『태백일사(太白逸史)』「신시본기(神市本紀)」, "時安巴堅(시안파견) … 可以弘益人間(가이홍익인간)、乃命雄曰如今(내명웅왈여금) … 下界開天施教(하계개천시교)、主祭天神(주제천신) … 以立師道在世理化(이립사도재세리화)、爲子孫萬世之洪範也(위자손만세지홍범야)、乃授天符印三個遣往理之(내수천부인삼개견왕리지)。"

하여 '천부인(天符印) 세 개'(天符三印)에 대해서 다음과 같이 전했다: "삼인(三印)이 무슨 물건인지 어떠한 보물인지 알지 못하지만, 이 천부(天符)는 바로 가르침을 베푸는 경전으로서 아직까지 전해 내려오는 곳이 남아 있다."[467] 이처럼 이기(李沂)는 천부인(天符印)에 대해 가르침을 베푸는 경전(設敎之經)으로 말한 것이다. 또한 이일봉은 그의 저서『實證 한단고기』에서 '천부인'에 대하여 다음과 같이 해석하였다.

> 여기서 천부인 세 개란 결국 3대 경전으로 일컬어지는 ≪천부경(天符經)≫과 ≪삼일신고(三一神誥)≫ 그리고 ≪참전계경(參佺戒經)≫의 가르침을 말한다. … 천부인 세 개를 거울·북·검이라고 주장하는 견해도 있는데, 이 또한 3대 경전과 깊은 연관성이 있다.『태백일사』의 기록을 보자! "풍백(風伯)은 천부(天符)를 새긴 거울을 들고 나아가고, 우사(雨師)는 북을 치면서 둥글게 돌며 춤을 추고, 운사(雲師)는 백검(伯劍)으로 호위하니, 무릇 천제(天帝)가 산에 나아갈 때의 의식은 이처럼 성대하고 엄숙하였다."[468] 구리거울에 천부인을 새겼다는 이러한 기록은 당시 천부인을 거울·북·칼 등에 새겨서 이를 신표(神標) 혹은 왕권의 상징으로 삼았음을 말해준다.

---

467 계연수(桂延壽),「계연수기서(桂延壽寄書)」, "持天符三印(지천부삼인)、自天降世(자천강세) 德化大行于今四千餘年(덕화대행우금사천여년)、事在鴻濛(사재홍몽)、未知三印(미지삼인)、爲何物(위하물)、如何寶物(여하보물)、而天符(이천부)、卽設敎之經也(즉설교지경야)。" [본문 번역]: "천부(天符)와 삼인(三印)을 가지고 하늘로부터 세상에 내려오셨으며, 그분의 덕화가 지금까지 4천여 년 동안 크게 행해져 왔다. 그 일이 분명치 않아 삼인이 무슨 물건인지 어떠한 보물인지 알지 못하지만, 천부는 바로 가르침을 베푸는 경전이라." 계연수(桂延壽), "계연수기서(桂延壽寄書),"『단탁』창간호, (단탁사, 1921), 17-18.

468 이맥(李陌),『태백일사(太白逸史)』,「삼한관경본기(三韓管境本紀)」, "風伯天符刻鏡而進(풍백천부각경이진)、雨師迎鼓環舞(우사영고환무)、雲師佰劍陛衛(운사백검폐위)、蓋天帝就山之儀仗(개천제취산지의장)、若是之盛嚴也(약시지성엄야)。"

C

중국의 시조 삼황오제(三皇五帝)

중국인들은 자신들이 삼황오제의 자손이라고 말한다. 그런데 중국의 시조인 삼황오제는 한족(漢族)이 아닌 동이족(東夷族)이다. 삼황은 태호복희(太皞伏羲)・염제신농(炎帝神農)・황제헌원(黃帝軒轅)을 말하고, 오제는 소호금천(少昊金天)・전욱고양(顓頊高陽)・제곡고신(帝嚳高辛)・제요도당(帝堯陶唐)・제순유우(帝舜有虞)를 말한다.

1. 삼황(三皇)

1) 태호복희(太皞伏羲, B.C.3528~B.C.3413). 삼황오제 중 첫 번째인 태호복희가 배달국 5세 환웅 태우의(太虞儀, B.C.3512~B.C.3419)의 막내아들이라는 분명한 기록이 있다. 이는 중국 삼황오제의 시조가 되는 태호복희가 배

달국 사람으로 동이족으로부터 고대 중국이 성립되었다는 놀라운 사실을 담고 있다: 『태백일사(太白逸史)』, 「신시본기(神市本紀)」, "환웅 천황 5세 태우의(太虞儀)가 있었다. … 아들을 12명 두었는데 장자는 다의발(多儀發) 환웅(6세 환웅)이라 하고 막내는 태호(太皞)라 하니 복희(伏羲)라고도 한다." [469] 그리고 태호복희가 배달국에서 우사(雨師, 행정담당)라는 관직에 있다가 중원의 진(陳: 현재 하남성 회양현)으로 가서 통치하였다는 기록이 나온다: 『태백일사(太白逸史)』, 「신시본기(神市本紀)」, "밀기(密記)에 이르기를 복희는 신시(神市)에서 태어나 우사의 직을 세습하고 뒤에 청구(靑邱)와 낙랑(樂浪)을 거쳐 진(陳)으로 옮겨갔다." [470] 한편 태호복희족 이후 복희의 여자 친척인 여와(女媧)가 15대까지 집권하다가 염제신농에게 정권이 넘어간다. 여와 역시 동이족이다.

2) 염제신농(炎帝神農, B.C.3218~B.C.3078). 삼황오제 중 두 번째인 염제신농은 배달국 8세 환웅 안부련(安夫連) 때의 사람이다: 『태백일사(太白逸史)』, 「신시본기(神市本紀)」, "웅씨(熊氏)에게서 갈라져 나간 소전(少典)이라는 사람이 있었다. 안부련(安夫連) 환웅 말기에 소전은 명을 받들어 강수(姜水)

---

469 이맥(李陌), 『태백일사(太白逸史)』 「신시본기(神市本紀)」, "自桓雄天皇五傳(자환웅천황오전)、而有太虞儀桓雄(이유태우의환웅) … 有子十二人(유자십이인)、長曰多儀發桓雄(장왈다의발환웅)、季曰太皞(계왈태호)、復號伏羲(부호복희)。"

470 이맥(李陌), 『태백일사(太白逸史)』 「신시본기(神市本紀)」, "密記曰(밀기왈)、伏羲出自神市(복희출자신시)、 世襲雨師之職(세습우사지직)、 後經靑邱樂浪遂徙于陳(후경청구낙랑수사우진)。"

에서 병사들을 감독하고 있었는데, 그의 아들 신농(神農)은 여러 가지 풀을 혀로 맛보아 약을 만들었다. 그는 뒤에 열산(列山: 안휘성 혹은 호북성에 있던 고대의 지명)으로 옮겨갔다."[471] 위에서 '웅씨'(熊氏)는 웅족(熊族)을 의미하며, 이미 배달국에 복속되어 있었다. 배달국에서 갈라져 나간 소전의 아들이 염제신농의 부친인 것이다. 염제신농은 배달국에서 태어나 중원의 남방으로 진출하여 그곳에서 농사짓는 법을 가르쳤다. 그 과정에서 농사의 기술이나 종자는 배달국의 도움을 받지 않을 수 없었다. 한편 신농의 아버지 소전은 오제(五帝) 중의 한 분인 소호금천(少昊金天)과 함께 배달국 고시씨(高矢氏)의 먼 후손인데 고시씨는 배달국에서 대대로 농사짓는 것을 관장하는 우가(牛加)의 직책에 있었다: 『태백일사(太白逸史)』「신시본기(神市本紀)」, "신농은 소전의 아들이며 소호(소호금천)와 함께 고시씨의 방계 지류이다."[472] 『규원사화(揆園史話)』「태시기(太始記)」, "고시씨는 점차 농사짓고 수확하는 방법을 가르쳤다. … 고시씨는 또한 곡식을 주관하는 직책을 맡았다."[473]

---

471 이맥(李陌), 『태백일사(太白逸史)』, 「삼한관경본기(三韓管境本紀)」, "熊氏之所分曰少典(웅씨지소분왈소전)、 安夫連桓雄之末(안부련환웅지말)、 少典以命監兵于姜水(소전이명감병우강수)、其子神農嘗百草制藥(기자신농상백초제약)、後徙列山(후사열산)。"

472 이맥(李陌), 『태백일사(太白逸史)』「신시본기(神市本紀)」, "神農少典之子(신농소전지자)、少典與少皞(소전여소호)、皆高矢氏之傍支也(개고시씨지방지야)。"

473 북애노인(北崖老人), 『규원사화(揆園史話)』「태시기(太始記)」, "高矢乃氏漸教稼穡之方(고시내씨점교가색지방) … 高矢氏(고시씨)、亦世掌主穀之職(역세장주곡지직)。"

3) 황제헌원(黃帝軒轅, B.C.2692~B.C.2592). 삼황오제 중 세 번째인 황제헌원은 배달국 소전(少典)의 자손이다. 즉 염제신농의 아버지 소전의 자손은 공손이고, 공손(公孫)의 후손이 황제헌원이다: 『태백일사(太白逸史)』「삼한관경본기(三韓管境本紀)」, "소전의 다른 지파를 공손(公孫)이라 하는데, 짐승을 잘 기르지 못해 헌구(軒丘)로 유배시켰다. 헌원(황제헌원)의 무리는 모두 그의 후손이다."[474] 이러한 황제헌원과 배달국 14세 환웅 자오지(慈烏支)로 일컫는 치우(蚩尤)천왕(蚩尤, B.C.2707~B.C.2598) 사이에 북경 서북쪽 '탁록'(涿鹿)에서 중원 쟁탈을 놓고 수차례에 걸친 전쟁이 있었다. 따지고 보면 치우천왕과 황제헌원의 싸움도 결국 같은 동이족 간의 전쟁이었다. 『태백일사(太白逸史)』「신시본기(神市本紀)」, "이 무렵 공손헌원(公孫軒轅)이라는 자가 있었는데 토착민의 우두머리였다. 처음 치우천왕이 공상(空桑)에 입성하여 새로운 정치를 크게 편다는 말을 듣고 감히 스스로 즉위하여 천자(天子: 천왕)가 될 뜻을 품고 병마를 일으켜 대적하려 하였다. 이에 (치우)천왕이 먼저 항복한 장수 소호(少昊)를 보내어 탁록(涿鹿)을 포위하고 전멸시켰지만 헌원은 굴하지 않고 끝까지 싸우려 하였다. … 치우천왕이 한층 더 군대의 진용을 가다듬어 사방으로 진격하여 10년 동안 헌원과 싸운 것이 73회나 되었다. … 헌원의 군사가 감히 쫓아와 습격할 뜻을 갖지 못하도록 대판 전투를 벌여 한쪽 진영을 여지없이 전멸시킨 후 싸

474 이맥(李陌), 『태백일사(太白逸史)』, 「삼한관경본기(三韓管境本紀)」, "少典之別派曰公孫(소전지별파왈공손)、 以不善養獸流于軒丘(이불선양수류우헌구)、 軒轅之屬皆其後也(헌원지속개기후야)。"

움은 그쳤다. … 헌원은 치우의 영향으로 보잘것없이 되었고 유망(楡罔) 또한 영원히 멸망하고 말았다."[475]

2. 오제(五帝)

삼황 이후에 등장하는 오제(五帝)는 그 근원이 모두 삼황(三皇)에 두고 있기 때문에 별다른 역사적 기록이 없다. 오제 가운데 첫 번째는 소호금천(少昊金天, 재위 기간 B.C.2598~B.C.2514)이며, 염제신농과 같은 고시씨 가문에 속한다. 그리고 사마천의 『사기(史記)』 「오제본기(五帝本紀)」에 따르면, 전욱고양(顓頊高陽, 재위 기간 B.C.2513~B.C.2436)은 헌원의 손자이며, 제곡고신(帝嚳高辛, 재위 기간 B.C.2435~B.C.2365)은 헌원의 증손자라고 기록되어 있다: "임금 전욱(顓頊) 고양(高陽)은 황제(黃帝)의 손자이자 창의(昌意)의 아들이다. … 전욱이 세상을 뜨자 현효(玄囂)의 손자인 고신(高辛)이 즉위하였는데 이 사람

475 이맥(李陌), 『태백일사(太白逸史)』 「신시본기(神市本紀)」, "時有公孫軒轅者(시유공손헌원자)、土着之魁(토착지괴)、始聞蚩尤天王(시문치우천왕)、入城空桑(입성공상)、大布新政(대포신정)、而敢有自代爲天子之志(이감유자대위천자지지)、乃大興兵馬(내대흥병마)、來與欲戰(래여욕전)、 天王先遣降將少昊(천왕선견강장소호)、 圍迫涿鹿而滅之(위박탁록이멸지)、軒轅猶不自屈(헌원유불자굴)、敢出百戰(감출백전)。… 蚩尤天王(치우천왕)、益整軍容(익정군용)、四面進擊(사면진격)、十年之間(십년지간)、與軒轅戰七十三回(여헌원전칠십삼회)。… 使軒轅之軍(사헌원지군)、不敢生意於追襲(불감생의어추습)、與之大戰(여지대전)、混殺一陣然後方熄(혼살일진연후방식)。… 軒轅以是索然(헌원이시색연)、楡罔亦從以永墜矣(유망역종이영추의)。"

이 제곡(帝嚳)이다. … 제곡고신(帝嚳高辛)은 황제의 증손(曾孫)이다."[476] 제곡고신이 죽고 난 뒤 아들 지(摯)가 제위에 올랐으나 정사를 잘 살피지 못하여 쫓겨나고 그 뒤를 동생인 요임금이 계승하였다: 『사기(史記)』「오제본기(五帝本紀)」, "제곡은 진봉씨(陳鋒氏)의 딸을 아내로 맞아 방훈(放勛)을 낳았다. 추자씨(娵訾氏)의 딸을 맞아 지(摯)를 낳았다. 곡 임금이 세상을 떠나자 지(摯)가 대신하여 즉위하였다. 지(摯) 임금이 즉위하였는데 잘 다스리지 못하자(죽자) 동생 방훈이 즉위하였는데 이 사람이 요(堯)임금이다."[477]

오제 중 요임금으로 일컬어지는 제요도당(帝堯陶唐, 재위 기간 B.C.2357~B.C.2258) 시대에 이르러 배달국은 환웅 18세 1,565년이라는 대역사의 막을 내렸다. 그리고 단군왕검이 고조선을 건국한 것은 요임금이 즉위한 지 25년이 되는 B.C. 2333년이었다: 『삼국유사(三國遺事)』, "위서(魏書)에 이르기를 지금으로부터 2천 년 전에 단군왕검이 아사달에 도읍을 정하고 나라를 세워 국호를 조선이라 하였다. 이는 당고(唐高: 요임금)와 같은 시기이다."[478] 한편 오제 중 순임금으로 일컬어지는 제순유우(帝舜有虞, 재위 기간 B.C.2255~B.C.2208)는 단군왕검 때에 고조선의 제후였다: 『단군세기

---

476 사마천(司馬遷), 『사기(史記)』「오제본기(五帝本紀)」, "帝顓頊高陽者(제전욱고양자)、黃帝之孫而昌意之子也(황제지손이창의지자야)。… 顓頊崩(전욱붕)、 而玄囂之孫高辛立(이현효지손고신립)、是為帝嚳(시위제곡)。… 帝嚳高辛者(제곡고신자)、黃帝之曾孫也(황제지증손야)。"

477 사마천(司馬遷), 『사기(史記)』「오제본기(五帝本紀)」, "帝嚳娶陳鋒氏女(제곡취진봉씨녀)、生放勛(생방훈)。娶娵訾氏女(취추자씨녀)、生摯(생지)。帝嚳崩(제곡붕)、而摯代立(이지대위)。帝摯立(제지립)、不善(불선)崩(붕)、而弟放勛立(이제방훈)、是為帝堯(시위제요)。"

478 일연(一然), 『삼국유사(三國遺事)』, "魏書云(위서운)、乃往二千載(내왕이천재)、有檀君王儉(유단군왕검)、立都阿斯達(립도아사달)、開國號朝鮮(개국호조선)、與高同時(여고동시)。"

(檀君世紀)』, "(단군왕검) 정사 50년(B.C.2284)에 홍수로 강이 범람하여 백성들이 살 곳을 잃었다. 단군께서는 풍백(風伯) 팽우에게 명하여 치산치수 계획을 세우게 하였고 풍백은 높은 산과 큰 강을 정비하여 백성들이 편안하게 살도록 하였다. 그 공적비가 우수주(牛首州)에 있다."[479] 『태백일사(太白逸史)』, 「번한세가상(番韓世家上)」, "9년 동안 홍수가 나서 그 피해가 만백성에게 미치므로 단군왕검께서 태자 부루(扶婁)를 보내 우순(虞舜: 순임금)과 도산(塗山)에서 모이기로 약속하였다. 순(舜: 순임금)은 사공(司空: 관직명) 우(禹)를 파견하여 우리의 오행치수법(五行治水法)을 받아 마침내 홍수를 다스릴 수 있게 되었다."[480]

중국에서 성인으로 추앙받고 있는 순임금이 동이족이라는 사실이 『단기고사(檀奇古史)』에 기록되어 있다: "순의 아버지 고수(高叟)는 단군조선의 중신 고시씨(高矢氏)의 친형이다. 고수의 아들 순(舜)이 단군조선에서 벼슬하지 않고 이웃인 요임금 밑에서 벼슬을 하니 부자간에 의견이 달라 마침내 화목치 못했다."[481] 그리고 순임금이 동이족이라는 사실을 맹자(孟子)의 말에서 확인할 수 있다: "순(舜)은 제풍(諸馮)에서 태어나 부하(負夏)로

479 이암(李嵒), 『단군세기(檀君世紀)』, "丁巳五十年(정사오십년)、洪水汎濫(홍수범람)、民不得息(민불득식)、帝命風伯彭虞治水(제명풍백팽우치수)、定高山大川(정고산대천)、以便民居(이편민거)、牛首州有碑(우수주유)。"

480 이맥(李陌), 『태백일사(太白逸史)』, 「번한세가상(番韓世家上)」, "及九年洪水(급구년홍수)、害及萬民(해급만민) 故檀君王儉(고단군왕검)、遣太子扶婁(견태자부루)、約與虞舜(약여우순)、招會于塗山(초회우도산)、舜遣司空禹(순견사공우)、受我五行治水之法(수아오행치수지법)、而功乃成也(이공내성야)。"

481 이일봉, 『實證 한단고기』, 121.

옮겨갔으며, 명조(鳴條)에서 죽었으니 그는 동이 사람이다."[482] 한편 요임금은 덕망이 높아서 순에게 왕위를 선양한 것이 아니라, 실상은 요임금 말기에 정치가 날로 쇠퇴하여 덕을 잃자 각지에서 소란이 일어났으며 이 때문에 고조선의 단군왕검이 군대를 보내어 순으로 하여금 왕위에 오르도록 했던 것이다: 『태백일사(太白逸史)』, 「번한세가상(番韓世家上)」, "단군왕검 때는 당요(唐堯: 요임금)와 같은 때인데, 요(堯: 요임금)의 덕이 날로 쇠퇴하자 서로 영토 분쟁이 끊이지 않았다. 이에 천왕(天王: 단군)께서 마침내 우순(虞舜)에게 명하여 영토를 나누어 다스리게 하고, 군사를 보내 주둔시키셨다. 우순과 함께 당요(唐堯: 요임금)를 정벌할 것을 약속하시니, 요임금이 마침내 힘에 굴복하고 순임금에 의지해 생명을 보전하고자 나라를 넘겨주었다."[483]

482 맹자(孟子), 『맹자(孟子)』 「이루장구하편(離婁章句下)」, "孟子曰(맹자왈)、舜生於諸馮(순생어제풍)、遷於負夏(천어부하)、卒於鳴條(졸어명조)、東夷之人也(동이지인야)。"

483 이맥(李陌), 『태백일사(太白逸史)』, 「번한세가상(番韓世家上)」, "至檀君王儉(지단군왕검)、與唐堯并世(여당요병세)、堯德益衰(요덕익쇠)、來與爭地不休(래여쟁지불휴)。天王乃命虞舜(천왕내명우순)、 分土而治遺兵而屯(분토이치유병이둔)、 約以共伐唐堯(약이공벌당요)、堯乃力屈(요내력굴)、依舜而保命以國讓(의순이보명이국양)。"

D

고조선(古朝鮮)

고조선은 배달국을 계승하여 세워진 동이족 세 번째 국가이다. '고조선'은 '단군'(檀君)이 다스리는 나라를 가리킨다. 보편적으로 한민족의 시조(始祖)를 단군으로 일컫는다. 그런데 고조선의 우두머리를 '단군왕검'(檀君王儉)이라 칭한다. 여기서 '단군'은 제사를 주제하는 제사장을 뜻하고, '왕검'은 국가를 다스리는 통치자를 의미한다. 따라서 고조선은 환국 및 배달국을 계승한 '제정일치'(祭政一致)의 신정국가(神政國家)였다: 『태백일사(太白逸史)』「신시본기(神市本紀)」, "단군은 천군(天君)이라 하며 제사를 주관하는 우두머리이다. 왕검은 백성을 감독하고 영토를 통치하는 우두머리이다."[484]

---

484 이맥(李陌), 『태백일사(太白逸史)』「신시본기(神市本紀)」, "檀君亦曰天君(단군역왈천군)、主祭之長也(주제지장야)、王儉亦卽監群(왕검역즉감군)、管境之長也(관경지장야)。"

1. 고조선의 정치

1) 고조선의 건국 연도. 고려 말엽의 행촌 이암(李嵒, A.D.1297~1364)이 편찬한 『단군세기(檀君世記)』에는 B.C. 2333년에 단군왕검이 환국의 9종족인 '9환'(九桓)을 통일하여 고조선을 세우고 송화강(松花江) 유역 아사달(阿斯達: 현재 흑룡강성의 하얼빈)에 도읍을 정했다고 기록하였다: "고기(古記)에 이르기를 왕검의 아버지는 단웅(檀雄)이고 어머니는 웅씨(熊氏)의 왕녀(王女)이며 신묘년(B.C.2370) 5월 2일 인시에 밝달나무(檀樹) 밑에서 태어났다. … 14세 되던 갑진년(B.C.2357)에 웅씨의 왕은 그가 신성하다 함을 듣고 그를 비왕(裨王: 副王的 칭호)으로 삼아 대읍(大邑)을 대신 다스리도록 하였다. 무진년(B.C.2333) 제요도당(唐堯: 요임금) 때에 … 아사달의 단목 터에 이르니 온 나라 사람들이 받들어 천제(天帝)의 아들로 모시게 되었다. 이에 구환(九桓)이 모두 뭉쳐서 하나가 되었고 신과 같은 교화가 멀리 미치게 되었다. 이를 단군왕검이라 하니 비왕의 자리에 있기를 24년, 제위에 93년 있었으며, 130세까지 사셨다. … 무리들과 더불어 삼신(三神) 하느님께 제사를 드렸는데 … 구환의 백성들이 모두 한결같이 따르고 복종하며 천제의 화신이라 하고 그를 임금으로 삼아 단군왕검이라 하였다. 신시(神市)의 옛 규칙을 도로 찾고 도읍을 아사달(阿斯達)에 정하고 나라를 세워 조선(朝鮮)이라 이름하였다."[485]

---

485 이암(李岩), 『단군세기(檀君世記)』, "古記云(고기운)、王儉父檀雄母熊氏王女(왕검부단웅

2) 고조선의 단군 계보. 고조선은 B.C. 2333~B.C. 238년까지 2,096년간 존속하였는데, 47명의 단군이 통치하였다. 47명의 단군 명단이 『단기고사(檀奇古事)』와 『규원사화(揆園史話)』 및 『단군세기(檀君世記)』에 기록되어 있다: 1세 단군왕검(王儉) 즉위 B.C. 2333년, 93년간 재위. 2세 단군 부루(扶婁) 즉위 B.C. 2240년, 58년간 재위. 3세 단군 가륵(嘉勒) 즉위 B.C. 2182년, 45년간 재위. 4세 단군 오사구(烏斯丘) 즉위 B.C. 2137년, 38년간 재위. 5세 단군 구을(丘乙) 즉위 B.C. 2099년, 16년간 재위. 6세 단군 달문(達門) 즉위 B.C. 2083년, 36년간 재위. 7세 단군 한율(翰栗) 즉위 B.C. 2047년, 54년간 재위. 8세 단군 우서한(于西翰) 혹은 오사함(烏斯含) 즉위 B.C. 1993년, 8년간 재위. 9세 단군 아술(阿述) 즉위 B.C. 1985년, 35년간 재위. 10세 단군 노을(魯乙) 즉위 B.C. 1950년, 59년간 재위. 11세 단군 도해(道奚) 즉위 B.C. 1891년, 57년간 재위. 12세 단군 아한(阿漢) 즉위 B.C. 1834년, 52년간 재위. 13세 단군 흘달(屹達) 혹은 대음달(代音達) 즉위 B.C. 1782년, 61년간 재위. 14세 단군 고불(古弗) 즉위 B.C. 1721년, 60년간 재위. 15세 단군 대음(代音) 혹은 후흘달(後屹達)

모웅씨왕녀)、辛卯五月二日寅時(신묘오월이일인시)、生于檀樹下(생우단수하)。… 年十四甲辰(년십사갑진)、熊氏王聞其神聖(웅씨왕문기신성)、擧爲裨王(거위비왕)、攝行大邑國事(섭행대읍국사)。戊辰唐堯時(무진당요시)、來自檀國(래자단국)、至阿斯達檀木之墟(지아사달단목지허)、國人推爲天帝子(국인추위천제자)、混一九桓(혼일구환)、神化遠曁(신화원기)、是謂檀君王儉(시위단군왕검)、在裨王位二十四年(재비왕위이십사년)、在帝位九十三年(재제위구십삼년)、壽一百三十歲(수일백삼십세)。… 與衆(여중)、奉祭于三神(봉제우삼신)。… 九桓之民(구환지민)、咸悅誠服(함열성복)、推爲天帝化身而帝之(추위천제화신이제지)、是爲檀君王儉(시위단군왕검)、復神市舊規(복신시구규)、立都阿斯達(입도아사달)、建邦號朝鮮(건방호조선)。"

즉위 B.C. 1661년, 51년간 재위. 16세 단군 위나(尉那) 즉위 B.C. 1610년, 58년간 재위. 17세 단군 여을(余乙) 즉위 B.C. 1552년, 68년간 재위. 18세 단군 동엄(冬奄) 즉위 B.C. 1484년, 49년간 재위. 19세 단군 구모소(緱牟蘇) 즉위 B.C. 1435년, 55년간 재위. 20세 단군 고홀(固忽) 즉위 B.C. 1380년, 43년간 재위. 21세 단군 소태(蘇台) 즉위 B.C. 1337년, 52년간 재위. 22세 단군 색불루(索弗婁) 즉위 B.C. 1285년, 48년간 재위. 23세 단군 아홀(阿忽) 즉위 B.C. 1237년, 76년간 재위. 24세 단군 연나(延那) 즉위 B.C. 1161년, 11년간 재위. 25세 단군 솔나(率那) 즉위 B.C. 1150년, 88년간 재위. 26세 단군 추로(鄒魯) 즉위 B.C. 1062년, 65년간 재위. 27세 단군 두밀(豆密) 즉위 B.C. 997년, 26년간 재위. 28세 단군 해모(奚牟) 즉위 B.C. 971년, 28년간 재위. 29세 단군 마휴(摩休) 즉위 B.C. 943년, 34년간 재위. 30세 단군 내휴(奈休) 즉위 B.C. 909년, 35년간 재위. 31세 단군 등올(登屼) 즉위 B.C. 874년, 25년간 재위. 32세 단군 추밀(鄒密) 즉위 B.C. 849년, 30년간 재위. 33세 단군 감물(甘勿) 즉위 B.C. 819년, 24년간 재위. 34세 단군 오루문(奧婁門) 즉위 B.C. 795년, 23년간 재위. 35세 단군 사벌(沙伐) 즉위 B.C. 772년, 68년간 재위. 36세 단군 매륵(買勒) 즉위 B.C. 704년, 58년간 재위. 37세 단군 마물(麻勿) 즉위 B.C. 646년, 56년간 재위. 38세 단군 다물(多勿) 즉위 B.C. 590년, 45년간 재위. 39세 단군 두홀(豆忽) 즉위 B.C. 545년, 36년간 재위. 40세 단군 달음(達音) 즉위 B.C. 509년, 18년간 재위. 41세 단군 음차(音次) 즉위 B.C. 491년, 20년간 재위. 42세 단군 을우지(乙于支) 즉위 B.C. 471년, 10년간 재위. 43

세 단군 물리(勿理) 즉위 B.C. 461년, 36년간 재위. 44세 단군 구물(丘勿) 즉위 B.C. 425년, 29년간 재위. 45세 단군 여루(余婁) 즉위 B.C. 396년, 55년간 재위. 46세 단군 보을(普乙) 즉위 B.C. 341년, 46년간 재위. 47세 단군 고열가(古列加) 즉위 B.C. 295년, 58년간 재위.

3) 고조선의 삼한 분할. 단군왕검이 재위하는 동안 고조선의 광대한 영토를 크게 셋으로 분할하여 다스렸는데, 이를 삼한(三韓)이라고 한다. 이일봉은 삼한에 대하여 다음과 같이 말하였다.

> 이 삼한은 곧 '진한'(辰韓)·'번한'(番韓)·'마한'(馬韓)이다. 현재 한국의 사학계는 고조선이 멸망하고 난 뒤에 삼한이 세워진 것으로 보고 있고 그 위치는 한반도의 남단이라고 주장하고 있다. 그러나 당시 한반도는 삼한의 전부가 아니라 일부에 불과했으며, 그 본류는 대륙에 있었고, 단군조선과 별개의 독립된 세력이 아니었다. 훗날 단군조선이 멸망하고 난 뒤 '후삼한'(後三韓)이라는 것이 별도로 있었으나 이 역시 대륙에서 존재했던 것이다. 중국의 여러 사서에도 삼한에 대한 기록이 남아 있는데, 이들 국가가 한반도 남단에 존재했었다면 중국의 정사에 기록될 리가 만무하다. … 특히 중국의 사서들은 삼한이 모두 78개의 나라를 가지고 있었다고 하는데, 한반도에 이렇게 많은 나라가 들어설 만한 땅이 과연 어디 있단 말인가. 훗날 백제와 신라도 삼한에 속한 일개 국가에 불과할 정도로 삼한의 강역은 넓었던 것이다. … 삼한(三韓)은 조선 이후에 성립한 것이 아니라 단군조선 자체를 말하는 것이며, 삼한 전체를 일러 조선이라 하였던 것이다.[486]

고조선의 삼한 분할이 『환단고기(桓檀古記)』에 기록되어 있다: 『단군세기(檀君世紀)』, "경자 93년(B.C.2241) 단군께서 … 이에 천하의 땅을 새로이 구획하여 삼한(三韓)으로 나누어 다스렸으니, 삼한(三韓)은 모두 오가(五加) 64족(族)을 포함하였다."[487] 『태백일사(太白逸史)』「신시본기(神市本紀)」, "조대기에 이르기를 … 처음으로 나라를 칭하여 조선 삼한(朝鮮三韓)이라 하니 고리(高離), 시라(尸羅: 신라), 고례(高禮: 고구려), 남옥저, 북옥저, 동부여, 북부여, 예(濊), 맥(貊)은 모두 그의 관할 경계 안에 있었다. … 마침내 신시(神市)를 대신하여 구역(九域: 九桓)을 통일하고 삼한(三韓)으로 그 경계를 관리하였으니 이를 단군조선이라 한다."[488] 한편 삼한 가운데 진한(辰韓)은 고조선의 역대 단군들이 직접 다스렸다: 『태백일사(太白逸史)』「삼한관경본기(三韓管境本紀)」, "마침내 삼한(三韓)으로 나라를 나누어 통치하시니 진한(辰韓)은 스스로 천왕께서 다스려 도읍을 아사달에 세우고 나라를 개칭하여 조선(朝鮮)이라 하였는데 이분을 1세 단군이라 한다."[489] 그리고 번

486 이일봉, 『實證 한단고기』, 124-125.

487 이암(李巖), 『단군세기(檀君世紀)』, "庚子九十三年帝(경자구십삼년제) … 於是區劃(어시구획)、天下之地(천하지지)、分統三韓(분통삼한)、三韓有皆五加六十四族(삼한유개오가륙십사족)。"

488 이맥(李陌), 『태백일사(太白逸史)』「신시본기(神市本紀)」, "朝代記曰(조대기왈) … 始稱國爲朝鮮三韓(시칭국위조선삼한)、高離(고리)、尸羅(시라)、高禮(고례)、南北沃沮(남북옥저)、東北夫餘(동북부여)、濊與貊(예여맥)、皆其管境也(개기관경야)。… 遂代神市(수대신시)、統一九域(통일구역)、分三韓以管境(분삼한이관경)、是謂檀君朝鮮也(시위단군조선야)。"

489 이맥(李陌), 『태백일사(太白逸史)』「삼한관경본기(三韓管境本紀)」, "遂與三韓(수여삼한)、分土而治(분토이치)、辰韓天王自爲也(진한천왕자위야)、立都阿斯達(립도아사달)、開國號朝鮮(개국호조선)、是爲一世檀君(시위일세단군)。"

한(番韓)과 마한(馬韓)은 단군이 제후들을 세워 다스렸다: 『태백일사(太白逸史)』 「번한세가상(番韓世家上)」, "단군왕검은 치우의 후손 가운데 지모와 용력이 뛰어 난 자를 택하여 번한(番韓)이라 하고 부(府)를 험독(險瀆)에 세우게 하였다."[490] 『태백일사(太白逸史)』 「마한세가상(三韓管境本紀)」, "단군왕검은 천하를 평정하더니 삼한(三韓)으로 나누어 관할 경계를 만들고 웅백다(熊伯多)를 봉하여 마한(馬韓)을 세우고, 달지국(達支國)에 도읍하였는데 이곳을 백아강(白牙岡)이라고 불렀다."[491]

중국의 정사(正史)인 『후한서(後漢書)』 「동이전(東夷傳)」에 보면, 고조선의 삼한에 대하여 상세히 기술하고 있다. 이 문헌에는 마한이 54개 나라를, 진한은 12개 나라를, 번한은 12개 나라를 거느리고 있어서, 삼한을 합치면 고조선은 78개의 제후국으로 구성된 대제국이었다. 중원 대륙에 있었던 고구려와 백제 그리고 신라도 78개의 제후국 가운데 하나에 불과하였다. 그리고 상국인 진한과 마찬가지로 번한과 마한도 대대로 왕위를 세습하였다: 범엽(范曄), 『후한서(後漢書)』 「동이전(東夷傳)」, "한(韓)에는 3종(種)이 있으니, 첫째는 마한(馬韓)이요, 둘째는 진한(辰韓)이며, 셋째는 변진(弁辰: 番韓)이다. 마한은 서쪽에 있으며 54국(國)이 있었다. … 진한은 동

---

490 이맥(李陌), 『태백일사(太白逸史)』 「번한세가상(番韓世家上)」, "檀君王儉擇蚩尤後孫中(단군왕검택치우후손중)、有智謀勇力者(유지모용력자)、爲番韓(위번한)、立府險瀆(립부험독)。"

491 이맥(李陌), 『태백일사(太白逸史)』 「마한세가상(三韓管境本紀)」, "檀君王儉旣定天下(단군왕검기정천하)、分三韓而管境(분삼한이관경)、乃封熊伯多爲馬韓(내봉웅백다위마한)、都於達支國(도어달지국)、亦名白牙岡也(역명백아강야)。"

쪽에 있으며 12국이 있었다. … 변진은 진한의 남쪽에 있는데 역시 12국이었다. … 무릇 78국이며, 백제(伯濟)는 곧 그 중의 한 나라이다. 큰 나라는 1만여 호에 달하며, 작은 나라는 수천 채로, 각기 산과 바다 사이에 있으며, 땅을 합치면 둘레가 4천여 리 정도로, 동서쪽으로는 바다를 경계로 삼으니 모두 옛 진국(辰國)이다. 마한(馬韓)이 가장 크며, 동족을 세워 진왕(辰王)으로 삼았는데, 목지국(目支國)을 도읍으로 하여, 삼한 땅의 왕으로 행세하였다. 삼한의 선대는 모두 마한과 동족이었다. … 변진(弁辰)은 진한과 섞여 살며, 성곽과 의복이 모두 같으나, 언어와 풍속은 다른 점이 있다. 그 사람들의 모습은 모두 장대(長大)하며, 머리털이 아름답고, 의복이 청결하다. 그리고 형벌과 법이 엄격하다."[492]

492 범엽(范曄), 『후한서(後漢書)』「동이전(東夷傳)」, "韓有三種(한유삼종)、一曰馬韓(일왈마한)、二曰辰韓(이왈진한)、三曰弁辰(삼왈변진)。馬韓在西(마한재서)、有五十四國(유오십사국)。… 辰韓在東(진한재동)、十有二國(십유이국)。… 弁辰在辰韓之南(변진재진한지남)、亦十有二國(역십유이국)。… 凡七十八國(범칠십팔국)、伯濟是其一國焉(백제시기일국언)。大者萬餘戶(대자만여호)、小者數千家(소자수천가)、各在山海閒(각재산해한)、地合方四千餘里(지합방사천여리)、 東西以海爲限(동서이해위한)、 皆古之辰國也(개고지진국야)。馬韓最大(마한최대)、共立其種爲辰王(공립기종위진왕)、都目支國(도목지국)、盡王三韓之地(진왕삼한지지)。其諸國王先皆是馬韓種人焉(기제국왕선개시마한종인언)。… 弁辰與辰韓雜居(변진여진한잡거)、城郭衣服皆同(성곽의복개동)、言語風(언어풍)、俗有異(속유이)。其人形皆長大(기인형개장대)、美髮衣服絜淸(미발의복혈청)、而刑法嚴峻(이형법엄준)。"

2. 고조선의 종교

고조선의 종교는 환국과 배달국의 전통을 그대로 답습하였다. 그리고 환국과 배달국 보다는 고조선에 이르러 문자의 보급으로 인하여 좀 더 구체적인 종교적 요소들의 기록이 많아졌다. 그래서 우리는 고조선의 신앙적 특성을 명백하게 이해할 수 있다.

1) 고조선의 천신(天神)신앙. 고조선은 단군의 가장 중요한 임무로서 정치보다는 하느님의 뜻을 따르는 신앙을 우선시하였다. 단군은 백성들이 하느님의 뜻을 따르도록 가르쳤다. 1세 단군왕검은 다음과 같이 백성을 교훈하였다. 본 연구자는 본문의 뜻이 쉽게 이해되도록 풀어 해석하였다: 『단군세기(檀君世紀)』, "단군왕검이 가르쳐 이르기를 하느님의 뜻(天範)은 오직 하나요 둘이 아니다. 너희가 마음과 정성을 다하면 하느님을 만나게 되리라. … 항상 하느님의 뜻에 순종하여 이웃을 사랑하라! 약한 자를 긍휼히 여기고 결코 멸시하지 말라! 만일 너희가 이런 하느님의 뜻을 어기면 하느님의 도움을 받을 수 없어 너희 자신은 멸망하고 가정도 무너지리라. … 그러므로 마음을 다스려 하느님을 경외하고 이웃을 사랑하라! 그러면 너희에게 복이 무궁하리니 너희 오가의 무리들이여, 이 뜻을 받들어 행할지니라."[493] 그리고 6세 단군 달문(達門)이 신

493 이암(李巖), 『단군세기(檀君世紀)』, "詔曰天範(조왈천범)、惟一弗二厥門(유일불이궐문)、

지(神誌) 발리(發理)에게 명하여 지은 제천문(祭天文)인 서효사(誓效詞)를 풀어 정리하면 다음과 같다: "단군께서 하느님의 뜻을 따라 공의와 정의를 행하시니 하느님(神)의 임재(精氣)가 떠나지 않고, 나라가 흥하여 태평성세가 계속되었다. 그래서 조공을 바치는 나라가 70국에 이르며, 삼한(三韓)의 의로움이 지속적으로 보존되었다. 이처럼 나라가 흥하고 융성해졌지만, 국가의 흥망성쇠를 논하지 말라! 우리에게 가장 중요한 것은 하느님(天神)을 섬기는 데 정성을 다하는 것이다"라고 하였다.[494]

2) 고조선의 제천(祭天)의식. 고조선은 하느님께 대한 예배를 중시하였다. 단군왕검이 B.C. 2333년에 고조선을 세울 때 가장 먼저 800명의 무리와 더불어 삼신일체(三神一體) 하느님께 제사를 드렸다: 『단군세기(檀君世紀)』, "왕검이 오가의 우두머리로서 800명의 무리를 이끌고 … 무리들과

爾惟純誠(이유순성)、 一爾心乃朝天(일이심내조천)。 恒遵天範克愛物爾扶傾(항준천범극애물이부경)、 無陵弱濟恤無侮卑(무릉약제휼무모비)、 爾有越厥(이유월궐)、 則永不得神佑(칙영불득신우)、身家以殞(신가이운)。… 心克敬于天親于民(심극경우천친우민)、爾乃福祿無窮(이내복록무궁)、爾五加衆其欽哉(이오가중기흠재)。"

494 이암(李巖), 『단군세기(檀君世紀)』, "聖主幸新京(성주행신경)、如秤錘極器(여칭추극기)、極器白牙岡(극기백아강)、秤幹蘇密浪(칭간소밀랑)、錘者安德鄕(추자안덕향)、首尾均平位(수미균평위)、賴德護神精(뢰덕호신정)、興邦保太平(흥방보태평)、朝降七十國(조강칠십국)、永保三韓義(영보삼한의)、王業有興隆(왕업유흥륭)、興廢莫爲說(흥폐막위설)、誠在事天神(성재사천신)。" [본문 번역]: "성스러운 단군께서 신경(新京)에 나아가심은 마치 저울추나 저울 그릇과 같다. 저울 그릇은 백아강이요 저울대는 소밀랑이다. 저울추는 안덕향이니 앞뒤가 균형이 잡혀 평균 이뤄 나란히 있고, 덕을 따라 다스리고 하느님의 뜻을 따라 나라를 일으켜 태평을 유지하였다. 그로 인해 70국을 항복시키고 삼한을 의롭게 영구 보존하였다. 이처럼 나라가 흥하고 융성해졌지만, 국가의 흥망성쇠를 논하지 말라! 우리에게 가장 중요한 것은 하느님(天神)을 섬기는데 정성을 다하는 것이다."

더불어 삼신 하느님께 제사를 드렸는데, (단군왕검은) 하느님의 덕과 거룩하고 어진 마음을 함께 갖추었다."[495] 또한 단군왕검은 B.C. 2283년에 하느님께 제사를 드리기 위해 '천단'(天壇)을 쌓았다. "무오 51년, 단군께서 운사(雲師)인 배달신(倍達臣)에게 명하여 … 하느님께 제사를 드리기 위한 단(祭天壇)을 마리산(摩璃山)에 쌓게 하였으니 지금의 첨성단(塹城壇)이 바로 그것이다."[496] 또한 색불루(索弗婁)가 B.C. 1285년 22세 단군에 즉위하면서 정성을 다하여 그 해 3월에 천단에서 하느님께 제사를 드렸다: "'제천의식은 국법으로 정한 것이니 함부로 해서는 안 되며, 반드시 옛 선례를 따라 지내야 한다. 정성과 공경을 다하고자 하는 자는 성결하게 나아가 제사를 받들 것이며, 하느님의 영역(神域)을 깨끗이 하고 정결하게 생폐(牲幣: 희생으로 드릴 제물)를 갖추어 삼신(三神)께 예배해야 한다.' 이에 단군은 날을 택해 7일 동안 몸과 마음을 정결케 한 후에 향과 축문을 여원흥(黎元興)에게 내려 주었다. 16일 이른 아침 삼한(三韓)의 대백두산(大白頭山: 중원의 태백산) 천단에서 제사를 지내고, 단군은 몸소 백악산 아사달에서 제사를 드렸다."[497] 이때 삼신일체 하느님께 올린 송축문은 다음과 같다.

---

495 이암(李巖), 『단군세기(檀君世紀)』, "王儉者(왕검자)、五加之魁(오가지괴)、率徒八百來御(솔도팔백래어) … 與衆奉祭于三神(여중봉제우삼신)、其至神之德(其至神之德)、兼聖之仁(겸성지인)。"

496 이암(李巖), 『단군세기(檀君世紀)』, "戊午五十一年(무오오십일년)、帝命雲師倍達臣(제명운사배달신) … 築祭天壇於摩璃山(축제천단어마리산)、塹城壇是也(참성단시야)。"

497 이맥(李陌), 『태백일사(太白逸史)』「삼한관경본기(三韓管境本紀)」, "祭天之禮(제천지례)、當在國典(당재국전)、不可濫也(불가람야)、必須徵古實(필수징고실)、以達誠敬者(이달성경자)、今當祭迎(금당제영)、前往擇齋(전왕택재)、審掃神域(심소신역)、潔備牲幣(결비생폐)、用答三神(용답삼신)、於是帝擇齋七日(어시제택재칠일)、授香祝于黎元興(수향축우

짐 소자 단군 색불루는 손을 모아 머리를 땅에 대고 절하옵니다. 천제의 아들로서 먼저 저 자신부터 덕을 닦아 그 영향을 백성에 널리 미치게 하여 백성들이 스스로 경건하게 하느님께 제사 드리고 공경하도록 하겠사옵니다. 황상(皇上: 황제)은 삼신(三神)의 밝은 명령을 따라 큰 덕으로 은혜를 베풀어 이미 삼한 5만 리에 미치니, 백성들은 널리 유익을 누리나이다. 그래서 마한 여원흥을 보내어 삼신일체 상제(三神一體上帝)의 단에 제사 올리게 하였사옵니다. 맑고 깨끗한 재물로써 정성 드려 바쳐 올리오니 하느님께서 몸과 제물을 한결같이 살피시고 강림하여 받으시옵소서! 그리고 묵묵히 도우사 반드시 새 임금의 기틀을 세우게 하소서! 또한 세세토록 삼한의 천만년 무강한 왕업을 보전하사 해마다 곡식이 풍성하여 나라는 부강하고 백성은 풍족하게 하소서! 바라옵건대 밝으신 우리의 성제(聖帝: 상제)시여, 저 자신을 비워 백성들이 잘살기를 염원하나이다.[498]

려원흥)、至十六日早朝(지십륙일조조)、敬行祀事于(경행사사우)、三韓大白頭山天壇(삼한대백두산천단)、帝親祭于白岳山阿斯達(제친제우백악산아사달)。"

498 이맥(李陌), 『태백일사(太白逸史)』「삼한관경본기(三韓管境本紀)」, "朕小子檀君索弗婁(짐소자단군색불루)、 拜手稽首(배수계수)。 自天帝子之修我以及民(자천제자지수아이급민)、必自祭天以敬(필자제천이경)。皇上受三神明命普恩大德(황상수삼신명명보은대덕)、旣與三韓五萬里之土境(기여삼한오만리지토경)、共享弘益人間(공향홍익인간)。故遣馬韓黎元興(고견마한려원흥)、致祭于三神一體上帝之壇(치제우삼신일체상제지단)。神其昭昭(신기소소)、體物無遺(체물무유)、潔齊誠供(결제성공)。降歆黙佑(강흠묵우)、必能賁飾新帝之建極(필능분식신제지건극)。 世保三韓千萬年无疆之祚業(세보삼한천만년무강지조업)、年穀豊熟(년곡풍숙)、國富民殷(국부민은)。 庶昭我聖帝空我存物之至念(서소아성제공아존물지지념)。"

【고인돌 - 한민족의 제천의식】

'고인돌'은 한민족 상고시대의 제천의식을 밝히는 유력한 증거이자 한민족의 종교적 뿌리를 찾는 결정적 단서가 된다.[499] 한반도 전역에서 확인되고 있는 고인돌 중 가장 오래된 것은 6000년 가까이 된 것으로, 고인돌 건립 연도가 B.C. 3000~B.C. 4000년까지 거슬러 올라간다. 학자마다 고인돌의 추정 숫자는 조금씩 다르지만 한국과학기술연구원 이종호 초빙연구원의 주장에 의하면 현재 한국의 경우 남북한 학계에 보고된 고인돌의 수가 무려 2만 5,000~3만 5,000개로 추정되고 있다. 전 세계 고인돌이 약 7만개 정도로 보고되었으니 한반도에 약 그 절반이 있는 셈이다.[500] 그런데 여기서 매우 중요한 것은 고인돌이 대다수의 학자들이 추측하는 무덤으로서의 '지석묘'(支石墓)가 아닌 제단으로서의 '지석단'(支石壇)이라는 사실이다.[501] 우리 조상들은 돌 두 개를 세우고 큰 돌 하나를 위에 덮어서 하느님께 희생제물을 드리기 위해 '제단'을 만들었다.[502]

고인돌의 기능에 대해 19세기 말까지는 제단으로 보는 시각이 우세했다. 그러나 무신론 사상이 팽배한 현대에 이르러 고인돌을 선사시대의 돌무덤 곧 지석묘로 간주한다. 하지만 이것은 터무니없는 억측이다. 고인돌은 우리 배달겨레

---

499 유석근, 『또 하나의 선민 알이랑 민족』, 226-233.

500 ≪세계일보, 2008.11.19.≫

501 일부 고인돌 유적에서 사람의 뼈가 출토된 것은 고인돌 당시가 아니라 후대에 몰지각한 사람들이 고인돌 밑에 사람의 시신을 매장했기 때문이다. 따라서 아주 적은 몇 가지 사례만 가지고 고인돌을 전부 무덤이라 단정하는 것은 옳지 않다. 박성수 전 한국정신문화연구원 한국학대학원 교수는 몇 군데 고인돌 밑에서 유골이 나왔다고 해서 고인돌을 묘라고 단정해 버리는 선입견에는 문제가 있다면서 '지석묘'가 아니라 '지석단'이라 부르자고 제안했다. 박성수, 『단군문화기행』 (서울: 서원, 2000), 136.

502 고인돌 연구로 학위를 받은 이영문(목포대학교 고고학 교수) 박사는 강화도 부근리 고인돌에 대하여 다음과 같이 설명한다: "이 고인돌은 대지 위에 거대한 덮개돌이 받침돌에 의해 웅장한 모습을 띤 것이라든지 주위에서 쉽게 관망할 수 있는 위치에 있는 점에서 무덤으로서의 기능보다는 제단으로서의 기능이 강한 것이다." 이용문, 『고인돌 이야기』 (서울: 다지리, 2001), 196.

가 어떻게 하느님을 섬겼는지 물증으로서 가장 잘 보여주는 귀중한 유물이다. 제천의식(祭天儀式)은 전 국민이 참여하는 국가적 대사였다. 국가적 행사로 거행하기 위해서는 큰 고인돌 제단이 필요했고, 전국 지방별로 나누어 거행할 때에는 작은 고인돌 제단들이 필요했다. 따라서 고인돌이 동이족 영역이었던 만주와 중국 동북지역 및 한반도 각지에 골고루 산재되어 있는 이유이다. 특히 한반도에서 발견되는 고인돌에는 다른 지역과 달리 화살촉과 돌검 및 토기류 등의 부장품들이 함께 출토되었다. 이것은 하느님께 제물을 바칠 짐승을 잡아서 희생 제사를 드릴 때 사용한 도구였다.

우리 한민족은 상고시대에 창조주요 구속주인 하느님께 제사를 드리는 제천의식을 했다. 고인돌이 일반적으로 산에 위치하는 무덤과는 달리 주로 평지나 구릉에서 발견됐다는 사실은 다수의 백성들이 함께 모일 수 있는 장소적 여건 때문이었을 것이다. 전 세계 고인돌의 50%(혹자는 70%)가 한반도에 있다는 것은 무엇을 말해주는가? 고인돌이 아시아에는 고조선 지역인 중국 요녕(遼寧) 지방에 326기, 한반도 이주민 지역인 일본 규슈(九州) 지방에 600여 기가 있다. 그리고 단위 면적당 가장 많은 고인돌의 분포를 나타내는 곳이 한반도이다. 게다가 제단의 형태도 아주 또렷한 한반도 고인돌은 다른 지역의 것에 비해 모양이 월등히 아름답다.[503] 가히 고조선은 '고인돌의 나라'라고 부를 만하다. 이것은 동방의 한민족이 상고시대에 오직 한 분 하느님만 정성을 다하여 섬겼다는 것을 입증한다.

---

503 2000년 12월 2일 호주 케언즈에서 열린 제24차 유네스코 '세계유산위원회'(World heritage Committee, WHC) 의장단 회의에서 통과되어, 고창·화순·강화의 고인돌이 세계 문화유산으로 정식 등재되었다. 화순·고창·강화 지역은 한국에서도 가장 밀집도가 높고 다양한 형식의 고인돌이 한 지역에 분포하고 있다. 우리나라 고인돌의 보존 가치를 세계가 인정한 것이다. 한국인은 이 놀라운 우리 문화유산에 마땅히 자부심을 가져야 한다. 상고시대에 우리 조상들이 하느님께 경배하기 위해 제단으로 축조했던 고인돌은 이제 한국인뿐만 아니라 세계인 모두가 보존해야 할 인류 문화유산이 되었기 때문이다.

3) 고조선의 제천의식인 '공수'와 '영고'. '공수'(貢壽)는 배달국의 제천의식이고, '영고'(迎鼓)는 고조선의 제천의식이다. 하지만 '공수'와 '영고'는 같은 개념의 제천의식으로서, 거룩한 춤과 찬양으로 삼신일체 하느님을 예배하기 위한 종교의식이었다: 『태백일사(太白逸史)』「소도경전본훈(蘇塗經典本訓)」, "옛날에는 하느님께 제사드릴 때 춤과 음악이 있었다."504

첫째, 공수(貢壽). '공수'는 배달국의 제천의식인데, 백성들이 모여 열을 지어 돌면서 '공수'(貢壽)라는 노래를 부르며 하느님을 찬양하고 나라의 번영과 백성들의 행복을 기원하였다: 『태백일사(太白逸史)』「소도경전본훈(蘇塗經典本訓)」, "신시(神市)의 음악(音樂)을 공수(貢壽), 혹은 공수(供授)라 하거나, 두열(頭列)이라고도 한다. 무리가 돌아가며 열(列)을 지어 노래 부르며, 노래 소리로서 삼신(三神)을 크게 기쁘게 하여, 나라가 번영하고 민심이 윤택해 질 것을 대언(代言) 하였다. … 백호통소의(白虎通疏義)에서는 조리(朝離)라 했고, 통전악지(通典樂志)에서는 주리(侏離)라 하였으며, 삼국사기(三國史記)에는 두솔(兜率)이라 하였다. 대저 즐겁고 건강하기를 삼신(三神)께 기원하고, 순환(循環)의 이치를 따라 분수(分數)와 족(足)함을 안다는 뜻이 있다. 2세 단군 부루(扶婁) 때에 어아가(於阿歌)가 있었는데, 대개 신시(神市)의 옛 풍습으로서 삼신(三神)께 제사하며 맞이하는 노래이다. 여기서 '삼

---

504 이맥(李陌), 『태백일사(太白逸史)』「소도경전본훈(蘇塗經典本訓)」, "古者祭天(고자제천)、有舞天之樂(유무천지악)。"

신'(三神)을 대조신(大祖神)이라 한 것은 하늘의 '주재자'(主宰者)이심을 말하는 것이다."[505] 이렇듯 B.C. 3897년에 환웅천왕(桓雄天王)이 배달국을 개국한 이래 한민족은 해마다 하느님께 제사를 지내며 국가 차원의 큰 축제를 벌였다(祭天國中大會). 이때 모든 백성들이 삼신일체 하느님의 덕을 찬양하고 감사하는 찬송을 불렀는데 각 구절마다 '어아'로 시작하여 이 노래를 '어아가'(於阿歌)라고 한다. '어아어아'는 의성어로서 감탄사이다. '어아가'는 한민족 최초의 찬송가이자 애국가이다. '어아가'의 가사는 다음과 같다.

> 어아어아, 우리 대조신(大祖神: 하느님)의 큰 은덕은 배달나라 우리 모두 영원히 잊지 마세! 어아어아, 착한 마음은 큰 활이고 악한 마음은 과녁이라. 우리 모두 하나같이 대궁(大弓)의 활줄이 되어, 착한 마음 곧은 화살 한 마음 같아라! 어아어아, 우리 모두 하나의 대궁 되어 수많은 화살로 명중시키니 끓는 물과 같은 착한 마음으로 한 덩어리 눈과 같은 악한 마음을 녹여 내세! 어아어아, 우리 모두 대궁(大弓)처럼 군세게 한 마음 되니 배달나라 영광일세! 영원무궁한 큰 은덕 우리의 대조신(大祖神)이시여, 우리의 대조신(大祖神)이시여![506]

---

505 이맥(李陌), 『태백일사(太白逸史)』「소도경전본훈(蘇塗經典本訓)」, "神市之樂曰貢壽(신시지악왈공수)、或云供授又曰頭列(혹운공수우왈두열)。衆回列以唱聲(중회열이창성)、使三神大悅(사삼신대열)、代言國祚吉昌(대언국조길창)、民心允悅也(민심윤열야)。白虎通疏義曰朝離(백호통소의왈조이)、 通典樂志曰侏離(통전락지왈주이)、 三國史記曰兜率(삼국사기왈두률)。盖有祈神歡康(개유기신환강)、知足循理之義也(지족순리지의야)。檀君扶婁時(단군부루시)、有於阿之樂(유어아지락)、盖神市古俗(개신시고속)、祭迎三神之歌(제영삼신지가)。則其曰大祖神謂**三神**(칙기왈대조신위삼신)、爲天之主宰者也(위천지주재자야)。"

506 이암(李巖), 『단군세기(檀君世紀)』, "於阿於阿(어아어아)、我等大祖神(아등대조신)、大恩德倍達國(대은덕배달국)、 我等皆百百千千勿忘(아등개백백천천물망)。 於阿於阿(어아어

둘째, 영고(迎鼓). '영고'는 북을 치며 노래하고 춤추면서 하느님을 맞이한다는 뜻이다. 그러므로 '삼신영고'(三神迎鼓)는 삼신을 맞이하는 노래로 해석할 수 있다. 그런데 '삼신영고제'(三神迎鼓祭)의 목적은 삼신일체 하느님께 제사를 드리고 하느님 백성으로서의 공동체 의식을 고양시키기 위해 축제를 벌이는 제천의식이다. 먼저 '삼신영고'는 천신께 제사할 때 천신에 대해 공경을 표현하기 위한 제천의식이다. 44세 단군 구물(丘勿)이 B.C. 424년에 '삼신영고'의 제사를 드렸다: 『단군세기(檀君世紀)』, "정사 2년(丁巳年)에 예관(禮官)이 청하여 3월 16일에 삼신영고제(三神迎鼓祭)를 행하였다. 단제께서 친히 행차하여 경배하시니 첫 번째 절에 세 번 머리를 조아리고 두 번째 절에 여섯 번 머리를 조아리고 세 번째 절에 아홉 번 머리를 조아리는 예를 올렸고, 따르는 무리들은 특별히 열 번 머리를 조아렸는데, 이를 삼육대례(三六大禮)라고 한다."[507] 또한 '삼신영고'는 하느님(天神)께 대한 제사뿐 아니라 공동체 의식을 고양시키기 위해 축제를 벌이는 제천의식이다. 즉 하느님께 제사한 후 사람들이 크게

아)、善心大弓成惡心矢的成我等(선심대궁성악심시적성아등)。百百千千人(백백천천인)、皆大弓絃同善心(개대궁현동선심)、直矢一心同(직시일심동)。於阿於阿(어아어아)、我等百百千千人(아등백백천천인)、皆大弓(개대궁)、一衆多矢的(일중다시적)、貫破沸湯(관파비탕)、同善心中(동선심중)、一塊雪惡心(일괴설악심)。於阿於阿(어아어아)、我等百百千千人(아등백백천천인)、皆大弓堅勁同心(개대궁견경동심)、倍達國光榮(배달국광영)。百百千千年大恩德(백백천천년대은덕)、我等大祖神(아등대조신)、我等大祖神(아등대조신)。"

507 이암(李巖), 『단군세기(檀君世紀)』, "丁巳二年(정사이년) 禮官請行三神迎鼓祭(례관청행삼신영고제)、乃三月十六日也(내삼월십륙일야)、帝親幸敬拜(제친행경배)、初拜三叩再拜六叩(초배삼고재배륙고)、三拜九叩禮也(삼배구고례야)、從衆特爲十叩(종중특위십고)、是爲三六大禮也(시위삼륙대례야)。"

모여서 연일 먹고 마시며 노래하고 춤추는 것을 영고(迎鼓)라 한다. 『삼국지(三國志)』 「위서 동이전(魏書東夷傳)」 부여조(夫餘條)의 기록을 보면, "은력(殷曆) 정월에 하느님께 제사하고 나라 사람들이 크게 모여서 연일 먹고 마시며 노래하고 춤추니, 이름 하여 영고(迎鼓)라 한다"[508]고 하였다.

508 진수(陳壽), 『삼국지(三國志)』 「위서 동이전(魏書東夷傳)」 부여조(夫餘條), "以殷正月祭天(이은정월제천)、國中大會(국중대회)、連日飮食歌舞(연일음식가무)、名曰迎鼓(명왈영고)、於是時(어시시)。"

E

중국의 왕조 하(夏)·은(殷/商)·주(周)

중국은 하나라(夏, B.C.2205~B.C.1766/B.C.2070~B.C.1600)·은나라(殷/商, B.C.1766~B.C.1122/B.C.1600~B.C.1046)·주나라(周, B.C.1122~B.C.256/B.C.1046~B.C.256)를 중국 최초의 상고시대 국가라고 주장하지만, 이들 모두는 고조선(古朝鮮, B.C.2333~B.C.238)의 제후국들로서 한족(漢族)과 무관한 동이족이 세우고 통치하였던 동이족의 나라들이다.

1. 고조선의 제후국 하(夏) 왕조

고조선은 중원에 닥친 홍수를 근본적으로 다스릴 수 있는 치수(治水) 기술을 우(禹)에게 가르쳐 주었다:『태백일사(太白逸史)』,「번한세가상(番韓世

家上)」, "9년 동안 홍수가 나서 그 피해가 만백성에게 미치므로 단군왕검께서 태자 부루(扶婁)를 보내 우순(虞舜: 순임금)과 도산(塗山)에서 모이기로 약속하였다. 순(舜: 순임금)은 사공(司空: 관직명) 우(禹: 夏禹)를 파견하여 우리의 오행치수법(五行治水法)을 받아 마침내 홍수를 다스릴 수 있게 되었다."[509] 고조선의 적극적 지원으로 치수에 성공한 우(禹: 夏禹)는 순임금(舜, 재위 기간 B.C.2255~B.C.2208)의 뒤를 이어 고조선의 제후국인 하나라를 세웠다. 하나라는 하우(夏禹)가 통치할 때 고조선이 무력으로 제압하지 않아도 될 정도로 고조선에 순응하는 정치를 하였다. 그래서 고조선의 단군은 하우(夏禹)에게 사마천의 『사기(史記)』에 기록되어 있는 것처럼 아홉 가지 규범에 입각한 '홍익인간'과 '재세이화'의 정치를 지시하였다.[510] 그런데 우(禹)는 왕위를 자신의 아들이 아닌 백익(伯益)이라는 신하에게 물려주었다. 그것은 '홍익인간'과 '재세이화'의 정신을 구현하기 위해서였다. 그런데 백익이 임금이 되었지만, 집권 3년 만에 우의 아들 계(啓: 啓夏)가 반란을 일으켜 백익을 쫓아냈다. 온갖 불의를 행하는 우의 후손들이 하나라 왕위를 세습해 가면서 국력이 날로 쇠퇴하였다. 고조선의 제후국들이 '홍익인간'과 '재세이화'의 정신에 따라 정치를 하지 않으면 신정정치를 하

---

509 이맥(李陌), 『태백일사(太白逸史)』, 「번한세가상(番韓世家上)」, "及九年洪水(급구년홍수)、害及萬民(해급만민) 故檀君王儉(고단군왕검)、遣太子扶婁(견태자부루)、約與虞舜(약여우순)、招會于塗山(조회우도산)、舜遣司空禹(순견사공우)、受我五行治水之法(수아오행치수지법)、而功乃成也(이공내성야)。"

510 사마천(司馬遷), 『사기(史記)』 「송미자세가(宋微子世家)」, "天乃錫禹鴻範九疇(천내석우홍범구주)、常倫所序(상윤소서)。"

는 고조선은 반드시 응징을 하였는데, 하나라 역시 예외는 아니었다.

제2대 왕위에 오른 계(啓: 啓夏)는 노는 일에만 열중했다. 그리고 계가 죽고 그의 아들 태강(太康)이 제3대 왕위에 올랐으나 그 역시 정사는 돌보지 않고 유희와 사냥으로 세월을 보냈다. 그래서 고조선의 단군은 처음으로 태강(太康)에 대한 군사적 징계를 감행하였다: 범엽(范曄), 『후한서(後漢書)』「동이전(東夷傳)」, "하후씨(夏后氏)의 태강(太康)이 덕(德)을 잃자, 동이족(夷人)이 처음으로 대적(叛)하기 시작하였다."511 범엽(范曄), 『후한서(後漢書)』「서강전(西羌傳)」, "왕이 정치를 바르게 하면 빈객이 와서 따르지만, 덕의 가르침을 잃으면 난을 일으켰다. 옛날에 하나라 태강이 왕권을 잃었는데, 이는 사이(四夷: 동이족)들이 배반했기 때문이다."512 결국 태강은 고조선의 단군이 보낸 동이족의 다른 제후였던 예(羿)에게 피살되었다. 그리고 태강의 동생인 중강(中康)을 왕으로 옹립하였다. 이 사건은 고조선의 제후들이 '홍익인간'과 '재세이화'의 정신에 따라 정치를 하지 않으면 반드시 고조선에 의해 응징 받았음을 보여준다. 이것은 ≪천부경(天符經)≫·≪삼일신고(三一神誥)≫·≪참전계경(參佺戒經)≫의 하느님 말씀에 따라 덕망의 정치를 펴는 고조선이 신정국가임을 단적으로 증명해준다. 그 후에도 하나라의 군주들이 하느님의 뜻을 거슬러 악을 행할 때마다

511 범엽(范曄), 『후한서(後漢書)』「동이전(東夷傳)」, "夏後氏太康失德(하후씨태강실덕)、夷人始畔(이인시반)。"

512 범엽(范曄), 『후한서(後漢書)』「서강전(西羌傳)」, "王政脩則賓服(왕정수칙빈복)、德教失則寇亂(덕교실칙구란)。昔夏后氏太康失國(석하후씨태강실국)、四夷背叛(사이배반)。"

고조선의 단군은 불의한 정권을 무너뜨리기 위해 하나라를 파상적으로 공격하였다. 마침내 포악하고 사치를 즐기던 하나라의 마지막 군주인 제17대 걸왕(桀王)을 끝으로 하나라는 은나라에게 멸망당하고 말았다.

2. 고조선의 제후국 은(殷/商) 왕조

하나라 걸왕(桀王)의 폭정에 반기를 들고 일어난 사람이 성탕(成湯)이라는 제후이다. 성탕은 이윤(伊尹)이라는 어진 신하의 조언을 따라 걸왕을 내쫓고 상(商)나라를 세웠는데, 일명 은(殷)나라이다. 하나라가 멸망하고 은나라가 건국되는 과정에서 고조선은 어떤 역할을 했을까? 『단군세기(檀君世紀)』, "(13세 단군 흘달 통치) 갑오 16년(B.C.1767) … 겨울에 은나라 사람들이 하나라를 징벌하니 하나라의 걸왕이 구원을 요청하였다. 단군께서는 읍차(邑借: 장수에 해당하는 무관 명칭) 말량(末良)으로 하여금 구환(九桓)의 병사를 이끌고 가서 하나라를 돕게 하니 은나라 탕왕(湯王)이 사신을 보내 사죄하였다."[513] 하지만 그 후 하나라의 걸왕이 불의를 행하자 고조선의 단군이 은나라와 함께 하나라를 멸망시켰다: 『단군세기(檀君世紀)』, "이에 (단군께서 말량에게) 명하여 (군사를) 되돌리게 하였는데, 걸왕이 약속을 어기고

---

513 이암(李嵒), 『단군세기(檀君世紀)』, "甲午十六年(갑오십육년) … 是歲冬(시세동)、殷人夏伐(은인하벌)、其主桀請援(기주걸청원)、帝以邑借末良(제이읍차말량)、率九桓之師(솔구환지사)、以助戰事(이조전사)、湯遣使謝罪(탕견사사죄)。"

병사를 보내 길을 막고 금맹(禁盟: 천제국과 제후국 사이의 조약)까지 깨뜨리려 하였다. 그러자 (단군은) 은나라와 함께 걸왕을 치기로 하고 은밀히 신지(臣智: 장수 중 가장 높은 관직) 우량(于亮)을 파견하여 견군(畎軍: 九夷 중 하나인 畎夷의 군대)을 거느리고 낙랑(樂浪: 한반도 평양 부근이 아닌 하북성과 산동성 해안 일대)과 연합하여 진격하도록 하였다."[514] 『후한서(後漢書)』 「동이전(東夷傳)」, "걸왕이 포학함을 일삼자 여러 동이들이 쳐들어왔다."[515] 결국 고조선의 단군은 하나라를 멸망시키고 은나라의 성탕을 새로운 제후로 인정하여 하느님의 뜻을 따라 정치하도록 기회를 주었다.

은나라는 왕조 후반으로 갈수록 고조선이 요구하는 하느님 말씀에 따른 덕망의 정치를 하지 못했다. 그래서 막강한 힘을 지닌 고조선의 압박 때문에 도읍마저 빼앗기게 되는 상황이 계속되었다. 사마천의 『사기』 「은본기(殷本紀)」에 의하면 은나라가 도읍을 다섯 번이나 옮겼기 때문에 백성들의 원성이 컸다고 한다.[516] 그런데 제27대 무을왕(武乙王) 때 또 다시 남쪽의 조가(朝歌)로 도읍을 옮겨야 하는 상황이 벌어졌다. 그 이

514 이암(李巖), 『단군세기(檀君世紀)』, "乃命引還(내명인환)、桀違之遣兵遮路(걸위지견병차로)、欲敗禁盟(욕패금맹)。遂與殷人伐桀(수여은인벌걸)、密遣臣智于亮率畎軍合(밀견신지우량솔견군합)、與樂浪進據關中邠(여악랑진거관중빈)。"

515 범엽(范曄), 『후한서(後漢書)』 「동이전(東夷傳)」, "桀爲暴虐(걸위포학)、諸吏內侵(제이내침)。"

516 사마천(司馬遷), 『사기(史記)』 「은본기(殷本紀)」, "帝盤庚之時(제반경지시)、殷已都河北(은이도하북)。盤庚渡河南(반경도하남)、復居成湯之故居(부거성탕지고거)、乃五遷(내오천)、無定處(무정처)。殷民咨胥皆怨(은민자서개원)、不欲徙(불욕사)。" [본문 번역]: "반경(盤庚)왕 재위시기에 은나라는 이미 황하 북쪽에 도읍하고 있었다. 그런데 반경왕은 황하 남쪽으로 건너가서 다시 성탕(成湯)의 옛 도읍지에 거주하려고 하였으나 이미 다섯 차례나 도읍을 옮겼고 정해진 거처가 없었다. 은나라 백성들은 탄식하고 모두 군주를 원망하면서 옮기려고 하지 않았다."

유는 고조선의 제후국인 은나라가 덕의 정치를 하지 않아 고조선으로부터 자주 침략을 받았기 때문이다.[517] 여기서 사마천은 『사기』 「은본기(殷本紀)」에 특이한 기록을 남기고 있다: "무을왕이 포학무도하여 나무 인형을 만들어 천신(天神)이라 불렀다. 천신과 내기 박(博)을 했는데, 다른 사람에게 천신을 대신하여 두도록 했다. 천신이 지면 곧 그를 모욕하였다. 또 피를 가득 채운 가죽 주머니를 만들어 높이 매달아 활을 쏘았는데, 하느님을 쏜다는 의미에서 '사천'(射天)이라 불렀다. 무을왕이 황하와 위수(渭水) 사이로 사냥을 나갔다가 맹렬한 우레 소리가 나더니 벼락을 맞아 죽었다."[518] 본문에서 '무을왕이 벼락에 맞아 죽었다'는 것은 고조선의 군대에 의해 죽임을 당했다는 역사적 사실을 왜곡한 표현이다. 왜냐하면 사마천은 동이족에 의한 중국 은나라의 멸망을 숨기고 싶었기 때문이다. 하지만 '천신을 모욕했다'는 언급은 무을왕의 죽음이 하느님의 저주로 말미암은 것임을 시사하고 있다. 마침내 은나라는 마지막 군주인 30대 주왕(紂王)을 끝으로 주나라에게 멸망당하고 말았다.

---

517 『단군세기(檀君世紀)』에 보면 고조선 22세 단군 색불루(索弗婁)가 서융(西戎: 견이)과 함께 은나라의 빈(邠)과 기(岐) 땅을 점령하고, 23세 단군 아홀(阿忽)이 은나라의 27대 무을왕(武乙王)에게서 회대(淮岱)를 빼앗아 평정했다는 기록이 있다. 범엽(范曄), 『후한서(後漢書)』 「서강전(西羌傳)」, "及殷室中衰(급은실중쇠) 諸夷皆叛(제이개반)。" [본문 번역]: "은나라 왕실이 쇠폐(衰廢)하자 여러 동이들이 모두 반란을 일으켰다." 이것은 은나라가 도(道)와 덕(德)을 상실하여 국력이 약해졌을 때, 여지없이 동이(東夷)와 구이(九夷)로부터 응징을 받았다는 말이다.

518 사마천(司馬遷), 『사기(史記)』 「은본기(殷本紀)」, "帝武乙無道(제무을무도)、為偶人謂之天神(위우인위지천신)。與之博(여지박)、令人為行(영인위행)。天神不勝(천신불승)、乃僇辱之(내륙욕지)。為革囊盛血(위혁낭성혈)、卬而射之(앙이사지)、命曰射天(명왈사천)。武乙獵於河渭之閒(무을렵어하위지간)、暴雷武乙震死(폭뢰무을진사)。"

3. 고조선의 제후국 주(周) 왕조

주나라의 문왕(文王)은 서이(西夷)에 속하는 동이족이다: 『맹자(孟子)』「이루장구하편(離婁章句下)」, "문왕(文王)은 기주(崎州)에서 나서 필영(畢郢)에서 죽었으니 서이(西夷) 사람이다."[519] 그런데 주나라의 문왕은 은나라 정벌에는 온건파였다. 하지만 문왕의 아들 무왕(武王)이 등극하자 도(道)와 덕(德)을 상실해서 쇠폐한 은나라 정벌에 나섰다. 이때 무왕은 동이족의 지원을 받는다: 사마천, 『사기(史記)』「주본기집해(周本紀集解)」, "무왕이 이끄는 팔국(八國)은 모두 '만이융적'(蠻夷戎狄: 동이족)이었다."[520] 중국인들은 자기를 중심으로 남쪽의 동이족을 '만'(蠻), 동쪽의 동이족을 '이'(夷), 서쪽의 동이족을 '융'(戎), 북쪽의 동이족을 '적'(狄)이라고 불렀다. 한편 은나라의 주왕은 주나라의 무왕에 70만 대군으로 저항했지만 패하여 죽었다: 사마천, 『사기(史記)』「은본기(周本紀集解)」, "주왕(紂王)은 무왕(武王)이 공격해왔다는 소식에 70만 명의 군사를 동원하여 무왕에 저항했다. … 갑자일(甲子日) 주왕의 군대가 패했다. 주왕은 도망쳐 성으로 들어와 녹대(鹿臺)에 올라가서 보석과 옥으로 된 옷을 입고 불 속으로 뛰어들어 죽었

---

519 맹자(孟子). 『맹자(孟子)』「이루장구하편(離婁章句下)」, "文王生於岐周(문왕생어기주)、卒於畢郢(졸어필영)、西夷之人也(서이지인야)。" [본문 번역]: "문왕(文王)은 기주(崎州)에서 나서 필영(畢郢)에서 죽었으니 서이(西夷) 사람이다."

520 사마천(司馬遷), 『사기(史記)』「은본기(周本紀集解)」, "武王所率(무왕소솔) … 八國皆蠻夷戎狄(팔국개만이융적)。" 여기서 '8국'은 '동이 8종족'을 의미하는데, 庸(용)·蜀(촉)·羌(강)·髳(무)·微(미)·盧(로)·彭(팽)·濮(복)이다.

다.”[521] 그런데 고조선의 지원으로 은나라와의 전쟁에서 승리한 주나라가 은혜를 배반하고 고조선의 제후국으로 귀의한 기자국(箕子國)을 주나라의 제후국으로 편입시킨다.[522] 이로 인하여 고조선과 주나라의 격돌이 불가피해 지자, 고조선은 결국 주나라를 피하여 백악산(白岳山) 아사달(阿斯達, 22세 단군 색불루, B.C.1285~B.C.1238; 현재 길림성 장춘)에서 장단경(藏唐京, 44세 단군

---

521 사마천(司馬遷), 『사기(史記)』 「은본기(周本紀集解)」, “帝紂聞武王來(제주문무왕래)、亦發兵七十萬人距武王(역발병칠십만인거무왕)。… 甲子日(갑자일)、紂兵敗(주병패)。紂走入(주주입)、登鹿臺(등록대)、衣其寶玉衣(의기보옥의)、赴火而死(부화이사)。”

522 공자(孔子), 『상서대전(尚書大傳)』 「은전(殷傳)」 홍범조(洪範條), “武王勝殷(무왕승은)、繼公子祿父(계공자록부)、釋箕子囚(석기자수)、箕子不忍周之釋(기자불인주지석)、走之朝鮮(주지조선)、武王聞之(무왕문지)、因以朝鮮封之(인이조선봉지)、箕子既受周之封(기자기수주지봉)、不得無臣禮(불득무신례)、故於十三祀來朝(고어십삼사래조)。” [본문 번역]: “무왕은 은나라를 이기자 (은나라의 왕자) 공자 녹부(公子祿父)에 이어 기자를 감옥에서 풀어주었다. 기자는 주나라에 의해 석방된 것을 언짢게 여겨 조선으로 달아났다. 무왕이 그 소식을 듣고 조선(의 강역이었던 땅의 일부)을 그의 영지로 내려주었다. 기자는 이제 주나라로부터 영지를 받았기 때문에 신하의 예의를 안 지킬 수 없어 무왕 13년에 인사하러 왔다.” 기자(箕子)는 은나라가 주나라에 망하던 시기(B.C.1046)의 인물이다. 『논어』에는 단순히 은나라 주왕이 기자(箕子)를 가두었다고만 되어 있는데, 『상서대전』에는 주나라 무왕이 그를 풀어주자 조선으로 달아났기 때문에 회유하기 위해 조선을 봉지로 인정해 주니 조공을 바치러 왔다는 이야기가 추가되었다. 『한서(漢書)』에는 기자(箕子)가 조선에서 예의를 가르쳐 8조범금(八條犯禁)이 만들어졌다는 이야기가 덧붙여졌고, 『위략(魏略)』에는 조선왕이 기자(箕子)의 후손인데 위만에게 쫓겨나 한왕(韓王)이 되었다는 이야기가 덧붙여졌다. 기자가 조선에 봉해졌다는 이야기는 공자(孔子)의 『상서(尚書)』에 원래 없었는데 복생(伏生)이 『금문상서(今文尚書)』로 복원할 때 덧붙여진 이야기이다. B.C. 1046년경에는 주나라의 영향력이 대동강은 물론 요하에도 미치지 못했기 때문이다. 동호(東胡)를 내쫓고 조선에까지 영향을 미치는 일은 B.C. 283년에 와서야 연나라에 의해 이루어졌다. 따라서 주나라의 무왕에 의해 고조선을 기자조선이 계승했다는 주장은 중화사상에 의해 날조된 것이다. 『한서(漢書)』에 의하면 기(箕: 기자국)는 그 후 연나라에 정복되어 사라지고 만다: 『한서(漢書)』 「지리지하편(地理志下)」, “燕地(연지)、尾箕分野也(미기분야야)。” [본문 번역]: “연(燕)의 땅은 미(尾)와 기(箕)의 땅이었다.” 한편 사마정(司馬貞)의 『사기색은(史記索隱)』에 의하면 기자의 묘는 한반도가 아닌 중국의 하남성과 산동성 유역에 있다고 기록하였다: “梁國蒙縣有箕子冢(량국몽현유기자총)。” [본문 번역]: “양나라 몽현에 기자의 무덤이 있다.”

구물, B.C.425~B.C.397; 현재 요녕성 개원)으로 도읍을 옮겨 고조선의 강역이 축소되면서 주나라와 공존하게 된다.[523]

은나라를 멸망시킨 주나라의 무왕은 공신과 친족들을 여러 지역에 제후로 봉하였다. 그러자 제후들 사이에 온갖 음모와 술수가 난무하며 영토 쟁탈전이 벌어졌다. 하지만 주나라 왕실은 날로 쇠약해져서 저들을 통제할 수 없었다. 마침내 주나라 왕실은 명목상으로만 존재할 뿐 모든 권력은 제후들의 손으로 넘어갔다. 그리고 제후국들은 스스로 왕이라 칭하면서 서로 무력을 동원하여 침략하는 것이 일상처럼 되었다. 이를 춘추(春秋, B.C.770~B.C.403)·전국(戰國, B.C.403~B.C.221)시대라고 한다.[524] 주나라에서 파생된 춘추전국은 진(秦)·초(楚)·제(齊)·연(燕)·조(趙)·위(魏)·한(韓)의 7개국으로 압축되어 서로 패권을 다투며 전쟁을 일삼았다. 그런데 이들 주나라의 7개 제후국들은 모두 동이족이었다.[525] 동이족은 B.C. 7197년 환국이 건국된 이래 배달국과 고조선에 이르기까지 6,000여 년 동안 광활한 영토를 다스리며 삼신일체 하느님 신앙에 근거해 '인간을

---

523 삼국유사(三國遺事)』「기이(紀異)」 고조선조, "以唐高卽位五十年庚寅(이당고즉위오십년경인)、都平壤城(도평양성)。始稱朝鮮(시칭조선)、又移都於白岳山阿斯達(우이도어백악산아사달)、又名弓忽山(우명궁홀산)、又今彌達(우금미달)。御國一千五百年(어국일천오백년)、周虎王卽位己卯(주호왕즉위기묘)、封箕子於朝鮮(봉기자어조선)、壇君乃移藏唐京(단군내이장당경)。" [본문 번역]: "요(堯)임금이 즉위한 지 50년인 경인에 평양성에 도읍하고 비로소 조선이라 칭하였다. 또 도읍을 백악산 아사달에 옮겼는데 그곳을 궁홀산 또는 금미달이라고도 한다. 나라를 다스린 지 1,500년이 되어 주(周)의 무왕(武王)이 즉위한 기묘년에 기자를 조선(의 옛 강역에 제후)에 봉하매, 단군은 곧 장당경으로 옮겼다."

524 이일봉, 『實證 한단고기』, 218-232.

525 이덕일, 『사기, 2천년의 비밀』, 232-262.

널리 이롭게 한다'는 '홍익인간'(弘益人間)과 '세상을 진리로 교화한다'는 '재세이화'(在世理化) 사상을 건국이념으로 하여 신정정치를 하였다. 하지만 동이족이 하느님과 하느님의 가르침을 떠나자 야망과 탐욕만을 추구하는 타락한 인간 군상으로 전락하고 만다. 그 역사적 증거가 춘추전국시대이다. 심지어 주나라의 제후국들이 강성해 지자 천제국인 고조선의 통제를 벗어나 오히려 고조선을 공격하였다. 그로 인하여 중원 땅에 있던 고조선 '삼한관경'(三韓管境: 진한·번한·마한)이 와해되어갔다. 마침내 주나라는 마지막 군주인 37대 난왕(赧王)을 끝으로 진나라에 의해 멸망당하고 말았다. 이와 함께 춘추전국시대도 막을 내리게 된다.

4. 공자의 '사서삼경'과 '군자의 나라'에 대한 그의 동경

공자(孔子, B.C.551~B.C.479)는 은나라를 세운 탕왕(湯王, B.C.1766~B.C.1754)의 후손인 송(宋)나라의 시조 미자(微子, B.C. 7세기)의 자손으로서, 공자는 동이족인 은나라 왕족의 후예이다. 공자는 『역경(易經)』·『서경(書經)』·『시경(詩經)』·『예기(禮記)』·『춘추(春秋)』의 오경(五經, The Five Classics) 원저자가 아니라 전래되어 내려오던 글들의 편집자이다.[526] 이것은 은(殷) 왕조 때의 갑골문에서 공자의 오경 내용과 상당 부분 일치하는 것을 통해 밝혀졌다. 오경은 요임금과 순임금의 격언뿐만 아니라 하·은·주 시대의 종교나 도덕과 관련된 교훈들을 담고 있다. 순수한 역사서는 『춘추(春秋)』 한 권뿐이다. 한편 A.D. 1190년에 주희(朱熹, A.D.1130~1200)가 공자의 오경에 대한 입문서로 『논어(論語)』·『대학(大學)』·『중용(中庸)』·『맹자(孟子)』를 편찬했다.[527] 흔히 학자들은 노(魯)나라의 역사서인 『춘추(春秋)』를 뺀 종교와 윤리 사상을 정리한 공자의 저작을 '사서삼경'(四書三經, 사서: 논어·대학·중용·맹자; 삼경: 서경·시경·예기)이라 부른다. '사서삼경'이 공자의 독창적 사상이 아니라면, 그 출처는 무엇인가? 『논어』에는 하느님을 지칭하는 '샹띠'(上帝)가 174번이나 언급되어 있다. 물론 공자는 '샹띠'가 유일성과 초월성을 지니신 인격적 하느님이라는 사실을 몰랐다. 하지만 환국·배달국·고조선의 제후국들에 의해 '샹띠'(上帝) 신앙이 공자에게까지 전승되어 내려왔던 것은 틀림없다. 뿐만 아니라 공자의 '사서삼경'(四書三經)은 한민족의 삼대경전인 ≪천부경(天符經)≫·≪삼일신고(三一神誥)≫·≪참전계경(參佺戒經)≫으로부터 영향을 받았음도 부인할 수 없다.

공자는 야망과 탐욕에 사로잡혀 권력 다툼이 심화되어 가는 춘추시대에 살던 현자(賢者)였다. 공자는 군주가 법보다 '인'(仁)에 근거한 덕으로서 백성과 나라를 다스려야 한다는 '덕(德)의 정치,' '군자(君子)의 정치'를

---

526 "According to tradition, the Five Classics were written before the time of Confucius and were compiled or edited by Confucius (551-479 B.C.E.)." "Traditional Chinese: 五經," *New World Encyclopedia*.

527 Chan Kei Thong, 『고대 중국 속의 하나님』, 27-36.

꿈꿨다. 하지만 공자가 살던 춘추시대의 왕들은 공자에게 실망과 좌절만 가져다주었다. 그래서 공자는 그의 본심을 드러냈다: 『논어(論語)』「자한(子罕)」, “공자가 구이(九夷)에서 살고 싶어 했다. 어떤 사람이 말하기를 ‘더러운 곳인데 어떻게 살겠습니까?’ 하자, 공자는 ‘군자가 그곳에 산다면 어찌 누추함이 문제가 되겠는가? … 그런데 거길 가려면 배를 타고 바다를 건너야 한다. 군자가 사는 곳이면 감화(感化)가 있을 것이니 어찌 누추함이 있으리요’ 라고 답했다.”[528] 이렇듯 공자는 ‘군자의 나라’인 고조선에 가서 살고 싶어 했다. 이에 대해 중국 후한의 사상가인 왕충(王充, A.D.27~?)은 그의 저서 『논형(論衡)』「문공편(問孔篇)」에서 다음과 같이 기술하였다: “공자는 중국 땅에서 도(道)가 행해지지 않는 것을 싫어하여, 마음이 실의에 빠졌기 때문에 구이(九夷: 고조선)에 가고 싶어 했다.”[529] 한편 공자의 말을 인용한 『후한서』「동이전(東夷傳)」에서 고조선의 한민족에 대하여 다음과 같이 평가하였다: “동방을 ‘이’(夷)라 하였다. ‘이’는 ‘근본이 되는 뿌리’라는 뜻이니, 어질고 자애심이 많아 살생을 꺼려 마치 만물이 뿌리 되는 땅으로부터 솟아 나오는 것과 같음을 말한다. 그런 까닭에 천성이 유순하여 법도로서 다스리기 쉬워 ‘군자의 나라’(君子國) 또는 ‘불사의 나라’(不死國)라고 한다. … 때문에 공자는 구이(九夷)에 가서 살

528 공자(孔子), 『논어(論語)』「자한(子罕)」, “子欲居九夷(자욕거구이)、或曰陋(或曰陋)、如之何(여지하)、子曰君子居之(자왈군자거지)、何陋之有(하루지유)? … 欲居之者(욕거지자)、亦乘桴浮海之意(역승부부해지의)。君子所居則化(군자소거칙화)、何陋之有(하루지유)。”

529 왕충(王充), 『논형(論衡)』「문공편(問孔篇)」, “孔子疾道不行於中國(공자질도불행어중국)、志恨失意(지한실의)、故欲之九夷也(고욕지구이야)。”

고 싶어 했다."[530]

530 범엽(范曄), 『후한서(後漢書)』 「동이전(東夷傳)」, "東方曰夷(동방왈이)。夷者(이자)、柢也(저야)、言仁而好生(언인이호생)、萬物柢地而出(만물저지이출)。故天性柔順易爾御(고천성유순역이어)、至有君子(지유군자)、不死之國焉(불사지국언)。… 故孔子欲居九夷也(고공자욕거구이야)。"

V

한민족 상고사의 신학적 고찰

본 연구자는 본 단원에서 한민족의 삼대경전(三大經典)인 ≪천부경(天符經)≫·≪삼일신고(三一神誥)≫·≪참전계경(參佺戒經)≫을 강해하고자 한다. 본 연구자에게 본 단원은 본 논문을 쓰는 이유와 목적이다. 그것은 본 연구자가 한민족의 삼대경전에서 성경의 핵심 주제와 정확히 일치하는 것을 발견했기 때문이다. '하느님의 말씀을 기록한 경전'으로 번역할 수 있는 ≪천부경(天符經)≫은 '조화경'(造化經)으로서 81자로 구성되어 있으며, 내용은 삼신일체 하느님의 존재 방식과 삼신일체 하느님에 의한 만물 창조 및 삼신일체 하느님에 의한 인간 구원을 다루고 있다. 특히 ≪천부경≫은 삼신일체 하느님이 인간과 연합하는 '인중천지일'(人中天地一)을 가르친다. '인중천지일'은 ≪천부경≫의 핵심이며, 성경에서 하나님이 뜻하시는 구속 경륜의 최종적 목표이기도 하다. 그리고 '삼신일체 하느님의 교훈을 기록한 경전'으로 번역할 수 있는 ≪삼일신고(三一神誥)≫는 '교화경'(敎化經)으로서 366자로 구성되어 있으며, ≪천부경≫을 확대 해석하여 상세히 설명하고 있다. 특히 ≪삼일신고≫는 삼신일체 하느님과 연합할 수 있는 구체적 신앙생활인 '성통공완'(性通功完)을 가르치고 있다. '성통공완'은 성경의 가르침과 동일하게 삼신일체 하느님의 계명에 순종함으로 마음을 다스려 완덕(完德: 完全)에 이를 수 있는 방법을 제시한다. 또한 '완전에 이르기 위해 지켜야 할 계명을 기록한 경전'으로 번역할 수 있는 ≪참전계경(參佺戒經)≫[531]은 '치화경'(治化經)으로서 366가지

531 ≪참전계경(參佺戒經)≫에서 '참'(參)은 '참여할 참'이며, '전'(佺)은 '사람 인(人)' 변에 '온전

계명으로 구성되어 있으며, ≪천부경≫의 '인중천지일'과 ≪삼일신고≫의 '성통공완'을 이룰 수 있는 구체적 계명들을 제시하고 있다. ≪참전계경≫의 내용을 신학적으로 풀이하면, 성경의 가르침과 동일하게 '말씀 순종을 통해 신의 성품에 참여시켜 삼신일체 하느님과 연합을 이루게 하는 계명들'을 기록하고 있다.

한민족의 삼대경전인 ≪천부경≫·≪삼일신고≫·≪참전계경≫이 성경의 진리와 본질적으로 일치한다고 해서, 본 연구자는 한민족의 삼대경전이 성경과 동등한 영감성(靈感性)을 지녔다고 주장하지 않는다. 본 연구자는 오직 성경만이 성령의 감동으로 기록된 하나님의 말씀으로서 오류가 전혀 없는 '완전 영감성'(Plenary Inspiration)을 지녔다고 믿는다. 하지만 본 연구자는 ≪천부경≫·≪삼일신고≫·≪참전계경≫을 ≪원시복음 경전≫으로 일컫고 싶다. 이 말은 오류를 포함하고 있지만, 성경의 말씀이 계시되고 기록되기 이전에 원시복음을 통해 계시된 인격적 삼신일체 하느님을 믿고 말씀에 순종하여 구원과 완전에 이르도록 하나님이 ≪원시복음 경전≫을 한민족의 조상인 동이족에게 주셨다는 의미이다. 한편 본 연구자는 정경(正經, Canon)에 포함되지 않았지만 성경의 배경이

할 전(全)'이 합쳐진 단어이다. 따라서 '참전'(参佺)은 '사람을 온전케 함'이란 뜻이다. 부언적으로 '전'(佺)은 '신선 이름 전'으로 '참전'(参佺)은 '신선이 되다'란 뜻이다. 여기서 '신선이 되다'를 신학적으로 해석하면, '사람을 신의 성품(God's nature)에 참여시킴' 혹은 '사람의 신화(神化: *theōsis*, deification)'를 뜻한다. 따라서 ≪참전계경(参佺戒經)≫을 신학적으로 해석하면, '신의 성품에 참여시켜 온전을 이루어 신인합일 되게 하는 계명을 기록한 경전'이란 뜻이다.

되는 ≪외경(外經, Apocrypha)≫과 ≪원시복음 경전≫이 대등한 영적 권위를 지닌다고 감히 말하고 싶다. 구약 외경은 B.C. 2세기경부터 A.D. 1세기경까지 쓰였으며, 히브리어 구약성경의 헬라어 번역인 ≪70인역(the Septuagint: LXX)≫과 ≪라틴어 벌게이트역(the Latin Vulgate)≫에는 포함되어 있으나 ≪히브리어 정경(Tanakh: the Hebrew Bible)≫에는 제외되어 있는 15권의 책들을 가리킨다. 초기 기독교는 ≪70인역≫을 구약 정경으로 사용하였다. 그래서 신약성경의 저자들은 구약성경의 구절들을 ≪70인역≫으로부터 인용하였다.[532]

---

532 로마가톨릭은 1546년 트렌트 종교회의에서 12권의 ≪외경≫을 정경으로 채택했다. 흥미로운 사실은 1534년에 출간된 루터의 ≪독일어 성경≫과 1611년 출간된 ≪흠정역 성경(KJV)≫에도 ≪외경≫이 수록되어 있었다는 것이다. 그런데 칼빈은 ≪외경≫에 영감성이 결여되어 있다는 이유로 성경에서 빼버렸다. "With the rise of Christianity in the first century, the Septuagint (LXX) was the Bible (Old Testament) used by the early church. The early members of the church felt no urge to denounce the additional writings (the apocrypha) which came along with the Greek translation (LXX) of the Hebrew Scriptures. These same books (Apocrypha) were not found in the Hebrew canon, the writers of the New Testament; though they quote from the Septuagint, do not quote from the Apocrypha. ... In the early church, there was debate as some used the Apocrypha to help with Christian instruction. Clement (A.D.95) quoted from the Wisdom of Solomon and Polycarp of Smyrna (A.D.156) quoted Tobit. Jerome (A.D.420) however, was clear to make a distinction between it and the Hebrew canon, which he considered scripture and the Apocrypha. Jerome with some reservations included the Apocrypha in his Vulgate translation upon the Catholic Church's insistence. Others such as Augustine (A.D.430), held the view the apocrypha was canon, but later admitted to a distinction between the Hebrew Canon and the 'Outside books'. The distinction between the Hebrew Canon, and the Apocrypha would become an issue during the Reformation, as the grip of the Rome on the Bible lessened with the printing press, and churches broke from Rome's authority. In the Reformation, the Bible became the supreme authority for belief and conduct, causing a greater focus on the Apocrypha's inclusion. In 1534, Martin Luther placed these writings at the end of his bible, under the label 'Apocrypha', calling them 'outside books'. The Catholic Church responded in

≪천부경≫과 ≪삼일신고≫는 『태백일사(太白逸史)』 「소도경전본훈(蘇塗經典本訓)」에 수록되어 있으며, ≪참전계경≫은 고구려의 국상(國相: 국무총리) 을파소(乙巴素)가 한문으로 최종 정리하였다. 물론 ≪천부경≫·≪삼일신고≫·≪참전계경≫은 환국의 개국 초기부터 이미 존재하였다. 그 후 구전으로 전승되다가 ≪천부경≫과 ≪삼일신고≫는 배달국의 환웅천왕 때 녹도문으로 문서화되었다: 『태백일사(太白逸史)』 「소도경전본훈」, "≪천부경(天符經)≫은 환인(天帝)이 다스리는 환국(桓國)시대부터 구전(口傳)되어 내려오던 민족의 경전이다. 그런데 배달국의 환웅(桓雄大聖尊)께서 인간 세상에 내려온 후 신지 혁덕에게 명하여 녹도문(鹿圖文)으로 기록하도록 하였다."533 『태백일사(太白逸史)』 「소도경전본훈」, "≪삼일신고(三一神誥)≫는 본래 신시개천(神市開天)시대에 세상에 나왔고 그때에 글로 지어진 것이다."534 이렇듯 문서화된 ≪천부경≫과 ≪삼일신고≫는 백성들을 하느님의 말씀으로 교화하기 위해 사용되었다: 『삼성기전하편(三聖紀全下篇)』,

---

the Council of Trent, 1546 by declaring them as 'Canon', all except 1 and 2 Esdras and the Prayer of Mannaseh. Calvin and those who followed him rejected the authority of the Apocrypha, stating that its words were not divinely inspired. Following Luther's lead, translations of the Bible separated the Apocrypha from the rest of scripture placing it at the end, throughout Europe. In the end the Catholic Church, elevated the status of the Apocrypha to the level of scripture, while Protestant churches placed it on par with non-inspired writings." "The Apocrypha, The Septuagint and the canon," https://truthnet.org/Bible-Origins/6_The_Apocrypha_The_Septugint/index.htm/

533 이맥(李陌), 『태백일사(太白逸史)』 「소도경전본훈(蘇塗經典本訓)」, "天符經(천부경)、天帝桓國(천제환국)、口傳之書也(구전지서야)、桓雄大聖尊(환웅대성존)、天降後(천강후)、命神誌赫德(명신지혁덕)、以鹿圖文記之(이록도문기지)。"

534 이맥(李陌), 『태백일사(太白逸史)』 「소도경전본훈(蘇塗經典本訓)」, "三一神誥本出(삼일신고본출)、於神市開天之世(어신시개천지세)、而其爲書也(이기위서야)。"

"환웅천왕이 처음으로 하느님께 제사를 드리고 백성들에게 천경(天經: 천부경)을 강의하며 신고(神誥: 삼일신고)를 가르쳐 백성들을 잘 훈육하였다."[535] 『동국역대(東國歷代)』[536] 「고조선편(古朝鮮編)」, "(단군 1세) 경오 3년에 교육관을 세워 백성들에게 ≪천부경≫을 가르쳐 하느님의 말씀을 전하였다. 또한 (참전계) 366사를 백성들에게 가르쳤다. 그리고 ≪삼일신고≫를 나라의 모든 고을에 전파하니, 백성들이 감화를 받아 그 가르침을 공경하며 칭송하였다."[537] 본문에 의하면, 고조선의 단군이 배달국으로부터 한민족의 삼대경전을 전수받아 백성들을 하느님 신앙과 말씀으로 가르쳐 통치의 기본 원리로 삼았음을 알 수 있다.[538]

535 원동중(元董仲), 『삼성기전하편(三聖紀全下篇)』, "桓雄天王(환웅천왕)、肇自**開天**(조자개천) 生民施化(생민시화)、演天經講神誥(연천경강신고)、大訓于衆(대훈우중)。"

536 『동국역대(東國歷代)』는 우종설(禹鍾卨)의 필사본(筆寫本)인데, 전기(前記)의 출어(出於) 조두현가(曺斗鉉家)의 최준길(崔準吉) 소장본을 필사(筆寫)하면서 중국의 편년조사(編年條史)를 동국(東國: 고조선)의 그것과 맞추어 같은 연조(年條)에 한중양국사(韓中兩國史)를 끼어 넣어 편찬(編纂)한 것이다. 송호수, 『한민족의 뿌리사상』, 54.

537 우종설(禹鍾卨), 『동국역대(東國歷代)』 「고조선편(古朝鮮編)」, "庚午三年(경오삼년)、置敎館(치교관)、敎天符經(교천부경)、布誥神誥國民(포고신고국민)、以三百六十六事(이삼백육십육사)、敎誨國民(교회국민)、以三一神誥(이삼일신고)、布敎諸州(포교제주)、國民感化(국민감화)、莫不敬頌(막불경송)。"

538 송호수, 『한민족의 뿌리사상』, 54.

A

≪천부경(天符經): 조화경(造化經)≫

고조선의 1세 단군왕검은 ≪천부경≫을 '만세(萬世)의 강전(綱典: 으뜸 되는 가르침)'이라 하여 나라를 다스리는 기강으로 삼았다: 『태백일사(太白逸史)』 「삼한관경본기(三韓管境本紀)」, "≪천부경≫은 만세의 강전이기 때문에 지극히 존중하여 아무도 이를 어길 수 없는 것이다."[539] 한편 조선 명종(明宗)과 선조(宣祖) 때의 천문학자였던 격암(格菴) 남사고(南師古, 1509~1571)는 동방의 예언서로 불리는 그의 저서 『격암유록(格庵遺錄)』에서 ≪천부경≫을 '진리의 경전(眞經)'으로 평가하였다: "≪천부경≫에 무궁한 신비(造化)가 나타나는 영험력(靈驗力)이 있으니 … ≪천부경≫은 진경(眞經)이라. … 육욕을 먼저 멸하고 티끌 같은 세상풍파 얼키설킨 죄업 장벽, 그 고해를

539 이맥(李陌), 『태백일사(太白逸史)』 「삼한관경본기(三韓管境本紀)」, "天符者(천부자)、萬世之綱典(만세지강전)、至尊所在(지존소재)、不可犯也(불가범야)。"

넘는 길은 맑은 새벽 꿇어 앉아 일심으로 ≪천부경(眞經)≫을 통독하는 것이니 불철주야 잊지 말기를 부디부디 명심하소!"[540] 참으로 당대 최고의 예언자답게 남사고는 ≪천부경≫의 출처가 인간이 아닌 신적 존재임을 직감하면서 미지의 초월자를 향해 한없는 경외심을 표출하였다. 하지만 남사고는 ≪천부경≫의 비밀을 해석할 수 없었다. 이와 마찬가지로 그동안 오랜 세월이 지나면서 ≪천부경≫에 대한 주해서(註解書)가 여러 종이 나왔는데, 해석자에 따라 수리적으로 혹은 철학적이나 역리적으로 풀기도 하였다. 이처럼 해석이 각각 다른 것은 ≪천부경≫이 두 가지 조건을 충족시켜야 올바른 해석이 가능하기 때문이다.

첫째, ≪천부경≫은 기독교 신학에 의해서만 바른 해석이 가능하다. 왜냐하면 ≪천부경≫은 성경과 맥을 같이 하는 ≪원시복음 경전≫이기 때문이다. 놀라운 사실은 ≪천부경≫에는 성경의 핵심 교리인 삼위일체론과 동일하게 '삼신일체 하느님'에 대하여 설명하고 있다. 이미 구약성경에 성부·성자·성령 삼위일체 하나님이 계시되어 있다. 하지만 그리스도의 성육신과 속죄사역 완성을 통한 성령 강림으로 말미암아 성자와 성령의 독립적 인격성과 신성이 드러났다. 그럼에도 기독교의 삼위일체론은 수세기에 걸친 기독교의 신학적 논쟁을 통해 확립되었다. 즉 325

540 남사고(南師古), 『격암유록(格庵遺錄)』, "天符經無窮造化出現(천부경무궁조화출현) … 天符經眞經也(천부경진경야)。… 肉身滅魔(육신멸마)、塵海業障破兮越兮(진해업장파혜월혜)、晨淸跪坐通眞經(신청궤좌통진경)、不撤晝夜(불철주야)、洞洞燭燭銘心(동동촉촉명심)。"

년 니케아 공의회에서 그리스도의 신성이 확정되었고, 381년 콘스탄티노플 공의회에서 성령의 신성이 확정되었다. 하지만 삼위일체론이 신학적으로 완성된 것은 아우구스티누스(Augustinus of Hippo, 354~430)에 의한 20년간(399~419)의 연구를 통해서였다. 그리고 마침내 5세기 후반이나 6세기 초 작품으로 추정되는 「아타나시우스 신조」를 통하여 성부·성자·성령 삼위일체 하나님에 대한 성경적 신앙고백이 가능하게 되었다. 그러니 성경에 계시된 하나님을 믿지 않는 타종교인이나 무신론자들이 ≪천부경≫에 기록된 삼신일체 하느님의 신비를 어찌 이해하여 바르게 해석할 수 있겠는가!

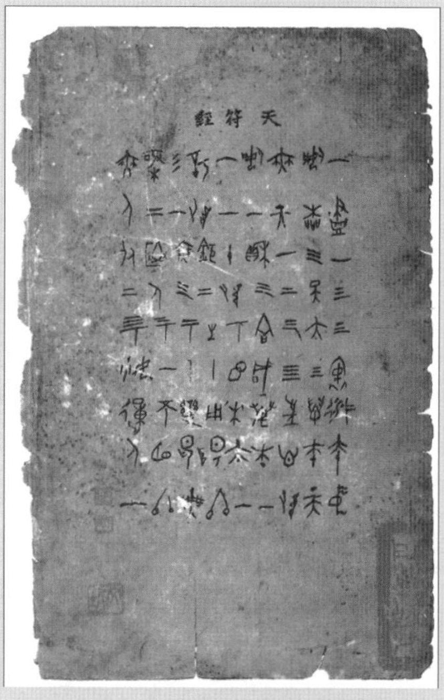

전자(篆字) 81자로 쓰인 ≪천부경≫

출처: https://m.blog.naver.com/lszeelee/110029133395

둘째, ≪천부경≫은 한자와 한글의 조화(調和)를 통해서만 바른 해석이 가능하다. 조옥구가 지은 『천부경(天符經)의 신비』에 의하면, '≪천부경≫이 한자와 한글을 만드는 설계도이고 한자는 한글의 뜻풀이 사전이며, 한글은 한자의 생명'이라고 정의하며 다음과 같이 말하였다.

한자를 알게 되면 한글을 알 수 있다. 한자는 한글의 뜻풀이 사전이고 한글은 한자의 생명이다. 이 둘의 관계가 이처럼 서로 긴밀한데 한자는 또 천부경의 바탕과 100% 일치한다. 따라서 천부경은 한자와 한글의 설계도요 한자는 뜻을 나타내기에 효과적인 문자이고 한글은 적기에 효과적인 문자라고 할 수 있으며 이들의 관계를 다시 정리하면 '천부경'은 이론서(뜻), '한자'는 의미와 소리를 담은 그릇(모양), '한글'은 말(소리)로 구분할 수 있으므로 이 셋을 놓들어 '천지인'의 관계로 볼 수가 있다. 하여튼 천부경과 한자와 한글은 서로 분리할 수 없는 합해서 하나인 관계에 있다. 그래서 천부경을 알려면 한자와 한글을 알아야 하고 한자와 한글을 알면 천부경을 알 수 있다고 말할 수 있는데, 이것은 천부경을 만든 주체들이 문자(한자와 한글)를 만들었고 문자를 만들면서 천부경의 가치 체계를 기준으로 했기 때문에 천부경 식 사고체계를 익히면 우리 언어와 문자를 알 수 있고 그 역으로 우리 언어와 문자를 제대로 알면 천부경을 바르게 해석할 수가 있게 되는 것이다. 뿐만 아니라 어떤 천부경의 풀이가 정확한지 아닌지를 한자와 한글을 통해서 검증할 수도 있고 천부경을 알면 한자와 한글의 풀이가 용이해질 수밖에 없다. … 아직 한자와 한글의 깊은 관계를 모르는 분들은 생소하게 들릴지 모르지만 한자와 한글은 기원이 같은 쌍둥이 문자다. 한자의 기원에 다가가보면 실제로 한글로 된 한자가 있고 한글은 한자의 도움이 없으면 그 뜻을 알지 못한다.[541]

≪천부경≫은 환국시대부터 구전으로 전승되어 오던 중 B.C. 3890년

541 조옥구, 『천부경(天符經)의 신비』 (서울: 백암, 2019), 15-16.

배달국(倍達國)의 환웅천황(桓雄天皇)이 명을 내려 신지(神誌: 史官) 혁덕(赫德)에 의해 창제된 '녹도문'(鹿圖文)으로 16자가 기록되었다. 그러나 16자로는 ≪천부경≫에 내포된 심오하고 깊은 뜻을 전달하기 어려워 이후 전자(篆字) 81자로 풀어 해석해 놓았다. 하지만 녹도문은 문자가 아닌 그림으로 오해할 정도였고, 상형문자인 전자(篆字)마저 해석하기가 어려웠다. 그러다가 신라시대 말기에 이르러 유학자인 최치원(A.D.857~908?)이 전자(篆字)로 바위에 새겨진 ≪천부경≫을 한자로 옮겨 적어 현재까지 전해지고 있다: 『태백일사(太白逸史)』「소도경전본훈(蘇塗經典本訓)」, "≪천부경≫은 천재(天帝: 환인)가 다스리던 환국(桓國)에서 구전으로만 전해 내려오던 글이다. (배달국의) 환웅께서 하늘에서 내려오신 뒤 신지(神誌) 혁덕(赫德)에게 명하여 녹도문(鹿圖文)으로 이를 기록케 하였다. 고운(孤雲) 최치원(崔致遠)이 일찍이 신지가 전자(篆字)로 쓴 옛 비석을 보고 다시 이를 첩(帖: 문서)으로 만들어 세상에 전한 것이다. … 신시(神市)에는 녹서(鹿書)가 있었고, 자부에게는 우서(雨書)가 있었으며, 치우(蚩尤)에게는 화서(花書)가 있었다. … 부여 사람 왕문이 초기의 전서(篆書)가 사용하기 번거로워 그 획을 살펴 생략함으로써 새로운 서체인 부예서(符隸書)를 만들었다. … 지금 그 문자들의 원리를 연구해 보면 그 근원은 모두 신시의 영향을 받은 것이다. 그리고 지금의 한자 역시 신시의 태고 문자를 계승한 것이며, 그 지류임이 분명하다."[542] 본문에서 신지 혁덕이 '녹도문'으로 쓴 ≪천부경≫과 최치원이

---

542 이맥(李陌), 『태백일사(太白逸史)』「소도경전본훈(蘇塗經典本訓)」, "天符經(천부경)、天

비석에서 발견한 '전자'로 쓴 ≪천부경≫은 다르다. 본문에서 '전자'(篆字)는 '전서'(篆書)를 의미한다.

녹도문(鹿圖文) 16자로 쓰인 ≪천부경≫

출처: https://m.cafe.daum.net/alhc/51q2/5814?listURI=%2Falhc%2F51q2

3세 단군 가륵 때 한글의 시원(始原)인 고조선의 원형문자 '가림토'(加臨土) 혹은 '가림다'(加臨多)가 창제되었다: 『단군세기』, "단군 가륵 재위 2년 경자(庚子: B.C.2181)년, 이때 풍속이 일치하지 않고 지방마다 말이 서로 달랐다. 비록 상형·표의 문자인 진서(眞書: 녹도문)가 있어도 열 가구 정도 모인 마을에서도 말이 잘 통하지 않고, 백 리 땅의 나라가 문자를 서로 해독하지 못할 정도로 어려웠다. 이에 삼랑 을보륵에게 명하여 '정음(正音)

帝桓國口傳之書也(천제환국구전지서야)、 桓雄大聖尊(환웅대성존)、 天降後命神誌赫德(천강후명신지혁덕)、 以鹿圖文記之(이록도문기지)、 崔孤雲致遠(최고운치원)、 亦嘗見神誌篆古碑(역상견신지전고비)、 更復作帖(경부작첩)、 而傳於世者也(이전어세자야)。… 神市有鹿書(신시유록서)、 紫府有雨書(자부유우서)、 蚩尤有花書(치우유화서)。… 夫餘人王文(부여인왕문)、 始以篆爲煩(시이전위번)、 而稍省其劃(이초성기획)、 新作符隸而書之(신작부례이서지)。… 今究其字之所源(금구기자지소원)、 則皆神市之遺法(칙개신시지유법)、 而今漢字亦承(이금한자역승)、 其支流也明矣(기지류야명의)。"

38자'를 짓게 하시니 이것이 '가림토'(加臨土)이다."[543] 『태백일사』「소도경전본훈」, "단군세기에 의하면 단군 가륵 2년에 삼랑 을보륵이 정음 38자를 만들고 이를 '가림다'라고 했다 한다."[544] 한편 『조선왕조실록』「세종실록」에는 <훈민정음>이 옛한글인 가림토를 모방하여 만들었다고 기록하였다: "이달에 임금이 친히 언문 28자를 지었는데, 그 글자가 '고전'(古篆: 가림토)를 모방했고, 초성·중성·종성으로 나누어 합한 연후에야 글자를 이루었다. 무릇 문자와 이어(俚語: 속어)에 관한 것을 모두 쓸 수 있고, 글자는 간단하면서 요점을 잘 드러내며 전환이 무궁하니, 이를 훈민정음이라 일컫는다."[545] 또한 1446년 9월 상순에 펴낸 훈민정음 문자 해설서인 <훈민정음 해례본>에서 정인지(鄭麟趾, 1396~1478)가 보충 설명을 하였다: "1443년 겨울에 우리 전하께서 정음 28자를 창제하여, 예제의 의미를 간략하게 설명해 주시며 그 이름을 훈민정음이라 하셨다. '고전'(古篆: 가림토)처럼 모양을 본떴지만, 말소리는 음악의 일곱 가락에서 기인한다.[546] 천지인 삼극(三極)과 음양 이기(二氣)의 어울림을 두루 갖추었

543 이암(李巖), 『단군세기(檀君世紀)』, "檀君嘉勒(단군가륵)、庚子二年(경자이년)、時俗尙不一方言相殊(시속상불일방언상수)、 雖有象形表意之眞書(수유상형표의지진서)、 十家之邑(십가지읍)、語多不通(어다불통)、百里之國字難相解(백리지국자난상해)、於是命(어시명)、三郞乙普勒(삼랑을보륵)、譔正音三十八字(선정음삼십팔자)、是爲加臨土(시위가림토)。"

544 이맥(李陌), 『태백일사(太白逸史)』「소도경전본훈(蘇塗經典本訓)」, "檀君世紀(단군세기)、檀君嘉勒二年(단군가륵이년)、 三郞乙普勒譔正音三十八字(삼랑을보륵찬정음삼십팔자)、是謂加臨多其文曰(시위가림다기문왈)。"

545 『조선왕조실록(朝鮮王朝實錄)』「세종실록(世宗實錄)」, "是月(시월)、上親制諺文二十八字(상친제언문이십팔자)、其字倣古篆(기자방고전)、分爲初中終聲(분위초중종성)、合之然後乃成字(합지연후내성자)、 凡干文字及本國俚語(범간문자급본국리어)、 皆可得而書(개가득이서)、字雖簡要(자수간요)、轉換無窮(전환무궁)、是謂訓民正音(시위훈민정음)。"

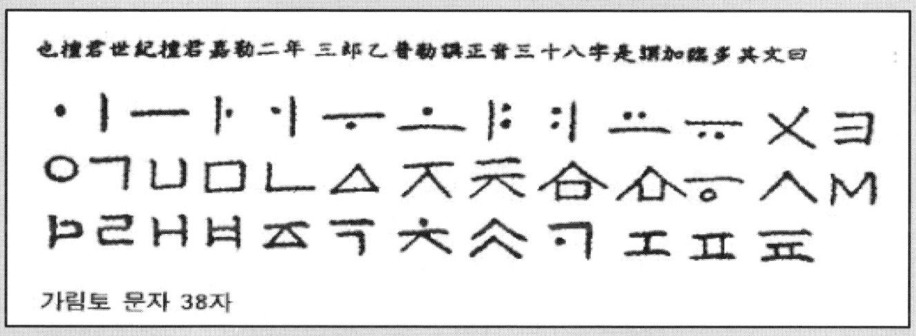

가림토 문자 38자

출처: https://www.seniorpeople.co.kr/news/articleView.html?idxno=6685

다. 28자지만 전환이 무궁하며, 간단하면서도 요점을 잘 드러내고, 섬세한 뜻을 담으면서도 두루 통한다."[547]

---

546 '세종실록'이나 '훈민정음 해례 서문'에서 '옛 글자를 모방했다'고 한 것은 고조선 가륵 단군의 가림토를 모방했다고 한 것이다. 그런데 왜 세종대왕이 '창제'했다고 말하는가? 훈민정음보다 3,624년 앞선 가림토 글자를 읽는 방법은 그 당시 아무도 알 수 없었다. 훈민정음 28 자음과 모음에 '소리'를 부여한 사람이 세종대왕이고, 자음과 모음으로 글자를 만들고 사용하는 법칙을 제정했으니 '창제'인 것이다. https://www.dongponews.net/news/articleView.html?idxno=39211/ ; 출처: 재외동포신문(https://www.dongponews.net/)

547 『조선왕조실록(朝鮮王朝實錄)』「세종실록(世宗實錄)」, "癸亥冬(계해동)、我殿下創制正音二十八字(아전하창제정음이십팔자)、略揭例義以示之(략게례의이시지)、名曰訓民正音(명왈훈민정음)。 象形而字倣古篆(상형이자방고전)、 因聲而音叶七調(인성이음협칠조)。三極之義(삼극지의)、二氣之妙(이기지묘)、莫不該括(막불해괄)。以二十八字而轉換無窮(이이십팔자이전환무궁)、簡而要(간이요)、精而通(정이통)。" 15세기 훈민정음은 28자(자음 17, 모음 11)였다. 그런데 일제 강점기 때인 1933년에 조선어학회에서 정한 '한글맞춤법 통일안'에 따라 24자(자음 14, 모음 10)로 줄었다. 삭제된 글자는 자음 ㆁ(옛이응), ㆆ(여린히읗), ㅿ(반시옷), 모음 ㆍ(아래아)이다. 사라진 네 글자를 추가하면 영어의 B와 V, F와 P도 구별하여 발음할 수 있는데, 이럴 경우 B는 ㅂ, V는 ㅸ, F는 ㆄ, P는 ㅍ로 구분할 수 있게 된다. 영어 단어 Zebra는 '제브라'가 아닌 'ᅀᅦ브라'로, Drug는 '드러그'가 아닌 '드ᄅᆞ그'로 발음하는 것이 맞다. 뿐만 아니라 1443년 한글 창제 당시를 기준으로 하면 한글은 세계 언어 90% 이상의 발음을 문자로 정확하게 표기할 수 있다. 그리고 한글로 표현 가능한 소리는 8,800여 개, 일본어는 300여 개, 중국어는 400여 개 정도이다. 한편

인간의 언어(言語)는 인간의 사고(思考)와 소통(疏通)의 기반이 되는 체계를 의미한다. 그런데 언어는 하나님에 의하여 생래적으로 주어지는 것이며(창11:1,9;행2:1–13), 문자(文字)는 인간에 의하여 의도적으로 창제되는 것이다. 한민족 상고시대에 두 종류의 문자가 발명되었다. 즉 한자의 근원인 '녹도문'(鹿圖文)은 B.C. 3890년 배달국(倍達國)의 환웅천황이 명을 내려 신지(神誌) 혁덕(赫德)이 창제하였다. 그리고 한글의 근원인 '가림토'(加臨土)는 B.C. 2181년 고조선(古朝鮮)의 단군 가륵 2년에 삼랑(三郎) 을보륵(乙普勒)이 창제하였다. 『단군세기』에 의하면 '진서'(眞書: 녹도문)가 어려워 '가림토'를 만들었다는 것이다. 이것은 환국·배달국·고조선이 동일한 언어를 사용했다는 것을 함축한다. 또 이것은 한자와 한글의 문자가 다르지만, 언어가 동일했을 것이라는 합리적 추론을 할 수 있다. 한자가 화하족(華夏族)의 문자가 아니라 동이족(東夷族)의 문자라면, 한자의 발음은 오늘날 중국인들의 발음과 달리 한국어의 발음과 동일해야 한다. 물론 한민족 상고시대의 옛 한국어 발음은 오늘날과 상당히 다를 수는 있으나 완전히 다를 수는 없다. 2021년 11월 11일자 ≪조선일보≫에 매우 충격적인 기사가 실렸다.[548] 제명은 <한국어 기원은 9,000년 前 중국 동북부 요하의

유네스코는 1997년 10월 1일 한글을 세계문화유산(기록부문)으로 지정했다. 지금 세계에는 '문자' 없이 '말'만 남아 있는 언어가 2천900여 종이 있는데, 이 '말'을 글자로 표현하는 데 가장 적합한 문자가 한글이라고 판단했기 때문이다. 그리고 2005년 언어학 연구에서 세계 최고를 자랑하는 영국 옥스퍼드대학교 언어학대학이 합리성·과학성·독창성·실용성 등의 기준으로 점수를 매긴 결과 한글이 1등을 차지했다. 이렇듯 훈민정음은 세계에서 가장 완벽한 문자이다.

548 https://www.chosun.com/economy/science/2021/11/11/

농경민>이었고, 세계 3대 학술지 중 하나인 네어처(Nature Magazine)에 실린 학술 연구를 게재(揭載)한 것이다.

한국어가 투르크어, 몽골어, 일본어와 함께 9,000년 전 신석기시대에 지금의 중국 동북부에 살던 농경민에서 비롯된 것으로 밝혀졌다. 지금까지는 그보다 훨씬 뒤에 중앙아시아 유목민들이 전 세계로 이주하면서 비슷한 체계를 가진 언어들이 퍼졌다고 알려졌다. 독일 막스플랑크 인류사연구소의 마티너 로비츠 박사 연구진은 "언어학과 고고학, 유전학 연구 결과를 종합 분석한 결과 유럽에서 동아시아에 이르는 트랜스유라시아 어족(語族)이 신석기시대에 중국 랴오강(遼河: 요하) 일대에서 기장 농사를 짓던 농민들의 이주 결과임을 확인했다"고 11일 국제 학술지 '네이처'에 밝혔다. 이번 연구에는 독일과 한국·미국·중국·일본·러시아 등 10국 언어학자, 고고학자, 유전생물학자 41명이 참여했으며, 한국외국어대의 이성하 교수와 안규동 박사, 동아대의 김재현 교수, 서울대의 매튜 콘테 연구원 등 국내 연구진도 논문에 공저자로 등재됐다. 트랜스유라시아 어족은 알타이 어족이라고도 한다. 서쪽의 투르크어에서 중앙아시아의 몽골어와 시베리아의 퉁구스어, 동아시아의 한국어, 일본어로 구성된다. '보글보글, 부글부글'처럼 앞 음절의 모음과 뒷 음절의 모음이 같은 종류끼리 만나는 모음조화가 나타나고, '나는 밥을 먹는다'처럼 주어, 목적어, 서술어 순으로 말을 한다. '예쁜 꽃'처럼 수식어가 앞에 오는 것도 특징이다. 트랜스유라시아 어족은 유라시아대륙을 가로지르는 방대한 언어집단임에도 불구하고 기원과 확산 과정이 불명확해 학계에서 논쟁의 대상이 됐다. 로비츠 교수 연구진은 고대의 농업과 축산 관련 어휘들을 분석하는 한편, 이 지역의 신석기, 청동기시대 유적지 255곳의 고고학 연구 결과와 한국과 일본에 살았던 초기 농경민들의 유전자 분석 결과까지 비교했다. 연구진은 모든 정보를 종합 분석한 결과, 약 9000년 전 중국 요하지역에서 기장을 재배하던 트랜스유라시아 조상 언어 사용자들이 신석기 초기부터 동북아 지역을 가로질러 이동한 것을 확인했다고 밝혔다.

<한국어 기원은 9,000년 前 중국 동북부 요하의 농경민>이라는 제명의 연구 결과는 B.C. 7197년에 환국이 건국되었다는 『태백일사(太白逸史)』 「환국본기(桓國本紀)」의 기록과 역사적으로 일치한다. 뿐만 아니라 환국·배달국·고조선의 강역이 중국 동북부 요하지역으로서 '요하문명'(遼河文明)을 창달했다는 고고학적 증거들을 확인시켜준다.

한자의 근원이 되는 '녹도문'(鹿圖文)의 후대 발전 문자인 은나라 갑골문(胛骨文)의 갑골음(胛骨音)이 옛 한국어라는 충격적 사실을 최초로 증명한 학자는 유창균 박사이다. 이것은 은나라가 고조선의 제후국으로서 한민족과 동일한 동이족의 후예이기 때문에 당연한 것이다. 즉 갑골문은 옛 한자이고, 갑골음은 옛한글이라는 것이다. 그러므로 한자의 정확한 명칭은 '고한글'(古韓契)이라고 해야 한다.[549] 1972년 프린스턴 대학교에서 한자 문명권 나라들에서 한자 음운학 일인자들을 불러 모아 2년에 걸쳐 연구 프로젝트를 운영하였다. 한국에서는 유창균 박사를 초빙했다. 프로젝트가 끝나자 프린스턴 대학교는 한국의 유창균 박사를 한자 음운학

549 진태하, 『한자는 우리의 조상 동이족이 만들었다』, 46-49.

분야에서 '세계 최고의 학자'로 공인했다. 유창균 박사는 중국의 어느 학자도 밝히지 못한 갑골음을 복원해 낸 것이다. 갑골음은 옛한글의 발음과 같기 때문에 지금의 한자음과 현격한 차이를 보인다. 예를 들어 한자어 '풍'(風)을 갑골음으로 복원하면, 15세기 옛한글인 'ᄇᆞᄅᆞᆷ'(pərəm)이다. 또한 한자어 '웅'(熊)을 갑골음으로 복원하면, '곰'(gom)이고 그 이전 시대 음은 'ᄀᆞᆷ'(gəm)이다.[550] 또한 화하족의 후예인 중국인들이 한자를 모국어로 사용하지만, 한자의 발음은 한국인의 문자인 한글에 기초하고 있기 때문에 중국인들에게는 한자를 발음하는데 어려움을 느낀다. 예를 들어 '북경'(北京)이라는 한자어는 한글로 1자 1음의 원칙에 따라 '북경'이라고 뚜렷하게 발음되지만, 오늘날의 중국어 발음은 '베이징'이다. 즉 중국어 발음은 1자 2음 혹은 3음도 사용하여 매우 어색하다. 이것은 한자가 중국인의 모국어가 아니라는 증거이다.[551] 이렇듯 한민족은 뜻글자인 한자와 소리글자인 한글을 함께 창제하여 활용하는 인류 유일의 민족이다.

『태백일사(太白逸史)』「소도경전본훈(蘇塗經典本訓)」에 ≪천부경≫ 81자가 수록되어 있다: "一始無始一(일시무시일)、析三極無盡本(석삼극무진본)。天一一(천일일)、地一二(지일이)、人一三(인일삼)。一積十鉅(일적십거)、무궤화삼(無櫃化三)。天二三(천이삼)、地二三(지이삼)、人二三(인이삼)。大三合六(대삼합륙)、生七八九(생칠팔구)。運三四(운삼사)、成環五七(성환오칠)。一妙衍萬往萬來(일묘연만왕만래)、

---

550 최춘태, 『갑골음으로 잡는 식민사학·동북공정』, 245.

551 최춘태, 『갑골음으로 잡는 식민사학·동북공정』, 머리말 참고.

用變不動本(용변불동본)。本心本太陽(본심본태양)、昻明(앙명)、人中天地一(인중천지일)。一終無終一(일종무종일)。" 그런데 한자 81자로 되어 있는 ≪천부경≫을 바르게 해석하려면, '녹도문'(鹿圖文) 16자로 기록된 ≪천부경≫을 먼저 풀이해야만 한다. 이것은 표의문자인 한자와 표음문자인 한글을 병행할 때만 가능하다.[552] 한편 ≪천부경≫은 상경(上經)·중경(中經)·하경(下經)으로 구분된다.

1. 상경(上經). 삼신일체 하느님의 존재 방식

1) 자존하시는 삼신일체 하느님. "일시무시일(一始無始一)、석삼극무진본(析三極無盡本)。" [본문 번역]: "하나(一)의 시작은 시작이 없으며, 그 하나(一)에서 (천·지·인) 삼극이 갈라져 나오지만 근본은 다함이 없도다."

(1) **"일시무시일**(一始無始一)。" [본문 번역]: "유일하신 하느님은 시작도 없이 존재하시는 한 분 하느님이시다." "일시무시일"(一始無始一)을 직역하면 '하나의 시작은 시작이 없는 하나이다'를 의미한다. ≪천부경≫의 첫 구절인 "일시무시일"(一始無始一)은 ≪천부경≫의 끝 구절인 "일종무종일"(一終無終一)과 대구를 이룬다. 여기서 '일'(一)은 한글로 '하나'라고 읽

552 이현숙, 『천부경, 하나부터 열까지』, 64-112.

으며, '궁극적 일자(一者)'이신 초월적 유일신 하느님을 지칭한다. 그러므로 "일시무시일(一始無始一)、일종무종일(一終無終一)"은 '유일하신 하느님은 시작도 없이 존재하시는 한 분 하느님이시며, 유일하신 하느님은 끝남도 없이 존재하시는 한 분 하느님이시다'로 해석할 수 있다. 따라서 본문은 유일하신 한 분 하느님의 자존성을 나타낸다. 본문은 기독교 신학에서 하나님의 자존성을 함축하고 있다. 출애굽기 3:14, "하나님이 모세에게 이르시되 나는 스스로 있는 자이니라 또 이르시되 너는 이스라엘 자손에게 이같이 이르기를 스스로 있는 자가 나를 너희에게 보내셨다 하라." 여기서 "나는 스스로 있는 자이니라"(에흐예 아쉐르 에흐예 אֶהְיֶה אֲשֶׁר אֶהְיֶה I AM THAT I AM)에서 '여호와'로 번역되는 '에흐예'는 '있다'(창1:2)라는 뜻의 영어 'be' 동사에 해당하는 히브리어 '하야'(הָיָה)의 1인칭 미완료형으로 '나는 존재한다' 혹은 '나는 … 이다'라는 의미이다. 그리고 '아쉐르'는 '… 것,' '… 자'(that, which, what, who) 등과 같은 관계사로서 뒤에 나오는 문장을 묶어 앞뒤로 이어주는 역할을 한다. 따라서 '에흐예 아쉐르 에흐예'('I am who I am' or 'I will be what I will be')를 직역하면 '나는 영원히 존재하는 자이다'가 되어, 결국 '나는 스스로 존재하는 자' 즉 자존자라는 뜻이 된다. 그리고 요한계시록 1:4에서 "이제도 계시고 전에도 계셨고 장차 오실 이"("Him who is and who was and who is to come," NKJV譯)는 출애굽기 3:14, '나는 스스로 있는 자'의 설명으로서 동일한 의미를 지닌다. 또한 이 풀이는 '처음과 마지막'으로 축약될 수 있다: 이사야서 48:12, "나는 그니 나는 처음이요 또 나는 마지막이라." 그리고 신약성경에도 이 단어가 '알파와 오메가' 혹은 '처음과 나중'으로 축약될 수 있다. 이것은 성부 하나님께 적용되었으며(계1:8,21:6-7), 예수님께도 동일하게 적용되었다(계1:17,2:8,22:13).

(2) **"석삼극(析三極)、무진본(無盡本)。"** 본문에서 "석삼극"(析三極)은 삼극으로 나뉜다는 뜻으로 그 주어는 '일'(一)이다. 즉 이것은 "일석삼극"(一析三極)과 같은 말이며, 흔히 연결되는 문구에서 중복되는 글자를 생략한 것이다. 따라서 "일석삼극"(一析三極)이란 '일이 삼극으로 나뉜다'는 뜻이다. 여기서 "삼극"(三極)이란 ≪천부경≫의 상경(上經)에 기록된 '천·지·인'(天地人) 즉 '삼신'(三神)을 지칭한다. 따라서 본문을 해석하면, 유일신 하느님 상제가 삼신(三神)으로 구분된다는 뜻이다: 『태백일사』「삼신오제본기(三神五帝本記)」, "천국(上界)에 삼신(三神)이 계시니, 즉 한 분 상제(上帝)시다. 주체(主體)는 곧 일신(一神)이시니, 각각 신이 따로 계시지 않고, 작용만 삼신(三神)이시다. 삼신(三神)은 만물을 끌어내시고 전 세계를 통치하실 가늠할 수 없는 크나 큰 지혜와 능력을 가지셨다. 그 형체를 나타내지 않으시고 지극히 높으신 천국에 앉아 계시니 계신 곳은 천 만억토요, 항상 크게 광명을 발하시고 크게 신묘함을 나타내시며 크게 길한 상서를 내리신다. 숨을 불어 만유(萬有)를 만드시고 열을 뿜어내어 만물의 종자를 키우시며 신묘하게 행하시어 세상일을 다스리신다. … 위대하시도다! 삼신일체 하느님이 만물의 창조 원리가 되사 하느님의 덕과 지혜와 능력이 높고도 넓어 세상에 가득하며, 깊고 오묘하여 불가사의하게 운

행하심이여!"[553] 한편 "무진본"(無盡本)이란 '근본은 다함이 없도다'란 뜻으로, 삼신일체 하느님에 대한 본질에는 변함이 없다는 말이다.

2) 천·지·인 삼신 하느님. "천일일(天一一)、지일이(地一二)、인일삼(人一三)。" [본문 번역]: "천일(天一)이 하나, 지일(地一)이 둘, 인일(人一)이 셋이다." 본문에서 천일(天一)·지일(地一)·인일(人一)을 '천·지·인'(天地人: 성부·성자·성령)으로 축약할 수 있고, 여기에 사용된 '일'(一)은 극(極: 位)을 뜻한다. 이것을 기독교 신학적 용어로 풀이하면 성부·성자·성령 삼위(三位) 하나님을 지칭한다: 『태백일사』「삼신오제본기(三神五帝本記)」, "생각건대 저 삼신(三神)을 천일(天一)이라 하고, 지일(地一)이라 하며, 태일(太一)이라 한다. '천일'은 조화(造化)를 주관하시고, '지일'은 교화(敎化)를 주관하시며, '태일'은 치화(治化)를 주관하신다."[554] 본문에서 삼신을 설명하며, '천일'(天, 하늘 하느님)은 만물의 근원이신 '조화주'(造化主)로서 성경의 성부 하나님과

---

553 이맥(李陌), 『태백일사(太白逸史)』「삼신오제본기(三神五帝本記)」, "自上界(자상계)、却有三神(각유삼신)、卽一上帝(즉일상제)。主體則爲一神(주체칙위일신)、非各有神也(비각유신야)、作用則三神也(작용칙삼신야)。三神有引出萬物(삼신유인출만물)、統治全世界之無量智能(통치전세계지무량지능)。不見其形體(불견기형체)、而坐於最上上之天(이좌어최상상지천)、所居千萬億土(소거천만억토)、恒時大放光明(항시대방광명)、大發神妙(대발신묘)、大降吉祥(대강길상)、呵氣於包萬有(가기어포만유)、射熱以滋物種(사열이자물종)、行神以理世務(행신이리세무)。… 大矣哉(대의재)、三神一體之爲庶物原理(삼신일체지위서물원리)、而庶物原理之爲德爲慧爲力也(이서물원리지위덕위혜위력야)、巍湯乎(외탕호)、充塞于世(충색우세)、玄妙乎(현묘호)、不可思議之爲運行也(불가사의지위운행야)。"

554 이맥(李陌), 『태백일사(太白逸史)』「삼신오제본기(三神五帝本記)」, "稽夫三神(계부삼신)、曰天一曰地一曰太一(왈천일왈지일왈태일)、天一主造化(천일주조화)、地一主敎化(지일주교화)、太一主治化(태일주치화)。"

일치한다(사45:18;계4:11). 또한 '지일'(地, 땅 하느님)은 인간을 가르치는 '교화주'(敎化主)로서 성경의 성자 하나님과 일치한다(겔3:16;마9:35;눅4:43). 끝으로 '태일'(人, 사람 하느님)은 인간의 마음을 다스리는 '치화주'(治化主)로서 성경의 성령 하나님과 일치한다(롬8:13–14;갈5:16;엡5:18).[555] 여기서 '태일'(太一)은 '인일'(人一)을 뜻한다. '인일'이라 하지 않고 '태일'이라 한 것은 '천 · 지 · 인'(天地人) 가운데 가장 중심이 되는 것이 '인'(人)이기 때문에 '인'(人)을 강조하여 태일이라 하였다.[556]

3) 천신이 삼신으로 발현. "일적십거(一積十鉅)、무궤화삼(無櫃化三)。"

[본문 번역]: "일(一)이 쌓여서 크게 열면 궤(櫃)가 없는 셋(三)이 된다."

(1) **"일적십거(一積十鉅)。"** 본문에서 '일'(一)은 천신(天神)을 의미하고, '삼'(三)은 '천 · 지 · 인'(天地人) 삼극(三極) 즉 삼신(三神)을 의미한다. 본문에서 "일적"(一積)은 '일'(一)을 쌓는 것을 의미하고, "십거"(十鉅)에서 '열 십(十)' 자는 숫자 10이 아니라 녹도문에서 '여는 것'을 형상화하였으며, '거'(鉅)는 '크다'를 의미한다. 따라서 "일적십거(一積十鉅)"는 '한 분 하느님의 무한하신 기운이 터지기 일보 직전까지 쌓여서 이를 연다'는 뜻이다.

---

555 '치화주'(治化主)가 성경의 성령(聖靈)과 일치하는 것은 '치화경'(治化經)으로 일컫는 참전계경(參佺戒經)의 내용인 '팔리훈 강령'(八理訓 綱領) 머리글에서 인간의 366가지 일을 주재하시는 주체를 성령(聖靈)으로 지칭했기 때문이다.

556 김동춘, 『天符經과 檀君史話』 (서울: 가나출판사, 1986), 37.

(2) **"무궤화삼**(無櫃化三)。**"** "무궤화삼"(無櫃化三)은 '간힘 없이 삼신(三神)으로 표출된다'란 뜻이다. 따라서 "일적십거(一積十鉅)、무궤화삼(無櫃化三)"은 초월적 유일신 천신(一: 天神)이 인간 창조와 구속을 위하여 신적 능력을 나타내기 위해 삼신(三: 三神)으로 작용하심을 나타낸다. 본문은 인간 창조와 구속을 위해 유일신 하느님이 삼신 하느님으로 작용할 수밖에 없는 이유를 설명하고 있다. 이와 마찬가지로 기독교 신학의 삼위일체론은 '존재론적 삼위일체론'(Ontological Trinity)과 '경륜적 삼위일체론'(Economic Trinity)으로 구분된다(고전15:22-28;엡1:1-14). 존재론적 삼위일체론은 하나님의 존재를, 경륜적 삼위일체론은 하나님의 사역을 다룬다.[557] 일찍이 이레나이우스(Irenaeus of Lyons, 130~202)는 하나님이 본질적으로 한 분이시지만, 구속 경륜 속에서 성부·성자·성령으로 구분되는 특별한 존재 양식을 갖는다고 하였다.[558]

---

557 〈The Ontological and Economic Trinity〉 The Trinity is the Christian teaching that God consists of three simultaneous, eternal persons: the Father, the Son, and the Holy Spirit. Each of the three persons is equal in their attributes and nature, but differ in how they relate to the world and to each other. When we say they are equal in nature and attributes, we are speaking of what is Trinity called the Ontological Trinity (ontology – the study of being and essence). Each of the three persons in the Godhead are divine, have equal attributes (omniscience, omnipresence, holiness, etc.). When we speak of how they relate to each other and the world, we are speaking of the Economic Trinity (economic – from the Greek *oikonomikos* which means relating to the arrangement of activities). To be overly simplistic, we could say that the Ontological Trinity deals with what God is and the Economic Trinity deals with what God does. Matt Slick, *Doctrine and Theology* (Nov 23, 2008).

558 Irenaeus used creation to distinguish the Father, Son, and Holy Spirit from that which is created, to identify the Three as the one Creator God, and to secure their distinction. Anthony Briggman, *Irenaeus: Creation & the Father's Two Hands* (April 19,

2. 중경(中經). 삼신일체 하느님의 창조 섭리

1) 천·지·인 삼신의 만물 섭리. "천이삼(天二三)、 지이삼(地二三)、 인이삼(人二三)。" [본문 번역]: "천이(天二)가 셋(三)이요, 지이(地二)가 셋(三)이며, 인이(人二)가 셋(三)이라." 본문에서 '천·지·인' 뒤에 붙어 있는 '이'(二)는 '작용'을 뜻하며, '작용'과 근접한 용어는 '섭리'(攝理)라 할 수 있다. 그러니까 '천이(天二)·지이(地二)·인이(人二)'는 만물에 대한 삼신(三神)의 섭리를 의미한다. 따라서 한자의 '이'(二)를 한글의 '이'(理)로 바꾸어 놓으면, '천리(天理)·지리(地理)·인리(人理)'가 된다. 그래서 본문의 "天二三(천이삼)、地二三(지이삼)、人二三(인이삼)"은 천·지·인 삼신이 만물에 작용하는 섭리가 셋씩 있다는 말이 된다. 이 셋이 무엇인지를 뒤에 나오는 일곱, 여덟, 아홉에서 설명하고 있다.

2) 삼신일체 하느님의 만물 작용. "대삼합륙(大三合六)、 생칠팔구(生七八九)。" [본문 번역]: "큰 셋을 합하니 여섯(六)이 된다. 그로 인하여 일곱(七), 여덟(八), 아홉(九)이 생겨난다."

(1) **"대삼합륙(大三合六)。"** 본문에서 "대삼합륙"(大三合六)이란 일석삼극(一析三極)에서 '일'(一)이 셋(三)으로 나뉜 것이 '천일·지일·인일'인데, 이

2017).

셋을 합한 것이 여섯(六)이라는 말이다. 천일(天一)이 하나(一), 지일(地一)이 둘(二), 인일(人一)이 셋(三)이므로 이 셋을 합하면 여섯(六)이 된다. 이를 정리하면 천신(天神)이 삼신(三神)이 되고 삼신이 천신이 되는 '집일함삼'(執一含三)과 '회삼귀일'(會三歸一)의 오묘한 삼신일체 이치를 『태백일사』「소도경전본훈」에서는 다음과 같이 설명하였다: "하나를 잡아 셋을 포함한다(執一含三)는 것은 곧 기(氣)를 하나로 하고 신(神)을 셋으로 하는 것이다. 셋을 모아 하나로 돌아간다(會三歸一)는 것은 역시 신(神)은 셋이 되고 기(氣)는 하나가 되는 것이다."[559] 본문은 천신이 삼신일체가 될 수 있는 것은 신적 생명인 '기'(氣)가 본질적으로 하나이기 때문임을 밝히고 있다. 이와 동일하게 기독교 신학에서 삼위일체 하나님의 연합을 '상호내주'(mutual indwelling) · '상호관통'(interpenetration)이라는 용어로 표현했다(요14:10). 이 말은 성부가 성자 안에 성자가 성부 안에, 성자가 성령 안에 성령이 성자 안에, 성부가 성령 안에 성령이 성부 안에 내주하신다는 것이다.[560]

---

559 이맥(李陌), 『태백일사(太白逸史)』「소도경전본훈(蘇塗經典本訓)」, "所以執一含三者(소이집일함삼자)、乃一其氣而三其神也(내일기기이삼기신야)、所以會三歸一者(소이회삼귀일자)、是亦神爲三而氣爲一也(시역신위삼이기위일야)。"

560 "Each are in each, and all in each, and each in all, and all are one." Augustine, *On the Trinity*, 6.10. / "The subsistences [i.e., the three Persons] dwell and are established firmly in one another. For they are inseparable and cannot part from one another, but keep to their separate courses within one another, without coalescing or mingling, but cleaving to each other. For the Son is in the Father and the Spirit: and the Spirit in the Father and the Son: and the Father in the Son and the Spirit, but there is no coalescence or commingling or confusion. And there is one and the same motion: for there is one impulse and one motion of the three subsistences, which is not to be observed in any created nature." John of Damascus, *Exposition of the Orthodox Faith*, trans. S. D. F. Salmond, in The Nicene and Post-Nicene Fathers, Second Series,

이것이 가능한 이유는 성부·성자·성령의 신적 생명이 '동일본질'(호모우시아 ὁμοουσία)이기 때문이다. 기독교 신학자들은 '상호내주'와 '상호관통'을 헬라어로 '페리코레시스'(περιχώρησις)라고 하였다. '페리코레시스'는 '~의 주위에'란 뜻의 '페리'(περί, around)와 '진행하다'를 뜻하는 '코레오'(χωρέω, go forward)의 복합어로서 동사 '페리코레오'(περιχωρέω)에서 유래하였다. 따라서 '페리코레시스'는 '서로 손을 잡고 빙빙 돌며 추는 '몰아'(沒我)적 사랑의 춤(a dance of love)'으로 번역할 수 있다.[561] 이것은 삼위일체 하나님의 완전한 역동적 조화와 친밀, 그로 인한 지복의 상태를 묘사해 준다.

(2) **"생칠팔구**(生七八九)。**"** "생칠팔구"(生七八九)란 일곱(七), 여덟(八), 아홉(九)의 현상이 생겨난다는 말이다. 그러므로 "대삼합륙(大三合六)、생칠팔구

---

eds. Philip Schaff and Henry Wace, vol. 9 (Grand Rapids, MI: Eerdmans, repr. 1989), 1.14. ; "Because of this unity the Father is wholly in the Son and wholly in the Holy Ghost, The Son is wholly in the Father and wholly in the Holy Ghost, the Holy Ghost is wholly in the Father and wholly in the Son." — the Council of Florence in 1441 A.D. Richard Swinburne, *The Christian God* (Oxford, England: Oxford University Press, 1993), 71.

561 The Church fathers called the dynamic within God by the term *perichoresis*. It comes from two words. *Peri* means "around", like peri-meter; and *choreia* means "to dance." (If you were to write down the dance steps you would be a choreo-grapher.) So *perichoresis* means a "dance of love", a mutual indwelling within the threefold nature of the Trinity, the circulation of love between the three persons of the Trinity. But it is the nature of love to give itself to the other – to ecstatically turn itself out toward the other, as parents do for their children, as a lover does for his beloved. Father, Son, and Holy Spirit turned themselves inside out to create other, non-divine beings, so there could be more love. https://blueeyedennis-siempre.blogspot.com/

(生七八九)"는 '천일·지이·인삼' 삼신일체 하느님의 작용으로 말미암아 일곱(七), 여덟(八), 아홉(九)의 현상이 발생한다는 의미이다. 여기서 '육'(六)의 한글 '여섯'은 녹도문에서 '삼신 하느님에 의해 생겨나 융성하게 되어 하느님으로 가득 채우는 것'을 형상화하였다. 그러니까 "생칠팔구(生七八九)"는 '여섯'(六)에서 기인하는 것이다. 한편 한자 '칠'(七)의 한글 '일곱'은 녹도문에서 '일어나서 굽는 것'을 형상화하였다. 즉 이것은 '세상 만물이 태어나서 반드시 죽는다'는 '조화주(造化主)의 섭리'(天二)를 가르친다: 전도서 3:20-21, "다 흙으로 말미암았으므로 다 흙으로 돌아가나니 다 한 곳으로 가거니와 인생들의 혼은 위로 올라가고 짐승의 혼은 아래 곧 땅으로 내려가는 줄을 누가 알랴." 그리고 한자 '팔'(八)의 한글 '여덟'은 녹도문에서 '길러 열매를 맺는 것'을 형상화하였다. 이 말은 '교화주(敎化主)의 섭리'(地二)를 따라 '모든 생물은 자라고 성숙하며 번식한다'는 것이다: 골로새서 1:17, "또한 그가 만물보다 먼저 계시고 만물이 그 안에 함께 섰느니라." 또한 한자 '구'(九)의 한글 '아홉'은 '인일'(人一)의 현상으로 녹도문에서 '사람의 마음을 수양하여 다스리는 것'을 형상화하였다. 이 말은 '치화주(治化主)의 섭리'(人二)를 따라 '사람은 마음의 다스림을 통해 하느님의 기운(생명)을 받는 것'이다[562]: 로마서 8:2, "이는 그리스도 예수 안에 있는 생명의 성령의 법이 죄와 사망의 법에서 너를 해방하였음이라." 따라서 "대삼합륙(大三合六)、생칠팔구(生七八九)"란 사람

562 이현숙, 『천부경, 하나부터 열까지』, 51-54.

은 '조화주의 섭리'를 따라 나서 죽으며, '교화주의 섭리'를 따라 인생의 성숙을 이루지만, '치화주의 섭리'를 따라 마음을 다스려 성화되도록 힘써야 한다는 뜻이다: 『태백일사(太白逸史)』 「삼한관경본기(三韓管境本紀)」, "일신(一神: 삼신일체 하느님)이 내려오심은 '사물을 다스림'이니 바로 천일(天一)이 물을 낳은 이치요, 성품이 광명에 통함은 '생장을 다스림'이니 바로 지이(地二)가 불을 낳은 이치요, 세상에서 교화를 폄은 '마음을 다스림'이니 바로 인삼(人三)이 나무를 낳은 이치니라."[563]

3) 천·지·인 삼신의 우주 섭리. "운삼사(運三四)、 성환오칠(成環五七)。" [본문 번역]: "셋이 운행하여 넷을 형성한다. 그리고 다섯과 일곱이 고리를 이룬다."

(1) **"운삼사(運三四)。"** 본문에서 '셋'(三)은 천일(天一)·지일(地一)·인일(人一)을 가리킨다. 이 셋이 움직여서 만들어진 것이 '넷'(四)이다. 여기서 '넷'(四)의 상호작용으로 인하여 만물이 생겨났다. 여기서 '넷'(四)은 우주의 기본적 구성 요소(元素)를 나타낸다. 고대 철학자들은 만물의 근원을 기(氣: 공기)·화(火: 에너지)·수(水: 물)·토(土: 흙)로 여겼다. 신라의 박제상(朴堤上,

563 이맥(李陌), 『태백일사(太白逸史)』 「삼한관경본기(三韓管境本紀)」, "一神所降者(일신소강자)、是物理也(시물리야)、乃天一生水之道也(내천일생수지도야)、性通光明者(성통광명자)、是生理也(是生理也)、乃地二生火之道也(내지이생화지도야)、在世理化者(재세리화자)、是心理也(시심리야)、乃人三生木之道也(내인삼생목지도야)。"

A.D.364-419)이 저술한 『부도지(符都志)』 제3장 만물의 창조에 대한 기록에서 기(氣)·화(火)·수(水)·토(土)를 언급하고 있다: "기(氣)·화(火)·수(水)·토(土)가 서로 섞여 낮과 밤, 사계절이 나눠지고 풀과 나무, 들짐승과 날짐승을 길러내니 땅 위에 일이 많아졌다. … 하늘에서는 기(氣)와 화(火)가 서로 밀어내어 찬 기운이 없어졌고 땅에서는 수(水)와 토(土)가 서로 어울려 조화롭게 되었다."[564] 한편 오늘날 물리학자들은 우주의 4가지 기본 요소를 시간·공간·물질·빛이라고 한다. 또한 현대과학에서 우주에 존재하는 기본적 힘 곧 자연을 지배하는 4가지 힘은 중력·전자기력·강핵력·약핵력이라고 가르친다. 중력(重力)은 물체와 물체 사이에 작용하는 힘으로서 1이라고 했을 때, 전자기력(電磁氣力)은 원자(原子)[565] 내의 전자와

---

564 박제상(朴提上), 『부도지(符都志)』, "以故(이고)、氣火水土(기화수토)、相得混和(상득혼화)、光分晝夜四時(광분서야사시)、潤生草木禽(윤생초목금)、全地多事(전지다사)。… 自此(자차)、氣火共推(기화공추)、天無音冷(천무음냉)、水土感應(수토감응)、知無凶戾(지무흉려)。" 부도(符都)란 '하느님의 뜻에 부합하는 나라'라는 뜻이며, 『부도지(符都志)』는 ≪천부경(天符經)≫을 기본 이념으로 만들어진 도시에 관한 기록이다. 『부도지(符都志)』의 부(符)는 천부(天符)의 약자이며, 부도지는 '천부도지'(天符都志)로 일컬을 수 있다. 이것은 한민족 상고시대에 대한 기록으로서 한민족의 정체성이 무엇인지 드러내고 있다.

565 원자는 물질을 구성하는 최소 단위이다(사실 현재까지 물질의 최소 기본 구성 요소는 '소립자'로 밝혀졌다). 이러한 원자가 두 개 이상 모여 분자(molecule)를 형성하는데, 물 분자의 경우 한 개의 지름은 대략 2×10^{-10}m 정도로 매우 작다. 물 한 방울에는 무려 3.3×10^{19}개의 물 분자가 들어 있는데, 이들 분자를 한 줄로 늘어놓으면 길이가 6.6×10^{9}m나 된다. 예를 들어, 1억만 분의 1㎝(10^{-8}㎝) 정도의 수소 원자 속을 들여다보면 또 한 번 자연의 오묘함에 놀라게 된다. 원자의 그 망막한 공간 중심에 '원자핵'(양성자와 중성자로 구성되어 있으며 이들은 각각 전자보다 1,836배 무겁다)이라는 작은 알맹이가 들어 있고 그 주위를 마치 지구가 태양을 돌 듯 조그만 전자가 돌고 있다(전자는 핵 둘레를 백만 분의 1초에 수십 억 번 돌며, 핵에서 전자까지의 거리는 핵 크기의 1만 배 된다). 더욱 경이로운 사실은 크기가 원자의 10만 분의 1정도 밖에 되지 않는 이 핵 속에서도

핵 사이에 작용하는 힘으로서, 중력보다 10^{38}배 강하다. 그리고 강핵력(強核力)은 핵 안의 양성자(陽性子)와 중성자(中性子) 사이에 작용하는 힘으로서, 중력보다 10^{40}배 강하다. 또한 약핵력(弱核力)은 양성자와 중성자 각각을 구성하는 3개의 쿼크(Quark) 사이에 작용하는 힘인데, 중력보다 10^{35}배이다. 힘의 세기 순서를 따라 배열해 보면, 강핵력(1) 〉 전자기력(1/100) 〉 약핵력(1/100,000) 〉 중력(1/10^{39})이 된다. 이처럼 우주의 4가지 힘 사이에 정교한 비율의 균형이 잡혀있다.[566]

마치 우주 공간에서 별들이 폭발하고 없어지며 또 탄생하듯이 낯선 소립자들이 생성과 사멸을 반복하면서 맹렬히 소용돌이치고 있다는 사실이다. 원자핵 속에서는 10^{23}의 1초 동안에 소립자들이 탄생했다가 사라진다.

566 "아주 작은 수치 변화에도 너무 민감한 우주의 구조를 보면 누군가의 세심한 주의와 통찰 속에서 만들어졌다는 인상을 떨칠 수 없다. … 이 수치들이 이루어 내는 기적에 가까운 현상은 우주가 설계되었다는 걸 증명하는 가장 설득력 있는 증거이다." (Paul Davies: "It is hard to resist the impression that the present structure of the universe, apparently so sensitive to minor alterations in the numbers, has been rather carefully thought out. ... The seemingly miraculous concurrence of these numerical values must remain the most compelling evidence for cosmic design.") Paul Davies, *God and the New Physics* (New York: Simon & Schuster, 1983), 189. // 무신론자이자 노벨 물리학상을 수상한 스트븐 와인버그(Steven Weinberg)는 우주상수(우주 공간의 에너지 밀도)가 "놀랄 만큼 우리에게 유리하도록 잘 맞춰져 있는" 것이 놀랍다고 했다. 다시 말해 우주상수가 정밀하게 조율되어 있다는 것이다. 우주의 미세조정은 최소 10^{53}분의 1로 추정된다. 이것은 10 다음에 0이 53개나 붙는 상상할 수도 없는 정밀도이다. 비유하자면, 우주 공간 밖에서 지구를 향하여 아무렇게나 다트(Dart) 하나를 던졌는데, 그것이 지름 10^{24}분의 1인치 원자 크기보다 더 작은 과녁을 맞히는 것과 같다. 우주상수에 중력을 추가하면, 미세조정의 정밀도는 10^{80}분의 1에 이르게 된다. 이것은 우주 전체 대비 하나의 원자와 같다. 우주의 미세조정만큼 정신을 아뜩하게 만드는 개념이 없다. 영국의 물리학자 로저 펜로즈(Sir Roger Penrose)는 한 매개변수에 10^{123}분의 1에 해당하는 미세조정이 필요하다고 말했다. 펜로즈는 그 수를 다 쓰는 것조차 불가능할 것이라고 했다. 왜냐하면 우주 전체에 흩어져 있는 소립자 수보다 더 많은 0이 필요하기 때문이다. 그는 "이것이 우주를 제 궤도에 올려놓는데 필요한 정밀도"(This is incredible precision in the organization of the initial universe)라고 말했다. Lee Strobel, 『창조설계의 비밀』, 홍종락 역 (서울: 두란

(2) **"성환오칠**(成環五七)。**"** "성환오칠"(成環五七)이란 '다섯'(五)과 '일곱'(七)이 고리를 이룬다는 것이다. 한자 '오'(五)의 한글 '다섯'은 녹도문에서 '땅에 만물이 생겨나는 것'을 형상화하였으며, 한자 '칠'(七)의 한글 '일곱'은 녹도문에서 '일어나서 굽는 것(죽는 것)'을 형상화하였다. 따라서 "성환오칠"(成環五七)을 직역하면 '만물은 나서 자라고 죽는다'가 된다. 이것은 '세상 만물이 태어나서 반드시 죽는다'는 '조화주(造化主)의 섭리'(天二)를 가르친다. 이것을 성경적으로 다시 해석하면, '하느님이 만물을 창조하셔서 땅에 만물이 생겨나지만, 이들은 반드시 죽게 되는 운명을 갖고 있어 생(生)과 사(死)가 불가분리의 관계를 지닌다'는 것이다. 사람도 '다섯'이 뜻하는 만물에 포함되므로 생(生)과 사(死)의 원리에서 벗어날 수 없다. 전도서 3:1-2, "범사에 기한이 있고 천하만사가 다 때가 있나니 날 때가 있고 죽을 때가 있으며." 따라서 "운삼사(運三四)、성환오칠(成環五七)"은 '삼신일체 하느님의 상호작용으로 만물의 근원을 이루는 기(氣: 공기)·화(火: 에너지)·수(水: 물)·토(土: 흙)가 생겨났고, 이들의 조합으로 생겨난 만물은 나서 자라고 죽는다'로 해석할 수 있다. 한편 본문에 나오는 '사'(四), '오'(五), '칠'(七) 등의 숫자를 자연의 순환 이치에 맞추어 설파한 음양오행설(陰陽五行說)과 연관 지어 해석하는 수많은 이론들이 있다. 음양오행설은 처음 제(齊)나라 추연(鄒衍, B.C.305~B.C.240)에 의해 체계적으로 성립되었다. 하지만 ≪천부경≫은 '하느님의 말씀을 기록한 경전'으로

노, 2005), 166-169.

서 환국에서 유래하였고, 환국의 환인천제가 배달국의 환웅천황에게 천부인 세 개 중 하나로서 물려준 경전이다. 이때가 B.C. 3897년이다. 그래서 『부도지(符都志)』는 '오행(五行)의 화(禍)'에 대하여 여러 번 언급하며 음양오행설을 전면 부인하고 있다.[567] ≪천부경≫은 삼신일체 하느님과 만물의 창조 원리 및 삼신일체 하느님과 인간 연합을 가르친다. 하지만 음양오행설은 범신론적 우주론에 근거하여 우주와 인간의 법칙을 생성과 소멸의 원리로 가르치기 때문에 ≪천부경≫과 대립된다.[568]

---

567 박제상(朴堤上) 『부도지(符都志)』 제17장(第十七章), "是時(시시)、陶堯起於天山之南(도요기어천산지남)。… 曾來往於祭市之會(증래왕어제시지회)、聞道於西堡之干(문도어서보지간)、然素不勤數(연소불근수)。 自誤九數五中之理(자오구수오중지리)、以爲中五外八者(이위중오외팔자)、以一御八(이일어팔)、以內制外之理(이내제외지리)、自作五行之法(자작오행지법)、主唱帝王之道(주창제왕지도)。巢夫許由等(소부허유등)、甚責以絕之(심책이절지)。… 時見龜背之負文(시견구배지부문)、蓂莢之開落(명협지개락)、以爲神啓(이위신계)、 因之以作曆廢天符之理(인지이작력폐천부지리)、 棄符都之曆(기부도지력)。" [본문 번역]: "이때에 요(堯: 요임금)가 천산의 남쪽에서 일어났다. … (그는 고조선의) 제시(祭市) 모임에 왕래하고 서쪽 성벽을 지키는 수장에게 와서 도를 배웠으나 수학을 힘써 배우지 않았다. 아홉 개의 숫자 가운데 중심이 되는 다섯(5)의 이치를 알지 못했으며, 여덟(8)의 숫자만을 알아서 1을 8이라고 잘못 생각하고, 안에서 밖을 통제하는 이치라 하여 '오행의 법'(木·火·土·金·水)을 만들어 '제왕의 도'(帝王之道)라고 주창하였다. 소부와 허유 등 밝고 어진 사람들이 심히 꾸짖고 그것을 거절하였다. … 거북이 등에 있는 무늬와 명협풀이 피고 지는 것을 보고 신(神)의 계시라 하여 새로운 달력체계(歷: 역법)를 만들어 천부의 이치(天符之理)를 버리고 부도(符都)를 배척하였다." 제19장(第十九章), "有戶氏曰(유호씨왈)、 五味之災未濟又作五行之禍(오미지재미제우작오행지화)、 罪滿於地罡蔽於天(죄만어지강폐어천)、 數事多乖人世困苦(수사다괴인세곤고)。 此不可不正之(차불가불정지)、且不知而犯者容或誨之(차불지이범자용혹회지)。" [본문 번역]: "유호씨가 말하였다: 오미의 재앙이 아직 다 끝나지도 않았는데 또 다시 '오행의 화'(五行之禍)를 만들어내니 죄가 땅에 가득하다. 하늘은 어둡고 어지러운 일이 많아져 인간 세상이 고통스러워졌으니 바로 잡지 않을 수 없다. 모르고 죄를 짓는 자는 혹여 용서하여 가르칠 수 있으나 알고도 죄를 짓는 자는 가까운 혈육이라도 용서할 수가 없다."

568 이현숙, 『천부경, 하나부터 열까지』, 253-267.

3. 하경(下經). 삼신일체 하느님의 구원 섭리

1) 불변하시는 삼신일체 하느님. "일묘연만왕만래(一妙衍萬往萬來)、용변불동본(用變不動本)。"

(1) **"일묘연만왕만래**(一妙衍萬往萬來)。" [본문 번역]: "하느님(一)은 (그 작용이) 묘연해서 만물이 생기게도 하시고 없어지게도 하신다." 여기서 사용된 '일'(一)은 '일시무시일'(一始無始一)에 나오는 '하나'(一: 하느님)이다. '하나'에서 '천일'(天一)·'지일'(地一)·'인일'(人一)이 나오며, 이들이 모여 작용하니 네 기운이 생겨나서 땅과 하늘에 만물이 생성되어 현재의 우주가 되었다는 것이다. 여기서 '묘연하다'(妙衍)란 문자적으로 '그윽하고 멀다'란 뜻으로, 그 작용이 오묘하여 인간의 이성적 판단의 영역을 벗어나 인간이 이해하기 어렵다는 말이다. 이렇듯 삼신일체 하느님의 만물에 대한 작용(사역)은 오묘하다. 욥기 5:9, "하나님은 헤아릴 수 없이 큰일을 행하시며 기이한 일을 셀 수 없이 행하시나니." 욥기 11:7-9, "네가 하나님의 오묘함을 어찌 능히 측량하며 전능자를 어찌 능히 완전히 알겠느냐 하늘보다 높으시니 네가 무엇을 하겠으며 스올보다 깊으시니 네가 어찌 알겠느냐 그의 크심은 땅보다 길고 바다보다 넓으니라." 로마서 11:33, "깊도다 하나님의 지혜와 지식의 풍성함이여, 그의 판단은 헤아리지 못할 것이며 그의 길은 찾지 못할 것이로다."

(2) **"용변불동본(用變不動本)。"** [본문 번역]: "삼신의 작용(用)으로 세상의 모든 현상이 나타나지만, 그 작용(用)의 현상은 변하더라도 하느님의 신적 본질은 변동되지 않는다." 즉 여기서 작용이란 천지만물의 생성과 소멸을 의미한다. 따라서 "일묘연만왕만래(一妙衍萬往萬來)、용변불동본(用變不動本)"을 번역하면, '하느님(一)은 (그 작용이) 묘연해서 만물이 생기게도 하시고 없어지게도 하신다. 삼신의 작용(用)으로 세상의 모든 현상이 나타나지만, 그 작용(用)이 어떻게 변하더라도 하느님의 신적 본질에는 변화가 없다'는 말이다. 이것은 창조주와 피조물의 특성을 잘 나타내고 있다. 시편 102:25-27, "주께서 옛적에 땅의 기초를 놓으셨사오며 하늘도 주의 손으로 지으신 바니이다 천지는 없어지려니와 주는 영존하시겠고 그것들은 다 옷 같이 낡으리니 의복 같이 바꾸시면 바뀌려니와 주는 한결같으시고 주의 연대는 무궁하리이다." 피조물과 대비되는 하느님의 신적 특성을 기독교 신학으로 설명하면 다음과 같다: 하나님의 '유일성'은 하나님 속성의 기초이며, '자존성'(만물의 초월)·'불변성'(존재의 완전)으로 이루어져 있다. 자존성은 만물을 초월하는 '영원성'(시간의 초월)·'무한성'(공간의 초월)으로 구성되며, 하나님의 절대적 속성(하나님의 존재 특성–경외의 근거)이다. 그리고 불변성은 존재의 완전을 나타내는 '편재성'(임재의 완전)·'전지성'(지식의 완전)·'전능성'(능력의 완전)으로 구성되며, 하나님의 비공유적 속성(하나님의 창조사역–신뢰의 근거)이다.

2) 삼신일체 하느님과 인간의 연합. “본심본태양(本心本太陽)、앙명인중천지일(昻明人中天地一)。”

(1) **“본심본태양(本心本太陽)。”** [본문 번역]: “사람의 근본 마음은 원래 태양처럼 밝아질 수 있다.” 본문에서 ‘태양’은 해를 뜻하는 것이 아니라 ‘크게 밝다’를 의미한다. 여기서 주어가 문맥상 하느님(一)이 아닌 사람이다. 본문은 사람 마음 자체가 밝다는 말이 아니라 ‘마음이 밝은 사람’(明人)이 될 수 있다는 것이다.

(2) **“앙명인중천지일(昻明人中天地一)。”** 본문에서 “앙명인”(昻明人)은 ‘밝은 사람(明人)을 우러러 보라’는 뜻이다. 그리고 “인중천지일”(人中天地一)을 직역하면 ‘마음속에 천일·지일·인일이 있는 사람’이다. 여기서 ‘인일’(人一)이 생략되었지만 본 문장에 포함되어 있다. 그러므로 “명인중천지일”(明人中天地一)은 ‘밝은 사람이란 천일(天一)·지일(地一)·인일(人一)이 마음속(中)에 거하여 삼신일체 하느님과 연합한 사람’이라는 것이다. 결국 “앙명인중천지일”(昻明人中天地一)은 ‘밝은 사람이란 마음속에 천·지·인(天地人)의 기운(생명)을 받아(中) 삼신일체 하느님과 연합하였으니 우러러 보고 공경해야 마땅하다’는 말이다. 따라서 “본심본태양(本心本太陽)、앙명인중천지일(昻明人中天地一)”은 ‘사람의 근본 마음은 원래 태양처럼 밝아질 수 있다. 밝은 사람이란 온전히 마음을 다스려 천·지·인(天地人)의 기운을 받아 하느님과 연합하였으니 우러러 보고 공경해야 마땅하다’란 의

미를 지닌다. 달리 표현하면, 인간은 짐승과 달리 영적 존재로서 계명에 순종해 마음을 다스려 마음속에 삼신(三神)의 생명(기운)을 받아 하느님과 연합하여 영적 빛을 발하는 '빛의 사람'(明人)이 되라는 권면이다.

본문의 "명인중천지일"(明人中天地一)은 성경의 진리와 일치한다. 즉 초월자이신 하나님이 피조물인 인간의 영혼과 연합하려면 하나님이 삼위일체로 존재해야 한다. 하나님과 인간이 생명으로 연합하기 위하여 하나님은 인간이 되셔서 죄인의 속죄를 위하여 피 흘려 죽으셔야만 했다(롬5:9-11). 그리고 '그리스도의 보혈'로 말미암아 성령께서 인간 영혼에 임하시는 '성령의 내주'가 가능케 됐다(딛3:5-6). 이와 더불어 성령의 내주로 말미암아 성부 하나님의 생명이 신자의 영혼에 이식되었다(엡4:18). 이렇듯 성부·성자·성령 하나님이 독립된 세 인격을 나타내는 '삼위'(三位)로 존재하시지 않았다면, 성자 하나님의 성육신도 성령 하나님의 인간 영혼에 내주하심도 불가능했다. 한편 그리스도의 속죄사역과 성령의 내주는 언약백성이 마음으로 하나님의 계명에 순종하도록 하기 위해서이다(겔36:27). 왜냐하면 성부 하나님의 계명에 순종할 때만 하나님의 생명이 영혼 안에서 확장되어 갈 수 있기 때문이다(레18:5;신32:46-47;요12:50;롬7:10). 그런데 문제는 성령의 내주를 통하여 자아와 하나님의 생명이 결합되어 형성된 새사람을 대항하여 옛사람이 득세하고 있다(롬7:21-25). 그래서 영적 투쟁을 통하여 그리스도의 십자가 죽음에 연합하는 만큼 성령을 통하여 하나님의 성품으로 변혁되며 영혼에 하나님의 생명이 확장되어 하나님과의 생명연합이 이루어진다(딤전6:11-14;엡2:20-22). 그렇게 되면 삼위일체 하나님의 생명과 연합된 성도는 '빛의 열매'(엡5:8-9)를 맺는 '빛의 자녀'(요8:12)가 된다.

이런 측면에서 『환단고기』의 『태백일사(太白逸史)』 「소도경전본훈(蘇塗經典本訓)」에 수록된 ≪천부경≫ · ≪삼일신고≫ · ≪참전계경≫은 계명에 순종해 마음을 다스려 하나님의 생명과 연합된 하나님의 자녀로서 하나님의 빛을 발하도록 인도하는 지침서이다. 『환단고기(桓檀古記)』에서 '환단'(桓檀)은 『태백일사』 「신시본기」에 보면, "하느님으로부터 내려온 최초의 광명을 '환'(桓)이라 하고, 하느님의 광명이 비친 '땅'을 '단'(檀)이라 한다"[569]는 구절이 있다. 한편 '대한민국'(大韓民國)에서 '한'(韓)은 '환'(桓)과 마찬가지로 광명을 뜻하며 또한 '밝고 큰 인간'이라는 의미도 함축하고 있다. 그러므로 '환'(桓)은 하느님의 광명, '단'(檀)은 땅의 광명, '한'(韓)은 인간의 광명을 뜻한다. 그리고 '환단고기'는 상고시대에 하느님의 뜻을 따라 빛 된 삶을 살았던 '환국'과 '배달국' 및 '고조선'의 역사 기록이다. 이렇듯 우리 조상들은 하늘의 광명인 '환'(桓)과 땅의 광명인 '단'(檀)을 따라 하늘과 땅의 광명을 실현하는 역사의 주체를 '한'(韓)이라 했던 것이다. 이를 달리 말하면, 한민족(韓民族)은 온 세상에 하느님의 빛을 비추라는 사명을 받은 민족이다. 이것은 '인간을 널리 이롭게 한다'는 '홍익인간'(弘益人間) 및 '세상을 진리로 교화한다'는 '재세이화'(在世理化)와

569 이맥(李陌), 『태백일사』 「신시본기(神市本紀)」, "自天光明謂之桓也(자천광명위지환야)、自地光明謂之檀也(자지광명위지단야)。"

맥을 같이 한다. '재세이화'는 '홍익인간'의 완결점이고 최종 목표이다.[570] 이사야서 60:1-3, "일어나라 빛을 발하라 이는 네 빛이 이르렀고 여호와의 영광이 네 위에 임하였음이니라 보라 어둠이 땅을 덮을 것이며 캄캄함이 만민을 가리려니와 오직 여호와께서 네 위에 임하실 것이며 그의 영광이 네 위에 나타나리니 나라들은 네 빛으로, 왕들은 비치는 네 광명으로 나아오리라."

3) 유일하신 한 분 하느님. "일종무종일(一終無終一)。" [본문 번역]: "유일하신 하느님은 끝남도 없이 존재하시는 한 분 하느님이시다." "일종무종일"(一終無終一)을 직역하면 '하나의 끝남은 끝남이 없는 하나이다'를 의미한다. "일종무종일"(一終無終一)은 ≪천부경≫의 첫 구절인 "일시무시일"(一始無始一)과 대구를 이룬다. "일시무시일"(一始無始一)은 '유일하신 하느님은 시작도 없이 존재하시는 한 분 하느님이시다'를 의미한다. 따라서 "일시무시일(一始無始一)、일종무종일(一終無終一)"은 '시작과 끝남이 없으신 유일하신 한 분 하느님'의 특성을 나타낸다. 이 사상은 성경과 정확히 일치한다. 성경에서 하나님이 자신의 존재를 인간에게 계시하여 그 성호(聖號)를 나타낸 유일한 이름이 '여호와'이며, 성경에 6,823회 등장한다. 구약성경에서 '여호와'로 고유명사화 된 출애굽기 3:14의 '나

570 '홍익인간'과 '재세이화'는 원래 환인(桓因)이 세운 환국(桓國)과 환웅(桓雄)이 세운 배달국(倍達國)의 국가이념이었다. 그리고 고조선(古朝鮮)은 환국과 배달국의 국가이념을 그대로 전수하였다.

는 스스로 있는 자'(I AM)를 뜻하는 미완료동사 '에흐예'는 70인역에서 '에고 에이미'(ἐγώ εἰμι, I AM)로 번역되었다. 그리고 '내가 그니라'(I am He)의 히브리어 '아니 후'(אֲנִי־הוּא) 역시 70인역에서 '에고 에이미'(ἐγώ εἰμι, I AM)로 번역되었다. 그러니까 '나는 스스로 있는 자'(I AM)와 '내가 그니라'(I am He)는 동의어인 셈이다. '내가 그니라'("I [am] He," NKJV譯)에 해당하는 '아니 후'(אֲנִי־הוּא)는 대명사로만 이루어진 독특한 표현으로서, '바로 내가 세상에 존재하는 유일한 참 하나님이다'라는 뉘앙스를 나타내고 있다. 신명기 32:39, "이제는 나 곧 내가 그인 줄 알라 나 외에는 신이 없도다." 여기서 흥미로운 사실은 "나 곧 내가 그"(아니 아니 후 אֲנִי אֲנִי הוּא)에서 '나'라는 뜻의 1인칭 대명사 '아니'가 두 번씩이나 반복하여 사용된 이유는 하나님의 유일성(The only God)을 강조하기 위해서이다. 이사야서 43:10-11, "나 여호와가 말하노라 너희는 나의 증인, 나의 종으로 택함을 입었나니 이는 너희가 나를 알고 믿으며 내가 그인 줄 깨닫게 하려 함이라 나의 전에 지음을 받은 신이 없었느니라 나의 후에도 없으리라 나 곧 나는 여호와라 나 외에 구원자가 없느니라." 이사야서 44:6, "이스라엘의 왕인 여호와, 이스라엘의 구원자인 만군의 여호와가 이같이 말하노라 나는 처음이요 나는 마지막이라 나 외에 다른 신이 없느니라."

B

≪삼일신고(三一神誥): 교화경(敎化經)≫

『태백일사(太白逸史)』「소도경전본훈(蘇塗經典本訓)」에서 ≪삼일신고(三一神誥)≫의 핵심 주제를 다음과 같이 소개하고 있다: " ≪삼일신고(三一神誥)≫는 본래 (환국의 구전을 거쳐 배달국의) 신시개천시대에 나왔고 그때 글로 지어진 것이다. 그것은 대개 하나를 잡아 셋을 포함하고(執一含三) 셋을 모아 하나로 돌아간다(會三歸一)는 진리(義)를 그 근본 강령(本領)으로 삼고 있다. 이 글은 5장으로 구분되어 있는데, 우주·인간·만물의 근원인 천신(天神)의 조화(造化)에 대하여 자세히 논하고 있다."[571] 이로보건데, ≪삼일신고(三一神誥)≫는 삼신일체 하느님의 신비와 그가 창조한 우주·인간·만물에 관한 사역을 기록하고 있다. 한편 ≪삼일신고(三一神誥)≫는 ≪천부경(天符

571 이맥(李陌), 『태백일사(太白逸史)』「소도경전본훈(蘇塗經典本訓)」, "三一神誥(삼일신고)、本出於神市開天之世(본출어신시개천지세)、 而其爲書也(이기위서야)、 盖以執一含三(개이집일함삼)、會三歸一之義(회삼귀일지의)、爲本領(위본령)。而分五章詳論(이분오장상론)、天神造化之源(천신조화지원)、世界人物之化(세계인물지화)。"

經)≫과 분리되어 따로 설명되는 경우가 거의 없다. ≪삼일신고≫는 '천경신고'(天經神誥)[572]라 하여 ≪천부경≫과 같이 쓰이거나 ≪천부경≫과 함께 거론된다. 『단군세기(檀君世紀)』에 보면 11세 단군 도해(道奚)의 치적을 논하며, "을해 46년(B.C.1846) … 3월에 삼신께 제사를 지내시고 … 누각에 올라 '천부경을 논하시고 삼일신고를 강연하셨다'(論經演誥)"[573]고 기록하였다. 『환단고기(桓檀古記)』의 여러 기록들을 보면, ≪삼일신고(三一神誥)≫가 환국·배달국·고조선·북부여·고구려·발해로 이어지는 한민족의 역사 속에서 ≪천부경≫과 더불어 국가적으로 매우 중시된 경전임을 밝히고 있다. 고구려의 멸망 이후 고구려를 계승하여 대조영(大祚榮, 재위 기간 A.D.698~719)이 A.D. 698년에 건국한 발해(渤海)의 역사를 기록한 『태백일사(太白逸史)』「대진국본기(大震國本紀)」에 다음과 같이 언급되어 있다: "태자 흠무가 (A.D. 737년에) 즉위하여 연호를 고쳐 대흥(大興)이라 하고 이듬해 태학(太學)을 세워 ≪천부경≫과 ≪삼일신고≫(天經神誥)를 가르치

572 이암(李巖), 『단군세기(檀君世紀)』, "曰惟我神市(왈유아신시)、實自桓雄開天(실자환웅개천)、納衆以佺設戒(납중이전설계)、而化之天經神誥詔述(이화지천경신고조술)。" [본문 번역]: "생각컨대 우리 신시는 환웅천황께서 개천하시고 사람들에게 가르침을 베푸시니 이는 '천경신고'(天經神誥)에 조술하신 바이다." ; 이맥(李陌), 『태백일사(太白逸史)』「신시본기(神市本紀)」, "蓋上世神市之人文敎化(개상세신시지인문교화)、至于近世雖不得健行(지우근세수불득건행)、而天經神誥(이천경신고)、猶有傳於後世(유유전어후세)、擧國男女(거국남녀)、亦皆崇信於潛嘿之中(역개숭신어잠묵지중)。" [본문 번역]: "옛날 (배달국) 신시의 인문교화가 근세에 이르러 전해지지 않는다 해도 '천경신고'(天經神誥)는 오히려 후세에 전해진 바가 있는 듯하니 거국적으로 나라의 남녀가 이를 믿고 받들기를 은연중에 하고 있다."

573 이암(李巖), 『단군세기(檀君世紀)』, "乙亥四十六年(을해사십육년) … 三月祭三神(삼월제삼신) … 仍登樓殿論經演誥(잉등루전론경연고)。"

고 환단(桓檀)의 옛 역사를 강론했다."[574]

≪천부경≫ 81자가 담고 있는 의미는 ≪삼일신고≫ 366자에서 더욱 명료하게 드러난다. 첫째, ≪삼일신고≫의 본질적 교훈은 삼신일체 하느님의 존재 방식인 집일함삼(執一含三)과 회삼귀일(會三歸一), 곧 일즉삼(一卽三)과 삼즉일(三卽一)을 말한다. 둘째, ≪삼일신고≫의 궁극적 교훈은 하느님과 인간의 연합을 의미하는 ≪천부경≫의 "인중천지일"(人中天地一)에 대한 구체적 방법으로서 삼신일체 하느님의 계명에 순종함으로 마음을 다스려 완전(完全)에 이를 수 있는 '성통공완'(性通功完)을 가르친다. 한편 ≪삼일신고≫는 다섯 장으로 구성되어 있다. 제1장(虛空: 기묘자), 하느님의 신비적 속성을 다루고 있다. 제2장(一神: 유일신), 하느님의 사역적 속성을 다루고 있다. 제3장(天宮: 천국), 하느님 나라의 특성을 다루고 있다. 제4장(世界: 우주), 하느님이 창조하신 우주의 특징을 다루고 있다. 제5장(人物: 완덕), 새사람의 확장을 통한 '완덕'(完德, Christian Perfection)을 다루고 있다.

1. 제1장 허공(虛空: 기묘자)

"제왈이오가중(帝曰爾五加衆)、창창비천(蒼蒼非天)、현현비천(玄玄非天)、천무

---

574 이맥(李陌), 『태백일사(太白逸史)』 「대진국본기(大震國本紀)」, "太子欽武立(태자흠무립)、改元曰大興(개원왈대흥) … 明年立太學(명년입태학)、教以天經神誥(교이천경신고)、講以桓檀古史(강이환단고사)。"

형질(天無形質)、무단예(無端倪無)、무상하사방허허공공(無上下四方虛虛空空)、무부재(無不在)、무불용(無不容)。" [본문 번역]: "환웅천황께서 말씀하시기를, 너희 오가(五加)의 무리들아, 푸르고 푸른 것이 하느님은 아니며, 검고 검은 것이 하느님은 아니다. 하느님은 형상도 바탕도 없으시고, 시작도 끝도 없으시며 위아래 사방도 없이 텅 비어 있으시나 계시지 않은 곳이 없고 포용하지 않는 것이 없으시다." ≪삼일신고≫의 제1장 제목 '허공'(虛空)은 '텅 빈 공중'을 뜻하는데, 이것은 하느님이 인간의 이성적 이해와 판단의 영역을 벗어나 계시는 '기묘'(奇妙)와 '신비'(神秘)이심을 함축한다(삿13:18;사9:6). 이런 '허공'의 개념을 이해시키기 위해서 '푸르고 푸른 것이 하느님은 아니며'로 번역되는 "창창비천"(蒼蒼非天)과 '검고 검은 것이 하느님은 아니다'로 번역되는 "현현비천"(玄玄非天)이라는 표현을 사용하였다(삿13:18;사9:6). 성경은 이와 같은 하나님의 기묘한 특성을 이사야서 46:5에 언급하였다: "너희가 나를 누구에 비기며 누구와 짝하며 누구와 비교하여 서로 같다 하겠느냐." 하나님은 인간의 어떤 상상이나 개념, 상징과 언어적 표현까지 초월하시는 분이기 때문에 인간이 하나님의 실체를 온전히 깨닫는 것은 불가능하다(딤전6:15). 인간은 하나님이 자신을 계시해 주시는 만큼 하나님을 부분적으로 알 수 있다(신29:29). 토마스 아퀴나스(Thomas Aquinas, 1225~1274)는 이것을 하나님의 '불가완해성'(不可完解性, incomprehensibility)이라고 했다. 이 말의 의미는 하나님을 부분적으로는 이해할 수 있지만(理解, apprehension) 하나님을 완전히 알 수 없다는 것이다(完解, comprehension). 제1장은 하느님의 신적 속성을 다음과 같이 설명하고 있다.

1) 하느님의 영성(靈性). “천무형질(天無形質)。” [본문 번역]: “하느님은 형상도 바탕도 없으시고.” 본문에서 “형질”(形質)이란 피조물이 지니고 있는 모양과 성질을 말한다. 따라서 “천무형질”(天無形質)이란 하느님께는 피조물이 지니고 있는 모양과 성질이 없다는 뜻이다. 이것은 하느님의 영성을 지칭한다. 성경은 하나님의 영성을 가르친다. 요한복음 4:24에 언급된 ‘하나님이 영이시다’라는 것은 그것이 물질적이든 영적이든 피조세계에 존재하는 요소를 지니지 않는 ‘순수한 영’(Pure Spirit)이라는 뜻이며, 따라서 헬라어로 ‘영’(靈)을 지칭하는 ‘프뉴마’(πνεῦμα)에는 관사가 없다.[575] 기독교 신학은 하나님의 영성에 대하여 3가지로 설명하였다. ① 불가견성(不可見性) - 인간은 천국에 가서도 예수님은 볼 수 있으나(요일3:2) 하나님을 볼 수 없다(딤전1:17). 하나님은 초월적인 순수한 영이시기 때문에 피조물인 인간이 하나님을 보고 살아남을 수 없다(출33:20). 그래서 하나님은 인간에게 자신의 ‘본체’를 보이신 적이 없다(요일4:12). ② 생명성(生命性) - ‘순수한 영’이신 하나님은 영원하고 피조 되지 않은 초자연적 ‘생명’ 자체시다(요5:26). 이 ‘하나님의 생명’(엡4:18)은 어떤 종류의 타격에도 변하지 않은 채로 영원히 살아계시며 동일하다(딤전1:17,6:16). 여기서 ‘생명’으로 번역된 ‘조에’(ζωή)는 헬라어 신약성경에서 초월적 하나님의 생명을 의미한다. ③ 인격성(人格性) - 인격성이란 행위의 주체자로서 스스로 의식하고 결정할 수 있는 능력이 있다는 뜻이다. 그러므로 성경은 처

575 ‘프뉴마 호 데오스 πνεῦμα ὁ Θεός’ (“God is Spirit,” TEV譯).

음부터 끝까지 하나님은 지·정·의(知情意)를 소유하신 인격적 하나님으로 묘사하고 있다(시34:15-18,94:9). 따라서 하나님은 인격을 지니고 계시기 때문에 인격을 지닌 인간과 교제할 수 있다(요일1:3).

2) 하느님의 영원성(永遠性). "무단예(無端倪)。" [본문 번역]: "시작도 끝도 없으시며." 본문에서 "단예"(端倪)는 시작과 끝이라는 뜻이고, '무'(無)는 절대적 없음 개념이다. 따라서 "무단예"는 시작과 끝이 없다는 의미로 하느님의 영원성을 나타낸다. 성경은 하나님의 영원성을 가르친다. 시편 90:2, "산이 생기기 전, 땅과 세계도 주께서 조성하시기 전 곧 영원부터 영원까지 주는 하나님이시니이다." 본문에서 "영원부터 영원까지"라는 구절은 '하나님의 영원성'을 강조해 주는 표현이다(시102:25-27;사57:15). 즉 인간의 사고 작용을 뛰어넘는 하나님은 시작도 없고 끝도 없으신 분으로 시간의 제약으로부터 초월해 계시는 분이다. 인간은 과거·현재·미래로 시간을 구분하지만 하나님께는 그런 구분이 전혀 의미가 없다. 그러므로 하나님은 시간 안에 계시지 않고 시간이 하나님 안에 있다(시93:2). 중세 스콜라 신학자 토마스 아퀴나스(Thomas Aquinas, 1225~1274)는 '높은 탑 비유'에서 이를 설명하였다. 곧 시간의 개념에 대한 인간의 방식은 긴 행렬이 지나가는 한 지점에 서서 그것을 보는 것과 같다고 했다. 즉 관찰자에게 지나간 행렬은 과거요, 지금 보고 있는 행렬은 현재이며, 아직 나타나지 않은 행렬은 미래라는 것이다. 그러나 시간의 개념에 대한 하나님의 방식은 높은 탑 위에서 긴 행렬의 전부를 동시에 보고 계시기

때문에 미래에 발생할 사건도 이미 알고 계신다는 것이다(사46:9–10). 따라서 하나님에게 과거·현재·미래는 구분 없이 '여기 그리고 지금'(here & now–영원한 현재)이다. 이러한 시간 개념은 인간의 이성으로 이해가 불가능하다.

3) 하느님의 무한성(無限性). "무상하사방허허공공(無上下四方虛虛空空)。" [본문 번역]: "위아래 사방도 없이 텅 비어 있으시나." 본문에서 "사방"(四方)은 동서남북의 방위를 총칭하는 것으로, "무상하사방"(無上下四方)이란 하느님의 무한계성을 나타낸다. 한편 "허허공공"(虛虛空空)은 "무상하사방"(無上下四方)에 대한 부언 설명으로 '빌 허(虛)'와 '빌 공(空)'이 반복 사용되어 '텅 비어 있다'는 것을 강조하고 있다. 성경은 하나님의 무한성을 가르친다. 열왕기상 8:27, "하나님이 참으로 땅에 거하시리이까 하늘과 하늘들의 하늘이라도 주를 용납하지 못하겠거든 하물며 내가 건축한 이 성전이오리이까." 본문에서 "하늘들의 하늘"은 천국을 지칭하는 표현으로서, 우주만이 아니라 천국도 장소적으로 하나님을 제한할 수 없음을 나타낸다. 곧 하나님은 무한하신 분이기 때문에 물질계이든 영계이든 유한한 공간에 예속되지 않으시고, 오히려 유한한 공간이 하나님께 의존한다. 그러므로 하나님의 무한성이란 한계점이 없거나(無邊性–경계선이 없음), 측량할 수 없다는 말과 같다(無測性–양이나 크기를 잴 수 없음). 왜냐하면 하나님은 만유(萬有–하나님이 창조하신 모든 것) 위에 계시며 만유 밖에, 만유를 넘어 계시기 때문이다(엡4:10). 이러한 하나님의 무한성은 다른 이방 신들과

구분되는 하나의 기준인데, 헬라의 신들이나 동양신비종교의 범신론과 헤겔이 말하는 '세계정신'은 자연이라는 공간에 제한을 받는 신 개념이다. 그러나 성경에서 말하는 하나님은 우주 공간을 초월해 계신 분이시다. 더 나아가 물질계뿐 아니라 영계조차 뛰어넘는 분이시다. 따라서 하나님의 무한성은 인간 이성으로 이해가 불가능한 하나님의 속성이다.

4) 하느님의 편재성(遍在性). "무부재(無不在)。" [본문 번역]: "계시지 않은 곳이 없고." 본문에서 "부재(不在)"는 '있지 않다'는 뜻이니, "무부재"(無不在)는 이중부정으로서 '있지 않은 곳이 없다'란 뜻이며, 이것은 모든 곳에 동시에 계시는 '무소부재'(無所不在)하신 하나님의 편재성을 나타낸다. 성경은 하나님의 편재성을 가르친다. 예레미야서 23:24, "여호와가 말하노라 나는 천지에 충만하지 아니하냐." 본문에서 "나는 천지에 충만하지 아니하냐"는 구절은 하나님의 편재성을 나타낸다. 편재성이란 하나님이 본질적으로 전혀 분산이나 확산됨 없이 또 복제나 분열됨 없이 온전히 전 존재로 영계든 자연계든 모든 피조세계의 구석구석에 침투하여 이를 채우고 계시다는 뜻이다(시139:7–12). 이것은 피조물과의 관계에 있어서 무한하신 하나님의 임재와 현존을 강조하는 말이다. 즉 하나님은 우리 주변 및 내면 어느 곳에나 임재 하여 계신데, 공기나 힘의 형태로 임재하시는 것이 아니라 지극히 인격적으로 임재 하신다. 하나님은 그 무엇보다, 심지어 우리 자신이 우리 자신에게 보다 우리에게 더 가까이 계신 분이다. 모든 피조물은 인간이나 천사를 포함하여 동시에 두 장소를

점유할 수 없다(욥1:7,2:2;벧전5:8). 그러나 시간과 공간을 초월하시는 하나님은 모든 곳에 동시적으로 임재 하여 계신다. 그러므로 모든 피조물은 그 곳이 천국이든 지옥이든 이 세상 어디든 편재하시는 '하나님 앞에' 즉각적으로 드러나는 것이다(욥2:1–10,26:6).

5) 하나님의 포용성(包容性). "무불용(無不容)。" [본문 번역]: "포용하지 않는 것이 없으시다." 본문에서 "불용"(不容)은 '포용하지 않는다'는 뜻이고 "무불용"(無不容)은 이중부정으로서 '포용하지 않는 것이 없다'는 것이다. 이는 하나님이 만물의 창조자이시기 때문에 모든 만물은 존재의 근거가 하나님 안에 있다는 하나님의 포용성을 나타낸다: 사도행전 17:28, "우리는 그분 안에서 살고 움직이며 존재합니다."(현대인의 성경). 한편 성경은 우주를 붙들고 유지하며 보존하는 힘의 근원이 예수 그리스도라고 선언하였다: 골로새서 1:17, "또한 그가 만물보다 먼저 계시고 만물이 그 안에 함께 섰느니라." 본문에서 "함께 섰느니라"로 번역된 '쉬네스테켄'(συνέστηκεν)의 원형 '쉬니스테미'(συνίστημι)는 '붙들다'(uphold)를 의미하는 '히스테미'(ἵστημι)와 '함께'(together with)를 뜻하는 '쉰'(σύν)의 합성어로서, 이것은 우주의 모든 만물이 혼돈이 아닌 질서를 유지하도록 붙들고 있다는 것을 함축하고 있다. 이 구절에 대한 여러 번역을 참고하면 그 의미가 더욱 뚜렷해진다: "모든 피조물이 그 분 안에 응집하여 있다."["in Him all things consist (cohere, are held together)," AmpB譯]. ; "예수님이 전 창조 세계를 지탱하는 근본 원리시다"("the upholding principle of the whole scheme of creation,"

Phillips譯). ; "모든 피조물이 그 분 안에 들러붙어 있다"("they all in him hold together." Rotherham譯). ; "모든 만물이 그들의 존재를 예수님께 의존하고 있다"("all things depend upon him for their existence." TCNT譯).

좀 더 구체적으로 표현하면, 이는 만물이 존재하기 위해 함께 중심을 향하여 연결되어 있는 것을 의미한다. 마치 자궁 안에 있는 태아가 탯줄을 통하여 모체와 연결되어 있는 것처럼, 또 자전거 바퀴의 살이 중심축으로 말미암아 함께 붙들려 그 존재를 지탱해 나가는 것처럼, 만물이 그 중심을 붙들고 계시는 예수 그리스도로 말미암아 통일되고 보존되어 함께 존재한다는 뜻이다. 이것은 예수 그리스도와 피조물과의 관계에 있어서 만물이 예수 그리스도께 전적으로 의존하고 있음을 설명해 주며, 우주 안에 있는 그 어느 것도 예수 그리스도를 떠나 분리하여 생각할 수 없음을 의미한다. 만일 예수 그리스도가 만물의 주재자로서 지속적으로 붙드는 일을 그치신다면, 그것들은 더 이상 한순간도 지탱할 수 없어 소멸(extinction)될 것을 의미한다. 왜냐하면 만물은 그분 안에서만 살고 존재할 수 있기 때문이다(욥12:10). 특히 "함께 섰느니라"는 단어가 현재완료형으로 기록된 것은 만물을 태초부터 이미 붙들고 계신 그리스도께서 지금도 계속 붙들고 계신다는 뜻이다. 한편 "그 안에"에 해당하는 '엔 아우토'(ἐν αὐτῷ in him, by him)는 '그의 권세 안에' 혹은 '그에 의하여'라는 두 가지 의미를 나타내며, 만물이 존재하는 원동력이 그리스도임을 확실히 보여주고 있다. 바로 우주는 그리스도에 의하여 질서정연하게 운행되며 통제되고 있는 것이다.[576]

2. 제2장 일신(一神: 유일신)

"신재무상일위(神在無上一位)、 유대덕대혜대력생천(有大德大慧大力生天)、 주무수세계(主無數世界)。 조신신물(造兟兟物)、 섬진무루(纖塵無漏)、 소소령령(昭昭靈靈)、 불감명량(不敢名量)。 성기원도(聲氣願禱)、 절친견(絕親見)。 자성구자(自性求子)。 강재이뇌(降在爾腦)。" [본문 번역]: "하느님은 그 위로 아무 것도 없는 가장 높은 자리에 계시고, 큰 덕과 큰 지혜와 큰 능력으로 하늘을 생기게 하시며 온 세계를 주관하신다. 만물을 창조하시되 조금도 빈틈이 없으시며, 심히 밝고도 신령하시어 감히 사람의 언어로는 표현할 길이 없다. 소리를 내고 기운을 다하여 원하고 기도하면 반드시 하느님을 만날 수 있다. 자기의 '참된 본성(眞性)'에서 하느님의 '씨(子)'를 구하라! 그러면 (하느님은) 너희 머릿속에 내려와 계신다." ≪삼일신고≫의 제2장 제목 '일신'(一神)에 대하여 『태백일사(太白逸史)』 「삼신오제본기(三神五帝本紀)」는 다음과 같이 설명하였다: "초월적 영원세계에 삼신(三神)이 계시니, 곧 한 분 '상제'(上帝)시다. 주체는 '일신'(一神)이시니, 각각 신이 따로 계시지 않고, 작용만 '삼신'(三神)이시다."[577] 본문을 풀어 해석하면 '일신'(一神)은 한 분 상제(上帝)를 뜻하며, 한 분 상제가 삼신(三神) 곧 '조화주'(造化主)·'교화

---

576 "συνίστημι #4771," *The Complete Biblical Library*. ; "골1:17," 『옥스퍼드 원어성경대전』.

577 이맥(李陌), 『태백일사(太白逸史)』 「삼신오제본기(三神五帝本紀)」, "自上界(자상계)、却有三神(각유삼신)、卽一上帝(즉일상제)、主體則爲一神(주체칙위일신)、非各有神也(비각유신야)、作用則三神也(작용칙삼신야)。"

주'(敎化主)·'치화주'(治化主)로 작용하시니,[578] 이를 '삼신 상제'(三神上帝)[579] 혹은 '삼신일체 상제'(三神一體上帝)[580] 즉 "삼신이 곧 한 분 상제(三神卽一上帝)"라는 것이다.[581] 또한 '일신'(一神)은 '천신'(天神)[582]이나 '천주'(天主)[583] 혹은 '유일신'(有一神)[584]이라고 한다. 이것은 정통 기독교 삼위일체론의 신학적 견해와 정확하게 일치한다. 기독교 삼위일체론은 하나님이 성부·성자·성령이라는 각각 구별된 동등한 「세 분」으로 존재하시지만, 동시에 「한 분」 하나님이시라는 것이다. 즉 하나님은 절대 독립성을 갖는 세 분이신 동시에 절대 구분되지 않는 오직 한 분 하나님이시다.

1) 하느님의 초월. "신재무상일위(神在無上一位)。" [본문 번역]: "하느님은

---

578 이맥(李陌), 『태백일사(太白逸史)』「삼신오제본기(三神五帝本記)」, "稽夫三神(계부삼신)、曰天一曰地一曰太一(왈천일왈지일왈태일)、 天一主造化(천일주조화)、 地一主敎化(지일주교화)、太一主治化(태일주치화)。" [본문 번역]: "생각건대 저 삼신(三神)을 천일(天一)이라 하고, 지일(地一)이라 하며, 태일(太一)이라 한다. '천일'은 조화(造化)를 주관하시고, '지일'은 교화(敎化)를 주관하시며, '태일'은 치화(治化)를 주관하신다." ; 이암(李巖), 『단군세기서(檀君世紀序)』, "三神一體(삼신일체) … 造化之神(조화지신) … 敎化之神(교화지신) … 治化之神(치화지신) …。" [본문 번역]: "삼신일체(三神一體) … 조화의 신 … 교화의 신 … 치화의 신 …."

579 이맥(李陌), 『태백일사(太白逸史)』「신시본기(神市本紀)」, "三神上帝(삼신상제)。"

580 이맥(李陌), 『태백일사(太白逸史)』「대진국본기(大震國本紀)」, "三神一體上帝(삼신일체상제)。"

581 이맥(李陌), 『태백일사(太白逸史)』「신시본기(神市本紀)」, "三神卽一上帝也(삼신즉일상제야)。"

582 이맥(李陌), 『태백일사(太白逸史)』「환국본기(桓國本紀)」, "天神(천신)。"

583 이맥(李陌), 『태백일사(太白逸史)』「신시본기(神市本紀)」, "天主(천주)。"

584 안함로(安含老), 『삼성기전상편(三聖紀全上篇)』, "有一神(유일신)。"

그 위로 아무 것도 없는 가장 높은 자리에 계시고." 본문은 하나님이 모든 만물 위에 계심을 가르친다. 본문은 에베소서 4:6, "하나님도 한 분이시니 곧 만유의 아버지시라 만유 위에 계시고"와 상응한다. 여기서 '만유'(萬有)는 하나님이 창조하신 영계와 자연계의 모든 피조물을 나타내며, '만물'(萬物, 골1:16)과 동의어이다. 하나님이 "만유 위에"(over, 에피 ἐπὶ) 계시다는 말은 '하나님의 초월성'(超越性)을 지칭하는 말로, 하나님이 피조물과 질적으로 전혀 다르며 만물에 속하지 않는다는 것이다(롬9:5). 느헤미야서 9:6, "오직 주는 여호와시라 하늘과 하늘들의 하늘(을) … 지으시고 다 보존 하시오니." 본문에서 "하늘"로 번역된 '솨마임'(שָׁמַיִם)은 복수형 '하늘들'("the heavens," NIV譯)로서 대기권(첫째 하늘)과 우주공간(둘째 하늘)을 뜻한다. 그리고 본문의 "하늘들의 하늘"은 천국(셋째 하늘, 고후12:2)을 의미한다. 따라서 본문은 하나님이 초월자로서 첫째 하늘·둘째 하늘·셋째 하늘의 창조자이심을 나타낸다. 이것은 요한계시록 21:2을 통해서도 입증된다: "또 내가 보매 거룩한 성 새 예루살렘이 하나님께로부터 하늘에서 내려오니."(계21:10). 본문 "새 예루살렘이 하나님께로부터 하늘에서 내려오니"["new Jerusalem, coming down out of(에크 ἐκ) heaven from(아포 ἀπό) God," NLT譯]에서 새 예루살렘은 그 기원이 하나님이심을 나타내고(from, 아포 ἀπό), 그 출처가 새 하늘과 새 땅(계21:1)임을 나타낸다(out of, 에크 ἐκ). 즉 구속사가 완성되면 하나님은 처음 하늘과 처음 땅인 우주와 지구를 없애고 새 하늘과 새 땅을 창조하여 그곳에 새 예루살렘을 설립하시겠다는 것이다.

2) 하느님의 창조. "유대덕대혜대력생천(有大德大慧大力生天)。" [본문 번역]: "큰 덕과 큰 지혜와 큰 능력으로 하늘을 생기게 하시며." 본문에서 '큰 덕'으로 번역된 "대덕"(大德)은 신적 사랑을, 그리고 '큰 지혜'로 번역된 "대혜"(大慧)는 신적 지혜를, 또한 '큰 능력'으로 번역된 "대력"(大力)은 신적 권능을 의미한다. 한편 "하늘을 생기게 하시며"로 번역된 "생천"(生天)에서 '천'(天)은 하느님을 의미하는 것이 아니라 하느님이 거하시는 천국을 나타낸다. 이 말은 천국도 하느님이 창조하신 피조 세계임을 드러낸다. 그러므로 본문은 하느님의 천국 창조 동기가 신적 사랑인 "대덕"(大德)에 있으며, 창조 역사는 신적 지혜인 "대혜"(大慧)와 신적 능력인 "대력"(大力)에 의한 것임을 나타내고 있다. 성경은 하나님의 모든 작정이 '하나님의 기쁘신 뜻'에 의한 것임을 가르친다(사40:13-14;엡1:5). 이러한 하나님의 기쁨은 하나님의 영광을 통하여 표출되는데, 하나님의 영광은 피조물에 하나님의 존재가 반영되고 투영될 때 나타난다. 따라서 하나님의 영광은 '신적 사랑'이라는 단어로 집약될 수 있다(요17:24,26). 다시 말해서 하나님의 '사랑'이 창조의 동기가 된다는 말이다(엡1:3-5). 하나님의 사랑은 문자 그대로 '몰아적 사랑'(ecstatic love)으로, 하나님은 자신 외에 피조물들에게 자신을 분배함으로 그 피조물들이 하나님의 생명에 참여하는 것을 통하여 기쁨을 누리신다. 또한 하나님은 완전한 지혜로 창조의 설계와 계획을 세우신다(시104:24). 그리고 신적 능력으로 설계와 계획에 따라 창조하신다(욥42:2;사46:11). 예레미야서 10:12, "여호와께서 그의 권능으로 땅을 지으셨고 그의 지혜로 세계를 세우셨고 그의 명철로 하

늘을 펴셨으며.”(시147:5).

3) 하나님의 주권. “주무수세계(主無數世界)。” [본문 번역]: “온 세계를 주관하신다.” 본문은 만물을 창조하신 하나님이 온 세계의 주관자이심을 선언하고 있다. 『태백일사(太白逸史)』 「신시본기(神市本紀)」에도 동일한 사상이 기록되어 있다: “인생의 생사는 반드시 삼신(三神)이 주관하는 것이라 말한다.”[585] 성경은 하나님이 ‘만유 위에’ 계시는 초월자로서 만물을 다스리는 절대주권자라고 가르친다(시103:19). 즉 하나님이 만물 위에 계셔서 만물의 최종적 권위가 되시며, 만물을 통치하신다는 의미를 함축하고 있다(단4:25,34-35). 하나님이 만물에 대해 절대주권자이신 이유는 하나님이 물질계와 영계까지 초월하여 장악할 수 전지전능하신 분이기 때문이다. 첫째, 하나님은 만물의 주권자로서 세계 역사를 주관하신다: 이사야서 43:11, “나만이 여호와, 세계의 주인이요 역사의 지배자이며 나밖에는 다른 구원자가 없다.”(현대어성경). 이사야서 44:6, “온 세계의 주인이신 여호와께서 말씀하셨다. 내가 처음이요 마지막이다. 내가 태초의 창조자이면서 동시에 최후의 심판자이다. 처음부터 끝까지 세계 역사를 지배하는 신은 나밖에 다른 아무도 없다!”(현대어성경). 둘째, 하나님은 만물의 주권자로서 만물의 생사를 주관하신다: 욥기 12:10, “모든 생물의

---

585 이맥(李陌), 『태백일사(太白逸史)』 「신시본기(神市本紀)」, “卽人間生死必(즉인간생사필)、曰三神所主(왈삼신소주)。”

생명과 모든 사람의 육신의 목숨이 다 그의 손에 있느니라." 셋째, 하나님은 만물의 주권자로서 인간의 생사화복을 주관하신다: 역대상 29:11-12, "여호와여 주권도 주께 속하였사오니 주는 높으사 만물의 머리이심이니이다 부와 귀가 주께로 말미암고 또 주는 만물의 주재가 되사 손에 권세와 능력이 있사오니 모든 사람을 크게 하심과 강하게 하심이 주의 손에 있나이다."(신32:39;삼상2:6-7).

4) 하느님의 설계. "조신신물(造兟兟物)、섬진무루(纖塵無漏)、소소령령(昭昭靈靈)、불감명량(不敢名量)。" [본문 번역]: "만물을 창조하시되 조금도 빈틈이 없으시며, 심히 밝고도 신령하시어 감히 사람의 언어로는 표현할 길이 없다." 본문에서 "만물을 창조하시되"는 『태백일사(太白逸史)』「신시본기(神市本紀)」에도 나온다: "저 삼신(三神)은 곧 우주를 창조하고 만물을 만든 천일신(天一神: 유일하신 하느님)이시다."[586] 그런데 본문의 "섬진무루"(纖塵無漏)에서 "섬진"(纖塵)은 '매우 작은 티끌'로 번역되며, "무루"(無漏)는 '새는 일이 없다' 혹은 '틈이 전혀 없다'로 번역된다. 따라서 "섬진무루"(纖塵無漏)를 직역하면 '조금의 티끌만한 틈도 없다'란 뜻이다. 이 말은 하느님이 만물을 창조하시되 무질서와 혼돈이 아닌 완전한 질서와 조화의 세계로 만드셨음을 나타낸다. 이러한 하느님의 완전한 창조 질서와 조화

586 이맥(李陌), 『태백일사(太白逸史)』「신시본기(神市本紀)」, "夫三神者(부삼신자)、卽創宇宙(즉창우주)、造萬物之天一神也(조만물지천일신야)。"

에 대한 경이(驚異)를 본문은 "심히 밝고도 신령하시어 감히 사람의 언어로는 표현할 길이 없다"는 말로 표현하였다. 성경은 하나님이 만드신 피조세계가 완전한 질서와 조화를 이루고 있음을 가르친다: 이사야서 45:18, "대저 여호와께서 이같이 말씀하시되 하늘을 창조하신 이 그는 하나님이시니 그가 땅을 지으시고 그것을 만드셨으며 그것을 견고하게 하시되 혼돈하게 창조하지 아니하시고 사람이 거주하게 그것을 지으셨으니 나는 여호와라 나 외에 다른 이가 없느니라 하시니라."(시147:4-5;사40:26). 한편 하나님이 창조하신 우주가 완전한 질서와 조화의 세계임이 밝혀진 것은 현대과학이 발달한 20세기 후반에 이르러 '우주의 미세 조정'[587]과 '생물의 환원 불가능한 복잡성'[588]의 발견을 통하여 비로소 가능케 되었다.

---

587 〈우주의 미세조정(The Fine Tuning of the Universe)〉 20세기 후반 현대물리학이 급속도로 발달하여 '미시세계'(微視世界: 분자 이하 원자와 양자의 세계)에 대한 신비가 드러나면서, 우주가 너무나 미세하게 조정되어 있다는 사실을 과학자들이 발견하였다. 1980년대 초 이후부터 과학자들은 우주의 기본구조가 지구 위에 생명체가 존재할 수 있도록 모든 면에서 마치 면도날 위에 서서 균형을 잡고 있는 것 같이 아슬아슬하게 완벽한 조화를 이루고 있음을 알게 되었다. 이것은 '우연의 일치'로 치부하기보다 하나님의 지적 설계에 의한 '의도된 조화'로 해석하는 것이 더욱 합리적이고 설득력이 있다.

588 〈환원 불가능한 복잡성(Irreducible Complexity)〉 환원 불가능한 복잡성(還元不可能複雜性)이란 용어를 처음 사용한 사람은 생화학 교수 마이클 베히(Michael J. Behe)로서, 그의 저서 『다윈의 블랙박스』(*Darwin's Black Box*, 1996)를 통해 다음과 같이 정의하였다: "환원 불가능한 복잡성이란 어떤 시스템에서 기본적 기능을 하는 수많은 구성 요소들이 상호작용하면서 다양하게 작동하기 때문에 그 요소들 중 하나만 빠져도 그 시스템의 기능이 모두 정지하는 것을 의미한다." Michael J. Behe, 『다윈의 블랙박스』, 김창환 역 (서울: 풀빛, 2001), 68.

5) 하느님의 임재. "성기원도(聲氣願禱)、 절친견(絶親見)。 자성구자(自性求子)。 강재이뇌(降在爾腦)。" [본문 번역]: "소리를 내고 기운을 다하여 원하고 기도하면 반드시 하느님을 만날 수 있다. 자기의 '참된 본성(眞性)'에서 하느님의 '씨(子)'를 구하라! 그러면 (하느님은) 너희 머릿속에 내려와 계신다." 그런데 본문 중 "절친견"(絶親見)에서 '절'(絶)은 '절대로'란 부정적 의미와 '반드시'란 긍정적 의미로 해석이 갈린다. 만일 '절대로'란 부정적 부사로 '절'(絶)을 "절친견"(絶親見)에 적용하면, '하느님을 절대로 만날 수 없다'가 된다. 한편 '반드시'란 긍정적 부사로 '절'(絶)을 "절친견"(絶親見)에 적용하면, '하느님을 반드시 만날 수 있다'가 된다. 하지만 두 가지 견해를 모두 수용하여 "절친견"(絶親見)에 대해 '하느님을 눈으로 볼 수는 없지만(딤전1:17,6:16), 하느님을 마음으로 만날 수 있다(신4:29;렘29:13)'로 해석하는 것이 성경적이다. 하느님을 마음으로 만날 수 있는 방법을 본문은 "자성구자"(自性求子)라고 하였다. 여기서 "자성"(自性)이란 자기진성(自己眞性)[589]이라고 풀이하며 '성'(性)은 3진(三眞)에서 말하는 성(性)·명(命)·정(精)의 '성'(性)이니 곧 '진성'(眞性)을 의미한다.[590] 따라서 본문은 "자기의 '참된 본성(眞性)'에서 하느님의 '씨(子)'를 구하라"는 것이다. 여기서 '하느님의 씨'란 요한일서 3:9에서 '하나님의 생명'("God's life," NLT譯)으로 인한

589 임아상(任雅相), 『삼일신고(三一神誥)』 「신훈주(神訓注)」, "자성(自性)은 자기진성(自己眞性)이오." 임아상(A.D.714)은 발해(渤海) 고왕(高王)의 처남이며 문적원감(文籍院監)이었다.

590 송호수, 『한민족의 뿌리사상』, 94.

'하나님의 성품'("God's nature," AmpB譯)을 의미한다. 그러니까 본문은 '참된 본성(眞性)'을 통하여 '하느님의 생명'으로 인한 '하느님의 성품'이 인간 안에 형성된다는 것이다. '참된 본성(眞性)'을 신학적으로 표현하면, 하나님의 생명과 자아가 결합하여 형성된 '새사람'(엡4:24;골3:10)을 나타낸다. 그리고 '하느님의 성품'이 형성되는 과정을 동방신학은 '신화'(神化: deification)라 칭한다. 그로 인해 하느님이 "너희 머릿속에 내려와 계신다"란 말은 성경적으로 성령이 우리 속에 임재 하여 계신다는 의미이다.

3. 제3장 천궁(天宮: 천국)

"천신국유천궁(天神國有天宮)、계만선문만덕(階萬善門萬德)。일신유거(一神攸居)、군령제철호시(群靈諸哲護侍)、 대길상대광명처(大吉祥大光明處)。 유성통공완자(惟性通功完者)、조영득쾌락(朝永得快樂)。" [본문 번역]: "천국은 하느님(天神)의 나라로 그곳에 천궁이 있으니, 만선(萬善)의 계단과 만덕(萬德)의 문으로 이루어져 있다. 하느님(一神)이 계신 곳에 뭇 영혼들과 의인들이 호위하여 모시고 있어 지극히 복되고 지극히 광명한 곳이다. 오직(惟) 성통공완(性通功完)을 이룬 자만 (천궁에 들어가) 하느님을 뵙고(朝) 영원한 쾌락을 누릴 것이다."

1) 천궁의 속성. “천신국유천궁(天神國有天宮)、계만선문만덕(階萬善門萬德)。” [본문 번역]: “천국은 하느님(天神)의 나라로 그곳에 천궁이 있으니, 만선(萬善)의 계단과 만덕(萬德)의 문으로 이루어져 있다.” 본문 가운데 “천신국유천궁”(天神國有天宮)에서 “천신국”(天神國)은 ‘천신’(天神)과 ‘천국’(天國)의 복합어이다. ‘천신’은 하느님을 지칭하고, ‘천국’은 하늘나라를 지칭한다. 결국 “천신국”(天神國)은 하느님 나라로 번역할 수 있다. 그러면 본문의 “천궁”(天宮)은 어떻게 해석해야 할까? ‘천국’과 ‘천궁’을 동의어로 취급해도 크게 문제되지 않지만 성경적으로는 구분할 수 있다. 요한계시록 21:1-2, “또 내가 새 하늘과 새 땅을 보니 처음 하늘과 처음 땅이 없어졌고 바다도 다시 있지 않더라 또 내가 보매 거룩한 성 새 예루살렘이 하나님께로부터 하늘에서 내려오니 그 준비한 것이 신부가 남편을 위하여 단장한 것 같더라.” 본문에 의하면, 구속사의 완성과 더불어 처음 하늘과 처음 땅은 새 하늘과 새 땅으로 대체된다. 하나님이 새롭게 창조하실 “새 하늘과 새 땅”을 엄밀한 의미에서 ‘천국’이라 말할 수 있다. 그리고 ‘새 땅’ 위에 세워질 ‘천궁’이 ‘새 예루살렘 성’과 일치한다. 그리고 천궁의 속성에 대하여 본문에서 “만선(萬善)의 계단과 만덕(萬德)의 문으로 이루어져 있다”는 “계만선문만덕”(階萬善門萬德)이라고 묘사했다. 이것은 천궁이 온갖 선과 덕이 넘쳐흐르는 하늘 궁전임을 은유적으로 표현한 것이다. 또한 이것은 천국에 악한 자가 들어갈 수 없다는 사실을 반증(反證)하고 있다: 요한계시록 22:15, “개들과 점술가들과 음행하는 자들과 살인자들과 우상 숭배자들과 및 거짓말을 좋아하며 지어내는 자는

다 성 밖에 있으리라."

2) 천궁의 특징. "일신유거(一神攸居)、 군령제철호시(群靈諸哲護侍)、 대길상대광명처(大吉祥大光明處)。" [본문 번역]: "하느님(一神)이 계신 곳에 뭇 영혼들과 의인들이 호위하여 모시고 있어 지극히 복되고 지극히 광명한 곳이다." 본문에서 "군령"(群靈)은 영혼의 무리를 뜻한다. 그리고 "제철"(諸哲)은 빛의 무리를 뜻한다. 마태복음 13:43은 '의인'이 천국에서 빛을 발한다고 하였다: "그 때에 의인들은 자기 아버지 나라에서 해와 같이 빛나리라." 따라서 "군령"은 "제철"을 지칭하고, "제철"은 의인들을 나타낸다. 구원받은 의인들의 영광에 대하여 스가랴서 9:16은 "왕관의 보석"으로 묘사하였다: "이 날에 그들의 하나님 여호와께서 그들을 자기 백성의 양 떼 같이 구원하시리니 그들이 왕관의 보석 같이 여호와의 땅에 빛나리로다." 본문에서 "여호와의 땅"은 천국의 새 예루살렘으로 해석하는 것이 자연스럽다.[591] 그리고 "왕관"으로 번역된 '네제르'(נֵזֶר a crown)는 거룩하게 성별된 왕관을 의미한다. 따라서 의인들이 천국에서 왕관의 보석처럼 빛나는 것(to sparkle)은 이 땅에 살 때 저들이 하나님 앞에 '빛의 열매'를 맺으며 빛의 자녀로서 거룩하게 성별된 삶을 살았다는 증거이다(엡5:8-9). 또한 본문 중 "호시"(護侍)는 '호위하여 모시고 있어'로 번역할 수 있으며, "군령제철호시"(群靈諸哲護侍)는 의인들이 천궁에서 하느

591 "슥9:16," 『옥스퍼드 원어성경대전』.

님과 함께 영원히 사는 것을 의미한다(계21:3). 한편 본문에서 의인들이 영원히 살 천궁을 "대길상대광명처"(大吉祥大光明處) 즉 '지극히 복되고 지극히 광명한 곳이다'라고 묘사하였다. 이것은 천국이 죄로 인한 저주가 없고 어둠과 같은 죄가 없는 곳임을 시사한다(계21:22-27).

3) 천궁의 제한. "유성통공완자(惟性通功完者)、 조영득쾌락(朝永得快樂)。" [본문 번역]: "오직(惟) 성통공완(性通功完)을 이룬 자만 (천궁에 들어가) 하느님을 뵙고(朝) 영원한 쾌락을 누릴 것이다." 본문은 천궁에 들어가 영원한 복락을 누리려면 전제 조건으로 "성통공완"(性通功完)을 이루어야만 한다고 했다. "성통공완"에 대해 제5장 '인물'(人物)에서 자세히 해설하고 있다. 그리고 "성통공완"의 구체적인 방법이 ≪참전계경(參佺戒經)≫에서 366가지 계명을 뜻하는 366사(事)에 제시되어 있다. "성통공완"은 '자성이 열리고 공덕을 완수함'으로 번역할 수 있다. 첫째, '자성이 열리고'로 번역된 "성통"(性通). 여기서 '자성'(自性)이란 '자기진성'(自己眞性)이며, '자기진성'이란 자신의 참된 본성을 뜻한다. 인간의 참된 본성은 새사람을 의미한다. 왜냐하면 옛사람은 죄악성과 자아가 결합한 인간의 거짓된 본성이기 때문이다(롬6:6;엡4:22). 본문에서 '자성이 열리고'로 번역된 "성통"은 옛사람이 아닌 '새사람의 형성'을 의미한다. 따라서 '자성(自性)이 열리고'란 새사람이 인간의 선천적 본성이 아니라 하나님의 생명과 자아가 결합할 때 형성되는 인간의 후천적 본성임을 나타낸다. 둘째, '공덕을 완수함'으로 번역된 "공완"(功完). 여기서 '공덕'(功德)이란 '덕을 쌓다'를

의미한다. 기독교인들은 거듭날 때 하나님의 생명 이식과 더불어 새사람이 형성된다. 그리고 신의 성품인 새사람의 성품에서 '초자연덕'(超自然德: supernatural virtue)[592]이 나온다. 초자연덕을 통해서만 '홍익인간'(弘益人間)과 '재세이화'(在世理化)가 구현된다. 그런데 여전히 옛사람이 득세함으로 영적 투쟁을 통해 말씀 순종을 해서 초자연덕을 쌓으면 결국 '완덕'(完德: Christian Perfection)에 이른다. 이것이 본문에서 가르치는 "성통공완"의 신학적 해석이다.

4. 제4장 세계(世界: 우주)

"이관삼열성신(爾觀森列星辰)。 수무진(數無盡)、 대소명암고락부동(數無盡大小明暗苦樂不同)。 일신조군세계(一神造群世界)、 신칙일세계사자(神勅日世界使者)、 할칠백세계(轄七百世界)。 이지자대(爾地自大)、 일환세계(一丸世界)。 중화진탕(中火震盪)、 해환육천(海幻陸遷)、 내성현상(乃成見象)。 신가기포저(神呵氣包底)、 후

592 '자연덕'과 '초자연덕'은 인간 상호간에 관계를 갖고 부딪치며 인간 내면에 형성되는 아름다운 성품이라는 측면에서 일치한다. 그러나 '자연덕'은 옛사람의 성품으로부터 나오고, '초자연덕'은 새사람의 성품으로부터 나온다는 측면에서 전혀 성격을 달리한다. '초자연덕'은 '초기적 성화'(initial sanctification)에서 '완전한 성화'(entire sanctification)까지, 모든 성화 과정을 통해 '거룩한 인격(성품)으로의 변화'를 총칭하는 개념이다. 하지만 '완전한 성화'를 지칭하는 '초자연덕'은 '완덕'(完德, Christian Perfection)이라고 한다. 완덕은 '정화'(淨化)·'조명'(照明)·'일치'(一致)의 단계를 거치며 성취된다. 『한국가톨릭대사전』, 제9권 (서울: 한국교회사연구소, 2006), 6509-6511.

일색열(煦日色熱)、행저화유재물번식(行翥化游栽物繁植)。” [본문 번역]: “너희는 총총히 널려 있는 저 별들을 보라! 그 수효는 다함이 없으며, 크고 작은 것, 밝고 어두운 것, 괴롭고 즐거운 것이 똑같지 않다. 하느님(一神)이 세계를 무리 짓도록 창조하시고, 하느님(神)이 태양계의 사자에게 명하사 칠백 세계를 거느리게 하셨다. 너희가 살고 있는 땅이 크게 보이겠지만 한 알의 구슬에 지나지 않는다. 중심의 불덩어리가 진동하며, 솟구쳐서 바다와 육지가 되어 지금의 땅덩어리 형상을 갖추었다. 하느님이 기운(氣)을 불어넣어 감싸심으로 바닥까지 햇볕과 열을 쪼이게 해주시니 기고(行) 날며(翥) 헤엄치는(游) 동물을 생겨나게 하시고(化) 흙에 심는(栽) 온갖 식물(植)을 번성(繁)하게 하였다.”

1) 하느님이 창조하신 우주. “이관삼열성신(爾觀森列星辰)。수무진(數無盡)、대소명암고락부동(數無盡大小明暗苦樂不同)。” [본문 번역]: “너희는 총총히 널려 있는 저 별들을 보라! 그 수효는 다함이 없으며, 크고 작은 것, 밝고 어두운 것, 괴롭고 즐거운 것이 똑같지 않다.” 첫째, 우주에 존재하는 별들을 창조하신 하느님의 권세와 능력. 본문에서 ‘너희는 총총히 널려 있는 저 별들을 보라’로 번역된 “이관삼열성신”(爾觀森列星辰)은 이사야서 40:26을 연상케 한다: “너희는 하늘을 바라보아라! 누가 이 모든 별들을 만들었느냐? 여호와께서 별무리를 하나하나 이름을 불러 이끌어내시며 그 수가 얼마나 되는지 다 헤아리고 계시니 그의 능력이 크시므로 그 중에 하나도 빠진 것이 없다.”(현대인의 성경, 시147:4–5). 본문은 우주의 별들

을 창조하신 하느님의 권세와 능력을 나타낸다. 둘째, 우주에 존재하는 별들의 특징과 운명. 본문에서 '그 수효는 다함이 없으며'로 번역된 "수무진"(數無盡)은 별들의 숫자를 인간이 셀 수 없을 정도로 많다는 것이다. 현대 천문학자들은 별들의 숫자가 지구상의 바닷가 모래 숫자와 같다고 한다(창22:17). 그리고 '크고 작은 것, 밝고 어두운 것'으로 번역된 "대소명암"(數無盡大小明暗)은 별들의 크기나 밝기에 차이가 있다는 뜻이다. 우주 관측 사상 태양보다 320배 크고, 천만 배나 밝은 별이 발견되었다. 반면 우주에서 가장 작은 별은 OGLE-TR-122b로서 반지름이 태양의 12%인 17만km에 불과하다. 한편 별들의 밝기도 다양해서 6등급을 1등급보다 100배 어두운 별로 정의한다. 또한 본문에서 "괴롭고 즐거운 것"으로 직역한 "고락(苦樂)"은 별들의 소멸과 생성을 상징적으로 표현한 것이다. 별들의 소멸과 생성은 현대 우주물리학에서 입증되었다.

2) 우주의 구조와 태양계. "일신조군세계(一神造群世界)、신칙일세계사자(神勅日世界使者)、할칠백세계(秦七百世界)。이지자대(爾地自大)、일환세계(一丸世界)。" [본문 번역]: "하느님(一神)이 세계를 무리 짓도록 창조하시고, 하느님(神)이 태양계의 사자에게 명하사 칠백 세계를 거느리게 하셨다. 너희가 살고 있는 땅이 크게 보이겠지만 한 알의 구슬에 지나지 않는다." 첫째, 우주의 구조. 본문에서 '하느님(一神)이 세계를 무리 짓도록 창조하시고'로 번역된 "일신조군세계"(一神造群世界)에서 "군세계"(群世界)는 하느님이 창조한 우주의 별들이 무리지어 있다는 말이다. 1986년에 발견된

'우주의 거품구조론'(the Bubble structure of the universe)은 우주가 꿀벌집이나 비누거품 모양의 구조로 되어 있다는 것이다.[593] 둘째, 태양계의 질서. 본문에서 '하느님이 태양계의 사자에게 칠백 세계를 거느리게 하셨다'로 번역된 "신칙일세계사자"(神勅日世界使者)란 '태양계의 사자'로 일컬어지는 태양이 "칠백 세계"(七百世界)로 묘사된 태양계에 속해 있는 무수한 행성들을 관할하도록 하느님이 명령하셨다는 뜻이다. 한편 "너희가 살고 있는 땅이 크게 보이겠지만 한 알의 구슬에 지나지 않는다"로 번역된 "이지자대(爾地自大)、일환세계(一丸世界)"는 지구가 지극히 작고 구슬처럼 둥글다는 것을 나타낸다. 지구가 먼지처럼 작다는 사실이 밝혀진 것은 1990년 2월 14일 보이저 1호가 지구로부터 61억㎞ 떨어진 태양계의 변

---

593 우주에는 거대한 비누거품 모양의 거품구조들이 수없이 겹쳐있는데, 그 비누거품 모양의 구조들이 겹쳐진 면에 은하들이 모여 있고, 그 겹쳐진 면에 해당하는 곳을 '거대한 벽'(Great Wall)이라고 부른다. 거대한 벽의 길이는 약 5억 광년 정도이고 높이는 약 2억 광년, 그리고 두께는 약 1천5백만 광년 정도가 된다. 한편 비누거품구조의 한가운데는 물질이 거의 없는 빈공간인데, 그 곳을 보이드(Voids)라고 한다. 아무런 물질도 존재하지 않는 텅 빈 공간이 그야말로 엄청난 규모로 우주에 펼쳐져 있는 것이다. 어떤 것은 그 공역(空域)의 지름이 무려 3억 광년에 달했다. 이러한 거대 규모의 텅 빈 공간은 현존하는 그 어떤 우주론으로도 설명이 불가능하다. 다시 말해서 은하들은 놀랍게도 지름이 1억5천만 광년에 이르는 거대한 거품구조를 이루며 일정한 지역에 집중적으로 모여 있었다. 그 거대한 거품의 표면에는 수많은 은하들이 모여 있었고, 거품의 안쪽은 텅 비어 있었다. 실제로 은하들은 우주 전체에 균일하게 분포하고 있는 것이 아니라, 은하단과 초은하단, 그리고 초거대은하단의 형태로 집단을 이루고 있다는 사실을 알게 되었다. 즉 은하는 은하단을 구성하고 은하단은 모여 거대한 거품구조를 형성하고 있는데, 이 거품구조가 우주에 가득 차 있다. 이처럼 우주는 전체가 '기하학적 거품구조'로 되어 있는 것이다. 이러한 우주의 거품구조는 균일하게 퍼져 있던 암흑물질이 자체 중력에 의해 자연스럽게 응집되어 형성되는 구조와 일치한다는 것이 시뮬레이션을 통해 밝혀졌다. Michael D. Lemonick, *The Light at the Edge of the Universe: Dispatches from the Front Lines of Cosmology* (New Jersey: Princeton University Press, 1993), 8-9.

방에서 찍은 '창백한 푸른 점'(Pale Blue Dot) 사진을 통해 입증되었다. 그리고 지구가 둥글다는 사실은 이탈리아의 갈리레오 갈릴레이(Galileo Galilei, 1564~1642)를 통해 증명되었다.

3) 지구의 구조와 지각. "중화진탕(中火震盪)、해환육천(海幻陸遷)、내성현상(乃成見象)。" [본문 번역]: "중심의 불덩어리가 진동하며 솟구쳐서 바다와 육지가 되어 지금의 땅덩어리 형상을 갖추었다." 첫째, 지구 핵의 특성. 본문에서 '중심의 불덩어리가 진동하며'로 번역된 "중화진탕"(中火震盪)은 지구 핵의 특성을 나타낸다. 2013년 4월 26일자 <사이언스 저널>에 발표된 연구논문에서 지구핵의 온도가 기존에 알려져 왔던 것보다 약 1,000도 높은 6,000도로 추정된다고 주장했다. 지구의 중심에는 핵이 자리 잡고 있는데, 고체인 내핵과 반유동체인 외핵으로 이뤄져 있다. 외핵의 두께는 약 2,200㎞로 성분은 내핵과 마찬가지로 약 80%의 철과 20%의 니켈로 구성돼 있다. 내핵은 지구의 중심부를 이루고 있는데 반지름 약 1,300㎞의 구형의 고체이다. 내핵의 온도가 태양 표면의 온도와 비슷하면서도 고체 상태를 이루고 있는 것은 높은 압력 때문이다. 반면에 외핵은 내핵과 비슷한 고온이면서도 압력이 내핵보다 작아 액체로 돼 있다.[594] 둘째, 지구의 지각변동. 본문에서 '솟구쳐서 바다와 육지가 되어'로 번역된 "해환육천"(海幻陸遷)은 지구 외핵과 지각 사이의 맨틀 작

594 ≪문화일보, 2013.04.26≫ https://munhwa.com/news/view.html/

용에 의한 지각변동을 의미한다. 맨틀 위에 있는 지각에서는 끊임없는 지각변동이 일어난다. 모건(W. J. Morgan, 1935~2023)의 '판구조론'(坂構造論)에 따르면 지구 표면에 떠 있는 판대륙이 맨틀 대류(對流)에 의해 상호 이동함으로써 지판의 경계부에서 지진이나 화산 폭발, 조산(造山) 운동 등의 지각 변동이 일어난다는 것이다. 본문 가운데 '중심의 불덩어리가 진동하며 솟구쳐서 바다와 육지가 되어 지금의 땅덩어리 형상을 갖추었다'로 번역된 "중화진탕(中火震盪)、 해환육천(海幻陸遷)、 내성현상(乃成見象)"은 1960년대 말의 '판구조론'에서 말하는 지각변동의 내용과 정확히 일치한다.[595]

4) 지구의 생태계. "신가기포(神呵氣包)、 후일색열(底煦日色熱)、 행저화유재물번식(行翥化游裁物繁植)。" [본문 번역]: "하느님이 기운을 불어넣어 감싸심으로 바닥까지 햇볕과 열을 쪼이게 해주시니 기고(行) 날며(翥) 헤엄치는(游) 동물을 생겨나게 하시고(化) 흙에 심는(裁) 온갖 식물(植)을 번성(繁)하게 하였다." 첫째, 하느님의 지구 생물 창조. 본문에서 '하느님이 기운을 불어넣어 감싸심으로'로 번역된 "신가기포"(神呵氣包)란 지구상의 모든 생물은 하느님의 성령이 기운을 불어넣어 창조하신 결과물임을 시사하고 있다.[596] 구약성경의 창세기 1:11-12,20-21에 하나님이 지구상의 생물을

595 최민자 주해, 『천부경·삼일신고·참전계경』, 178.

596 아리스토텔레스를 비롯한 여러 과학자들은 썩은 곡식 혹은 진흙과 상한 고기 주변에서 벌레나 구더기가 꿈틀거리고 파리나 심지어 쥐까지 돌아다니는 것을 보며, 이들이 무생

창조하셨다고 기록되어 있다. 시편 104:30, "주의 영을 보내어 그들을 창조하사 지면을 새롭게 하시나이다."(사32:15). 둘째, 생물의 생존을 위한 태양. 본문에서 '바닥까지 햇볕과 열을 쪼이게 해주시니 기고(行) 날며(翥) 헤엄치는(游) 동물을 생겨나게 하시고(化) 흙에 심는(裁) 온갖 식물(植)을 번성(繁)하게 하였다'로 번역된 "후일색열(底煦日色熱)、행저화유재물번식(行翥化游裁物繁植)"은 하느님이 태양의 빛과 열로 지구상의 모든 생물을 생존케 하셨음을 언급하고 있다.[597] 태양에서 나오는 열과 빛 형태의 태양 에너지는 지구의 기후에 힘을 주고 지구상의 생명체에게 필요한 에너지를 제공하는 근원이다.[598] 생태계의 먹이사슬을 보면 태양이 얼마나 중

물로부터 자연적으로 발생했다고 믿었다. 이것을 '자연발생설'(spontaneous generation)이라고 한다. 그것에 반대되는 주장은 '생물속성설'(biogenesis)로서, 생물은 기존의 생물로부터만 발생한다는 학설이다. 자연발생설에 종지부를 찍은 사람은 프랑스의 생물학자 파스퇴르(Louis Pasteur, 1822~1895)이다. 그는 1864년 멸균된 물질을 기다란 S자 관의 플라스크에 넣고 솜으로 입구를 막았다. 그 결과 어떠한 생물도 플라스크 내부에 생기지 않았다. 파스퇴르는 "세균은 생물이기 때문에 '자연발생설'은 간단한 이 실험으로 입은 치명적 타격에서 회복되지 못할 것이다"라고 말했다. Mahlon B. Hoagland · Bert Dodson, 『생명의 파노라마』, 황현숙 역 (서울: 사이언스북스, 2001), 76-77.

597 지구에 약 870만 종의 생물이 살고 있다는 연구 결과가 나왔다. 유엔환경계획 세계환경보전감시센터(WCMC)의 티튼서 박사 연구진은 생물의 계보에 대한 연구를 통해 육지에 650만 종, 바다에 220만 종이 사는 것으로 추정했다고 영국 BBC 방송이 2011년 8월 24일 보도했다. 이번 연구 결과는 과학저널 「플로스 바이올로지」(PLos Biology)에 게재됐다. 연구진이 밝힌 숫자에는 균류와 식물, 원생동물 등이 포함돼 있으나 박테리아와 일부 미생물 등은 들어가 있지 않다. 연구진은 전체 생물종의 숫자는 밝혀냈으나 육지 생물의 86%와 바다 생물의 91%가 아직 실제로 발견되지 않았다고 밝혔다. 발견되지 않은 생물의 대부분은 우림에 사는 딱정벌레나 심해에 사는 해양 동물처럼 접근하기 어려운 곳에 사는 조그마한 생물들이다. ≪경향신문, 2011.08.24≫ https://m.khan.co.kr/article/

598 태양은 태양계의 모든 천체들 중 스스로 빛과 열을 만들어내는 유일한 별이다. 태양은 초당 약 1,000조 개의 핵폭탄에 해당하는 에너지를 발산하고 있다. 만약 이런 엄청난 에너지를 내는 태양이 어느 날 빛을 잃게 된다면 지구의 모든 생명체들이 멸종하고 말 것

요한 존재인지 알 수 있다. 먼저 식물이 광합성 작용을 통해 태양 에너지를 다른 형태의 에너지인 영양소로 바꾸어 사용하며 뿌리나 줄기 잎, 그리고 열매 등에 저장한다. 그런 식물을 초식동물이 먹고 육식동물은 그 초식동물을 잡아먹고 살아가므로 결국 모든 생물들은 태양 에너지를 먹고 사는 것이다.

5. 제5장 인물(人物: 완덕)

"인물동수삼진(人物同受三眞)、왈성명정(曰性命精)、인전지물편지(人全之物偏之)。진성선무악상철통(眞性善無惡上哲通)、 진명청무탁중철지(眞命淸無濁中哲知)、 진정후무박하철보(眞精厚無薄下哲保)、 반진일신(返眞一神)。 유중미지(惟衆迷地)、삼망착근(三妄着根)、왈심기신(曰心氣身)。 심의성유선악(心依性有善惡)、선복악화(善福惡禍)。 기의명유청탁(氣依命有淸濁)、 청수탁요(淸壽濁夭)。 신의정유후박(身依精有厚薄)、후귀박천(厚貴薄賤)。 진망대작삼도(眞妄對作三途)、왈감식촉(曰感息觸)。 전성십팔경(轉成十八境)、 감희구애노탐염(感喜懼哀怒貪厭)、 식분란한열진습(息芬爛寒熱震濕)、촉성색취미음저(觸聲色臭味淫抵)。중선악청탁후박상잡(衆善惡淸濁厚薄相雜)、종경도임주(從境途任走)、타생장소병몰고(墮生長消病歿苦)。철지감금촉(哲止感禁觸)、 일의화행(一意化行)、 반망즉진(返妄卽眞)、 발대신기(發大

이다. https://blog.naver.com/liebeljd/60163772814/

神機)、성통공완시(性通功完是)。” [본문 번역]: “사람과 만물은 다 같이 삼진(三眞)을 받으니, 이르되 성품(性)과 목숨(命)과 정기(精)다. 사람은 이 세 가지를 온전하게 받으나 만물은 편중되게 받는다. 진성(眞性)은 선이니 악이 없어 상철(上哲)로서 이를 통찰한다. 진명(眞命)은 맑음이니 혼탁이 없어 중철(中哲)로서 이를 이해한다. 진정(眞精)은 넘쳐나니 모자람이 없어 하철(下哲)로서 이를 보존한다. 따라서 누구나 근본이 되는 삼진(三眞)으로 돌아가면 하느님과 하나가 된다. 뭇 사람들은 땅에 미혹되어 삼망(三妄)이 뿌리를 내리니, 이르되 마음(心)과 기운(氣)과 육체(身)다. 마음(心)은 성품(性)에 의지하여 선악(善惡)을 이루니, 선하면 복이 되고 악하면 화가 미친다. 기운(氣)은 목숨(命)에 의지하여 청탁(淸濁)을 이루니, 맑으면 오래 살고 흐리면 일찍 죽는다. 육체(身)는 정기(精)에 의지하여 후박(厚薄)을 이루니, 넘쳐나면 귀하고 모자라면 천하다. 삼진(三眞)과 삼망(三妄)이 서로 어우러져 세 갈래 길을 만드니, 이르되 감정(感)·호흡(息)·감각(觸)이다. 이 세 가지가 다시 열여덟 가지 작용을 이루는데, 감정(感)에는 여섯 가지 마음(心)의 작용이 있으니, 기쁨·놀람·슬픔·성냄·탐냄·혐오이고, 호흡(息)에는 여섯 가지 기운(氣)의 작용이 있으니, 향기·취기(臭氣)·한기·열기·진기·습기이며, 감각(觸)에는 여섯 가지 육체(身)의 작용이 있으니, 소리·빛깔·냄새·맛·성욕·촉감이다. 뭇사람들은 선악·청탁·후박을 뒤섞어, 여러 상태의 길(十八境: 인간의 본능적 열여덟 가지 작용)을 마음대로 달리다가 나고 자라고 늙고 병들고 죽는 고통에 떨어지고 만다. 그러나 명철한 사람(哲)은 느낌(感)을 그치고(止感) 호흡(息)을 고르며(調息) 감각(觸)을 금하여(禁

觸), 오직 한 뜻으로 나아가 삼망(三妄)을 돌이켜 삼진(三眞)에 이르고, 마침내 크게 하느님의 기운을 발하니, 바로 자성(自性: 새사람의 본성)이 열리고(性通) 공덕을 완수함(功完)이 바로 이것이다."[599]

1) 하느님과 연합으로 이끄는 삼진(三眞). "인물동수삼진(人物同受三眞)、왈성명정(曰性命精)、인전지물편지(人全之物偏之)。진성선무악상철통(眞性善無惡上哲通)、 진명청무탁중철지(眞命淸無濁中哲知)、 진정후무박하철보(眞精厚無薄下哲保)、반진일신(返眞一神)。" [본문 번역]: "사람과 사물은 다 같이 삼진(三眞)을 받으니, 이르되 성품(性)과 목숨(命)과 정기(精)다. 사람은 이 세 가지를 온전하게 받으나 사물은 편중되게 받는다. 진성(眞性)은 선이니 악이 없어 상철(上哲)로서 이를 통찰한다. 진명(眞命)은 맑음이니 혼탁이 없어 중철(中哲)로서 이를 이해한다. 진정(眞精)은 넘쳐나니 모자람이 없어 하철(下哲)로서 이를 보존한다. 따라서 누구나 근본이 되는 삼진(三眞)으로 돌아가면 하느님과 하나가 된다."

첫째, 피조물과 삼진. 본문에서 '사람과 사물은 다 같이 삼진(三眞)을 받으니, 이르되 성품(性)과 목숨(命)과 정기(精)다. 사람은 이 세 가지를 온전하게 받으나 사물은 편중되게 받는다'로 번역된 "인물동수삼진(人物同受三眞)、 왈성명정(曰性命精)、 인전지물편지(人全之物偏之)"란 사람과 동물은 동일한 삼진(三眞)을 하느님으로부터 받기 때문에 사람과 동물 간에 어느

599 박길서·박수만, 『삼일신고 말씀』 (서울: 한솜미디어, 2014), 316-393.

정도의 소통과 공감이 가능하지만, 사람은 영적 존재로 온전히 받고, 동물은 혼적 존재로 편중되게 받기 때문에 근본적인 차이가 있다는 것이다(전3:21). 본문에서 "삼진"(三眞)이란 성(性)·명(命)·정(精)을 뜻한다. 그러면 여기서 인간의 본질적 속성인 성(性)·명(命)·정(精)이란 무엇일까?

둘째, 삼진(三眞)의 의미. 본문에서 "성"(性)은 하느님과 동질의 영적 본성인 '신적 성품(性品)'을 의미한다. 그리고 '진성(眞性)은 선이니 악이 없어 상철(上哲)로서 이를 통찰한다'로 번역된 "진성선무악상철통"(眞性善無惡上哲通)란 하느님이 인간에게 부여하신 영적 속성인 '참된 성품'(眞性)은 악이 없는 선이었기 때문에 하느님과 영적으로 교통할 수 있는 명철이 있었다는 것이다. 한편 본문에서 "명"(命)은 인간이 세상에서 살아가기 위한 정신적 기운인 '목숨'을 의미한다. 그리고 '진명(眞命)은 맑음이니 혼탁이 없어 중철(中哲)로서 이를 이해한다'로 번역된 "진명청무탁중철지"(眞命淸無濁中哲知)란 하느님이 인간에게 부여하신 혼적 속성인 '참된 목숨'(眞命)은 혼탁하지 않고 맑았기 때문에 인간이 자의식을 인식할 수 있는 명철이 있었다는 것이다. 또한 본문에서 "정"(精)은 인간이 세상에서 살아가기 위한 육체적 기운인 '정기'(精氣)를 의미한다. 그리고 '진정(眞精)은 넘쳐나니 모자람이 없어 하철(下哲)로서 이를 보존한다'로 번역된 "진정후무박하철보"(眞精厚無薄下哲保)란 하느님이 인간에게 부여하신 육적 속성인 '참된 정기'(眞精)는 모자람이 없고 넘쳐나기 때문에 인간이 세상에서 자신을 건강하게 보호할 수 있는 명철이 있었다는 것이다. 한편 '따라서 누구나 근본이 되는 삼진(三眞)으로 돌아가면 하느님과 하나가 된다'로 번역된 "반진일신"(返眞一神)은 인간이 진성(眞性)·진명(眞命)·진정(眞精)을 회복하면 하느님과 영·혼·육으로 연합할 수 있다는 것이다.

『단군세기(檀君世紀)』의 서문에서 성(性)·명(命)·정(精)의 상호 작용을 통하여 삼신일체 하느님과 연합하는 이치를 상세히 기술하고 있다: "무릇 삼신일체(三神一體)의 이치는 대원일(大圓一: 하느님과 인간의 연합)에 그 뜻이 있다. 조화의 신은 내려와 나의 성품(性)을 이루고, 교화의 신은 내려와 나의 목숨(命)을 이루며, 치화의 신은 내려와 나의 정기(精)를 이루니, 그러므로 인간만이 만물 가운데 가장 존귀한 존재이다. 무릇 인간의 성품(性)은 하느님으로부터 근원한다. 그렇지만 하느님이 성품(性)의 근원이라 해서 성품(性)이 곧 하느님은 아니다. 기운(氣)이 밝게 빛나 어두워지지 않으면 참된 성품(眞性)이 된다. 따라서 하느님은 기운(氣)을 떠날 수 없고, 기운(氣) 또한 하느님을 떠날 수 없으니, 내 육체 속의 하느님이 기운(氣)과 결합된 후에야 내 육체 속의 성품(性)과 목숨(命)을 볼 수 있게 된다. 그리고 성품(性)은 목숨(命)과 분리될 수 없고, 목숨(命)도 성품(性)과 분리될 수 없다. 내 육체 속의 성품(性)과 목숨(命)이 결합된 뒤라야 내 육체에 신의 성품(性)이 형성되기 전의 성품(性)과 기운(氣)이 형성되기 전의 목숨(命)을 볼 수 있는 것이다. 인간의 성품(性)에 깃든 영적 지각력(靈覺)은 하느님(天神)으로부터 근원하고, 인간 목숨의 근원은 자연의 기(氣)와 같으며, 인간의 정기(精氣)가 자손에게 이어져 지속됨은 세상 사람들과 같다. 이것이 바로 일신(一神)이 삼신(三神)되고, 삼신(三神)이 일신(一神)되는 원리이다. … 참된 나는 일신(一神)이 거하는 궁전이다. … 사람이 하느님과 하나가 되고자 할 때, 진실로 삼신(三神)의 계율(參佺戒)을 지키겠다고 맹세(戒盟: 언약)한 후 진리를 따라 행하기 시작해야 하느님과 하나 되는 연합의 경지에 이를 수 있다."[600] 본문의 가르침은 매우 심오하여 삼신일체 하느님과 인간의 연합이 단순히 영적 차원이 아니라 전인(全人) 즉 영·혼·육의 상호 작용 가운데 진행됨을 보여준다. 마가복음 12:30, "네 마음(性)을 다하고 목숨(命)을 다하고 뜻을 다하고 힘(精)을 다하여 주 너의 하나님을 사랑하라."

2) 하느님과의 연합에 장애되는 삼망(三妄). "유중미지(惟衆迷地)、삼망착근(三妄着根)、 왈심기신(曰心氣身)。 심의성유선악(心依性有善惡)、 선복악화(善福惡禍)。 기의명유청탁(氣依命有淸濁)、청수탁요(淸壽濁夭)。 신의정유후박(身依精有厚薄)、후귀박천(厚貴薄賤)。" [본문 번역]: "뭇 사람들은 땅에 미혹되어 삼

600 이암(李巖), 『단군세기서(檀君世紀序)』, "夫三神一體之道(부삼신일체지도)、在大圓一之義(재대원일지의)。 造化之神降爲我性(조화지신강위아성)、 敎化之神降爲我命(교화지신강위아명)、治化之神降爲我精(치화지신강위아정)、故惟人爲最貴最尊於萬物者也(고유인위최귀최존어만물자야)。夫性者神之根也(부성자신지근야)、神本於性而性未是神也(신본어성이성미시신야)。 氣之炯炯不昧者乃眞性也(기지형형불매자내진성야)。 是以神不離氣(시이신불리기)、氣不離神(기불리신)、吾身之神(오신지신)、與氣合而後(여기합이후)、吾身之性(오신지성)、與命可見矣(여명가견의)。性不離命(성불리명)、命不離性(명불리성)。吾身之性與命(오신지성여명)、合而後吾身(합이후오신)、未始神之性(미시신지성)、未始氣之命可見矣(미시기지명가견의)。 故其性之靈覺也(고기성지령각야)、 與天神同其源(여천신동기원)、 其命之現生也(기명지현생야)、 與山川同其氣(여산천동기기)、 其精之永續也(기정지영속야)、與蒼生同其業也(여창생동기업야)。 乃執一而含三(내집일이함삼)、 會三而歸一者是也(회삼이귀일자시야)。… 眞我一神攸居之宮也(일신유거지궁야)。… 此乃天人相與之際(차내천인상여지제)、緣執三神戒盟而始(연집삼신계맹이시)、能歸于一者也(능귀우일자야)。"

망(三妄)이 뿌리를 내리니, 이르되 마음(心)·기운(氣)·육체(身)다. 마음(心)은 성품(性)에 의지하여 선악(善惡)을 이루니, 선하면 복이 되고 악하면 화가 미친다. 기운(氣)은 목숨(命)에 의지하여 청탁(淸濁)을 이루니, 맑으면 오래 살고 흐리면 일찍 죽는다. 육체(身)는 정기(精)에 의지하여 후박(厚薄)을 이루니, 넘쳐나면 귀하고 모자라면 천하다." 본문에서 마음(心)·기운(氣)·육체(身)는 성품(性)·목숨(命)·정기(精)가 머무는 집이라는 뜻의 삼가(三家)라고 한다. 그런데 본문에서 '땅에 미혹되어'로 번역된 "미지"(迷地)는 물질 세상에 현혹되는 것을 의미한다. 그리고 본문에서 '삼망(三妄)이 뿌리를 내리니, 이르되 마음(心)·기운(氣)·육체(身)다'로 번역된 "삼망착근(三妄着根)、왈심기신(曰心氣身)"이란 인간이 물질 세상에 태어날 때 형성되는 마음(心)·기운(氣)·육체(身)의 영·혼·육이 죄악성 때문에 "삼망"(三妄) 즉 '세 가지 망령됨'의 역할을 한다는 것이다. 그래서 본문에서 '마음(心)은 성품(性)에 의지하여 선악(善惡)을 이루니, 선하면 복이 되고 악하면 화가 미친다. 기운(氣)은 목숨(命)에 의지하여 청탁(淸濁)을 이루니, 맑으면 오래 살고 흐리면 일찍 죽는다. 육체(身)는 정기(精)에 의지하여 후박(厚薄)을 이루니, 넘쳐나면 귀하고 모자라면 천하다'로 번역된 "심의성유선악(心依性有善惡)、선복악화(善福惡禍)。 기의명유청탁(氣依命有淸濁)、청수탁요(淸壽濁夭)"는 마음의 성품과 목숨의 기운 그리고 육체의 정기를 잘 다스려 영·혼·육이 온전하도록 경계하라는 것이다.

3) 인간의 본능적 감·식·촉(感息觸). "진망대작삼도(眞妄對作三途)、왈감식촉(曰感息觸)。 전성십팔경(轉成十八境)、감희구애노탐염(感喜懼哀怒貪厭)、식분란한열진습(息芬爛寒熱震濕)、촉성색취미음저(觸聲色臭味淫抵)。" [본문 번역]: "삼진(三眞)과 삼망(三妄)이 서로 어우러져 세 갈래 길을 만드니, 이르되 감정(感)·호흡(息)·감각(觸)이다. 이 세 가지가 다시 열여덟 가지 작용을 이루는데, 감정(感)에는 여섯 가지 마음(心)의 작용이 있으니, 기쁨·놀람·슬픔·성냄·탐냄·혐오이고, 호흡(息)에는 여섯 가지 기운(氣)의 작용이 있으니, 향기·취기(臭氣)·한기·열기·진기·습기이며, 감각(觸)에는 여섯 가지 육체(身)의 작용이 있으니, 소리·빛깔·냄새·맛·성욕·촉감이다." 본문에서 '삼진(三眞)과 삼망(三妄)이 서로 어우러져 세 갈래 길을 만드니, 이르되 느낌(感)·호흡(息)·감각(觸)이다'로 번역된 "진망대작삼도(眞妄對作三途)、왈감식촉(曰感息觸)"은 마음(心) 속의 성품(性)이 본능적 감정(感)을 표출하고, 목숨(命)을 지탱하는 호흡(息)이 본능적 기운(氣)을 뿜어내며, 육체(身)에 흐르는 정기(精)가 본능적 감각을 발산한다는 뜻이다. 여기서 감정(感)·호흡(息)·감각(觸)은 인간이 물질 세상에서 존재하기 위한 필수적 요소이다. 인간은 태어나서 사회의 구성원으로 다른 인간과 관계를 맺으며 살아가고 자연 환경에 적응하면서 살아가야 한다. 이렇듯 감정(感)은 사회와의 관계성에서 마음속의 성품을 드러내는 외적 작용이고, 호흡(息)은 목숨을 유지하기 위한 기운의 외적 작용이며, 감각(觸)은 육체에 흐르는 정기의 외적 작용이다. 다시 말해서 감정(感)·호흡(息)·감각(觸)은 하느님이 이 물질 세상에 사는 인간에게 주신 생존 본능의 메커니즘인 것이다.

4) 인간의 성통공완을 위한 방법. "중선악청탁후박상잡(衆善惡淸濁厚薄相雜)、 종경도임주(從境途任走)、 타생장소병몰고(墮生長消病歿苦)。 철지감금촉(哲止感禁觸)、 일의화행(一意化行)、 반망즉진(返妄卽眞)、 발대신기(發大神機)、 성통공완시(性通功完是)。" [본문 번역]: "뭇사람들은 선악·청탁·후박을 뒤섞어, 여러 상태의 길(十八境: 인간의 본능적 열여덟 가지 작용)을 본능대로 행하다가 나고 자라고 늙고 병들고 죽는 고통에 사로잡힌다. 그러나 명철한 사람(哲)은 느낌(感)을 그치고(止感) 호흡(息)을 고르며(調息) 감각(觸)을 금하여(禁觸), 오직 한 뜻으로 나아가 삼망(三妄)을 돌이켜 삼진(三眞)에 이르러, 마침내 크게 하느님의 기운을 발하니, 바로 자성(自性: 새사람의 본성)이 열리고(性通) 공덕을 완수함(功完)이 바로 이것이다." 본문 가운데 '뭇사람들은 선악·청탁·후박을 뒤섞어'로 번역된 "중선악청탁후박상잡"(衆善惡淸濁厚薄相雜)에서 "선악"(善惡)은 인간 마음(心)의 두 상반되는 성품(性)이고, "청탁"(淸濁)은 인간 목숨(命)의 두 상반되는 기운(氣)이며, "후박"(厚薄)은 인간 육체(身)의 두 상반되는 정기(精)다. 본문은 뭇사람들에게 이런 선악·청탁·후박이 뒤섞여 있음을 언급하고 있다. 그리고 '여러 상태의 길(十八境: 인간의 본능적 열여덟 가지 작용)을 본능대로 행하다가 나고 자라고 늙고 병들고 죽는 고통에 사로잡힌다'로 번역된 "종경도임주(從境途任走)、타생장소병몰고(墮生長消病歿苦)"는 마음(心) 속의 성품(性)이 본능적 감정(感)을 표출하고, 목숨(命)을 지탱하는 호흡(息)이 본능적 기운(氣)을 뿜어내며, 육체(身)에 흐르는 정기(精)가 본능적 감각을 발산하며 살 때 다른 짐승들과 다를 바 없이 생노병사의 속박에 사로잡혀 고통당할 수밖에 없다는 뜻이다.

본문에서 '그러나 명철한 사람(哲)은 느낌(感)을 그치고(止感) 호흡(息)을 고르며(調息) 감각(觸)을 금하여(禁觸)'로 번역된 "철지감금촉"(哲止感禁觸)은 물질 세상에서 하느님이 주신 인간 생존을 위한 본능적 메커니즘인 느낌(感)·호흡(息)·감각(觸)을 명철한 사람은 하느님과 연합하기 위해 느낌(感)을 그치고(止感) 호흡(息)을 고르며(調息) 감각(觸)을 금한다(禁觸)는 것이다. 그리고 본문에서 '오직 한 뜻으로 나아가 삼망(三妄)을 돌이켜 삼진(三眞)에 이르러'로 번역된 "일의화행(一意化行)、반망즉진(返妄卽眞)"은 하느님과 연합하고자 하는 한 가지 열망으로 뜻을 굳게 정하여 마음(心)은 악을 행하고, 기운(氣)은 흐려지며, 육체(身)가 약해지는 삼망(三妄)에서 돌이켜, 영적 성품(性)으로 선을 행하는 '진성'(眞性), 혼적 목숨(命)을 맑게 유지하는 '진명'(眞命), 육적 '정기'(精氣)가 넘쳐나는 '진정'(眞精)의 삼진(三眞)으로 나아간다는 것이다. 또한 본문 가운데 '마침내 크게 하느님의 기운을 발하니'로 번역된 "발대신기"(發大神機)는 앞에서 언급한 수덕(修德)의 삶을 살 때 하느님의 신적 기운인 하느님의 생명으로 충만해지고, 신적 기운을 이 세상에서 표출하여 발산한다는 것이다. 결국 본문 가운데 '바로 자성(自性: 새사람의 본성)이 열리고(性通) 공덕을 완수함(功完)이 바로 이것이다'로 번역된 "성통공완시"(性通功完是)에서 '자성이 열리고'로 번역된 "성통"(性通)은 '새사람의 확장'을 의미한다. 한편 "공완"(功完)은 '공덕을 완수함'으로 번역할 수 있는데, 즉 "성통"(性通)이라는 새사람의 확장을 통하여 신의 성품인 '초자연덕'(超自然德: supernatural virtue)이 완성된 '완덕'(完德: Christian Perfection)에 이른다는 것이다.

5) 삼일신고의 핵심 사상. 본 연구자는 최동환의 저작인 『삼일신고』에서 삼일신고의 제5장 인물(人物)을 잘 정리하였기에 여기에 인용하고자 한다.

삼일신고는 일신(一神)이 석삼극(析三極)하여 인간의 삼관(三關)·삼가(三家)·삼도(三途)를 이루었고, 다시 세분하여 인간의 성명정(性命精)·심기신(心氣身)·감식촉(感息觸)을 이루었다. 성명정·심기신·감식촉은 삼진(三眞)과 삼망(三妄)의 객체를 이루어 진(眞)과 망(妄)의 혼돈 속에 존재한다. 인간이 인간의 몸을 지니고 땅 위에 살지만 삼진(三眞)은 하나님의 참됨으로 이루어져 있다. 삼진인 진성(眞性)·진명(眞命)·진정(眞精)이 삼관(三關)인 성명정(性命精)에서 생겨나 선청후(善淸厚) 즉 선하고(善) 깨끗하며(淸) 후한 것(厚)으로, 이는 인간이 지닌 하나님의 참됨이다. 삼관(三關)에서 생겨난 선청후(善淸厚)가 삼가(三家)인 심기신(心氣身)에 집을 삼아 머물면 복수귀(福壽貴) 즉 복(福)되고 장수(壽)하며 귀(貴)하게 된다. 그러나 인간에게 삼진(三眞)의 고귀함이 있다 해도 인간이 몸을 지니고 땅 위에 살기 때문에 헛됨에 빠지기 쉬우니, 이는 곧 삼망(三妄)으로서 인간의 외부로부터 침입해 들어오는 악탁박(惡濁薄)이다. 이것이 외부로부터 침입해 들어오는 길을 삼도(三途)라 하는데, 감식촉(感息觸)의 세 갈래 길을 이룬다. 삼도로 들어온 악탁박(惡濁薄)을 심기신(心氣身)이 막지 못하면 화요천(禍夭賤) 즉 화(禍)를 당하고 요절(夭)하며 천(賤)해 질 뿐 아니라, 다음으로 성명정(性命精)에 침입하여 악박탁(惡濁薄)으로 물들면 망성(妄性)·망명(妄命)·망정(妄精)이 된다. 망성(妄性)은 곧 악귀나 잡귀의 노예가 됨이요, 망명(妄命)은 곧 목숨이 끝남이요, 망정(妄精)은 곧 천박하여 짐승처럼 됨이다.

한편 '성통'(性通)은 망(妄)의 헛됨에서 벗어나 하나님의 참됨으로 돌아가는 것이며, '공완'(功完)은 망(妄)의 헛됨에서 벗어나 하나님의 참됨을 누리는 것으로, 이것은 재세이화(在世理化)와 홍익인간(弘益人間)의 가르침으로 이룩된다.[601]

'성통공완'(性通功完)은 교부신학에서 영적 성장의 3단계와 매우 비슷하다. 이천 년 기독교 영성사를 보면 위대한 영성가들이 일치되게 주장하는 성화(완덕)의 과정은 '정화의 단계' ⇒ '조명의 단계' ⇒ '일치의 단계'로 구분하여 설명할 수 있다.[602] 물론 영적 성장의 세 단계는 서로 분리되고 고립된 범주로 만들면 안 된다. 사람이 더 높은 단계로 넘어간다고 해서 반드시 낮은 단계를 떠나는 것은 아니기 때문이다. 영적 성장은 정화 ⇒ 조명 ⇒ 합일의 패턴으로 진행되지만, 모든 단계는 금욕적이며 신비적인 요소가 혼합되어 있다.[603] 한편 영적 성장의 3단계를 주장한 영성가 중에 대표적인 사람은 알렉산드리아의 클레멘스(Clemens of Alexandria, 150~215) · 오리게네스(Ōrigénēs of Alexandria, 184~253) · 아우구스티누스(Augustinus

601 최동환, 『삼일신고』 (서울: 하남출판사, 1991), 78-79.

602 류기종, 『기독교 영성』 (서울: 열림, 1994), 24-29.

603 "Most manuals of spiritual theology treat the practical questions within the framework of the three stages: purgative, illuminative, and unitive. This method is closer to the experience and evolution of the spiritual life, but it has the disadvantage of making separate and isolated categories of the three stages. A person does not definitively leave the lower stages as he passes to the higher ones; the spiritual life is normally a complex pattern of purgation, illumination and union, a blending of ascetical and mystical elements." Jordan Aumann, *Spiritual Theology* (London: Sheed & Ward Ltd., 1980), 134.

of Hippo, 354~430) · 클레르보의 베르나르(Bernard of Clairvaux, 1090~1153) · 보나벤투라(Bonaventura, 1221~1274) · 아빌라의 테레사(Teresa of Avila, 1515~1582) · 십자가의 요한(John of the Cross, 1542~1591) 등이다. 종교개혁과 더불어 개신교는 로마가톨릭에 대항하면서 교부시대부터 전래되어 내려온 기독교의 위대한 신앙적 유산인 '성화의 3단계'까지 배척하고 말았다. 물론 극단적인 미신과 우상숭배로 치닫고 있었던 당시 로마가톨릭에 반기를 든 것은 칭찬할 만한 일이지만, 로마가톨릭이 지니고 있었던 교부들의 체험에서 나온 보석 같은 영성마저 거부했다는 사실은 개신교에는 큰 불행이 아닐 수 없다.

제1단계: 정화의 단계(Purgative Stage). 성도들이 세상에서 집착하고 있던 것들을 포기하여 정결케 되는 단계이다. 그래서 이를 '거비정화'(去非淨化)라고 부른다. 이것은 버릴 것과 옳지 못한 외적 행실을 벗어버려 깨끗해지는 단계이다. 성도들은 이 과정에서 상습적으로 범하는 악한 행실들을 철저히 회개하는 것이 필요하다. 이것은 우리의 자아가 옛사람의 지배를 받는 세상적이고, 감각적인 속박들에서 벗어나 참으로 자유로운 존재가 되기 위한 기본적 '초탈'(超脫)의 훈련과정을 말한다. 제2단계: 조명의 단계(Illuminative Stage). 하나님의 빛이 영혼 속 깊숙이 비춰지면서 피조물로서의 연약함과 추악함을 철저히 깨닫고 오직 하나님만 의지하여 순종하며 점진적으로 영혼이 정결케 되는 단계이다. 이것은 본격적으로 영혼의 내면에 하나님의 빛이 비취어, 그 빛으로 인해 자신의 죄악성과 부패한 정욕을 철저히 깨달았기 때문에 겸손해진다. 그래서 이를 '진덕

명화'(進德明化)라고 부른다. 이 단계의 종극점에서는 부패한 이성이 정화되었기 때문에 하나님의 지혜와 영적 통찰력을 얻게 된다. 제3단계: 일치의 단계(Unitive Stage). 성도의 영혼이 하나님과 온전한 합일을 이루게 되는 단계이다. 그래서 이것을 '신인합일'(神人合一)이라 부른다. 이 단계에 이른 성도들은 자신의 의지가 하나님의 의지와 온전히 조화를 이루었기 때문에 하나님이 아니고는 아무 것도 즐기지 않고, 아무 것에도 희망을 두지 않으며, 아무 것도 두려워하지 않는다. 불이 나무토막에 붙을 때 처음에는 물기가 다 마르기까지 연기가 나지만, 나무토막의 모든 불순물이 다 타서 없어지고 마침내 불이 나무토막의 중심까지 들어가면 나무 역시 불로 화한다.[604]

또한 '성통공완'(性通功完)은 십자가의 요한이 가르친 기독교인의 '점진적 정화'와 매우 흡사하다. '점진적 정화'는 두 가지 측면으로 이루어진다.[605] 첫째, 자신의 결점들을 정화하기 위하여 은총의 도움을 받아 인

604 John A. Hardon, *Modern Catholic Dictionary* (Bardstown, Kentucky: Eternal Life Publications, 2000), 265,452,553.

605 "〈Progressive Purgation〉 In order to arrive at the intimate union with God in which sanctity consists, it is not sufficient to win a victory against sin and its principal allies, the world, the flesh, and the devil. It is also necessary to achieve an intense and a profound purification of all the faculties and powers of soul and body. The reason is obvious. When a soul begins the journey to holiness, it is already in possession of sanctifying grace, without which it could not even begin. The soul has been endowed, together with grace, with the infused virtues and the gifts of the Holy Spirit. The Trinity dwells in the soul as in a living temple, and the grace of adoption makes the soul an heir of heaven for all eternity. But, in spite of these graces, the soul is laden with imperfections and defects. Grace does not of itself exclude anything more than mortal sin; it leaves us with all the natural and acquired imperfections we had at the

간이 노력함으로 이루는 것을 '능동적 정화'라 한다. '하나님과의 깊은 연합'에 도달하려면, 단순히 죄로 인하여 우리를 지배하는 마귀·세상·옛사람에 대한 승리만으로 충분하지 않다. 육체와 영혼의 세세한 부분에 이르기까지 '강도 높고 심오한 정화'가 필요하다. 능동적 정화는 제1단계로 모든 육체적인 욕망을 끊어버리는 '감각의 정화'(욕망 끊기)를 거쳐, 제2단계로 영혼이 집착하고 있는 모든 것들에 대한 맛을 없애는 '영혼의 정화'(맛 없애기)를 거쳐야 이루어진다. '감각의 정화'란 '시각'·'청각'·'후각'·'미각'·'촉각'을 통제함으로 죄 짓지 않는 '정욕의 정화'를 의미한다. 그리고 '영혼의 정화'란 상상·기억 속에 죄가 자리 잡지 않도록 통제함으로 죄 짓지 않는 '지성의 정화'를 의미한다. 그리고 '감각의 정화'와 '지성의 정화'가 가능하도록 결단하기 위한 '의지의 정화'가 필

moment of our justification. The soul remains subject to every kind of temptation, evil inclinations and acquired evil habits; the practice of virtue is therefore difficult and arduous. The infused virtues, received with sanctifying grace, give the soul the power to perform the corresponding acts, but they do not automatically rid the soul of its acquired evil habits or of its natural indispositions to the practice of virtue. These are destroyed only by the practice of the acquired virtues. Then, when the supernatural habit no longer finds any resistance or obstacle to its exercise by reason of a contrary habit, the virtuous act will be produced with facility and delight. The reason for the resistance and rebellion of our nature against virtue must be. sought ultimately in original sin. That first sin caused a weakening of the natural inclination to good that human nature had in the state of original justice. From this follows the necessity of a profound purification of the faculties in which evil habits and vicious inclinations are rooted. In the process of purification God reserves to himself the better part (passive purifications); but, with the help of grace, we must do all in our power to rid ourselves of all the impediments to the divine action (active purifications)." Jordan Aumann, *Spiritual Theology*, 177-206.

요하다. 둘째, 육체와 영혼을 정화하는데 하나님이 주도권을 쥐시고 직접 개입하시는 것을 '수동적 정화'라 칭한다. 이 수동적 정화 과정은 '감각의 어두운 밤'(욕망 끊기)과 '영혼의 캄캄한 밤'(맛 없애기)으로 구분할 수 있다. 이 과정은 영혼들에게 지극히 고통스러운 극한 시련의 때이다. 왜냐하면 하나님이 침묵하시는 가운데 육체의 감각적 욕망과 영혼의 영적 맛을 제거하시기 때문이다. 이것은 옛사람을 파쇄하고 피조물에 대한 집착을 제거하기 위해 하나님이 옛사람을 '무(無: Nada)의 길'로 인도하시는 과정이다. 이를 통해 하나님은 옛사람을 새사람으로 대치시키려 하신다. 이것이 '감각의 어두운 밤'과 '영혼의 캄캄한 밤'을 통하여 육체와 영혼을 정화시키는 하나님의 목적이다.[606]

---

606 Antonio Royo Marin, *The Theology of Christian Perfection*, translated by Jordan Aumann (Eugene, Oregon: Wipf and Stock Publishers, 1962), 280-344.

C

≪참전계경(參佺戒經): 치화경(治化經)≫

한민족의 삼대경전인 ≪천부경(天符經)≫ · ≪삼일신고(三一神誥)≫ · ≪참전계경(參佺戒經)≫은 환국의 개국 초기부터 이미 존재했다. 그 후 구전으로 전승되다가 ≪천부경≫과 ≪삼일신고≫는 배달국의 환웅 때 녹도문으로 문서화되었다. 그리고 ≪참전계경≫은 고구려의 국상(國相: 국무총리) 을파소(乙巴素, ?~A.D.203)가 한문으로 최종 정리하였다. 고구려는 동·서·남·북·중부의 5부(部) 부족들이 연합·연맹하여 건국되었기 때문에, 5부의 유력자들이 고구려의 핵심 지배층을 형성하였다. 한편 『삼국사기』에 보면, 고구려 제9대 고국천왕(故國川王) 13년 A.D. 191년에 고구려 동부의 안유(晏留)가 왕비의 친척인 서부 연나부(椽那部)의 어비류(於卑留)와 좌가려(左可慮)의 반란을 진압하였다. 그 직후 안유는 고국천왕이 새로운 인재등용정책을 추진할 때 왕에게 불려가 국정을 맡아 달라는 부탁을 받았으나,[607] 사양하고 대신 동부의 을파소를 추천하였다. 한편 안유(晏留,

?~?)는 을파소와 같은 훌륭한 인재를 천거한 공으로 대사자(大使者)라는 높은 벼슬에 제수되었다.[608] 을파소는 역대 재상 중 으뜸가는 명재상(名宰相)이었다.[609] 을파소가 그런 훌륭한 인품의 소유자가 될 수 있었던 것은 한민족의 삼대경전인 ≪천부경≫·≪삼일신고≫·≪참전계경≫을 따라 하느님을 경외하며 사람을 사랑했기 때문이다: "을파소가 국상(國相)이 되어 … 교화에 대한 주관을 참전(參佺)이라 했는데, 무리 중에 계율을 잘 지키는 자를 선발하여 하느님 섬기는 일을 맡겼다. … 일찍이 을파소가 무리에게 이렇게 말하였다: '(배달국) 신시(神市)시대에 진리로 세

---

607 "안유(晏留)," ≪한국민족문화대백과사전≫. https://encykorea.aks.ac.kr/Article/E0034706/

608 김부식(金富軾), 『삼국사기(三國史記』「고구려본기(高句麗本紀)」, "於是(어시)、四部共擧東部晏留(사부공거동부안유)、王徵之(왕징지)、委以國政(위이국정)。晏留言於王曰(안유언어왕왈)、微臣庸愚(미신용우)、固不足以叅大政(고불족이참대정)。西鴨淥谷左勿村乙巴素者(서압록곡좌물촌을파소자)、琉璃王大臣乙素之孫也(류리왕대신을소지손야)、性質剛毅(성질강의)、智慮淵深(지려연심)、不見用於世(불견용어세)、力田自給(력전자급)。大王若欲理國(대왕약욕리국)、非此人則不可(비차인칙불가)。… 王謂晏留曰(왕위안유왈)、若無子之一言(약무자지일언)、孤不能得巴素以共理(고불능득파소이공리)。今庶績之凝(금서적지응)、子之功也(자지공야)。迺拜爲大使者(내배위대사자)。" [본문 번역]: "이때 4부가 모두 동부(東部) 안유(晏留)를 추천하니, 왕이 그를 불러 국정(國政)을 맡겼다. 이에 안유가 왕에게 말하기를 '미천한 신은 용렬하고 어리석어 본래 큰 정치에 참여하기 부족합니다. 서압록곡(西鴨淥谷) 좌물촌(左勿村)의 을파소(乙巴素)란 사람은 유리왕 때의 대신 을소(乙素)의 손자로, 성질이 굳세고 의지가 강하며 지혜와 사려가 깊으나 세상에서 쓰이지 못하고 힘들여 농사지어 자급하고 있습니다. 대왕께서 만일 나라를 다스리고자 한다면 이 사람이 아니면 안 될 것입니다.' … 고국천왕이 안유를 불러 말했다. '만약 그대가 말하지 않았다면 내가 을파소를 얻어 나라를 잘 다스리지 못했을 것이오. 지금 많은 공적이 나타남은 오로지 그대의 공로이니 참으로 고맙소.' 그러고 나서 안유를 대사자(大使者)에 임명했다."

609 김부식(金富軾), 『삼국사기(三國史記』「고구려본기(高句麗本紀)」, "乃以至誠奉國(내이지성봉국)、明政教(명정교)、愼賞罰(신상벌)、人民以安(인민이안)、內外無事(내외무사)。" [본문 번역]: "이에 정성을 다하여 나라의 일을 받듦으로써 정교(政教: 정치와 신앙)를 밝히고, 상벌을 신중하게 하니, 인민이 평안하여 안팎이 무사하였다."

상을 깨우칠 때(理化之世)는 백성의 지혜가 열려 나날이 잘 다스려졌다. 이는 만세에 바꿀 수 없는 표준이 있었기 때문이다. 그러므로 참전(參佺)에 지켜야 할 계율이 있으니, (나는) 하느님의 말씀에 순종하도록 백성을 교화할 것이다.'"[610]

≪참전계경≫은 환국의 오훈(五訓)과 배달국의 5사(五事: 主穀·主命·主刑·主病·主善惡)[611] 및 8훈(八訓: 誠·信·愛·濟·禍·福·報·應)을 풀어 366가지 지혜로 가르쳤는데, 배달국 환웅천황 때 신지(神誌) 혁덕(赫德)이 녹도문으로 기록한 것을 을파소가 한문으로 옮겨 적은 것이다: 『태백일사(太白逸史)』「소도경전본훈(蘇塗經典本訓)」, "≪참전계경≫은 을파소 선생이 전하여 내려온 것이다. 선생이 일찍이 백운산에 들어가 하느님께 기도하다가 천서

610 이맥(李陌), 『태백일사(太白逸史)』「고구려국본기(高句麗國本紀)」, "乙巴素爲國相(을파소위국상) … 掌敎化者曰(장교화자왈)、參佺衆選守戒(참전중선수계)、爲神顧托(위신고탁)。… 嘗言於衆曰(상언어중왈)、神市理化之世(신시이화지세)、由民開智日赴至治(유민개지일부지치)。則有所以亘萬世不可易之標準也(칙유소이긍만세부가역지표준야)。故參佺有戒(고참전유계)、聽神以化衆(청신이화중)。"

611 이맥(李陌), 『태백일사(太白逸史)』「환국본기(桓國本紀)」, "桓國有五訓(환국유오훈)、神市有五事(신시유오사)。所謂五訓者(소위오훈자)、一曰誠信不僞(일왈성신불위)、二曰敬勤不怠(이왈경근불태)、三曰孝順不違(삼왈효순불위)、四曰廉義不淫(사왈겸의불음)、五曰謙和不鬪(오왈겸화불투)。所謂五事者(소위오사자)、牛加主穀(우가주곡)、馬加主命(마가주명)、狗加主刑(구가주형)、猪加主病(저가주병)、羊加主善惡(양가주선악)。" [본문 번역]: "환국(桓國)에 오훈(五訓)이 있으며 신시(神市)엔 오사(五事)가 있었다. 오훈이란 첫째, 성실하고 신실하여 거짓이 없어야 한다(誠信不僞). 둘째, 예의가 바르고 근면하여 게으르지 않아야 한다(敬勤不怠). 셋째, 효도하고 순종하여 거스르지 않아야 한다(孝順不違). 넷째, 염치와 도의가 있어 음란치 말아야 한다(廉義不淫). 다섯째, 겸손하고 화목하여 다툼이 없어야 한다(謙和不鬪). 그리고 5사(五事)는 다음과 같으니, 우가(牛加)는 농사를 주관하고(主穀), 마가(馬加)는 목숨을 주관하며(主命), 구가(狗加)는 형벌을 주관하고(主刑), 저가(猪加)는 질병을 주관하며(主病), 양가(羊加)는 선악을 주관하는(主善惡) 것을 말한다."

(天書)를 얻었는데, 이것이 ≪참전계경≫이다."[612] 여기서 유의해야 할 구절은 을파소가 백운산에 들어가 "하느님께 기도하다가 천서(참전계경)를 얻었는데(禱天得天書)"이다. 이 말은 을파소가 환국 오훈과 배달국의 5사 8훈을 참고하여 ≪참전계경≫을 썼다는 것이 아니다.[613] 이것의 힌트가 본문 가운데 "태고시절(大始)에는 현인이 윗자리에 앉아서 인간의 360여 가지 일을 주관하였는데"에 있다. 여기서 태고시절(大始)은 환국과 배달국을 의미한다. 그 때 이미 ≪참전계경≫에 기록된 360여 가지 계명들을 가르쳤던 것이다. 을파소는 이런 사실을 본 글의 뒤에서 밝혔다: "을파소가 이렇게 자신의 의견을 적었다. '배달 신시시대에 세상을 진리로 교화(在世理化)하던 시절에는 팔훈(八訓)을 날줄로 삼고 오사(五事)를 씨줄로 삼아 교화가 크게 시행되었고, 인간을 널리 이롭게 하는 홍익인간(弘益人間) 정신으로 만물을 구제하였으니, ≪참전계경≫의 내용으로 이루어지지 않은 것이 없었다. 오늘날 사람들이 이 전계(佺戒)로 더욱 힘써서 자신을 수양한다면, 백성을 평안하게 하는 공덕을 실현하는 데 무슨 어려움이 있겠는가?'"[614]

---

612 이맥(李陌), 『태백일사(太白逸史)』 「소도경전본훈(蘇塗經典本訓)」, "參佺戒經(참전계경)、世傳乙巴素(세전을파소)、 先生所傳也(선생소전야)。 先生嘗入白雲山(선생상입백운산)、禱天得天書(도천득천서)、是爲參佺戒經(시위참전계경)。" 본문에는 ≪참전계경≫을 "삼백육십여사(三百六十餘事)," 『삼국유사』에는 "삼백육십육여사(三百六十六餘事)," 『단기고사』에는 "삼백육십육사(三百六十六事)" 『광주 이씨 세가보(光州 李氏 世家譜)』에는 "삼백육십육조 율령(三百六十六條律令)" 등 다양하게 기록하고 있다. 송호수, 『한민족의 뿌리사상』, 154-163.

613 송호수, 『한민족의 뿌리사상』, 148-151.

614 이맥(李陌), 『태백일사(太白逸史)』 「소도경전본훈(蘇塗經典本訓)」, "乙巴素籖之曰(을파

≪참전계경≫의 의미와 목적이 ≪참전계경≫의 제 331사에 나오는 '종'(倧)과 '전'(佺)에 관한 설명에서 명료해진다: "종훈(倧訓)이 소중한 것은 나라의 근본이기 때문이며, 전계(佺戒)가 소중한 것은 백성을 가르치는 것이기 때문이다. 나라 다스리는 근본 원리가 모두 여기에서 나온 것이다. 현인이 산천의 정기를 빚어내어 종훈으로 선정을 베푸니 천하(天河)가 먼저 맑아지고, 전계로 교화를 행하니 백악(白岳)이 먼저 신령스러워진다."[615] 본문에서 '종'(倧)은 '종훈'(倧訓)으로서, 하느님에 대한 신앙 원리를 가르치는 경전(經典)인 ≪천부경≫과 ≪삼일신고≫을 의미한다. 한편 '전'(佺)은 '전계'(佺戒)로서, 인간에 대한 윤리 규범을 가르치는 법전(法典)인 ≪참전계경≫을 의미한다.[616] 이런 측면에서 환국·배달국·고조선의 건국이념인 '인간을 널리 이롭게 한다'는 '홍익인간'(弘益人間)과 '세상을 진리로 교화한다'는 '재세이화'(在世理化)가 ≪참전계경≫이 가르치는 366사의 본질로서 하느님 신앙 원리에 기초한 인간 윤리 규범의 강령(綱領)인 것이다.[617] 즉 ≪참전계경≫은 '홍익인간'과 '재세이화'를 구현

소첨지왈)、神市理化之世(신시이화지세)、以八訓爲經(이팔훈위경)、五事爲緯(오사위위)、教化大行(교화대행)、弘益濟物(홍익제물)、莫非參佺之所成也(막비참전지소성야)。今人因此佺戒(금인인차전계) 益加勉修己(익가면수기)、則其安集百姓之功(칙기안집백성지공)、何難之有哉(하난지유재)。"

615 을파소(乙巴素), ≪참전계경(參佺戒經)≫ 「제331사」, "倧之所重者國體也(종지소중자국체야)、佺之所重者民敎也(전지소중자민교야)。治亂皆人所本而興也(치란개인소본이흥야)。哲人之氣醞釀山川(철인지기온양산천)、倧興至治天河先澄(종흥지치천하선징)、佺行教化白岳先靈(전행교화백악선령)。"

616 최민자 주해, 『천부경·삼일신고·참전계경』, 197-198.

617 이맥(李陌), 『태백일사』 「신시본기(神市本紀)」, "凡主人間三百六十餘事(범주인간삼백륙

하는 방법을 366사로서 제시하였다. 놀랍게도 한민족의 삼대경전인 ≪천부경≫·≪삼일신고≫·≪참전계경≫의 가르침은 하나님의 말씀인 신구약성경의 본질적 가르침과 동일하다. 하나님 계명의 정수(精髓)를 보여주는 십계명에서, 1~4계명은 하나님과 인간 사이의 신앙 문제를, 5~10계명은 인간과 인간 사이의 윤리 문제를 다루고 있다. 즉 사랑이 하나님과 연관될 때 그것은 신앙 문제이며, 사랑이 인간과 연관될 때 그것은 윤리 문제가 된다(마22:35-40;막12:28-34;눅10:25-28). 이것은 하나님 사랑과 사람 사랑을 통하여 완전과 완덕에 이르는 것을 가르치는 성경과 동일하게 ≪천부경≫·≪삼일신고≫·≪참전계경≫은 '성통공완'(性通功完)을 가르친다.[618]

≪참전계경≫의 366개 조항은 한민족의 정치사에서 나라를 다스리기 위한 최초의 구체화된 법률 원리(治國原理)이다. 다시 말해서 366사는 신정(神政)국가였던 환국·배달국·고조선에서 정치적 윤리 규범이었던 것이다. 배달국시대에 환웅은 '전계'(佺戒)를 백성들에게 가르쳤다: 『삼성기전 하편(三聖記全下篇)』, "환웅은 삼신(三神)의 뜻을 따라 말씀을 가르쳐 백성들

십여사)、在世理化(재세이화)、弘益人間(홍익인간)、 是謂桓雄天王也(시위환웅천왕야)。" [본문 번역]: "무릇 인간의 360여 사를 두루 주관하사, 세상을 이치로 교화하셔서(在世理化) 인간을 널리 이롭게 하시니(弘益人間), 환웅천왕이시다."

618 임아상(任雅相), 『삼일신고(三一神誥)』「천궁훈(天宮訓)」'임아상(任雅相: 渤海 文籍院監) 주해(註解),' "功完(공완)、持三百六十六善行(지삼백륙십륙선행)、積三百六十六陰德(적삼백륙십륙음덕)、做三百六十六好事也(주삼백륙십륙호사야)。" [본문 번역]: "366가지의 선행과 366가지의 음덕(숨은 덕행) 그리고 366가지의 호사(옳은 일)를 실천에 옮겨야 비로소 성통공완(性通功完)의 경지에 이를 수 있다."

이 전계(佺戒)를 지키도록 서약시키고, 법을 정하여 선악에 따라 보응하도록 하였다."[619] 본문에서 '전계'(佺戒)는 곧 '참전계'(參佺戒)를 의미한다: 『태백일사(太白逸史)』「소도경전본훈(蘇塗經典本訓)」, "이때부터(배달국) 풍속은 참전계(參佺戒)가 있었다."[620] 그리고 참전계는 366사를 의미한다: 『규원사화(揆園史話)』, "(배달국의) 신시씨[621](환웅천황)는 이미 가르침을 세워 백성을 다스리니 백성들은 모두 서로 도우며 흡족히 여겼다. … 신시씨(환웅천황)가 세상을 다스린 지 더욱 오래되니, 치우·고시·신지·주인씨 등이 모두 인간을 366사로 다스렸다. … 제도로서 다스림이 점차 두루 미쳐 정치·교육·예절 등도 조금씩 갖추어져 가니 … 비로소 사람 된 도리로서의 윤리에 접어들게 되었다. 오호라 그 위대함이여!"[622] 한편 단군왕검은 고조선을 건국한 후 새로운 법도를 세운 것이 아니라 신시(神市) 환웅천황의 옛 규례(舊規)를 그대로 계승하였다: 『단군세기(檀君世紀)』, "단군왕검이 신시의 옛 규례(舊規)를 되찾아 아사달에 도읍하여 조선을 세웠

619 원동중(元董仲), 『삼성기전하편(三聖記全下篇)』, "桓雄乃以三神設敎(환웅내이삼신설교)、以佺戒爲業(이전계위업)、而聚衆作誓(이취중작서)、有勸懲善惡之法(유권징선악지법)。"

620 이맥(李陌), 『태백일사(太白逸史)』「소도경전본훈(蘇塗經典本訓)」, "自是(자시)、俗尙(속상)、參佺有戒(참전유계)。"

621 신시씨(神市氏): 배달국의 환웅천황이 처음 도읍했던 곳이 신시(神市)였다. 그래서 후세에 환웅천황을 신시씨(神市氏)라고 한 것이다. 북애(北崖), 『규원사화(揆園史話)』, 고동영 역, 19.

622 북애(北崖), 『규원사화(揆園史話)』, "神市氏(신시씨)、旣立敎御民(기립교어민)、民皆協洽(민개협흡)。… 神市氏御世愈遠(신시씨어세유원)、而蚩尤(이치우)、高矢神誌(고시신지)、朱因諸氏(주인제씨)、并治人間三百六十六事(병치인간삼백육십육사)。… 制治漸敷(제치점부)、而政敎禮儀逐漸稍備(이정교례의축점초비) … 始入人道之倫矣(시입인도지륜의)。嗚呼偉哉(오호위재)!"

다"[623] 이로써 고조선의 단군왕검은 배달국 환웅천황의 옛 규례(舊規)였던 366사를 그대로 활용했음이 명백해진다: 『단기고사(檀奇古史)』,[624] "단군왕검은 삼일신고(三一神誥)를 천하에 포고(佈誥: 펴서 훈계)하시고, 366사의 신정(神政)으로 국민을 순순(諄諄: 타일러)히 훈회(訓誨: 교훈)하시니 그 덕은 천지에 비하고 그 빛(明)은 일월(日月)과 같더라."[625]

『태백일사(太白逸史)』 「소도경전본훈(蘇塗經典本訓)」에는 ≪참전계경≫에 기록된 366사의 구체적인 내용이 수록되어 있지 않지만, ≪참전계경≫의 근본정신을 언급하고 있다: "태고시절에는 현인이 윗자리에 앉아서 인간의 360여 가지 일을 주관하였는데, 그 강령은 여덟 조목으로 성(誠)·신(信)·애(愛)·제(濟)·화(禍)·복(福)·보(報)·응(應)이다. '성'(誠)은 마음속 깊은 곳에서 진심으로 우러나오는 정성을 의미한다. 여기에는 6체(體) 47용(用)이 있다. '신'(信)은 하느님의 뜻에 반드시 부합되는 믿음을 의미하며, 사람의 일을 반드시 이룬다. 여기에는 5단(團) 35부(部)가 있다. '애'(愛)는 자비로운 마음에서 자연스럽게 우러나오는 사랑을 의미하며, 어진 성품

---

623 이암(李嵒), 『단군세기(檀君世紀)』, "檀君王儉(단군왕검)、復神市舊規(부신시구규)、立都阿斯達(입도아사달)、建邦號朝鮮(건방호조선)。"

624 『단기고사(檀奇古史)』는 발해를 건국한 대조영(大祚榮)의 아우 반안군왕(般安郡王) 대야발(大野勃)이 13년간의 저술 작업을 통하여 A.D. 728년에 편찬했다는 고조선의 역사서이다. 일제는 『단기고사』를 한권도 남김없이 철저히 압수했다. 『단기고사』가 보존 위기에 처하자 이윤규(李允珪)의 아들 이화사(李華史)는 『단기고사』의 등사본 일부를 단재 신채호에게 전달했다. 단재는 이 책을 중국에 가서 발간하려다가 여의치 못했다. 그 후 국내에 남아 있던 일부 등사본은 천만다행으로 보존되어 1949년 김두화(金斗和, 1884-1967)가 국한문으로 번역했다.

625 송호수, 『한민족의 뿌리사상』, 160-161.

의 본질이다. 여기에는 6범(範) 43위(圍)가 있다. '제'(濟)는 덕성을 갖춘 선행으로, 말씀에 힘입어 사람에게 그 힘이 미치게 되는 구제를 의미한다. 여기에는 4규(規) 32모(模)가 있다. '화'(禍)는 악한 생각과 행동이 불러들이는 재앙으로서 앙화(殃禍)를 의미한다. 여기에는 6조(條) 42목(目)이 있다. '복'(福)은 선행의 결과로 찾아오는 경사(慶事)로서 행복을 의미한다. 여기에는 6문(門) 45호(戶)가 있다. '보'(報)는 하느님이 악인에게는 화로 갚아주시고, 선인에게는 복으로 갚아주시는 것을 의미한다. 여기에는 6계(階) 30급(級)이 있다. '응'(應)은 하느님이 악행에는 화로 갚아주시고, 선행에는 복으로 갚아주시는 것을 의미한다. 여기에는 6과(果) 39형(形)이 있다. 그러므로 하느님은 비록 말이 없으시나 오르내리면서 두루 보호하시니, 자신을 아는 (性通功完) 자는 창성하고 이를 구하면 열매 맺을 것이다. 한결같이 하느님의 성품에 참여하여 온전함에 이르도록(參佺) 모든 사람들은 계명(戒)에 순종하라!"626

---

626 이맥(李陌), 『태백일사(太白逸史)』 「소도경전본훈(蘇塗經典本訓)」, "大始哲人在上(대시철인재상)、主人間三百六十餘事(주인간삼백육십여사)、其綱領有八條(기강령유팔조)、曰誠曰信曰愛曰濟曰禍曰福曰報曰應(왈성왈신왈애왈제왈화왈복왈보왈응)。 誠者衷心之所發(성자충심지소발)、血誠之所守(혈성지소수)、有六體四十七用(유육체사십칠용)。信者天理之必合(신자천리지필합)、 人事之必成(인사지필성)、 有五團三十五部(유오단삼십오부)。愛者慈心之自然(애자자심지자연)、仁性之本質(인성지본질)、有六範四十三圍(유육범사십삼위)。濟者德之兼善(제자덕지겸선)、道之賴及(도지뢰급)、有四規三十二模(유사규삼십이모)。 禍者惡之所召(화자악지소소)、 有六條四十二目(유육조사십이목)。 福者善之餘慶(복자선지여경)、有六門四十五戶(유육문사십오호)。報者天神(보자천신)、報惡人以禍(보악인이화)、報善人以福(보선인이복)、有六階三十及(유육계삼십급)。應者惡受惡報(응자악수악보)、善受善報(선수선보)、有六果三十九形(유육과삼십구형)。故天雖不言(고천수불언)、陟降周護(척강주호)、知我者昌(지아자창)、求是則實(구시칙실)、一以參佺(일이참전)、全人受戒(전인수계)。"

≪참전계경≫ 팔리훈 강령(八理訓 綱領)

머리글 – 성령장(聖靈章)

"성령님이 위에 계셔서 인간의 366가지 일을 주재하시니, 그 강령은 정성(誠)·믿음(信)·사랑(愛)·구제(濟)·앙화(禍)·행복(福)·갚음(報)·보응(應)이다."[627]

1. 제1강령 성(誠, 제1사). 6체(體) 47용(用)

제1體 경신(敬神, 제2사): 1用 존봉(尊奉, 제3사), 2用 숭덕(崇德, 제4사), 3用 도화(導化, 제5사), 4用 창도(彰道, 제6사), 5用 극례(克禮, 제7사), 6用 숙정(肅靜, 제8사), 7用 정실(淨室, 제9사), 8用 택제(擇齊, 제10사), 9用 회향(懷香, 제11사). 제2體 정심(正心, 제12사): 10用 의식(意植, 제13사), 11用 입신(立身, 제14사), 12用 불혹(不惑, 제15사), 13用 일엄(溢嚴, 제16사), 14用 허영(虛靈, 제17사), 15用 치지(致知, 제18사), 16用 폐물(閉物, 제19사), 17用 척정(斥情, 제20사), 18用 묵안(默安, 제21사). 제3體

627 ≪참전계경≫ 「성령장(聖靈章)」, "聖靈在上(성령재상)、主宰人間三百六十六事(주재인간삼백육십육사)、其綱領(기강령)、曰誠曰信曰愛曰濟曰禍曰福曰報曰應(왈성왈신왈애왈제왈화왈복왈보왈응)。" 한문화 편집부 편, 『천지인』 (서울: 한문화, 2012), 38.

불망(不忘, 제22사): 19用 자임(自任, 제23사), 20用 자기(自記, 제24사), 21用 첩응(貼膺, 제25사), 22用 재목(在目, 제26사), 23用 뇌허(雷虛, 제27사), 24用 신취(神聚, 제28사). 제4體 불식(不息, 제29사): 25用 면강(勉强, 제30사), 26用 원전(圓轉, 제31사), 27用 휴산(休算, 제32사), 28用 실시(失始, 제33사), 29用 진산(塵山, 제34사), 30用 방운(放運, 제35사), 31用 만타(慢他, 제36사). 제5體 지감(至感, 제37사): 32用 순천(順天, 제38사), 33用 응천(應天, 제39사), 34用 청천(聽天, 제40사), 35用 낙천(樂天, 제41사), 36用 대천(待天, 제42사), 37用 재천(載天, 제43사), 38用 도천(禱天, 제44사), 39用 시천(恃天, 제45사), 40用 강천(講天, 제46사). 제6體 대효(大孝, 제47사): 41用 안충(安衷, 제48사), 42用 쇄우(鎖憂, 제49사), 43用 순지(順志, 제50사), 44用 양체(養體, 제51사), 45用 양구(養口, 제52사), 46用 신명(迅命, 제53사), 47用 망형(忘形, 제54사).

1) 제1체 경신(敬神, 제2사: 誠은 하느님을 敬畏하는 것이다). "경(敬)은 지극한 마음을 다하는 것이며, 신(神)은 하느님(神天)이시다. 그러므로 '경신'(敬神)은 지극한 마음을 다하여 하느님을 경외하는 것이다. 해·달·별·바람·비·천둥·번개는 형상이 있는 하늘이요, 물질적 형체가 없어 보이지 않고 소리가 없어 들리지 않는 것은 형상이 없는 하늘이다. 형상이 없는 하늘을 일컬어 하늘의 하늘이라 하는데, 하늘의 하늘은 곧 하느님(天神)이시다. 사람이 하느님을 경외하지 않으면 하느님도 사람에게 감응(感應)하지 않아 마치 풀과 나무가 비와 이슬 및 서리와 눈을 맞지 못해 생기를 잃는 것과 같다."[628] 따라서 하느님을 정성껏 높이 받들어 섬기며(尊奉, 誠1體

1用), 하느님의 덕을 칭송하고(崇德, 誠1體2用), 하느님의 조화를 사람에게 가르쳐 인도하며(導化, 誠1體3用), 하느님의 섭리를 밝히 드러내고(彰道, 誠1體4用), 하느님을 극진한 예로써 공경하며(克禮, 誠1體5用), 하느님 앞에 마음을 정숙하게 하고(肅靜, 誠1體6用), 하느님께 마음을 정결하게 하며(淨室, 誠1體7用), 하느님을 위해 날을 정하여 몸과 마음을 깨끗이 하고(擇齊, 誠1體8用), 하느님께 향을 올릴 때에도 지극히 공손한 마음으로 하는 것이다(懷香, 誠1體9用).

2) 제2체 정심(正心, 제12사: 誠은 하느님의 마음을 품는 것이다). "정심'(正心)은 마음을 하느님의 마음(天心)에 일치시키는 것이다. 마음에는 아홉 개의 구멍이 있어 육감(喜懼哀怒貪厭: 기쁨 · 놀람 · 슬픔 · 성냄 · 탐냄 · 혐오)에 휘둘리면, 하느님의 뜻(天理)을 구하려 해도 얻을 수 없다. 만약 마음을 굳게 하여 하느님의 마음에 초점을 맞추면(靈臺), 밝은 햇빛에 구름과 안개가 걷히고 넓은 바다 물결에 모든 티끌이 없어짐과 같다."629 따라서 마음을 바르게 갖기 위해서는 하느님의 마음을 품을 수 있도록 의지를 굳게 하며(意植, 誠2體10

---

628 ≪참전계경≫ 「경신(敬神): 誠1體, 第2事」, "敬者盡至心也(경자진지심야)、神天神也(신천신야)。 日月星辰風雨雷霆(일월성신풍우뢰정)、 是有形之天(시유형지천)、 無物不視無聲不聽(무물부시무성부청)、 是無形之天(시무형지천)。 無形之天謂之天之天(무형지천위지천지천)、天之天卽天神也(천지천즉천신야)。人不敬天天不應人(인부경천천부응인)、如草木之不敬雨露霜雪(여초목지부경우로상설)。"

629 ≪참전계경≫ 「정심(正心): 誠2體, 第12事」, "正心者正天心也(정심자정천심야)。心有九竅六感弄焉(심유구규육감롱언)、求天理而不可得也(구천리이부가득야)。若一片靈臺巍然獨立(약일편령대외연독립)、太陽光明雲霧消滅之(태양광명운무소멸지)、大海汪洋塵埃杜絶之(대해왕양진애두절지)。"

用), 몸을 바르게 관리하고(立身, 誠2體11用), 사물에 미혹되지 말며(不惑, 誠2體12用), 공명정대한 자세를 취하고(溢嚴, 誠2體13用), 마음을 비워 신령한 마음을 지니며(虛靈, 誠2體14用), 신적 지각력을 얻어 힘써 깨달아 알고(致知, 誠2體15用), 사물에 끌려 다니지 말며(閉物, 誠2體16用), 정욕을 물리치고(斥情, 誠2體17用), 마음을 맑고 고요하게 하는 것이다(默安, 誠2體18用).

3) 제3체 불망(不忘, 제22사: 誠은 하느님을 향한 자발적 정성이다). "불망(不忘)은 잊지 않고자 함이 아니라 저절로(天然) 잊히지 않는 것이다. '성'(誠)은 도(道: 영적 성숙)를 이루는 전부이고, 만사를 이루는 큰 근원이다. 한결같이(天然) 잊지 않고 마음속에 간직한 정성이라야 참된 정성이요, 한 번도 어김이 없음은 그 다음이다."630 따라서 자발적으로 우러나오는 정성은 구하지 않아도 일이 이루어지며(自任, 誠3體19用), 마음에 구하는 것이 없어도 저절로 기억나고(自記, 誠3體20用), 마음에 간직되고 새겨져 떠나지 않으며(貼膺, 誠3體21用), 항상 눈에 아른거리고(在目, 誠3體22用), '나'를 잊는 경지에 이르니 우뢰와 같은 하느님의 음성에 몰입된다(雷虛, 誠3體23用). 정성을 다하지 못하면 하느님의 기운을 왜곡하고 차단하여 하느님께 순종하는 삶을 살 수 없다(神聚, 誠3體24用).

630 ≪참전계경≫ 「불망(不忘): 誠3體, 第22事」, "不忘者不是欲不忘(부망자부시욕부망)、是天然不忘也(시천연부망야)。 誠者成道之全體(성자성도지전체)、 作事之大源也(작사지대원야)。天然不忘(천연부망)、其所抱之誠則誠(기소포지성칙성)、一而無違者(일이무위자)、直其次焉耳(직기차언이)。"

4) 제4체 불식(不息, 제29사: 誠은 하느님을 향한 지속적 정성이다). "불식(不息)은 지극한 정성을 지속하는 것이다. 지극한 정성을 지속하는 것과 정성을 그저 형식적으로만 지속하는 것은 서로 다르다. 그것은 도의 힘(道力: 영적 성숙의 힘)이 분발하여 모아지는 것과 사람의 욕심이 줄었다 늘었다 하는 것의 차이니, 가는 털끝만한 간격도 나중에는 천양지차로 벌어진다."[631] 따라서 정성의 근본이 깊고 견고해지도록 최선을 다하여 힘써 노력하며(勉强, 誠4體25用), 마치 둥근 물건이 평탄한 곳에서 저절로 구르는 것처럼 정성을 멈추지 말고(圓轉, 誠4體26用), 결과에 대한 집착을 버려 자신의 정성을 계산하지 않으며(休算, 誠4體27用), 처음에 바라던 바를 잊어버리고(失始, 誠4體28用), 정성을 지속하면 티끌 같은 정성이 태산을 이루며(塵山, 誠4體29用), 결국 정성의 위력이 발생한다(放運, 誠4體30用). 그리고 가난하든 부유하든 정성이 한결같을 때 다른 생각을 물리치게 된다(慢他, 誠4體31用).

5) 제5체 지감(至感, 제37사: 誠은 하느님이 感應하실 지극한 정성이다). "지감(至感)은 지극한 정성을 다함으로써 감응(感應)에 이르는 것이다. 그리고 감응이란 하느님이 사람의 정성에 감동하여 응답하는 것을 뜻한다. 사람이 감동할만한 정성이 없다면 하느님이 어찌 감동하시겠으며, 사람이 응답할만한 정성이 없다면 하느님이 어찌 응답하시리오! 그러므로 정성이 지극

---

631 ≪참전계경≫ 「불식(不息): 誠4體, 第29事」, "不息者至誠不息也(부식자지성부식야)。不息及無息(부식급무식)、各自有異(각자유이)。其在道力之奮蹲(기재도력지분준)、人慾之消長(인욕지소장)、纖毫之隔(섬호지격)、相去天壤也(상거천괴야)。"

하지 않으면 정성이 없는 것과 같고, 감동해도 응답이 없으면 감동하지 않는 것과 다름이 없다."[632] 따라서 하느님의 뜻에 순종하여 정성을 다하며(順天, 誠5體32用), 하느님의 뜻에 순응하여 형통이나 환난에 상관없이 정성을 게을리 하지 않고(應天, 誠5體33用), 하느님의 명령에 순종하여 정성을 다할 뿐 하느님과의 영적 교통(感應)에 집착하지 않으며(聽天, 誠5體34用), 하느님의 뜻을 즐거워하고(樂天, 誠5體35用), 하느님과의 영적 교통(感應)을 확신 가운데 마음 속 깊이 기다리며(待天, 誠5體36用), 머리에 무거운 물건을 이고 있으면 몸을 제멋대로 못하듯 하느님을 조심스럽게 받들고(載天, 誠5體37用), 환경의 변화에 관계없이 하느님께 기도하며(禱天, 誠5體38用), 하느님만을 믿어 의지하고(恃天, 誠5體39用), 항상 두려운 마음으로 하느님의 말씀을 거스르지 않도록 인간의 생각을 하느님의 뜻에 맞추는 것이다(講天, 誠5體40用).

6) 제6체 대효(大孝, 제47사: 誠은 하느님이 감동하실 지극한 孝道이다). "대효(大孝)는 (부모에게) 지극한 효도를 하는 것이다. 한 사람의 효도가 능히 한 나라 사람들을 감동시키고, 더 나아가 온 세상 사람들을 감동시킨다. 천하를 감동시킬 지극한 정성이 아니고서야 어찌 이(焉: 大孝)에 이를 수 있으리오!

632 ≪참전계경≫ 「지감(至感): 誠5體, 第37事」, "至感者以至誠(지감자이지성)、至於感應也(지어감응야)。感應者天感人(감응자천감인)、而應之也(이응지야)。人無可感之誠天何感之(인무가감지성천하감지)、人無可應之誠天何應之哉(인무가응지성천하응지재)。誠而不克與無誠同(성이부극여무성동)、感而不應與不感無異(감이부응여불감무이)。"

사람이 감동하면 하느님도 또한 감동하신다."[633] 따라서 정성을 다하여 부모의 마음을 편안하게 하며(安衷, 誠5體41用), 부모에게 근심스러운 일을 드러내지 않고(鎖憂, 誠5體42用), 부모의 뜻을 따르며(順志, 誠5體43用), 부모의 몸을 봉양하되(養體, 誠5體44用), 부모의 입맛에 맞게 봉양하며(養口, 誠5體45用), 부모의 명령을 받들어 행하고(迅命, 誠5體46用), 자기 몸을 아끼지 않고 부모를 섬기는 것이다(忘形, 誠5體47用).

2. 제2강령 신(信, 제55사). 5단(團) 35부(部)

제1團 의(義, 제56사): 1部 정직(正直, 제57사), 2部 공렴(公廉, 제58사), 3部 석절(惜節, 제59사), 4部 불이(不貳, 제60사), 5部 무친(無親, 제61사), 6部 사기(捨己, 제62사), 7部 허광(虛誑, 제63사), 8部 부우(不尤, 제64사), 9部 체담(替擔, 제65사). 제2團 약(約, 제66사): 10部 천실(踐實, 제67사), 11部 지중(知中, 제68사), 12部 속단(續斷, 제69사), 13部 배망(排忙, 제70사), 14部 중시(重視, 제71사), 15部 천패(天敗, 제72사), 16部 재아(在我, 제73사), 17部 촌적(忖適, 제74사), 18部 하회(何悔, 제75사), 19部 찰합(拶合, 제76사). 제3團 충(忠, 제77사): 20部 패정(佩政, 제78사), 21部 담중(擔重, 제79사), 22部 영명(榮命, 제80사), 23部 안민(安民, 제81사), 24部 망가(忘家,

633 ≪참전계경≫ 「대효(大孝): 誠6體, 第47事」, "大孝者至孝也(대효자지효야)。一人之孝(일인지효)、能感一國之人(능감일국지인)、又能感天下之人(우능감천하지인)。非天下之至誠(비천하지지성)、焉能至此(언능지차)。人感則天亦感之(인감칙천역감지)。"

제82사), 25部 무신(無身, 제83사). 제4團 열(烈, 제84사): 26部 빈우(賓遇, 제85사), 27部 육친(育親, 제86사), 28部 사고(嗣孤, 제87사), 29部 고정(固貞, 제88사), 30部 닐구(昵仇, 제89사), 31部 멸신(滅身, 제90사). 제5團 순(循, 제91사): 32部 사시(四時, 제92사), 33部 일월(日月, 제93사), 34部 덕망(德望, 제94사), 35部 무극(無極, 제95사).

1) 제1단 의(義, 제56사: 信은 사람에게 信義를 지키는 것이다). "의(義)는 큰 신실(信)에 부응하는 기운이다. 그 기운은 마음을 움직여 용기를 일으키고, 용단(勇斷)을 내려 일에 임하게 한다. 그리고 (그 기운은) 마음을 굳게 지키어 벼락이 내리쳐도 깨뜨리지 못한다. (그 기운은) 금과 돌보다 더 굳세고 단단하며, 큰 강물이 쏟아져 흐르는 것보다 더 활력이 넘친다."[634] 따라서 정직하여 사사로움과 굽음이 없으며(正直, 信1團1部), 좋거나 싫어함 혹은 치우침이나 사리사욕 없이 깨끗하고(公廉, 信1團2部), 절개를 소중히 여기며(惜節, 信1團3部), 두 마음을 품지 않고(不貳, 信1團4部), 사사로운 친함이나 배척이 없으며(無親, 信1團5部), 의리를 지키기 위해 자기 몸을 버리고(捨己, 信1團6部), 빈 말로 속이지 않으며(虛誑, 信1團7部), 길흉성패로 남을 탓하지 않고(不尤, 信1團8部), 남의 허물을 드러냄 없이 남의 근심을 대신 떠맡는 것이다(替擔, 信1團9部).

634 ≪참전계경≫ 「의(義): 信1團, 第56事」, "義粗信而孚應之氣也(의조신이부응지기야)。其爲氣也感發而起勇(기위기야감발이기용)、勇定而立事(용정이입사)。牢鎖心關(뢰쇄심관)、霹靂莫破(벽력막파)。堅剛乎金石(견강호김석)、決瀉乎江河(결사호강하)。"

2) 제2단 약(約, 제66사: 信은 사람에게 約束을 지키는 것이다). "약(約: 약속)은 신실의 좋은 매개요, 신실의 엄한 스승이며, 신실의 근원이자 신실의 영혼이다. 매개가 없으면 합하지 못하고, 스승이 아니면 꾸짖지 못한다. 근원이 없으면 흐르지 못하고, 영혼이 없으면 살 수 없다."[635] 따라서 약속은 실제로 기일에 맞게 착오 없이 이행하며(踐實, 信2團10部), 이간·형편·소문에 좌우됨 없이 중도를 지킬 줄 알아야 하고(知中, 信2團11部), 농간에 의한 의심으로 끊어지지 않고 이어져야 하며(續斷, 信2團12部), 지키기 위해 바쁜 일도 물리쳐(排忙, 信2團13部), 살피고 살펴 신중하게 해야 한다(重視, 信2團14部). 하지만 (약속은) 하느님에 의해 파기되는 경우도 있다(天敗, 信2團15部). 그리고 이행 여부가 남의 권고나 험담이 아닌 나에게 달려 있으며(在我, 信2團16部), 이행 불가능한 약속이 아닌 마땅한 것을 헤아리고(忖適, 信2團17部), 이해관계를 따라 어기면 결국 후회하며(何悔, 信2團18部), 오직 신의와 정성에 근거하니 한 치의 오차도 있어서는 안 된다(掺合, 信2團19部).

3) 제3단 충(忠, 제77사: 信은 임금에게 忠誠을 다하는 것이다). "충(忠: 충성)은 임금이 자기를 알아주는 의리에 감격하여 성의를 다하고, 도학(道學: 인간의 도리)을 깊이 연구하여 하느님의 뜻에 따라(天理) 임금을 섬기고 그 은혜에 보답함이다."[636] 따라서 신하가 임금을 대신해서 현명한 사람을 천거·등용·

635 ≪참전계경≫ 「약(約): 信2團, 第66事」, "約者信之良媒(약자신지량매)、信之嚴師(신지엄사)、信之發源(신지발원)、信之靈魂也(신지령혼야)。非媒不合(비매부합)、非師不責(비사부책)。非源不流(비원부류)、非魄不生(비백부생)。"

교체하고 정사를 맡으며(佩政, 信3團20部), 나라의 안위에 관련된 중책을 맡을 때 잘 헤아리고(擔重, 信3團21部), 일편단심으로 임금의 명령을 빛내며(榮命, 信3團22部), 도덕과 교화로 근면과 배움을 장려하여 백성을 편안하게 하고(安民, 信3團23部), 친인척의 관계에 얽매이지 않으며(忘家, 信3團24部), 우국충정(憂國衷情)으로 자기의 몸을 생각하지 않는 것이다(無身, 信3團25部).

4) 제4단 열(烈, 제84사: 信은 남편에게 貞節을 지키는 것이다). "열(烈)은 열부(烈婦) 즉 절개가 굳은 아내이니, 열부는 그 남편에게 정절(貞節)을 지켜 목숨을 잇는 이도 있고 남편의 뒤를 따라 생명을 버리는 이도 있다. 초혼이든 재가했든 그 도리는 오직 남편에 대한 신실에 있다."[637] 따라서 부부가 서로를 손님의 예로서 공경하며(賓遇, 信4團26部), 자식이 없는 어버이를 봉양하고(育親, 信4團27部), 유복자를 잘 키워 집안을 잇게 하며(嗣孤, 信4團28部), 마음을 굳게 하여 정절을 지키고(固貞, 信4團29部), 원수를 불쌍히 여겨 용서와 사랑으로 원한을 해소하며(昵仇, 信4團30部), 배우자가 세상을 떠나면 영혼으로라도 짝을 이루기를 갈망하는 것이다(滅身, 信4團31部).

636 ≪참전계경≫ 「충(忠): 信3團, 第77事」, "忠者感君知己之義(충자감군지기지의)、盡誠意窮道學(진성의궁도학)、以天理事君而報答也(이천리사군이보답야)。"

637 ≪참전계경≫ 「열(烈): 信4團, 第84事」, "烈烈婦也(열열부야)、烈婦節于其夫(열부절우기부)、有延命者有捐生者(유연명자유연생자)。或於初適或於再嫁(혹어초적혹어재가)、其道信也(기도신야)。"

5) 제5단 순(循, 제91사: 信은 자연의 이치를 따라 順應하는 것이다). "순(循: 循環)은 해와 달과 뭇 별들처럼 형상 있는 천체가 운행하는 것이다. 형상 있는 천체의 운행은 정해진 회수가 있어서 조금도 어김이 없다. 그러므로 사람들은 천체 운행의 원리를 보고 천재지변(天災地變)을 살펴 스스로 불신에 빠지지 않도록 경계해야 한다."[638] 따라서 춘하추동 사계절의 순환 이치에 대한 믿음으로 생업을 하며(四時, 信5圍32部), 해와 달의 한결같은 순환 원리처럼 사람의 믿음도 한결 같아야 하고(日月, 信5圍33部), 천체운행으로 만물이 빛깔을 내는 것처럼, 성스러운 덕(聖德: 덕망)을 사람들이 우러러 보도록 하며(德望, 信5圍34部), 하느님의 진리가 변하지 않는 것처럼 사람의 믿음 역시 변해서는 안 된다(無極, 信5圍35部).

3. 제3강령 애(愛, 제96사). 6범(範) 43위(圍)

제1範 서(恕, 제97사): 1圍 유아(幼我, 제98사), 2圍 사시(似是, 제99사), 3圍 기오(旣誤, 제100사), 4圍 장실(將失, 제101사), 5圍 심적(心蹟, 제102사), 6圍 유정(由情, 제103사). 제2範 용(容, 제104사): 7圍 고연(固然, 제105사), 8圍 정외(情外, 제106사), 9圍 면고(免故, 제107사), 10圍 전매(全昧, 제108사), 11圍 반정(半程, 제109사), 12圍

638 ≪참전계경≫ 「순(循): 信5圍, 第91事」, "循有形之天之輪回也(순유형지천지윤회야)、有形之天(유형지천)、輪回有定數而無違(윤회유정수이무위)、故人瞻仰(고인첨앙)、察災異自戒不信(찰재이자계부신)。"

안념(安念, 제110사), 13圍 완급(緩急, 제111사). 제3範 시(施, 제112사): 14圍 원희(原喜, 제113사), 15圍 인간(認艱, 제114사), 16圍 긍발(矜發, 제115사), 17圍 공반(公頒, 116사), 18圍 편허(偏許, 제117사), 19圍 균련(均憐, 제118사), 20圍 후박(厚薄, 제119사), 21圍 부혼(付混, 제120사). 제4範 육(育, 제121사): 22圍 도업(導業, 제122사), 23圍 보산(保産, 제123사), 24圍 장근(奬勤, 제124사) 25圍 경타(警墮, 제125사) 26圍 정노(定老, 제126사), 27圍 배유(培幼, 제127사), 28圍 권섬(勸贍, 제128사), 29圍 관학(灌涸, 제129사). 제5範 교(敎, 제130사): 30圍 고부(顧賦, 제131사), 31圍 양성(養性, 제132사), 32圍 수신(修身, 제133사), 33圍 주륜(湊倫, 제134사), 34圍 불기(不棄, 제135사), 35圍 물택(勿擇, 제136사), 36圍 달면(達勉, 제137사), 37圍 역수(力收, 제138사). 제6範 대(待, 제139사): 38圍 미형(未形, 제140사), 39圍 생아(生芽, 제141사), 40圍 관수(寬遂, 제142사), 41圍 온양(穩養, 제143사), 42圍 극종(克終, 제144사), 43圍 전탁(傳托, 제145사).

1) 제1범 서(恕, 제97사: 愛는 仁慈로 용서하는 것이다). "서(恕: 용서)는 사랑에서 비롯되며, 자비로움에서 일어나고, 어진 마음에서 정해지며, 참지 못하는 것을 돌이켜 참는 것이다."[639] 따라서 남을 나처럼 생각하며(幼我, 愛1範1圍), 물질계에 옳고 그름에 대한 절대적 기준이 없으니 만물을 포용하고(似是, 愛1範2圍), 그릇된 길을 가는 사람을 힘써 바른 길로 돌이키며(旣誤, 愛1範3

639 ≪참전계경≫ 「서(恕): 愛1範, 第97事」, "恕由於愛(서유어애)、起於慈(기어자)、定於仁(정어인)、歸於不忍(귀어불인)。"

圍), 인간 도리를 상실한 사람을 바르게 인도하고(將失, 愛1範4圍), 악의 원천을 막아 악의 뿌리를 제거해야 하지만(心蹟, 愛1範5圍), 사람에게는 7정(喜怒哀樂愛惡慾)이 있으니 용서하는 데 경중의 차이가 있다(由情, 愛1範6圍).

2) 제2범 용(容, 제104사: 愛는 容納하여 포용하는 것이다). "용(容: 容納)은 만물을 용납하여 포용하는 것이다. 만리의 바다에는 만리의 물이 흘러 들어가고, 천길 높은 산에는 천길 높이의 흙이 쌓여 있다. 바닷물이 넘치는 것도 용납이 아니고, 높은 산의 흙이 무너지는 것도 용납이 아니다."[640] 따라서 자기 분수를 알아 사람의 도리에 항상 충실하며(固然, 愛2範7圍), 생각지 못한 일이 벌어져도 적극적으로 수단과 기회를 수용하고(情外, 愛2範8圍), 고의적 편벽됨에 따른 행함과 멈춤을 피하며(免故, 愛2範9圍), 정욕에 사로잡히는 전적 우매함(全昧)에서 벗어나 하느님의 뜻(天理)을 받아드리고(全昧, 愛2範10圍), 사물의 이치(物理)뿐 아니라 성품의 이치(性理)를 수용하며(半程, 愛2範11圍), 성품과 의지를 멸하는 안일한 생각을 버리고(安念, 愛2範12圍), 재앙의 경중에 따라 용납의 정도를 결정해야 한다(緩急, 愛2範13圍).

3) 제3범 시(施, 제112사: 愛는 물질로 구제하는 것이다). "시(施)는 물질을 베풀어 구제함으로 덕을 펴는 것이다. 물질로 사람들을 궁핍에서 구하는 것이

---

640 ≪참전계경≫ 「용(容): 愛2範, 第104事」, "容容物也(용용물야)。萬里之海逝萬里之水(만리지해서만리지수)、千仞之山載千仞之土(천인지산재천인지토)。濫之者非容也(남지자비용야)、崩之者非容也(붕지자비용야)。"

덕을 펴서 하느님의 뜻을 따르는 것(明性理)이다."[641] 따라서 하느님의 뜻에 따라 물질 베푸는 것을 기뻐하며(原喜, 愛3範14圍), 남을 자기처럼 사랑하여 남의 어려움을 자기가 당하는 것같이 여기고(認艱, 愛3範15圍), 친함이나 소원 혹은 선함이나 악함을 구별하지 않고 긍휼히 여기는 마음이 일어나며(矜發, 愛3範16圍), 한 사람의 자선이 천하에 영향을 끼쳐 퍼지고(公頒, 愛3範17圍), 위급한 사람을 우선적으로 도우며(偏許, 愛3範18圍), 고루 불쌍히 여겨 물질을 균등하게 베풀고(均憐, 愛3範19圍), 지나치지도 부족하지도 않게 베풀며(厚薄, 愛3範20圍), 베풀고도 보답은 바라지 않는 것이다(付混, 愛3範21圍).

4) 제4범 육(育, 제121사: 愛는 말씀으로 양육하는 것이다). "육(育)은 교화하여 사람을 기르는 것이다. 사람은 일정한 가르침(定敎: 진리의 말씀)이 없으면, 그물에 벼리(綱)를 달지 않은 것과 같고, 옷에 깃(領)을 달지 않은 것과 같다. 그래서 제각기 자기주장만 세워 세상이 분망(奔忙)하고 복잡해진다. 이러한 까닭에 하느님의 말씀(一其主敎: 天道)으로 사람들을 양육해야 한다."[642] 따라서 사람의 성품을 교화하여 생업에서 자족을 누리게 하며(導業, 愛4範22圍), 산업에 전력투구케 하여 통달함으로 산업을 보존케 하고(保産, 愛4範

641 ≪참전계경≫「시(施): 愛3範, 第112事」, "施賑物也佈德也(시진물야포덕야)。賑物以救艱乏(진물이구간핍)、佈德以明性理(포덕이명성리)。"

642 ≪참전계경≫「육(育): 愛4範, 第121事」, "育以敎化育人也(육이교화육인야)。人無定敎則(인무정교칙)、罟不綱衣不領(고불강의불령)。各自樹門(각자수문)、奔雜成焉(분잡성언)。因此一其主敎(인차일기주교)、保育人衆(보육인중)。"

23圍), 사람을 길러 사람다운 사람이 되도록 배움을 권장하며(奬勸, 愛4範24圍), 교육에 뒤떨어지는 것을 경계하고(警墮, 愛4範25圍), 노인이 교화될 수 있도록 안정된 환경을 제공하며(定老, 愛4範26圍), 어린아이를 북돋아 교화로 인격 성장시키고(培幼, 愛4範27圍), 덕행을 행하도록 너그러운 덕을 권하며(勸贍, 愛4範28圍), 마른 시내에 큰물을 대듯, 사람을 가르쳐 기르는 것이다(灌涸, 愛4範29圍).

5) 제5범 교(敎, 제130사: 愛는 하느님의 뜻대로 가르치는 것이다). "교(敎)는 인륜(人倫: 사람으로서 마땅히 지켜야 할 도리)과 도학(道學: 性理之學, 眞性 즉 하느님의 성품을 본 받도록 하는 진리)으로 사람을 가르치는 것이다. 사람이 가르침을 받으면, 모든 행실에 그 근본 됨을 얻는다. 하지만 가르침을 받지 못하면, 비록 훌륭한 장인이라도 먹줄이 없는 것과 같아 중심을 잡지 못하여 사람의 도리를 다하지 못하게 된다."[643] 따라서 하느님이 부여하신 타고난 성품을 돌아보며(顧賦, 愛5範30圍), 하느님이 주신 성품을 넓혀서 충실하게 하고(養性, 愛5範31圍), 영(靈)이 사는 집인 몸을 수련하며(修身, 愛5範32圍), 윤리를 앞세워 서로 사랑하도록 인륜에 부합되게 하고(湊倫, 愛5範33圍), 하느님 영의 음성(聽天靈)을 듣고 하느님의 마음(天心)을 품는 사람이 되도록 가르치며(不棄, 愛5範34圍), 현자나 우매자를 가리지 않고 누구에게나 가르침을 베풀며(勿

643 ≪참전계경≫ 「교(敎): 愛5範, 第130事」, "敎敎人以倫常道學也(교교인이윤상도학야)。人有敎則百行得體(인유교칙백행득체)、無敎則雖良工無繩墨(무교칙수양공무승묵)。"

擇, 愛5範35圍), 사물을 사랑하는 이치를 알도록 가르침에 힘써 통달되도록 하고(達勉, 愛5範36圍), 반드시 힘을 한 곳에 쏟아서 공을 들여 이웃 사람들이 교화되도록 하는 것이다(力收, 愛5範37圍).

6) 제6범 대(待, 제139사: 愛는 기다려 주는 것이다). "사랑(愛)의 여러 부분(恕容施育敎待) 중 기다림(待)이 가장 큰 것은 보이지도 들리지도 않는 사랑의 이치로 먼 장래에까지 무궁한 사랑을 쌓아가기 때문이다. 사랑은 막연히 소극적으로 기다리기만 하는 것이 아니라 잘 될 수 있도록 적극적으로 전향적 방도를 찾는 것이다."[644] 따라서 아직 형체를 이루지 못한 것을 사랑의 이치로 믿으며(未形, 愛6範38圍), 성공의 열매에 집착하지 않고 초심으로 돌아가 온전히 사랑하고(生芽, 愛6範39圍), 마음속의 너그러움으로 일을 성취하며(寬遂, 愛6範40圍), 몸과 마음을 편안하게 해주면서 양육하고(穩養, 愛6範41圍), 사랑으로서 일의 처음뿐 아니라 끝맺음을 잘하며(克終, 愛6範42圍), 때가 적절치 않아도 전하고(傳) 맡기어(托) 유종의 미를 거두게 하는 것이다(傳托, 愛6範43圍).

644 ≪참전계경≫「대(待): 愛6範, 第139事」, "愛之諸部待最大焉者(애지제부대최대언자)、以其不見不聞(이기불견불문)、 蘊愛於將來之無窮也(온애어장래지무궁야)。 非徒蘊愛(비도온애)、亦有方焉(역유방언)。"

4. 제4강령 제(濟, 제146사). 4규(規) 32모(模)

제1規 시(時, 제147사): 1模 농재(農災, 제148사), 2模 양괴(凉怪, 제149사), 3模 열염(熱染, 제150사), 4模 동표(凍莩, 제151사), 5模 무시(無時, 제152사), 6模 왕시(往時, 제153사), 7模 장지(將至, 제154사). 제2規 지(地, 제155사): 8模 무유(憮柔, 제156사), 9模 해강(解剛, 제157사), 10模 비감(肥甘, 제158사), 11模 조습(燥濕, 제159사), 12模 이물(移物, 제160사), 13模 역종(易種, 제161사), 14模 척벽(拓闢, 제162사), 15模 수산(水山, 제163사). 제3規 서(序, 제164사): 16模 선원(先遠, 제165사), 17模 수빈(首濱, 제166사), 18模 경중(輕重, 제167사), 19模 중과(衆寡, 제168사), 20模 합동(合同, 제169사), 21模 노약(老弱, 제170사), 22模 장건(壯健, 제171사). 제4規 지(智, 제172사): 23模 설비(設備, 제173사), 24模 금벽(禁癖, 제174사), 25模 요검(要劍, 제175사), 26模 정식(精食, 제176사), 27模 윤자(潤資, 제177사), 28模 개속(改俗, 제178사), 29模 입본(立本, 제179사), 30模 수식(收殖, 제180사), 31模 조기(造器, 제181사), 32模 예제(預劑, 제182사).

1) 제1규 시(時, 제147사: 濟는 때에 맞게 해야 한다). "시(時)는 만물을 구제하는 데에 때가 있다는 말이다. 구제함이 때에 맞지 않는 것은 마치 봄의 제비와 가을의 기러기가 서로 찾아오는 때가 어긋나고, 물과 산이 서로 멀며, 털 난 짐승과 껍질 있는 갑각류가 서로 다른 것과 같다."[645] 따라서

---

645 ≪참전계경≫ 「시(時): 濟1規, 第147事」, "時濟物之時也(시제물지시야)。濟不以時(제불

부지런하여 농사에 때를 놓치지 않도록 하며(農災, 濟1規1模), 쌀쌀한 가을바람에 몸이 상하지 않도록 마음과 기운을 바르고 맑게 유지시키고(凉怪, 濟1規2模), 한여름에 더위 먹어 몸이 상하지 않도록 마음을 맑고 처소를 정결하게 하며(熱染, 濟1規3模), 안일하게 살아 추운 겨울에 얼어 죽지 않도록 교화하고(凍莩, 濟1規4模), 좋은 방도를 항상 준비하여 제공하며(無時, 濟1規5模), 몸에 병이 들어 치유의 때를 놓치지 않도록 병의 뿌리인 마음을 고쳐 새롭게 하고(往時, 濟1規6模), 물질만 의존하여 법도에서 벗어나 행복을 잃지 않도록 경계하는 것이다(將至, 濟1規7模).

2) 제2규 지(地, 제155사: 濟는 땅에 맞게 해야 한다). "지(地)는 만물을 구제하는 땅이다. 구제는 땅의 상태에 따라 행해야 하고, 땅은 구제의 바탕에 마땅해야만 구제하게 된다. 땅의 상태와 구제의 바탕이 만약 큰 수레바퀴처럼 양쪽이 서로 응하지 않으면, 구제를 행함에 많은 장애와 어려움이 따르게 된다."646 따라서 땅의 성질이 유약한 것을 어루만져서 황폐하지 않게 하며(憮柔, 濟2規8模), 땅의 성질이 억센 것을 풀어 온화한 기운이 돌게 하고(解剛, 濟2規9模), 땅을 비옥하고 땅의 맛을 달게 하며(肥甘, 濟2規10模), 땅이 건조하거나 습한 것을 막아야 한다(燥濕, 濟2規11模). 한편 하느님은 땅

이시)、燕鴻相違(연홍상위)、水與山遠(수여산원)、毛甲不同(모갑부동)。"

646 ≪참전계경≫ 「지(地): 濟2規, 第155事」, "地者濟物之地也(지자제물지지야)、濟合於地理(제합어지리)、地宜於濟質然後(지의어제질연후)。濟理質若不應巨輪(제이질약불응거륜)、行有曲岐(행유곡기)。"

에 대한 구제에 치우침이 없으시며(移物, 濟2規12模), 하느님의 땅에 대한 구제에는 성쇠가 교차하고(易種, 濟2規13模), 하느님이 인간 구제를 위해 후미진 땅과 거친 땅을 지혜자에게 맡겨 개척하도록 하시며(拓闢, 濟2規14模), 하느님이 바다와 육지의 상호작용으로 구제하신다(水山, 濟2規15模).

3) 제3규 서(序, 제164사: 濟는 順序에 따라 해야 한다). "서(序)는 만물을 구제하는 도에 순서가 없을 수 없다는 것이다. 형세를 살펴 베풀고, 마땅함을 헤아려 결정하면 다시 헤아림이 없다. 이는 마치 어금니가 있고 뺨이 있는 것과 같다."[647] 따라서 먼 곳에 있는 사람을 먼저 구제하고(先遠, 濟3規16模), 위급한 사람부터 구제하며(首瀕, 濟3規17模), 곤란과 재앙이 중한 자부터 구제하고(輕重, 濟3規18模), 많은 인원의 곤란은 덕으로, 적은 인원의 곤란은 배품으로 구제하며(衆寡, 濟3規19模), 도덕과 이치를 어울러 구제의 때를 짐작하고(合同, 濟3規20模), 노인은 은혜로, 약자는 방법을 찾아 구제해야 한다(老弱, 濟3規21模). 하지만 건장한 사람도 죄 가운데 거하면 하느님의 은혜를 받을 수 없으니 항상 경계해야 한다(壯健, 濟3規22模).

4) 제4규 지(智, 제172사: 濟는 智慧에 따라 해야 한다). "지(智)란 앎의 스승이며, 재주의 스승이고, 덕의 벗이다. 지혜가 능하면 모든 일에 통달하고, 재

---

647 ≪참전계경≫ 「서(序): 濟3規, 第164事」, "序濟物之道(서제물지도)、非無次序也(비무차서야)。審勢而施(심세이시)、量宜而決無再算(양의이결무재산)。如有牙有頰(여유아유협)。"

주가 능하면 세밀히 판단하며, 덕이 능하면 모든 사람을 감화시킨다. 오직 현자의 지혜라야만 사람을 구제하는데 쓰인다."[648] 따라서 계명에 순종하기 위해 욕심을 제어하며(設備, 濟4規23模), 악습을 고치기 위해 규범을 정하여 경계하고(禁癖, 濟4規24模), 검소하도록 힘쓰며(要劍, 濟4規25模), 좋은 음식을 지나치게 구하지 말고(精食, 濟4規26模), 근면하고 의롭게 살아 자산을 윤택하게 하며(潤資, 濟4規27模), 속된 것을 버려 스스로를 구제하고(改俗, 濟4規28模), 지혜의 근본인 뜻을 세우며(立本, 濟4規29模), 덕과 은혜로 지혜롭게 재물을 베풀어야 한다(收殖, 濟4規30模). 하지만 하느님은 종종 사람의 성품을 성숙시키기 위해 시련을 통해 연단하신다(造器, 濟4規31模). 끝으로 사후약방문(死後藥方文)이 되기 전에 구제해야 한다(預劑, 濟4規32模).

5. 제5강령 화(禍, 제183사). 6조(條) 42목(目)

제1條 기(欺, 제184사): 1目 익심(匿心, 제185사), 2目 만천(慢天, 제186사), 3目 신독(信獨, 제187), 4目 멸친(蔑親, 제188사), 5目 구운(驅殞, 제189사), 6目 척경(踢傾, 제190사), 7目 가장(假章, 제191사), 8目 무종(無終, 제192사), 9目 호은(怙恩, 제193사), 10目 시총(恃寵, 제194사). 제2條 탈(奪, 제195사): 11目 멸산(滅産, 제196사), 12目

648 ≪참전계경≫ 「지(智): 濟4規, 第172事」, "智者知之師也(지자지지사야)、才之師也(재지사야)、德之友也(덕지우야)。知能通達(지능통달)、才能剖判(재능부판)、德能感化(덕능감화)。唯哲人之智用濟人(유철인지지용제인)。"

역사(易祀, 제197사), 13目 노금(擄金, 제198사), 14目 모권(謨權, 제199사), 15目 투권(偷卷, 제200사), 16目 취인(取人, 제201사). 제3條 음(淫, 제202사): 17目 황사(荒邪, 제203사), 18目 장본(戕本, 제204사), 19目 장자(藏子, 제205사), 20目 유태(流胎, 제206사), 21目 강륵(强勒, 제207사), 22目 절종(絕種, 제208사). 제4條 상(傷, 제209사): 23目 흉기(凶器, 제210사), 24目 짐독(鴆毒, 제211사), 25目 간계(奸計, 제212사), 26目 최잔(摧殘, 제213사), 27目 필도(必圖, 제214사), 28目 위사(委唆, 제215사), 29目 흉모(兇謨, 제216사). 제5條 음(陰, 제217사): 30目 흑전(黑箭, 제218사), 31目 귀염(鬼焰, 제219사), 32目 투현(妬賢, 제220사), 33目 질능(嫉能, 제221사), 34目 간륜(間倫, 제222사), 35目 투질(投質, 제223사), 36目 송절(送絕, 제224사), 37目 비산(誹訕, 제225사). 제6條 역(逆, 제226사): 38目 설신(褻神, 제227사), 39目 독례(瀆禮, 제228사), 40目 패리(敗理, 제229사), 41目 범상(犯上, 제230사), 42目 역후(逆詬, 제231사).

1) 제1조 기(欺, 제184사: 禍는 詐欺에서 기인한다). "사람의 허물과 죄는 모두 속이는 데서 비롯된다. 속이는 것은 성품을 태우는 화로와도 같고, 몸을 베는 도끼와도 같다. 스스로 속이는 것을 깨달으면 다시 하지 않게 되므로 속이는 것을 경계할 수는 있겠지만 그 허물을 씻을 수는 없다."[649] 따라서 마음을 감추지 말며(匿心, 禍1條1目), 감찰하시는 하느님을 두려워해야 하는 것은(慢天, 禍1條2目), 하느님 앞에 밝히 드러나기 때문이다(信獨, 禍1

649 ≪참전계경≫ 「기(欺): 禍1條, 第184事」, "人之過戾(인지과려)、無不由欺(무불유기)。欺者燒性之爐(기자소성지로)、伐身之斧也(벌신지부야)。自行欺覺則不再(자행기각칙부재)、故行欺雖警無滌(고행기수경무척)。"

條3目). 그러므로 골육지친을 속이지 말며(蔑親, 禍1條4目), 남을 궁지에 몰아넣지 말고(驅殞, 禍1條5目), 남과 화합하는 척하며 뒤통수를 차서 쓰러뜨리지 말며(踢傾, 禍1條6目), 문장을 거짓으로 꾸며 속이지 말고(假章, 禍1條7目), 처음부터 완성하지도 못할 일로 속이지 말며(無終, 禍1條8目), 남의 은혜를 가볍게 여겨 은인을 훼방해서는 안 되고(怙恩, 禍1條9目), 자기를 총애하는 사람을 속이거나 해쳐서도 안 된다(侍寵, 禍1條10目).

2) 제2조 탈(奪, 제195사: 禍는 物慾에서 기인한다). "물욕이 영(靈)을 가리면 구멍이 막힌다. 몸에 있는 아홉 구멍이 다 막혀버리면 사람은 짐승과 같아서, 단지 빼앗아 먹으려는 욕심만 있을 뿐 염치나 겁이 없어진다."[650] 따라서 남의 산업을 망하게 해서는 안 되며(滅産, 禍2條11目), 남의 집 제사를 바꾸어 지내게 하지 말고(易祀, 禍2條12目), 남의 돈을 노동 없이 노략질하지 말며(擄金, 禍2條13目), 남의 권리를 모략으로 빼앗지 말고(謨權, 禍2條14目), 남의 문서를 위조하지 말며(偷卷, 禍2條15目), 남의 이름을 도용하지 말아야 한다(取人, 禍2條16目).

3) 제3조 음(淫, 제202사: 禍는 淫亂에서 기인한다). "음(淫: 음란)은 몸을 망치는 시작이고, 윤리를 혼탁하게 하는 근원이며, 가정을 어지럽히는 근본이

---

650 ≪참전계경≫ 「탈(奪): 禍2條, 第195事」, "物慾蔽靈竅塞(물욕폐령규색)。九竅盡塞(구규진색)、與禽獸相似(여금수상사)、只有食奪之慾而已(지유식탈지욕이이)、未有廉恥及畏怯(미유염치급외겁)。"

다. 돼지는 성정이 음란하고, 개는 색정이 음란하며, 양은 기운이 음란하다. 그래서 음란한 사람을 일러 삼축(三畜: 세 가지 가축)이라 하는 것이다."[651] 따라서 음란을 즐기거나 음란에 빠지지 말며(荒邪, 禍3條17目), 다른 아내를 간음하여 그 남편을 해쳐서는 안 되고(戕本, 禍3條18目), 간음으로 인한 임신을 숨기지 말며(藏子, 禍3條19目), 약으로 낙태시키지 말고(流胎, 禍3條20目), 남의 처첩(妻妾)을 강간하지 말며(强勒, 禍3條21目), 하느님이 지켜보고 계시니 이미 임신한 과부와 간음하여 그 집안의 대를 이어갈 후손을 끊어 놓아서는 안 된다(絶種, 禍3條22目).

4) 제4조 상(傷, 제209사: 禍는 傷害에서 기인한다). "상(傷: 傷害)은 사람을 해치는 것이다. 하느님은 악인이 남을 해치는 것을 노여워하여 우레로 경계하고 벼락으로 위협하신다. 악인이 이욕과 혐오의 세계에서 머리를 돌리지 못하고 어질지 못한 수단으로 악행을 계속하면, 드러나거나 혹은 드러나지 않게 남을 해친 만큼 가볍거나 무거운 벌을 하느님이 내리신다."[652] 따라서 남을 흉기로 상해하지 말며(凶器, 禍4條23目), 독약으로 남을 살해하지 말고(鴆毒, 禍4條24目), 간계로 사람을 해치지 말며(奸計, 禍4條25目), 원한이

651 ≪참전계경≫ 「음(淫): 禍3條, 第202事」, "淫敗身之始(음패신지시)、混倫之源(혼륜지원)、亂家之本也(난가지본야)。猪也性淫(저야성음)、狗也色淫(구야색음)、羊也氣淫(양야기음)。故淫人謂之三畜(고음인위지삼축)。"

652 ≪참전계경≫ 「상(傷): 禍4條, 第209事」, "傷傷人也(상상인야)。天怒惡人傷人(천노악인상인)、 雷霆警之霹靂威之(뇌정경지벽력위지)。 惡之不回頭於利嫌界(악지불회두어이혐계)、行不仁手段(행불인수단)、其陽傷陰傷罰有輕重(기양상음상벌유경중)。"

있어도 어진 마음으로 남을 잔인하게 해하지 말고(摧殘, 禍4條26目), 작은 혐의에도 남을 해하려는 생각은 성품을 악하게 만들므로 마음에 새겨서는 안 되며(必圖, 禍4條27目), 사사로운 원한을 갚고자 남에게 청탁을 하지 말고(委唆, 禍4條28目), 하느님의 뜻을 거슬러 흉악한 음모를 꾀해서는 안 된다(兇謨, 禍4條29目).

5) 제5조 음(陰, 제217사: 禍는 陰謀에서 기인한다). "음(陰: 陰謀)은 남모르게 꾀하는 것이다. 의로움이 궁하면 음모로 돌아가고, 술책이 다하면 음모가 생겨나며, 욕심이 지나치면 음모를 꾸미게 된다. 음모로 이루어지는 것은 오직 화(禍)뿐이다."[653] 따라서 어두운 곳에서 남에게 음모를 꾸미는 것은 인간 도리가 아니며(黑箭, 禍5條30目), 남에게 해를 끼쳐 후회하지 않도록 평소에 삼가여 경계하고(鬼焰, 禍5條31目), 어진 사람을 질투하지 말며(妬賢, 禍5條32目), 덕과 재주가 있는 사람을 음해하지 말고(嫉能, 禍5條33目), 자기 욕심 때문에 인륜을 이간하지 말며(間倫, 禍5條34目), 남의 좋은 성품을 비하하지 말고(投質, 禍5條35目), 표리부동하게 은혜를 원수로 여기지 말고(送絕, 禍5條36目), 소인배처럼 입으로만 착한 척하며 속으로는 남을 헐뜯고 비방해서는 안 된다(誹訕, 禍5條37目).

653 ≪참전계경≫ 「음(陰): 禍5條, 第217事」, "陰謀陰謀也(음음모야)。義窮歸陰謀(의궁귀음모)、術盡生陰謀(술진생음모)、慾極立陰謀(욕극입음모)。陰謀而成者禍也(음모이성자화야)。"

6) 제6조 역(逆, 제226사: 禍는 逆行에서 기인한다). "역(逆)은 순리를 극도로 거스르는 것이다. 사람이 하는 모든 일은 순리를 따르면 성공하고 역행하면 실패한다. 순리에 역행하여 큰 복과 큰 이익을 구하는 것은 마치 입구가 하나인 굴속에 있는 토끼가 그 안에서 잡혀 죽을 줄 모르는 것과 같다."[654] 따라서 불경스러운 언어로 하느님을 욕되게 하지 말며(褻神, 禍6條38目), 나쁜 풍속에 빠지지 않도록 예의범절을 모독하지 말고(瀆禮, 禍6條39目), 선을 악하다 악을 선하다 하여 하느님의 뜻을 무너뜨려 어지럽히지 말며(敗理, 禍6條40目), 진리를 거슬러 하느님께 죄짓지 말고(犯上, 禍6條41目), 인륜을 손상시켜 위계질서를 뒤바꿔서는 안 된다(逆詬, 禍6條42目).

6. 제6강령 복(福, 제232사). 6문(門) 45호(戶)

제1門 인(仁, 제233사): 1戶 애인(愛人, 제234사), 2戶 호물(護物, 제235사), 3戶 체측(替惻, 제236사), 4戶 희구(喜救, 제237사), 5戶 불교(不驕, 제238사), 6戶 자겸(自謙, 제239사), 7戶 양열(讓劣, 제240사). 제2門 선(善, 제241사): 8戶 강개(慷慨, 제242사), 9戶 불구(不苟, 제243사), 10戶 원혐(遠嫌, 제244사), 11戶 명백(明白, 제245사), 12戶 계물(繼物, 제246사), 13戶 존물(存物, 제247사), 14戶 공아(空我, 제248사), 15

---

654 ≪참전계경≫ 「역(逆): 禍6條, 第226事」, "逆不順之極也(역불순지극야)。人之百行(인지백행)、成于順失于逆(성우순실우역)。逆而求大福大利者(역이구대복대리자)、兎止一窟(토지일굴)。"

戶 양능(揚能, 제249사), 16戶 은건(隱愆, 제250사). 제3門 순(順, 제251사): 17戶 안정(安定, 제252사), 18戶 정묵(靜默, 제253사), 19戶 예모(禮貌, 제254사), 20戶 주공(主恭, 제255사), 21戶 지념(持念, 제256사), 22戶 지분(知分, 제257사). 제4門 화(和, 제258사): 23戶 수교(修教, 제259사), 24戶 준계(遵戒, 제260사), 25戶 온지(溫至, 제261사), 26戶 물의(勿疑, 제262사), 27戶 성사(省事, 제263사), 28戶 진노(鎮怒, 제264사), 29戶 자취(自就, 제265사) 30戶 불모(不謀, 제266사). 제5門 관(寬, 제267사): 31戶 홍량(弘量, 제268사), 32戶 불린(不吝, 제269사), 33戶 위비(慰悲, 제270사), 34戶 보궁(保窮, 제271사), 35戶 용부(勇赴, 제272사), 36戶 정선(正旋, 제273사), 37戶 능인(能忍, 제274사), 38戶 장가(藏呵, 제275사). 제6門 엄(嚴, 제276사): 39戶 병사(屏邪, 제277사), 40戶 특절(特節, 제278사), 41戶 명찰(明察, 제279사), 42戶 강유(剛柔, 제280사), 43戶 색장(色莊, 제281사), 44戶 능훈(能訓, 제282사), 45戶 급거(急祛, 제283사).

1) 제1문 인(仁, 제233사: 福은 어짊으로 말미암는다). "인(仁)은 사랑의 저울추이다. 사랑은 무엇이든 사랑하지 않는 것이 없으므로 혹 편애하거나 사사롭게 사랑할 수도 있다. 그래서 인자하지 못하면 능히 그 중심을 잡을 수 없다. 어짊(仁)은 온화한 봄기운에 만물이 소생하는 것과 같다."[655] 따라서 선인과 악인을 모두 사랑하며(愛人, 福1門1戶), 만물을 사랑하여 보호하

655 ≪참전계경≫ 「인(仁): 福1門, 第233事」, "仁者愛之鎚也(인자애지추야)。愛無不愛故(애무불애고)、或有偏愛私愛(혹유편애사애)。非仁莫能執中(비인막능집중)。仁如春氣溫和(인여춘기온화)、物物發生(물물발생)。"

고(護物, 福1門2戶), 남의 근심과 곤란을 불쌍히 여겨 대신하며(替惻, 福1門3戶), 위급한 어려움에 처한 사람을 무조건 기꺼이 구하고(喜救, 福1門4戶), 덕이 있거나 부유 혹은 존귀해도 교만하지 말며(不驕, 福1門5戶), 재주와 덕이 있어도 스스로 겸손하고(自謙, 福1門6戶), 뛰어나거나 공이 있는 사람이 부족하거나 공이 없는 사람에게 양보하는 것이다(讓劣, 福1門7戶).

2) 제2문 선(善, 제241사: 福은 善함으로 말미암는다). "선(善)은 사랑이 흐르는 물줄기와 같으며, 인자함은 어린아이와 같은 것이다. 그러므로 사랑을 심으면 그 우러나오는 마음은 반드시 착하며, 인자를 배우면 그 행하는 일이 반드시 착하다."[656] 따라서 선의(善意)의 의분(義憤)을 지녀야 하며(慷慨, 福2門8戶), 옳다고 여겨 결단하면 구차하지 않게 행하고(不苟, 福2門9戶), 마음에 속임과 거짓이 없으니 싫어 물리치지 않으며(遠嫌, 福2門10戶), 판단과 결행을 명백히 하고(明白, 福2門11戶), 남을 불쌍히 여겨 물자(物資)를 잘 보살펴 주며(繼人, 福2門12戶), 만물을 살리는 것을 기뻐하고 죽이는 것을 싫어하고(存物, 福2門13戶), 나를 비워 남을 편안하게 자신은 수고롭게, 남을 후하게 자신은 박하게 대하며(空我, 福2門14戶), 남의 능한 바를 드러내어 칭찬하여 드날리게 하고(揚能, 福2門15戶), 남이 지은 허물을 숨겨주는 것이다(隱愆, 福2門16戶).

---

656 ≪참전계경≫ 「선(善): 福2門, 第241事」, "善愛之派流也(선애지파류야)、仁之童稚也(인지동치야)。種於愛故發心必善(종어애고발심필선)、學於仁故行事必善(학어인고행사필선)。"

3) 제3문 순(順, 제251사: 福은 順應으로 말미암는다). "순(順)은 법도를 거스르지 않는 것이다. 가난해도 억지로 재물을 취하려 하지 않고, 곤궁해도 억지로 모면하려 하지 않는 것이 하느님의 뜻에 순응하는 것(順天理)이다. 은혜를 보답함에 아첨하지 않으며, 왜곡된 위세에 굴하지 아니함은 사람의 도리에 순응하는 것이다."657 따라서 남이 흉을 보거나 험담을 하여도 격분하지 않고 마음을 차분히 안정시키는 것이 하느님의 덕에 순응하는 것이며(安定, 福3門17戶), 성품이 참되면 고요하여 능통하게 되고 사람이 지혜로우면 어지러움을 진정시킬 수 있으니 이것이 인지(人智)를 따르는 것이고(靜默, 福3門18戶), 행동에 예의 바른 모습을 갖추는 것이 사람의 일에 순응하는 것이며(禮貌, 福3門19戶), 모든 일에 신중하고 모든 사람을 소중하게 공손과 온유로 대하고(主恭, 福3門20戶), ≪천부경)≫ · ≪삼일신고≫ · ≪참전계경≫의 가르침을 마음의 지표로 삼아 새기며(持念, 福3門21戶), 하느님의 말씀과 만물의 이치에 사람의 일을 분수에 맞게 순응시키면 만사가 형통케 된다(知分, 福3門22戶).

4) 제4문 화(和, 제258사: 福은 調和로 말미암는다). "해의 조화와 바람의 조화는 하느님의 조화이며, 기운의 조화와 소리의 조화는 사람의 조화이다. 해와 바람이 고르면 상서로운 기운이 때맞춰 내리어 그 해의 공(功)을 이

---

657 ≪참전계경≫ 「순(順): 福3門, 第251事」, "順不逆度也(순불역도야)。貧不强取(빈불강취)、困不强免(곤불강면)、順天理也(순천리야)。答恩不之諛(답은부지유)、枉威不之屈(왕위부지굴)、順人理也(순인리야)。"

룬다. 그리고 기운과 소리가 고르면 신령이 훤히 통하여 밝은 덕이 나타나게 된다."[658] 따라서 하느님의 말씀으로 자신뿐 아니라 악인을 선한 말씀으로 수덕(修德)하며(修敎, 福4門23戶), 참전(參佺: 사람을 신의 성품에 참여시킴)의 8훈(八訓: 誠·信·愛·濟·禍·福·報·應)을 지켜 하느님과의 조화 및 인간과의 조화를 이루고(遵戒, 福4門24戶), 사람·일·재물을 대할 때는 말·기운·옳음에 온화하며(溫至, 福4門25戶), 치우침이 없는 바른 마음으로 남을 의심하지 않고(勿疑, 福4門26戶), 삿된 욕심으로 잔꾀를 부림 없이 하느님의 뜻에 순종하여 덕으로 사람과 만물을 대하는(省事, 福4門27戶), 온화한 덕이 있으면 남도 나를 믿어 오해하여 노하는 일이 없다(鎭怒, 福4門28戶). 그리고 욕심을 부리지 않아도 온화한 덕이 있으면 모든 일이 자연스럽게 성취되며(自就, 福4門29戶), 꾀하지 않아도 남과 화합할 수 있다(不謀, 福4門30戶).

5) 제5문 관(寬, 제267사: 福은 寬容으로 말미암는다). "봄에 화초를 심고 가꾸어 빨리 그 꽃을 보고자 하는 것은 너그러움의 이치다. 해가 중천에 있어 온 세상이 밝은 것은 너그러움의 형상이다. 이치와 형상이 함께 이루어지면 현자의 도리에 가깝다."[659] 따라서 넓은 도량으로 사람을 포용하며

---

658 ≪참전계경≫「화(和): 福4門, 第258事」, "日之和風之和天和也(일지화풍지화천화야)。氣之和聲之和人和也(기지화성지화인화야)。日和風和則日和風和則(일화풍화칙일화풍화칙)、禎祥時降歲功遂(정상시강세공수)。 氣和聲和則(기화성화칙)、 靈神精暢昭德著(영신정창소덕저)。"

659 ≪참전계경≫「관(寬): 福5門, 第267事」, "栽培春花(재배춘화)、迅于見花者(신우견화자)、寬之理也(관지리야)。日在中天(일재중천)、四海通明者(사해통명자)、寬之形也(관지형야)。理形俱成(이형구성)、哲人之道近焉(철인지도근언)。"

(弘量, 福5門31戸), 남의 궁핍이나 근심을 함께 나눔에 인색하지 말고(不吝, 福5門32戸), 남의 슬픔을 위로하며(慰悲, 福5門33戸), 너그러움으로 남의 어려움을 돕고(保窮, 福5門34戸), 선한 일에 머뭇거림 없이 용감히 나아가며(勇赴, 福5門35戸), 바른 이치에 따라 어질고 너그러워야 한다(正旋, 福5門36戸). 그리고 너그러운 성품에 근거하여 결단할 때 능히 참을 수 있다(能忍, 福5門37戸). 또한 꾸짖을 일이 있어도 너그러운 온화함으로 감추어 숨겨주어야 한다(藏呵, 福5門38戸).

6) 제6문 엄(嚴, 제276사: 福은 嚴正으로 말미암는다). "온화하면서 단정하고, 엄숙하면서 고요함은 기운이 엄정(嚴正)한 것이다. 사사로움을 돌보지 않고 재물을 사사로이 하지 않음은 의리가 엄정한 것이다. 정직함을 주장하고 청렴결백을 내세움은 말이 엄정한 것이다."[660] 따라서 기운·의리·말을 엄정하게 하여 간사함을 물리치며(屛邪, 福6門39戸), 눈 속의 푸른 소나무처럼 바다 위에 우뚝 솟은 바위처럼 높은 절개를 지녀야 하고(特節, 福6門40戸), 엄정하더라도 시끄럽거나 산란하게 살피지 말며(明察, 福6門41戸), 엄정하되 반드시 은혜롭고 온화하게 하고(剛柔, 福6門42戸), 기운·의리·말이 엄정하여도 안색을 씩씩하게 하며(色莊, 福6門43戸), 가르치지 않아도 능히 스스로 배울 수 있도록 엄정하고(能訓, 福6門44戸), 불선(不善)·불신(不信)·

660 ≪참전계경≫ 「엄(嚴): 福6門, 第276事」, "和而整肅而靜者(화이정숙이정자)、氣嚴也(기엄야)。不顧私不私財者(불고사불사재자)、義嚴也(의엄야)。主正直主廉潔者(주정직주염결자)、詞嚴也(사엄야)。"

불의(不義)를 보면 급히 물리쳐야 한다. 그러므로 엄정함은 용기의 근원이다(急祛, 福6門45戶).

7. 제7강령 보(報, 제284사). 6계(階) 30급(及)

제1階 적(積, 제285사): 1及 세구(世久, 제286사), 2及 무단(無斷, 제287사), 3及 익증(益增, 제288사), 4及 정수(庭授, 제289사), 5及 천심(天心, 제290사), 6及 자연(自然, 제291사). 제2階 중(重, 제292사): 7及 유조(有早, 제293사), 8及 공실(恐失, 제294사), 9及 면려(勉勵, 제295사), 10及 주수(株守, 제296사), 11及 척방(斥訪, 제297사), 12及 광포(廣佈, 제298사). 제3階 창(刱, 제299사): 13及 유구(有久, 제300사), 14及 유린(有隣, 제301사), 15及 기연(其然, 제302사), 16及 자수(自修, 제303사), 17及 불권(不倦, 제304사), 18及 욕급(欲及, 제305사). 제4階 영(盈, 제306사): 19及 습범(襲犯, 제307사), 20及 연속(連續, 제308사), 21及 유가(有加, 제309사), 22及 전악(傳惡, 제310사). 제5階 대(大, 제311사): 23及 감상(勘尙, 제312사), 24及 무탄(無憚, 제313사), 25及 취준(驟峻, 제314사), 26及 외선(外善, 제315사). 제6階 소(小, 제316사): 27及 배성(背性, 제317사), 28及 단연(斷連, 제318사), 29及 불개(不改, 제319사), 30及 권린(勸隣, 제320사).

1) 제1계 적(積, 제285사: 報는 積善으로 말미암는다). “적(積)은 수가 많이 쌓인 것을 의미한다. 덕을 닦고 선을 행하여(修德行善) 쌓이고 쌓이면 사람이 오래도록 감동됨에 영들도 이에 감동하고, 하느님도 또한 감응(感應)하여 가히 최상의 복을 받게 된다.”661 따라서 여러 대에 걸쳐 적선(積善)을 행해야 하며(世久, 報1階1及), 선을 행하는 마음이 끊어지지 않고 계속되어야 하고(無斷, 報1階2及), 날이 갈수록 선이 더해지도록 단련하고 달이 갈수록 덕이 더해지도록 연마하며(益增, 報1階3及), 아버지의 선을 본받아 이어 나가야 하고(庭授, 報1階4及), 학식이 없어도 하느님의 마음(天心)을 본받아 선한 행실을 따라 선한 일을 행하고 선한 마음으로 베풀며(天心, 報1階5及), 하느님의 마음을 본받아 수덕(修德)을 하면 티도 없고 흠도 없는 선이 자연스럽게 배어나온다(自然, 報1階6及).

2) 제2계 중(重, 제292사: 報는 大善으로 말미암는다). “중(重)은 일거에 큰 선행을 하는 것이다. 남이 행하지 못하는 선을 행하는 것은 선의 용기이며, 남이 할 수 없는 선을 하는 것은 선의 정성이다. 선한 용기가 있고 선한 정성이 있으면, 가히 그 복을 받게 된다.”662 따라서 어린 나이에도 선을

---

661 ≪참전계경≫ 「적(積): 報1階, 第285事」, “積者多數之謂也(적자다수지위야)。修德行善積之累之(수덕행선적지루지)、人久感之(인구감지)、神已感之(신이감지)、天亦感之(천역감지)、可領上福(가령상복)。”

662 ≪참전계경≫ 「중(重): 報2階, 第292事」, “重一擧而爲大善也(중일거이위대선야)。行人之不行善之勇也(행인지불행선지용야)、及人之不及善之誠也(급인지불급선지성야)。有善勇有善誠(유선용유선성)、可領其福(가령기복)。”

행하며(有早, 報2階7及), 선을 보배처럼 악을 도적같이 알아 보배를 도적에게 잃을까 품어 보호하는 것처럼 선을 잃을까 두려워하고(恐失, 報2階8及), 선을 힘쓰고 가다듬어 선을 권장하며(勉勵, 報2階9及), 줄기가 뿌리를 지키듯 한결같은 정성으로 선을 행하면 하느님도 감응하여 하느님의 성품(天機: 하느님의 틀)이 형성되고(株守, 報2階10及), 한 가지 선으로 백가지 비방을 물리치다 보면 선이 천성(天性)으로 견고해지며(斥訪, 報2階11及), 선한 말과 선한 일로 선을 널리 펴는 사람은 천성(天性)이 순수한 것이다(廣佈, 報2階12及).

3) 제3계 창(刱, 제299사: 報는 修鍊으로 말미암는다). "창(刱)은 선행을 시작하는 것이다. 삶아서 물든 것을 제거하는 것은 삶음(烝)의 시작이고, 빨아서 더러운 것을 제거하는 것은 빨래의 시작이다. 뉘우쳐서 악을 제거하는 것은 선행의 시작이다. 몸의 혼탁함을 벗고 마음을 맑은 물에 씻으면, 가히 그 복을 받게 된다."663 따라서 악을 버리고 선으로 나아간 햇수가 오래되어야 하며(有久, 報3階13及), 선을 행하는 이웃과 같이 하고(有隣, 報3階14及), 선은 허락하고 악은 물리치며(其然, 報3階15及), 스스로 자기를 선하게 수련하고(自修, 報3階16及), 선한 일을 행함에 게으르지 않으며(不倦, 報3階17及), 선해지고자 갈망해야 한다(欲及, 報3階18及).

663 ≪참전계경≫ 「창(刱): 報3階, 第299事」, "刱刱善(창창선)。烝而去染者烝刱也(증이거염자증창야)、 浣而去汚者浣刱也(완이거오자완창야)。 悔而去惡者善刱也(회이거악자선창야)。脫身混溗洗心淸流(탈신혼승세심청류)、可領其福(가령기복)。"

4) 제4계 영(盈, 제306사: 報는 惡業으로 말미암는다). “영(盈)은 ‘가득 참’을 뜻하는 10수(十數)이다. 악이 다하여 아홉에 차면 현재 세상(當世)의 악이다. 악이 극에 달해 열(十)에 차면 또한 이전 세상(前世)의 악이다. 악이 가득차면 여지가 없으니, 가히 가장 무서운 앙화(殃禍)를 받게 된다.”[664] 따라서 아버지의 악을 이어 받지 말며(襲犯, 報4階19及), 아버지에 연이어 계속해서 악을 짓지 말고(連續, 報4階20及), 악을 가중시키지 말며(有加, 報4階21及), 악을 비호하고 변호하면서 남에게 악을 전하지 말아야 한다(傳惡, 報4階22及).

5) 제5계 대(大, 제311사: 報는 大惡으로 말미암는다). “대(大)는 한 번에 큰 악행을 저지르는 것이다. 작은 악을 짓는 사람은 어리석어서 대처함이 같지 않아 혹 스스로 깨닫기 어렵다. 큰 악을 짓는 사람은 영악스러워 일시에 큰 악을 행할 때 그 죄가 귀신과 사람을 꿰뚫으니, 가히 그 앙화(殃禍)를 받게 된다.”[665] 따라서 징계하고 정죄해도 고치지 못하면 안 되며(勘尙, 報5階23及), 악을 저지르고도 마음에 거리낌이 없으면 안 되고(無憚, 報5階24及), 평소에는 선량하다가 갑자기 험한 악을 지어서도 안 되며(驟峻, 報5階25及), 겉만 선하고 속이 악해서도 안 된다(外善, 報5階26及).

---

664 ≪참전계경≫ 「영(盈): 報4階, 第306事」, “盈十數也(영십수야)。窮惡盈九(궁악영구)、惡於當世(악어당세)。極惡盈十(극악영십)、亦惡於前世也(역악어전세야)。惡盈無餘(악영무여)、可領上禍(가령상화)。”

665 ≪참전계경≫ 「대(大): 報5階, 第311事」, “大一爲而做大惡也(대일위이주대악야)。做小惡者愚也(주소악자우야)、處否似或難自覺(처부사혹난자각)。做大惡者智也(주대악자지야)、一時行事罪貫神人(일시행사죄관신인)、可領其禍(가령기화)。”

6) 제6계 소(小, 제316사: 報는 小惡으로 말미암는다). "소(小)는 작은 악이다. 허물이 지나치면 악이라 이르니, 큰 허물과 큰 악은 지혜가 어두운 데서 생긴다. 작은 악도 또한 악을 짓는 것이니, 가히 그 앙화를 받게 된다."666 따라서 악을 행하기 위해 진성(眞性: 새사람)의 성품을 버리지 말며(背性, 報6階27及), 환경에 따라 악을 끊고자 하다가 다시 악을 짓지 말아야 한다(斷連, 報6階28及). 한편 악을 마땅히 고쳐야 함을 알면서도 고치지 못함은 자기 유익을 얻고자 함이다(不改, 報6階29及). 따라서 자기 악함이 고립되는 것이 두려워 양순한 사람에게 자기를 따르도록 권하지 말아야 한다(勸隣, 報6階30及).

8. 제8강령 응(應, 제321사). 6과(果) 39형(形)

제1果 적(積, 제322사): 1形 극존(極尊, 제323사), 2形 거유(巨有, 제324사), 3形 상수(上壽, 제325사), 4形 제손(諸孫, 제326사), 5形 강령(康寧, 제327사), 6形 선안(仙安, 제328사), 7形 세습(世襲, 제329사), 8形 혈사(血祀, 제330사). 제2果 중(重, 제331사): 9形 복중(福重, 제332사), 10形 옥백(玉帛, 제333사), 11形 절화(節化, 제334사), 12形 현예(賢裔, 제335사), 13形 건왕(健旺, 제336사), 14形 길경(吉慶, 제337사) 15

666 ≪참전계경≫ 「소(小): 報6階, 第316事」, "小小惡也(소소악야)。過愆過曰惡(과건과왈악)、大愆大過出自昧智(대건대과출자매지)。小惡亦所做(소악역소주)、可領其禍(가령기화)。"

形 세장(世章, 제338사). 제3果 담(淡, 제339사): 16形 응복(應福, 제340사), 17形 유고(裕庫, 제341사), 18形 무액(無厄, 제342사), 19形 이수(利隨, 제343사), 20形 천권(天捲, 제344사). 제4果 영(盈, 제345사): 21形 뇌진(雷震, 제346사), 22形 귀갈(鬼喝, 제347사), 23形 멸가(滅家, 제348사), 24形 절사(絶祀, 제349사), 25形 실시(失屍, 제350사). 제5果 대(大, 제351사): 26形 인병(刃兵, 제352사), 27形 수화(水火, 제353사), 28形 도적(盜賊, 제354사), 29形 수해(獸害, 제355사), 30形 형역(形役, 제356사), 31形 천라(天羅, 제357사), 32形 지망(地網, 제358사). 33形 급신(及身, 제359사) 제6果 소(小, 제360사): 34形 빈궁(貧窮, 제361사), 35形 질병(疾病, 제362사), 36形 패망(敗亡, 제363사), 37形 미실(靡室, 제364사), 38形 도개(道丐, 제365사), 39形 급자(及子, 제366사).

1) 제1과 적(積, 제322사: 應은 蓄積으로 말미암는다). "정성(誠)은 인간사의 근본이고, 보응(應)은 하느님의 섭리(攝理: 天理)가 다양한 인과(因果) 형태로 나타나는 것으로, 마치 시장에서 물건을 거래하는 것과 같다. 화복(禍福)은 모두 쌓음으로 인하여 온다. 하느님은 큰 화(禍)를 내려 악인에게 갚으시며, 모든 복(福)을 내려 선인에게 갚으신다."[667] 따라서 대덕(大德)을 쌓으면 재세이화(在世理化)하여 지극히 존귀해지며(極尊, 應1果1形), 후한 덕을 지닌 자는 토지와 보화를 소유하고 비참함에 처하지 않고(巨有, 應1果2形), 병에 걸

667 ≪참전계경≫ 「적(積): 應1果, 第322事」, "誠者人事之本(성자인사지본)、應者天理之市(응자천리지시)。 禍福皆因所積而來也(화복개인소적이래야)。 降大禍報惡人(강대화보악인)、降諸福報善人(강제복보선인)。"

리지 않도록 건강관리를 잘하니 오래 살며(上壽, 應1果3形), 자손들이 부모에게 효도하며 서로 화목하고(諸孫, 應1果4形), 몸은 건강하고 마음은 편안하며(康寧, 應1果5形), 참전(參佺)의 진리를 따라 완전을 추구함으로 하느님의 성품에 참여하여 안락함을 얻고(仙安, 應1果6形), 참전(參佺)의 고매한 가문의 전통을 대대로 물려받으며(世襲, 應1果7形), 숭고한 도덕(道德)으로 하느님의 제사장이 되어 하느님을 대신하여 교훈을 펼치고 교화를 행하는 만세의 스승이 된다(血祀, 應1果8形).

2) 제2과 중(重, 제331사: 應은 重視로 말미암는다). "종훈(倧訓: 天符經 · 三一神誥)이 소중한 것은 나라의 근본이기 때문이며, 전계(佺戒: 參佺戒經)가 소중한 것은 백성의 교본이기 때문이다. 나라를 다스리는 근본 원리가 모두 여기에서 나온다. 현인이 산천의 정기를 빚어내어 종훈(倧訓)으로 선정(善政)을 베푸니, 천하(天河: 은하수)가 먼저 맑아진다. 전계(佺戒)로 교화를 행하니 백악(白岳)이 먼저 신령스러워진다."668 따라서 복이 거듭 쌓이면 크게 영화로워지며(福重, 應2果9形), 한 세상이 안락하여 시비나 송사도 없고(玉帛, 應2果10形), 살아서는 맑은 덕이 있고 죽어서는 아름다운 절개가 있으며(節化, 應2果11形), 어진 후손이 태어나 미천한 가문을 부흥시키고(賢裔, 應2果12形),

668 ≪참전계경≫「중(重): 應2果, 第331事」, "倧之所重者國體也(종지소중자국체야)、佺之所重者民敎也(전지소중자민교야)。治化皆因所本而興也(치화개인소본이흥야)。哲人之氣醞釀山川(철인지기온양산천)、倧興至治天河先澄(종흥지치천하선징)。佺行敎化(전행교화)、白岳先靈(백악선령)。"

때에 맞는 행운이 왕성하여 기원하는 대로 되며(健旺, 應2果13形), 흉한 일은 물러가고 길한 일만 생기고(吉慶, 應2果14形), 대대로 학업을 닦아 문필에 통달한 후손이 나오고 환경을 초탈하여 유유자적하게 된다(世章, 應2果15形).

3) 제3과 담(淡, 제339사: 應은 淡白으로 말미암는다). "몸이 맑으면 복이 응답하여 모든 사람이 덕을 이룸으로 천하에 성(性: 眞性)을 잃는 사람이 하나도 없고, 백성이 법을 어기는 일이 하나도 없게 된다. 나라의 근본을 밝게 징험(徵驗)하고, 인정에 적절히 부합시키며, 두루 만물의 힘을 보호하고, 즐거움을 뭇사람과 더불어 취하는 것을 함께 행할 준거의 법식으로 삼는다."[669] 따라서 덕을 쌓으면 몸이 맑아져 편안하게 늙어 자손들의 봉양을 받으며(應福, 應3果16形), 재물 관리를 여유 있게 하여 인심을 잃지 않으니 창고에는 오곡이 가득하고(裕庫, 應3果17形), 정성과 믿음으로 일을 하니 재액(災厄)이 없으며(無厄, 應3果18形), 장애는 물러가 흩어지는데 이익의 크고 작음은 노력의 대소에 달려 있고(利隨, 應3果19形), 하늘에 구름이 걷히듯 재앙이 걷히게 된다(天捲, 應3果20形).

4) 제4과 영(盈, 제345사: 應은 禍盈으로 말미암는다). "악행으로 화가 가득 차는 것(盈, 영)을 경계하는 사람은 현인이요, 그렇지 못한 사람은 범인(凡人)이

---

669 ≪참전계경≫ 「담(淡): 應3果, 第339事」, "體淡則福應全人成德(체담칙복응전인성덕)、天下無一人失性(천하무일인실성)、百姓無一事違法(백성무일사위법)。明徵國體(명징국체)、切合人情(절합인정)、周護物力(주호물력)、樂取與衆(낙취여중)、同爲準式(동위준식)。"

다. 악을 물리침에 게으르지 않고 선을 지키어 꾸준히 행하는 것이 화영(禍盈)이 가득 참을 경계하는 것이다. 참전계경의 가르침에 따라 법도에 맞게 살아갈 때 편안함이 있다."[670] 따라서 앙화가 가득차면 하늘의 벼락을 맞아 죽으며(雷震, 應4果21形), 악귀가 몸에 붙어 다녀서 경영하는 일과 구하는 이익이 막히고(鬼喝, 應4果22形), 생업은 풍비박산이 되며 자손은 서리 맞은 낙엽처럼 쇠잔하고 늙으면 외로워 울부짖으며(滅家, 應4果23形), 자손이 없어 제사가 끊기고(絕祀, 應4果24形), 결국 먼 타향에서 정처 없이 헤매다가 객사하고 만다(失屍, 應4果25形).

5) 제5과 대(大, 제351사: 應은 巨惡으로 말미암는다). "악한 감정이 크면 그 응보도 크다. 모습에 부끄러운 그림자가 많으니 어찌 앙화가 뒤따르지 않으리오. 온갖 귀신이 침노하고 능멸하여 그 이름과 몸을 동시에 멸한다."[671] 따라서 늙든 젊든 악을 가득 채우면 병사의 칼날에 베이듯 악의 응보를 받게 되며(刃兵, 應5果26形), 물이나 불에 집을 잃을 뿐 아니라, 물에 목숨을 잃거나 불에 몸이 상하는 재앙을 당하고(水火, 應5果27形), 도적을 만나 사업 자금을 잃고 집안에서도 남은 재산을 잃으며(盜賊, 應5果28形), 높은 고개나 깊은 숲에서 맹수의 피해를 당하고(獸害, 應5果29形), 여러 해를 감옥

---

670 ≪참전계경≫ 「영(盈): 應4果, 第345事」, "戒盈者哲(계영자철)、否者爲衆(부자위중)。去惡莫怠(거악막태)、守善不遷(수선부천)。是爲戒盈(시위계영)、絜矩以安(혈구이안)。"

671 ≪참전계경≫ 「대(大): 應5果, 第351事」, "感於惡大(감어악대)、其應也亦大(기응야역대)。形多愧影(형다괴영)、禍不旋踵(화부선종)。百鬼侵凌(백귀침릉)、名與身滅(명여신멸)。"

에 갇혀 형벌의 고통을 받으며(形役, 應5果30形), 하느님의 그물은 넓고 넓으니 악을 행하면 반드시 재앙을 만나 하는 일마다 끝을 맺지 못하고(天羅, 應5果31形), 땅의 그물은 그 누구도 벗어날 수 없으니 악을 행하면 반드시 흉한 곳만 찾아다니게 되어 하는 일마다 끝을 맺지 못하며(地網, 應5果32形), 여러 사람이 같은 위험에 처해도 유독 자기 혼자에게만 재앙이 미친다(及身, 應5果33形).

6) 제6과 소(小, 제360사: 應은 些少로 말미암는다). "비록 착한 일이라 하더라도 작다 하여(些少, 사소) 행하지 않고, 비록 악한 일이라 하더라도 크지 않다 하여 행하는 것은 이에 대한 보응 또한 작지만 그럼에도 가히 경계해야 한다."[672] 따라서 작은 악이라 하더라도 쌓이면 가난을 면치 못하며(貧窮, 應6果34形), 한평생 질병에 시달리고(疾病, 應6果35形), 하는 일마다 패망하여 하나도 성취되는 일이 없으며(敗亡, 應6果36形), 아내도 없고 자식도 없이 외롭게 살고(靡室, 應6果37形), 의지할 곳도 없고 거처할 곳도 없이 길거리에서 구걸하나 아무도 구제해 주지 않으며(道丏, 應6果38形), 앙화가 자손에게까지 미친다(及子, 應6果39形).

672 ≪참전계경≫「소(小): 應5果, 第360事」, "雖善以其小不爲(수선이기소부위)、雖惡以其不大爲之(수악이기불대위지)、此亦應之小者(차역응지소자)、可不戒哉(가부계재)。"

Ⅵ

결론

본 연구자는 한민족 상고사에 대해 깊은 관심을 갖고 연구해 왔다. 그 이유는 하나님의 뜻에 따라 동양으로 이주해 온 욕단의 후손 동이족이 세운 환국·배달국·고조선이 성경에 계시된 '삼위일체(三位一體) 하나님'과 동일한 '삼신일체(三神一體) 하느님'[673]을 믿고 섬겼다는 사실을 『환단고기』에서 발견했기 때문이다.[674] 물론 신구약성경에 '삼위일체 하나님'에 대한 진리가 충분히 계시되어 있다. 하지만 삼위일체론에 대한 정통 교리가 확정될 때까지 기독교회는 헬라의 화석화된 초월신론으로부터 영향을 받은 '로고스 기독론'(Logos Christology)과 유대교의 인격적 유일신론으로부터 영향을 받은 '군주신론'(Monarchianism) 등의 이단적 사상에 시달려야만 했다. 격렬한 신학논쟁 끝에 A.D. 325년 니케아 신조(The Nicene Creed)를 통해 성자의 신성이 확정되었고, A.D. 381년 콘스탄티노플 신조(The Constantinopolitan Creed)를 통해 성령의 신성이 확정되었다. 그리고 마침내 기독교 정통 교리로서 '삼위일체론'이 확립된 것은 아우구스티누스(Augustinus of Hippo, 354~430)가 20년간(399~419)의 연구를 통해 저술한 『삼위일체론에 대하여』(*De Trinitate: on the Trinity*)라는 책에 의해서였다. 그런데 한

673 이맥(李陌), 『태백일사(太白逸史)』 「삼한관경본기(三韓管境本紀)」, "檀君索弗婁(단군색불루) … 馬韓黎元興(마한여원흥)、致祭于三神一體上帝之檀(치제우삼신일체상제지단)。" [본문 번역]: "단군 색불루(단군 22세)는 … 마한 여원흥을 보내어 '삼신일체 상제'(三神一體上帝: 삼위일체 하나님)의 단(천단)에 제사를 올리게 하였다."

674 이맥(李陌), 『태백일사(太白逸史)』 「삼신오제본기(三神五帝本紀)」, "自上界(자상계)、却有三神(각유삼신)、卽一上帝(즉일상제)、主體則爲一神(주체칙위일신)、非各有神也(비각유신야)、作用則三神也(작용칙삼신야)。" [본문 번역]: "초월적 영원세계에 삼신(三神)이 계시니, 곧 한 분 '상제'(上帝)시다. 주체는 '일신'(一神)이시니, 각각 신이 따로 계시지 않고, 작용만 '삼신'(三神)이시다."

민족이 상고시대에 이미 성경의 '삼위일체 하나님'과 동일한 '삼신일체 하느님'을 믿고 섬겼다는 사실로 인하여 조직신학을 전공한 본 연구자는 큰 충격을 받았다. 더욱이 환국·배달국·고조선에서 백성들의 신앙과 교화를 위해 사용된 한민족의 삼대경전(三大經典)인 ≪천부경(天符經)≫·≪삼일신고(三一神誥)≫·≪참전계경(參佺戒經)≫에 기록된 '삼신일체(三神一體) 하느님'의 속성과 사역이 신구약성경과 정확하게 일치하고 있음을 본 연구자는 확인하였다.

한민족 상고사의 연구를 성경적 하나님 신앙이 없는 세속적 역사학자들에게 방치해 놓는 것은 기독교 신학자들의 직무유기이다. 이런 방기(放棄: 내버리고 돌아보지 않음)는 일제가 1910년 한일합병 즉시 만든 조선사편수회(朝鮮史編修會)의 일원으로 하수인 역할을 했던 이병도를 위시한 식민사학자들과 그들을 추종하는 강단사학자들이 『환단고기(桓檀古記)』를 위서(僞書)로 단정했기 때문이다. 그것은 식민사학의 카르텔을 구성하여 이익 집단으로 전락한 강단사학자들에게는 당연한 일이다. 왜냐하면 일제는 고조선의 단군을 신화로 변질시켜 한민족의 상고시대를 부인했기 때문이다. 만일 『환단고기(桓檀古記)』의 역사성을 인정할 경우 강단사학자들이 가르쳐왔던 한민족 상고사는 거짓으로 드러나고 만다. 이런 갈등은 역사학에만 국한되지 않는다. 특히 실험을 통하여 그 타당성을 입증해야 하는 과학에서도 근대과학에서 현대과학으로의 발전은 극한 갈등을 통해서였다. 오늘날의 현대과학은 근대과학의 오류를 극복하기 위해 극한 갈등을 감내한 결과물이다.[675] 그런데 지금까지 강단사학자들의 '확증편향[676]적 역사관'에 기독교 역사신학자들은 묻지도 따지지도 않고 동조해왔다. 역설적이게도 기독교 역사신학자들의 무관심이 본 연구자에게 『환단고기』의 연구를 통하여 상고시대에 한민족이 성경에 계시된 '삼위일체(三位一體) 하나님'과 동일한 '삼신일체(三神一體) 하느님'을 믿고 섬겼다는 사실을 밝혀내는 기회를 제공해 주었다. 본 연구자의 논문인 『환단고기에서 발견한 성경에 계시된 하나님』에 오류가 없다고 주장하지 않는다. 다만 본 연구자는 기독교 역사신학자들에게 자극을 주어 한민족 상고사에 대한 연구에 마중물 역할을 하고 싶을 뿐이다.

모든 학문 분야 가운데 유독 신학(神學)만은 이전 세대들의 신학자들이 연구해 놓은 학문적 탐구의 결과물에서 '정통'(正統)으로 인정받은 사상에 안주하므로 신학적 발전이 멈춰 있다. 그런데 성경은 진리이지만, 신학은 성경을 해석하는 도구로서 시대적 사조에 대항하여 진리를 변증하기 위해 끊임없이 발전해야 한다. 기독교 정통은 두 가지로 구분되는데,

675 아인슈타인의 1905년 '특수상대성이론'과 1915년 '일반상대성이론'은 근대과학에서 현대과학으로의 문을 열었지만, 정작 아인슈타인 본인은 근대과학적인 정신의 소유자였다. 1925년 하이젠베르크의 '양자이론'이 발표되었을 때, 아인슈타인은 "신은 우주를 가지고 주사위 놀이를 하지 않는다"(God does not play dice with the universe)는 말로 우주가 불변의 법칙을 따라 질서 있게 움직이기 때문에 어떤 우연도 존재할 수 없다고 주장하였다. 아인슈타인은 양자이론의 불확정성 개념을 이해할 수 없었던 것이다. 근대과학의 아버지로 불리는 아이작 뉴턴(Isaac Newton, 1642~1726)이 살아있었다면 격렬하게 양자이론을 공격했을 것이다. 하지만 오늘날 하이젠베르크의 '양자이론'은 과학적 사실로 증명되었다. Ian Stewart, 『하느님은 주사위놀이를 하는가?』, 박배식 역 (서울: 범양사출판부, 1993) 참조.

676 '확증편향'(確證偏向, Confirmation bias)은 자신의 가치관이나 기존의 신념 혹은 판단 따위와 부합하는 정보에만 주목하고 그 외의 정보는 무시하는 사고방식과 태도를 말한다.

하나는 '성경적 정통주의'(biblical orthodoxy)이고 다른 하나는 '교회적 정통주의'(ecclesiastical orthodoxy)이다. 여기서 성경적 정통주의는 '진리'이고, 그 진리를 신학자의 견해에 따라 해석한 '신학'이 '교회적 정통주의'이다. 그래서 '교회적 정통주의'는 '성경적 정통주의'와 동일시될 수 없다. 이는 '성경적 정통주의'가 성경의 영감성 때문에 오류가 없음에 비추어 '교회적 정통주의'는 교회의 문화적 환경 속에서 오류를 범할 수 있기 때문이다. 특히 '교회적 정통주의'는 성경의 진리를 신학적 틀 안에서 풀었기 때문에 '해석적 정통주의'(the interpretive orthodoxy)라 불린다. 그리고 신학적 관점에 따라 성경 진리의 해석이 달라질 수 있기 때문에, 교회적 정통주의는 불완전하다. 따라서 '교회적 정통주의'는 '성경적 정통주의'의 조명 아래 점검과 감시를 받아야 하며, 언제나 개정 가능하다. 그런데 이천년 기독교 역사를 훑어보면 정통과 이단의 판별 기준을 '성경적 정통주의'가 아닌 '교회적 정통주의'에 두는 경우가 대부분이었다. 하지만 본 연구자의 논문은 '교회적 정통주의'에 근거하여 신학적 논쟁의 대상이 되어서는 안 된다. 오히려 본 연구자의 논문인 『환단고기에서 발견한 성경에 계시된 하나님』는 '성경적 정통주의'에 근거하여 평가받아야 정당하다.

한민족 상고사는 한민족 근대사와 연관되어 있다. 그리고 한민족 현대사와 미래사는 한민족 상고사와 한민족 근대사를 통해서만 정확한 해석이 가능하다. 하나님은 역사의 주관자이시기 때문에 세속사는 구속사적 관점으로만 바른 해석이 가능하다. 더욱이 한민족의 역사는 '하나님의 주권적 섭리'라는 하나님의 역사 통치 원리를 통해서만 구속사적으로 해석할 수 있다. 흔히 세속적 역사학자들은 한민족의 고대사를 중심으로 연구하기 때문에, 한민족의 고대사를 구성하는 고구려·백제·신라 등 삼국시대(B.C.57~A.D.668)와 통일신라시대(A.D.668/676[677]~935) 및 고려시대(A.D.918~1392) 그리고 조선시대(A.D.1392~1910)를 다룬다. 삼국시대부터 고려시대까지는 불교, 조선시대에는 유교가 득세하였다. 그래서 세속적 역사학자들은 한민족의 뿌리 정신을 '토착종교'인 샤머니즘으로, 한민족의 정체성을 '외래종교'인 불교와 유교가 형성했다고 주장한다. 샤머니즘(shamanism)은 무당이 신령과 인간을 중재하는 종교로서 토테미즘적인 성격도 가져 자연의 정령이나 토착 신령을 숭배했고 조상신 등의 귀신을 기렸다. 한민족의 무속신앙(巫俗信仰, Korean folk religion)은 무교(巫敎, Korean shamanism)로 불린다. 이것은 상고시대에 한민족에게 샤머니즘과 불교 및 유교보다 더 본질적인 민족종교로서 천신(天神: 하느님) 신앙이 존재했다는 사실을 도외시한 잘못된 이론이다. 『환단고기』에 따르면, 한민족은 환국(B.C.7197~B.C.3897)·배달국(B.C.3897~B.C.2333)·고조선(B.C.2333~B.C.238)에 이르는 7,000여 년에 걸친 장구한 역사 동안 삼신일체 하느님만을 믿고 섬겼다. 이것은 한민족에게 샤머니즘과 불교 및 유교가 우상숭배임을 말해준다.

---

677 통일신라시대는 신라의 고구려 멸망을 기준으로 할 때 668년이 되고, 신라의 당나라 격퇴 기준으로 할 때 676년이 된다.

한민족 상고시대에 환국·배달국·고조선은 성경에 계시된 삼위일체 하나님과 동일한 삼신일체 하느님 신앙에 근거해 신정정치를 했다. 이 같은 사실은 배달국의 수도를 '하느님 나라' 즉 '하느님이 다스리는 나라'로 번역되는 '신시'(神市)라고 불렀던 것을 통하여 입증된다. 그런데 한민족 상고시대의 삼신일체 하느님 신앙에 근거해 이 땅에 하나님 나라 구현을 계승한 나라가 오늘날 대한민국이다. 1948년 7월 17일 공포된 [대한민국헌법]의 기초가 되는 1919년 4월 11일 제정된 [대한민국임시헌장]은 한성감옥 안에 갇혀있던 민족지도자 40여 명이 '기독교 국가건설'을 천명하며 하나님과 맺은 언약서이다. 이 말은 대한민국이 1948년 8월 15일 하나님과 언약관계를 정식으로 체결하고 출범한 언약국가이며, 대한민국 국민은 언약백성이라는 것을 함축한다. [대한민국임시헌장 선포문(大韓民國 臨時憲章 宣布文)] 「임시정부법령」 제1호] 제0조, 神人一致로 中外協應하야 漢城에 起義한 지 三十有日에 平和的 獨立을 三百餘州에 光復하고(독립선언이 하나님의 뜻에 의한 것이다), 제7조 大韓民國은 神의 意思에 依하여 建國한 精神을 世界에 發揮하며 進하야 人類의 文化급(及) 平和에 貢獻하기 위하야 國際聯盟에 加入함(하나님의 뜻에 따라 세워진 국가이다). 「선서문(宣誓文)」, "神의 國의 建設의 貴한 基礎이니라"(하나님 나라 건설에 기초가 되는 국가이다).[678] 이렇듯 '기독교 국가건설'을 천명하고 있는 [대

678 김필자, "이승만의 기독교 국가건설 연구" (석사학위논문, 백석대학교 기독교전문대학원, 2021), 171에서 재인용.

한민국임시헌장]은 한성감옥에서 사형집행만을 기다리던 정치범 사형수 이승만이 살아계신 하나님을 만난 후 대한민국을 '동양 최초의 기독교 국가'로 만들겠다는 비전을 하나님의 사명으로 인식한 것에서 기인한다.[679]

환국·배달국·고조선은 삼신일체 하느님 신앙에 근거해 '인간을 널리 이롭게 한다'는 '홍익인간'(弘益人間)과 '세상을 진리로 교화한다'는 '재세이화'(在世理化)를 건국이념으로 하였다. 성경의 핵심 사상인 하나님을 사랑하는 것에 근거한 인간을 사랑하는 것(마22:36-40)이 '홍익인간'과 '재세이화'에 그대로 반영되어 있는 것이다. 한편 대한민국 임시정부의 대한민국 건국강령 중 기본적 핵심을 기록한 제1장에 건국 정신으로 '홍익인간'과 '재세이화'가 명시되어 있다: "우리나라의 건국정신은 … 홍익인간(弘益人間)과 리화세계(理化世界: 재세이화)하자는 우리 민족의 직힐 바 최고 공리(公理)임." 이것은 대한민국이 환국·배달국·고조선의 건국이념을 그대로 계승하고 있다는 말과 같다. 이승만은 한성감옥 안에서 하나님을 만난 후, 그 당시 명목적인 국제통상법이었던 '만국공법'(萬國公法, Elements of International Law)을 '인간을 널리 이롭게 한다'는 '홍익인간'으로 확대 해석하였다: "공법의 본래 목적은 천리와 인정을 따라 세계 만국

679 이승만은 1913년 저술한 『한국교회 핍박』에서 한민족의 선민의식을 강조하며 다음과 같이 말했다: "세계 모든 교회가 말하기를 하나님이 한국 백성을 이스라엘 백성처럼 특별히 택해서, 동양 처음으로 기독교 국가를 만들어서 아시아주에 기독교 문명을 발전시킬 사명을 맡기시려는 것이라 한다." 이승만, 『한국교회 핍박 외』, 이명구 역주 (서울: 연세대학교 대학출판문화원, 2019), 29.

과 만국의 만민들이 똑같이 균등한 이익과 권리를 보전하도록 하려는 것이다."[680] 한편 이승만은 한성감옥 안에서 하나님을 만난 후, '재세이화'를 성경의 진리에 입각하여 대한민국을 '세계에 선교하는 나라'로 세울 비전을 품었다: "세계 각국에 대한 선교사를 파송하야 야만과 미개한 인종들에게 전도할진대 우리의 일후 복도 크겟고 우리의 권리도 장하겠고 우리나라의 영광도 영미국갓치 들어날지라."[681] 이승만에게 '홍익인간'은 '인류구제(救濟)'를, '재세이화'는 '세계선교'를 의미한다. 이렇듯 한민족 상고시대에 환국·배달국·고조선의 건국이념인 '홍익인간'과 '재세이화'는 오늘날 대한민국에게 '인류구제'와 '세계선교'의 사명으로 계승되었다.

상고시대에 한민족의 건국이념인 '홍익인간'과 '재세이화'는 대한민국의 건국이념으로 계승되었고, 오늘날 선진국이 된 대한민국에서 실현되고 있다. 2021년 7월 2일 대한민국은 '유엔무역개발회의'(UNCTAD)를 통해 개도국에서 선진국의 지위를 195개 회원국들의 만장일치로 공인받았다.[682] 한편 2022년 12월 31일 미국 'UNSWR'(U.S. News & World Report)은 2022년 군사력·경제력·외교력 등을 합산해 평가하는 '세계에서 가장 강력한 국가'(the planet's most powerful countries) 곧 강대국 순위에서 대한민국을 6위에 선정했다.[683] 즉 미·중·러·독·영·한·프·일·UAE·이

680 이승만, 『독립정신』, 오영섭 역주 (서울: 연세대학교 대학출판문화원, 2019), 76.

681 이승만, "교회경략(敎會經略)," 「신학월보」 (1903.11).

682 https://www.korea.kr/news/policyNewsView.do?newsId=148889700/

스라엘 순이다. 2차 세계대전 이후 신생독립국 중에서 경제발전과 민주주의를 동시에 이룩한 나라는 대한민국이 유일하다. 또한 대한민국은 인구 5,000만 명 이상을 가진 나라 중 선진경제와 민주주의를 동시에 이룬 다섯 나라 중 하나이다. 곧 미국·일본·독일·영국·한국이다. 이 다섯 나라 중 대한민국을 뺀 네 나라는 국가 발전 단계에서 식민지를 경영하였다. 미국도 필리핀을 식민지로 삼았었다. 대한민국만이 식민지를 수탈하지 않고도, 즉 이웃나라에 피해를 주지 않고 오히려 식민지가 된 경험을 딛고 선진경제와 민주주의를 동시에 이룬 유일한 나라이다. 대한민국이야말로 인류 역사상 가장 위대한 역전극(逆轉劇)의 주인공인 것이다. 여기서 한 가지 의문이 생긴다. 왜 하나님은 대한민국을 선진국으로 만들어주셨을까? 그것은 한민족 상고시대에 환국·배달국·고조선의 건국이념이었던 '홍익인간'과 '재세이화'를 종말의 때에 '인류구제'와 '세계선교'를 실현시킬 나라로 대한민국을 하나님이 택하셨기 때문이다.

한민족 상고시대에 환국·배달국·고조선의 건국이념인 '홍익인간'과 '재세이화'의 DNA를 물려받은 대한민국은 오늘날 하나님의 뜻에 부응하여 '인류구제'와 '세계선교'를 전개하고 있다.[684] 그러니까 '인류구제'

---

683 https://www.usnews.com/news/best-countries/rankings/power/

684 1948년 8월 15일에 수립된 대한민국 정부의 초대 이승만 대통령이 발행한 1948년 9월 1일자 『관보 제1호』에서 발행 연도를 '대한민국 30년 9월 1일'로 표기하였다. 이는 대한민국 임시정부 수립 원년인 1919년을 기준으로 한 연호 사용임을 의미한다. 이와 더불어 대한민국의 헌법 전문에 '유구한 역사와 전통에 빛나는 자랑스러운 대한국민은 3.1운동으로 건립된 대한민국 임시정부의 법통을 계승한다'고 규정되어 있다. 이는 1948년에 수립된 대한민국 정부가 1919년에 수립된 대한민국 임시정부의 '홍익인간'과 '재세이화'를

와 '세계선교'가 한국인의 DNA이다. 이를테면 상고시대에 패권 국가였던 환국·배달국·고조선의 '민족적 우성 유전자'가 건국된 지 70여 년 만에 선진국이 된 대한민국의 '민족적 후성 유전자'를 통해 발현되고 있는 것이다. 첫째, 인류구제(홍익인간). 1) 한국인은 아프리카의 열악한 환경에서 굶주리는 사람들을 진심으로 도와주고 싶어서 토질을 과학적으로 연구하고, 식량 증산에 대한 농법을 가르쳐 주며, 그 토질에 맞는 식물을 재배하여 여러 나라의 기아 문제를 해결해 주었다. 2) 한국인은 물이 부족한 아프리카에 우물을 파서 정수하여 식수와 농업용수로 쓰게 했을 뿐만 아니라, 학교와 의료시설을 세워 건강하게 배우며 꿈을 키워 갈 수 있게 도왔다. 3) 한국인은 중국과 몽골에 걸쳐 있는 고비사막에 수십 년 동안 나무를 심어 사막을 숲으로 바꾸어 가고 있다. 풀 한 포기 자라지 않는 삭막한 광야에 오랜 시간 동안 끈기와 집념을 가지고 조림사업을 진행한 결과 폭풍처럼 휘몰아치던 모래바람을 막을 수 있었고, 식물까지 재배하게 되었다. 4) 한국인은 아프가니스탄의 영양실조와 기아 해소를 위해 현지의 토질에 적합한 콩의 재배와 가공 산업의 육성을 18년간 진행하였다. 심지어 아프가니스탄을 장악한 테러집단 탈레반조차 자국에 한국인이 계속 남아서 도와주기를 갈망하고 있다. 둘째, 세계선교(재세이화). 2023년 대한민국 장기파송 선교사는 '174개국 2만3318명'이다. 이

그대로 계승하고 있음을 함축한다. 따라서 대한민국의 국시는 환국 · 배달국 · 고조선과 동일한 '홍익인간'과 '재세이화'이다.

는 대한민국이 인구 대비 세계에서 가장 많은 선교사를 파송하고 있다.

1903년 11월 이승만은 한민족의 제사장적 사명을 다음과 같이 언급하였다: "세계 각국에 대한(大韓) 선교사를 파송하여 야만과 미개한 인종에게 전도할진대, 우리의 나중 복도 크겠고 우리의 권리도 커지겠고 우리나라의 영광도 영국, 미국같이 드러날지라."[685] 그 당시 조선의 인구는 1,300만 명, 기독교인의 수는 세례교인 기순으로 만 명 정도였다. 이런 나라에서 '방방곡곡에 교회가 세워지고 전 세계 열방에 선교사를 파송하는 나라가 될 것'이라고 이승만은 예시하였다. 또한 사무엘 무어 선교사(Samuel F. Moore, 모삼열, 1860~1906)도 동일한 견해를 다음과 같이 피력하였다: "한국의 사명은 무엇인가? 가난하고, 멸시받고, 압박받는 한국이 장차 해야 할 역할은 칠흑 같은 동방의 어둠에 진리의 빛을 가져다줄 하나님의 사자가 되는 것이다. 한국은 동방을 밝히는 유일한 등불, 곧 기독교 등불이 되어야 한다."[686] 한편 인도의 시성(詩聖) 타고르(Rabndranth Tagore, 1861~1941)가 1929년 3월 28일 일본을 방문했을 때 동아일보 기자가 찾아가서 "우리나라에서 선생님의 글을 좋아하는 사람들이 많으니까 우리나라에도 방문해 주세요"라고 했을 때, "내가 너무 피곤해서 조선에는 못 갑니다"고 하면서 기자에게 3분 만에 4줄짜리 즉흥시 <동방의 등불>을 써 주었다: "일찍이 아시아의 황금시대에, 그 등불의 하나인 코

---

685 이승만, "교회경략(敎會經略)," 「신학월보」 (1903.11).

686 Samuel F. Moore, "The Vision and the Task," KMF 2 (April 1906).

리아, 그 등불 다시 한 번 켜지는 날에, 너는 동방의 밝은 빛이 되리라."[687] 타고르는 한민족의 미래를 어떻게 알고 이런 예언적인 시를 썼을까? 우리는 본 연구 논문 『환단고기에서 발견한 성경에 계시된 하나님』을 통하여 아시아에서 가장 비참하고 가난했던 한민족을 하나님이 마지막 때 세계선교의 사명자로 택하셨다는 사실을 확인할 수 있다.

---

687 "일즉이 아세아(亞細亞)의 황금 시기(黃金時期)에, 빛나든 등촉(燈燭)의 하나인 조선(朝鮮). 그 등(燈)불 한번 다시 켜지는 날에, 너는 동방(東方)의 밝은 빛이 되리라". (In the golden age of Asia / Korea was one of its lamp - bearers / And that lamp is waiting to be lighted once again / For the illumination in the East).

| 참고 문헌 |

1. 중국 서적

강진기(唐振基). 『선현지신(先贤之信)』. 唐尧出版社, 2005.

곽대순(郭大順). 『요녕사전고고여요하문명탐원(遼寧史前考古与遼河文明探源)』. 遼海文物學刊, 1995.

고석강(顧碩剛). 『고사변(古史辯)』. 全8册. 上海古籍出版社, 1927.

구양수(歐陽修) 외. 『신당서(新唐書)』「동이전(東夷傳) 고구려편(高句麗編)」. 中華書局, 1975.

공자(孔子). 『논어(論語)』「선진편(先進篇)」.

공자(孔子). 『논어(論語)』「자한(子罕)」.

공자(孔子). 『논어(論語)』「팔일(八佾)」.

공자(孔子). 『상서대전(尙書大傳)』「은전(殷傳)」.

공자(孔子). 『서경(書經)』「순전(舜典)」.

노간(勞幹)等. 『중국문화론집(中國文化論集2)』. 國立臺灣大學文史叢刊, 1955.

노자(老子). ≪도덕경(道德經)≫.

단옥재(段玉裁). ≪설문해자주(說文解字注)≫. 上海: 上海古籍出版社, 1981.

당진기(唐振基). 『선현지신(先贤之信)』. 马六甲福音堂, 2005。

두우(杜佑). ≪통전(通典)≫. 中华书局出版的图书, 1988.

맹자(孟子). 『맹자(孟子)』「이루장구하편(離婁章句下)」.

반고(班固). 『한서(漢書)』「무제기(武帝紀)」. 北京: 中華書局, 1975.

반고(班固). 『한서(漢書)』「조선전(朝鮮傳)」. 北京: 中華書局, 1975.

반고(班固). 『한서(漢書)』「지리지(漢書地理志)」. 北京: 中華書局, 1975.

방현령(房玄齡)等. 『진서(晋書)』「사이전(四夷傳)」. 中華書局, 1923.

범엽(范曄). 『후한서(後漢書)』「동이전(東夷傳)」. 北京: 中華書局, 1997.

범엽(范曄). 『후한서(後漢書)』「서강전(西羌傳)」. 北京: 中華書局, 1997.

사마정(司馬貞). 『사기색은(史記索隱)』「삼황본기(三皇本紀)」. 中華書局, 1991.

사마천(司馬遷). 『사기(史記)』「공자세가(孔子世家)」. 北京: 中華書局, 1972.

사마천(司馬遷). 『사기(史記)』「卷十(권십)·孝文本纪第十(효문본기제십)」. 北京: 中華書局, 1972.

사마천(司馬遷). 『사기(史記)』「송미자세가(宋微子世家)」. 北京: 中華書局, 1972.
사마천(司馬遷). 『사기(史記)』「오제본기(五帝本紀)」. 北京: 中華書局, 1972.
사마천(司馬遷). 『사기(史記)』「조선열전(朝鮮列傳)」. 北京: 中華書局, 1972.
사마천(司馬遷). 『사기(史記)』「주본기(周本紀)」. 北京: 中華書局, 1972.
사마천(司馬遷). 『사기(史記)』「하본기(夏本紀)」. 北京: 中華書局, 1972.
서긍(徐兢). 『고려도경(高麗圖經)』. 國家圖書館出版社, 2009.
서량지(徐亮之). 『중국사전사화(中國史前史話)』. 亞洲出版社, 1954.
서부(徐溥) · 유건(劉健). 『대명회전(大明會典)』.
서중서(徐中舒). ≪갑골문자전(甲骨文字典)≫. 四川辞书出版社, 2014.
왕옥철(王玉哲). 『중화원고사(中華遠古史)』. 上海人民出版社, 2008.
왕충(王充). 『논형(論衡)』「문공편(問孔篇)」.
위수(魏收). 『위서(魏書)』「백제전(百濟傳)」. 涵芬樓, 1916
이경재(李敬齋). 『문자원류(文字源流)』. 臺北縣板橋鎮, 1959.
유국상(劉國祥). "서요하유역 신석기시대에서 조기 청동기시대까지의 고고학 문화 개론(西遼河流域新石器時代至早期青銅時代考古學文化概論)." 第1期. 遼寧師範大學學報, 2006.
장자(莊子). 『내편(內篇)』「제물론(齊物論)」. 台灣書房, 2012.
정현(鄭玄). 『사기권이십팔(史記卷二十八) · 봉선서제륙(封禪書第六)』「집해(集解)」.
진수(陳壽). 『삼국지(三國志)』「오환선비동이열전(烏桓鮮卑東夷列傳)」. 台北: 東大圖書公司, 1998.
진수(陳壽). 『삼국지(三國志)』「위서 동이전(魏書東夷傳)」. 台北: 東大圖書公司, 1998.
중현(重顯). 『벽암록(碧巖錄)』. 岩波書店, 1937.
증선지(曾先之). 『십팔사략(十八史略)』. 明治書院, 1969.
채옹(蔡邕). 『독단(獨斷)』. 吉林大学出版社, 1921.
필장박(畢長樸). 『중국인종북래설(中國人種北來說)』. 新文豐出版股份有限公司, 1986.
황보밀(皇甫謐). 『제왕세기(帝王世紀)』. 北方文艺出版社, 2021.
허신(許愼). ≪설문해자(說文解字)≫. 北京: 中華書局, 1963.

2. 일본 서적

가나자와 쇼자부로(金沢庄三郎). 『일선동조론(日鮮同祖論)』. 刀江書院, 1929年.
가지마 노보루(鹿島昇). 『환단고기: 실크로드 흥망사(桓檀古記: シルクロ-ド興亡史)』.

新國民社, 1982.
고고 키요히코(吾郷清彦).『일본건국사(日本建國史)』. 国書刊行会, 1980.
나카조노 에이스케(中薗英助).『도리이 류조 장전-아시아를 답파한 인류학자(鳥居龍蔵伝-アジアを踏破した人類学者)』. 岩波書店, 1995.
도네리 친왕(舎人親王) 외.『일본서기(日本書紀)』. 平泉澄 譯. 春陽堂, 1939.
『도리이 류조 전집(鳥居龍蔵全集)』. 全12券. 朝日新聞, 1975~1977.
스가노 마미치(菅野真道) 외.『속일본기(續日本紀)』. 平泉澄 譯. 大日本文庫, 1939.
스에마쓰 야스카즈(末松保和).『임나흥망사(任那 興亡史)』. 大八洲出版, 1949.
오노 야스마로(太安万侶).『고사기(古事紀)』. 吉川弘文館, 2014.
이마니시 류(今西龍).『조선고사의 연구(朝鮮古史の研究)』. 近沢書店, 1937.
일연(一然).『삼국유사(三國遺事)』. 坪井九馬三, 日下寛 校訂. 東京: 東京帝國大學文學部刊, 1904.
일연(一然).『삼국유사(三國遺事)』. 影印版. 京都: 京都帝國大學文學部刊, 1926,
조선문화보급회(朝鮮文化普及會).『조선대관(朝鮮大觀)』. 東京: 朝鮮文化普及會刊, 1938.
조선총독부조선사편수회편(朝鮮総督府朝鮮史編修会編).『조선사편수회사업개요(朝鮮史編修會事業概要)』 朝鮮總督府朝鮮史編修會, 1938.

3. 영어 서적

Aumann, Jordan. *Spiritual Theology*. London: Sheed & Ward Ltd., 1980.
Barackman, Floyd H. *Practical Christian Theology*. Grand Rapids: Kregel Publications, 1992.
Beasley, Walter J. *Creation's Amazing Architect*. Melbourne, Australia: GLS Press, 1955.
Behe, Michael. *Darwin's Black Box: The Biochemical Challenge to Evolution*, New York: Simon and Schuster, INC., 1996.
Bunker, Alonzo. *Soo Thah - A Tale of the Karens*. New York: Fleming H. Revell Co., 1902.
Clark, Allen. *Religions of Old Korea*. New York: Fleming H. Revell, 1932.
Darwin, Charles. *The Origin of Species*. London: John Murray, 1859.

Davies, Paul. *God and the New Physics*. New York: Simon & Schuster, 1983.

Delitzsch, Franz Julius. *The Old Testament History of Redemption*. Edinburgh: T. and T. Clark Publishers, 1881.

Fung Yu-Lan. *A History of Chinese Philosophy*. tr. by D. Bodde. Vol. 1. Princeton, New Jersey: Princeton University Press, 1937.

Gale, James Scarth. *Korea in Transition*. New York: Educational Department, The Board of Foreign Missions of The Presbyterian Church, 1909.

Gale, James Scarth. "Korean Ideas of God," ≪*Missionary Review of the World*≫ 23-9 (Sept., 1900).

Geisler, Norman. & Abdul Saleeb. *Answering Islam: The Crescent in Light of the Cross*. Grand Rapids: Baker Books, 2002.

Gilbrant, Thoralf. ed. *The Complete Biblical Library(The Old Testament)*. Springfield, Missouri: R. R. Donnelley and sons Company, 1986.

Giles, Herbert A. *Chinese-English Dictionary*. London: A. H. de Carvalho, 1912.

Hanke, Howard A. *The Thompson Chain-Reference Bible Survey*. Texas: Word Books Publisher, 1981.

Hardon, John A. *Modern Catholic Dictionary*. Bardstown, Kentucky: Eternal Life Publications, 2000.

Harris, Ralph W. ed. *The Complete Biblical Library(The New Testament)*. Springfield, Missouri: R. R. Donnelley and sons Company, 1986.

Henke, Winfried. & Lan Tattersall. eds. *Handbook of Paleoanthropology*. Vol. 3. New York: Springer, 2007.

Hislop, Alexander. *The Two Babylons: or The Papal Worship Proved To Be The Worship Of Nimrod And His Wife*. San Diego, California: The Book Tree, 2006.

Huffman, Jasper. *The Messianic Hope in Both Testaments*. Buter, Indiana: The Higley Press, 1945.

Hulbert, Homer B. *The passing of Korea*. New York: Doubleday, 1906.

Josephus, Flavius. *The Works of JOSEPHUS*. translated by William Whiston. Peabody, Massachusetts: Hendrickson Publishers, Inc., 1987.

Kappelle, Robert P. Vande. *Living Graciously on Planet Earth*. Oregon: Wipf and

Stock Publishers, 2016.

Keil & Delitzsch. *Commentary on the Old Testament*. Vol. 1. Massachusetts: Hendrickson Publishers, Inc., 1989.

Kidner, Derek. *Genesis: An Introduction and Commentary*. Downers Grove, Illinois: IVP, 1967.

Kim, David William. *Religious Transformation in Modern Asia: A Transnational Movement*. New South Wales, Australia: University of Sydney, 2015.

Lang, Andrew. “God(Primitive and Savage)” in *Encyclopedia of Religion and Ethics*. James Hasting, ed. 13 vols. Edinburgh: T & T. Clark, 1981.

Legge, James. *Name of God in Chinese*. London: the London Mission Press, 1852.

Legge, James. *The Notions of the Chines Concerning God and Spirits*. Hong Kong: Hong Kong Register Office, 1852.

Legge, James. *The Religions of China*. New York: Charles Scribner's Sons, 1881.

Legge, James. "The Shoo King: Cannon of Shoon," *The Chinese Classics*. Vol. 3. Taipei: Southern Material Center Inc., 1983.

Lemonick, Michael D. *The Light at the Edge of the Universe: Dispatches from the Front Lines of Cosmology*. New Jersey: Princeton University Press, 1993.

Lockyer, Herbert. *All The Promises of The Bible*. Grand Rapids, Michigan: Zondervan Publishing House, 1962.

Marin, Antonio Royo. *The Theology of Christian Perfection*. translated by Jordan Aumann. Eugene Oregon: Wipf and Stock Publishers, 1962.

Mason, Francis. *The Karen Apostle*. Boston: Gould and Lincoln, 1861.

Mauro, Philip. *The Chronology of the Bible*. Boston: Scripture Truth Dept., 1922.

Medhurst, W. H. *A Dissertation on the Theology of the Chinese with a View to the Elucidation of the Most Appropriate Term for Expressing the Deity in the Chinese Language*. Shanghai: The Mission Press, 1847.

Morey, Robert. *The Islamic Invasion*. Eugene: Harvest House Publishers, 1992.

Neill, Stephen. *Christian Faith and Other Faiths*. Downers Grove: Inter Varsity Press, 1984.

Neusner, Jacob. *Theology of the Oral Torah: Revealing the Justice of God*.

Quebec, Canada: McGill-Queen's University Press, 1999.

Parshall, Phil. *The Cross and the Crescent Understanding the Muslim Heart and Mind*. Illinois: InterVarsity Press, 2002.

Platt, Rutherford H. ed., "The Conflict of Adam and Eve with Satan," *The Lost Books of The Bible and The Forgotten Books of Eden*. Pittsburgh, Pennsylvania: Alpha House, Inc., 1926.

Radhakrishnan, Sarvepali. *The Principal Upanishads*. London, UK.: Allen & Unwin, 1958.

Raisanen, Heikki. *Paul and the Law*. 2nd Edition. Eugene, Oregon: Wipf & Stock Pub, 2010.

Ricci, Matte. *The True Meaning of the Lord of Heaven*. Edward J. Malatesta, ed., St. Louis, Mo: Institute of Jesuit Sources, 1986.

Ross, John. *History of Corea, ancient and modern: with description of manners and customs, language and geography*. Paisley [Scotland]: J. and R. Parlane, 1879.

Smith, Bradley and Wan-go Weng, eds. *China: A History in Art*. New York, NY: Doubleday, 1972.

Smith, William. *Smith's Bible Dictionary*. Peabody, Mass.: Hendrickson Publishers, 1990.

Swinburne, Richard. *The Christian God*. Oxford, England: Oxford University Press, 1993.

Toth, Nicholas. & Kathy Schick. “21 Overview of Paleolithic Archeology.” *Handbook of Paleoanthropology*. Winfried Henke, Lan Tattersall, eds. Vol. 3. New York, NY.: Springer, 2007.

Wenham, Gordon J. *Word Biblical Commentary: Genesis 1-15*. Nashville, Tennessee: Thomas Nelson publishers, 1987.

Wiener, Philip P. ed. *The Dictionary of the History of Ideas: Studies of Selected Pivotal Ideas*. Vol. 4. New York, NY: Charles Scribner's Sons, 1973.

Wylie, Macleod. *The Gospel in Burma*. London: W. H. Dalton, 1859.

Zegers, Frans J. L. *Is Allah God*. New York: J. L. Zegers, 2008.

4. 한국 고서

김부식(金富軾).『삼국사기(三國史記』.
계연수(桂延壽). "계연수기서(桂延壽寄書)."『단탁』 창간호. 단탁사, 1921.
남사고(南師古).『격암유록(格庵遺錄)』.
박은식(朴殷植).『한국통사(韓國痛史)』. 1915.
박제상(朴堤上).『부도지(符都志)』.
범장(范樟).『북부여기상편(北夫餘記上篇)』.
북애노인(北崖老人).『규원사화(揆園史話)』.
안함로(安含老).『삼성기전상편(三聖紀全上)』.
원동중(元董仲).『삼성기전하편(三聖紀全下)』.
우종설(禹鍾卨).『동국역대(東國歷代)』「고조선편(古朝鮮編)」.
이맥(李陌).『태백일사(太白逸史)』.
이승휴(李承休).『제왕운기(帝王韻紀)』.
이암(李巖).『단군세기(檀君世記)』.
일연(一然).『삼국유사(三國遺事)』.
임아상(任雅相).『삼일신고(三一神誥)』「신훈주(神訓注)」.
『조선왕조실록(朝鮮王朝實錄)』「성종실록(成宗實錄)」.
『조선왕조실록(朝鮮王朝實錄)』「세조실록(世祖實錄)」.
『조선왕조실록(朝鮮王朝實錄)』「세종실록(世宗實錄)」.
『조선왕조실록(朝鮮王朝實錄)』「예종실록(睿宗實錄)」.
『조선왕조실록(朝鮮王朝實錄)』「태종실록(太宗實錄)」.

5. 한글 서적

김경일.『유교 탄생의 비밀』. 서울: 바다출판사, 2013.
김경재.『이름 없는 하느님』. 서울: 삼인, 2002.
김경호·심재훈·민후기·최진묵 공저.『하상주단대공정 - 중국 고대문명 연구의 허와 실』. 서울: 동북아역사재단, 2008.
김대성.『금문의 비밀』. 서울: 컬쳐라인, 2002.
김대욱.『이슬람의 성경 변질론』. 서울: CLC, 2009.
김동문.『이슬람 신화 깨기, 무슬림 바로보기』. 서울: 홍성사, 2005.

김동춘. 『天符經과 檀君史話』. 서울: 가나출판사, 1986.
김성기. “中國 古代國家에 있어서 天과 人間과의 관계 및 그 구조에 관한 연구.” 석사학위논문, 성균관대학교 대학원, 1984.
김영주. 『한민족의 뿌리와 단군조선사』. 서울: 대원출판, 1987.
김원중. 『사기란 무엇인가』. 서울: 민음사, 2021.
김용섭. 『역사의 오솔길을 가면서』. 서울: 지식산업사, 2011.
김정민. 『단군의 나라 카자흐스탄』. 서울: 글로벌컨텐츠, 2016.
김진. 『하느님의 길』. 서울: 철학과현실사, 2005.
김필자. “이승만의 기독교 국가건설 연구.” 석사학위논문, 백석대학교 기독교전문대학원, 2021.
고종문. 『고사성어로 읽는 사마천의 사기열전』. 서울: 키메이커, 2015.
대천덕. 『우리와 하나님』. 서울: 홍성사, 2005.
리지린. 『리지린의 고조선 연구』. 서울: 도서출판 말, 2018.
류기종. 『기독교 영성』. 서울: 열림, 1994.
류상태. 『한국교회는 예수를 배반했다』. 서울: 삼인, 2005.
문정창. 『군국일본조선강점36년사(상·중·하 3책완)』. 서울: 백문당, 1966.
박길서·박수만. 『삼일신고 말씀』. 서울: 한솜미디어, 2014.
박성수. 『단군문화기행』. 서울: 서원, 2000.
박창범. 『하늘에 새긴 우리역사』. 서울: 김영사, 2002.
≪불교성전≫. 서울: 동국대학교 역경원, 1972.
서희건. 『잃어버린 역사를 찾아서(제1권)』. 서울: 고려원, 1986.
송호수. 『한민족의 뿌리사상』. 서울: 한뿌리학회, 1983.
송호정. 『단군, 만들어진 신화』. 서울: 산처럼, 2004.
안점식. 『세계관과 영적전쟁』. 서울: 죠이선교회출판부, 1995.
안점식. 『세계관을 분별하라』. 서울: 죠이선교회출판부, 1998.
안환균. 『변증의 달인』. 서울: 생명의 말씀사, 2005.
양태진 번역·주해. 『영토사로 다시 찾은 환단고기』. 서울: 예나루, 2009.
오강남. 『예수는 없다』. 서울: 현암사, 2001.
우대석. “환단고기 위서론에 대한 비판적 고찰.” 『仙道文化』. 제9권. 국제뇌교육종합대학원대학교 국학연구원, 2010: 93-94.
우실하. 『고조선문명의 기원과 요하문명』. 서울: 지식산업사, 2018.
우실하. 『동북공정 너머 요하문명론』. 서울: 소나무, 2007.

옥성득.『한글 성서 번역 140주년 기념 학술 심포지움 자료집』. 서울: 대한 성서공회, 2022.
『옥스퍼드 원어성경대전』. 서울: 제자원, 2008.
유석근.『또 하나의 선민 알이랑 민족』. 서울: 예루살렘, 2005.
유선호.『천주교를 배격하는 7가지 이유』. 서울: 하늘기획, 1985.
윤내현. "한국상고사 체계의 복원."『동양학』 제17집. 단국대학교부설 동양학연구소, 1987.
李基白 外.『韓國史大討論 1: 우리 歷史를 어떻게 볼 것인가?』. 서울: 三星文化文庫 88, 1976.
이기훈.『동이 한국사』. 서울: 책미래, 2015.
이기훈.『조선 상고사』. 서울: 주류성, 2019.
이덕일.『사기, 2천년의 비밀』. 서울: 만권당, 2022.
이덕일.『우리 안의 식민사관』. 서울: 만권당, 2014.
이승만, "교회경략,"「신학월보」, 1903/11.
이승만.『독립정신』. 오영섭 역주. 서울: 연세대학교 대학출판문화원, 2019.
이승만,『한국교회 핍박 외』. 이명구 역주. 서울: 연세대학교 대학출판문화원, 2019.
이일봉.『實證 한단고기』. 서울: 정신세계사, 1998.
이용문.『고인돌 이야기』. 서울: 다지리, 2001.
이진용.『지질학에서 하나님을 만나다』. 서울: CLC, 2019.
이현숙.『천부경, 하나부터 열까지』. 서울: 지식공감, 2021.
이형구.『발해연안문명』. 서울: 상생출판사, 2015.
이형구.『한국 고대문화의 비밀』. 서울: 새녘, 2012.
이희진.『식민사학이 지배하는 한국 고대사』. 서울: 책미래, 2014.
임승국 번역·주해.『한단고기』. 서울: 정신세계사, 2006.
임승국과 주관중 공저.『다물의 역사와 미래』. 서울: 다물민족연구소, 1992.
장영백. "古代 中國人의 天觀 연구." 박사학위논문, 연세대학교 대학원, 1994.
전우성.『다시 쓴 한국고대사』. 서울: 매일경제신문사, 2015.
전호진.『종교 다원주의와 타종교 선교 전략』. 서울: 개혁주의신행협회, 1994.
정인섭. "이승만의 박사논문: '미국의 영향을 받은 중립'."「서울국제법연구」 27/2 (2020): 115-140.
정재승.『바이칼, 한민족의 시원을 찾아서』. 서울: 정신세계사, 2003.
조옥구.『21세기 新 설문해자』. 서울: 브라운 힐, 2015.

조옥구. 『천부경(天符經)의 신비』. 서울: 백암, 2019.
조정래. 『신찬성씨록을 통해 본 일본 고대 인물의 정체』. 서울: 도서출판 피플파워, 2022.
조희승. 『북한학계의 가야사 연구』. 서울: 도서출판 말, 2020.
주돈식. 『조선인 60만 노예가 되다』. 서울: 학고재, 2007.
진태하. 『한자는 우리의 조상 동이족이 만들었다』. 서울: 明文堂, 2009.
최동환. 『삼일신고』. 서울: 하남출판사, 1991.
최민자 주해. 『천부경·삼일신고·참전계경』. 서울: 도서출판 모시는 사람들, 2006.
최춘태. 『갑골음으로 잡는 식민사학·동북공정』. 서울: 북랩, 2017.
『한국가톨릭대사전』. 제9권. 서울: 한국교회사연구소, 2006.
『韓國古典』. 심포지움 제1집. 震檀學會編, 一潮閣, 1980.
한문화 편집부 편. 『천지인』. 서울: 한문화, 2012.
황순종. 『매국사학의 18가지 거짓말』. 서울: 만권당, 2017.
황순종. 『식민사관의 감춰진 맨얼굴』. 서울: 만권당, 2014.
현각. 『선의 나침반』. 제 1권. 허문경 역. 서울: 열림원, 2001.

6. 번역 서적

김성구 편역. 『중국정사조선열국전』. 서울: 동문선, 1996.
고힐강(顧頡剛). 『고사변 자서(古史辨 自序)』. 김병준 역. 서울: 소망출판, 2012.
대야발(大野勃). 『단기고사(檀奇古史)』. 고동영 역. 서울: 흔뿌리, 1990.
대야발(大野勃). 『단기고사(檀奇古史)』. 정해박 역. 서울: 충북신보사, 1959.
모로하시 데츠지(諸橋轍次). 『공자 노자 석가』. 심우성 역. 서울: 동아시아, 2000.
북애(北崖). 『규원사화』. 고동영 역. 서울: 흔뿌리, 2005.
시라카와 시즈카(白川靜). 『한자의 기원』. 윤철규 역. 서울: 이다미디어, 2009.
신채호(申采浩). 『조선 상고사』. 박기봉 역. 서울: 비봉출판사, 2006.
≪야살의 책1≫. 이상준 역. 서울: 이스트윈드, 2015.
연민수 역주 외. 『신찬성씨록(新撰姓氏録)』. 서울: 동북아역사재단, 2020.
임승국 번역·주해. 『한단고기(桓檀古記)』. 서울: 정신세계사, 2006.
웨난(岳南). 『천년의 학술현안 1,2』. 심규호 역. 서울: 일빛, 2003.
웨난(岳南). 『하상주 단대공정 1,2』. 심규호 역. 서울: 일빛, 2005.
Behe, Michael J. 『다윈의 블랙박스』. 김창환 역. 서울: 풀빛, 2001.

Covell, Jon Carter. 『부여기마족과 왜(倭)』. 김유경 역. 서울: 글을읽다, 2006.
Hoagland, Mahlon B. · Bert Dodson. 『생명의 파노라마』. 황현숙 역. 서울: 사이언스북스, 2001.
Kang, C. H. & E. R. Nelson. 『한자에 담긴 창세기의 발견』. 李康國 역. 서울: 미션하우스, 1991.
Luhr, James F. 『지구(Earth)』. 서울: 사이언스북스, 2006.
Nelson, Ethel R. & Richard E. Broadberry. 『고대 한자 속에 감추어진 창세기 이야기』. 전광호 · 우제태 역. 서울: 도서출판 예향, 1996.
Richardson, Don. 『화해의 아이』. 김지찬 譯. 서울: 생명의 말씀사, 2004.
Strobel, Lee. 『창조설계의 비밀』. 홍종락 역. 서울: 두란노, 2005.
Stewart, Ian. 『하느님은 주사위놀이를 하는가?』. 박배식 역. 서울: 범양사출판부, 1993.
Thong, Chan Kei. 『고대 중국 속의 하나님』. 오진탁 · 윤아름 역. 서울: 순출판사, 2009.
Woodrow, Ralph. 『로마카톨릭주의의 정체』. 편집부 역. 서울: 노아와 방주, 1987.

백기찬 목사

【 학 력 】

- 서울 감리교신학대학교 졸업(B.Th.)
- 서울신학대학교 대학원 졸업(M.A. in Theology)
- 연세대학교 교육대학원 졸업(M.Ed.)
- 미국 Truman College 수학
- 미국 Garrett Evangelical Theological Seminary D.Min. 수학
- 미국 California Central University 졸업(Th.D.)

【 경 력 】

- (현) 바른신학연구원 원장
- (현) 한국연합신학원 원장
- (현) 수도침례신학원 종신 교수
- (현) 기독교한국감리회 감독
- (현) 열방선교교회 담임

【 논문 및 저술 】

- "웨슬리에게 있어서의 구원과 성령 이해." 석사학위논문, 1980.
- "존 웨슬리와 이용도 부흥운동 비교 연구." 석사학위논문, 1984.
- *"A Comparative Study On General Ethics And Biblical Ethics."* Th.D. Dissertation, 2005.
- 『하나님의 감추어진 의도』, 꿈과 의지, 2007.
- "윤리와 언어." 기독교언어문화논문집, Vol. 10, 2006.
- "신구약 성경에 나타난 구원 개념의 통일성과 연속성 연구." 기독교언어문화논문집, Vol. 11. 2007.
- "하나님 나라와 언어." 기독교언어문화논문집, Vol. 12, 2008.
- "하나님 나라와 음부에서의 구원." 기독교언어문화논문집, Vol. 12, 2008.
- *"The Kingdom of God and Salvation from Hades."* 기독교언어문화논문집, Vol. 12, 2008.

◆ 저자 백기찬 목사 연락처: ☎ 010-3689-7547
◆ 바른신학연구원 유튜브 주소: https://www.youtube.com/channel/UCTZLJEdUOZKgXrMvh3nJ_NA
◆ 바른신학연구원 카페 주소: https://cafe.naver.com/rti9191

환단고기에서 발견한

성경에 계시된 하나님

초판 1쇄 인쇄 / 2025년 10월 15일
초판 1쇄 발행 / 2025년 10월 20일

지은이 / 백 기 찬
발행인 / 이 중 수
발행처 / 동 문 사

서울특별시 서대문구 홍제원 1길 12
(홍제동 137-8)
Tel: 02)736-3718(대), 736-3710, 3720
Fax: 02)736-3719
등록번호: 1974.04.27 제9-17호
가격: 29,000원

ISBN: 979-11-6328-718-6 (03230)
E-mail: dong736@naver.com
www.dongmunsa.com